Bernd Nicolai (Hrsg.)

Atlas der Brutvögel
Ostdeutschlands

Atlas der Brutvögel Ostdeutschlands

– Mecklenburg/Vorpommern, Brandenburg, Sachsen-Anhalt, Sachsen, Thüringen –

Herausgegeben von Bernd Nicolai

auf der Grundlage der Kartierungsergebnisse zahlreicher ehrenamtlicher Mitarbeiter

Mit 249 Abbildungen, davon 208 Verbreitungskarten und 20 Häufigkeitskarten im Hauptteil

SEMPER BONIS ARTIBUS Gustav Fischer Verlag Jena · Stuttgart · 1993

Anschrift des Herausgebers:
Dr. Bernd Nicolai
Museum Heineanum Halberstadt
Domplatz 37
D - 38820 Halberstadt

Die Deutsche Bibliothek - CIP-Einheitsaufnahme

Atlas der Brutvögel Ostdeutschlands: Mecklenburg-
Vorpommern, Brandenburg, Sachsen-Anhalt, Sachsen,
Thüringen / hrsg. von Bernd Nicolai auf der Grundlage der
Kartierungsergebnisse zahlr. ehrenamtlicher Mitarb. – Jena ;
Stuttgart : G. Fischer, 1993
    ISBN 3-334-60440-3
NE: Nicolai, Bernd [Hrsg.]

© Gustav Fischer Verlag · Jena · 1993
Villengang 2, D - 07745 Jena

Gesamtherstellung: Druck- und Verlagshaus Jena GmbH

Printed in Germany
ISBN 3-334-60440-3

Inhaltsverzeichnis

Geleitwort

Geleitwort

Der Vogelreichtum im Osten Deutschlands überrascht!

Freunde aus dem „Westen" staunen, was es hier noch so alles gibt, und vor allem in welcher Zahl. So mancher Besucher hat während eines Urlaubs hier mehr Arten gesehen als bisher in seinem gesamten ornithologischen Wirken im Westen Deutschlands. Dabei ragen Mecklenburg-Vorpommern und Ost-Brandenburg in ihrem Vogelreichtum besonders heraus. Sind wir uns einig, daß eine reichhaltige Vogelwelt als Gradmesser für Natürlichkeit und Funktionstüchtigkeit einer Landschaft und damit für deren „Gesundheit" steht, so schneiden diese Räume gut ab. – Ein erfreuliches Ergebnis der Brutvogelkartierung, eine Verpflichtung, diese Lebensräume zu sichern und zu pflegen und für ihre dauerhaft-umweltgerechte Nutzung und Entwicklung Sorge zu tragen! Langsam begreifen wir, daß derartige Landschaften ein heute schon sehr rares Kapital sind. Durch den Menschen „etablierte", also hochgradig „entwickelte" Räume vermehren sich dagegen rasch, mit dem Preis des Schwindens der Lebensfülle.

Dank gilt dem Herausgeber des Buches, Herrn Bernd Nicolai, aber auch Frau Johanna Schlüter vom Fischer Verlag, durch deren segensreiches Wirken wieder ein wichtiges Buchvorhaben verwirklicht wurde. Es erscheint zwar spät, aber noch nicht zu spät. Dank gilt vor allem aber den über 780 Ornithologen, die vor nunmehr 10 Jahren die Brutvogelwelt der damaligen DDR erfaßten, die Ergebnisse aufbereiteten und bewerteten. Eine selbstgewählte Arbeit, die fast ausschließlich ehrenamtlich und zum überwiegenden Teil von den ornithologischen Fachgruppen in der Gesellschaft für Natur und Umwelt des Kulturbundes geleistet wurde – Ausdruck sinnvoller Freizeittätigkeit, Ausdruck leidenschaftlichen Engagements für unsere Vogelwelt.

Diese mühevolle Arbeit gab Freude über Gesehenes, aber oft auch Zorn über leichtfertig Vernichtetes, Zerstörtes! Das noch Vorhandene darf aber nicht darüber hinwegtäuschen, daß auch hier im Osten Deutschlands die Artenmannigfaltigkeit deutlich zurückgegangen ist. So manche Art, an der ich mich als Kind noch erfreute, die zur Landschaft meines Heimatortes im Osten Brandenburgs so selbstverständlich dazugehörte, suche ich heute vergebens. Meine Kinder haben sie schon nicht mehr geschaut!

Der Brutvogelatlas Ostdeutschlands vermittelt in erstaunlicher Informationsfülle ein Bild zur Vogelwelt Anfang der 80er Jahre. Es stellt sich schon heute die Frage, was wird davon noch um die Jahrtausendwende vorhanden sein? Wird hier im Osten Deutschlands ein ähnlicher Substanzverlust eintreten wie im vom Menschen dicht besiedelten, intensiv durch Siedlung und Verkehr erschlossenen Westen Mitteleuropas? Wird es uns gelingen, das Konzept der großen Schutzgebiete mit seiner beginnenden umweltverträglichen Landnutzung und seinen weiträumigen Naturentwicklungsräumen weiterzuentwickeln bzw. zu verteidigen?

Wird es uns gelingen, einem zeitgemäßen Naturschutz bei wachsendem Druck unserer Industrie- und Freizeitgesellschaft auf die Landschaft zu entsprechen? Ängste drängen sich auf für den, der die Natur liebt, für den, der begriffen hat, daß eine mannigfaltige Vogelwelt nicht nur Staffage einer Landschaft ist!

Das Erleben des Frühlings hier im Biosphärenreservat Schorfheide-Chorin, das Erleben der Kraft der Natur und auch das Erleben des nach wie vor ungebrochenen, uneigennützigen Wirkens der Naturschützer, lassen mich hoffen, daß eine Bilanz in 10 Jahren den jetzt vorliegenden Befunden nicht nachsteht – bringen wir uns ein zum Fortbestand von „Ideallandschaften mit großem Vogelreichtum"! – Hüten wir unsere Erde!

Eberswalde, Ostern 1993

Prof. Dr. Michael Succow
Vizepräsident des
Naturschutzbundes Deutschlands

Allgemeiner Teil

1. Einleitung

Die ersten landesweiten Atlas-Kartierungen in Europa waren abgeschlossen und lagen bereits in gedruckter Form vor (Großbritannien und Irland 1968 bis 1972, SHARROCK 1976; Dänemark 1971 bis 1974, DYBBRO 1976; Frankreich, YEATMAN 1976), als die Planungen zum vorliegenden Atlas feste Gestalt annahmen. Zu dieser Zeit erfolgten in der Avifaunistik durch das verwendete, relativ einfache Verfahren der Rasterkartierung ein begeisternder Aufschwung und enormer Wissenszuwachs, der sich in eindrucksvollen Verbreitungskarten widerspiegelte. Die meisten bis dahin gebotenen Verbreitungsangaben für große Regionen entstanden auf der Grundlage mehr oder weniger zufällig zusammengetragener, oft recht verschiedenartiger Daten, nicht zu vergleichen mit systematisch innerhalb eines bestimmten Zeitraumes gewonnenen Untersuchungsergebnissen. Weitere Länder hatten ihre Atlas-Kartierungen begonnen, u. a. die Schweiz, Niederlande, Schweden, Spanien. Bei den guten Ergebnissen und Erfolgen stand schon der Plan eines europäischen Verbreitungsatlasses auf dem Programm (SHARROCK 1973). Dieses Ziel wurde unter Führung des bereits 1971 gegründeten EOAC (European Ornithological Atlas Committee) in Angriff genommen, dessen Aufgabe besonders darin bestand, weitere Länder zu einem Atlas-Projekt anzuregen und die Arbeiten zu koordinieren.

So war es fast schon zwingend notwendig, auch auf dem Territorium der ehemaligen DDR ein solches Atlas-Projekt durchzuführen. Die Voraussetzungen für eine gute und vollständige Bearbeitung des Gebietes waren wegen der zahlreichen, überwiegend in Fachgruppen des damaligen Kulturbundes bzw. der Gesellschaft für Natur und Umwelt organisierten Ornithologen recht günstig. Es bedurfte offensichtlich nur noch eines Anstoßes und der mitreißenden Überzeugungsarbeit einer aktiven Führungskraft.

Nachdem bereits 1977 im Bezirk Magdeburg probeweise eine Kartierung durchgeführt wurde und alle Vorbereitungen getroffen waren, rief schließlich im Jahre 1978 die Zentrale Arbeitsgruppe Avifaunistik des Zentralen Fachausschusses Ornithologie zu einer landesweiten Kartierung der Brutvögel der DDR auf und warb um Mitarbeit (KÖNIG, DORNBUSCH & SAEMANN 1978). Einen wesentlichen Anteil an der Vorbereitung dieses Vorhabens hatte H. KÖNIG, der die "Meßtischblatt-Kartierung" anregte. Unter seiner Führung erfolgte auch die Organisation und Anleitung der Arbeiten von der Kartierungszentrale im Museum Heineanum in Halberstadt aus.

In Mecklenburg-Vorpommern entschloß man sich sogar noch zu einer weitergehenden Verfeinerung der Kartierung auf der Basis von Meßtischblatt-Quadranten (KLAFS & STÜBS 1987). Ein solches Vorhaben für das Gesamtgebiet der ehemaligen DDR konsequent durchzuführen, wurde zwar mehrfach diskutiert, aber bei anzustrebender gleichwertiger Qualität der Bearbeitung für nicht machbar gehalten. Dies muß auch nach Abschluß der Arbeiten als richtige Entscheidung angesehen werden, da in einigen Teilgebieten selbst die Bearbeitung der Meßtischblätter nur mit erheblichem Aufwand von außerhalb gewährleistet werden konnte.

Eine noch feinere Kartierung auf 1 km^2-Basis konnten sich zur gleichen Zeit die Ostberliner Ornithologen erlauben (DEGEN & OTTO 1988). Sie arbeiteten ihre subtilen Ergebnisse, zusammengefaßt auf Meßtischblättern, der großen Atlas-Kartierung zu. Ähnliches führten damals auch die Westberliner Ornithologen als Zuarbeit zum Brutvogelatlas der Bundesrepublik durch (OAG Berlin [West] 1984, RHEINWALD 1982). Leider war unter den ehemaligen politischen Verhältnissen eine organisierte Zusammenarbeit und Einbeziehung des Gebietes von Westberlin in das Atlas-Projekt DDR unmöglich.

Die umfangreichen Feldarbeiten von Hunderten von Mitarbeitern liefen gut an. Die ersten Ergebnisse ermunterten zur Fortführung, und der erfolgreiche Abschluß der Kartierung stand außer Frage. Einschließlich des Rücklaufs der Unterlagen und der Nacharbeiten standen praktisch alle erforderlichen Daten 1983/84 für die Auswertung zur Verfügung. Nach konsequenter Bearbeitung durch den Herausgeber hätte sicher auch etwa 1986 ein druckreifes Manuskript beim Verlag vorliegen können, was im Vergleich mit anderen Gebieten durchaus ein akzeptabler Zeitraum gewesen wäre. Leider kam es jedoch nicht so. Trotz großem Interesse von seiten des Fischer Verlages blieb es bei nicht eingehaltenen Zusagen und schließlich beim völligen Schweigen des potentiellen Herausgebers. Allerdings wurde immerhin das zusammengetragene Material für den Europa-Atlas zur Verfügung gestellt; es fand außerdem als Basismaterial für den neuen Verbreitungsatlas der Bundesrepublik Deutschland (RHEINWALD 1992a, b) Verwendung.

In Kartenform publiziert wurden lediglich die Ergebnisse für Mecklenburg-Vorpommern (KLAFS & STÜBS 1987), den Bezirk Potsdam (BLOCK et al. 1989) und den Bezirk Cottbus (RUHLE 1988, 1989).

Der eigentlich geplante Verbreitungsatlas der Brutvögel der DDR schien hoffnungslos verloren, die vielen fleißigen Mitarbeiter um ihr Arbeitsergebnis und das gemeinsame Ziel gebracht.

Um gerade das nicht zuzulassen, wurde der Entschluß gefaßt, die Ergebnisse in einer kurzen und sparsamen Form doch noch herauszubringen. Es ist dem Fischer Verlag Jena, insbesondere der Geschäftsführerin Frau J. SCHLÜTER, hoch anzurechnen, daß trotz der bisherigen herben Enttäuschungen mit dem "Atlas" nach so vielen Jahren nun doch noch ein sinnvoller Abschluß erfolgt.

Sehr spät, aber nicht zu spät werden also hier die Kartierungsergebnisse von 1978 bis 1982/83, nun als Verbreitungskarten der Brutvögel Ostdeutschlands, vorgelegt. Als Ergebnis einer methodisch fundierten, wissenschaftlichen Untersuchung der Avifauna in einem bestimmten Zeitabschnitt besitzen diese Verbreitungsbilder und Auswertungen praktisch auf unbegrenzte Zeit ihren Wert. Wie schön wäre es beispielsweise, wenn uns ähnlich genaue Karten von vor 50 oder gar 100 Jahren zum Vergleich zur Verfügung stünden! In diesem Sinne kann es für eine Publikation derartiger Untersuchungen eigentlich niemals zu spät sein. Alle sicher sehr zahlreich vorhandenen Kritiker sollten dies bedenken. Das unter den zurückliegenden Vorgängen und den bestehenden Umständen Mögliche wurde mit großem Aufwand im Interesse der Sache getan.

2. Zielstellung

Für unser Gebiet fehlte ein aktuelles, flächendeckendes Verbreitungsbild fast aller Brutvogelarten. Lediglich für ausgewählte Arten wurde durch mehr oder weniger unregelmäßige landesweite Zählungen umfassenderes Material zusammengetragen, beispielsweise für Graureiher, Weißstorch, Höckerschwan, Graugans, Lachmöwe und Saatkrähe. Ein solches Verbreitungsbild in möglichst kurzem Zeitraum und für jede Art zu erstellen, war ein grundsätzliches Anliegen, nicht zuletzt als wichtige Basis für die noch ausstehenden Landesavifaunen. Am Beispiel von Mecklenburg-Vorpommern, für das gerade eine aktuelle Avifauna erschienen war (KLAFS & STÜBS 1977), wird belegt, daß die flächendeckende Brutvogelkartierung selbst dafür noch einen enormen Wissenszuwachs brachte (KLAFS & STÜBS 1987).

Im Vordergrund standen die folgenden Ziele:

- Schaffung aktueller Verbreitungskarten aller Brutvogelarten,
  Feststellung genauer Verbreitungsmuster und -grenzen.
- Gleichmäßige Durchforschung des Gesamtgebietes und damit Beseitigung von "weißen Flecken", Intensivierung der avifaunistischen Arbeit.
- Abschätzung der Größe der Brutvogelbestände des Gesamtgebietes.
- Analyse der Struktur der Avifauna und Bewertung der Vogelarten zur objektiveren Beurteilung ihres Gefährdungsgrades ("Rote Liste").
- Schaffung einer Vergleichsbasis für weitere faunistische Untersuchungen und zur Darstellung möglicher Veränderungen in den Verbreitungsbildern.
- Zuarbeit für die Kartierung der Brutvögel Europas.
- Bereitstellung von Daten für wissenschaftliche Landschaftsanalysen, Territorialplanung und planmäßigen Natur- und Artenschutz.
- Bewertung von Landschaften und Regionen aus avifaunistischer Sicht; Kennzeichnung der Konzentrationsgebiete bestandsgefährdeter Vogelarten.

3. Verzeichnis der Mitarbeiter

[Angefügt sind die Nummern der Meßtischblätter, auf denen die Mitarbeiter tätig waren. FG = Fachgruppe; AK = Arbeitskreis]

Mecklenburg-Vorpommern

Ackermann, G. 2445
Aldefeld, D. 2334
Bandey, B. 1547, 1646, 1647
Bauch, W.-D. 2243
Bauer, P. 1547
Becker, R. 2039, 2040, 2138
Beitz, W. 2444
Beug, K. 1845
Blase, B. 1445
Borrmann, K. 2646
Brettfeld, R. 2038
Brose, W. 2449, 2549, 2550
Brümmer, L. 2250
Bukalosky, N. 2846
Bußejahn, M. 2946
Büttner, U. 1840
Czubatynski, S. 2837
Dittrich, F. 2644
Dörder, C. 2246
Doss, K. 2342
Dost, H.-U. 1544
Duty, F. 1937
Eckhard, W. 273
Eggers, H. 2533, 2633, 2731, 2832
Eichstädt, H. 2651
Eichstädt, W. 1646, 2450, 2451, 2551, 2552, 2652, 2751
Engel, K.-H. 2344, 2345
Erdmann, F. 2148
Fechtner, H.-J. 2037
Fehse, G. 2532, 2533, 2736
Feige, K.-D. 1939, 1941, 2039
FG Dummerstorf 1941
FG Greifswald 1846, 1947, 2048
FG Hagenow 2736
FG Halle 1542
FG Hiddensee 1444
FG Pasewalk 1646
FG Schwerin 2636
FG Templin 2747, 2846, 2847, 2946, 2947, 2948
Fiedler, B. 2133
Frädrich, E. 1543, 1544

Franke, E. 1540, 1643
Funk, B. 2041
Fust, H. 2135
Gabriel, F.-F. 2033
Gast, J. 2437
Gatz, J. 3037
Gierloff, J. 2245
Glafey, H. u. R. 2235
Gloede, P. 2249
Gorkenant, M. 1641, 1642, 1644, 1645, 1743, 1744, 1844
Görlich, L. 1836
Graumann, G. 1445, 1640, 1749
Grempe, G. 1938, 2038
Grimm, P. 1739
Grothmann, M. 1541
Günther, R. 1838
Haberkost, H. 2242, 2343
Hamann, J. 2034
Hansen, I. 2537
Harms, H. 2341
Harte, S. 2747
Hauff, P. 2231, 2232, 2332
Hauptmann, H. 2747
Heclau, G. 2542
Heinrich, D. 2846, 2848, 2946, 2947
Heise, G. 2748, 2750, 2849
Hemke, E. 2543, 2643, 2644, 2744
Hofmann, K. 2346, 2445
Holst, G. 2035
Holz, Rainer 1947, 1948, 2047, 2048, 2049, 2149
Holz, Rüdiger 2041
Hoyer, E. 2448
Jäkel, D. 1838
Jobs, R. 2637
Kähler, K. 2530
Kaiser, W. 2435, 2436, 2536
Kapischke, H.-J. 2652
Kiesewetter, H. 2733, 2734, 2833, 2834
Kintzel, W. 2538, 2638
Klafs, G. 1345, 1846, 2043,

2046, 2131, 2145
Klap 1646
Klawes, M. 2748, 2848, 2849
Kleinke, J. 1345, 1346, 1446, 1546
Klötzke, H. 2936
Kobus, S. 2635, 2735
Köhler, W. 2136, 2137
Koop, K.-H. 2339
Krägenow, P. 2541, 2741
Krasselt, J. 1739, 1740
Kremp, K. 2442
Kröpelin, G. 2333
Kruch, W. 1934, 2034
Labes, R. 2233
Lambert, K. 1837
Lambke, H. 1946
Lampel, A. 2742
Langfeld, R. 2732
Lau, U. 1542, 1543
Legat, D. 2347
Lembke, H. 2146
Lembke, I.-D. 2650, 2750, 2849
Leichnitz, N. 2746
Liebenow, H.-G. 2450
Lobedan, M. 2747
Loose, J. 2140
Lück, L. 1740
Lüpke, M. 2539, 2639
Maag, R. 1841
Matthes, J. 1741, 1742, 2031, 2032, 2130, 2131, 2132
Mertkorn, A. 2138
Mevius, J. 2134
Mewes, W. 2438, 2439
Mösch, W. 2544, 2545
Mross, M. 2335,
Müller, H. 2746
Müller, S. 1540, 1640
Neubauer, M. 1942
Neubauer, W. 2140, 2340
Nicolai, B. 2737, 2836
Nies, M. 2044, 2144
Nitschke, G. 1946
Nuhn, R. 2648, 2649
Opitz, D. 2743, 2744

Patzer, J. 2251, 2350, 2351
Pfandke, P. 2741
Pietsch, E. 2449
Pockrandt, W. 2747
Pohlmann, K. 2239
Povies, E. 2847
Prill, H. 2546, 2645, 2647
Radunz, W. 2540, 2640
Reich, J. 1749
Richter, E. 2336
Ritter, A. 2447, 2547
Roepke, D. 2441
Röhrbein, D. 1447
Rusnack, R. 2743
Sauerland, K.-E. 2236, 2237
Scharnweber, C. 2244, 2248
Scheller, W. 2141, 2241
Schieweck, G. 2234, 2434
Schlüter, K. 2433
Schmahl, H. 2531, 2631
Schmahl, R. 2633
Schmidt, E. 2336, 2337
Schmok, G. 2347
Schnell, B. 1644
Schömer, B. 2533
Schönert, C. 2050, 2051,
    2150, 2151
Schonert, H. 2748, 2749
Schramm, F. 2446
Schröder, W.-E. 2630, 2731
Schulz, H. 2937
Schulz, R. 2251
Schwarz, R. 2641
Seeger, H. 3038
Sehlke, D. 2630
Seibert, F. 1835, 1935
Sellin, D. 1847, 1848, 1849,
    1948, 1949, 1950
Sommer, B. 2351
Spretke, T. 1648, 1748
Stahlberg, F. 2548
Starke, W. 1345, 1346, 1445,
    1646, 1843, 1943, 1945,
    1946, 1947, 1948, 2131
Steffen, E. 2632, 2832
Stegemann, K.-D. 2348, 2349
Steuber, D. 2747
Stiefel, A. 1542
Strache, G. 2238, 2338
Strache, R.-R. 2241
Striggow, M. 1841, 1842
Strunk, P. 1446, 1540, 1745,

1746, 2031, 2131, 2230
Stübs, J. 1944, 2045
Ulrich, G. 1940
Vökler, F. 1936, 2036
Völkel, M. 2139
Wagner, G. 2032, 2131, 2132
Warmbier, N. 2046, 2147,
    2149, 2247
Waschkies, H. 2038
Weber, T. 2745
Weiß, R. 1545
Wenck, H. 1838, 1839, 2240
Wilken, H. 2042
Winkelmann, D. 2642
Wirsig, D. 1945
Witt, J. 2440
Ziebarth, R. 2431, 2432
Ziese, B. 2046
Zimmermann, H. 2534, 2535,
    2634, 2835
Zöllick, H. 1640

Brandenburg/Berlin

AK Avifaunistik Berlin 3346,
    3446, 3447, 3546, 3547,
    3648
Adler, R. 3953, 3954
Alex, U. 3441
Baade, H. 2945, 3046
Barenthin, U. 3240
Berndt, S. 4249
Beutler, H. 3742, 3751, 3849
Bier, H. 3751, 3752
Bieselt, U. 4244
Biol. AK Luckau 4147, 4148
Birth, M. 3739
Blaschke, W. 4548, 4549
Bleschke, M. 3440
Bolz, H. 3251
Brockel, G. 3043
Brosche, H. 4345
Brozio, F. 4553, 4554
Brückmann, H. 3646
Bühring, H. 4551
Christians, R. & J. 3046
Clausnitzer, M. 3553
Danneberg, F. 4243
Deckert, G. 3648, 3747, 3748,
    3847, 3848
Dittberner, W. 2949, 2950
Dolch, D. 3142

Donath, H. 4046
Dürr, H. G. 3443
Ehrentraut, W. 4348
Ellmann, H. 3141, 3241
Falkenberg, W. 3739, 3740
Fedtke, B. 3339
Feller, W. 4153, 4154
Fendt, H. 3739, 3740
Fetsch, H.-J. 3653
FG Brandenburg 3741
FG Eberswalde 3049, 3050,
    3148, 3149, 3248, 3252,
FG Templin 2845,
Fiedler, W. 3345,
Freund, I. 4050,
Gerndt, H.-J. 2842, 2843,
    2943,
Gessner, D. 4446,
Giering, B. 2945, 3045, 3046,
Gnielka, R. 4144, 4344, 4345,
Graef, M. 3749,
Grasse, F. 3250,
Grünholdt, H. 3147,
Günther, E. 2738, 2740, 2838,
    2839, 2840, 2841, 2938,
    2939, 3039, 3041, 3844,
    3845, 3943, 3944, 3945,
Haase, P. 3139, 3240
Haferland, H.-J. 2850, 2851
Hagedorn, W. 3240
Hansel, W. 4451
Happatz, M. 3143
Haupt, H. 3750, 3852
Heinrich, D. 2845
Heinrich, M. 4049
Hellmann, M. 2938, 2939,
    2940, 3041, 3843, 3943,
    3945, 4045
Herrmann, R. 3349
Herrmann, St. 3739
Herzog, G. 4146
Heuer, B. 3549, 3649
Heußner, U. 3351, 3453
Holz, R. 2838, 3140, 3743,
3843
Hübner, G. u. G. 3239
Hüttel, F. 4550
Illig, K. 4148
Insel, E. 3741
Jacobsen, H.-P. 2942
Jähme, W. 4146, 4246, 4247
Jakobs, P. 3548

Jaschke 3441
Johns, G. 3542
Jost, K.-D. 4351
Jost, St. 4145, 4351
Jurisch, R. 4346
Kaatz, J. 3040
Kage, J. 3348
Karp, R. u. L. 3045, 3046
Kehl, G. 3643
Kleeßen, M. 3344
Klein, H.-J. 4546
Knuth, D. 3544
Köhler, H. 2952
Köhler, W. 4149
Kohlermann, L. 2945, 3045,
    3046
Köhn, K.-H. 3450, 3553
Kolbe, M. 3442
König, H. 2739, 2740, 2840,
    2841, 2938, 3041, 3140,
    3141, 3146, 3242, 3247,
    3743, 3843
Koselleck, K.-P. 4251, 4351
Kramer, G. 3044, 3144
Krätke, E. 2751, 2752
Kreisel, B. 3641
Kreisel, R. 3941
Kretlow, G. 3846
Kroop, M. 3744
Krüger, H. 3145
Krüger, H.-P. 4152
Krüger, M. 4245
Krüger, S. 4453, 4454, 4455,
    4552
Krummholz, D. 2951, 3051
Kubusch, G. 2945
Kunert, L. 3240
Kuthe, C. 3645
Lehmann, H. 3249
Lennig, G. 4143
Lenzer, R. 3540
Linnert, H.-G. 3851
Litzbarski, H. 2845, 2944,
    3239, 3441, 3544, 3644,
    3742
Loeser, H. D. 4043, 4044
Lohmann, G. 3542, 3543
Löschner, V. 4352
Ludwig, B. 3647
Malig, R. 4450
Malik, J. 3243, 3244
Manowsky, O. 3047, 3048

Maschke, H. 4353, 4354
Mattig, G. 3753, 3754, 3853,
    3854
Merhout, R. 3643
Mertens, I. 3746
Miera, C. 3045, 3145
Miethke, M. 3644
Minack, G. 4052, 4054
Mittag, D. 3550
Mittelstädt, H. 3350
Müller, E. 4347
Müller, L. 3945, 3944
Müller, M. 3150, 3151, 3339
Mundel, G. 3342
Musiolik, H. 3841
Nagel, R. 4252
Nakonzer, B. 4051
Naugk, G. 4244
Nicolai, B. 2737, 2738, 2739,
    2839, 2840, 2841, 2939,
    2941 3039, 3041, 3140,
    3141, 3242, 3843, 3844,
    3845, 3945, 4045
Niemann, K.-H. 3743
Niepraschk, O. 3950
Nobis 2945
Oppermann, G. 3653
Otto, W. 3346, 3446, 3447,
    3546, 3547, 3648
Palm, B. 3451
Patzak, U. 4243
Pätzold, F. 4048
Pawlowski, H. 3551, 3650
Peckel, B. 2945, 3046
Plaschna,H. 4150
Pötzsch, W. 4153, 4154
Puhlmann, H. u. G. 3942
Quest, O. 3640
Radicke, F. L. 4252
Remus, M. 2738, 2839, 2840,
    2940, 3039, 3041, 3141,
    3242
Robel, D. 4151
Rohde, H.-J. 3245
Rudolph, B. 3541
Ruhle, D. 4253, 4254
Sadlik, J. 2852
Sauer, J. 4147
Scheffler, W. 2844, 2944
Schiele, G. 3243
Schmidt, A. 3352, 3353, 3452,
    3552, 3749, 3850, 3951

Schmidt, H. 3951
Schmidt, H.-W. 3246
Schmidt, R. 3952, 4053
Schneider, H. 4048
Schneider, W. 3046
Schonert, P. 4047, 4146
Schreiber, H. 3343, 3444
Schröder, F. 3949, 4050
Schubert, P. 3840, 3842
Schultze, M. 3946, 3947
Schulze, G. 3753, 3754, 3853,
    3854
Schulze, Gerhard 4445, 4545
Schulze, G.-P. 4248
Schulze, K.-P. 4452
Seeger, J. 3341, 3441
Seltmann, W. 4349
Sohns, G. 3642, 3742
Stage, J. 3349, 3448, 3449
Stahlbaum, G. 3042
Sturm, M. 3340
Suckow, S. 4350
Teickner, D. 3745
Tetzlaff, J. 3347
Thinius, L. 4248
Thomas, S. 4249, 4250
Thor, L. 4346
Thurm, S. 3342
Uhl, K. 4448
Vietsch, F. 3346
Walther, F. 4446, 4447, 4547
Wandrey, I. 3241
Weber, E. 4545
Weingardt, A. 3849, 3850,
    3949, 3951, 4049, 4051,
    4344
Weiß, W. 3652
Winkler, T. 3651
Zimmermann, W. 4246
Zuther, H. 4449

Sachsen-Anhalt

AK Mittl. Saaletal 4737, 4738,
    4837
Albrecht, T. 3834
Ansorge, H. 4341
Baake, W. 4130
Bauer, T. 3131, 3132, 3231,
    3232
Birth, M. 3637
Böhm, W. 4234, 4235
Bott, F. 4439

Thurm, S. 4232
Tiede, G. 4140
Uehr, F. 3932, 3933
Ulrich, A. 3735, 3736
Vetter, J. 4733
Vöpel, V. 4341
Wachs 3736
Wadewitz, M. 4132, 4330
Walter, S. 4136, 4236
Weber, M. 4435, 4535
Weber, W. 4032
Wendling, R. 4835, 4735
Wernstedt, W. 3736
Werthe, K. 3337
Westermann, W. 2935
Westphal, J. 4536
Westphal, W.-D. 3537
Wischhof, W. 4436
Witt, R. 4232
Wolff, V. 4132
Wüstemann, O. 4330
Zörner, G. 3635
Zuppke, U. 4041, 4042, 4141, 4142, 4242

Sachsen

Albrecht, G. 5343
Arnold, D. 5244
Barth, A. 4441
Bauch, S. 4642
Beer, W.-D. 4342
Besekow, W. 4544
Bodenstein, H. J. 4639
Böhme, R. 5042
Creutz, G. 4752, 4753
Czerlinsky, H. 5439
Damme, R. 4849
Dick, W. 5443, 5543
Dietze, R. 4747
Ehring, R. 5140
Engler, G. 4749
Erdmann, G. 4640
Ernst, St. 5538
Fehse, C. 5049
Fischer, J. 4946
Förster, D. 4840
Frauenfelder, H.-J. 4849
Frieling, F. 4941
Fritsche, H. 5140, 5141
Gaertner, G. 4853
Gebhardt, S. 4950
Geißler, R. 5148
Gerstenberger, J. 4343

Geyer, D. 5346
Giese, St. 4851
Gleinich, W. 4948
Gonschorek, S. 5639, 5739
Größler, K. 4440
Gründel, G. 5052, 5152
Gründel, W.-D. 5049
Grundmann, R. 4740
Günther, M. 5241,
Hädecke, K. 5046
Handke, K. 4544
Härtner, N. 4845
Hasse, H. 4654
Heinicke, F. 5540
Heinze, L. 4643
Hergott, D. 5045
Herlt, L. 4951
Hillme, K. 5051
Hofmann, G. 5054
Holupirek, H. 5443, 5543
Höser, N. 5040
Hoyer, F. 4739
Hummitzsch, P. 4848
Ihle, J. 5243
Joiko, H. 4542
Jokiel, H. 4949
Katzer, B. 4945
Käubler, F. 4943
Kießling, J. 4641
Kirmse, W. 4541
Kleinstäuber, G. 5146, 5147
Köcher, W. 4842
Kolbe, U. 5347
Kopsch, H. 4543
Krebs, W. 4950
Kreische, H. 5440
Kronbach, D. 5142
Krug, H. 4839
Kutschera, E. 5146
Lange, G. 5241
Lange, M. 5246
Lehnert, J. 4541
Leichsenring, C. 5242
Leischnig, St. 4543
Leonhardt, G., M. u. U. 4648
Liebscher, K. 5247
Lipinski, K. 4745
Loeschke, D. 5249
Lorenz, W. 5246
Lüssel, G. 5053
Manka, G. 5150, 5151
Martin, F. 4444

Meißner, H. 4755, 4756
Melde, M. 4649, 4650, 4750
Menzel, F. 4555, 4655, 4754
Meyer, K.-H. 5538
Möckel, E. 5640
Möckel, R. 5441, 5442, 5542
Nadler, T. 5048
Neitsch, Ch. 4953
Neubert, M. 5344
Oertner, J. 4540, 4741
Olzmann, H. 5341
Pannach, D. 4653
Poick, W. 4954
Prasse, B. 5153, 5154, 5155
Rau, St. 4847
Redmann, J. 5044
Reichel, G. 5345
Reichertz, M. 4544, 4639
Reimer, S. 4843, 4844, 4944
Richter, K. 4746
Rönsch, H. 4855, 4955
Saemann, D. 5144, 5245
Schaller, S. 5438
Schiller, Ch. 4644
Schipke, R. 4652
Schlegel, S. 5444
Schluckwerder, Ch. 4854
Schmidt, J. 4442
Schneider, D. 4646
Scholz, G. 4841
Schölzel, H. 4850
Schönfuß, G. 5539
Schramm, W. 4751
Schulze, Ch. 4651
Schuster, U, 5143
Seifert, B. 5240
Selbmann, H. 4942
Siebert, A. 5240, 5340
Silbermann, G. 5342
Sittel, A. 5041
Sperling, D. 4852, 4952
Steffens, R. 5047, 5248
Steinbach, R. 4940
Stengel, W. 4740
Stohn, H. 5149
Strohbach, A. 5055
Sturm, A. 5050
Teubert, W. 4645
Thoß, M. 5541
Tuchscherer, K. 4443, 4444
Ulbricht, J. 4748
Uschner, K.-D. 4647

Wadewitz 4441
Wagner, W. 4946
Weger, W. 4947
Weig, Ch. 4846
Weisbach, K, 4442
Weise, W. 5043
Werner, F. 5145
Zill, K.-G. 4742, 4743
Zimmermann, K. 4539
Zschoke, B. 5445

Thüringen

Auerswalde, J. 5336
Bachmann, R. 5139
Barnikow, G. 5237
Bauer, F. 5531
Baum, G. 4932
Baum, H.-J. 4930
Baumann, B. 5326, 5327
BFA Gera 5537
Biewald, G. 5334
Bölke, H. 5231
Burghardt, A. 5333
Christen, R. 5328
Ehrsam, G. 5230
Fahnert, E. 4828
Faulstich, T. 5229
FG Saalfeld 5334,
Fischer, F. 5633
Fischer, H.-U. 4831, 4832
Friedrich, B. 5232
Fritze, E. 4726
Gerling, O. 4625
Gerstmann, P. 5030
Geyer, A. 5431, 5432
Gierth, D. 5127
Göhring, S. 5131
Görner, M. 4731
Grimm, H. 4631
Große, H. 4430
Grün, G. 4829
Grun, P. 5026, 5027
Günther, E. 4630, 4730
Günther, R. 5039
Habicht, K. 5037
Hartmann, G. 5332
Hartmann, M. 5031

Heissig, R. 4927, 4928
Hellmann, M. 4629, 4630,
  4631, 4730, 4731
Herold, W. 5533
Heyer, J. 5036
Hildebrandt, P. 5027, 5226
Hiller, R. 5333
Hoene, A. 5128
Hoene, J. 5029, 5129, 5130
Höland, J. 5325
Holz, R. 5328, 5329
Höpstein, G. 5233
Ihle, U. 4629, 4630, 4832
Ißbrücker, F. 4834, 4934
Jahn, E. 5033
Kellner, V. 5228
Keutsch, S. 5136
Kleinert, U. 5337
Kleyewsteiber, H. 5528
Klinke, H. 4933
Krause, R. 4531
Kretzmer, K.-J. 4627
Krüger, H. 5035
Lange, H. 5239, 5330
Lauterbach, K. 5032
Leber, N. 4830
Lehmann, Ch. 5033
Leo, F. 5339
Liebelt, P. 4727
Liebert, H.-P. 5236
Linz, E. 4929
Lorenz, L. 5337
Machold, P. 5431, 5432
Matz, W. 5234
Mauckner, P. 4929, 4730
Müller, R. 5038
Nicolai, B. 4629, 4731, 5328,
  5329
Niedzielski, H. 4729
Nonn, St. 5130
Oberender, U. 5632
Oefner, R. 5429
Oesterle, S. 5629, 5630
Olbrich, P. 5225
Ölschlegel, H. 5238
Pabst, H.-J. 5033, 5034
Patzer, H. 5433

Pensl, W. 4728
Pfützenreuter, G. 4628
Pomrehn, J. 4528
Poppe, G. 4626
Radon, F. 5535
Reichel, D. 5535, 5536
Reißland, L. 5331, 5528
Ritter, F. 5235
Rönicke, E. 5033
Sacher, G. 5436
Sauer, J. 5132
Scheuer, J. 4429, 4529
Schlei, F. 4832
Schmidt, H. 5434
Schmidt, K. 5227
Schmidt, W. 5430
Schneider, G. 5329
Schubart, B. 5730, 5729
Schulze, G. 5138
Schütz, E. 5437
Schwarz, J. 5225
Seeber, H.-J. 5428
Semmler, W. 5135
Staudt, P. 5426
Tittel, R. 5028
Tolkmitt, S. 5338
Truckenbrodt, D. 5532
Ulbricht, K.-H. 4931
Uloth, W. 5427
Uschmann, W. 5133, 5134
Wadewitz, M. 4630, 4730
Walther, R. 5435
Warthold, R. 4833
Weipert, J. 4827, 5031
Weise, R. 4935
Werner, M. 4527
Wieczorek, P. 5534
Willems, H. 4428
Witte, L. 4530
Wodner, D. 4526
Wolf, E. 5137
Zetzmann, O. 5529, 5530
Zienert, W. 5335
Zinke, St. 4625
Zschiegner, W. 5139

4. Danksagung

Den vielen, zuvor genannten über 780 Beobachtern, ohne deren fleißige und zeitaufwendige Mitarbeit eine so umfangreiche Dokumentation über die Avifauna nicht möglich gewesen wäre, sei hier vielmals gedankt. Besonders erwähnen möchte ich außerdem die Regionalkoordinatoren, weil sie die zusätzliche Arbeit des Sammelns, der Kontrolle und Weitergabe der Registrierlisten auf Bezirksebene übernommen haben: G. DEGEN (Bereich Berlin), R. GNIELKA (Bez. Halle), K. GRÖSSLER (Bez. Leipzig), J. HÖLAND (Bez. Suhl), U. IHLE (Bez. Erfurt), Dr, G. KLAFS (Bez. Rostock), Dr. D. v. KNORRE (Bez. Gera), K.-H. KÖHN (Bez. Frankfurt/O.), Dr. H. LITZBARSKI (Bez. Potsdam), H. PRILL (Bez. Neubrandenburg), D. RUHLE (Bez. Cottbus), D. SAEMANN (Bez. Karl-Marx-Stadt), Dr. R. STEFFENS (Bez. Dresden) und Dr. H. ZIMMERMANN (Bez. Schwerin).

Vom Museum Heineanum konnten unter der Leitung von Dr. H. KÖNIG die Organisation der Kartierung, die Dokumentation und Auswertung erfolgen. Diese umfangreichen Tätigkeiten waren für eine begrenzte Zeit wesentlicher Teil der Arbeitsaufgaben einiger Mitarbeiter des Museums. Für diese großzügige Unterstützung gebührt der Stadt Halberstadt Dank. Einen sehr wesentlichen Teil der organisatorischen und fachlich-technischen Arbeiten hat dabei EGBERT GÜNTER erledigt. Er und RÜDIGER HOLZ waren neben fleißigen Mitarbeitern auch konstruktive Diskussionspartner in allen Belangen und unterstützten das Atlasprojekt bis zum Schluß. Herr HOLZ erarbeitete außerdem die Europa-Verbreitungskarten. MARION JACHMANN zeichnete mit großem Engagement in mühevoller und gewissenhafter Kleinarbeit die Rasterkarten. RENATE NEUHAUS und HELGA HOLZHEUER halfen bei technischen Arbeiten und erstellten die Mitarbeiterlisten. Ihnen allen gilt mein herzlicher Dank.

JÜRGEN WESTPHAL unterstützte die Fertigung sauberer Druckvorlagen durch die hilfreiche Betreuung am Computer und Drucker im Gleimhaus (Direktor Dr. H. SCHOLKE). Dr. F.-W. RÖHL gab Hinweise zur Statistik. M. G. WILSON (Oxford) übersetzte freundlicherweise die Zusammenfassung ins Englische. Ihnen und all den hier namentlich nicht genannten, die durch hilfreiche Diskussionen, Hinweise, Vermittlungen und aufmunternden Zuspruch den erfolgreichen Abschluß des Atlas unterstützten, sei ebenfalls bestens gedankt.

An dieser Stelle muß das sehr freundliche Entgegenkommen des Fischer Verlages hervorgehoben werden. Insbesondere Frau J. SCHLÜTER ist es dabei zu verdanken, daß der Atlas in dieser Form erscheinen kann.

Schließlich gilt mein ganz persönlicher Dank meiner Frau LIANE, die mir in gewohnter Weise Unterstützung bot und vor allem viel Verständnis für die zeitraubende Arbeit sowohl außer Haus als auch am Schreibtisch aufbrachte.

5. Gebiet

Das Bearbeitungsgebiet umfaßt die gesamte Fläche der ehemaligen DDR von 108 333 km². Im folgenden soll nur eine sehr kurze Beschreibung des Gebietes, Klimas und der Landnutzung erfolgen, soweit die Angaben von allgemeinem Interesse sind und vor allem wesentlichen Einfluß auf die Avifauna haben. Eine umfassende Darstellung der Thematik würde den Rahmen des Atlas sprengen. Außerdem erfolgten entsprechende ausführliche Beschreibungen bereits in den erschienenen Länderavifaunen (KLAFS & STÜBS 1977, 1979 bzw. 1987, RUTSCHKE 1983 bzw. 1987, v.KNORRE et al. 1986) oder werden demnächst in den ausstehenden Avifaunen von Sachsen und Sachsen-Anhalt erfolgen.

5.1. Geographie

Das Territorium erstreckt sich vom Kap Arkona/Rügen (54° 41' n.B.) bis zum Elstergebirge/Sachsen (50° 10' n.B.) und von der Rhön/Thüringen (9° 54' ö.L.) bis zur Neiße nördlich Görlitz (15° 2' ö.L.). Die größte Nord-Süd-Ausdehnung beträgt etwa 505 km, die größte Ost-West-Ausdehnung 355 km. Der überwiegende Teil des Gebietes gehört zum Norddeutschen Tiefland. Über altem Untergrund schufen Vorgänge und Ablagerungen aus dem Eiszeitalter pleistozäne Oberflächenformen (Grund-, Endmoräne, Sander, Urstomtal), die gemeinsam mit nachfolgenden holozänen Veränderungen der Niederungen ein sehr wechselvolles, reich strukturiertes Landschaftsbild erbrachten. Das Tiefland geht nach Süden und Südwesten in die Mittelgebirge mit den höchsten Erhebungen im Harz (Brocken, 1142 m), Thüringer Wald (Großer Beerberg, 982 m) und Erzgebirge (Fichtelberg, 1214 m; Auersberg, 1019 m) über.

Damit gibt es auf dem geographisch relativ kleinen Gebiet eine ausgesprochene Vielfalt von Oberflächenformen. Sie reicht von Resten tertiärer Einebnungsflächen auf den Hochschollen des Mittelgebirgslandes über ein deutlich ausgeprägtes Strukturrelief vorwiegend auf den Tiefschollen dieses Bereiches, über das Alt- und Jungmoränenrelief bis zu dem sehr jungen Küstenbereich im Norden (KOHL et al. 1980).

Die Vielfalt der Oberflächengestalt wird wesentlich durch die zahlreichen Gewässer der Seen- und Teichlandschaften (Mecklenburgisch-brandenburgische Seenplatte, Brandenburg-Potsdamer Havelgebiet, Ostbrandenburgisches Seengebiet, Oberlausitzer Teichland) und die Niederungen der Flüsse bestimmt. Die größten Seen sind Müritz (115 km²), Schweriner See (66 km²), Plauer See (39 km²), Kummerower See (33 km²) und Kölpinsee (20 km²), alle in Mecklenburg-Vorpommern gelegen.

Das hydrographisch bedeutendste Flußsystem stellt die Elbe mit ihren Zuflüssen Schwarze Elster, Mulde, Saale (mit Unstrut, Helme, Weiße Elster, Bode), Havel (mit Spree) und Elde dar. Es besitzt damit ein Einzugsgebiet von rund 83 000 km² (77 % der Gebietsfläche), deren entwässernder Abfluß zur Nordsee erfolgt. Die Grenzflüsse Oder/Neiße besitzen dagegen nur einen Einzugsbereich von ca. 5 500 km² unseres Gebietes. Außerdem befinden sich kleinere Abflußsysteme im äußersten Südwesten (Werra) und in der Nordhälfte von Mecklenburg-Vorpommern (Warnow, Recknitz, Barthe, Trebel, Peene, Tollense, Uecker, Randow).

Eine Gliederung und Abgrenzung des Gebietes in die wichtigsten naturbedingten Landschaften ist in Abb. 1 dargestellt. Sie folgt im wesentlichen SCHULTZE (1955) und den Grenzziehungen in den Gebietsbeschreibungen der beiden Landesavifaunen von KLAFS & STÜBS (1987) und v.KNORRE et al. (1986). Eine feinere Untergliederung kann dort entnommen werden, erscheint jedoch im Zusammenhang mit den Verbreitungskarten nicht notwendig.

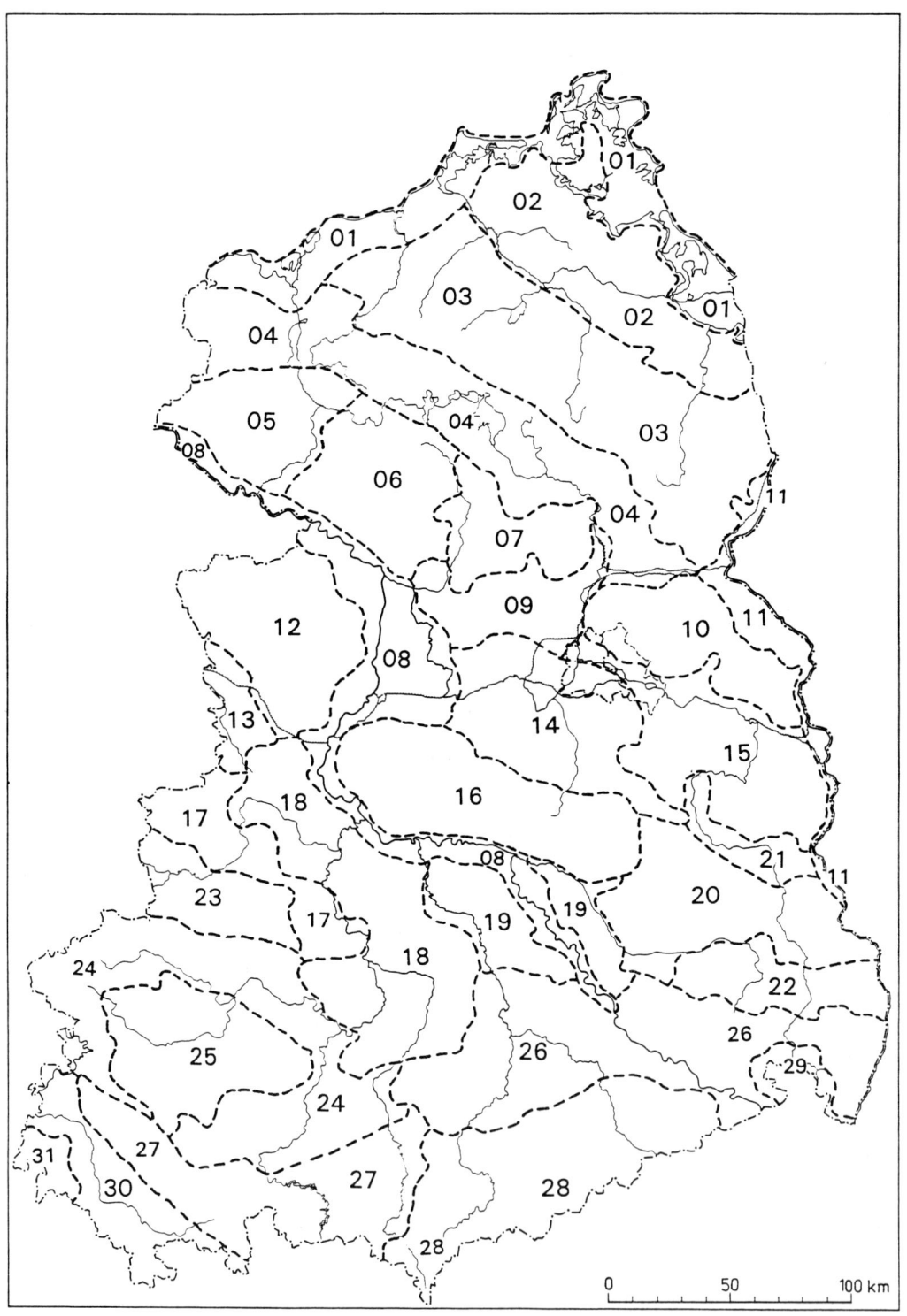

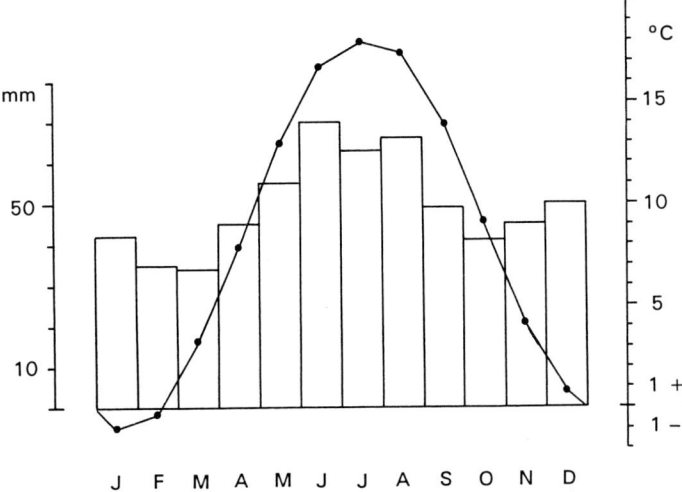

Abb. 2. Langjährige Monatsmittel von Niederschlag (Säulen) und Lufttemperatur (Punkte) im Jahreslauf (1951 bis 1980, Station Potsdam; Jahresmittel: 8,6°C, 595 mm).

Abb. 1. Gliederung des Gebietes in naturbedingte Landschaften.

01 Küstenzone;
02 Nordöstliches Flachland;
03 Rückland der Seenplatte;
04 Höhenrücken und Mecklenburgisch-brandenburgische Seenplatte;
05 Südwestliches Vorland der Seenplatte;
06 Nordwestbrandenburgisches Platten- und Hügelland;
07 Nordbrandenburgische Sandflächen und Lehmplatten;
08 Elbtalniederung;
09 Luch-Land;
10 Ostbrandenburgische Platte;
11 Oder-Neiße-Tal;
12 Altmark;
13 Weser-Aller-Flachhügelland;
14 Mittelbrandenburgische Platten und Niederungen;
15 Ostbrandenburgisches Heide- und Seengebiet;
16 Fläming;
17 Nordöstliche Harzvorländer;
18 Sachsen-Anhaltische Ebenen;
19 Nordsächsisches Heideland;
20 Lausitzer Becken- und Heideland;
21 Spreewald;
22 Oberlausitzer Teichland;
23 Harz;
24 Randplatten des Thüringer Beckens;
25 Thüringer Becken;
26 Sächsisches Hügelland;
27 Thüringer Wald und Schiefergebirge;
28 Erzgebirge und Vogtland;
29 Lausitzer Bergland;
30 Südliches Thüringerwald-Vorland
31 Rhön.

5.2. Klima

Ostdeutschland liegt im Übergangsbereich zwischen dem ozeanischen (Nord)Westen und dem kontinentalen Osten Europas. In dieser Richtung nimmt natürlich auch der kontinentale Charakter des Klimas zu, wobei orographische Gegebenheiten, insbesondere die Mittelgebirge, diese Klimaverteilung entsprechend beeinflussen (z.B. Regenschattengebiet des Harzes). Luftströmungen atlantischen Ursprungs überwiegen und führen in unserem Raum zu einem vorherrschend ozeanisch getönten Klima: wintermild und sommerkühl, mit ausreichendem und relativ gleichmäßig über das Jahr verteiltem Niederschlag (vgl. Abb. 2).

Insgesamt sind die Differenzen innerhalb des Gebietes bei den relativ geringen Entfernungen nicht erheblich, wie es die langjährigen Mittelwerte für Niederschlagsmenge und Temperaturen verschiedener Orte in Abb. 3 ausweisen. Große Abweichungen zeigen natürlicherweise die extremen Mittelgebirgslagen. Dabei liefert das Brockengebiet wegen seiner exponierten Nordwestlage die höchsten Niederschlagsmengen (1609 mm) und tiefsten Jahresmitteltemperaturen (2,8 °C). Auf dem höheren Fichtelberg fallen bei gleichem Temperaturmittel etwa 30 % weniger Niederschläge (1134 mm).

Bemerkenswert für unser Gebiet ist die große Veränderlichkeit des Witterungsablaufs, verursacht durch häufigen Wechsel zwischen Tief- und Hochdruckwetterlagen.

Die für unsere Brutvogelkartierung wichtigen Verhältnisse in den Jahren kurz vor und während der Kartierungszeit sind in Abb. 4 dargestellt. Die fünf Untersuchungsjahre bieten dabei hinsichtlich Niederschlagsmenge und Temperatur einen guten Querschnitt. Ihre Mittelwerte entsprechen mit 8,5 °C zu 8,6 °C (bzw. für die Monate Mai/Juni/Juli 15,8 °C zu 15,8 °C) und 607 mm zu 595 mm (bzw. für die Monate April/Mai/Juni/Juli 219 mm zu 233 mm) ziemlich genau den langjährigen Mittelwerten von 1951 bis 1980. Auch "extreme" Jahre sind vertreten: feucht (1981), trocken (1982), kühl (1980) und warm (1982).

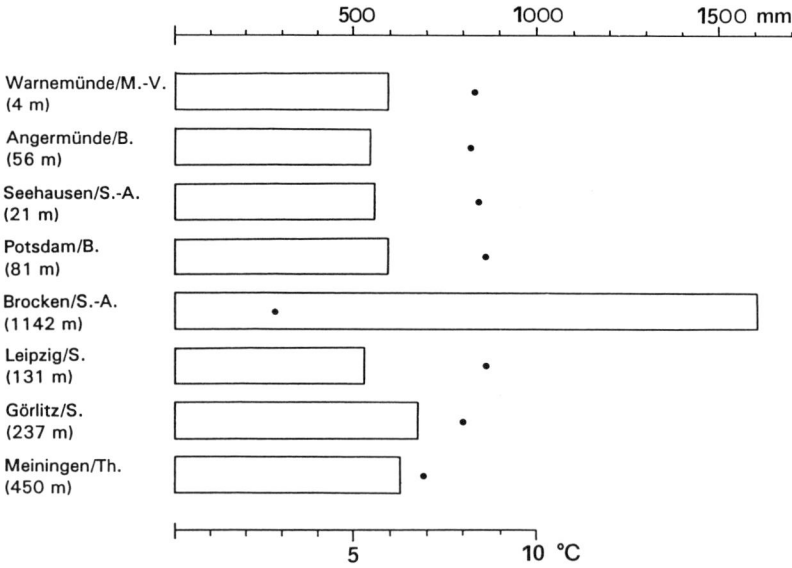

Abb. 3. Langjährige Jahresmittel (1951 bis 1980) der Niederschlagshöhe (Säulen) und Lufttemperatur (Punkte) ausgewählter Orte des Untersuchungsgebietes.

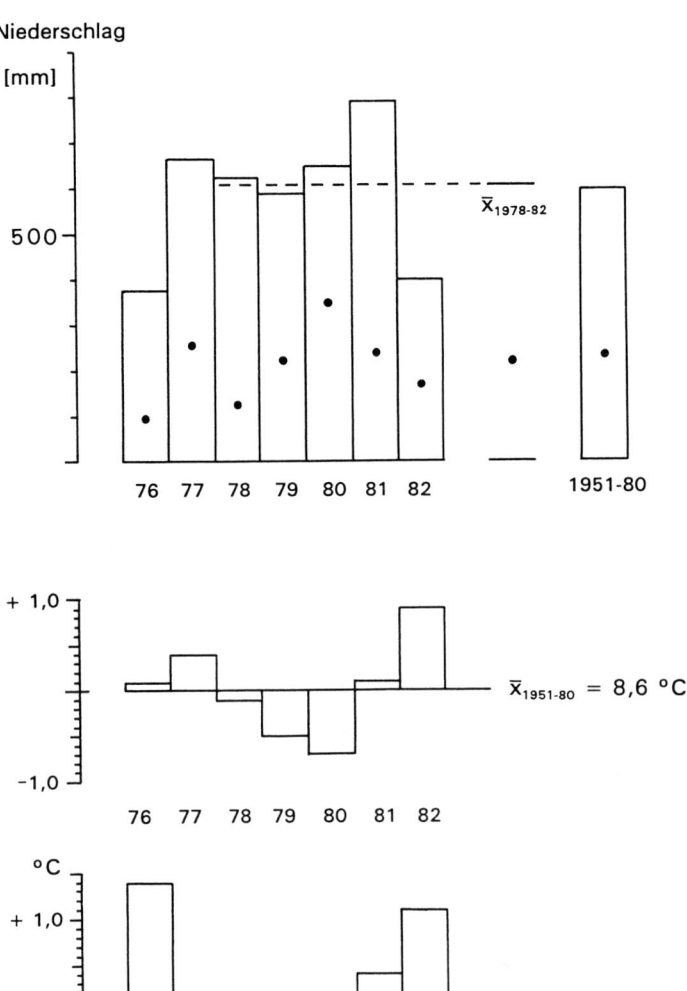

Abb 4. Niederschlags- und Temperaturverhältnisse in den Jahren kurz vor und während der Atlaskartierung am Beispiel der Werte der Station Potsdam. Oben: Niederschlag (Säulen: Jahressumme, Mittel 1978 bis 1982 607 mm; Punkte: Monatssu mme April bis Juli, Mittel 1978 bis 1982 219). Mitte: Abweichungen der Jahresmitteltemperatur vom langjährigen Mittel. Unten: Abweichungen der Dreimonatsmittel Mai bis Juli vom entsprechenden langjährigen Mittel.

5.3. Landnutzung

Die Avifauna eines Gebietes in unserer stark beanspruchten Kulturlandschaft wird wesentlich durch die Landnutzung und verändernde Tätigkeit des Menschen beeinflußt. So nehmen die zumeist sehr intensiv genutzten landwirtschaftlichen Produktionsflächen (Acker- und Grünland) gut 55 % der Gesamtfläche ein. Besonders in Gebieten mit wertvollen Ackerböden (Schwarzerde, Lößgebiete; z. B. Sachsen-Anhaltische Ebenen und Thüringer Becken) führte die maximale Flächennutzung und Großflächenwirtschaft zu einer extremen Ausräumung der Landschaft. Der sehr geringe Waldanteil in solchen Gebieten wirkt sich natürlich auf das Vorkommen einer ganzen Reihe von Vogelarten aus, was sich selbst bei dem groben Raster des Atlas in einigen Verbreitungskarten typischer Waldvögel deutlich erkennen läßt.

Das Ackerland wird etwa zur Hälfte (52 %) mit Getreide bestellt, der übrige Teil mit Feldfrüchten und Futterpflanzen. Hervorzuheben ist der hohe Anteil an Feldfutterpflanzen, erforderlich für die Massentierhaltung, mit über 13 % der Anbaufläche. Besonders diese bieten für einige Vogelarten sehr wahrscheinlich relativ günstige Voraussetzungen (z. B. Nahrungsflächen für Greifvögel). Negativ wirkt sich dagegen die Schaffung großer Flächen von Intensivgrünland durch Melioration (Entwässerung) und Düngung aus, das insbesondere den Wiesenlimikolen Möglichkeiten ihres Vorkommens nimmt.

Etwa 27 % der Gesamtfläche sind bewaldet, überwiegend mit Nadelhölzern (ca. 76 %). Die dominierende Baumart ist dabei die Kiefer. In den Mittelgebirgslagen überwiegt die Fichte. Laubhölzer sind im wesentlichen Rotbuche und Eiche. Der weitaus größte Teil der Waldfläche wird forstlich genutzt, Baumartenzusammensetzung (Monokulturen), Wuchsalter und Bestandsstruktur sind also weitgehend naturfern.

Erhebliche Veränderungen erfuhr die Landschaft auch durch den Bergbau, so besonders im Südosten Brandenburgs und Sachsen-Anhalts und in Nordwest-Sachsen. Hier wurde im Gefolge der Braunkohlen-Tagebaugebiete eine künstliche Bergbaufolgelandschaft geschaffen. In der Lausitz entstanden so unter anderem große Tagebaurestseen, die wegen der besonderen Wasserbedingungen neue ökologische Bedingungen schaffen. In großem Stil angelegte Bewässerungsspeicher stellen im natürlicherweise gewässerarmen Thüringen ebenfalls bedeutende Veränderungen nicht zuletzt für die Avifauna dar (GÖRNER & HIEKEL 1983).

Schließlich muß unbedingt noch der menschliche Siedlungsbereich erwähnt werden. Er wirkt sich gleichfalls erheblich direkt und indirekt auf viele Vogelarten aus. Immerhin sind mehr als 10 % der Gesamtfläche „bebaut". Im Durchschnitt kommen 155 Einwohner (EW) auf einen Quadratkilometer, doch besteht ein deutliches Süd-Nord-Gefälle. Während beispielsweise in Mecklenburg-Vorpommern weniger als 80 EW/km^2 leben, sind es in Sachsen 290 EW/km^2. Entsprechend ist die Verteilung der Städte, Industriegebiete und Verkehrswege im Südteil bedeutend dichter. Manchen Vogelarten werden dadurch verstärkt Siedlungsräume geboten (z. B. Haussperling, Mauersegler, Türkentaube), vielen anderen aber durch den Verlust essentieller natürlicher Habitate und die Belastung durch den Menschen im weitesten Sinne dieselben genommen.

Eine grobe Übersicht der Flächenaufteilung hinsichtlich der Nutzungsformen ist der Tabelle 1 zu entnehmen.

Tab. 1. Flächenaufteilung (Nutzungsformen) des Gebietes

Nutzungsform		Fläche [km²]	Anteil [%]
Landwirtschaftliche Nutzfläche		62.638	57,8
Ackerland	47.414 km²		
davon Getreide	52 %		
Kartoffeln	11 %		
Feldfutterpflanzen	13 %		
Futterhackfrüchte u. Grün-Silomais	15 %		
Zuckerrüben	6 %		
Sonstiges	3 %		
Grünland	12.487 km²		
Sonstiges (Gemüse-/Obstbau u.a.)	2.737 km²		
Waldfläche (Forsten/Holzungen)		29.616	27,3
Nadelholz	22.596 km²		
davon Kiefer	69 %		
Fichte	28 %		
Sonstiges	3 %		
Laubholz	7.018 km²		
davon Buche	30 %		
Eiche	22 %		
Weichholz	34 %		
Sonstiges	14 %		
Öd-, Abbau-, Unland und sonst. Flächen		2.969	2,7
Wasserfläche		2.271	2,1
„Bebaute Lande" (einschl. Wirtschaftswege, Parkanlagen u. a.)		10.839	10,1
davon Stadt/Industrie	ca. 46 %		
Dorf	ca. 44 %		
Sonstiges	ca. 10 %		
Gesamtfläche		108.327	100

6. Methoden und Ablauf der Kartierung

6.1. Kartierungsmethode

Die Brutvogelkartierung erfolgte als sogenannte Rasterkartierung, wie sie sich vielfach bewährt und auch international durchgesetzt hat. Das gesamte Gebiet wird dabei mit einem Gitternetz überzogen und so in viele, regelmäßig begrenzte kleine Teilflächen zerlegt. Diese Teilflächen („Gitternetzfelder") werden hier und im folgenden, trotz der Empfehlungen von WITT (1985) bzw. KUSCH & DEGEN (1981), der Einfachheit halber weiterhin als „Raster" bezeichnet.

Das Prinzip besteht nun darin, auf diesen Rasterflächen jeweils alle vorkommenden Brutvogelarten zu finden und möglichst auch direkt brütend nachzuweisen. Hinsichtlich der Nachweiskategorien (A, B, C, D) folgen wir den international üblichen Kriterien (SHARROCK 1973, 1976):

A: 0 Art zur Brutzeit auf dem Raster beobachtet (Diese Angabe geht nicht in die Kartendarstellung ein!)
B: Mögliches Brüten
   1 Art zur Brutzeit in gemäßem Lebensraum beobachtet
   2 Singendes Männchen, Paarungs- oder Balzlaute zur Brutzeit
C: Wahrscheinliches Brüten
   3 Männchen und Weibchen zur Brutzeit in gemäßem Lebensraum
   4 Revier mindestens nach einer Woche noch besetzt
   5 Paarungsverhalten und Balz
   6 Wahrscheinlichen Nistplatz besuchend
   7 Verhalten/Rufe der Altvögel deuten auf Nest oder Jungvögel
   8 Altvogel mit Brutfleck gefangen
   9 Nestbau oder Anlage einer Nisthöhle oder Nistmulde
D: Sicheres Brüten
   10 Altvogel verleitet
   11 Benutztes Nest oder frische Eischalen gefunden
   12 Eben flügge Jungvögel oder Dunenjunge nachgewiesen
   13 Altvogel brütet bzw. zum oder vom (unerreichbaren) Nest
   14 Altvogel trägt Futter oder Kotballen
   15 Nest mit Eiern
   16 Jungvögel im Nest (Sicht- oder Lautbeobachtungen)

Für die Einordnung in eine der drei Kategorien B, C oder D genügt der sichere Nachweis jeweils eines der 16 Kriterien. Um möglichst viele Vogelarten in der höchsten Kategorie (D) nachzuweisen, ist eine gute Durchforschung der Rasterfläche erforderlich, wobei alle vorkommenden Habitate normalerweise mehrmals in der Brutsaison aufgesucht werden müssen. Über einen begrenzten Zeitraum (meist sind 4 bis 5 Jahre üblich) ergeben die für jede Art in Punktkarten (Rasterkarten) zusammengestellten Kartierungsergebnisse recht genaue Verbreitungsbilder.

Unter der Voraussetzung einer gleichmäßigen Intensität der Bearbeitung wird ein Verbreitungsbild mit der Verkleinerung der Rasterflächen immer genauer, dafür der Gesamtarbeitsaufwand jedoch immer größer. Daraus ergibt sich für die Bearbeitung sehr großer Gebiete entsprechend der vorhandenen Möglichkeiten (Anzahl Mitarbeiter, Zeitfonds) eine untere Grenze für die Größe der Rasterflächen. Übliche Rastergrößen auf Länderebene sind etwa 10x10 km oder 5x5 km.

6.2. Rastergitter

Für Länderatlanten sind überwiegend zwei Gitternetze gebräuchlich: einmal das geographische Gauß-Krüger- oder UTM-Koordinatensystem, zum anderen das topographische Kartenblattsystem. Beide Systeme haben in ihrer praktischen Anwendung Vor- und Nachteile und werden selbst innerhalb der Bundesrepublik nebeneinander verwendet (z. B. UTM-Raster in Bayern, BEZZEL 1980, PLACHTER & NITSCHE 1987; Meßtischblatt-Raster in Niedersachsen, HECKENROTH 1985). Die internationale Europakartierung erfolgt auf der Basis des UTM-Gitters.

Für unser Gebiet fiel die Entscheidung, nicht zuletzt aufgrund der seinerzeit vorhandenen Möglichkeiten, auf das topographische Kartenblattsystem. Es schließt damit lückenlos an das Kartensystem von Niedersachsen an, und auch die Ergebnisse des Westberliner Brutvogelatlas (Ornithologische Arbeitsgruppe Berlin [West] 1984) lassen sich problemlos einordnen.

Grundlage ist das flächendeckende System der bekannten Meßtischblätter (MTB, topographische Karte im Maßstab 1:25000). Die Meßtischblätter sind dem geographischen Koordinatensystem angepaßt und entsprechen in der Breite 10 geographischen Längenminuten und in der Höhe 6 geographischen Breitenminuten. Aufgrund der Erdkrümmung ergeben sich daraus unterschiedliche Streckenlängen und Flächen, im Norden des Gebietes sind die Meßtischblätter kleiner (ca. 117 km^2) als im Süden (ca. 135 km^2). Die mittlere Fläche kann mit 126 km^2 angegeben werden.

6.3. Ablauf der Kartierung

Nach einem Probejahr (1977) im Bezirk Magdeburg begann 1978 im gesamten Gebiet die Kartierung. Möglichst jedes MTB erhielt einen Bearbeiter, der mit dem entsprechenden Kartenblatt und einer Registrierliste (Muster s. Anhang) versorgt wurde. Letzteres erfolgte entweder direkt durch die Zentrale im Museum Heineanum in Halberstadt, meistens jedoch über die Zwischenschaltung von sogenannten Regionalkoordinatoren. Diese hatten die Aufgabe der Zwischenkontrolle und Rücknahme nach Abschluß jeder Saison im Herbst. In der Halberstädter Zentrale wurden die jährlichen Ergebnisse gesammelt. Jeder Bearbeiter erhielt für die nächste Saison eine neue Registrierliste, auf der die zurückliegend nachgewiesenen Arten unter dem entsprechend höchsten Nachweisgrad angekreuzt waren. Diese mußte vom jeweiligen Mitarbeiter auf mögliche Übertragungsfehler kontrolliert und fortführend bearbeitet werden. Von der Kartierungszentrale (H. KÖNIG) aus wurden auf Bezirks- und zentralen Ornithologentagungen Einführungen, Zwischenberichte und spezielle Hinweise gegeben sowie mehrere (3) Anleitungen verfaßt und ausgegeben.

Nach 3 Jahren (1980) waren etwa 91 % der Raster mit Mitarbeitern besetzt und zumeist schon über mehrere Jahre bearbeitet. Im Durchschnitt erbrachte das bis zu diesem Zeitpunkt bereits etwa 96 Registrierungen pro Meßtischblatt (Arten/MTB). 1981, also nach dem 4. Jahr, konnten 889 von 925 MTB als bearbeitet gelten (96,1 %), und im Mittel waren 102 Brutvogelarten pro MTB registriert.

Schwierigkeiten ergaben sich neben vereinzelten Gebieten in Mecklenburg-Vorpommern, Sachsen-Anhalt und Thüringen besonders im Nordwesten und Süden Brandenburgs, wo sich etliche nicht besetzte Flächen konzentrierten. Deren Bearbeitung wurde 1981 und 1982 durch die Halberstädter Zentrale direkt übernommen („Zelten" auf dem MTB).

In Mecklenburg-Vorpommern erfolgte, wie bereits erwähnt, die Kartierung auf der Basis von Meßtischblatt-Quadranten (MTBQ). Die Ergebnisse von den einzelnen MTBQ wurden für die Atlas-Kartierung auf einer Registrierliste zusammengefaßt. Im Jahre 1983 wurden hier zusätzlich noch „auffällige Lücken in der kartierten Verbreitung kommuner Arten, die sich bei der Gesamtschau ergaben, überprüft, indem langjährige Kenner des betreffenden Gebietes nach ihren Erfahrungen befragt oder bestimmte Flächen noch einmal darauf kontrolliert wurden" (KLAFS & STÜBS 1987).

Ansonsten wurde praktisch die gesamte Kartierung von 1978 bis 1982, also in 5 Jahren, durchgeführt. Über 780 Mitarbeiter lieferten Beobachtungsmaterial. Einschließlich Randblätter ergeben sich insgesamt 925 bearbeitete Rasterflächen, auf denen 102.297 Artnachweise erbracht wurden. Die dazu aufgewendete Kartierungszeit der Bearbeiter läßt sich nicht genau angeben. Mit Sicherheit dürften insgesamt über 50.000 Arbeitsstunden aufgewendet worden sein. Ein versierter Beobachter kann zwar in 25 Stunden verteilt auf 3 bis 4 günstige Tage durchaus 90 bis 100 Brutvogelarten auf einem MTB nachweisen, doch wird das Auffinden jeder weiteren Art immer aufwendiger.

6.4. Qualität der Kartierung und Fehler

Es wird für notwendig erachtet, an dieser Stelle kurz auf Fehler hinzuweisen, die der vorliegende Atlas möglicherweise enthalten kann. Eine solche kritische Betrachtungsweise findet man übrigens in derartigen Werken zu wenig. Bei einem so umfangreichen Vorhaben, bei dem enorme Datenmengen anfallen und bewältigt werden müssen, schleichen sich immer einmal kleine Fehler ein, deren Größenordnung allerdings nicht genau angegeben werden kann. Das bezieht sich jedoch in erster Linie auf die Erstellung der Verbreitungskarten.

Es beginnt aber bereits bei der Beobachtungstätigkeit des Bearbeiters auf seiner Untersuchungsfläche. Hier ist die Vollständigkeit der Bearbeitung vom Zeitaufwand (Intensität) und von den Kenntnissen des Bearbeiters abhängig. Normalerweise wird das Arteninventar mit zunehmender Beobachtungszeit immer vollständiger erfaßt, absolute Vollständigkeit wird bei so großen Flächen aber kaum erreicht. Besonders bei einigen seltenen und schwer oder nur mit besonderer Methode erfaßbaren Arten (z. B. kleine Rallen) dürften deshalb Erfassungslücken vorhanden sein. Insgesamt ist aber ein sehr guter Bearbeitungsstand erreicht worden, wie es durch die hohe mittlere Anzahl Arten pro MTB bestätigt wird (vgl. Abschnitt Allgemeine Ergebnisse).

Um dennoch einmal diejenigen Raster zu kennzeichnen, die sicher nicht so gründlich durchforscht worden sind, wurde eine Auswahl von häufigen und in allen Regionen verbreiteten Arten getroffen und deren Fehlen auf einzelnen MTB registriert. Es handelt sich um folgende 35 Arten: Stockente, Mäusebussard, Turmfalke, Ringeltaube, Waldkauz, Kuckuck, Buntspecht, Feldlerche, Rauchschwalbe, Bachstelze, Baumpieper, Neuntöter, Zaunkönig, Sumpfrohrsänger, Gartengrasmücke, Mönchsgrasmücke, Klappergrasmücke, Zilpzalp, Grauschnäpper, Trauerschnäpper, Gartenrotschwanz, Hausrotschwanz, Rotkehlchen, Singdrossel, Amsel, Kohlmeise, Kleiber, Goldammer, Buchfink, Grünfink, Hänfling, Haussperling, Star, Eichelhäher und Elster. In Abb. 5 ist das Resultat graphisch dargestellt und kann zum Vergleich herangezogen werden. Die Bearbeitungsintensität ist danach relativ gleichmäßig über das Gebiet verteilt, mit leichten „Schwachstellen" im Bezirk Potsdam (Brandenburg) entsprechend der geringen Bearbeiterdichte.

Technische Fehler können dagegen durch die aufreibende Arbeit der Datenübertragung geschehen, verstärkt dort, wo Daten noch extra zusammengefaßt werden mußten, wie z. B. durch die Umsetzung der Quadranten-Ergebnisse in Mecklenburg-Vorpommern. So können Übertragungsfehler entstanden sein, indem sich in der Zeile (eine andere Art angekreuzt) oder in der Spalte (anderer Nachweisgrad angekreuzt) geirrt oder gar eine Eintra-

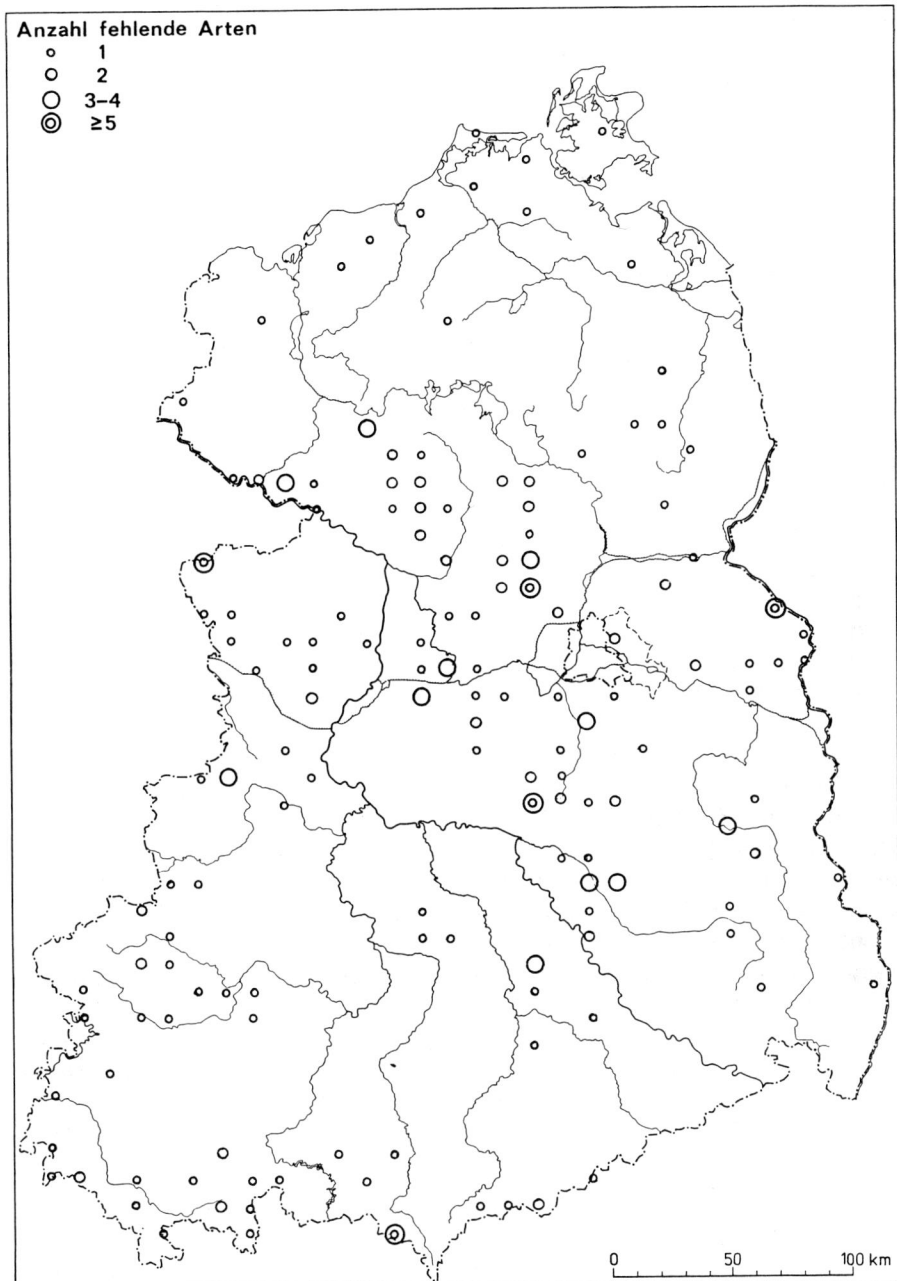

Anzahl fehlende Arten
- ∘ 1
- ∘ 2
- ○ 3–4
- ◉ ≥5

0   50   100 km

Abb. 5. Darstellung der Bearbeitungsintensität. Dafür wurde das Fehlen von Arten, die häufig und allgemein verbreitet sind und eigentlich auf jedem Meßtischblatt vorkommen müßten, zur Beurteilung herangezogen (n = 35 Arten; vgl. Text). Nur wenige Rasterflächen (1,7 %) weisen davon 3 oder mehr fehlende Arten auf und müssen als nicht so gründlich bearbeitet angesehen werden.

gung vergessen bzw. übersehen wurde. Nach Stichproben liegt dieser Fehler unter 0,5 % (KÖNIG 1982). Schließlich kann auch noch beim Übertragen der Listenergebnisse in die Urkarte ein Irrtum unterlaufen sein.

Sofern solche Fehler nicht bei Zwischenauswertungen, Stichproben oder durch Zufall bemerkt wurden, können sich einzelne bis in die gezeichnete Verbreitungskarte durchgeschlichen haben. Alles in allem gibt es auch bei noch so gründlicher Arbeit sehr viele Fehlerquellen. Darüber muß man sich im klaren sein. Auf keinen Fall dürfen einzelne Fehler isoliert betrachtet und überbewertet werden. Das Gesamtbild und die Aussage werden dadurch in keiner Weise verändert.

6.5. Quantifizierung der Brutvogelbestände

In mehreren Brutvogelatlanten wurden bereits Abschätzungen der Vogelbestände auf Landesebene vorgenommen und abgedruckt, in einigen sogar für sämtliche Arten (z.B. TEIXERA 1979, RHEINWALD 1982). Derartige Globalzahlen sind, trotz ihnen anhaftender Fehler, recht interessant und können unter anderem für allgemeine Beurteilungen der Avifauna verwendet werden (vgl. Kapitel 8.). Besonders wichtig ist die Kenntnis der Bestandsgrößen für die Charakterisierung der potentiellen oder aktuellen Gefährdung von Arten.

Verwertbare, das heißt weitgehend zuverlässige Angaben über Vogelbestände sehr großer Gebiete zu ermitteln, ist schwierig und grundsätzlich mit mehr oder weniger großen Fehlern verbunden. Die Fehlergrößen können meist nicht angegeben werden. Sie sind besonders von der jeweiligen Vogelart, ihrer Erfaßbarkeit und der angewendeten Methode abhängig.

Trotz aller Schwierigkeiten wurde versucht, für sämtliche Brutvogelarten des Gebietes einen ungefähren mittleren Bestand abzuschätzen. Je nach Möglichkeit und Notwendigkeit wurden dazu verschiedene Methoden benutzt. Sie werden nachfolgend kurz erläutert. Jede dieser Methoden hat ihre Vor- und Nachteile und ist nicht für alle Arten gleich anwendbar.

6.5.1. Hochrechnung von Schätzungen des Brutbestandes auf Meßtischblättern

Die Bearbeiter wurden aufgefordert, für einen Großteil der Arten die Anzahl der Brutpaare auf ihrer Rasterfläche (Meßtischblatt) zu schätzen und in eine der vorgegebenen Häufigkeitsklassen (1, 2, -5, -10, -20, -50, -100, -500, -1000, -5000, -10000 BP und darüber) einzuordnen. Viele Mitarbeiter beteiligten sich, so daß für die meisten abzuschätzenden Arten von mehr als 50 % der besetzten Raster Schätzungen vorliegen.

Für eine Kalkulation des Gesamtbestandes muß selbstverständlich die von der betreffenden Art besiedelte Fläche des Gebietes vollständig erfaßt werden. Daraus folgt, daß auch die besetzten, vom Bearbeiter aber nicht abgeschätzten Raster bei der Berechnung mit berücksichtigt werden müssen. Für diese ist im Mittel die gleiche Verteilung der Schätzangaben zu erwarten. Diese Vermutung bestätigen übrigens die Ergebnisse von Zwischenauswertungen einiger Arten nach einem Jahr (1981) im Vergleich zum Endergebnis (1982). Die Schätzung des Gesamtbestandes einer Vogelart erfolgte deshalb nach

$$B = \frac{a \sum_{k=1}^{n} b_k}{n} \qquad [1]$$

Es bedeuten:

B = Brutbestand des jeweiligen Gebietes
a = Anzahl der von betreffender Vogelart besetzten Raster
b_k = geschätzter Brutbestand pro Raster
n = Anzahl der Raster, deren Bestand für die jeweilige Art abgeschätzt wurde

Auf der Grundlage von Klassengrenzen lassen sich Minimalbestände (B_{min}) und Maximalbestände (B_{max}) ermitteln, zwischen denen der wahre Bestand vermutlich liegt. Ein mittlerer geschätzter Brutbestand (B) einschließlich der Minimal-/Maximalwerte läßt sich wie folgt angeben:

$$B = \frac{B_{min} + B_{max}}{2} \pm \frac{B_{max} - B_{min}}{2} \qquad [2]$$

oder

$$B = \frac{B_{min} + B_{max}}{2} \pm \frac{100 \, (B_{max} - B_{min})}{B_{min} + B_{max}} \, \% \qquad [3]$$

Die so berechneten Werte werden nach den allgemein gültigen Regeln gerundet, da viele zählende Ziffern eine Genauigkeit vortäuschen, die zwar rein rechnerisch vorhanden, methodisch jedoch nicht gerechtfertigt ist.

Die Methode wurde bereits am Beispiel des Rotmilans ausführlich erläutert (NICOLAI & KÖNIG 1990). Es können mit ihr ohne weiteres auch die Bestände von Teilgebieten separat bestimmt werden. Dies wird sogar notwendig, wenn großflächig unterschiedliche Siedlungsdichten (Häufigkeiten) einer Art vorliegen und sich der Anteil abgeschätzter Raster nicht gleichmäßig über das Gebiet verteilt. Zum Beispiel wurden von den Bearbeitern in Mecklenburg-Vorpommern relativ weniger Raster abgeschätzt als in den südlichen Gebieten (vgl. dazu einige Häufigkeitskarten). Ist nun eine Vogelart im Norden häufiger/seltener, würde bei einheitlicher Hochrechnung nach beschriebener Methode der Bestand für das Gesamtgebiet wegen des ungleichen Abschätzungsgrades geringer/höher werden.
Weiterhin wurden bei der Ermittlung der Brutbestände nach diesem Verfahren methodisch spezifische Besonderheiten (z. B.: sehr große „Reviere" bzw. Aufenthaltsgebiete, Vorkommen von Nichtbrütern, jahreszeitlich später Heimzug u.ä.) berücksichtigt. Das erfolgte in der Form, daß für die Hochrechnung nur die Raster einbezogen wurden, auf denen die betreffende Art wahrscheinlicher und sicher nachgewiesener Brutvogel (C- und D-Nachweis) oder nur sicher nachgewiesener Brutvogel (D-Nachweis) ist. Dabei fielen dann also Raster mit nur B-Nachweisen völlig heraus (z. B.: Schwarzstorch, Fischadler, Seeadler). So wurde eine eventuell ungerechtfertigt hohe Bestandsangabe bei selteneren Arten verhindert.
Wie zuverlässig die Ergebnisse sind, läßt sich mit Sicherheit in jedem einzelnen Fall schwer sagen. Lediglich dort, wo bereits „Zählungen" vorliegen, sollte eine weitgehend gesicherte Aussage zu treffen sein. Während der Atlas-Kartierung wurden die Brutbestände von Höckerschwan (1980) und Graugans (1981) durch ehemals landesweite (DDR) Zählungen erfaßt. Sie stehen in ausgewerteter Form zur Verfügung (Rutschke 1981; Naacke 1981). Danach beträgt der Bestand des Höckerschwans 2254 BP (Atlas-Ergebnis: 3200 ± 800 BP) und der unserer Graugans 3210 bis 3257 BP (Atlas-Ergebnis: 4000 ± 700 BP). Auf den ersten Blick liegen die Atlas-Ergebnisse deutlich höher, obwohl der jeweils untere Grenzwert (B_{min}) etwa dem Zählergebnis entspricht. Beleuchten wir aber die Zählung der Graugans etwas näher, so sind zum Beispiel bei der Erfassung 1981 weit über 100 (!) bekannte Brutplätze früherer Zählungen nicht kontrolliert worden. Da die Graugans sich in einer Phase der Bestandszunahme und Ausbreitung befindet, kommt noch eine Dunkelzif-

fer hinzu, die auf zum Zeitpunkt der Zählung nicht bekannten Neuansiedlungen beruht. Der Bestand muß demnach bei Berücksichtigung dieser Fakten deutlich höher liegen als das Zählergebnis, und der mittlere Atlas-Wert erscheint keineswegs mehr zu hoch.

Wir können davon ausgehen, daß alle derartigen Zählungen aus den unterschiedlichsten Gründen mit Fehlern behaftet sind. Normalerweise sind sie einfach unvollständig und repräsentieren Minimalwerte. Eine vielfach gebotene, auf einen Zähler genaue Anzahl von Paaren täuscht ein exaktes Ergebnis lediglich vor. Unsere hier vorgelegten Bestandsangaben sind dagegen zwar nicht so präzise, dürften jedoch den wahren Bestand in den meisten Fällen im ausgewiesenen Bereich beinhalten. Das dürfte für die überwiegende Zahl der seltenen bis mäßig häufigen Arten gelten, die relativ auffällig sind und sich deshalb gut schätzen lassen.

Häufigere Arten und besonders solche, die ganz allgemein weniger auffällig sind, werden dagegen meist unterschätzt (z. B. TEIXERA 1979, MELCHERT 1982). Bei dem Vergleich mit Bestandsangaben, die durch Hochrechnungen von Siedlungsdichten auf Kontrollflächen (s. u.) ermittelt wurden, zeigte sich, daß danach bestimmte Bestände überwiegend höher liegen. In den meisten Fällen deckten sich aber oberer Bereich der durch Hochrechnung der Raster-Schätzungen und unterer der durch Hochrechnung von Siedlungsdichte-Angaben gewonnenen Ergebnisse. Es wurde dann bei vorsichtiger Abwägung und Prüfung der Besonderheiten der betreffenden Arten und ihrer Bestandsentwicklung ein Durchschnittswert gebildet.

Bei einer Reihe von Arten wird eine Unterschätzung des Bestandes durch die meisten Bearbeiter infolge des großen Bereichs der höheren Häufigkeitsklassen und der arithmetischen Mittelwertsbildung (vgl. [2]) kompensiert. Meistens dürfte bei ihnen jedoch der wahre Bestand eher im oberen Bereich der Angabe liegen.

Einige schwer erfaßbare (z. B. kleine Rallen), wenig auffällige (z. B. Kleinspecht) oder besonders nächtlich aktive Arten, deren Bestand nicht durch Hochrechnung von Siedlungsdichte-Angaben anderweitig bestimmt und so das Ergebnis kontrolliert werden konnte, dürften deutlich unterschätzt worden sein. Bei solchen Arten werden im Text entsprechende Vorbehalte geäußert.

6.5.2. Hochrechnung von Siedlungsdichte-Angaben

Für die Erfassung von Brutvogelbeständen auf kleineren Kontrollflächen gibt es bereits seit längerem „Empfehlungen für eine international standardisierte Kartierungsmethode" (vgl. Mitt. IG Avifauna DDR 3, 1970). Dabei wird die Anzahl der Brutpaare anhand revieranzeigender Merkmale festgelegt. Diese Methode hat sich bewährt, ist für die meisten unserer Sperlingsvögel und sogar einige Nicht-Sperlingsvögel anwendbar und fand bereits breite Verwendung. In Ostdeutschland sind bis heute weit über 1000 Einzeluntersuchungen auf dieser Grundlage durchgeführt worden. Die Bearbeitung größerer Gebiete ist hiermit allerdings wegen des notwendigen hohen Zeitaufwandes nicht möglich. Möglich ist jedoch die Hochrechnung von durchschnittlichen Dichteangaben auf große Flächen.

Für eine Reihe häufiger und allgemein verbreiteter Arten wurden so die Brutbestände für das Gesamtgebiet bestimmt. Grundlage dafür waren die zahlreich vorliegenden (publizierten) Untersuchungen der Siedlungsdichte auf Kontrollflächen innerhalb des Gebietes. Berücksichtigt wurden insgesamt über 500 Einzelerhebungen, teilweise mehr als 200 Angaben je Art. Besonderer Wert wurde auf Angaben von möglichst großen Untersuchungsflächen gelegt, weil kleine Flächen weniger repräsentativ sind und bei ihnen der flächenabhängige (methodische) Fehler größer ist. Bei einmalig untersuchten Kontrollflächen fanden nur jene über 10 ha (bei „offener" Landschaft wie Ackerflächen, Grünland u. ä. über 30 ha) Flächengröße Berücksichtigung. Für eine Vogelart geeignete, aber von betreffender Art nicht besetzte Flächen (Siedlungsdichte = 0) wurden mit einbezogen.

Es erfolgte eine Zuordnung der Angaben zu den einzelnen Nutzungsformen der gesamten Wirtschaftsfläche des Gebietes. Aus den Einzelwerten je Nutzungsfläche wurde nun der Mittelwert berechnet und um ihn ein Bereich abgegrenzt, der je nach Streuung etwa ein Drittel oder mehr Einzelwerte enthält. Es ergibt sich damit ein Bereich mittlerer Siedlungsdichte der Vogelart für die jeweilige Fläche. Mit der gesamten Flächengröße multipliziert, errechnen sich daraus dann Minimal- und Maximalbestand der entsprechenden Nutzungsfläche. Die Summe der Teilbestände aller besiedelbaren Flächen ergibt schließlich den Gesamtbestand.

6.5.3. Andere Methoden

Für die wenigen Arten, deren Bestände nicht nach den beiden oben erläuterten Methoden bestimmt werden konnten, verwendeten wir publizierte Angaben. Es handelt sich um Ergebnisse zentralgeleiteter Gesamtzählungen (z. B. Graureiher, Weißstorch, Lachmöwe), aber auch um zusammengetragene Zahlen aus Jahresberichten und Einzelarbeiten (z. B. für einige Küstenvögel). In einem Fall (Saatkrähe) wurden die bisher nicht publizierten - weil recht unvollständigen - Ergebnisse einer 1978 im Auftrage des ehemaligen ZFA Ornithologie durchgeführten Zählung ausgewertet und durch aktuelle Angaben der Atlas-Kartierung ergänzt. Soweit wie möglich erfolgte natürlich auch eine Aktualisierung der anderen Zählergebnisse (vgl. Graureiher).

Die hier ermittelten Bestandsangaben beziehen sich grundsätzlich auf den Kartierungszeitraum 1978 bis 1982, unabhängig davon, ob in der Bearbeitungszeit danach noch deutliche Veränderungen erfolgten. Sie werden im speziellen Teil immer im ersten Satz des Abschnittes Bestand/Bestandsentwicklung genannt. Bei Arten, die einen nachweislichen Entwicklungstrend (Zu- oder Abnahme) während der Kartierung aufweisen, bezieht sich die Angabe auf die letzten beiden Jahre 1981/82. Werden andere Angaben zum Vergleich herangezogen, so sind Zeit und Quellen vermerkt.

Sämtliche ermittelten Brutbestände sind nach [3] in einheitlicher Form angegeben, das heißt mittlerer Brutbestand plus/minus Abweichung davon in Prozent. Die allgemeine Angabe in Brutpaaren (BP) erfolgte für alle Arten gleich, obwohl dies bei einigen Vogelarten von der Biologie (bzw. auch Methodik) her nicht ganz korrekt, zumindest aber problematisch oder nicht üblich ist (z. B. für Rauhfußhühner, Großtrappe, Waldschnepfe, Kampfläufer, Kuckuck, Seggenrohrsänger).

Der relativ große Bereich zwischen Minimal- und Maximalwert ergibt sich aus der angewendeten Methode. Zur Zeit dürften kaum präzisere und zugleich zuverlässige Bestandsangaben für die meisten Brutvogelarten des Gebietes möglich sein. Außerdem wäre für unseren Zweck eine präzise Anzahl überhaupt nicht angebracht, da ja eine mittlere Bestandsangabe für einen Zeitraum von etwa (3-) 5 Jahren geliefert werden soll. Für eine ganze Reihe heimischer Vogelarten sind aber jährliche, und zum Teil sehr beträchtliche, Bestandsschwankungen durchaus natürlich. Es dokumentieren sich darin vielfach vom Menschen nicht oder kaum beeinflußbare Faktoren. Beispielsweise kann ein strenger, schneereicher Winter (während der Kartierung 1978/79 !) den Bestand vieler Vogelarten drastisch reduzieren (z. B. von Schleiereule, Eisvogel, Grünspecht, Zaunkönig) oder ein günstiges Nahrungsangebot durch Massenvermehrung von Feldmäusen (1978) zu verstärktem Auftreten ihrer Jäger führen (z. B. Korn- und Wiesenweihe, Wald- und Sumpfohreule). Weiterhin kann sich ein extrem niederschlagsreiches Frühjahr ausgesprochen positiv auf die Bestände einiger Wasservogelarten, ein feuchtkühler Sommer dagegen sehr nachteilig für eine Reihe wärmeliebender Insektenfresser auswirken. Die hier vorgelegten Bestandszahlen werden diesem Problem teilweise und zwangsläufig gerecht.

Möglicherweise sind einzelne Angaben darunter, die dem einen oder anderen fachkundigen Leser aufgrund bisheriger Kenntnisse unwahrscheinlich vorkommen. Es kann jedoch jedem versichert werden, daß hinter allen Zahlen gründliche Überlegungen und Abwägungen stehen, alle Angaben ihre Begründung haben. Trotzdem sind natürlich Fehleinschätzungen nicht auszuschließen. So sollen die im Atlas vorgelegten Bestandsangaben zugleich auch zu weiteren Nachforschungen anregen. Vielleicht kann dann die eine oder andere Korrektur vorgenommen werden, wenn mit besseren Methoden ermittelte und exaktere Ergebnisse vorliegen.

7. Was zeigt uns der Atlas, und wie kann er verwendet werden?

Jede wissenschaftliche Methode führt zu einem bestimmten Ergebnis und hat hinsichtlich der Genauigkeit und Aussagekraft grundsätzlich ihre Grenzen. Brutvogel-Atlanten sollen in erster Linie und großflächig möglichst genaue Verbreitungsmuster darstellen. Daß dieses Ziel erreicht wird, beweisen die publizierten Atlaswerke und die hier vorgelegten Karten im speziellen Teil. Bei der Atlaskartierung wird die Aussagekraft und Auswertbarkeit sehr wesentlich von der Größe der Rasterfelder und der Intensität der Bearbeitung bestimmt. Selbstverständlich bieten in diesem Sinne feinere Rasterkarten (z. B. Meßtischblatt-Quadranten) bei gleicher relativer Bearbeitungsintensität „genauere" Verbreitungsbilder, erfordern andererseits aber erheblich mehr Arbeitsaufwand. Die Abb. 6 erlaubt den Vergleich der Atlasbilder von drei ausgewählten Arten mit denen der Quadranten-Kartierung am Beispiel von Mecklenburg-Vorpommern.

Trotz einer vierfachen Verfeinerung kann prinzipiell die gleiche Aussage getroffen werden. Hinsichtlich einer weitergehenden "ökologischen" Interpretation haben derartige Verbreitungskarten zweifellos ihre Grenzen. In diesem Sinne sind großflächige Atlas-Kartierungen von Fein-Rasterkartierungen zu unterscheiden, wobei letztere für eine sinnvolle Auswertbarkeit bestimmte Kriterien erfüllen müssen. Beispielsweise soll nach BEZZEL (1983) der Quotient aus Anzahl der Rasterfelder und der Flächengröße eines Rasterfeldes in Hektar größer als 1 sein (möglichst sogar größer als 2,5). Nach dieser Vorgabe durchgeführte Untersuchungen bieten natürlich bessere und tiefgründigere Auswertemöglichkeiten als das entsprechende Meßtischblatraster (vgl. Karten in Abb. 7). In den abgebildeten Beispielen deutet sich gleichzeitig an, was alles hinter einem einzigen Atlas-Punkt stehen kann: 10 Brutpaare (BP) Mäusebussarde oder auch über 3000 BP Feldlerchen, in noch extremeren Fällen vielleicht nur 1 BP Schwarzstörche und Wiedehopfe oder 17000 BP Lachmöwen. Dies gilt es beim "Lesen" der Atlas-Verbreitungskarten immer zu berücksichtigen. Wichtige zusätzliche Informationen bieten in diesem Zusammenhang die Angaben zum Bestand im Arttext.

Die kartographische Darstellung der Verbreitung der nachgewiesenen Brutvogelarten kann darüberhinaus nur eine Momentaufnahme sein, streng genommen ist sie gewissermaßen nur für den unmittelbaren Untersuchungszeitraum gültig. Durch die sich ständig vollziehenden Veränderungen, ganz gleich, ob natürlicherweise oder aufgrund anthropogener Beeinflussungen, ergeben sich Verschiebungen in den Verbreitungsgrenzen und -mustern selbst in kleinen Zeiträumen.

Zwei Beispiele sollen das verdeutlichen. So hat der Steinkauz in den letzten Jahrzehnten beträchtlich abgenommen und zählt in Ostdeutschland heute zu den gefährdetsten Arten überhaupt. Als ehemals allgemein verbreiteter Brutvogel zeigte er zur Kartierungszeit nur noch eine lückenhafte Verbreitung. Sein Bestand ist in den 80er Jahren weiter zurückgegangen (SCHÖNN 1986; SCHÖNN et al. 1991), das Verbreitungsgebiet noch lückenhafter geworden. Auch wenn Erfassungsfehler bzw. -lücken bei dieser Eulenart recht wahrscheinlich sind, lassen sich doch die beiden Ergebnisse 1978–1982 (Atlaskartierung) und 1985 - 1988 (Kartierung BAG Artenschutz) für den ehemaligen Bezirk Magdeburg vergleichen (Abb. 8).

Genau entgegengesetzt verhält es sich mit dem Kolkraben, dessen Verbreitungsgrenze sich weiter nach Süden und Südwesten verschoben hat. Dies ging so zügig, daß die Erweiterung des Verbreitungsgebietes sogar während der Kartierungszeit spürbar war. Gegenwärtig dürfte das gesamte Gebiet Ostdeutschlands, zwar in sehr unterschiedlicher Dichte, aber weitgehend flächendeckend besiedelt sein.

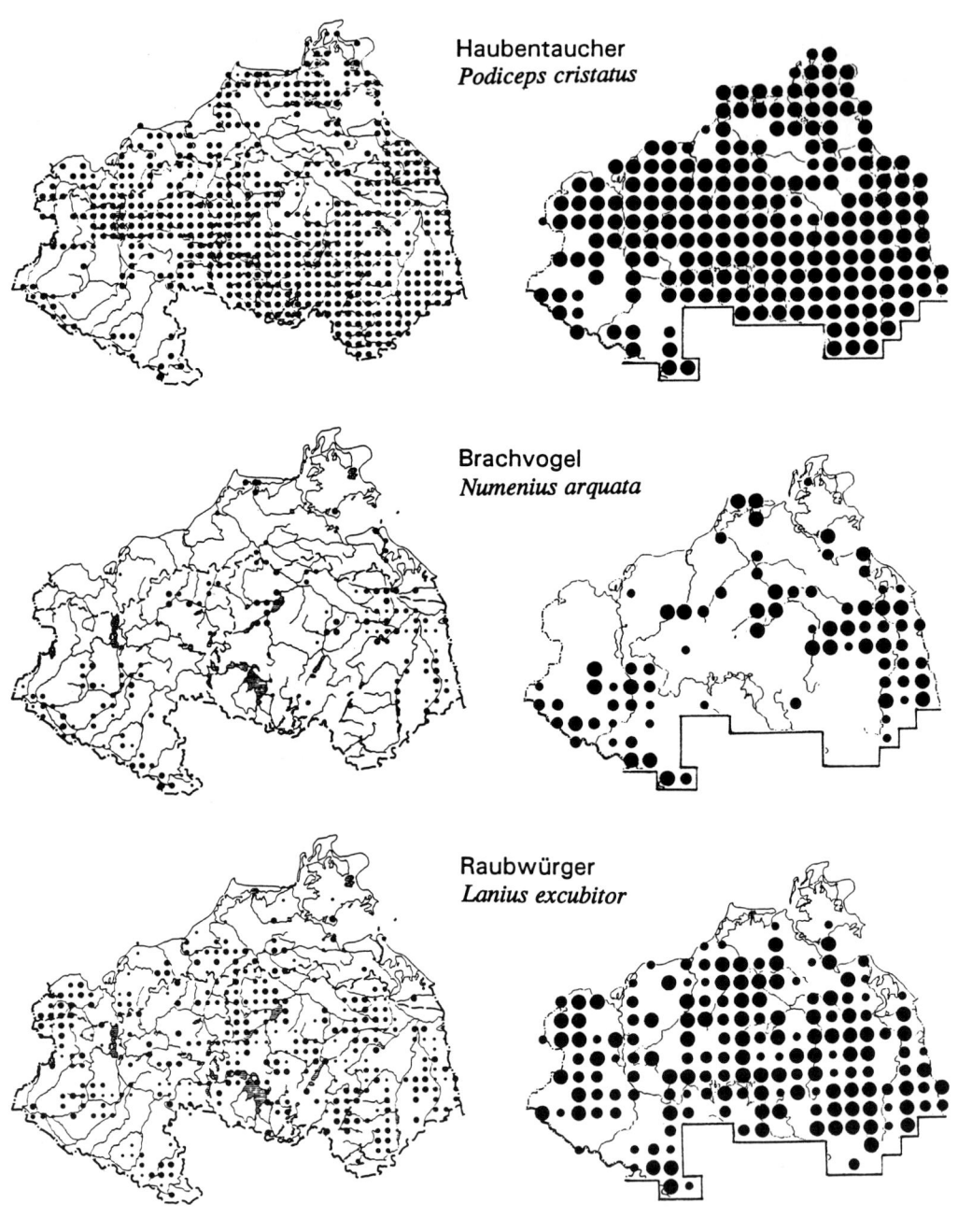

Abb. 6.Vergleich der Kartenbilder von drei ausgewählten Brutvogelarten bei unterschiedlicher Rastergröße am Beispiel von Mecklenburg-Vorpommern (links: Meßtischblattquadranten aus KLAFS & STÜBS 1987; rechts: entsprechender Ausschnitt aus den vorliegenden Atlaskarten.

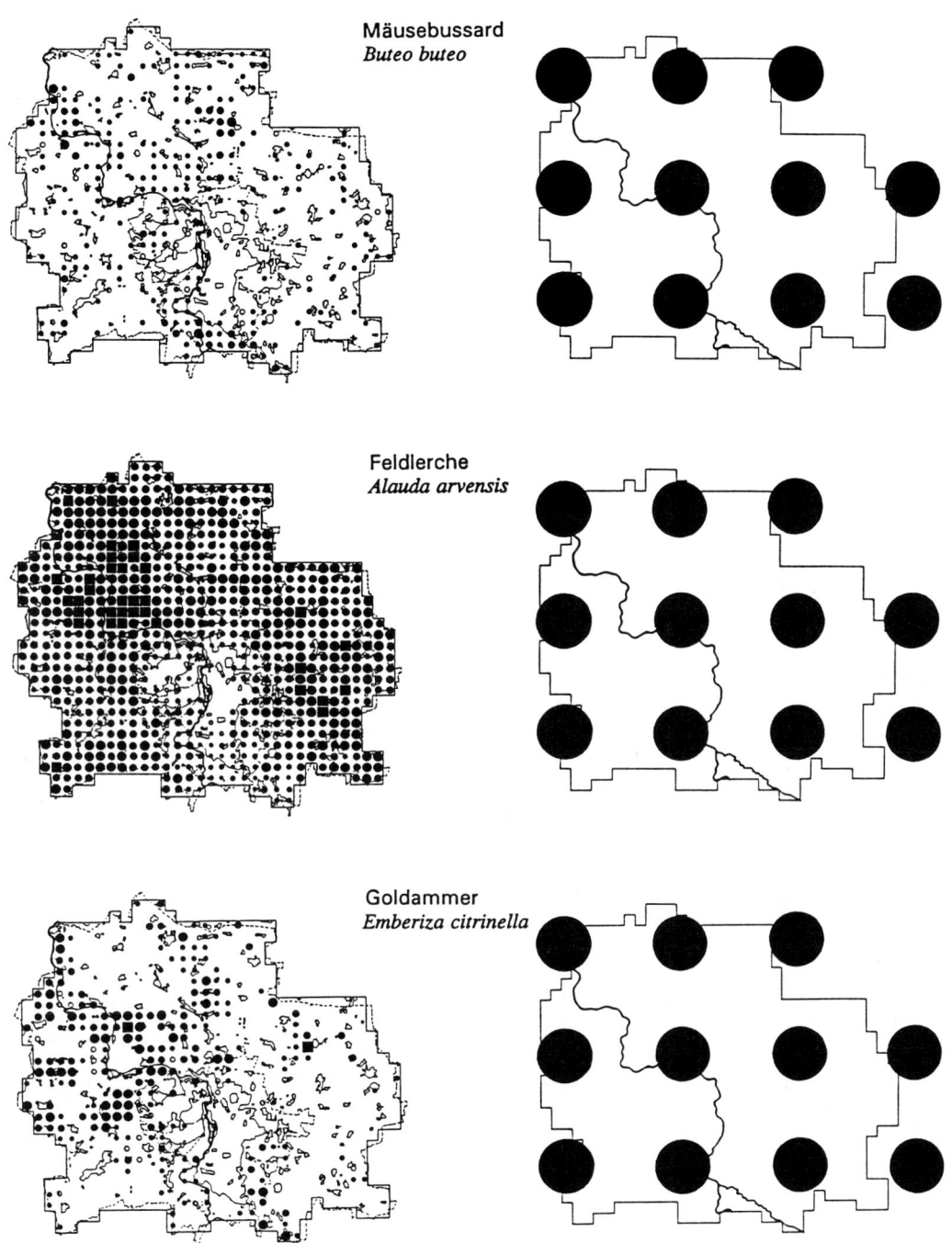

Abb. 7. Vergleich der Kartenbilder von drei ausgewählten Brutvogelarten bei unterschiedlicher Raster-größe am Beispiel von Halle und Umgebung (links: 1 km²-Feinraster mit halbquantitativer Darstellung aus Schönbrodt & Spretke 1989; rechts: entsprechender Ausschnitt im Meßtischblatt-Raster).

Etwas übertrieben formuliert ist der Atlas praktisch „ein Bild der Vergangenheit" (SCHIFFERLI 1980). Darüber muß sich jeder, der die Ergebnisse betrachtet und irgendwie verwendet, im klaren sein. Andererseits liegt in dem zeitlich abgeschlossenen und methodisch definierten Arbeitsergebnis eine wertvolle Grundlage für weitere und vergleichende Untersuchungen bereit.

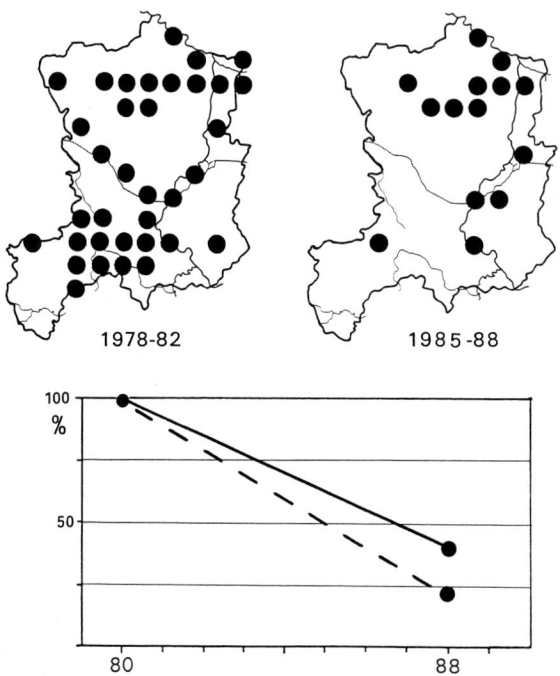

Abb. 8. Vorkommen des Steinkauzes *(Athene noctua)* im ehemaligen Bezirk Magdeburg. Oben links: Ausschnitt aus vorliegender Atlaskarte; oben rechts: Ergebnisse der Kartierung der BAG Magdeburg von 1985 bis 1988; unten: Bestandsabnahme (durchgezogene Linie: besetzte Meßtischblätter; gestrichelte Linie: geschätzter Bestand).

Besonders die Aufdeckung von auffallenden und teilweise eigenartigen Verbreitungsbildern oder -grenzen (z. B. von Sturmmöwe, Ziegenmelker, Steinkauz, Grauspecht, Heidelerche, Sommergoldhähnchen, Ortolan) und Häufigkeitsverteilungen (z. B. bei Rotmilan, Steinschmätzer, Wacholderdrossel, Gimpel) sollte zu gezielten Nachforschungen führen. Viele grundlegende Fragestellungen knüpfen sich an, wobei gleichzeitig die interessanten Gebiete aufgezeigt werden, in denen eine Ursachenforschung ansetzen müßte.
Rasterkartierungen sind besonders wertvoll bei der Herausstellung schützenswerter Landschaftsteile (z. B. BEZZEL & UTSCHICK 1979; BEZZEL 1982). Die relativ groben Atlas-Projekte erlauben dabei immer noch eine Beurteilung von Landschaften etwas größerer Ausdehnung. So können auch mit den vorgelegten Atlas-Ergebnissen verschiedene Aussagen zur Struktur der Avifauna getroffen werden, wie aus dem folgenden Kapitel deutlich wird. Und schließlich lassen sich über differenzierte Betrachtungen unter Einbeziehung der Bewertung von Brutvogelarten trotz des verwendeten groben Rasters Landschaften bewerten, wie es beispielsweise bereits für das Elbegebiet in Sachsen-Anhalt praktiziert wurde (vgl. NICOLAI 1992).

8. Allgemeine Ergebnisse

Während der Kartierungszeit von 1978 bis 1982 wurden insgesamt 220 Vogelarten für das gesamte Gebiet nachgewiesen. 4 Arten davon (Nilgans, *Alopochen aegyptiacus*; Rostgans, *Tadorna ferruginea*; Mandarinente, *Aix galericulata*; Hirtenmaina, *Acridotheres tristis*) kamen zwar als Brutvögel vor, müssen jedoch als entwichene Gefangenschaftsvögel gelten, die nur durch menschliche Unterstützung bei uns erschienen sind. Die restlichen 216 Vogelarten setzen sich aus regelmäßigen, unregelmäßigen, wahrscheinlichen (kein sicherer Brutnachweis erbracht) und möglichen Brutvögeln sowie Brutgästen und Ausnahmeerscheinungen zusammen. Von den sicher nachgewiesenen Brutvogelarten können 195 (möglicherweise bis 198) Arten als regelmäßige Brutvögel des Gebietes bezeichnet werden. Es handelt sich dabei um 104 Nichtsperlingsvögel (Nonpasseriformes) und 91 Sperlings- (Passeriformes) oder Singvögel (NP : P = 1,14).

Diese summarische Aufschlüsselung der vorkommenden Vogelarten ist natürlich in starkem Maße von dem berücksichtigten Zeitraum und von der Beobachtungsintensität abhängig. Eine größere Beobachtungsspanne erhöht zwangsläufig die Anzahl der nachgewiesenen Arten, insbesondere die der seltenen (Brut-)Gäste. So sind in den letzten Jahren beispielsweise die folgenden Arten, die während der Kartierung nicht oder nur als Gäste im Gebiet vorkamen, als Brutvögel nachgewiesen worden:

Kanadagans *(Branta canadensis)*: 1985 Brutversuch Insel Beuchel und ab 1986 Insel Kirr/Mecklenburg-Vorpommern (MÜLLER 1987ff.);

Eiderente *(Somateria mollissima)*: 1985 und 1987 jeweils Brutversuch (Gelegefunde) auf Poel/Mecklenburg-Vorpommern (ZÖLLICK 1986, MÜLLER 1989);

Zwergmöwe *(Larus minutus)*: 1987 und 1989 jeweils 4 BP Insel Kirr (STIEFEL, SCHEUFLER in MÜLLER 1989, 1990);

Mantelmöwe *(Larus marinus)*: 1985 1 BP Insel Ruden und 1986 2 BP Insel Ruden und Heuwiese/Mecklenburg-Vorpommern (NEHLS & SPERLICH 1986, NEHLS in KLAFS & STÜBS 1987);

Bindenkreuzschnabel *(Loxia leucoptera)*: 1991 erfolgreiche Brut eines Paares in Berlin (FISCHER et al. 1992).

Diese Angaben belegen die teilweise sehr schnellen, fließenden Veränderungen in der Verbreitung bzw. im Vorkommen einzelner Vogelarten und die Bedeutung des zeitlichen Aspektes bei derartigen Auswertungen.

Entsprechend der angewendeten Methode für das Atlaswerk setzt sich das eben aufgezeigte Gesamtartenspektrum aus den Nachweisen auf den einzelnen Rastereinheiten (Meßtischblättern) zusammen. Das Arteninventar einzelner Rasterflächen reicht, ohne Berücksichtigung von Randblättern, von minimal 80 bis maximal 159 Arten. Die Spannweite ist beträchtlich, doch betrifft dies die Extremwerte, und für das gesamte Territorium (einschließlich der Randblätter) ergibt die Darstellung in Abb. 9 (links oben) etwa eine normale Verteilung über die gewählten Klassengrößen. Die durchschnittlich je Raster, das heißt auf etwa 125 km^2 Fläche, nachgewiesene Artenanzahl beträgt rund 111. In diesem Wert sind zwar Brutgäste, Gefangenschaftsflüchtlinge, nicht sicher als Brutvögel nachgewiesene sowie nur unregelmäßig brütende Arten enthalten, doch betrifft das fast ausschließlich seltene, nur auf wenige Raster beschränkte Vorkommen. Sie fallen deshalb kaum ins Gewicht und erhöhen den genannten Mittelwert nicht wesentlich.

Diese Artenvielfalt auf den Rasterflächen unseres Gebietes, die auch als Artendichte bezeichnet werden kann, ist damit deutlich größer als für andere vergleichbare Gebiete Mitteleuropas. Auf Rasterflächen von 10 x 10 km (100 km^2) wurden in Großbritannien im

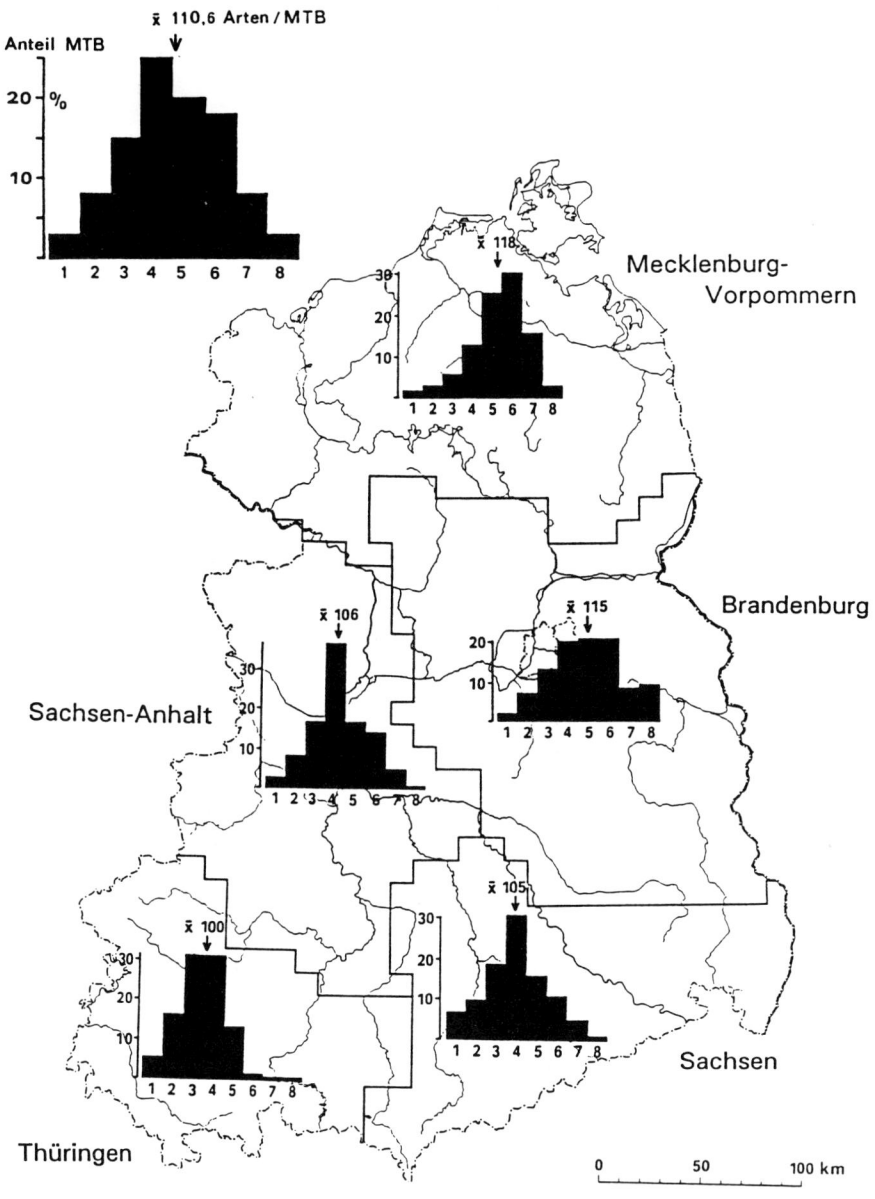

Abb. 9. Das Gebiet Ostdeutschlands unterteilt in die Bundesländer nach den im Atlas festgelegten Grenzen auf der Basis der Rasterflächen (Meßtischblatt, MTB): Mecklenburg-Vorpommern (n = 252), Brandenburg (n = 233, ohne Westberlin n = 2), Sachsen-Anhalt (n = 168), Thüringen (n = 125), Sachsen (n = 147). In den Teilflächen jeweils ein Diagramm mit der Häufigkeitsverteilung der Anzahl Arten pro MTB. Ordinate: Anteil MTB in %; Abszisse: Anzahl Arten/MTB in Klassengrößen (1 = bis 80, 2 = 81-90, 3 = 91-100, 4 = 101-110, 5 = 111-120, 6 = 121-130, 7 = 131-140 und 8 = über 140 Arten/MTB), $\bar{x}$ = Mittelwert. Diagramm links oben: Häufigkeitsverteilung für das Gesamtgebiet.

Abb. 10. Verteilung der Artendichte (Anzahl Arten/MTB; 5 Größenklassen) innerhalb des bearbeiteten Gebietes.

Mittel 75 (SHARROCK 1977), in der Schweiz 86 (SCHIFFERLI et al. 1980) und in Bayern 94 bzw. 91 (BEZZEL 1980; NITSCHE & PLACHTER 1987) Brutvogelarten nachgewiesen. Auch unter Berücksichtigung dessen, daß die Artenanzahl mit zunehmender Flächengröße, einer sogenannten Arten-Areal-Kurve (allgemeine Gleichung dafür $S = C \cdot A^Z$; REICHHOLF 1980; BANSE 1982) folgend, zunimmt, ist unser Bearbeitungsgebiet immer noch bedeutend arten-reicher.

Die Verteilung der Artendichte innerhalb des Gebietes zeigt Abb. 10. Deutlich zu erkennen sind Gebiete mit großer und solche mit geringerer Artendichte. Sie lassen sich trotz des groben Rasters relativ gut bestimmten Landschaften zuordnen. Durch besonderen Arten-reichtum zeichnen sich beispielsweise die Mecklenburgisch-brandenburgische Seenplat-te, die Ueckermünder Heide, die Elbtal- und Untere Havelniederung sowie das Oberlausit-zer Teichland aus. Dagegen sind das Nordwestbrandenburgische Platten- und Hügelland, der Fläming, die Sachsen-Anhaltischen Ebenen und sämtliche Mittelgebirge relativ arten-arm. Innerhalb dieser Gebiete finden einzelne, aus dem Durchschnitt positiv oder negativ herausragende Raster ebenfalls ihre Erklärung. So können die hohen Artenanzahlen auf einigen Blättern im Südwesten nur durch das Vorhandensein entsprechender Feuchtge-biete erzielt werden, z. B. 154 Arten auf dem MTB 4531 mit dem Helmestausee und den

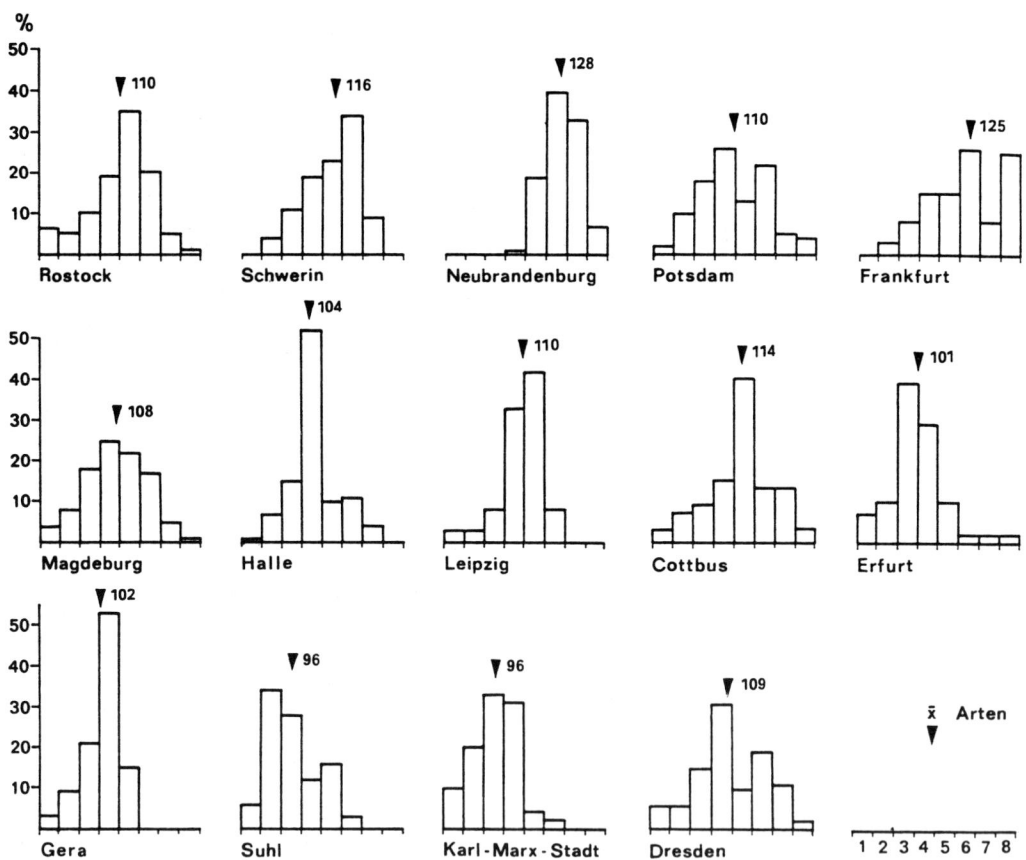

Abb. 11. Häufigkeitsverteilung der Anzahl Arten pro MTB in den ehemaligen 14 Bezirken des Gebietes. Arten-anzahl in 8 Größenklassen eingeteilt (vgl. Abb. 9); Pfeil zeigt den Mittelwert an.

Fischteichen Auleben. Schwach besetzte Raster innerhalb sonst artenreicher Landschaften haben zwei mögliche Ursachen: einmal kann die notwendige Vielfalt in der Naturraumausstattung lokal fehlen (objektive Begründung), zum anderen jedoch eine weniger intensive Bearbeitung vorliegen (subjektive Begründung). Am großflächigen Durchschnitt, der allgemeinen Aussage und am optischen Gesamteindruck (vgl. Abb. 10) ändern derartige Ausnahmen kaum etwas.

Eine interessante Darstellung ergibt sich in Form von Profilschnitten, die von Südwesten nach Nordosten in verschiedenen Bereichen durch das Gebiet gelegt wurden (Abb. 12). Analog den Höhenprofilen geographischer Karten können in dieser Darstellung die mittleren Artenanzahlen je Raster entlang der Schnittlinie verfolgt und bestimmten Landschaften oder geographischen Orten zugeordnet werden.

Neben einer möglichen unterschiedlichen Bearbeitungsqualität, die jedoch insgesamt nur von untergeordneter Bedeutung ist, zeichnet auf gleichgroßen Rasterflächen in erster Linie die Strukturvielfalt der Landschaft dafür verantwortlich, wie viele Arten pro Flächeneinheit

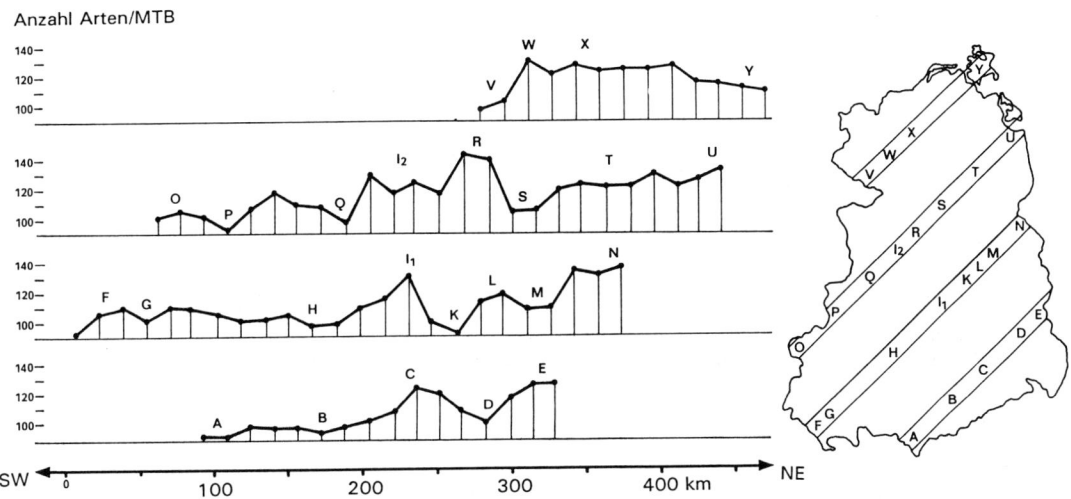

Abb. 12. Profilschnitte durch das Untersuchungsgebiet in SW-NE-Richtung mit dem Verlauf der durchschnittlichen Anzahl Arten pro MTB und der Zuordnung ausgewählter geographischer Punkte bzw. Landschaften.

A - Vogtland
B - Chemnitz (Karl-Marx-Stadt, Stadtgebiet)
C - Elbe-Röder-Gebiet
D - Lausitzer Höhen (Senftenberg)
E - Peitzer Teichgebiet, Neiße-Niederung
F - Werratal
G - Thüringer Wald
H - Industriegebiet um Leuna-Merseburg
I1 - Elbe-Niederung bei Wittenberge
K - Fläming
L - Teltow, Brandenburgische Seen
M - Berlin (südöstliches Stadtrandgebiet)
N - Oderbruch
O - Eichsfeld

P - (Ober-)Harz
Q - Börde südwestlich von Magdeburg
I2 - Elbe-Niederung nördlich von Burg/Magdeburg
R - Havel-Niederung (Schollener See)
S - Prignitz, Ostteil der Nordbrandenburgischen Sand- und Lehmplatten
T - östlicher Teil der Mecklenburgischen Seenplatte und Rückland
U - Ueckermünder Heide
V - Prignitz (Westteil)
W - Lewitz
X - Westteil der Mecklenburgischen Seenplatte
Y - Rügen

vorkommen. Im Ergebnis umfangreicher Auswertungen der Rasterkartierung des Bodenseegebietes (OAG Bodensee 1983) wurde festgestellt, daß diejenigen 400 ha großen
Rasterflächen höchste Artenvielfalt aufweisen, die unter Einhaltung bestimmter Flächen-
größen und Relationen der Landschaftselemente eine hohe Vielgestaltigkeit besitzen.
Danach läßt sich eine "Ideallandschaft" mit größtem Reichtum an Vogelarten konstruieren,
die folgende Zusammensetzung haben müßte: 50 % Wiesen und Ackerland mit zahlreichen Hecken und Baumgruppen bzw. kleinen Feldgehölzen, 33 % reich strukturierte
Mischwälder, 10 % Riedgebiete mit Schilfbeständen und offenen Wasserflächen, 5 %
menschliche Siedlungen, 2 % andere Flächen. Der prozentuale Flächenanteil der Lebensräume gilt freilich für die entsprechend kleine Rastergröße obengenannter Untersuchungen
und muß bei grobem Raster nicht unbedingt übereinstimmen. Die allgemeine Aussage ist
jedoch ganz sicher auch für die bei uns verwendeten großen MTB-Flächen gültig.
Bei der geographischen Verteilung der Artenanzahl pro Raster (Abb. 10) fällt weiterhin auf,
daß sich die artenreichen Flächen im Norden und Osten des Gebietes konzentrieren. Das
wird durch die Mittelwerte in den Landesteilen (vgl. Abb. 9) bzw. Bezirken (Abb. 11)
bestätigt. Zum Beispiel nimmt in der Reihenfolge Suhl (96 Arten/MTB), Erfurt (101), Halle
(104), Potsdam (110) und Neubrandenburg (128) die mittlere Anzahl Arten pro MTB deutlich
zu. Wenn man die landschaftlich bedingten, mehr oder weniger kleinräumigen Abweichungen einmal außer acht läßt, so zeigen auch die Profilschnitte in Abb. 12 die Zunahme der
Artendichte von Südwesten nach Nordosten. Dieser Anstieg läßt sich in Zahlen ausdrücken
und beträgt etwa 8 bis 9 Arten je 100 km. Zum Teil läßt sich dieses Phänomen durch die
bereits erwähnte vielfältigere Naturraumausstattung, in erster Linie den Reichtum an
Gewässern und Feuchtgebieten, im Norden und Osten erklären. Weiterhin wirkt sich die in
genannter Richtung abnehmende Höhenlage aus. Die Artenanzahl nimmt nämlich mit
zunehmender Meereshöhe allgemein ab (vgl. z. B. WARTMANN & FURRER 1977; SCHERNER
1980; SCHIFFERLI et al. 1980; BEZZEL 1982). So kann diese Gradienten-Linie übrigens noch
weiter nach Südwesten über Bayern bis in die Schweiz fortgesetzt werden (vgl. Abb. 13).
Weiterhin muß aber unbedingt berücksichtigt werden, daß von ungefähr 36 Vogelarten, die
im bearbeiteten Ostdeutschland eine Verbreitungsgrenze besitzen, 31 Arten von Norden/

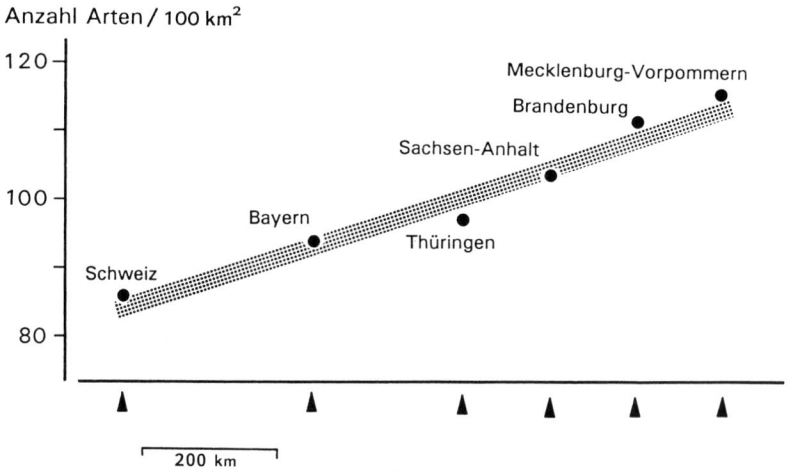

Abb. 13. Darstellung der geographischen Veränderung der mittleren Artendichte (Anzahl Arten/100
km²) von Südwesten/Schweiz nach Nordosten/Mecklenburg-Vorpommern (s. Text).

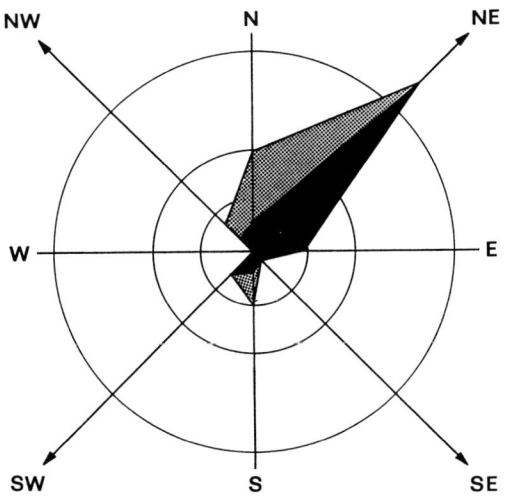

Abb. 14. Verteilung der Brutvogelarten, die im Gebiet eine Verbreitungsgrenze ihres Areals besitzen, nach Himmelsrichtungen. Die meisten Arten erreichen von N/NE/E unser Gebiet, nur wenige von S/SW/W. Gerastert: Berücksichtigung von typischen Küsten- (N/NW) und Gebirgsvogelarten (S/SW).

Nordosten/Osten her unser Gebiet erreichen, dagegen nur 5 Arten von Süden/Südwesten/Westen (Abb. 14). Bereits aus diesem Grund könnten also theoretisch im äußersten Nordosten bis etwa 25 Brutvogelarten mehr als im Südwesten erwartet werden. In der Praxis sind es im Durchschnitt natürlich weniger Arten, da aus verschiedenen Gründen (z. B. allgemeine Seltenheit, spezifische Lebensraumansprüche) nicht alle Raster von den betreffenden Arten besetzt sind. Die Zunahme der Artenvielfalt innerhalb des Gebietes nach Nordosten läßt sich also mindestens mit den 3 genannten Faktoren (Strukturvielfalt, Höhenlage und Verbreitungsgrenzen) begründen.

Der prozentuale Anteil von einer Vogelart besetzter Raster an der Gesamtheit aller bearbeiteten Raster wird als Rasterfrequenz (RF) bezeichnet. Die Rasterfrequenz kennzeichnet unter anderem die Verbreitung und/oder die Verteilung der betreffenden Vogelart. Hohe RF-Werte weisen dabei auf eine allgemeine (weite), sehr niedrige RF-Werte meist auf geringe Verbreitung bzw. wenige Vorkommen. Die Abb. 15 zeigt die Verteilung der Rasterfrequenzen der Brutvogelarten. Dabei fällt auf, daß Arten mit sehr hohen (mehr als 90 %) und mit geringen (weniger als 10 %) RF-Werten am häufigsten auftreten, während die Arten in den Klassen zwischen 10 und 90 % relativ gleichmäßig verteilt sind. Die hier nicht berücksichtigten unregelmäßigen Brutvogelarten und Brutgäste besitzen alle nur sehr geringe RF-Werte (weniger als 3 %). Sie würden im übrigen bei Einbeziehung in die Abb. 15 die getroffene Aussage zusätzlich unterstreichen. Interessant ist dabei, daß sich in anderen Gebieten bei entsprechender Auswertung vorliegender Brutvogelatlanten durchaus ähnliche Verhältnisse abzeichnen wie in unserer Avifauna, z. B. für die Niederlande (TEIXERA 1979), die Schweiz (SCHIFFERLI et al. 1980), das Bodenseegebiet (OAG Bodensee 1983) oder Bayern (NITSCHE & PLACHTER 1987).

Im Gegensatz zu den Sperlingsvögeln tendieren die Nichtsperlingsvögel zu durchschnittlich geringeren RF-Werten, sind demnach allgemein weniger verbreitet. Hierfür ist aber auch, wie nachfolgend gezeigt werden soll, die Häufigkeit bzw. die Bestandsdichte der Vogelarten von Bedeutung.

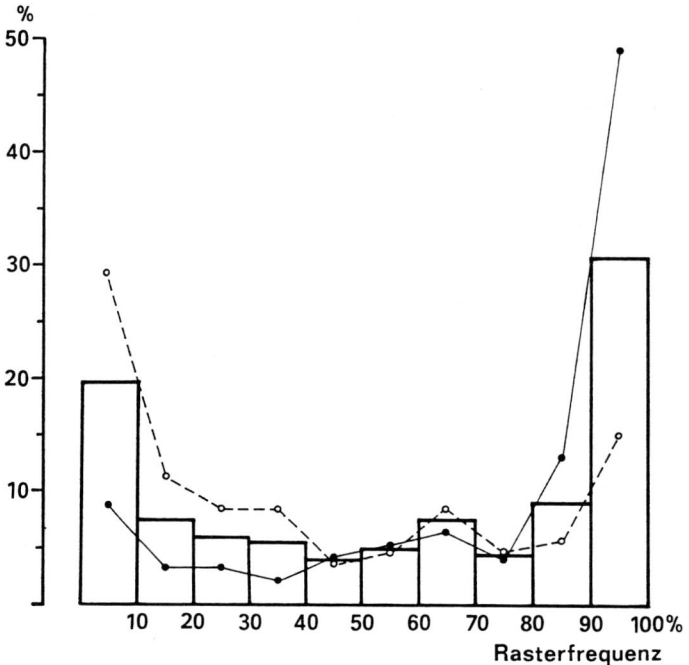

Abb. 15. Verteilung der Rasterfrequenzen von 198 (= 100 %) Brutvogelarten des Gebietes (Säulen). Gestrichelte Linie: nur Nichtsperlingsvögel (Nonpasseriformes, n = 106); durchgezogene Linie: Sperlingsvögel (Passeriformes, n = 92).

Die Rasterfrequenzen stehen in Beziehung zur Häufigkeit der Arten: häufige Arten besitzen höhere, seltene Arten im allgemeinen geringere RF-Werte. Anders ausgedrückt kann gesagt werden, verbreitete („gemeine") Arten sind normalerweise auch häufiger und umgekehrt. Diesen Zusammenhang zeigt Abb. 16 sehr deutlich. Etwas aus dem Rahmen fallen dabei am ehesten einige Koloniebrüter, die bei kleinen RF-Werten relativ hohe Brutbestände aufweisen (z. B. Lachmöwe: RF 33,3 % bei einem Brutbestand von etwa 100 000 Paaren).

Die generelle Aussage über die Relation von Rasterfrequenz und Häufigkeit gilt genauso für einzelne Arten, die innerhalb unseres Gebietes unterschiedliche Häufigkeiten aufweisen (vgl. Abb. 17). Ist beispielsweise eine Vogelart in Mecklenburg-Vorpommern häufiger als in Sachsen oder Thüringen, so ist mit großer Wahrscheinlichkeit dort auch eine relativ höhere Rasterfrequenz zu erwarten. Zweifellos wird diese Beziehung bei insgesamt sehr häufigen und auffälligen Arten (z. B. beim Hausrotschwanz) verwischt und wegen des groben Rasters nicht so erkennbar. Für eine große Anzahl Brutvogelarten können jedoch durch die Kenntnis dieses Zusammenhangs allein aus dem Rasterbild der Verbreitungskarte Rückschlüsse auf regionale Unterschiede in der Häufigkeit gezogen werden.

Für jede einzelne Brutvogelart wurde der Brutbestand geschätzt und angegeben. Die Gesamtsumme ergibt rund 28,5 Millionen Vogelbrutpaare, eine möglicherweise mit erheblichem Fehler belastete aber immerhin methodisch belegbare (vgl. Tabelle im Anhang) und annehmbare Größe. Der Gesamtbestand der Sperlingsvögel („Singvögel") ist beträchtlich größer als jener der Nichtsperlingsvögel. Bei annähernd ausgeglichener Artenanzahl (1 zu

1,14) beträgt das zahlenmäßige Verhältnis der Bestände von Nichtsperlingsvögeln zu Sperlingsvögeln etwa 1 zu 20.

Im Durchschnitt besitzen die Nichtsperlingsvögel demnach deutlich geringere Bestandsgrößen als die Sperlingsvögel (Abb. 18). Die häufigsten Arten unter ihnen sind mit Abstand Ringeltaube und Buntspecht, gefolgt von Mauersegler, Lachmöwe und Stockente. Insgesamt ist allerdings die sehr häufige Ringeltaube in der Rangfolge erst an 26. Stelle zu finden. Vor ihr liegen 25 Sperlingsvogelarten, wovon die häufigsten Haussperling, Buchfink, Feldlerche und Kohlmeise sind. Jede dieser letztgenannten Arten besitzt nach unserer Kalkulation einen Anteil von mehr als 5 % am heimischen Brutvogelbestand. Sie können deshalb als dominant bezeichnet werden. Die fünf häufigsten Arten machen zusammen einen Anteil von über 40 %, die zehn häufigsten bereits 57 % aus.

Die Häufigkeit der Brutvogelarten nimmt mit steigender Körpergröße generell ab (Abb. 19), das heißt, große Arten sind seltener als kleine. Unter den größeren Arten sind überwiegend Nichtsperlingsvögel zu finden, was mit der zuvor getroffenen Aussage, größere Arten sind seltener, korrespondiert und nicht zuletzt aus energetischen Gründen so ist. Viele der größeren und relativ seltenen Vogelarten besitzen nämlich Spitzenpositionen in Nahrungsketten (z. B. Greifvögel, Reiher, Störche). Aus ökologischer Sicht ist neben der Kenntnis von Arten- und Individuendichten besonders die Biomasse der Vögel (= Menge organischer Substanz lebender Organismen) von Bedeutung, weil sie unter anderem eine wichtige Rolle im Stoff-Energie-Kreislauf der Natur spielt. Körpergewicht und Häufigkeit bestimmen die Biomasse einer Art. Danach stellen innerhalb der heimischen Avifauna folgende Arten die größte Biomasse für das Gesamtgebiet (in der Reihenfolge): Haussperling, Ringeltaube, Star, Stockente, Amsel und Feldlerche. Mit Ringeltaube und Stockente sind bei dieser Betrachtungsweise immerhin zwei Nichtsperlingsvögel unter den ersten Arten zu finden.

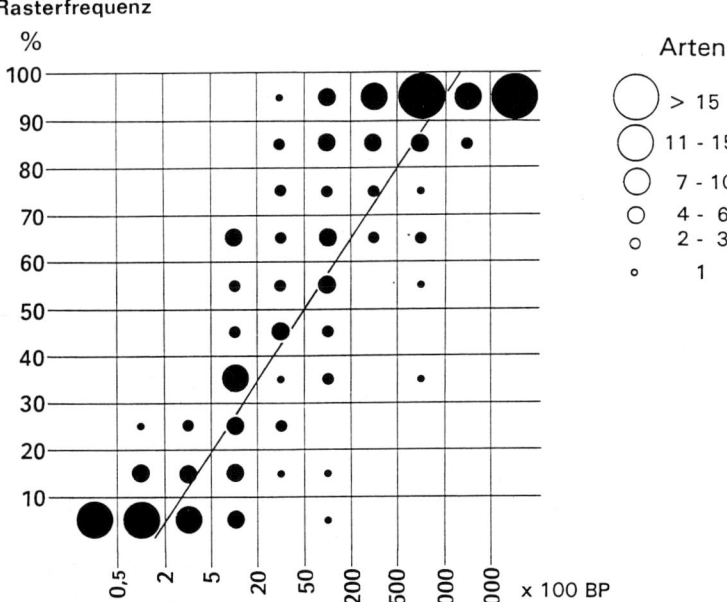

Abb. 16. Darstellung der Beziehung zwischen Rasterfrequenz (in %) und Häufigkeit bzw. Gesamtbestand (Anzahl Brutpaare, BP) heimischer Brutvogelarten (n = 198).

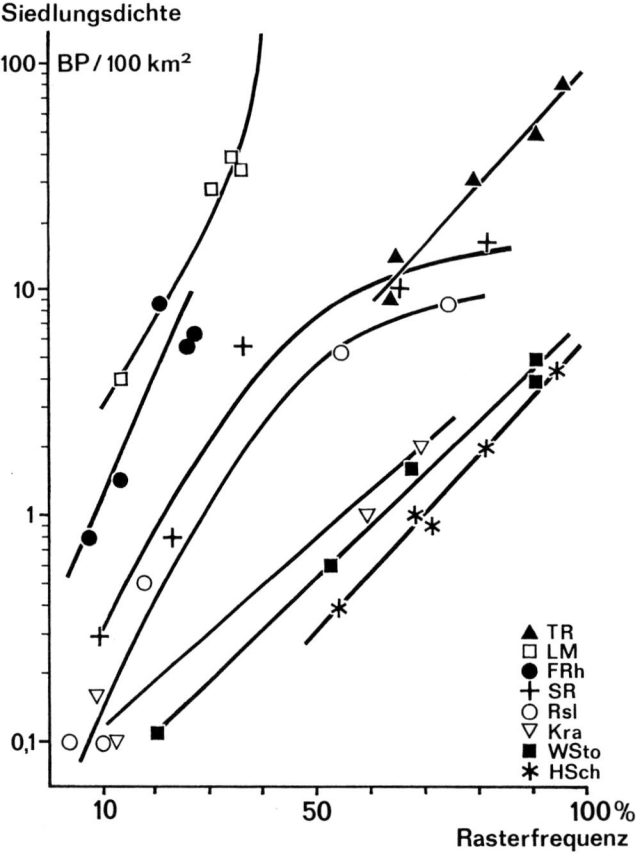

Abb. 17. Darstellung der Beziehung zwischen großflächiger Siedlungsdichte (Flächenbezogene Häufigkeit) und Rasterfrequenz bei 8 ausgewählten Brutvogelarten, die eine unterschiedliche Häufigkeit in den verschiedenen Gebieten (Mecklenburg-Vorpommern, Sachsen-Anhalt, Brandenburg, Thüringen, Sachsen) aufweisen. TR: Teichrohrsänger, LM: Lachmöwe, FRh: Graureiher, SR: Schilfrohrsänger, Rsl: Rohrschwirl, Kra: Kranich, WSto: Weißstorch, HSch: Höckerschwan.

Von ökologischer Seite kommt Arten mit insgesamt großer Biomasse eine weit höhere Bedeutung zu als den „seltenen" Arten, auch wenn es vom allgemeinen Interesse und von seiten des Artenschutzes her meist umgekehrt ist. Veränderungen im Bestand häufiger und verbreiteter Arten werden von uns in der Regel weniger beachtet oder bemerkt als die von selteneren Arten. Die Auswirkungen auf funktionelle Zusammenhänge und das Gleichgewicht in der Natur verhalten sich aber ganz entgegengesetzt dazu. Folgendes Zahlenbeispiel soll das unterstreichen. Würde der Bestand der Feldlerche in Wirklichkeit nur um 30 % abnehmen, so würde uns das kurzfristig wohl kaum auffallen und wäre durch die Ornithologen mit Sicherheit sogar relativ schwierig nachzuweisen. In der Anzahl der Brutpaare würde das jedoch so viel bedeuten, als verschwände etwa der gesamte Bestand der sehr häufigen Mehlschwalbe, bei Berücksichtigung der Biomasse sogar fast doppelt soviel. Andererseits würden die 40 seltensten Singvogelarten (bis 50 000 Brutpaare Gesamtbestand) ebenfalls gerade annähernd dieser Größenordnung entsprechen!

Freilich ist das nur eine sehr pauschale Betrachtungsweise, und im einzelnen müßten, der jeweiligen Fragestellung entsprechend, sicher ganz spezifische Beziehungen Berücksichtigung finden. Leider werden jedoch derartige Überlegungen - vielleicht auch aus Mangel an bisher vorliegendem Datenmaterial? - viel zu wenig angestellt. Gerade sie könnten aber durchaus Zusammenhänge sichtbar machen und dabei mithelfen, mögliche Auswirkungen von Veränderungen in der heimischen Vogelwelt abzuschätzen. Vielleicht geben die hier vorgelegten Ergebnisse und Auswertungen nicht zuletzt in dieser Richtung Anregungen für die zukünftige Arbeit.

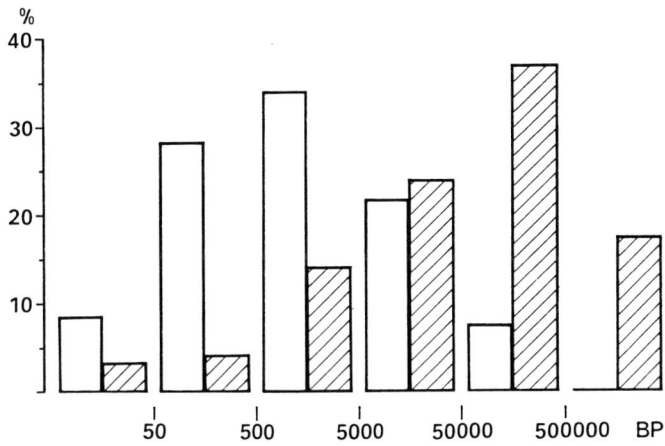

Abb. 18. Verteilung der Bestandsgrößen von 106 (= 100 %) Nichtsperlingsvogelarten (weiße Säulen) und 92 (= 100 %) Sperlingsvogelarten (schraffierte Säulen) des Gebietes.

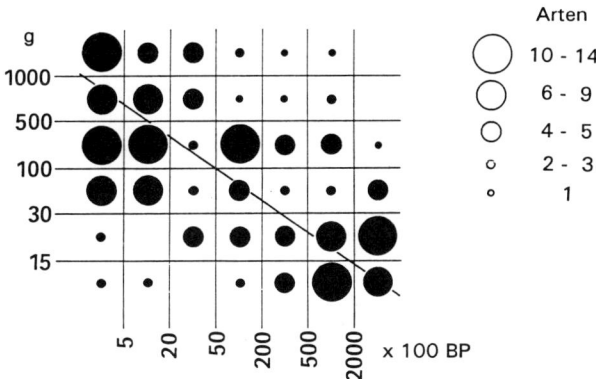

Abb. 19. Darstellung der Beziehung zwischen Körpergröße bzw. Individualgewicht (in g) und Bestandsgröße (Anzahl Brutpaare, BP) heimischer Brutvogelarten (n = 198).

49

9. Bewertung der Brutvögel

Die Bemühungen zum Schutz unserer heimischen Tierwelt sind groß. Als besonders schutzwürdig werden im allgemeinen seltene und in ihrem Bestand bedrohte Arten anerkannt. Welche Kriterien werden aber berücksichtigt, um die einzelnen Arten möglichst objektiv zu beurteilen und auch untereinander vergleichen zu können? Außerdem muß betont werden, daß sinnvoller Artenschutz grundsätzlich den Schutz betreffender Lebensräume beinhalten muß, da jede Tierart nur in artgemäßer Umgebung existieren kann. Schutzmaßnahmen müßten also genau dort ansetzen. Gerade die Lebensräume für viele schutzwürdige, bedrohte Arten sind in unserer intensiv genutzten Kulturlandschaft stark gefährdet. Vielfach müssen (leider) Kompromisse zwischen wirtschaftlichen Erfordernissen und sinnvollen Schutzmaßnahmen eingegangen werden. Wonach aber wird differenziert? Welche Gebiete sind mehr und welche weniger schützenswert? Bereits diese Fragen deuten die vielfältigen und komplizierten Probleme des Natur- und Artenschutzes an.

Die Vögel stellen eine allgemein auffällige, relativ leicht erfaßbare und bereits recht gut erforschte Tiergruppe dar. Deshalb wurde besonders von ornithologischer Seite versucht, Vogelarten zu bewerten und über sie schließlich Lebensräume in ihrer Bedeutung einzuschätzen. Als Beispiele für Mitteleuropa seien hier lediglich die Arbeiten von BERNDT et al. (1978), BLANA (1978), BEZZEL (1980b), MULSOW (1980) und HUDEC & PELLANTOVA (1984) genannt. Besonders praktisch und aussagekräftig erscheint uns das Verfahren von BEZZEL (1980b), weil es die wichtigsten Kriterien zusammenfaßt und zudem noch recht einfach zu handhaben ist. Außerdem wurde es inzwischen in einigen (Nachbar-)Gebieten bereits angewendet (z. B. HECKENROTH 1985; NITSCHE & PLACHTER 1987; SCHÖNBRODT & SPRETKE 1989).

Bei dem verwendeten Bewertungsverfahren wird jede Brutvogelart des Gebietes mit 4 einstelligen Kennziffern bewertet. Die einzelnen Zahlen kennzeichnen

1. die Größe des von der Art besiedelten Gebietes in Prozent der gesamten Untersuchungsfläche (= A-Wert),
2. die Verteilung über größere Gebiete, Regionen (= B-Wert),
3. die Bestandsgröße (= C-Wert) und
4. den Trend der Bestandsentwicklung (= D-Wert).

Die Quersumme dieser 4 Kennziffern (A + B + C + D) ergibt den Indexwert einer Art. Anhand des durch die Atlas-Kartierung zusammengetragenen Materials sowie der ermittelten Brutvogelbestände wurden nach diesem System die Brutvögel des Untersuchungsgebietes bewertet. Dazu wurden die im Anhang III (Tab. A bis D) aufgestellten Einstufungen der Kenngrößen vorgenommen, die unseren Verhältnissen (Kenntnisstand, Rastergröße, Bestandsgrößen) angepaßt erscheinen.

Das Ergebnis dieser Bewertung aller heimischen Brutvögel nach dem vorgeschlagenen Verfahren ist in der Tabelle im Anhang IV enthalten. In den Kennziffern spiegeln sich die derzeitigen Kenntnisse über Verbreitung, Verteilung, Bestand und Dynamik der Arten in knapper Form wider, und die Indexwerte fassen diese zusammen. Hohe Indexwerte geben kleine Siedlungsgebiete und/oder geringe Bestände und/oder abnehmende Tendenz an. Es handelt sich also um genau die Kriterien, die eine aktuelle oder potentielle Gefährdung anzeigen können.

Etwa die Hälfte aller Brutvogelarten erhält Indexwerte unter 12 (vgl. Median in Abb. 20). Sie sind allgemein verbreitet und häufig, ihr Bestand dürfte derzeit in keiner Weise als bedroht anzusehen sein. Die höchste Bewertung erhalten Wanderfalke (35), Triel (35), Rotkopfwürger (34), Pfeifente (33) und Alpenstrandläufer (33). Im (arithmetischen) Mittel errechnet sich pro Art ein Indexwert von 15, der als Anhaltspunkt oder Richtgröße für die Bewertung von Lebensräumen dienen kann (vgl. Ausführungen von BEZZEL 1980b).

Ohne Mühe können Arten, auch ökologische oder systematische Gruppen miteinander verglichen werden. Interessant ist beispielsweise der Vergleich der systematischen Gruppen Tauben (mittlerer Indexwert: 8), Spechte (12), Greifvögel (16), Enten (19) und typische „Wiesen"-Limikolen (26). Er läßt unter anderem folgende Schlußfolgerung zu: Während Tauben und Spechte weitverbreitete und relativ häufige Arten umfassen, nimmt der durchschnittliche Seltenheitsgrad innerhalb genannter Reihenfolge zu. Die Limikolen sind mit Abstand am meisten gefährdet (besonders durch Vernichtung des typischen Lebensraumes: großflächige, naturnahe Feuchtwiesen). Die 5 dieser Gruppe angehörenden Arten Brachvogel, Uferschnepfe, Rotschenkel, Alpenstrandläufer und Kampfläufer zeichnen sich alle durch eine teilweise erhebliche und anhaltende Bestandsabnahme aus (vgl. D-Werte in der Tabelle im Anhang IV). Für diese Arten, d. h. für ihren spezifischen Lebensraum, sind Schutzmaßnahmen unbedingt erforderlich!

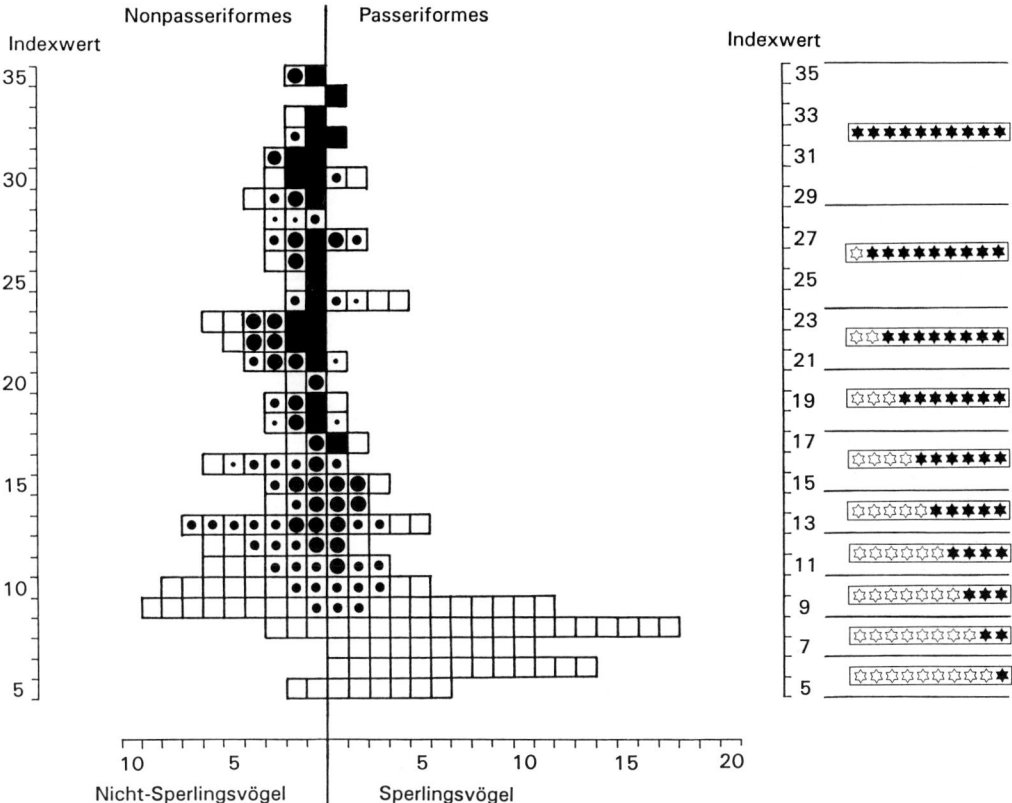

Abb. 20. Bewertung der Brutvögel des Gebietes (n = 200). Verteilung der ermittelten Indexwerte, unterteilt für Nicht-Sperlingsvögel (Nonpasseriformes) und Sperlingsvögel (Passeriformes). Gekennzeichnet wurden die Arten der Roten Liste (DDA 1992): schwarzes Feld - vom Aussterben bedrohte Brutvogelart; großer Punkt - stark bedrohte Brutvogelart; mittlerer Punkt - bedrohte Brutvogelart; kleiner Punkt - potentiell bedrohte Brutvogelart; Rechts: für den Atlas vorgenommene Umsetzung der Indexwerte in eine Einteilung von 1 bis 10 Sternchen.

51

Dank des bisher guten Schutzstatus aller Greifvogelarten im Ostteil Deutschlands und der weniger spezifischen Ansprüche der meisten dieser Arten an ihren Lebensraum, kann dagegen deren allgemeine Situation derzeit noch als relativ gut und deren Bestand überwiegend als stabil beurteilt werden. Eine derartige Aussage gilt freilich nur für den jeweils betrachteten Zeitraum.

Es darf natürlich nicht unerwähnt bleiben, daß der Indexwert nicht in jedem Fall besagt, ob eine Art wirklich gefährdet ist. Dazu müssen teilweise zusätzliche spezifische Besonderheiten berücksichtigt werden, die zweifellos nicht durch ein einfaches und ganz schematisch anzuwendendes Bewertungssystem erfüllt werden können. Beispielsweise erhält die Silbermöwe einen sehr hohen Wert (Koloniebrüter mit geringer Rasterfrequenz und Bestandsgröße). Sie wurde aber wegen zu starker Bestandsentwicklung in Seevogelschutzgebieten reduziert, weil durch sie Beeinträchtigungen seltenerer Arten (Limikolen, Seeschwalben) beobachtet wurden bzw. zu befürchten waren.

Andererseits zeigt jedoch der sehr hohe durchschnittliche Indexwert (mehr als 26 !) aller laut der bis 1990 gültigen Artenschutzbestimmung der ehemaligen DDR in Kategorie „a" eingestuften Vogelarten („Geschützte vom Aussterben bedrohte Tierarten"), daß der gewählte Bewertungsmaßstab seine volle Berechtigung hat.

Dies wird auch durch die Bewertung der aktuellen Rote-Liste-Arten der Bundesrepublik Deutschland (DDA 1992) unterstrichen:

Kategorie	Anzahl Arten	mittlerer Indexwert
Vom Aussterben bedroht (1)	22	26,5
Stark gefährdet (2)	31	18,8
Gefährdet (3)/Potentiell gefährdet (P)	45	16,4
Übrige Arten (ohne Vermehrungsgäste)	100	10,4

Das Bewertungssystem kann also durchaus als Grundlage dafür dienen, die Situation und den Gefährdungsgrad von Brutvogelarten nach weitgehend objektiven Kriterien zu kennzeichnen. Der Wert von Brutgebieten könnte dann am einfachsten nach dem Vorkommen einzelner hoch bewerteter Arten oder der Summe der Indexwerte aller Brutvögel, gemessen an vergleichbaren Gebieten, eingeschätzt werden.

Es muß jedoch mit BEZZEL (1980) betont werden, daß eine derartige Bewertungsliste einen vorläufigen oder augenblicklichen (Bezugszeitpunkt: 1982/83) Charakter besitzt und fortgeschrieben bzw. überprüft werden muß. Änderungen der vorliegend festgelegten Indexwerte ergeben sich (1.) aus der Verbesserung des Kenntnisstandes und (2.) natürlich durch die Veränderung der Situation einzelner Vogelarten. Beispielsweise lassen sich auf der Grundlage desselben Bewertungssystems für die Blauracke folgende Indexwerte angeben: 1961 27, 1975 30, **1982 31** und 1990 35. Über einen längeren Zeitraum betrachtet kann eine solche Liste bei gleichem Maßstab auch als Vergleichsbasis für Veränderungen im Status unserer Brutvögel dienen.

Spezieller Teil

Erläuterungen zu den dargestellten Kartierungsergebnissen

Im folgenden Abschnitt werden alle während der Kartierungszeit nachgewiesenen Brutvogelarten behandelt und auch fast alle im Kartenbild dargestellt. Dies erfolgt in einer einheitlichen Gestaltung und Textabfolge, wodurch eine schnelle Orientierung und Information möglich ist.

Die **systematische Anordnung** richtet sich nach der Artenliste der Vögel der Bundesrepublik Deutschland von RHEINWALD, HILL & RINGLEBEN (1983), die auf der Liste von VOOUS (1973, 1977) basiert. Dieser Liste entsprechen auch die verwendeten wissenschaftlichen Vogelnamen. Auf die Nennung der Unterarten (Subspezies) wird, mit einer einzigen Ausnahme bei der Aaskrähe, verzichtet. Die deutschen Vogelnamen stimmen ebenfalls mit der bundesdeutschen Artenliste überein.

Für die Beurteilung des vorliegenden Verbreitungsbildes im Untersuchungsgebiet ist es vielfach sehr wichtig, das aktuelle Gesamtverbreitungsgebiet (Areal) der betreffenden Vogelart zu berücksichtigen. Besonders wichtig sind in diesem Zusammenhang Verbreitungsgrenzen, deren Nähe sich in verschiedenem Maße auf das Verbreitungsbild auswirken kann. Um hierbei dem Betrachter eine schnelle Orientierung zu ermöglichen, ist jeweils eine kleine **Verbreitungskarte mit dem europäischen Artareal** abgebildet. Die geschlossene schwarze Fläche stellt darin das Brutgebiet dar. Das heißt jedoch nicht, daß dieses Gebiet immer vollständig und gleichmäßig besiedelt ist. Schließlich sind ja auch für viele Arten die geeigneten Lebensräume nicht gleichmäßig verteilt. Außerdem ist der Kenntnisstand in den einzelnen europäischen Ländern unterschiedlich. Auch können manche bekannte Details aufgrund des Maßstabs und des Charakters einer kleinen Übersichtskarte nicht eingezeichnet werden. Punkte bedeuten kleinflächige und teilweise nicht regelmäßig besetzte Brutgebiete, die so weit vom „geschlossenen" Areal liegen, daß sie in dieses nicht einbezogen werden konnten. Sie sind, ebenso wie die Verbreitung der Küstenvögel (auch an den Flüssen ins Binnenland linienartig vordringender Brutvögel), größer als dem Maßstab entsprechend gezeichnet, um überhaupt sichtbar zu sein.

Grundlage für die Verbreitungskarten, die R. HOLZ erstellte, sind die Atlanten von VOOUS (1962) und HARRISON (1982). Veränderungen und neue Erkenntnisse wurden nach Vergleichen mit dem „Handbuch der Vögel Mitteleuropas" (BAUER & GLUTZ VON BLOTZHEIM 1966ff.) und den aktuellen Brutvogelatlanten und Landesavifaunen (s. Literaturverzeichnis) eingearbeitet.

Die **Bewertungsleiste** (Sternchen, rechts oben) erlaubt eine schnelle Information über die Einstufung hinsichtlich der aktuellen Gefährdungssituation bezogen auf das Untersuchungsgebiet. Dazu wurde die Punktbewertung nach BEZZEL (s. Kapitel 7) umgesetzt in eine zehnstufige Skala, die in Form von ausgefüllten schwarzen Sternchen dargestellt wird (vgl. Abb. 20).

Es bedeuten:

1 Stern	5	bis	6	Punkte	6 Sterne	15 bis 17 Punkte
2 Sterne	7	bis	8	Punkte	7 Sterne	18 bis 20 Punkte
3 Sterne	9	bis	10	Punkte	8 Sterne	21 bis 23 Punkte
4 Sterne	11	bis	12	Punkte	9 Sterne	24 bis 28 Punkte
5 Sterne	13	bis	14	Punkte	10 Sterne	29 bis 35 Punkte

Die **Rasterkarte** steht natürlich im Mittelpunkt einer jeden Artbearbeitung. Auf der Grundlage der Kartierungsergebnisse wird darin die Verbreitung der jeweiligen Vogelart im Untersuchungsgebiet in der üblichen und bewährten Form von Punkten in unterschiedlicher Größe dargestellt. Der Nachweiskategorie entsprechend, sind die Rasterfelder (MTB) mit einem großen Punkt (= als Brutvogel sicher nachgewiesen; D-Nachweis), einem mittleren Punkt (= wahrscheinlicher Brutvogel; C-Nachweis) oder kleinem Punkt (= möglicher Brutvogel; B-Nachweis) ausgefüllt. Auf leeren Rasterflächen erfolgte während der Untersuchungszeit entweder kein Nachweis, oder die Art wurde hier nur einmalig als Gast beobachtet (A-Nachweis).

Die **Übersichtstabelle zur Rasterkarte** zeigt zusammenfassend die Anzahl der insgesamt besetzten Meßtischblätter (MTB) und die Rasterfrequenz in Prozent, außerdem die differenzierte Besetzung entsprechend des Nachweisgrades.

Der jeder Art beigegebene Text informiert zunächst stichpunktartig über Faunentyp, Status und Verbreitung. Der Faunentyp, dem die jeweilige Brutvogelart angehört, wurde dem Werk von VOOUS (1962) entnommen. Der angegebene Status soll vor allem dem nicht so fachkundigen Benutzer eine schnelle Information zum globalen Vorkommen entsprechender Art im Gebiet auch außerhalb der Brutzeit ermöglichen. Die verbale Häufigkeitsangabe geht dabei von der absoluten Häufigkeit (Anzahl Brutpaare) aus, wobei zusätzlich noch die Rasterfrequenz Berücksichtigung findet. Die vorgenommene Unterscheidung der Kategorien erfolgt nach dem in Abb. 21 dargestellten Schema.

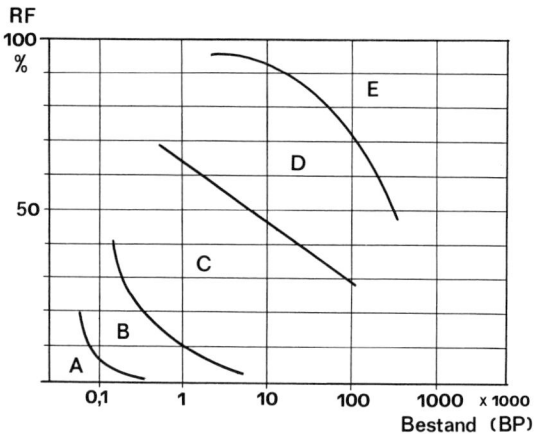

Abb. 21. Schema der Abgrenzung der Häufigkeiten für die allgemeine Statusangabe bei den Arttexten: A - sehr selten; B - selten; C - mäßig häufig; D - häufig; E - sehr häufig.

Unter „Verbreitung" wird in Kurzform das Rasterbild beschrieben. Das ist zwar in vielen Fällen wegen der eindeutigen Aussage der Karte eigentlich nicht nötig, doch werden damit wiederum besonders dem weniger fachkundigen Benutzer vielfach Hinweise zur Interpretation von „Verbreitungslücken" geliefert.

Besonderer Wert wurde auf den Abschnitt Bestand/Bestandsentwicklung gelegt. Grundsätzlich erfolgt darin mit dem ersten Satz die Angabe des ermittelten wahrscheinlichen Brutbestandes im Gesamtgebiet, wie er sich zum Zeitpunkt 1980 bis 1982 darstellt. Sofern sich deutliche Hinweise auf eine unterschiedliche Verteilung bzw. differenzierbare Häufigkeiten innerhalb des Gebietes ergeben, wird in diesem Absatz darauf hingewiesen.

Ebenso werden diskussionswürdige Bestandsveränderungen erwähnt, bei einigen Arten auch konkrete Zahlenangaben in Tabellenform geboten. Es wurde außerdem versucht, für möglichst viele Arten weitgehend aktuelle Bestandszahlen anzugeben, sofern zuverlässige Angaben dazu erreichbar waren.

Bei einer Reihe von Arten, deren Bestände durch Hochrechnung von Siedlungsdichte-Angaben ermittelt wurden, werden deren mittlere Siedlungsdichten ihrer wichtigsten Lebensräume (Habitate) zur Brutzeit genannt (vgl. dazu Methoden, Punkt 6.5.2.).

Die aufgeführten **Literaturhinweise** nennen alle verwendeten Quellen und außerdem die wichtigsten faunistischen Arbeiten der letzten Jahrzehnte zur Verbreitung, Bestandsentwicklung und Siedlungsdichte im Gebiet, insbesondere auch aus der jüngsten Zeit nach der Kartierung.

Im Text verwendete Abkürzungen:

Bez.	-	(ehemaliger) Bezirk
BP	-	Brutpaar(e)
Kr.	-	(ehemaliger) Kreis, Landkreis
max.	-	maximal
min.	-	minimal
MTB	-	Meßtischblatt
E	-	Osten, östlich
N	-	Norden, nördlich
S	-	Süden, südlich
W	-	Westen, westlich

Verbreitungsbilder, Arttexte und Häufigkeitskarten

Zwergtaucher

Tachybaptus ruficollis

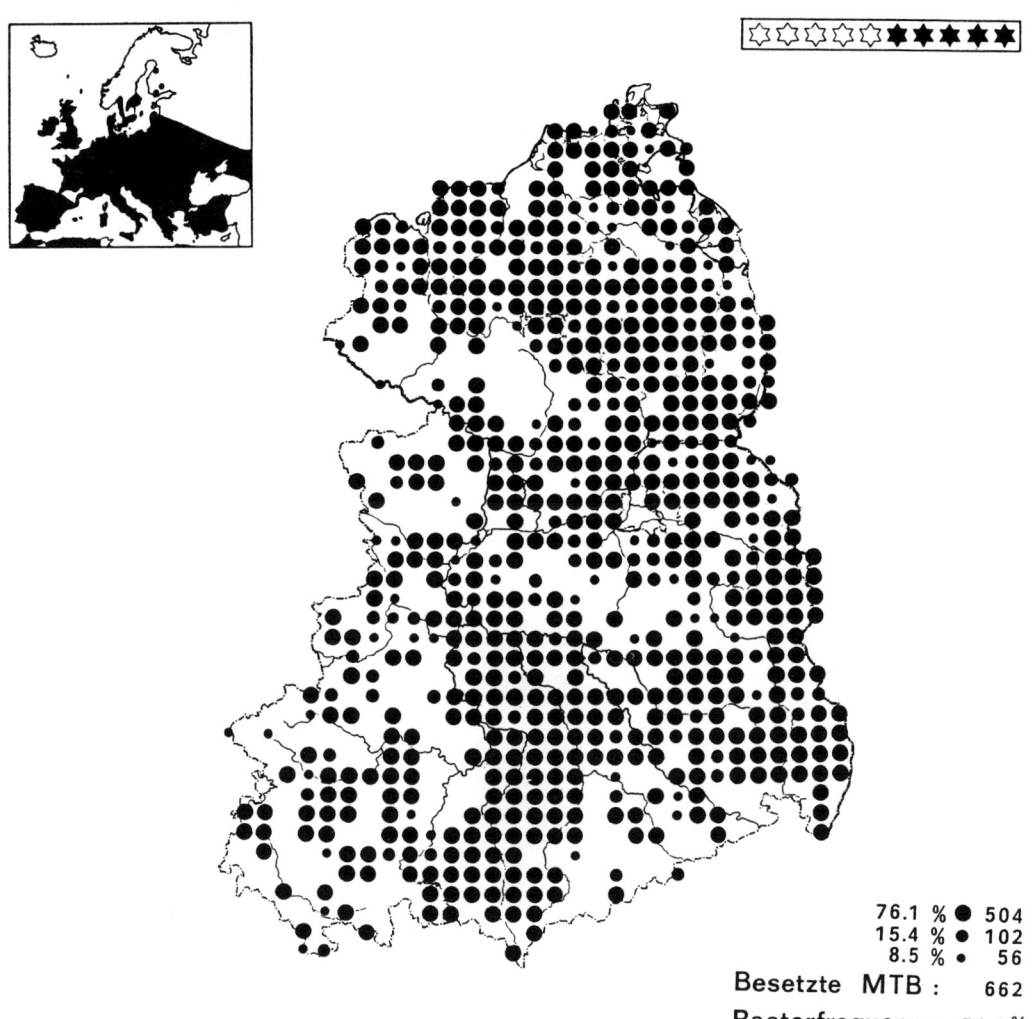

76.1 % ● 504
15.4 % ● 102
8.5 % ● 56

Besetzte MTB : 662

Rasterfrequenz : 71.6%

Faunentyp: altweltlich.

Status: häufiger Brutvogel; Durchzügler, Wintergast.

Verbreitung: über das gesamte Gebiet, aber mit kleineren regionalen Verbreitungslücken (lokale Erfassungslücken möglich ?).

Bestand/Bestandsentwicklung: Der Bestand beträgt nach den Schätzungen 4000 BP (± 28 %). Da der Zwergtaucher relativ unauffällig ist und zudem auch Klein- und Temporärgewässer bewohnt, wird sein Vorkommen leicht übersehen. Der wahre Brutbestand dürfte mindestens im oberen Bereich unserer Angabe liegen, möglicherweise sogar noch darüber. - Neben erheblichen Bestandsschwankungen in allen Teilen des Gebietes wurden insbesondere aus dem S (z.B. Erzgebirge und Bezirk Gera) in den letzten Jahren zum Teil erhebliche Abnahmen bekannt.

Literatur: BANDORF (1970); GIERTH in v.KNORRE et al. (1986); LIEDER (1989); SAEMANN (1989).

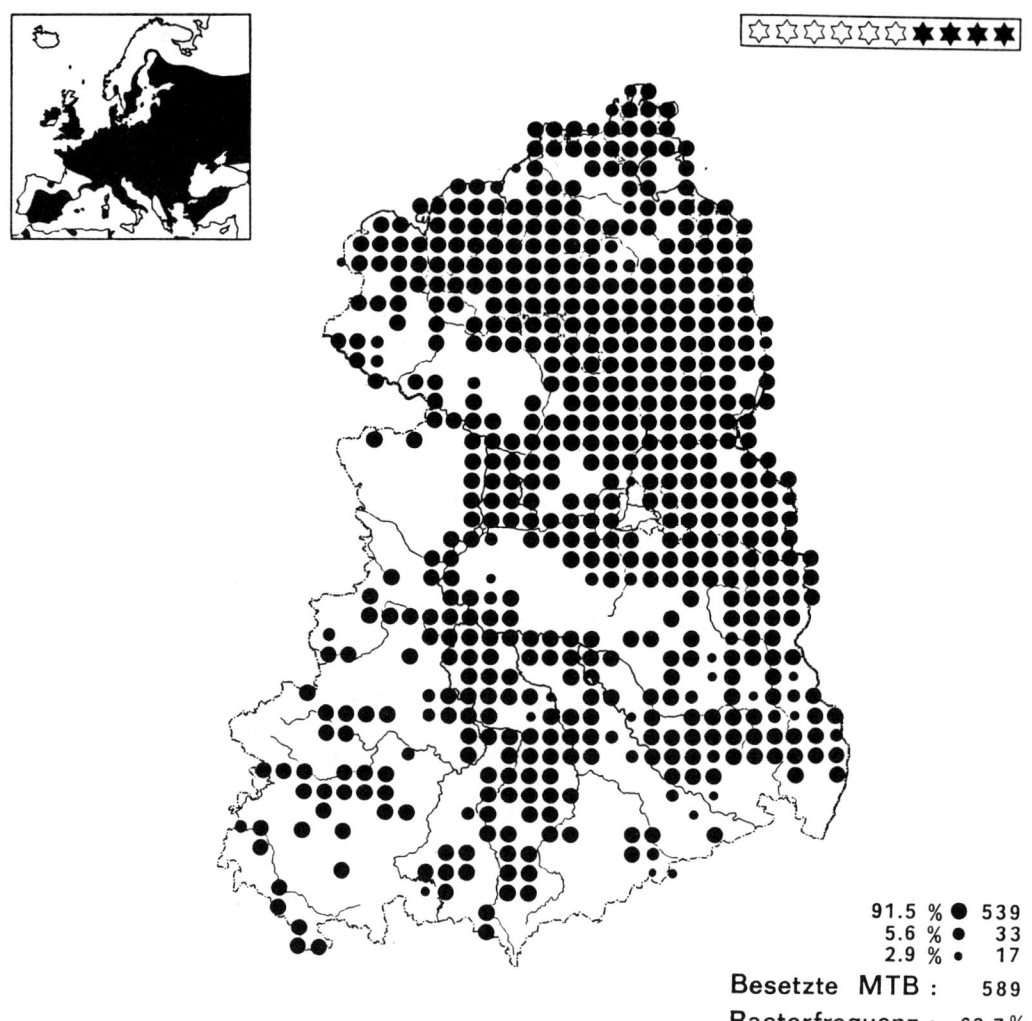

☆☆☆☆☆★★★★

91.5 % ●	539
5.6 % ●	33
2.9 % ·	17

Besetzte MTB : 589

Rasterfrequenz : 63.7 %

Faunentyp: altweltlich.

Status: häufiger Brutvogel; Durchzügler, Wintergast.

Verbreitung: über das gesamte Gebiet, entsprechend der Verteilung geeigneter Gewässer jedoch besonders in der SW-Hälfte ± lückenhaft.

Bestand/Bestandsentwicklung: Der Bestand beträgt nach den Schätzungen 15000 BP (± 40 %). Im gewässerreichen Mecklenburg-Vorpommern finden wir den größten Anteil (etwa 9000 BP = 60 %), die sich vorzugsweise an den großen Seen (z.B. Müritz, Schweriner See) und Fischteichen (z.B. Lewitz, 1983: 260 BP) konzentrieren. Allerdings können bereits Gewässer ab etwa 1 ha Wasserfläche besiedelt werden. Rund 4500 BP (30 %) wohnen in Brandenburg. Die SW-Hälfte weist mit den restlichen 10 % des Bestandes nur eine geringe Dichte auf. - Über einen großräumigen Bestandstrend ist keine Aussage möglich. Teilweise erheblichen lokalen Rückgängen (z.B. Schweriner See), die im Verschwinden von Schilfbeständen und zunehmender Erholungsnutzung begründet sind, stehen Zunahmen auf anderen Gewässern mit günstigem Nahrungsangebot gegenüber.

Literatur: MELDE (1973); ZIMMERMANN in KLAFS & STÜBS (1987); ZIMMERMANN & SCHIEWECK (1988).

Rothalstaucher

Podiceps grisegena

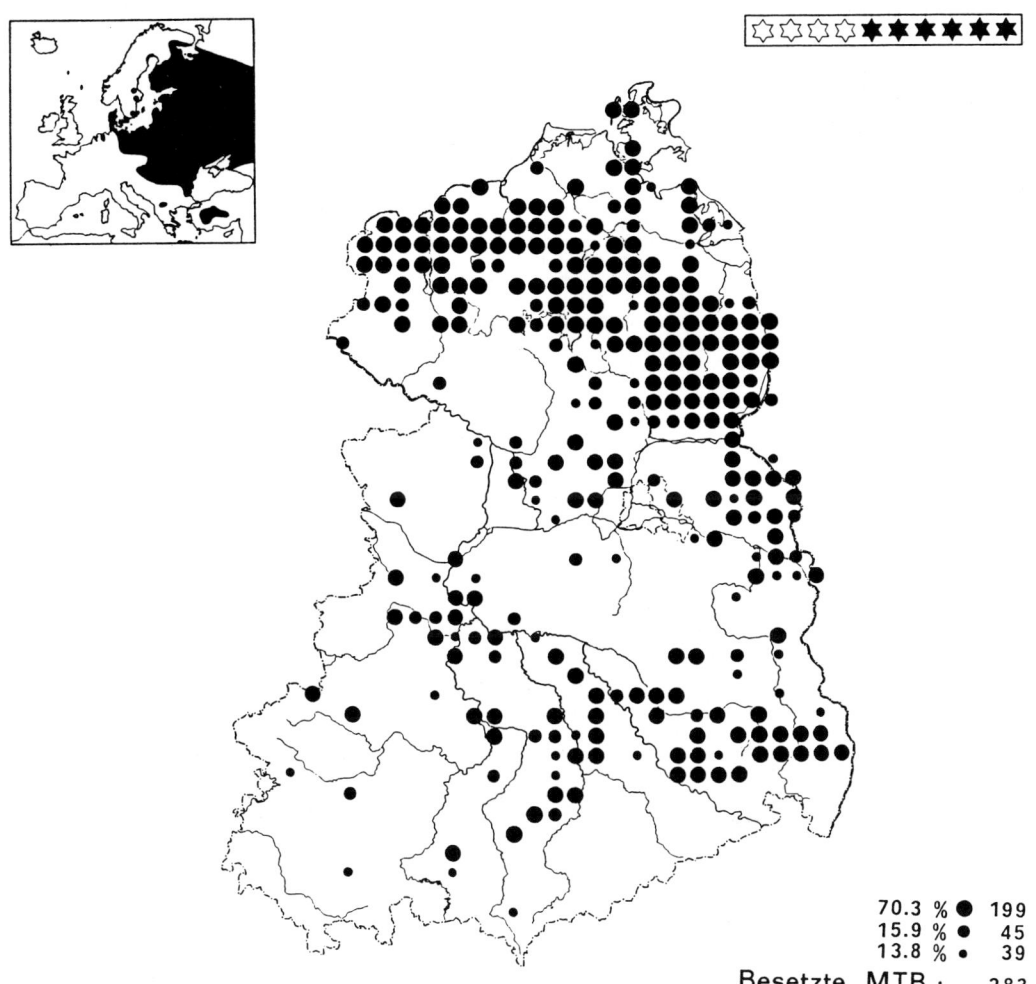

70.3 %	●	199
15.9 %	●	45
13.8 %	•	39

Besetzte MTB : 283

Rasterfrequenz : 30.6 %

Faunentyp: holarktisch.

Status: mäßig häufiger Brutvogel; Durchzügler, Wintergast.

Verbreitung: Weitgehend geschlossene Verbreitung nur in Mecklenburg-Vorpommern und NE Brandenburg, ansonsten regional und lückenhaft, in Thüringen sporadisch.

Bestand/Bestandsentwicklung: Der Bestand beträgt nach den Schätzungen 1100 BP (± 27 %). Davon entfallen etwa 70 % auf die mecklenburgisch-brandenburgische Seenplatte einschließlich ihres Hinterlandes. Ein Schwerpunkt findet sich in den E Teilen dieses Gebietes (Uckermark bis zur Oder), wo die Bestandsschätzungen je Raster im Mittel deutlich höher liegen. Weiterhin zeichnet sich nur noch in der Lausitz eine größere Bestandsdichte ab. Das übrige Gebiet ist, wie aus dem Verbreitungsbild zu ersehen, nur ausgesprochen dünn besiedelt, meist nur 1 bis 2 BP je Raster, lediglich 16 % der abgeschätzten Flächen werden hier von 3 oder mehr BP bewohnt. - Möglicherweise leichte Bestandszunahme durch (Neu-)Besiedlung kleinerer Gewässer in Mecklenburg-Vorpommern und neuentstandener Gewässer in der SW-Hälfte.

Literatur: WOBUS (1964); TUCHSCHERER (1981); GIERTH in v.KNORRE et al. (1986); ZIMMERMANN in KLAFS & STÜBS (1987); FIEDLER & FREITAG (1989).

Schwarzhalstaucher   *Podiceps nigricollis*

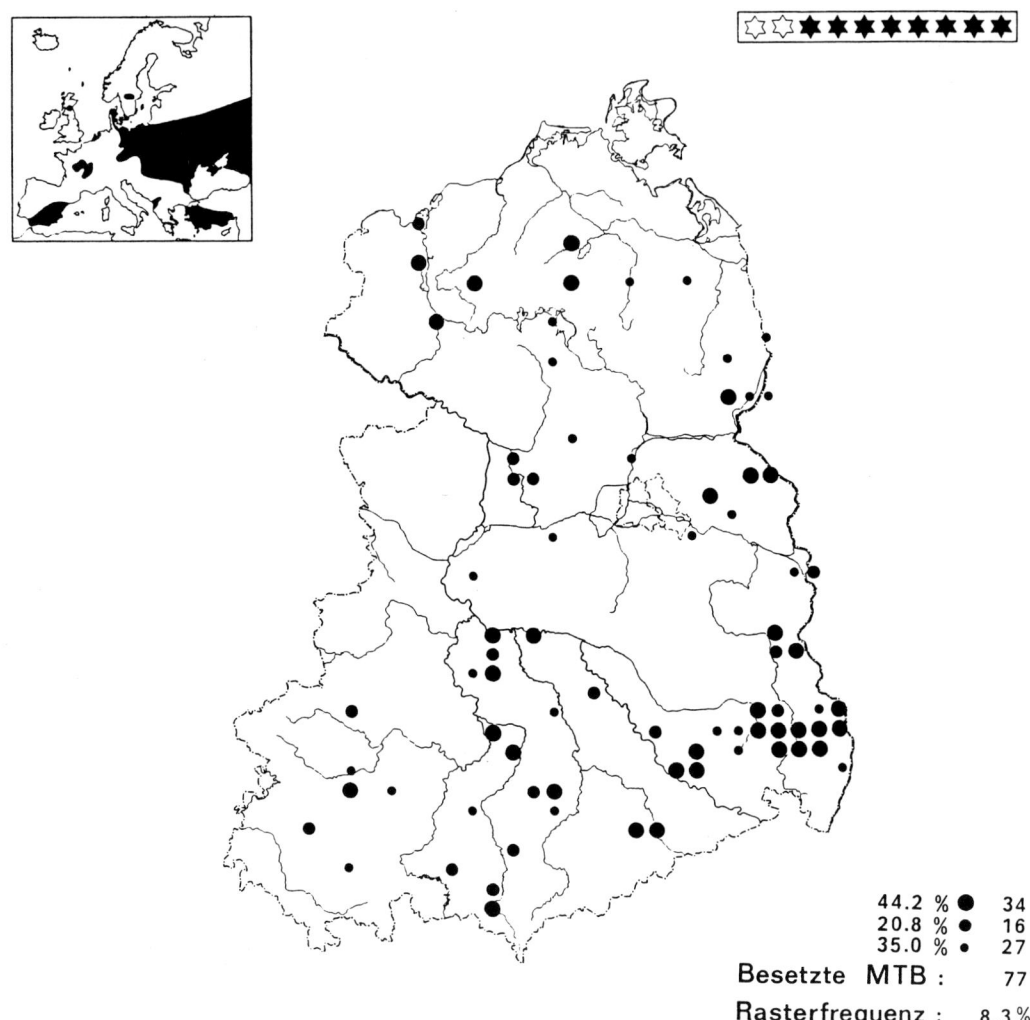

☆☆★★★★★★★★

44.2 % ● 34
20.8 % ● 16
35.0 % • 27

Besetzte MTB : 77
Rasterfrequenz : 8.3 %

Faunentyp: altweltlich.

Status: seltener Brutvogel; Durchzügler, spärlicher Wintergast.

Verbreitung: sehr lückenhaft, meist nur lokale bzw. sporadische Vorkommen.

Bestand/Bestandsentwicklung: Der Bestand beträgt nach den Schätzungen 520 BP (± 38 %). Er unterliegt an einzelnen Brutplätzen teilweise erheblichen Schwankungen, so daß eine zuverlässige Angabe für das gesamte Territorium immer mit relativ großem Unsicherheitsfaktor behaftet ist. Beispielhaft für solche Fluktuationen sind die Verhältnisse am Stausee Quitzdorf bei Niesky/Sachsen, wo 1974 325 BP, im Jahr davor und im folgenden Jahr aber nur 80 BP gefunden wurden. 1976 erfolgte hier keine Brut mehr. Das wahrscheinlich größte und stabilste Vorkommen während der Kartierung befand sich im NSG "Dambecker Seen" S Wismar (Mecklenburg-Vorpommern). Hier brüteten 1980 etwa 80 bis 85 Paare, und 1982 wird der Bestand sogar mit über 100 BP angegeben.

Literatur: PRINZINGER (1979); MENZEL (1979); SPILLNER (1981); ZIMMERMANN in KLAFS & STÜBS (1986).

Kormoran   *Phalacrocorax carbo*

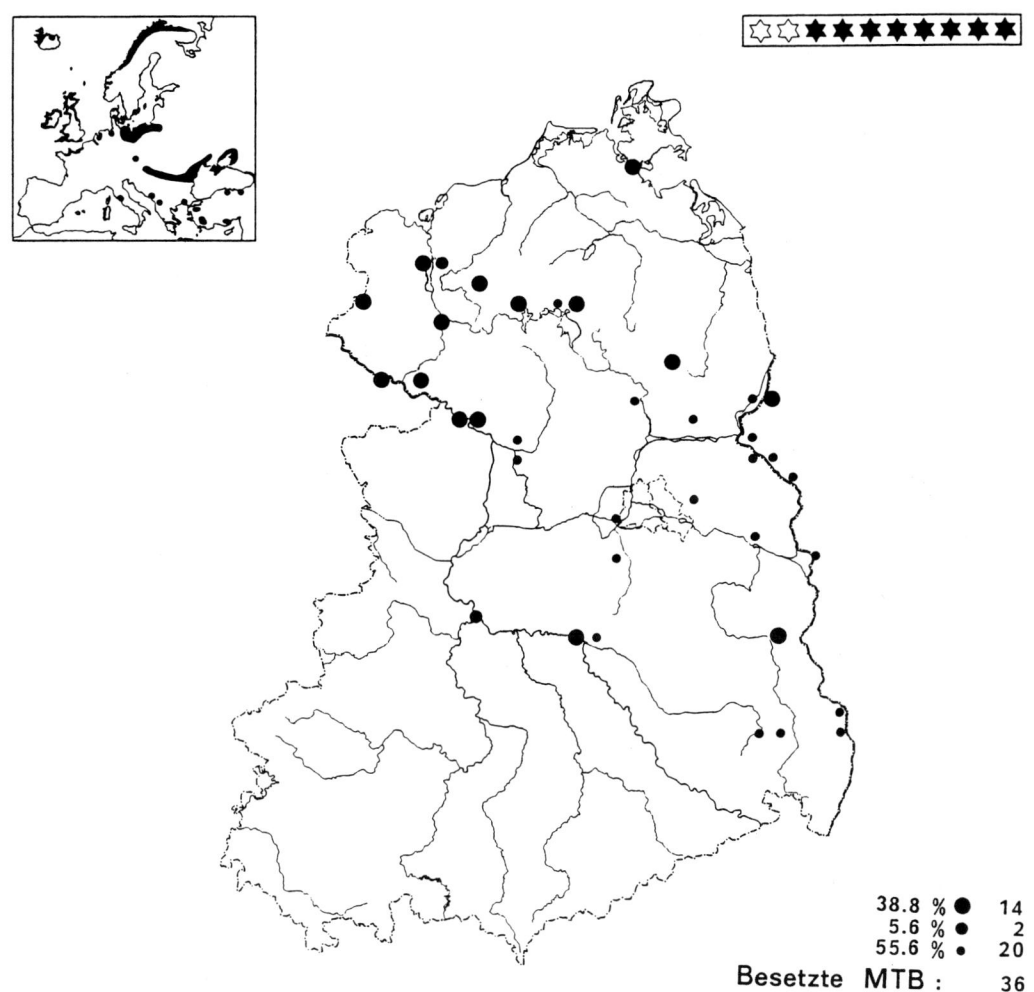

38.8 %	●	14
5.6 %	●	2
55.6 %	•	20

Besetzte MTB : 36

Rasterfrequenz : 3.9 %

Faunentyp: altweltlich.

Status: mäßig häufiger Brutvogel; Durchzügler, Wintergast.

Verbreitung: lokal (anthropogen beeinflußt durch Regulierungsmaßnahmen).

Bestand/Bestandsentwicklung: Erfassungen der Brutbestände erbrachten für 1980 5 Kolonien mit 710 BP, für 1981/82 6 bzw. 8 Kolonien mit jeweils 1050 BP und 1983 9 Kolonien mit 1300 BP. Der Bestand und seine Entwicklung wurden seit 1980 durch Regulierungsmaßnahmen beeinflußt, wobei ein "Zielbestand von maximal 1000 BP" gesichert, neue Ansiedlungen im Binnenland generell unterbunden werden sollten. Reduzierungen wurden bereits 1959 bis 1968 in der größten und bis 1960/62 auch einzigen Kolonie bei Niederhof am Strelasund durchgeführt. Aber auch ohne sichtbare menschliche Eingriffe wechseln Brutplätze im Binnenland vielfach in ihrer Größe oder sind nur kurzzeitige Ansiedlungen aufgrund günstiger Bedingungen. - Der positive Bestandstrend setzte sich auch in der Folgezeit fort, 1985 waren es 14 Kolonien mit 2090 BP, 1987 21 Kolonien mit 3350 BP, 1989 4400 BP und 1991 bereits etwa 5500 BP.

Literatur: KRÜGER (1978); ZUPPKE (1979); PLATH (1982); ZIMMERMANN (1985, 1989, 1990); KRUMMHOLZ (1988); ROCHLITZER (1988).

Rohrdommel　　　　　　　　　　　　　*Botaurus stellaris*

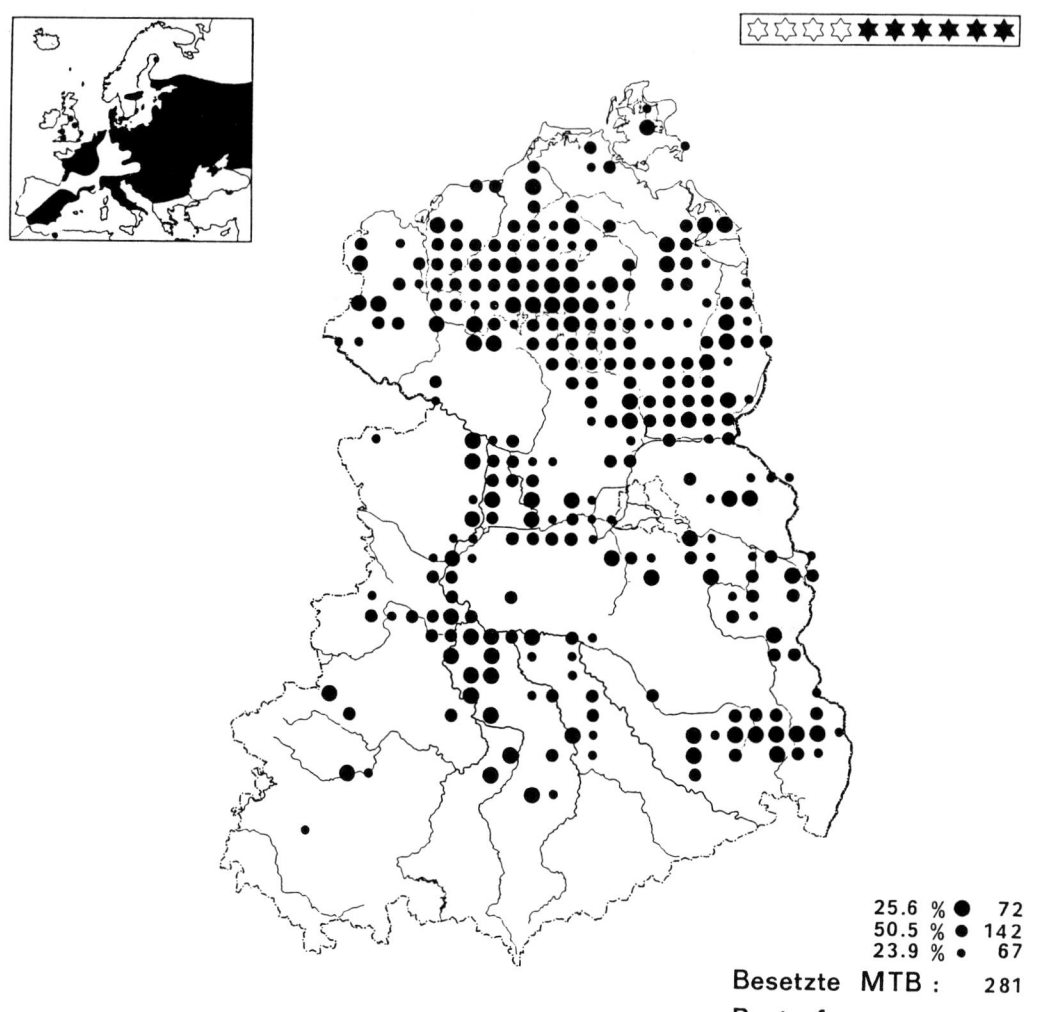

```
25.6 % ● 72
50.5 % ● 142
23.9 % ● 67
```

Besetzte MTB :　281

Rasterfrequenz :　30.4 %

Faunentyp: palaearktisch.

Status: mäßig häufiger Brutvogel; Durchzügler, spärlicher Wintergast.

Verbreitung: lückenhaft, entsprechend der Gewässerverteilung insbesondere in der mecklenburgisch-brandenburgischen Seenplatte (hier möglicherweise noch Erfassungslücken), im Bereich der Mittelelbe/Untere Havel und in der Lausitz.

Bestand/Bestandsentwicklung: Der Bestand beträgt nach den Schätzungen 750 BP (± 20 %). Annähernd die Hälfte entfällt davon auf Mecklenburg-Vorpommern. Für die besetzten Raster läßt sich hier eine mittlere Bestandsdichte von 1,9 bis 2,7 BP/100 km^2 errechnen. Unsere Angabe liegt damit etwas höher als in der Mecklenburg-Avifauna angegeben, was sicher methodisch bedingt ist. Unzweifelhaft ist jedoch trotzdem, und nicht nur im N, ein negativer Bestandstrend. - In den besiedelten mittleren und S Gebietsteilen beträgt die geschätzte Bestandsdichte für alle besetzten Raster nur 1,5 bis 2,1 BP/100 km^2.

Literatur: KRÄGENOW, HAUFF in KLAFS & STÜBS (1977, 1987).

Zwergdommel　　　　　　　　　*Ixobrychus minutus*

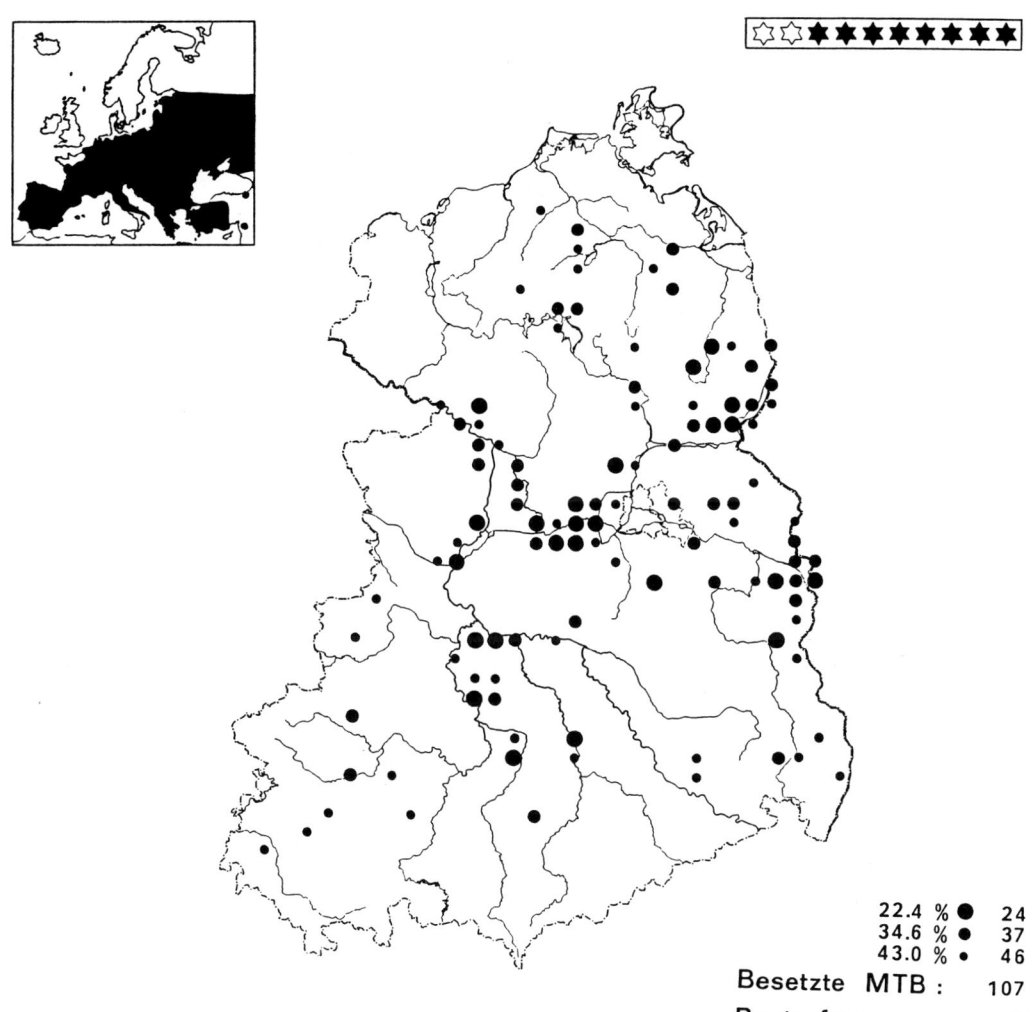

22.4 % ●	24
34.6 % ●	37
43.0 % •	46

Besetzte MTB : 107

Rasterfrequenz : 11.6 %

Faunentyp: altweltlich.

Status: seltener Brutvogel; Durchzügler.

Verbreitung: mit großen regionalen Lücken; besonders im N und S nur sporadisch.

Bestand/Bestandsentwicklung: Der Bestand beträgt nach den Schätzungen 250 BP (± 48 %). Sein größter Anteil befindet sich in Brandenburg. - Wegen der sehr heimlichen und unauffälligen Lebensweise der Zwergdommel ist eine zuverlässige Bestandsangabe für das Gesamtgebiet relativ problematisch, gesicherte Brutnachweise sind ohne Störungen kaum zu erbringen. Unsere Angabe muß also mit Vorbehalt betrachtet werden. - Obwohl zur Kartierung für Mecklenburg-Vorpommern nur für zwei MTB sicheres Brüten gemeldet wurde, zählt man die Zwergdommel hier mit "etwa 25 BP/Jahr?" zu den regelmäßigen Brutvögeln. Trotzdem muß jedoch allgemein ein bereits länger anhaltender, negativer Bestandstrend als sicher gelten. Dieser führte unter anderem in Thüringen zur Aufgabe verschiedener bekannter Brutgebiete.

Literatur: GENTZ in RUTSCHKE (1983); SCHMIDT in v.KNORRE et al. (1986); HAUFF, KRÄGENOW in KLAFS & STÜBS (1987).

Graureiher

Ardea cinerea

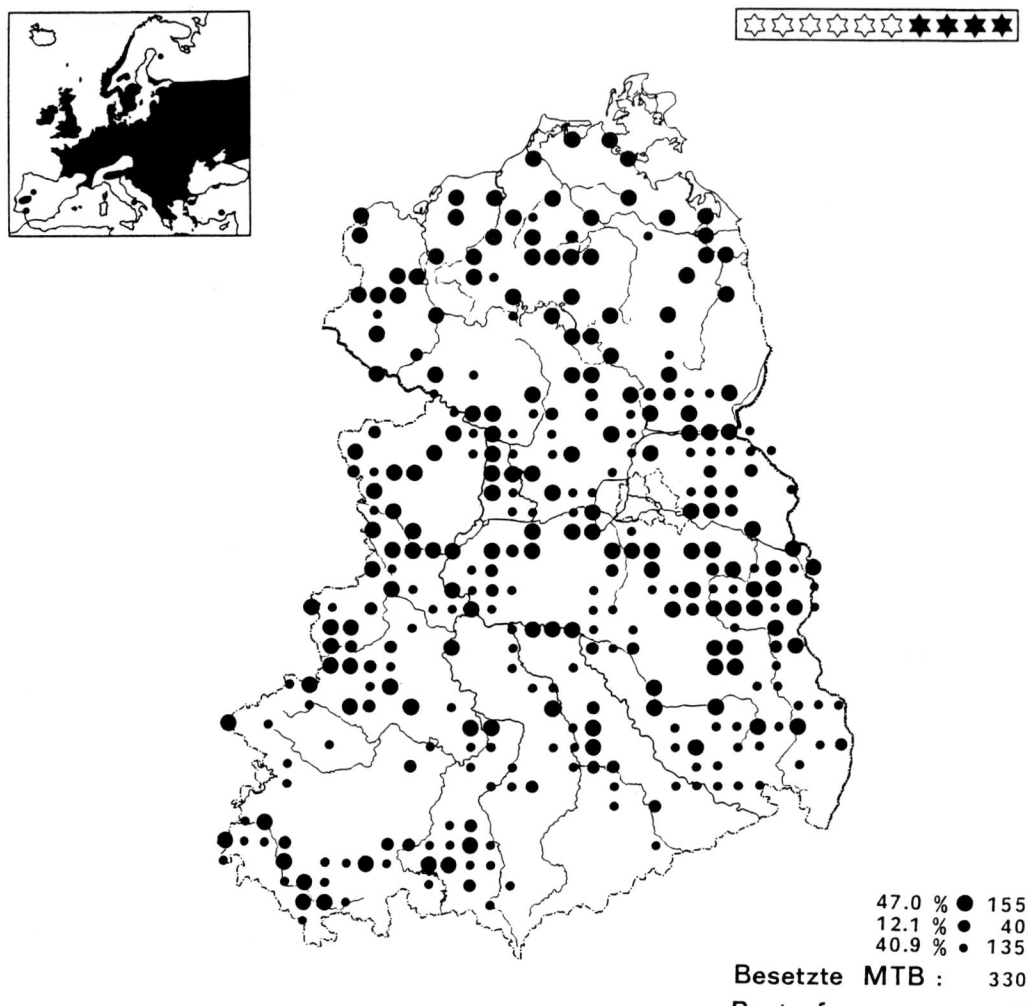

☆☆☆☆☆☆★★★★

47.0 % ● 155
12.1 % ● 40
40.9 % ∙ 135

Besetzte MTB : 330
Rasterfrequenz : 35.7 %

<u>Faunentyp:</u> palaearktisch.
<u>Status:</u> mäßig häufiger Brutvogel; Durchzügler, Wintergast.
<u>Verbreitung:</u> mit regionalen Lücken über das gesamte Gebiet.
<u>Bestand/Bestandsentwicklung:</u> Zählungen erbrachten 1960 2000 BP, 1973 2100 BP, 1978 4000 BP. Die 78er Zählung ist jedoch nicht vollständig. Unter der Annahme, daß 5 - 10 % nicht erfaßt wurden, ergibt sich ein Bestand von 4200 bis 4500 BP. Bei Berücksichtigung der Bestandszunahme, während der Kartierung im Mittel 6 - 9 % pro Jahr (Mecklenburg-Vorpommern 6,9 %, Bezirk Magdeburg 9,3 %), kann für 1982 ein Bestand von 5800 BP (± 8 %) ermittelt werden. Damit erklären sich die 82 Raster mit D-Nachweisen, die nicht durch die Zählung von 1978 (nur 76 Kolonien auf 74 MTB) abgedeckt werden. Es handelt sich dabei um damals nicht erfaßte Brutplätze und um solche, die in den Folgejahren neu entstanden. Die Bestandsdichte nimmt von N nach S ab: Mecklenburg-Vorpommern etwa 9 BP/100 km², Sachsen-Anhalt/Brandenburg 6 BP/100 km² und Thüringen 1 BP/100 km², die Bestandszunahme ist dagegen in den mittleren und besonders S Teilen am größten.

Literatur: RUTSCHKE (1982, 1985); CREUTZ (1983); SEELIG (1986); HAUFF in KLAFS & STÜBS (1987); ARNOLD (1989).

66

Schwarzstorch — *Ciconia nigra*

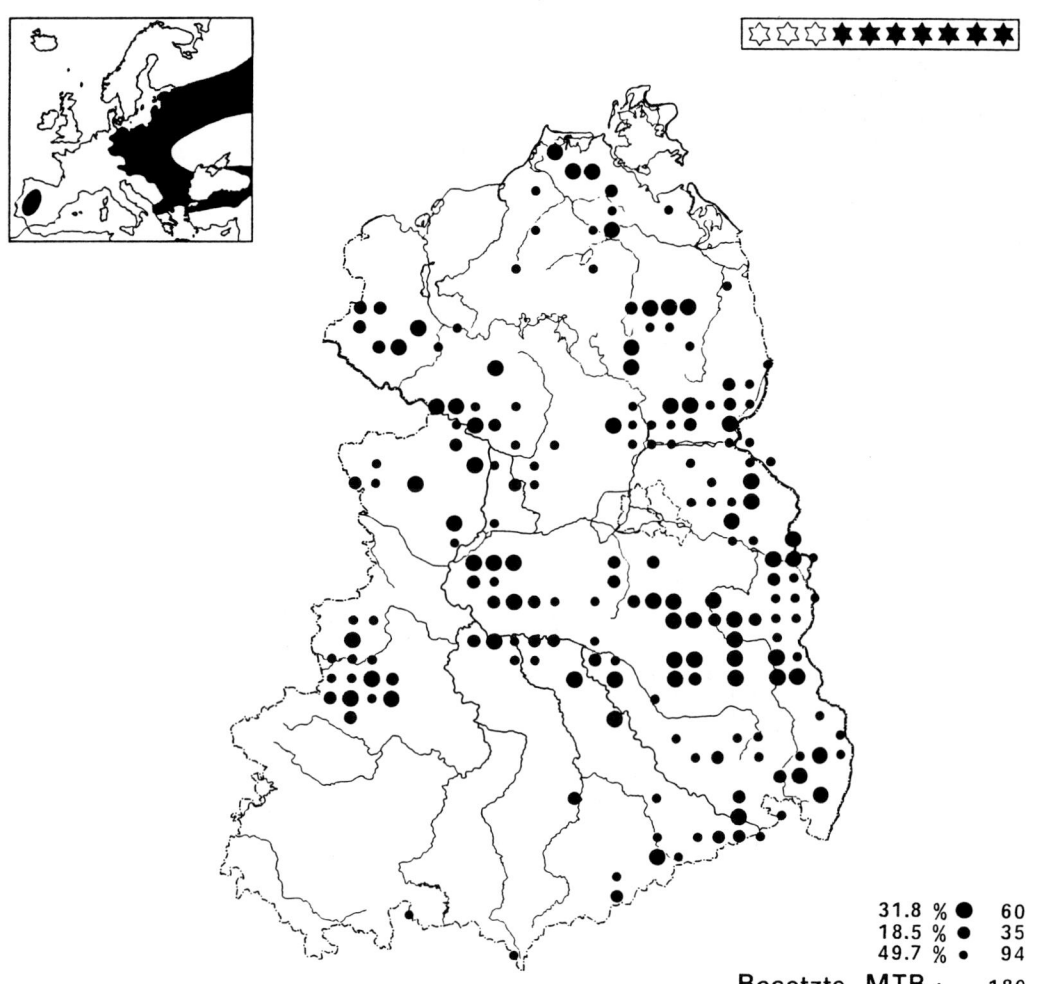

☆☆☆★★★★★★★

31.8 % ●	60
18.5 % ●	35
49.7 % •	94

Besetzte MTB : 189
Rasterfrequenz : 20.4 %

Faunentyp: palaearktisch.

Status: seltener Brutvogel; Durchzügler.

Verbreitung: über das gesamte Gebiet mit regionalen Lücken (deutliche Ausbreitungstendenz am W-Rand des Areals!).

Bestand/Bestandsentwicklung: Der Bestand beträgt nach den Schätzungen 80 BP (± 25 %). Nach einem absoluten Tief in den 50er Jahren, als nur 10 bis 15 BP für das gesamte Gebiet bekannt waren, erfolgte eine allmähliche Erholung. Angaben für die 60er Jahre lauten 15 bis 25 BP und für 1975 25 bis 30 BP. Auch wenn diese nicht vollständig sein sollten, so liegen sie doch erheblich unter dem hier vorgelegten Wert. Selbst bei vorsichtiger Abwägung der Ergebnisse ist aber mit mindestens 60 BP zu rechnen, insgesamt also ein erfreulicher Aufwärtstrend des Bestandes. In Thüringen erfolgte 1984 im Kr. Lobenstein der erste Brutnachweis seit 170 Jahren, wobei ein erfolgreiches Brüten hier auch bereits für die Kartierungszeit (1982, 1983) nicht ausgeschlossen werden kann.

Literatur: CREUTZ & CREUTZ (1970); DORNBUSCH (1979); LOEW (1982); GÖRNER & SCHULTHEIS (1984); HEINRICH in KLAFS & STÜBS (1987).

Weißstorch   *Ciconia ciconia*

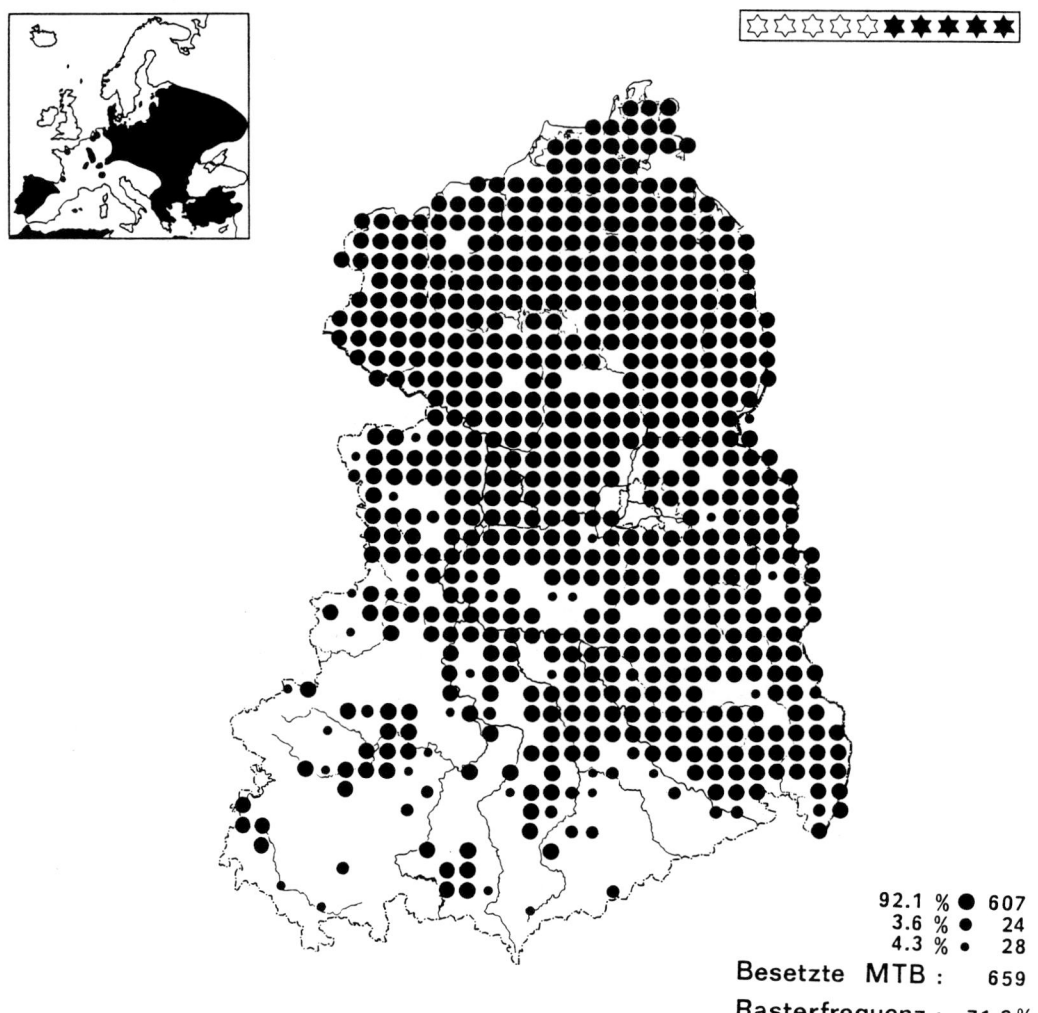

92.1 % ● 607
3.6 % ● 24
4.3 % • 28

Besetzte MTB : 659

Rasterfrequenz : 71.2 %

<u>Faunentyp:</u> palaearktisch.

<u>Status:</u> (mäßig) häufiger Brutvogel; Durchzügler.

<u>Verbreitung:</u> außer im SW nahezu flächendeckend.

<u>Bestand/Bestandsentwicklung:</u> Der Bestand betrug für die Kartierungszeit 2900 BP (± 7 %). Die Bestandsentwicklung auf der Grundlage durchgeführter Zählungen sieht folgendermaßen aus:

Jahr	1934	1958	1974	1983	1984	1985	1986	1987	1989
Anzahl BP	4600	2500	2928	2965	2722	2562	2601	2486	2684

Die größte Storchendichte wird im Norden erreicht, z.B. Kreis Stralsund 1974 11,0 BP/100 km² (1987 nur 6,3), Kreis Grimmen 1974 10,3 BP/100 km² (1987 noch 9,3). Die Bestandsentwicklung innerhalb des Gebietes muß differenziert werden. Während in Mecklenburg-Vorpommern der Bestand leicht rückläufig ist, können wir in den mittleren und vor allem S Teilen eine Zunahme vermerken. Im Bez. Leipzig brüteten z. B. 1948 5, 1974 55, 1982 69 Paare, im Bez. Dresden 1948 59, 1974 164, 1980 241 Paare, und in Thüringen waren 1974 9 und 1981 bereits 17 Horste besetzt.

<u>Literatur:</u> SCHILDMACHER (1975); DORNBUSCH (1982, 1987, 1990); CREUTZ (1985); FEIGE & ZÖLLICK (1988); KRÜGER (1986).

Höckerschwan

Cygnus olor

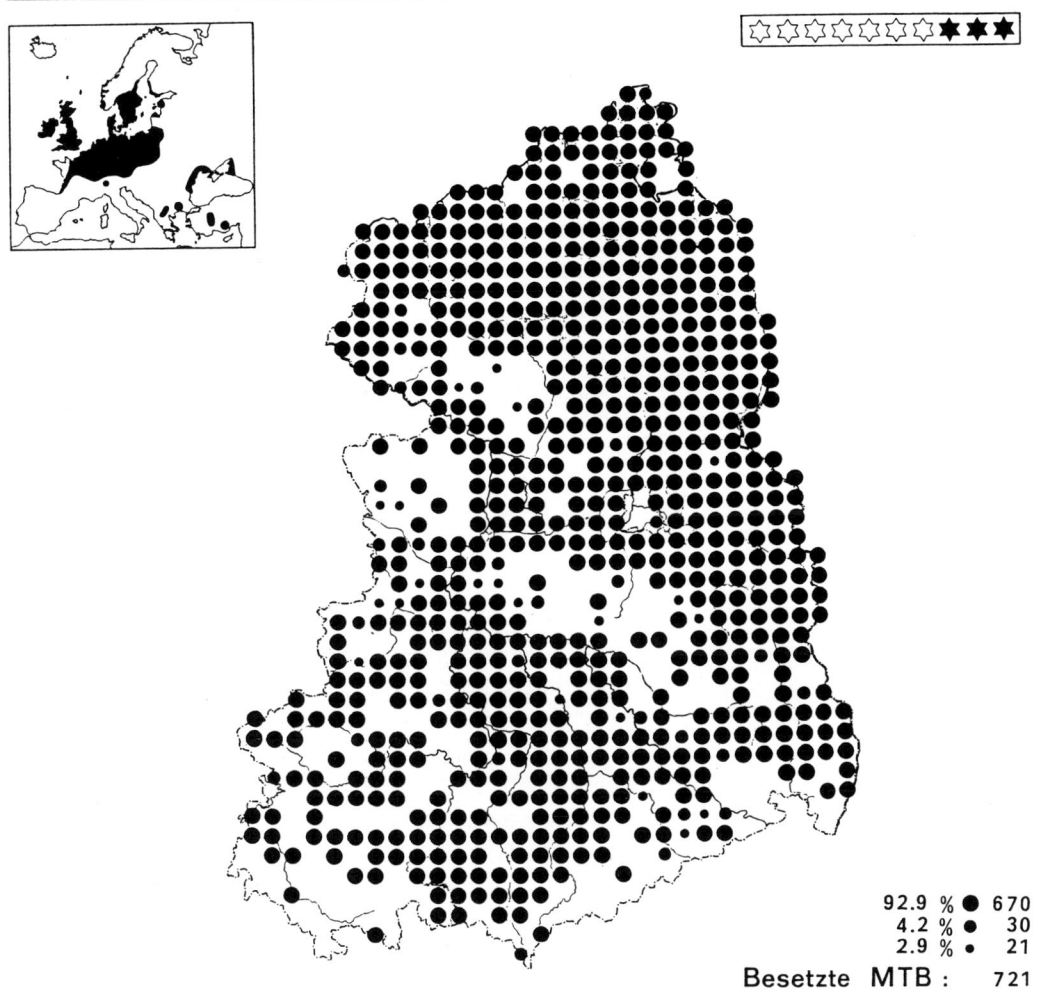

92.9 %	●	670
4.2 %	●	30
2.9 %	·	21

Besetzte MTB : 721

Rasterfrequenz : 77.9%

Faunentyp: palaearktisch.

Status: häufiger Brutvogel; Durchzügler, Wintergast.

Verbreitung: über das gesamte Territorium mit kleineren regionalen Lücken in gewässerarmen Gebieten.

Bestand/Bestandsentwicklung: Der Bestand beträgt nach den Schätzungen 3200 BP (± 25 %). Hinzu kommt eine beträchtliche Anzahl (mehr als 12000 !) Nichtbrüter, die sich besonders auf den Bodden-gewässern im Küstenbereich konzentrieren. - Nach dem Krieg war der Bestand so sehr geschrumpft, daß besonderer Schutz eingeleitet wurde. Die zentral durchgeführten Zählungen sind zwar leider nicht vollständig, belegen aber trotzdem die erfolgte Zunahme: 1966 926 BP, 1971 1388 BP, 1976 1330 BP und 1980 2254 BP. Bei der Erfassung 1976 wurden in den Bez. Rostock und Neubrandenburg wahr-scheinlich nicht einmal die Hälfte der Brutplätze und rund 400 BP nicht gemeldet. Mit der Bestands-zunahme erfolgte verstärkt die Besiedlung der mittleren und S-Teile. Über 50 % des Bestandes siedeln aber immer noch in Mecklenburg-Vorpommern und etwa 25 % in Brandenburg.

Literatur: HILPRECHT (1968); FEILER (1974); RUTSCHKE (1982, 1987); KRÄGENOW in KLAFS & STÜBS (1987); LIEDER (1988); KÖPPEN (1989).

Graugans *Anser anser*

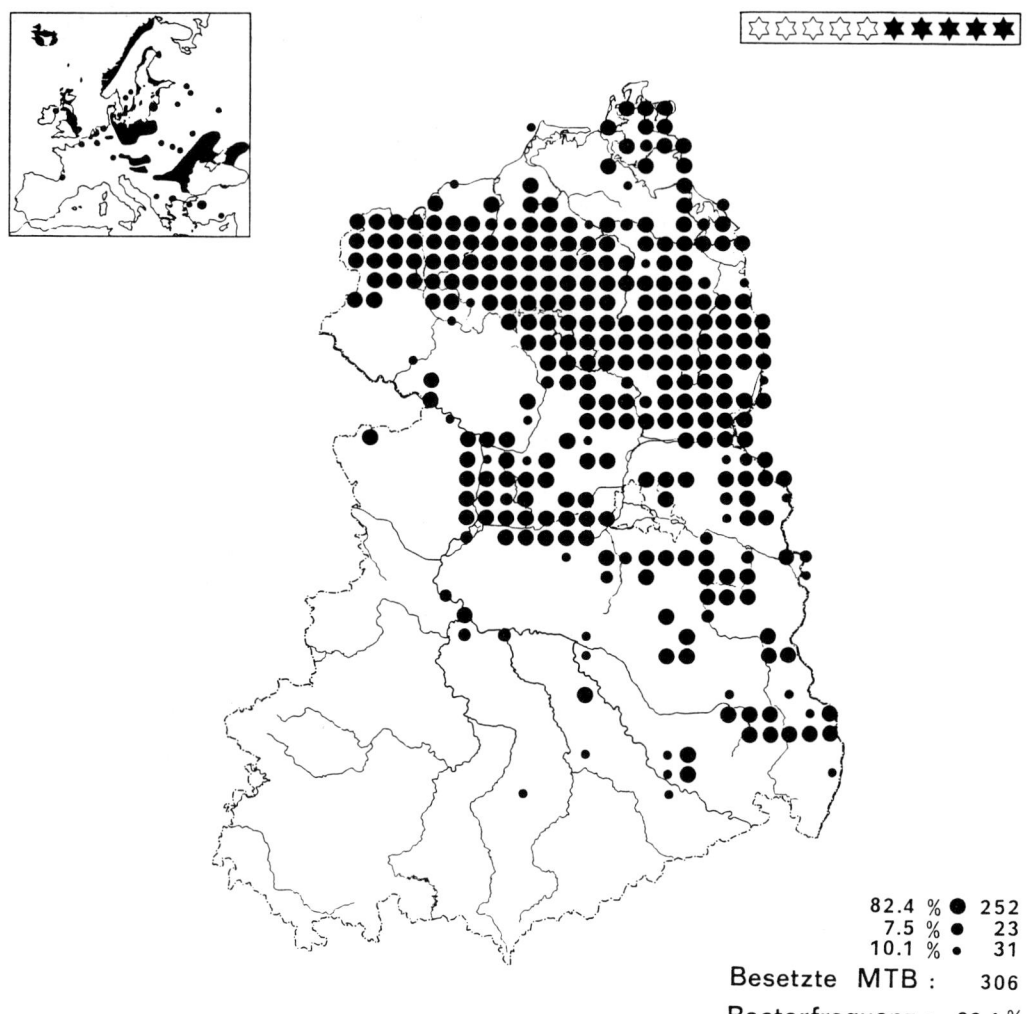

82.4 % ● 252
7.5 % ● 23
10.1 % ● 31

Besetzte MTB : 306
Rasterfrequenz : 33.1 %

Faunentyp: palaearktisch.
Status: mäßig häufiger Brutvogel; Durchzügler, spärlicher Wintergast.
Verbreitung: weitgehend auf die Nordosthälfte beschränkt; mit regionalen Lücken in gewässerarmen Gebieten.
Bestand/Bestandsentwicklung: Der Bestand beträgt nach den Schätzungen 4000 BP (± 18 %), wovon etwa 40 bis 50 % allein in Mecklenburg-Vorpommern wohnen. Bisher wurden in den Jahren 1969, 1972, 1977 und 1981 Bestandszählungen durchgeführt, die jedoch in keinem Jahr eine vollständige Erfassung aller Brutplätze gewährleisteten. Die beiden Zählungen von 1969 und 1972 ergaben insgesamt 2050 BP an 350 Plätzen, die bisher vollständigste Erfassung 1981 548 Plätze mit etwa 3250 BP. Dabei wurden 131 bekannte Plätze nicht kontrolliert, so daß der o. g. Atlas-Wert wohl eher dem wahren Bestand entspricht. - Deutlich wird zweifellos eine anhaltende Bestandszunahme. Sie beträgt für Gebiete, die sowohl 1977 als auch 1981 erfaßt wurden, mehr als 10 %. Gleichzeitig erfolgt eine Ausbreitung nach W und SW.

Literatur: FRÄDRICH & NAACKE (1974); NAACKE (1971, 1977, 1981); HAUFF in KLAFS & STÜBS (1987); NEHLS (1987).

Brandgans

Tadorna tadorna

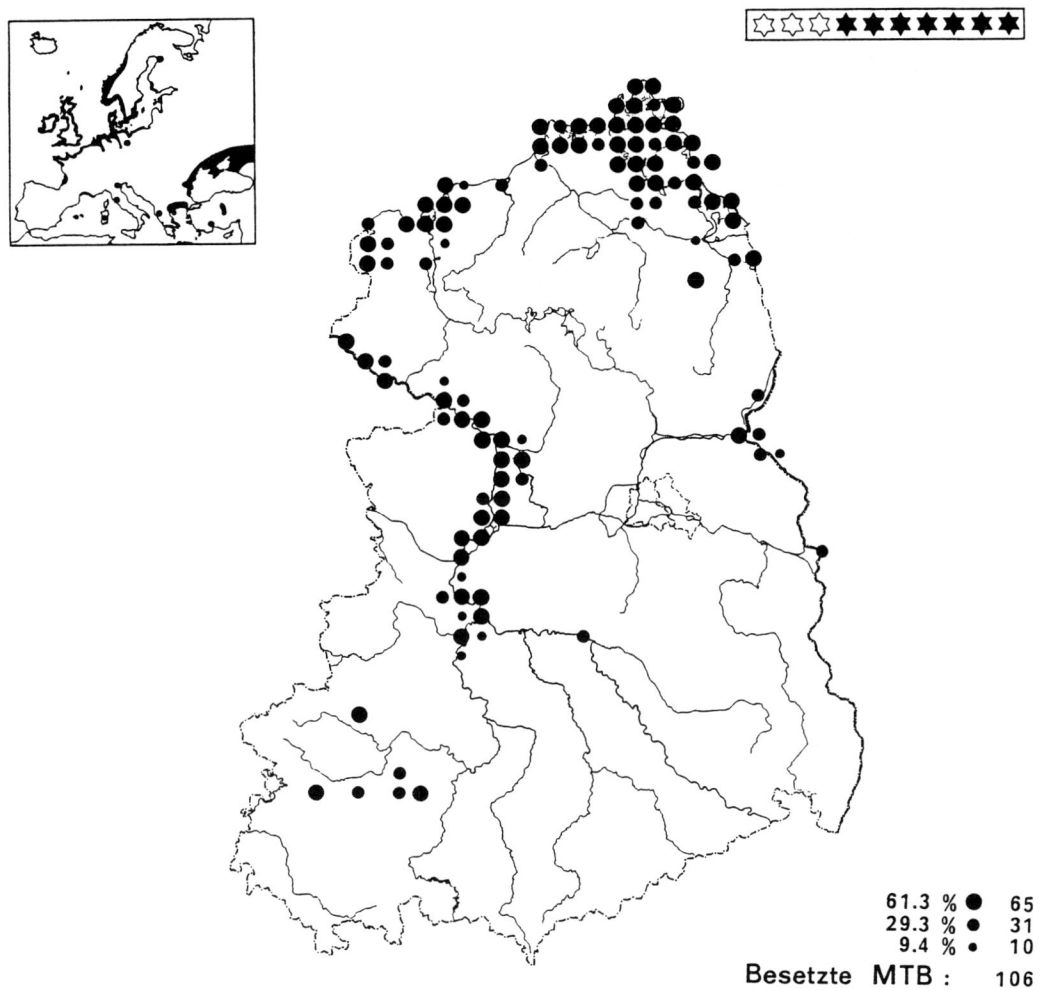

61.3 % ● 65
29.3 % ● 31
9.4 % · 10

Besetzte MTB : 106
Rasterfrequenz : 11.5 %

Faunentyp: wahrscheinlich sarmatisch.

Status: seltener Brutvogel; Durchzügler, Wintergast.

Verbreitung: im wesentlichen auf das Küstengebiet und die Mittelelbe beschränkt; sonst nur sporadisch.

Bestand/Bestandsentwicklung: Der Bestand beträgt nach den Schätzungen 390 BP (± 25 %). Der größte Anteil (etwa 2/3) des Bestandes brütet im unmittelbaren Küstenbereich einschließlich der Bodden. Seit Mitte der 60er Jahre erfolgt die Besiedlung der Elbe, die Anzahl der Brutvögel hat hier ständig zugenommen. Zur Kartierungszeit war die untere Saale erreicht, und es kann ein Bestand von 70 ± 25 BP geschätzt werden. Der Ausbreitungsprozeß elbaufwärts scheint sich aber immer noch fortzusetzen. Die Ansiedlungen an der Oder und in Thüringen sind dagegen zahlenmäßig noch unbedeutend. An den südlichsten Brutplätzen in Thüringen erfolgten die ersten erfolgreichen Bruten 1977 im Kr. Weimar und 1980 im Kr. Gotha.

Literatur: LIPPERT & DORNBUSCH (1974); MÜLLER (1979ff.); GÖRNER (1981); DITTBERNER & DITTBERNER (1986); NEHLS in KLAFS & STÜBS (1987); BRIESEMEISTER et al. (1987); HAMPE (1989).

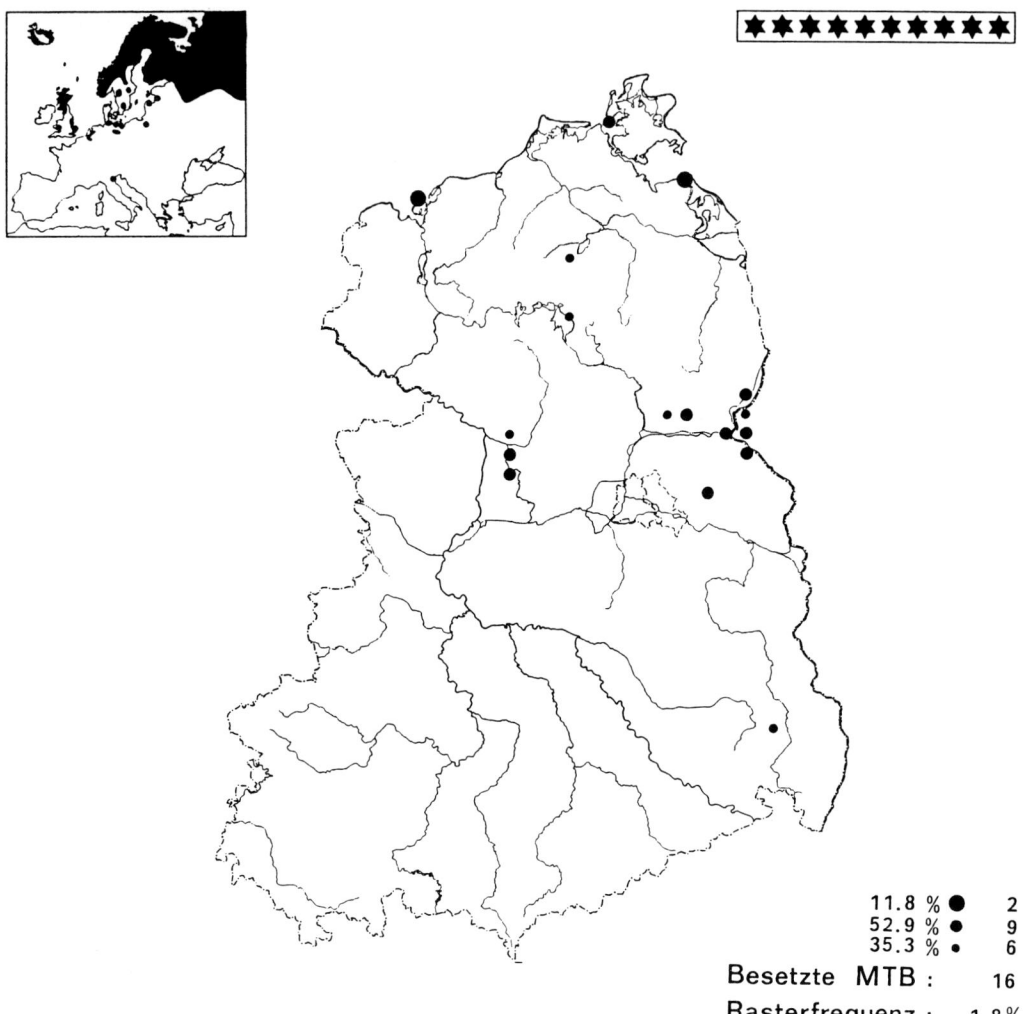

★★★★★★★★★★

11.8 % ●		2
52.9 % ●		9
35.3 % •		6

Besetzte MTB : 16

Rasterfrequenz : 1.8 %

<u>Faunentyp:</u> palaearktisch.

<u>Status:</u> sehr seltener Brutvogel; Durchzügler, Wintergast.

<u>Verbreitung:</u> sporadische Vorkommen außerhalb des geschlossenen Verbreitungsgebietes im NE.

<u>Bestand/Bestandsentwicklung:</u> Unregelmäßiger (?) Brutvogel bis max. 10 BP, abgeschätzt auf 5 Rastern mit je 1 BP. Gesicherte und erfolgreiche Brutnachweise mit Jungvögeln wurden nur im Küstenbereich erbracht. Interessant ist aber weiterhin die Konzentration in der Unteren Odertalniederung (4 Raster mit je 1 BP abgeschätzt), da die Pfeifente von RUTSCHKE für Brandenburg nicht als Brutvogel erwähnt wird, wohl aber ehemals in der Uckermark gebrütet hat.

Literatur: DITTBERNER & DITTBERNER (1975); RUTSCHKE (1983); ZIMMERMANN in KLAFS & STÜBS (1987).

Schnatterente   *Anas strepera*

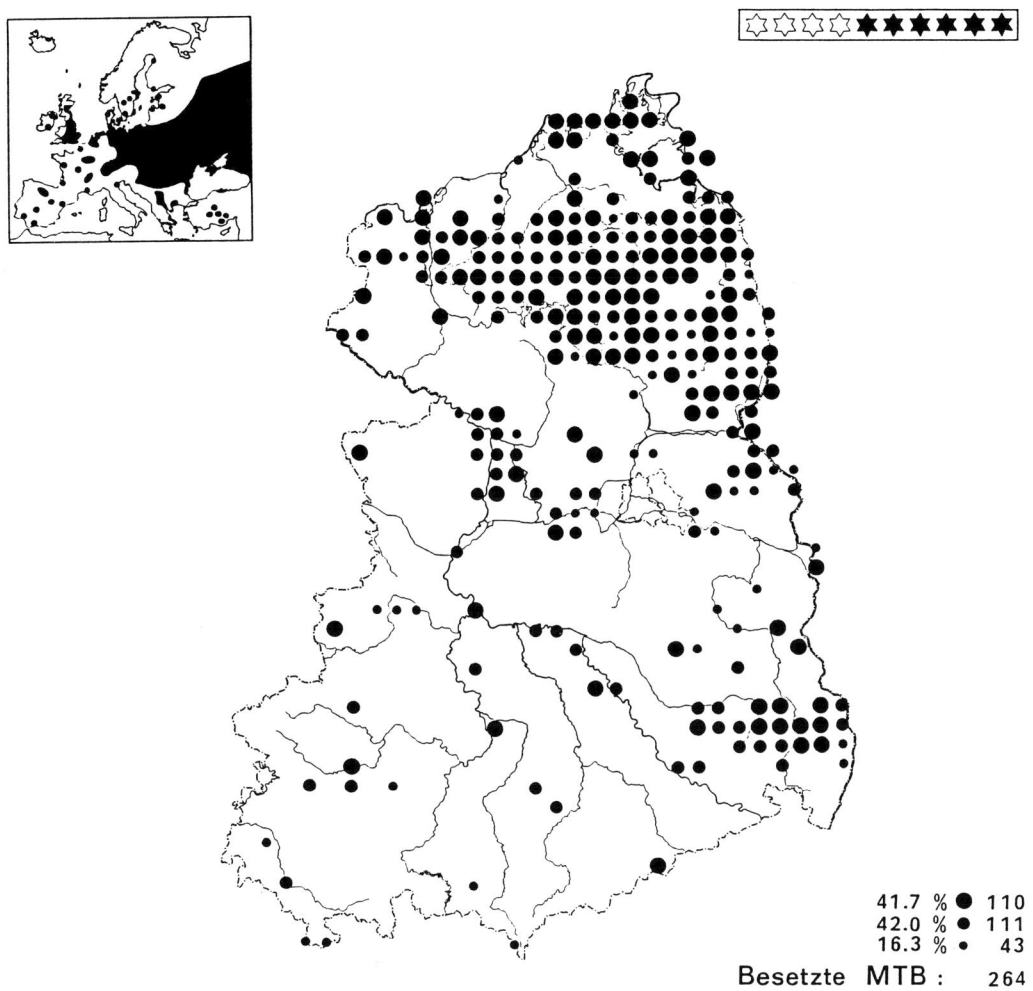

41.7 %	●	110
42.0 %	●	111
16.3 %	•	43

Besetzte MTB : 264
Rasterfrequenz : 28.5 %

Faunentyp: holarktisch.
Status: mäßig häufiger Brutvogel; Durchzügler, spärlicher Wintergast.
Verbreitung: außer in der NE-Hälfte und in der Lausitz nur ± sporadische Vorkommen.
Bestand/Bestandsentwicklung: Der Bestand beträgt nach den Schätzungen 1200 BP (± 33 %). Am häufigsten ist die Schnatterente im gewässerreichen N/NE, wo etwa 80 % des Bestandes vorkommen. Allein an den vier bedeutendsten Brutplätzen im Bereich der Küste und Bodden (Barther Oie, Kirr, Heuwiese, Böhmke/Werder) brüten jährlich 200 bis 300 Paare. Neben den zahlenmäßig unbedeutenden, sporadischen Vorkommen in der SW-Hälfte heben sich noch zwei Gebiete heraus: das Elbe-Havel-Gebiet W Berlins (45 ± 15 BP) und die Teichlandschaft der Oberlausitz (175 ± 70 BP).

Literatur: RUTSCHKE, REYMANN in RUTSCHKE (1977); SCHEUFLER et al. (1982); ZIMMERMANN in KLAFS & STÜBS (1987).

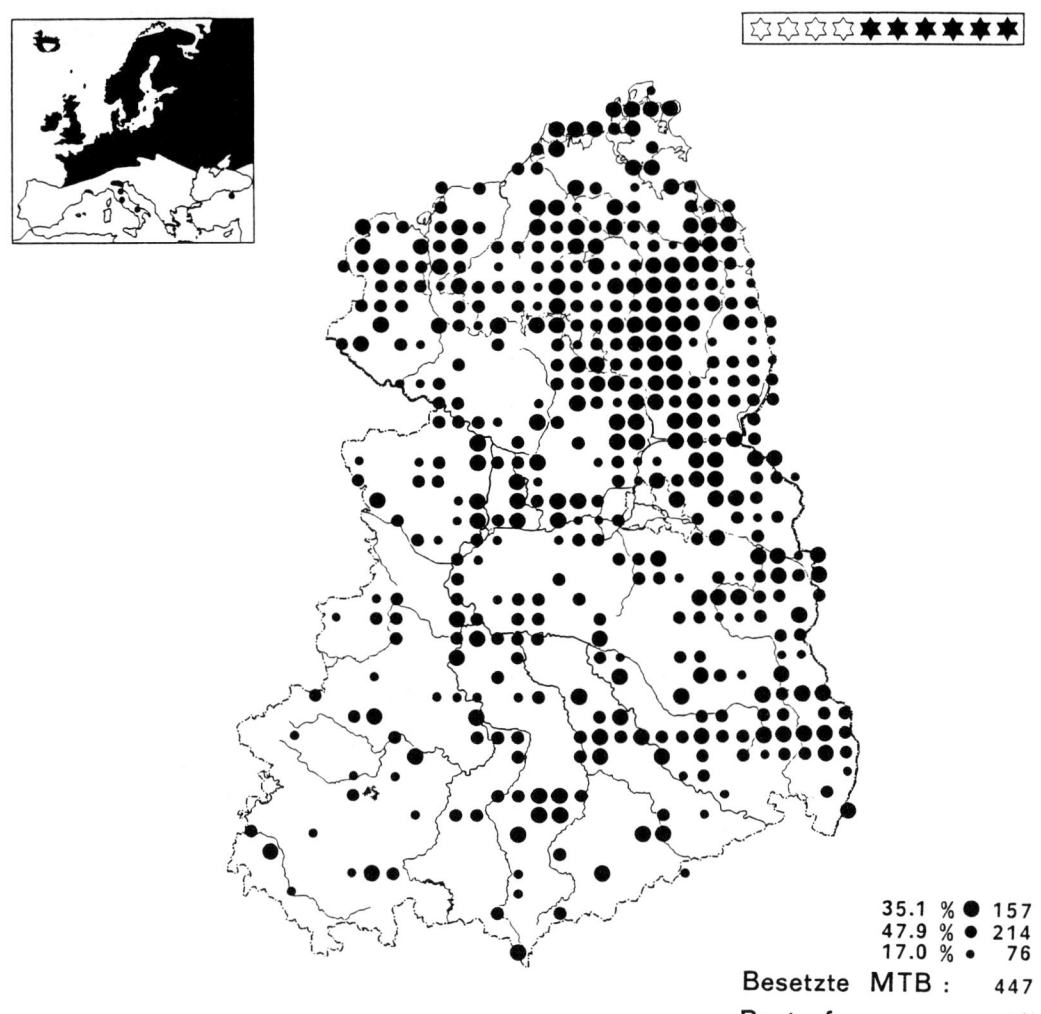

☆☆☆☆★★★★★★★

35.1 % ● 157
47.9 % ● 214
17.0 % • 76

Besetzte MTB : 447
Rasterfrequenz : 48.3 %

Faunentyp: holarktisch.

Status: mäßig häufiger Brutvogel; Durchzügler, Wintergast.

Verbreitung: über das gesamte Gebiet, nach SW zunehmend lückenhaft.

Bestand/Bestandsentwicklung: Der Bestand beträgt nach den Schätzungen 1800 BP (± 33 %). Davon brütet ein großer Teil (45 %) in Mecklenburg-Vorpommern. Eine vollständige Erfassung des Bestandes ist wohl kaum möglich, und selbst die Schätzung dürfte bei dieser im Brutgebiet unauffälligen Art fehlerbehaftet sein. Immerhin wurden bereits etwa für den Zeitraum 1970 bis 1975 auf der Basis wesentlich lückenhafteren Materials aus dem Schrifttum mindestens 1000 BP für das Territorium der DDR geschätzt.

Literatur: RUTSCHKE, REYMANN in RUTSCHKE (1977); RUTSCHKE (1989).

Stockente   *Anas platyrhynchos*

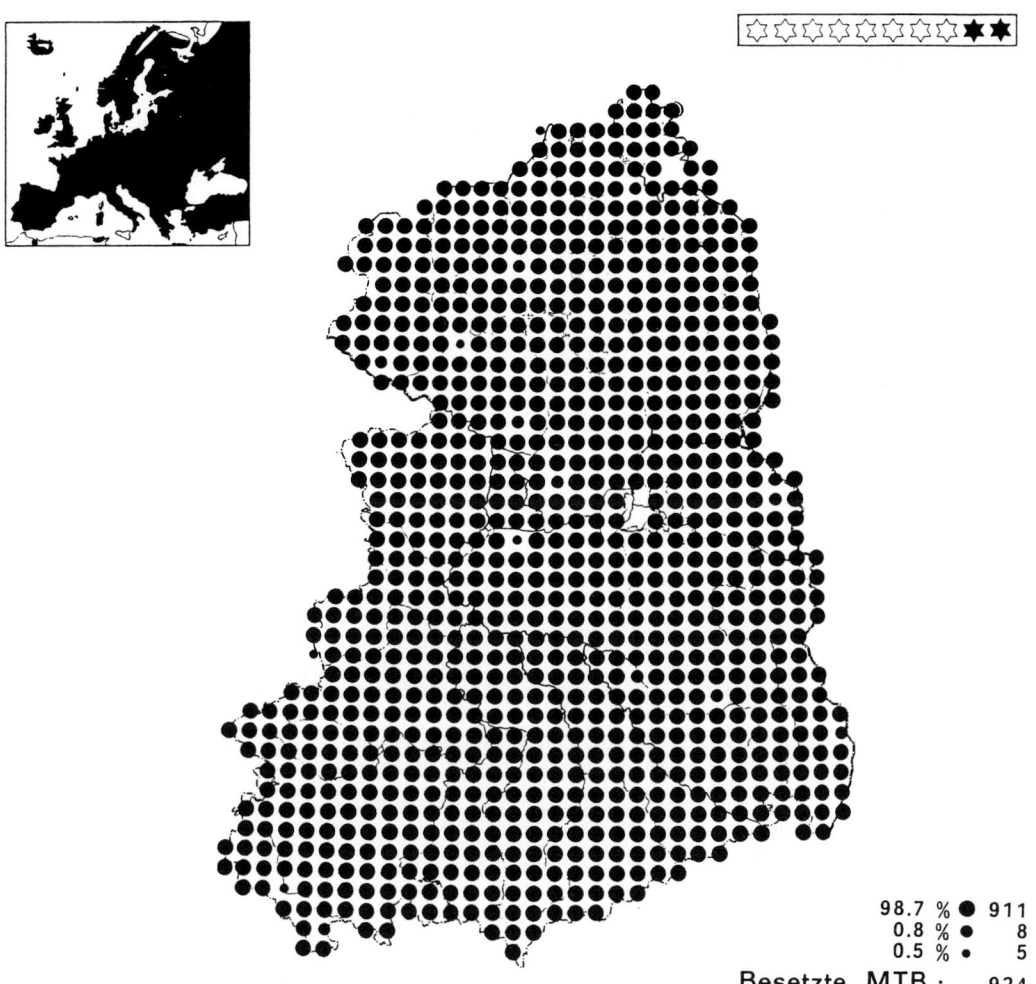

☆☆☆☆☆☆☆☆★★

98.7 % ● 911
0.8 % ● 8
0.5 % • 5

Besetzte MTB :   924

Rasterfrequenz :   99.9 %

Faunentyp: holarktisch.
Status: sehr häufiger Brutvogel; Durchzügler, Wintergast.
Verbreitung: flächendeckend über das gesamte Gebiet.
Bestand/Bestandsentwicklung: Der Bestand beträgt nach den Schätzungen 90000 BP (± 50 %). Die sehr anpassungsfähige Stockente ist im gesamten Gebiet die häufigste Entenart. Regionale Unterschiede in der Häufigkeit lassen sich aufgrund der relativ groben Schätzangaben nicht erkennen, doch dürften in den gewässerarmen Gebieten geringere Bestandsdichten zu erwarten sein. Dabei muß jedoch berück-sichtigt werden, daß bereits Kleinstgewässer genügen und auch in größerer Entfernung von Gewässern gebrütet wird. - Großflächig lassen sich die folgenden ermittelten Dichten angeben: Teilgebiete im Bez. Gera 109 bis 125 BP/100 km^2, Raum Halle 143 bis 195 BP/100 km^2. In optimalen Habitaten (Inseln im Boddenbereich, Teichgebiete, Rieselfelder u. ä.) werden auf kleineren Flächen Siedlungsdichten bis über 100 BP/km^2 erreicht.

Literatur: GÜNTHER (1975); ZIMMERMANN in KLAFS & STÜBS (1987); SCHÖNBRODT & SPRETKE (1989).

Spießente   *Anas acuta*

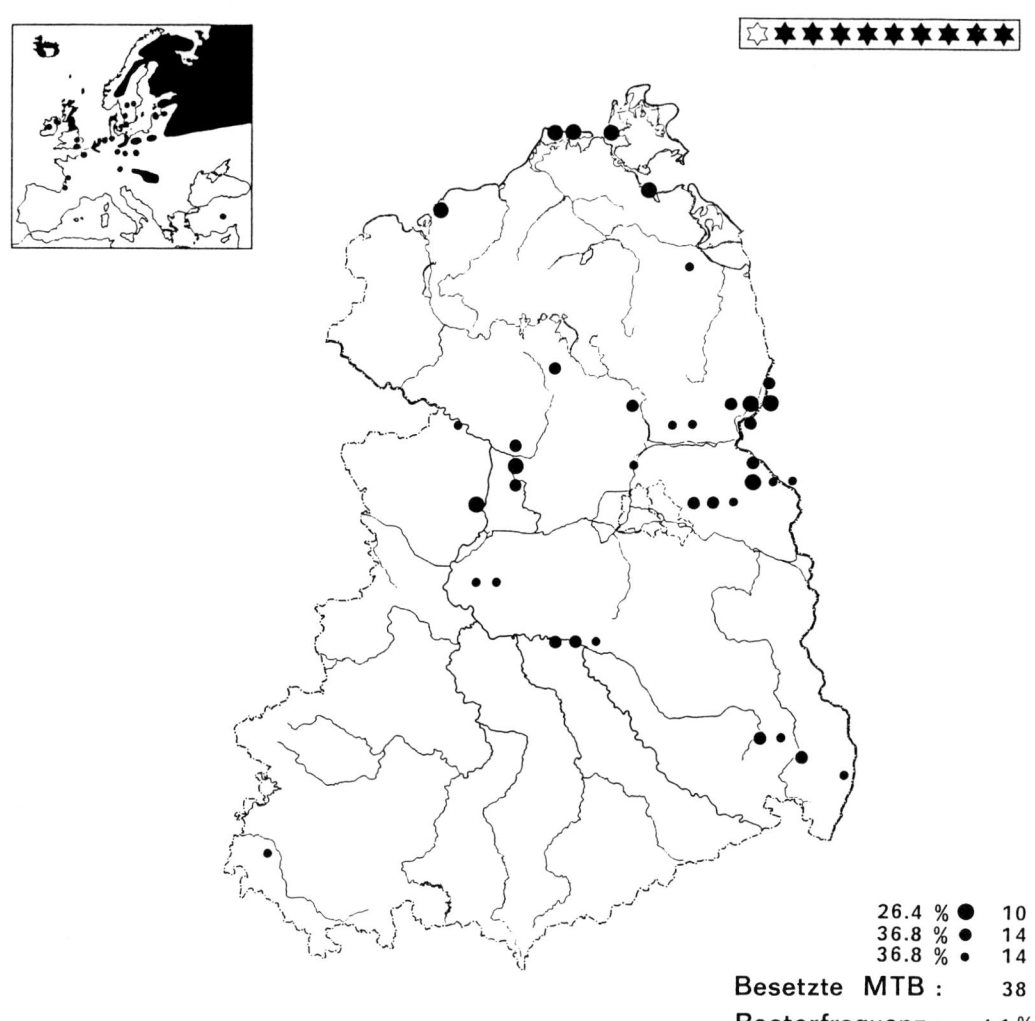

26.4 %	●	10
36.8 %	●	14
36.8 %	•	14

Besetzte MTB : 38
Rasterfrequenz : 4.1 %

Faunentyp: palaearktisch.

Status: sehr seltener Brutvogel; Durchzügler, Wintergast.

Verbreitung: ± lokal und sporadisch; außerhalb des NE gelegenen geschlossenen Verbreitungsgebietes.

Bestand/Bestandsentwicklung: Der Bestand beträgt nach den Schätzungen 60 BP (± 42 %). Er ist wegen der sporadischen Vorkommen schwer einzuschätzen. Besonders in den Flußniederungen von Elbe, Havel und Oder sind geeignete Bedingungen oft nur nach ausreichendem Frühjahrshochwasser gegeben, so daß dadurch mit ± großen Bestandsschwankungen zu rechnen ist. Regelmäßige Vorkommen befinden sich auf einigen Boddeninseln im Küstenbereich. Im NSG Oie und Kirr wurden max. 12 BP (1971) bzw. 8 BP (1983) und im NSG Heuwiese 3 BP (1980) nachgewiesen. Bemerkenswert sind die Angaben für die Untere Odertalniederung, die mehr als 20 BP ergeben.

Literatur: RUTSCHKE, REYMANN in RUTSCHKE (1977); SCHEUFLER et al. (1982); MÜLLER (1982ff.); RUTSCHKE (1983).

Knäkente *Anas querquedula*

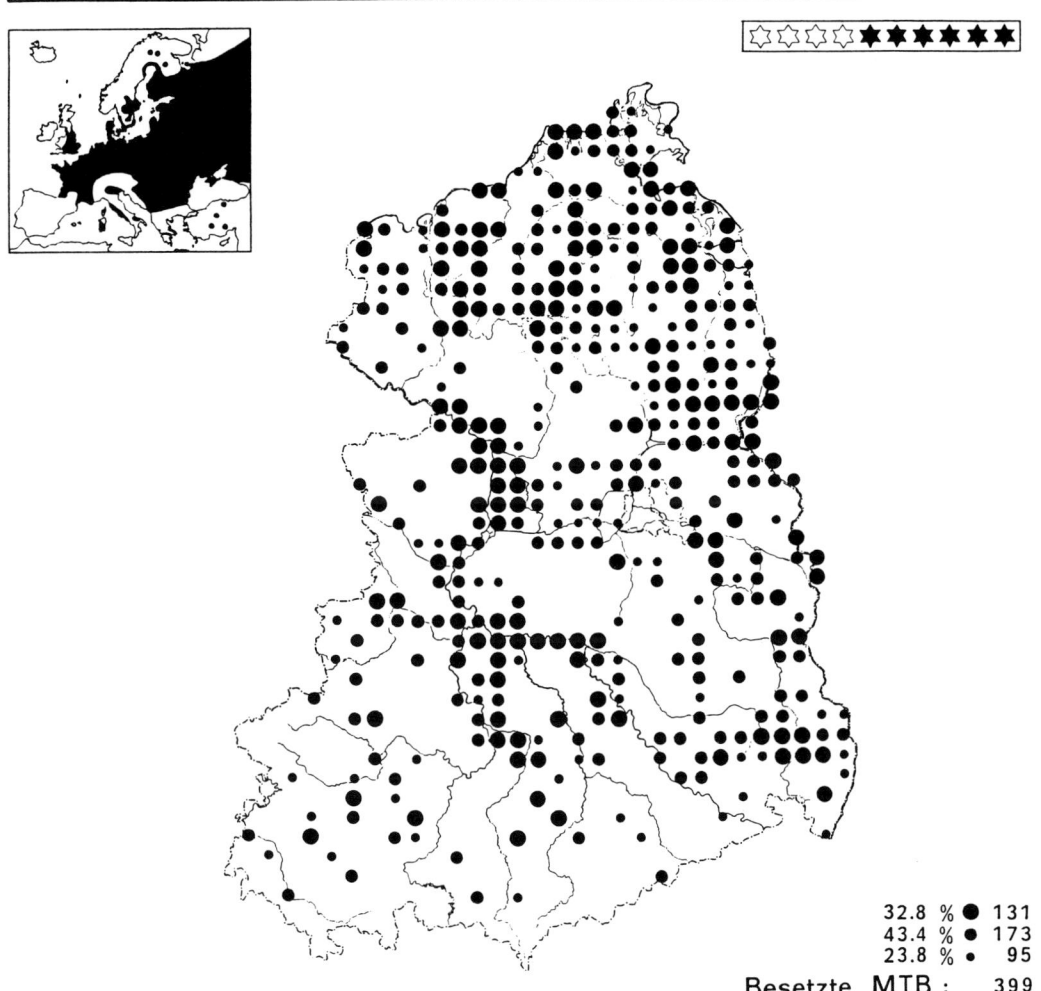

32.8 % ● 131
43.4 % ● 173
23.8 % ● 95

Besetzte MTB :   399
Rasterfrequenz :   43.1 %

Faunentyp: palaearktisch.
Status: mäßig häufiger Brutvogel; Durchzügler.
Verbreitung: über das gesamte Gebiet, aber mit regionalen Lücken und im SW teilweise nur sporadisch.
Bestand/Bestandsentwicklung: Der Bestand beträgt nach den Schätzungen 1200 BP (± 42 %). Knapp die Hälfte des Bestandes entfällt auf Mecklenburg-Vorpommern. Im Mittel wird die Knäkente auf den Rasterflächen etwas seltener eingeschätzt als die Krickente, weshalb ihr Gesamtbestand auch geringer ist. Der Unterschied wird durch die geringere Rasterfrequenz verstärkt. Umgekehrt scheinen die Verhältnisse allerdings in der Elbniederung zu sein. Hier wird die Knäkente als die etwas häufigere Art eingestuft.

Literatur: RUTSCHKE, REYMANN in RUTSCHKE (1977); SEMMLER in v.KNORRE et al. (1986).

Löffelente

Anas clypeata

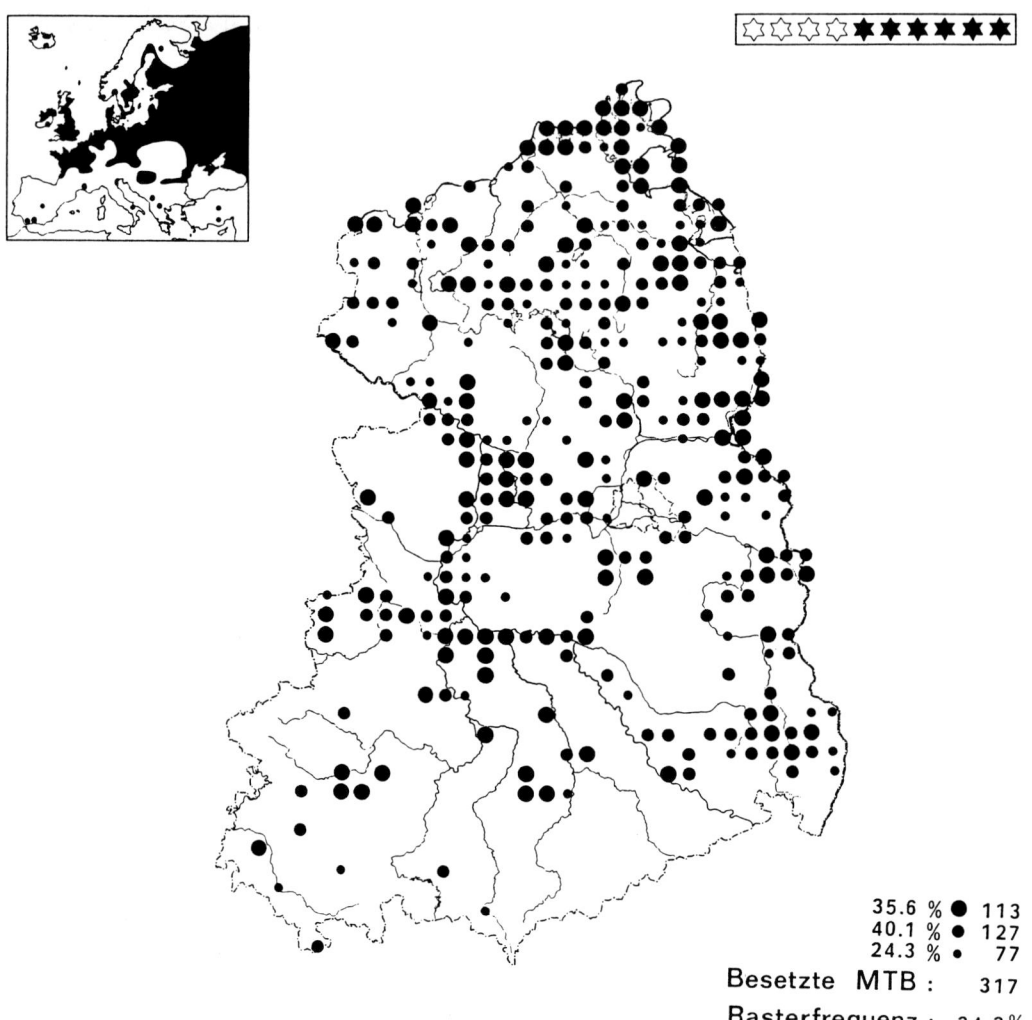

35.6 % ●	113
40.1 % ●	127
24.3 % ●	77

Besetzte MTB : 317

Rasterfrequenz : 34.3%

Faunentyp: holarktisch.

Status: mäßig häufiger Brutvogel; Durchzügler, Wintergast.

Verbreitung: mit regionalen Lücken, im SW nur ± sporadisch (Verbreitungsgrenze).

Bestand/Bestandsentwicklung: Der Bestand beträgt nach den Schätzungen (für das Küstengebiet durch Literaturangaben ergänzt) 1100 BP (± 32 %). Den bedeutendsten Bestand (insgesamt ca. 30 %) weist der Küstenbereich östlich des Fischlandes auf. Im Bereich der Darßer Boddenkette ist die Löffelente mit annähernd 200 BP zweithäufigster Entenvogel, allein auf den Inseln Oie und Kirr brüteten 1981 146 Paare. Bemerkenswert ist weiterhin der Bereich der (Mittel-)Elbe/Untere Havel sowie der Oder mit jeweils etwa 140 ± 50 BP.

Literatur: NEHLS (1982); SCHEUFLER et al. (1982); SEMMLER in v.KNORRE et al. (1986).

Kolbenente

Netta rufina

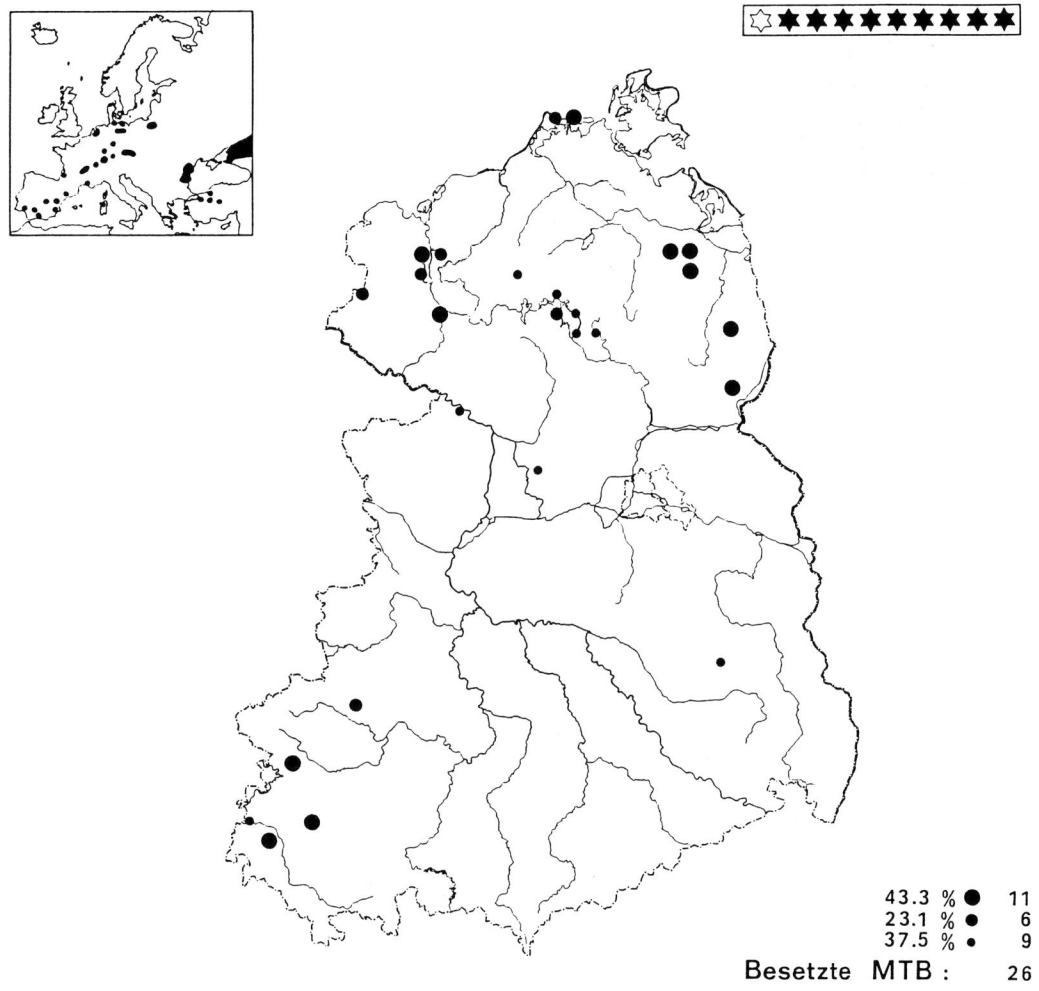

43.3 %	●	11
23.1 %	●	6
37.5 %	•	9

Besetzte MTB : 26

Rasterfrequenz : 2.8 %

Faunentyp: sarmatisch.

Status: sehr seltener Brutvogel; Durchzügler, Wintergast.

Verbreitung: lokal und sporadisch.

Bestand/Bestandsentwicklung: Der Bestand beträgt nach den Schätzungen 20 BP (± 50 %). Die vereinzelten, teilweise unregelmäßigen Vorkommen erschweren eine zuverlässige Angabe. Die größten Vorkommen während der Kartierung waren am Putzarer See mit mindestens 9 BP (1978) und auf der Barther Oie mit 6 BP (1980, 1981) und 7 BP (1982). - Seit etwa Anfang der 70er Jahre zeigt der Bestand der Kolbenente insgesamt zunehmende Tendenz. Bemerkenswert ist die aktuelle Entwicklung in Thüringen, wo (abgesehen von einer Brut 1976 am Stausee Berga-Kelbra, unmittelbar neben der Landesgrenze) nach regelmäßigen Beobachtungen zur Brutzeit 1977 erstmals Brutverdacht bestand und 1981 die erste erfolgreiche Brut bei Mühlhausen stattfand. In der Folgezeit wurde hier regelmäßig gebrütet. Für 1991 betrug der Bestand allein in Thüringen 8 bis 10 BP.

Literatur: GÜNTHER et al. (1978); MÜLLER (1982ff.); ZIMMERMANN in KLAFS & STÜBS (1987); SEMMLER in v.KNORRE et al. (1986); WEISE (1990, 1992).

Tafelente

Aythya ferina

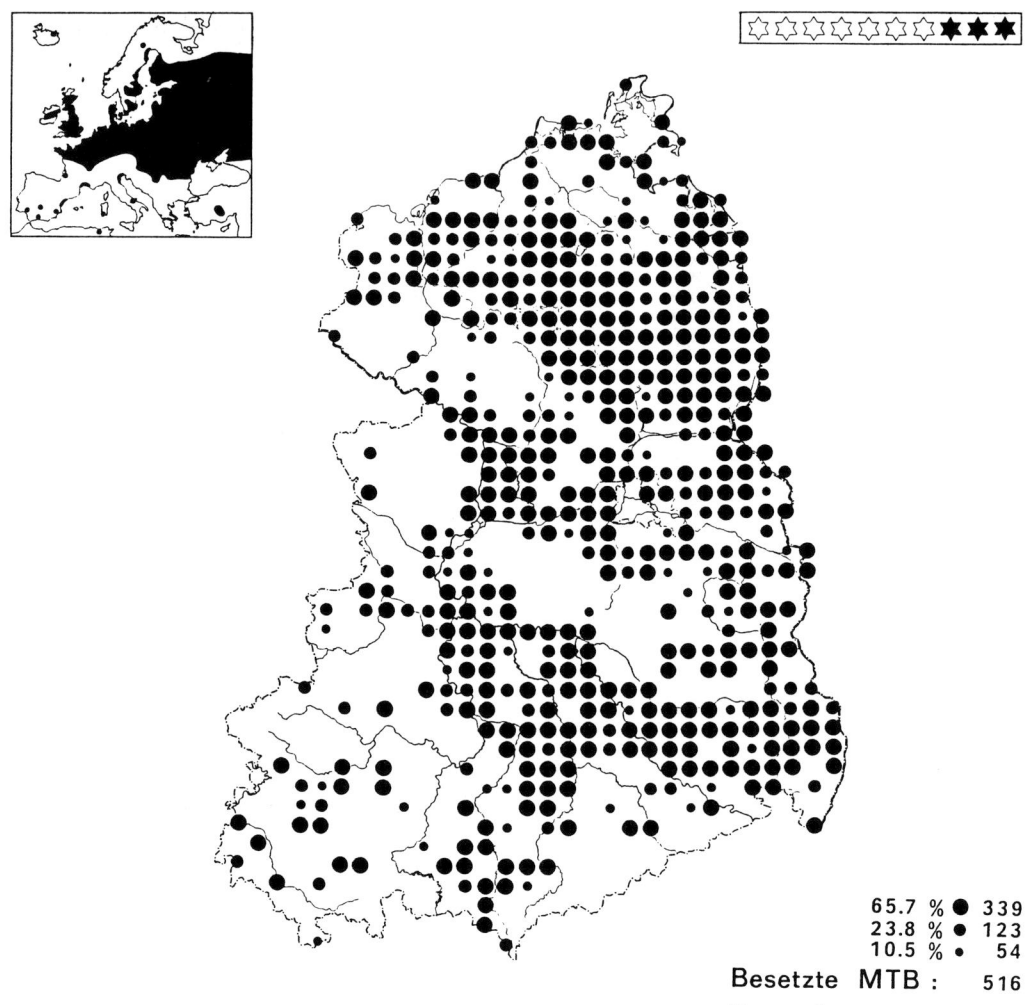

☆☆☆☆☆☆★★★

```
65.7 %  ● 339
23.8 %  ● 123
10.5 %  · 54
```

Besetzte MTB : 516

Rasterfrequenz : 55.8 %

Faunentyp: palaearktisch.

Status: (mäßig) häufiger Brutvogel; Durchzügler, Wintergast.

Verbreitung: über das gesamte Gebiet, aber mit regionalen Lücken in gewässerarmen Gebieten.

Bestand/Bestandsentwicklung: Der Bestand beträgt nach den Schätzungen 7500 BP (± 44 %). Etwa ein Drittel davon konzentriert sich im SE des Gebietes (Bez. Dresden und Cottbus). Das Gebiet W der Elbe, das erst in diesem Jahrhundert besiedelt wurde, bewohnen nur knapp 15 % des Gesamtbestandes. Mit der Ausweitung des Brutareals der Tafelente nach W innerhalb der letzten 130 Jahre erfolgte auch eine Bestandszunahme, die sich in Ostdeutschland besonders seit Anfang der 60er Jahre bemerkbar machte. RUTSCHKE und Mitarbeiter schätzten für 1971 insgesamt 3000 bis 5000 BP. Der Bestand hat sich demnach in den folgenden 10 Jahren noch einmal annähernd verdoppelt.

Literatur: BEZZEL (1969); RUTSCHKE et al. (1973); BEZZEL (1985); ZIMMERMANN in KLAFS & STÜBS (1987); RUTSCHKE (1989).

Moorente

Aythya nyroca

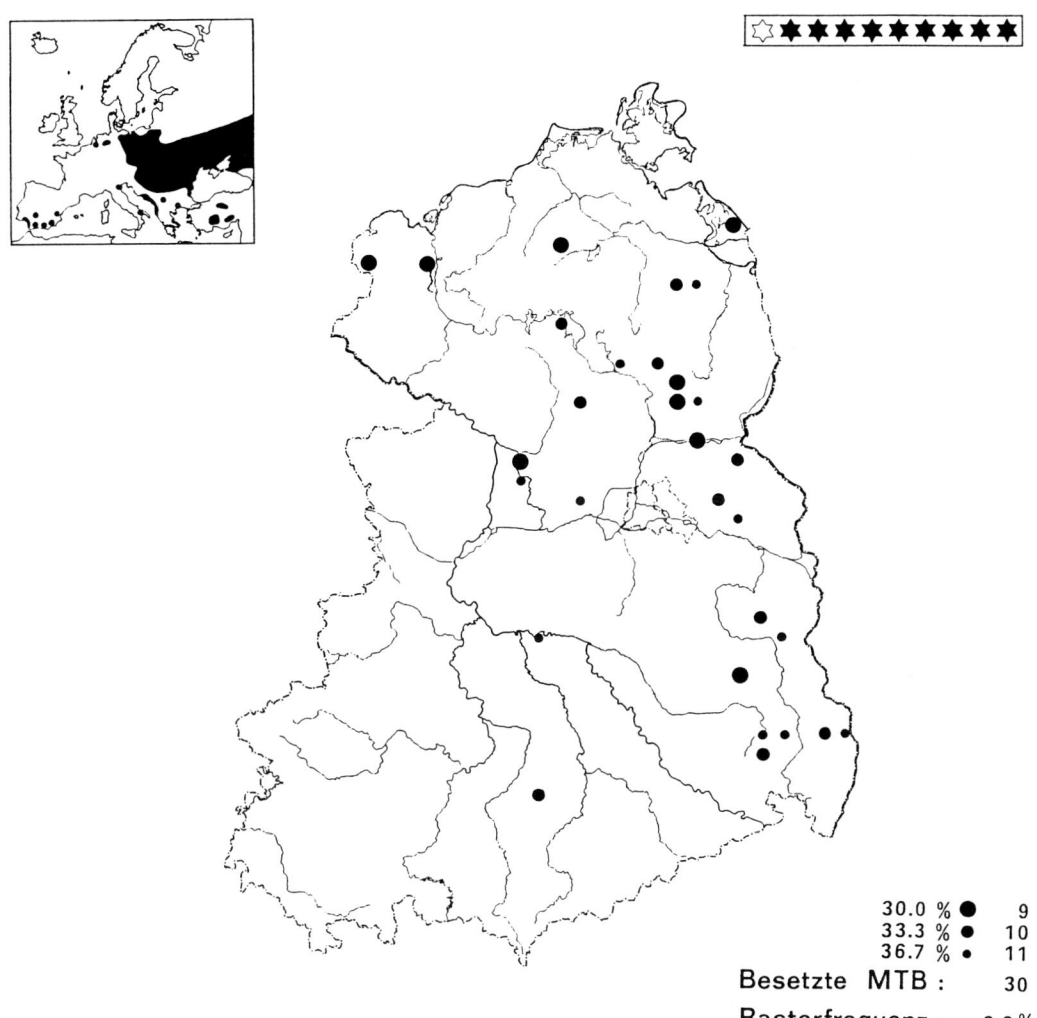

☆★★★★★★★★★★

30.0 % ●		9
33.3 % ●		10
36.7 % ●		11

Besetzte MTB : 30

Rasterfrequenz : 3.2 %

Faunentyp: turkestanisch-mediterran.

Status: sehr seltener Brutvogel; Gast.

Verbreitung: lokal bis sporadisch am W-Rand der Verbreitung.

Bestand/Bestandsentwicklung: Wohl nur noch unregelmäßiger Brutvogel; nach den Schätzungen 5 bis 25 BP, deren Vorkommen sich überwiegend im E-Teil befinden. Anfang der 70er Jahre wurde der Brutbestand in der Lausitz auf etwa 25 Paare geschätzt, und nach RUTSCHKE (1983) besitzt die Moorente hier "noch immer ein geschlossenes Siedlungsgebiet".

Literatur: RUTSCHKE, KNUT in RUTSCHKE (1977); RUTSCHKE (1983); BEZZEL (1985); STÜBS in KLAFS & STÜBS (1987).

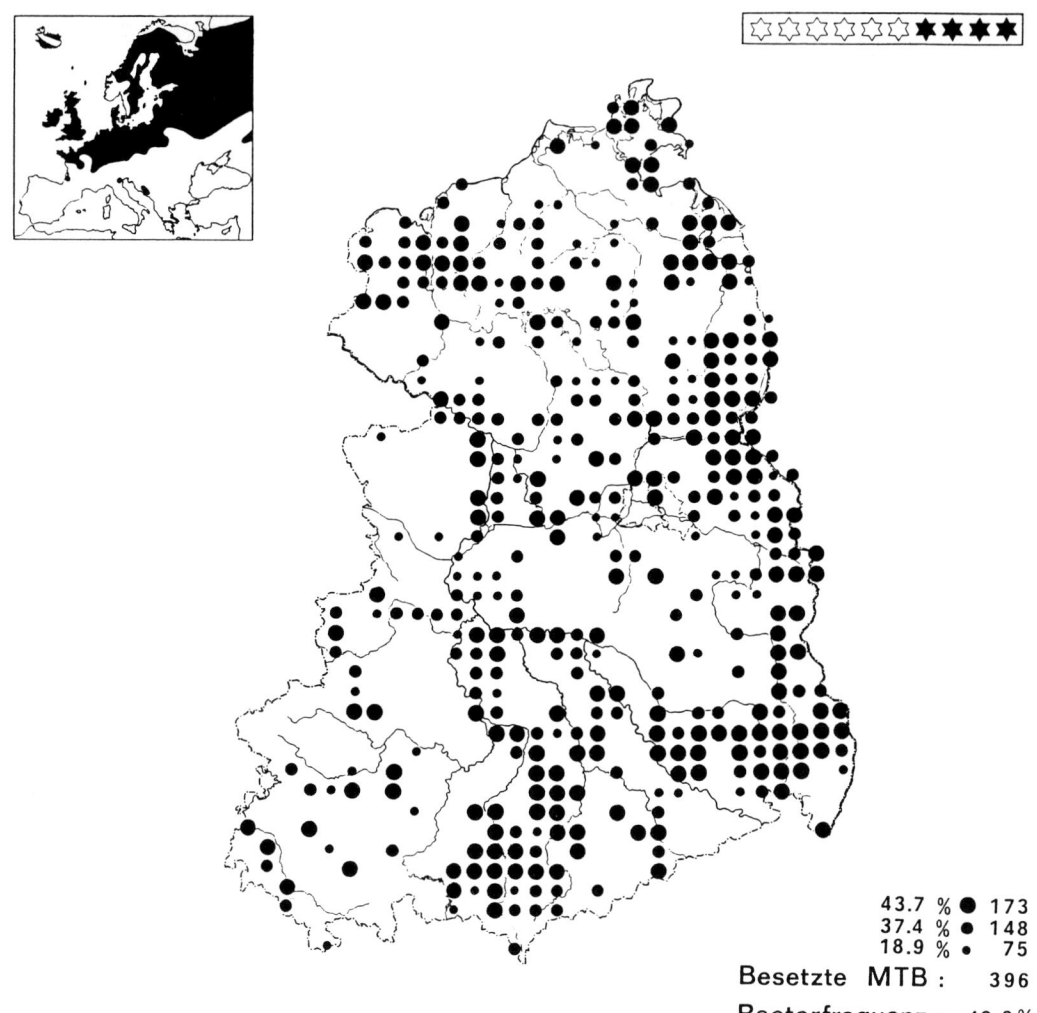

43.7 % ● 173
37.4 % ● 148
18.9 % ● 75

Besetzte MTB : 396
Rasterfrequenz : 42.8 %

Faunentyp: palaearktisch.

Status: mäßig häufiger Brutvogel; Durchzügler, Wintergast.

Verbreitung: über das gesamte Gebiet mit regionalen Lücken; im SW teilweise noch unregelmäßige Vorkommen.

Bestand/Bestandsentwicklung: Der Bestand beträgt nach den Schätzungen 3500 BP (± 43 %). Die größte Bestandsdichte wird im Oberlausitzer Teichland erreicht. In Sachsen finden wir deshalb auch rund ein Drittel des Gesamtbestandes. Annähernd die Hälfte siedelt in Mecklenburg-Vorpommern (27 %) und Brandenburg (25 %). Das größte Vorkommen im NW befindet sich in der Lewitz (1980 ca. 150 BP). In Thüringen, wo die ersten sicheren Brutnachweise erst 1966 und 1967 gelangen, und in Sachsen-Anhalt findet in den W Teilen eine Besiedlung gerade erst statt. Mit der seit über 100 Jahren währenden Ausbreitung nach W und SW hat der Bestand besonders in den letzten drei Jahrzehnten erheblich zugenommen.

Literatur: RUTSCHKE, KNUTH in RUTSCKE (1977); MLIKOVSKY & BURIC (1983); BEZZEL (1985); SEMMLER in v.KNORRE et al. (1986).

Schellente   *Bucephala clangula*

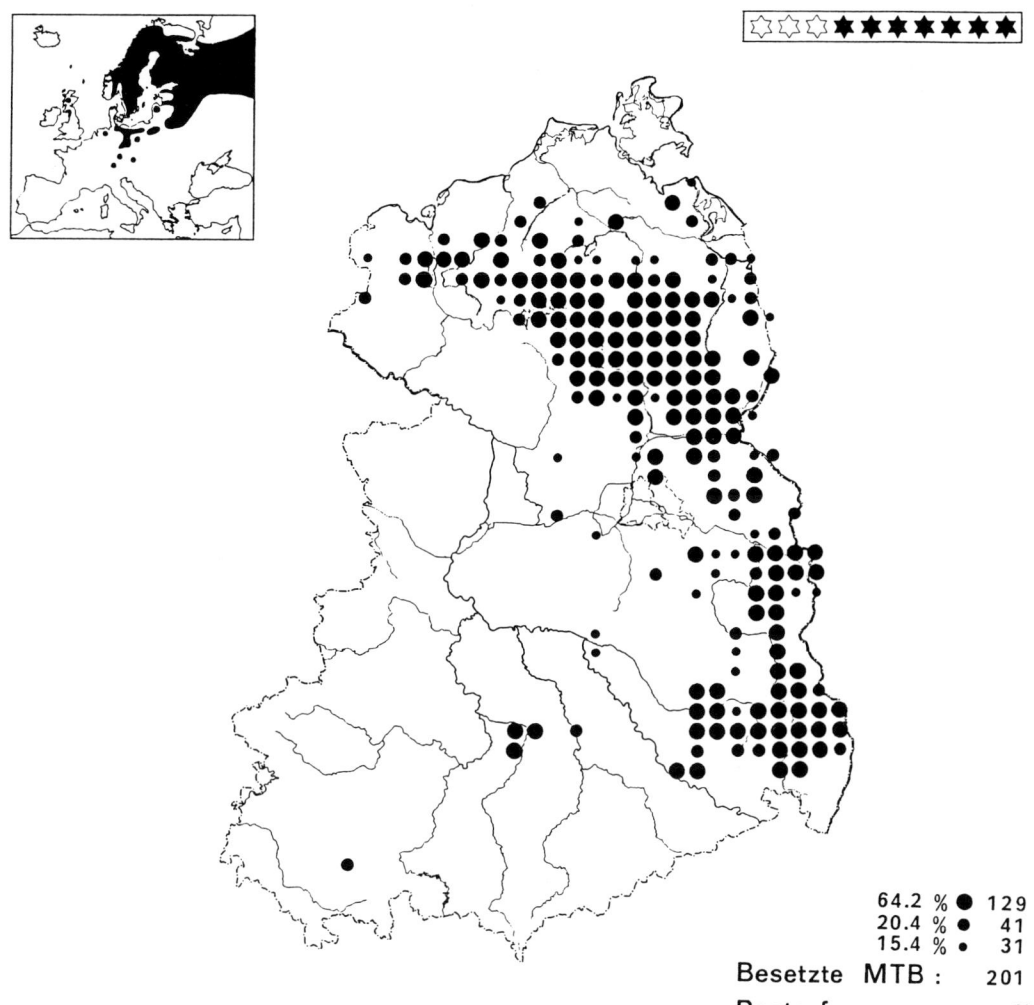

64.2 % ● 129
20.4 % ● 41
15.4 % • 31

Besetzte MTB : 201
Rasterfrequenz : 21.7 %

Faunentyp: holarktisch.

Status: mäßig häufiger Brutvogel; Durchzügler, Wintergast.

Verbreitung: außerhalb des weitgehend geschlossenen Verbreitungsgebietes von W-Mecklenburg bis nach NE-Sachsen nur ± sporadisch.

Bestand/Bestandsentwicklung: Der Bestand beträgt nach den Schätzungen 1150 BP (± 35 %). Er verteilt sich im wesentlichen auf Mecklenburg-Vorpommern (33 %) und die E Teile Brandenburgs (48 %) und Sachsens (15 %). Bemerkenswert ist das isolierte Vorkommen im Raum Leipzig. - Die Kartierung brachte einen erheblichen Kenntniszuwachs über Verbreitung und Bestandsgröße. Die Schellente soll sich erst seit der Mitte des vorigen Jahrhunderts von ihrem geschlossenen Areal in NW-Europa aus über die Oder hinweg nach W ausgebreitet haben. RUTSCHKE verweist jedoch darauf, daß bereits zu NAUMANNs Zeiten (also um 1800) ein Brüten in Mecklenburg, Brandenburg und Sachsen bekannt war.

Literatur: RUTSCHKE (1979, 1983, 1989); BORRMANN & HEMKE (1985); BORRMANN (1987); ERDMANN (1987); NEUBAUER in KLAFS & STÜBS (1987); BLÜMEL & KRAUSE (1990).

Mittelsäger

Mergus serrator

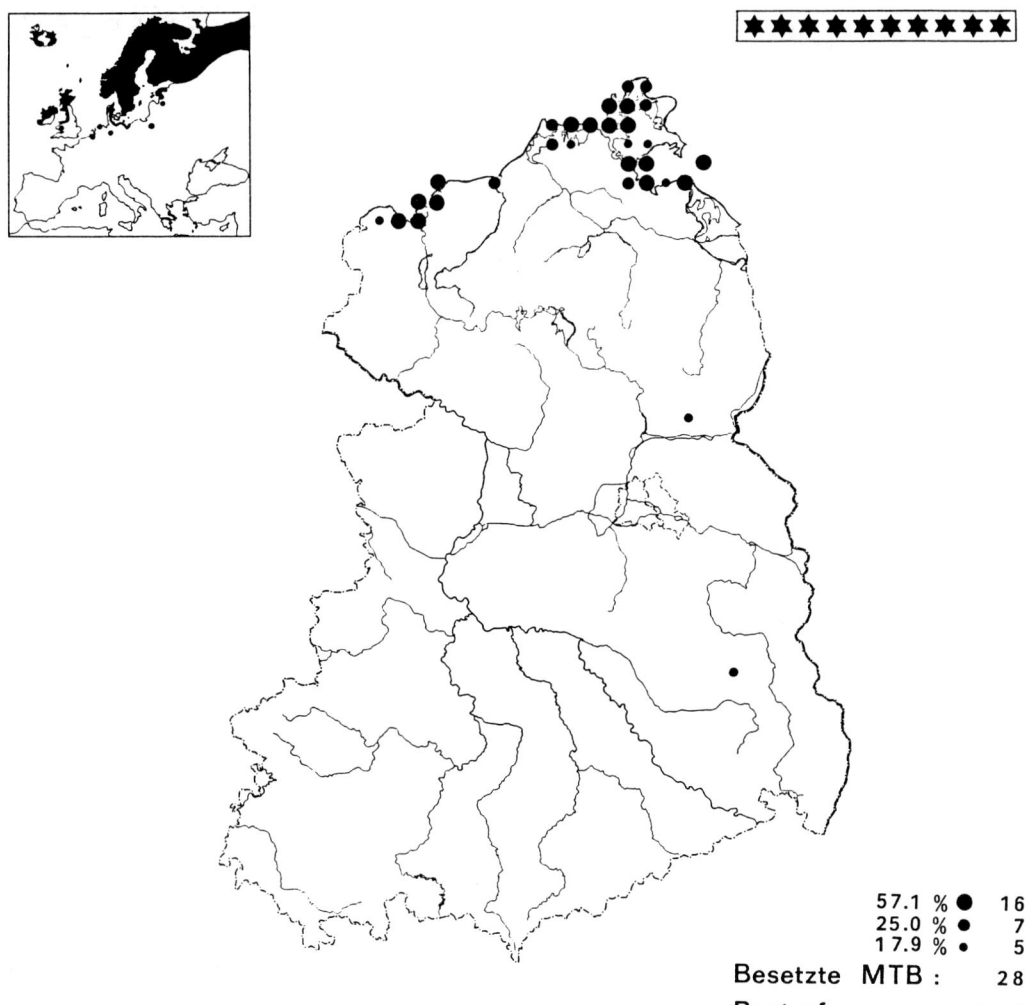

57.1 % ● 16
25.0 % ● 7
17.9 % ● 5

Besetzte MTB : 28

Rasterfrequenz : 3.0 %

Faunentyp: holarktisch.

Status: seltener Brutvogel; Durchzügler, Wintergast.

Verbreitung: auf die unmittelbare Küste beschränkt.

Bestand/Bestandsentwicklung: Der Bestand beträgt nach den Schätzungen (ergänzt durch Literaturangaben) 350 BP (± 14 %). Schwerpunkte bilden einmal W-Rügen mit den Inseln Heuwiese, Beuchel, Fährinsel (etwa 45 % des Bestandes) und die Wismarbucht mit den Inseln Langenwerder und Walfisch (etwa 20 %). Der Brutbestand hat in den letzten Jahrzehnten zugenommen. - Bei den Feststellungen in Brandenburg handelt es sich zwar lediglich um B-Nachweise, doch erscheinen sie trotzdem bemerkenswert. Derartige Beobachtungen gewinnen an Bedeutung, wenn berücksichtigt wird, daß der Mittelsäger möglicherweise früher in Brandenburg gebrütet hat und in SE-Niedersachsen im unmittelbaren Grenzbereich zu Sachsen-Anhalt eine kleine isolierte Binnenland-Population besteht.

Literatur: KALBE in RUTSCHKE (1983); MEIER-PEITHMANN in GOETHE et al. (1985); NEHLS in KLAFS & STÜBS (1987).

Gänsesäger   *Mergus merganser*

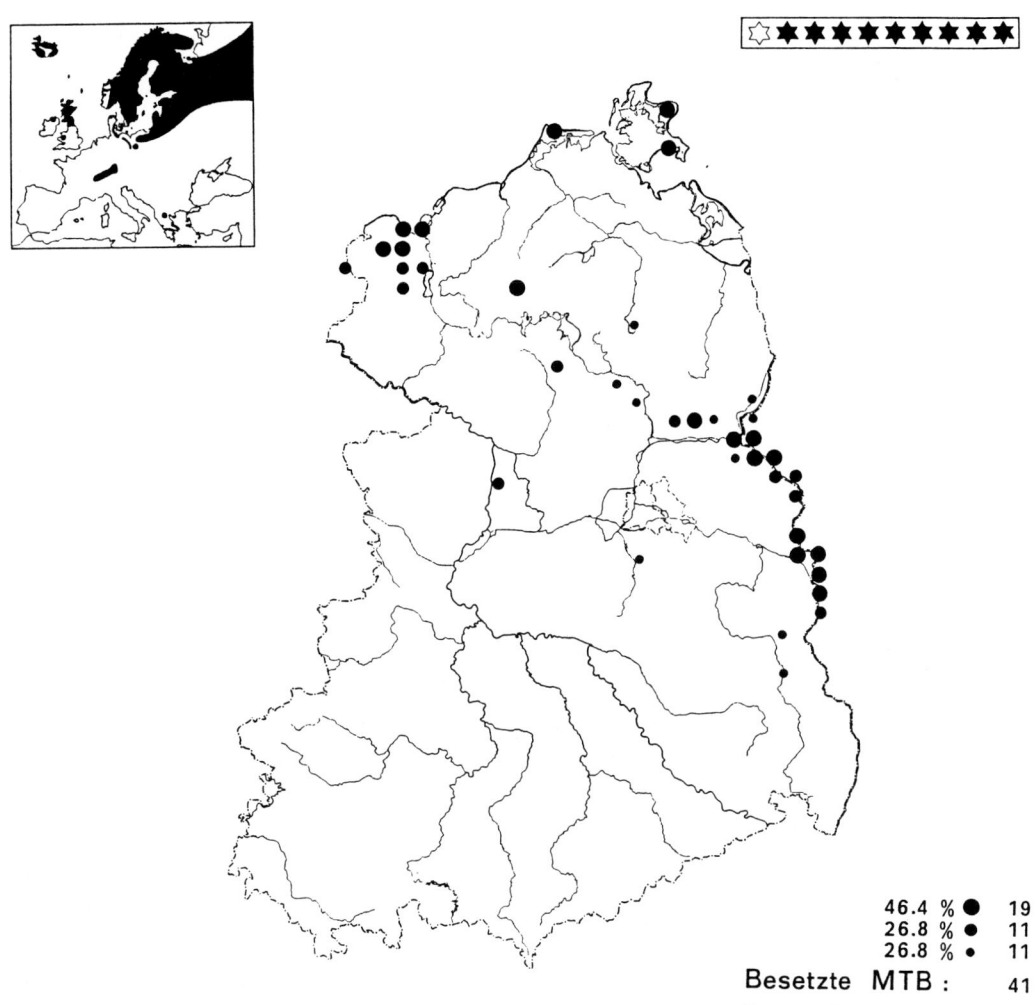

46.4 % ● 19
26.8 % ● 11
26.8 % • 11

Besetzte MTB : 41
Rasterfrequenz : 4.4 %

Faunentyp: holarktisch.
Status: sehr seltener Brutvogel; Durchzügler, Wintergast.
Verbreitung: im wesentlichen auf begrenzte Gebiete in W-Mecklenburg und E-Brandenburg beschränkt.
Bestand/Bestandsentwicklung: Der Bestand beträgt nach den Schätzungen und Literaturangaben 100 BP
(± 30 %). Die bedeutendsten Brutgebiete im Küstenbereich stellen die Wismarbucht (20 bis 22 BP) und
Insel Vilm/Rügen (18 bis 20 BP). Nach den Schätzungen siedeln aber immerhin rund 25 % des Bestandes
im Odertal, wo besonders in neuerer Zeit zunehmend neue Brutplätze gefunden werden konnten. In den
letzten beiden Jahrzehnten zeigt sich auch insgesamt wieder ein deutlich positiver Bestandtrend.

Literatur: MATTIG (1978); SCHMIDT (1980); NEUBAUER in KLAFS & STÜBS (1987); MUNDT (1987); BOLZ (1989); FIEDLER (1990);
KALBE (1990); UHLIG & MUNDT (1991).

Wespenbussard

Pernis apivorus

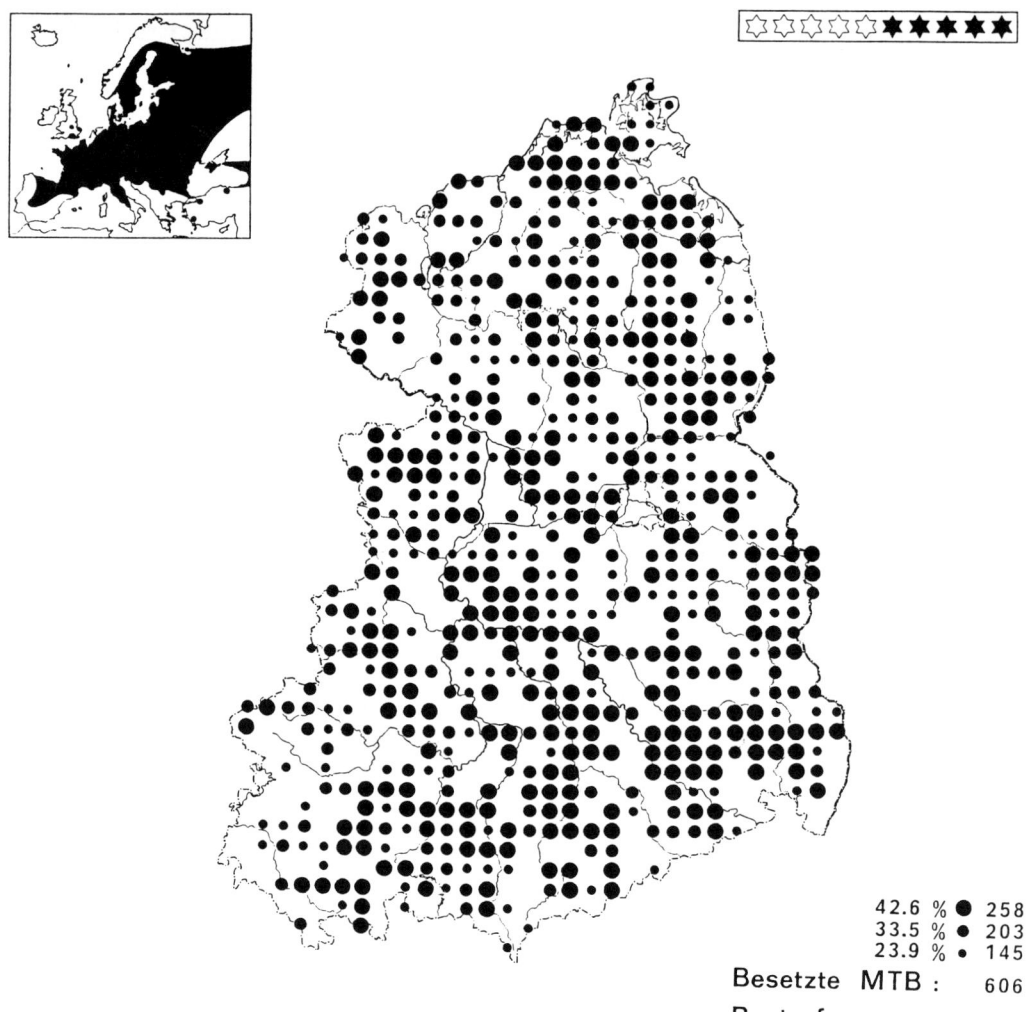

42.6 % ● 258
33.5 % ● 203
23.9 % ● 145

Besetzte MTB : 606
Rasterfrequenz : 65.5 %

Faunentyp: europäisch.
Status: mäßig häufiger Brutvogel; Durchzügler.
Verbreitung: lückenhaft über das gesamte Gebiet (Erfassungslücken möglich!).
Bestand/Bestandsentwicklung: Der Bestand beträgt nach den Schätzungen 1300 BP (± 31 %). Wegen seiner heimlichen, unauffälligen Lebensweise, des jahreszeitlich späten Brutgeschäftes und der Ähnlichkeit mit dem Mäusebussard dürfte der Wespenbussard leicht übersehen werden. Der Bestand wird deshalb sicher eher unterschätzt. Hinzu kommen nicht unerhebliche jährliche Schwankungen. Unsere Bestandsangabe ist deshalb mit Vorbehalt zu betrachten. - Die Bestandsschätzungen verteilen sich gleichmäßig über das Territorium, regionale Unterschiede in der Siedlungsdichte können nicht erkannt werden. Großflächig siedeln im Mittel 1 bis 2 BP/100 km^2, doch wurden auch bis 6 BP/100 km^2 gefunden.

Literatur: LITZBARSKI (1981); EHRING (1985); MATTHES in KLAFS & STÜBS (1987).

Schwarzmilan   *Milvus migrans*

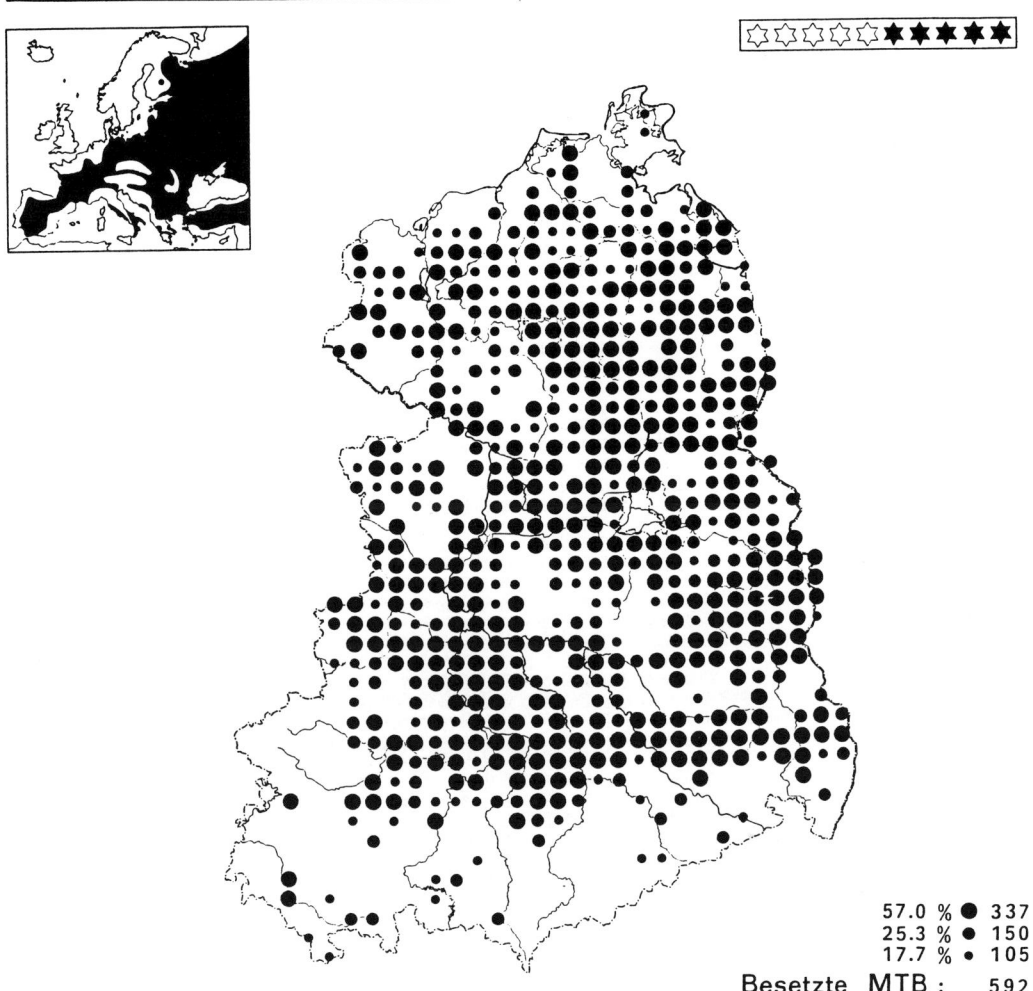

☆☆☆☆☆★★★★★

57.0 %	●	337
25.3 %	●	150
17.7 %	•	105

Besetzte MTB : 592

Rasterfrequenz : 64.0 %

Faunentyp: altweltlich.

Status: (mäßig) häufiger Brutvogel; Durchzügler.

Verbreitung: lückenhaft; außerhalb des ± geschlossenen Verbreitungsgebietes besonders im S und SW nur lokal bzw. sporadisch.

Bestand/Bestandsentwicklung: Der Bestand beträgt nach den Schätzungen 1400 BP (± 25 %). Der Schwarzmilan ist weniger auffällig als der Rotmilan, kann deshalb leichter übersehen und sein Bestand eher unterschätzt werden. - Der größte Teil des Bestandes befindet sich im mittleren Teil des Gebietes (Sachsen-Anhalt, Brandenburg). Die Schätzungen weisen für Mecklenburg-Vorpommern und, entsprechend dem Verbreitungsbild, an der S-Grenze deutlich geringere Bestandsdichten aus (meist nur 1 bis 2 BP/Raster). Die insgesamt höchsten Siedlungsdichten werden an der unteren Saale gefunden (Kr. Bernburg bis 11,8 BP/100 km^2), wo sich besonders in den Auwäldern viele BP konzentrieren.

Literatur: GLEICHNER (1983); ZAUMSEIL in v.KNORRE (1986); NICOLAI in BRIESEMEISTER et al. (1987); MATTHES, NEUBAUER in KLAFS & STÜBS (1987); LOHMANN (1989).

Rotmilan

Milvus milvus

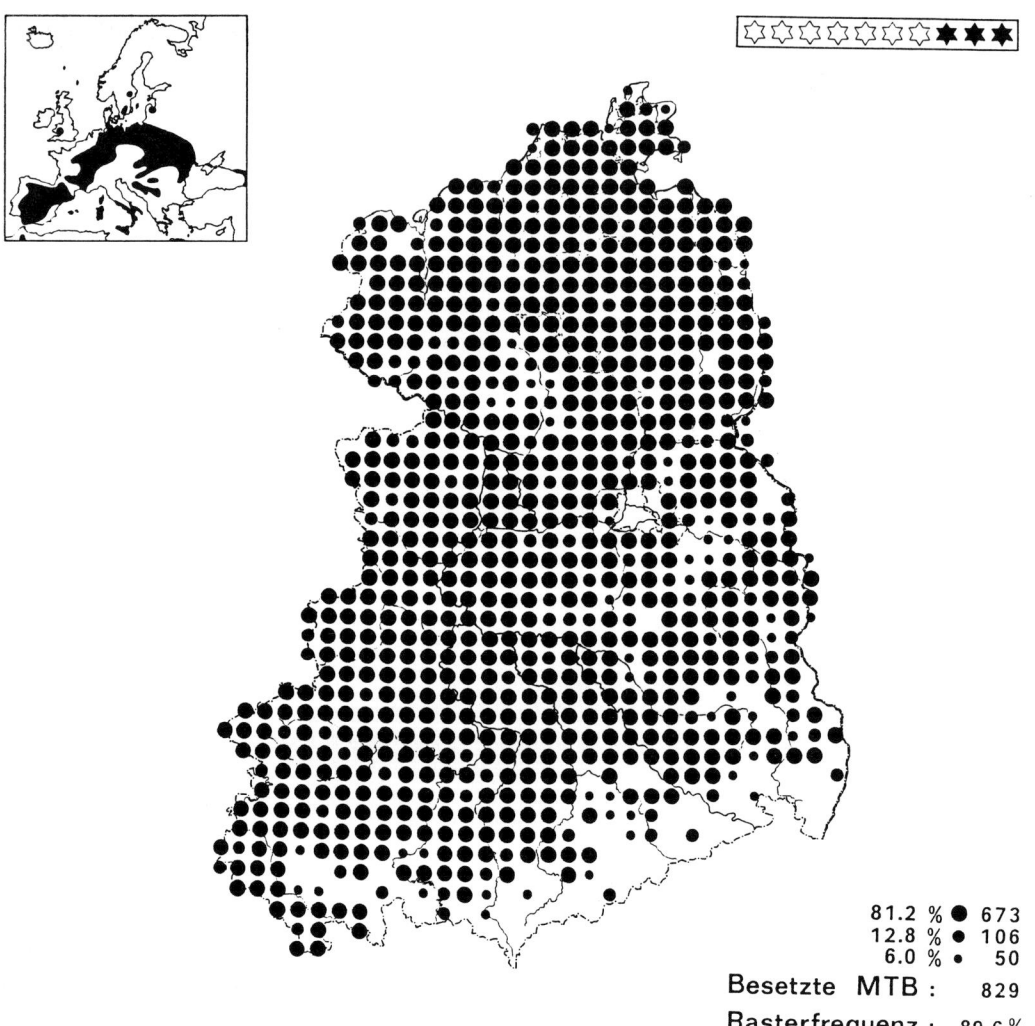

81.2 %	●	673
12.8 %	●	106
6.0 %	•	50

Besetzte MTB : 829

Rasterfrequenz : 89.6 %

Faunentyp: europäisch.

Status: häufiger Brutvogel; Durchzügler, Wintergast.

Verbreitung: über nahezu das ganze Gebiet; Verbreitungsgrenze gegen SE.

Bestand/Bestandsentwicklung: Der Bestand beträgt nach den Schätzungen 5000 BP (± 26 %). Bisherige publizierte Angaben liegen deutlich darunter. Sicher wurde der Bestand unterschätzt, doch erfolgte ebenso deutlich eine Zunahme. Eine recht zuverlässige neuere Schätzung gibt den aktuellen Bestand für 1991 sogar mit 7300 BP (± 29 %) an. - Die Verteilung ist aber sehr unterschiedlich (vgl. Häufigkeits-karte 1). Schwerpunkt des Vorkommens ist das N Harzvorland, wo die höchste Bestandsdichte über-haupt erreicht wird. Großflächig wurden hier 1991 37 bis 47 BP/100 km^2 ermittelt. 1979 brüteten bei-spielsweise allein im 13 km^2 großen isolierten Waldgebiet Hakel 136 Paare. Die geringste Bestandsdichte findet sich dagegen zweifellos im Bereich der Verbreitungsgrenze in Sachsen.

Literatur: FISCHER (1980); ORTLIEB (1980, 1989); GLEICHNER & ENGLER (1982); STUBBE (1982); SCHÖNFELD (1984); GEDEON (1989); NICOLAI & KÖNIG (1990); NICOLAI (1991).

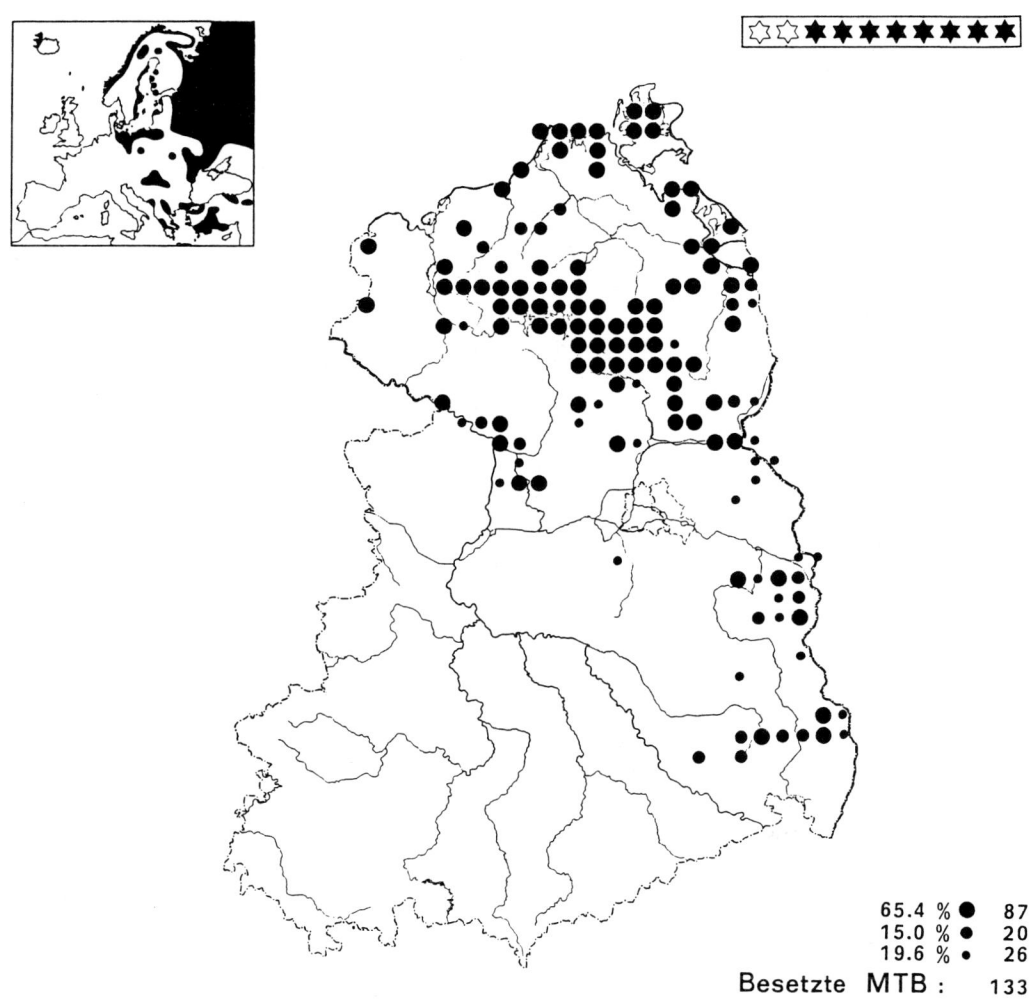

65.4 % ● 87
15.0 % ● 20
19.6 % • 26

Besetzte MTB : 133

Rasterfrequenz : 14.4 %

<u>Faunentyp:</u> palaearktisch.

<u>Status:</u> seltener Brutvogel; Durchzügler, Wintergast.

<u>Verbreitung:</u> mit regionalen Lücken (± abhängig von Gewässerverteilung) auf die NE-Hälfte beschränkt.

<u>Bestand/Bestandsentwicklung:</u> Der Bestand beträgt nach den Schätzungen und genauen Kenntnissen 130 BP (± 12 %). Davon horsten etwa 75 % (fast 100 BP) in Mecklenburg-Vorpommern, wobei der Bestand hier seit über 30 Jahren als weitgehend konstant zu bezeichnen ist. Schwerpunktgebiet stellt die Seenplatte dar, wo bis zu 20 BP/1000 km^2 siedeln. Wahrscheinlich ist der besiedelbare Lebensraum in Mecklenburg-Vorpommern abgesättigt, d. h. alle potentiellen Reviere besetzt, und so eine Bestands-zunahme kaum noch möglich. Ähnlich mag es in Brandenburg sein, wo derzeit 23 ± 4 BP horsten. In einigen Gebieten ist in den letzten Jahren eine Zunahme zu verzeichnen, so beispielsweise im Bez. Frankfurt/O. und in der Oberlausitz, wo gleichzeitig eine Expansion nach W erfolgt und bereits mit 5 bis 8 BP zu rechnen ist.

<u>Literatur:</u> OEHME (1961); FREUND (1981, 1982); FEILER in RUTSCHKE (1983); FISCHER (1984); ZUPPKE (1985); OEHME in KLAFS & STÜBS (1987); HAUFF (1991); OEHME & MANOWSKY (1991).

Rohrweihe   *Circus aeruginosus*

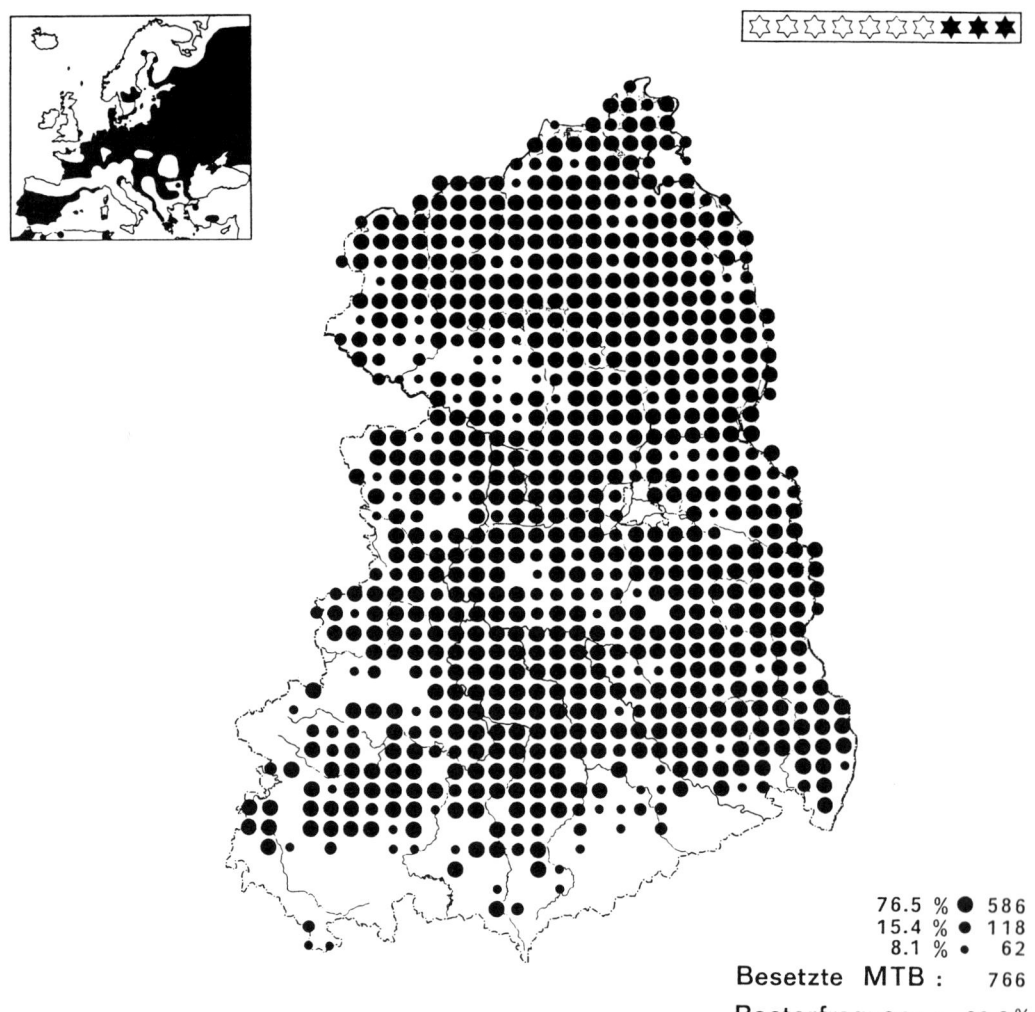

76.5 %	●	586
15.4 %	●	118
8.1 %	·	62

Besetzte MTB : 766

Rasterfrequenz : 82.8 %

<u>Faunentyp:</u> palaearktisch.

<u>Status:</u> häufiger Brutvogel; Durchzügler.

<u>Verbreitung:</u> mit Ausnahme der Mittelgebirge im S bzw. SW nahezu flächendeckend.

<u>Bestand/Bestandsentwicklung:</u> Der Bestand beträgt nach den Schätzungen 4100 BP (± 27 %). Erhebungen in den 60er Jahren auf der Basis von Umfragen ergaben 1200 BP, eine Schätzung etwas später 1800 BP. Auch letztere Angabe dürfte nicht vollständig sein, denn allein für Mecklenburg-Vorpommern und Brandenburg liegen aktuellere Zahlen in dieser Größenordnung. Es kann z. Z. nicht gesagt werden, inwieweit Unterschätzung und/oder Bestandszunahme wirksam sind. Eine Zunahme ist zumindest für Teilgebiete nachgewiesen und dokumentiert sich in Thüringen und Sachsen auch in einer Ausbreitung nach S. Sie wurde durch die Umgestaltung der Landschaft (Anlage von Wasserspeichern, Bergbaufolgelandschaft u. a.) gefördert. - In günstigen Gebieten konnten Siedlungsdichten von mehr als 40 BP/100 km^2 ermittelt werden.

Literatur: CREUTZ (1969); GLUTZ v.BLOTZHEIM et. al. (1971); RUTHENBERG in KLAFS & STÜBS (1977, 1987); SCHMIDT in RUTSCHKE (1983); THOSS (1988); GEDEON (1989); AUST & OTTO (1990); HOFMANN & SCHRAMM (1991).

Kornweihe

Circus cyaneus

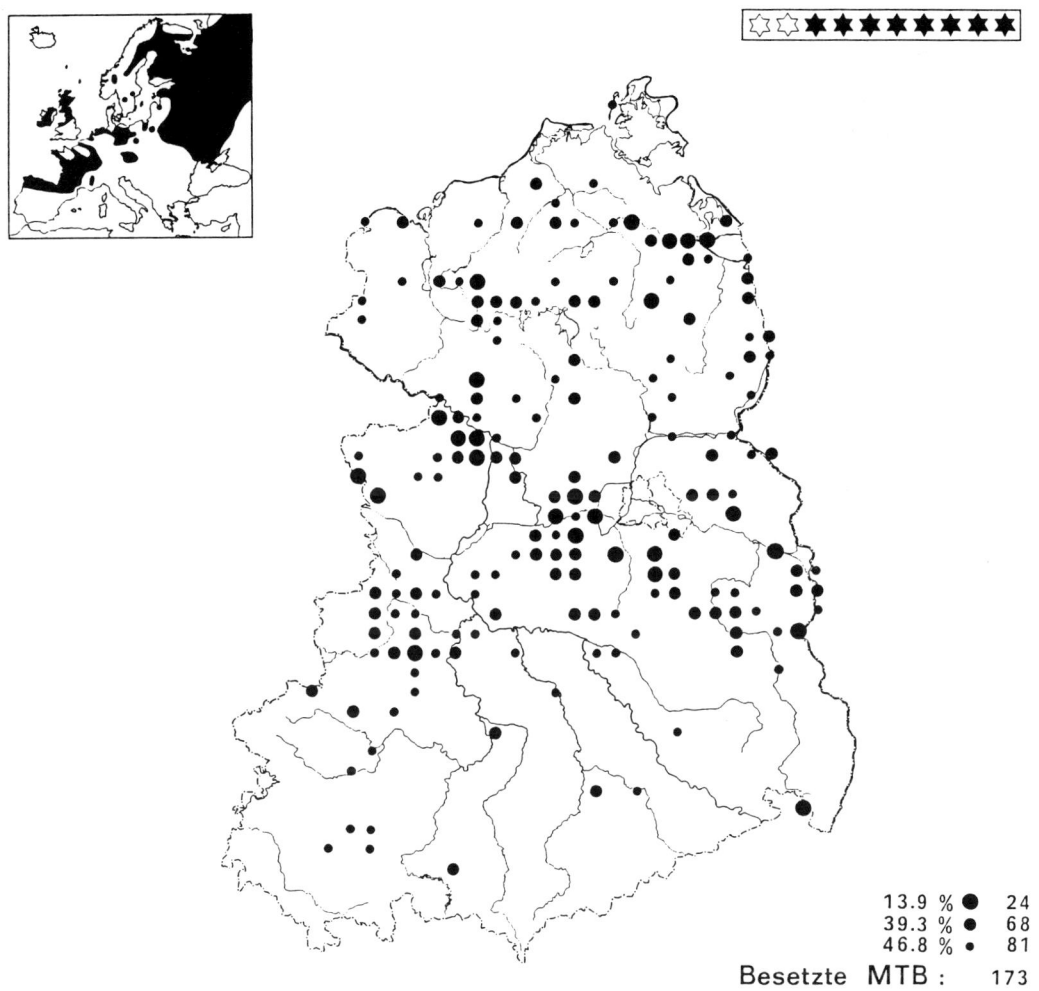

13.9 %	●	24
39.3 %	●	68
46.8 %	•	81

Besetzte MTB : 173

Rasterfrequenz : 18.7 %

Faunentyp: holarktisch.

Status: seltener Brutvogel; Durchzügler, Wintergast.

Verbreitung: lokal und sporadisch.

Bestand/Bestandsentwicklung: Der Bestand kann nach den Schätzungen mit 100 BP (± 30 %) angegeben werden. Dieser Wert ist jedoch wenig zuverlässig. Bestandsangaben für ein so großes Gebiet bleiben fehlerbehaftet, weil u. a. die Anzahl der Feldbrüter weitgehend unbekannt ist, der Bestand in Abhängigkeit vom Nahrungsangebot starken Schwankungen unterliegt und sich in günstigen Jahren eine beträchtliche Anzahl Nichtbrüter (vgl. den hohen Anteil der B-Nachweise, der für das unstete Verhalten der Art spricht) im Gebiet aufhalten können. - Bei Untersuchungen in 9 Kreisen des ehemaligen Bez. Potsdam wurden 1981 18 (+ 3 ?) BP festgestellt. Im Kreis Zossen wurde die höchste Dichte mit 1,3 BP/100 km^2 ermittelt. Gerade in diesen regelmäßig besetzten Schwerpunktgebieten erfolgte in den 80er Jahren ein drastischer Rückgang.

Literatur: CREUTZ (1969); KOLBE (1981, 1987); GÜNTHER (1990); LUDWIG (1991).

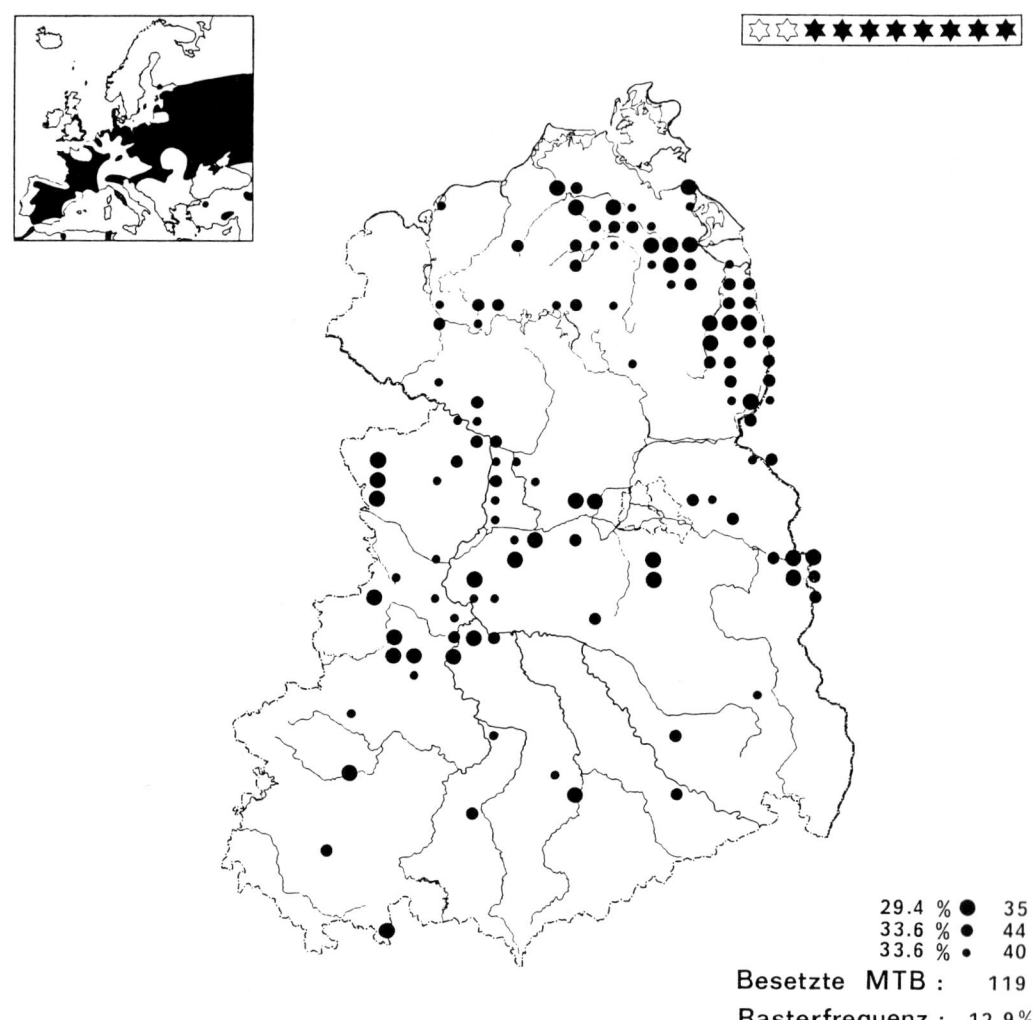

<table>
<tr><td>29.4 %</td><td>●</td><td>35</td></tr>
<tr><td>33.6 %</td><td>●</td><td>44</td></tr>
<tr><td>33.6 %</td><td>•</td><td>40</td></tr>
</table>

Besetzte MTB : 119
Rasterfrequenz : 12.9 %

Faunentyp: europäisch-turkestanisch.

Status: seltener Brutvogel; Durchzügler.

Verbreitung: weitgehend lokal und sporadisch.

Bestand/Bestandsentwicklung: Der Bestand kann nach den Schätzungen mit 100 BP (± 30 %) angegeben werden. Wie bei der vorigen Art ist dieser Wert mit Vorbehalt zu betrachten. Zu berücksichtigen ist auch, daß Korn- und Wiesenweihe von ungeübten Beobachtern leicht verwechselt werden können. - Bei relativer Betrachtung der vorliegenden Ergebnisse ist in Mecklenburg-Vorpommern (besonders im E-Teil) die Wiesenweihe etwas häufiger als die Kornweihe, während dies in Brandenburg genau umgekehrt zu sein scheint. Bemerkenswert ist das mindestens seit 1977 regelmäßige Brüten im N Harzvorland. Schließlich sollte noch auf den deutlich höheren Anteil der sicheren Brutnachweise bei der Wiesenweihe (29,4 %) gegenüber der Kornweihe (13,9 %) hingewiesen werden.

Literatur: CREUTZ (1969); KOLBE (1981, 1987); KLAFS in KLAFS & STÜBS (1987); GEDEON (1989); GÜNTHER (1990, 1991); LUDWIG (1991).

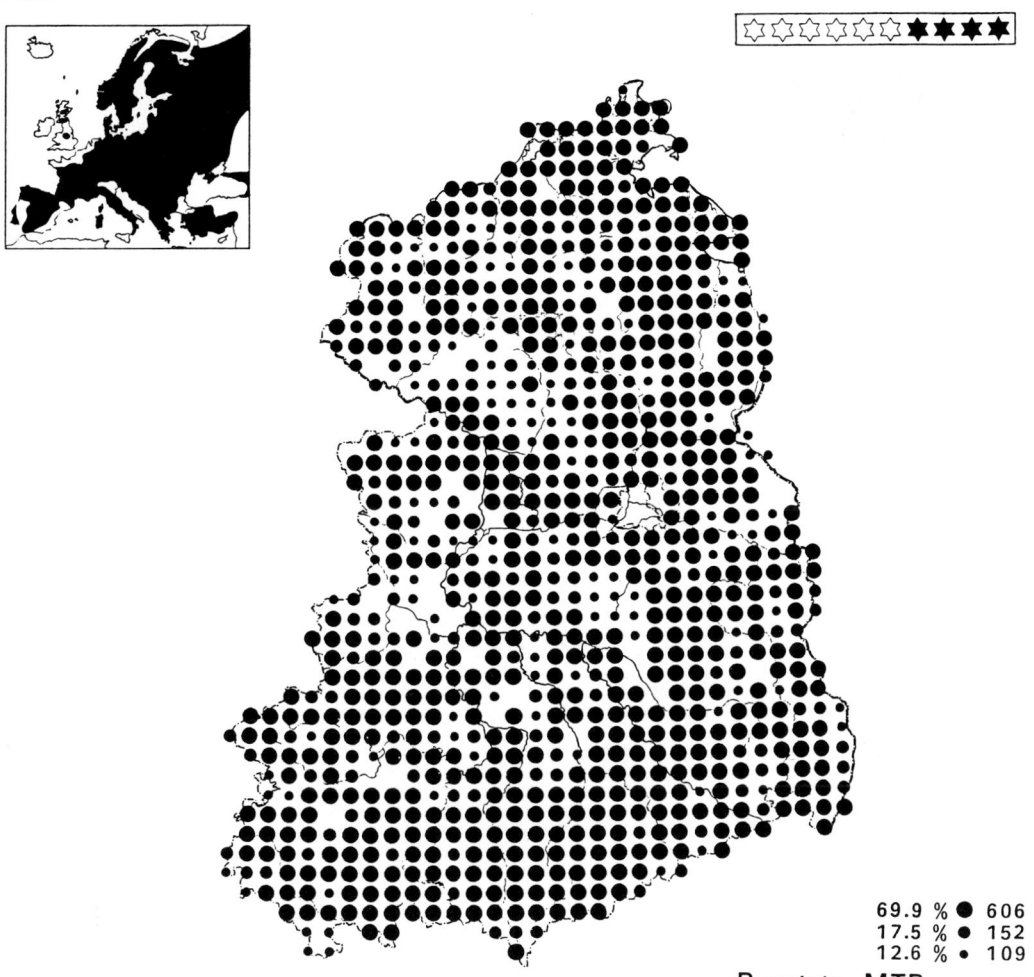

69.9 %	●	606
17.5 %	●	152
12.6 %	•	109

Besetzte MTB : 867

Rasterfrequenz : 93.7 %

Faunentyp: holarktisch.

Status: häufiger Brutvogel; Durchzügler, Wintergast.

Verbreitung: flächendeckend über das gesamte Gebiet (auch Erfassungslücken?).

Bestand/Bestandsentwicklung: Der Bestand beträgt nach den Schätzungen 3100 BP (± 21 %). Unterschiede in der Bestandsdichte lassen sich anhand der Abschätzungen nicht erkennen, sind aber nach den Angaben in der Literatur regional vorhanden. Für waldarme Gebiete darf eine geringere Dichte angenommen werden. Im Raum Halle (nur 4 % Waldanteil) wurde lediglich 1 BP/100 km^2 ermittelt. Großflächig siedeln ansonsten im Durchschnitt um 3 BP/100 km^2, lokal können jedoch max. Werte von über 11 BP/100 km^2 erreicht werden.

Literatur: KIRMSE (1971); MÖCKEL & WENDLER (1979); EHRING (1981); FISCHER (1981); LITZBARSKI (1981); NITSCHKE & KARUSCHKE (1981); HEISE (1986); MATTHES, NEUBAUER in KLAFS & STÜBS (1987); KEHL (1989); SCHÖNBRODT & SPRETKE (1989).

93

Sperber

Accipiter nisus

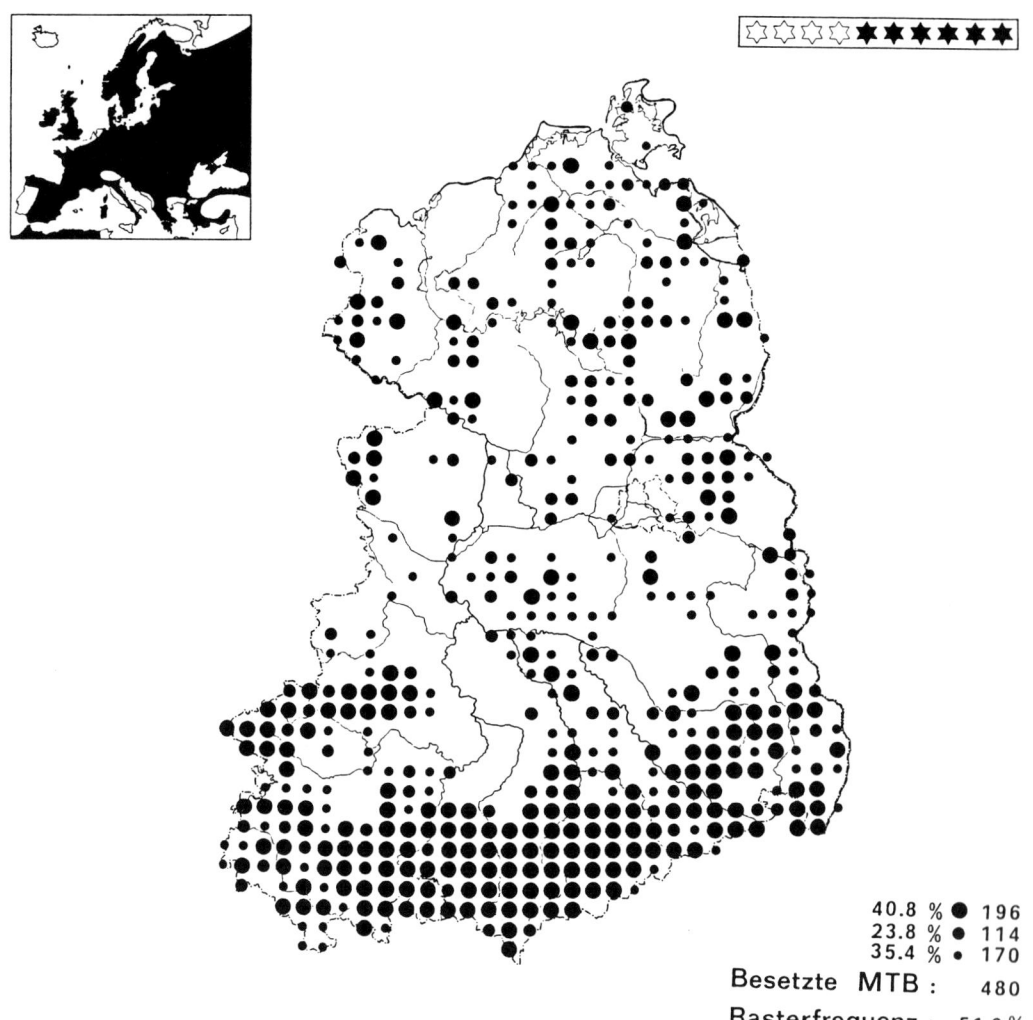

40.8 % ● 196
23.8 % ● 114
35.4 % • 170

Besetzte MTB : 480

Rasterfrequenz : 51.9 %

Faunentyp: palaearktisch.

Status: mäßig häufiger Brutvogel; Durchzügler, Wintergast.

Verbreitung: ungleichmäßig über das gesamte Gebiet; außerhalb der Mittelgebirge mit ± regionalen Lücken.

Bestand/Bestandsentwicklung: Der Bestand beträgt nach den Schätzungen 1100 BP (± 36 %). Die Dichte ist, wie bereits aus der Rasterkarte abzulesen, sehr unterschiedlich: über 75 % des Bestandes entfallen auf das geschlossene Verbreitungsgebiet in Thüringen und Sachsen (850 ± 250 BP). Hier liegen auch die Häufigkeitseinstufungen je Rasterfläche deutlich höher. Sie lassen eine Siedlungsdichte von durchschnittlich 3 bis 4 BP/100 km^2 annehmen. Die größten Dichten werden in den Gebieten gefunden, in denen die Fichte die dominierende Baumart ist. Nur knapp 25 % des Bestandes bewohnen die übrigen 3/4 des Territoriums. Daraus ergibt sich hier großflächig eine Bestandsdichte von nur 0,3 bis 0,4 BP/100 km^2.

Literatur: KIRMSE (1971); ORTLIEB (1981a,b); NEUBAUER in KLAFS & STÜBS (1987).

Mäusebussard

Buteo buteo

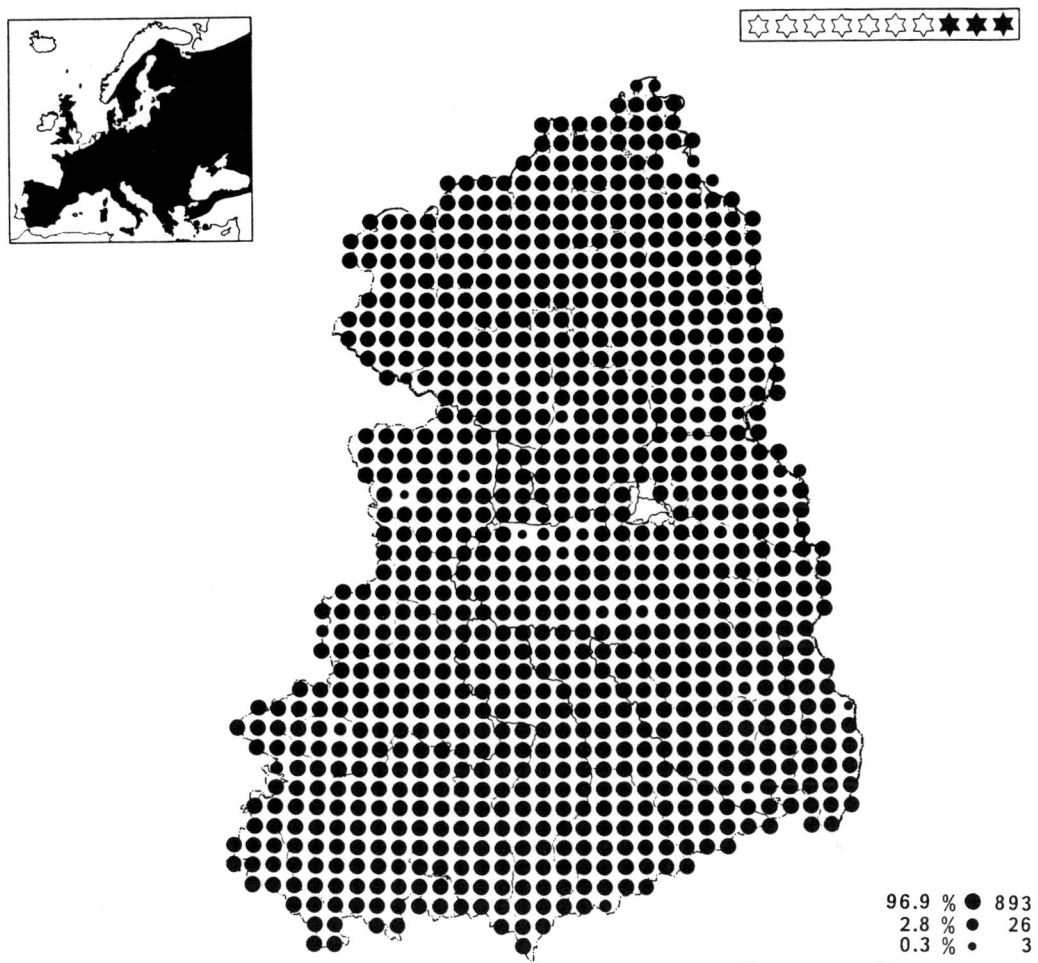

☆☆☆☆☆☆☆★★★

96.9 %	●	893
2.8 %	●	26
0.3 %	·	3

Besetzte MTB : 922

Rasterfrequenz : 99.7 %

<u>Faunentyp:</u> holarktisch.

<u>Status:</u> sehr häufiger Brutvogel; Durchzügler, Wintergast.

<u>Verbreitung:</u> flächendeckend über das gesamte Gebiet.

<u>Bestand/Bestandsentwicklung:</u> Der Bestand beträgt nach den Schätzungen 22000 BP (± 36 %). Der Mäusebussard ist mit Abstand unser häufigster Greifvogel. Er erreicht großflächige Siedlungsdichten von 20 bis 30 BP/100 km², max. Werte bis zu 66 BP/100 km². Lediglich im N Harzvorland kann ihm die dominierende Rolle durch den Rotmilan streitig gemacht werden. Im Gegensatz zu diesem ist jedoch der Bestand des Mäusebussards relativ gleichmäßig über das gesamte Territorium verteilt, regionale Unterschiede sind kaum erkennbar. Abgesehen von Einbrüchen nach Extremwintern (z. B. 1962/63 und 1978/79) ist der Bestand stabil.

Literatur: LITZBARSKI (1981); MELDE (1983); MATTHES & NEUBAUER in KLAFS & STÜBS (1987).

Schreiadler　　　　　　　　　　　　　　　　　*Aquila pomarina*

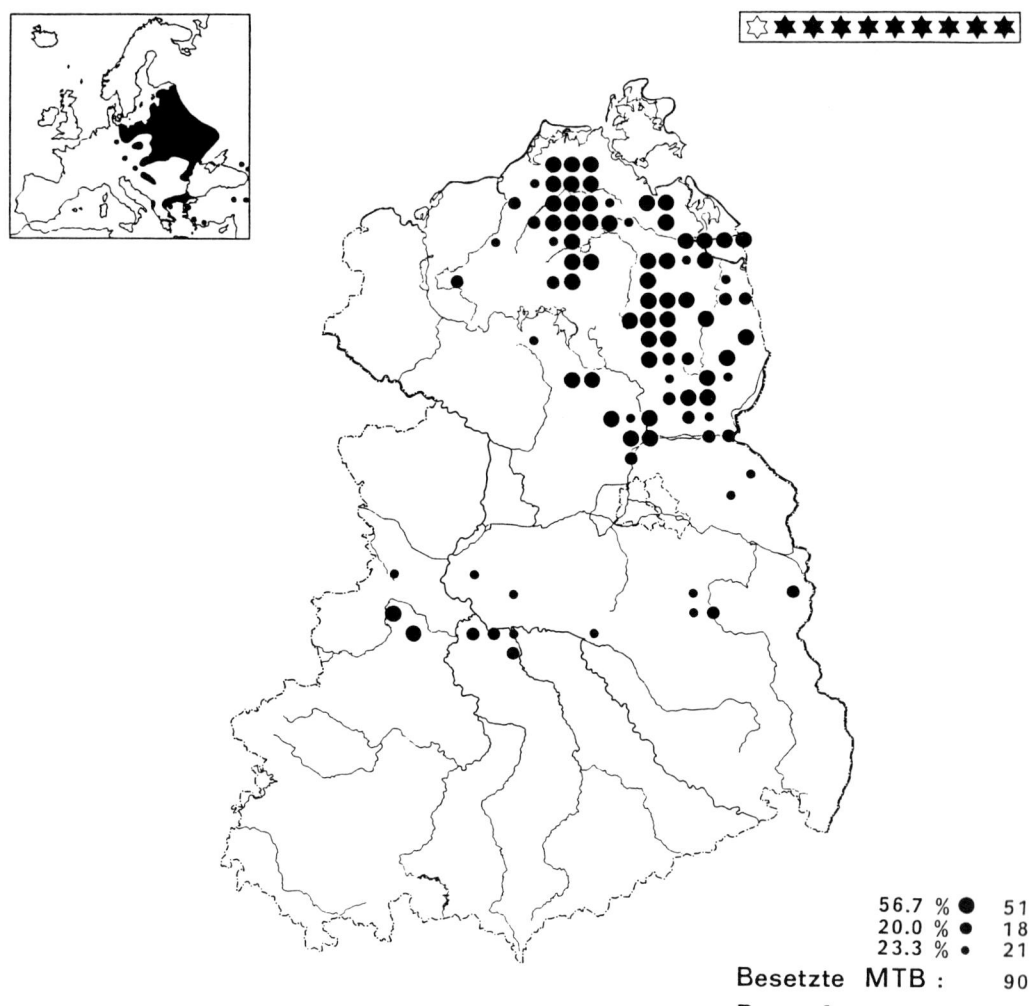

56.7 %	●	51
20.0 %	●	18
23.3 %	●	21

Besetzte MTB :　　90

Rasterfrequenz :　9.7 %

Faunentyp: palaearktisch (europäisch).

Status: seltener Brutvogel; Durchzügler.

Verbreitung: außerhalb des NE-Teils nur lokal (insular).

Bestand/Bestandsentwicklung: Der Bestand beträgt nach den Schätzungen 130 BP (± 13 %). Der größte Teil siedelt in Mecklenburg-Vorpommern (77 %). In Brandenburg (annähernd 17 %) sind vermutlich noch am ehesten bisher übersehene Brutplätze oder Neuansiedlungen zu erwarten. - Unsere Bestandsangabe liegt damit deutlich höher als bisherige (80 BP). Wie bei einigen anderen Arten treffen hier wiederum zwei Faktoren (Bestandszunahme, Unterschätzung) zusammen. Gegenüber den bekannten Vorkommen in Mecklenburg-Vorpommern wurden einige Plätze durch die Kartierung neu entdeckt. Zudem erfolgte eine Ausbreitung nach SW, besonders bemerkenswert das Vorkommen im N Harzvorland seit 1979. Für den Bez. Rostock gab es andererseits für die 80er Jahre Anzeichen eines Bestandsrückgangs, doch wird die Population hier neuerdings als stabil bezeichnet.

Literatur: DORNBUSCH (1979); STUBBE & MATTHES (1981); NEUBAUER in KLAFS & STÜBS (1987); MATTHES & NEUBAUER (1987); NEUBAUER (1991).

Fischadler　　　　　　　　　　　　　　*Pandion haliaetus*

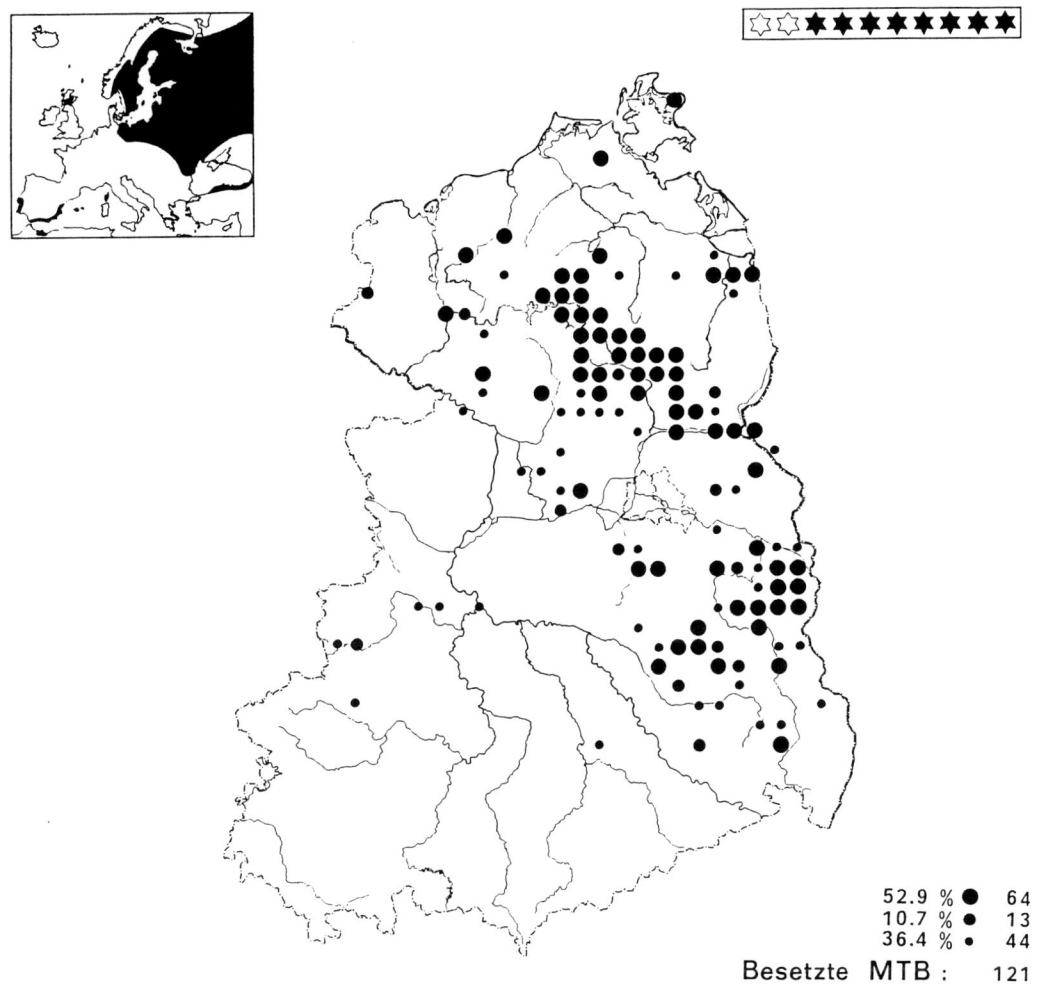

☆☆★★★★★★★★★

52.9 %	●	64
10.7 %	●	13
36.4 %	•	44

Besetzte MTB : 121

Rasterfrequenz : 13.1 %

<u>Faunentyp:</u> kosmopolitisch.

<u>Status:</u> seltener Brutvogel; Durchzügler.

<u>Verbreitung:</u> außerhalb der Mecklenburgisch-brandenburgischen Seenplatte und der Lausitz nur lokal bis sporadisch.

<u>Bestand/Bestandsentwicklung:</u> Der Bestand beträgt nach den Schätzungen und genauen Kenntnissen 120 BP (± 17 %). Der größte Teil konzentriert sich im SE-Teil der Mecklenburgisch-brandenburgischen Seenplatte. Ein weiterer Schwerpunkt hat sich aber im SE Brandenburgs herausgebildet. Hier erfolgten besonders in den 70er Jahren Neuansiedlungen. Insgesamt fand in Brandenburg, wo zur Kartierungszeit etwa die Hälfte aller Fischadler brüteten, innerhalb der letzten 20 Jahre eine Bestandszunahme um über 35 % statt. Gut bekannt ist die Bestandsentwicklung in Mecklenburg-Vorpommern:

Jahr	1935	1957	1965	1975	1980	1983	1986	1989
Anzahl BP	ca.25	ca.70	ca.49	41	62	64	73	90

Diesem deutlich positiven Trend folgend dürfte der aktuelle Bestand in Ostdeutschland derzeit (1991) etwa 170 ± 20 BP betragen.

<u>Literatur:</u> FEILER in RUTSCHKE (1983); KLAFS in KLAFS & STÜBS (1987); KLAFS (1991).

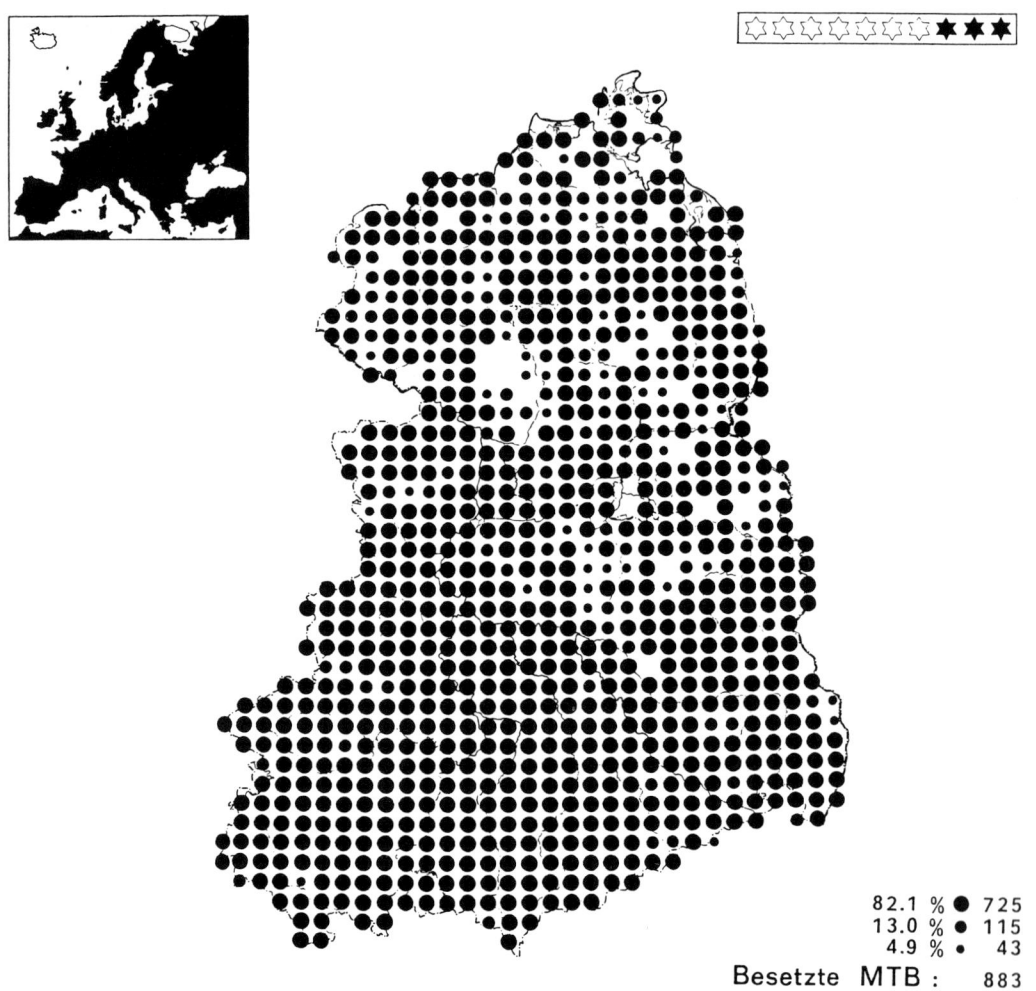

☆☆☆☆☆☆☆★★★

82.1 %	●	725
13.0 %	●	115
4.9 %	•	43

Besetzte MTB :   883

Rasterfrequenz : 95.5 %

Faunentyp: altweltlich.

Status: (sehr) häufiger Brutvogel; Durchzügler, Wintergast.

Verbreitung: über das gesamte Gebiet, aber in unterschiedlicher Dichte (in NW-Brandenburg Erfassungslücke aufgrund geringer Dichte?).

Bestand/Bestandsentwicklung: Der Bestand beträgt nach den Schätzungen 11000 BP (± 36 %). Der Turmfalke ist insgesamt der zweithäufigste Greifvogel. Er besiedelt das Gebiet jedoch nicht gleichmäßig dicht. Die Abschätzungen auf den Rasterflächen fallen in der S- und SW-Hälfte deutlich höher aus (vgl. Häufigkeitskarte 2). Großflächig kann hier eine zwei- bis vierfach höhere Bestandsdichte angenommen werden als für Mecklenburg-Vorpommern und Brandenburg. Ursache dafür ist sicher mit die enge Bindung an den urbanen Siedlungsbereich, wo Dichten von 85 bis 90 BP/100 km^2 (Stadtgebiet Magdeburg) erreicht werden. - Im N-Harzvorland siedeln großflächig 19 bis 30 BP/100 km^2, im Raum Halle 26 bis 35 BP/100 km^2. Dagegen wurden auf einer Kontrollfläche im SE Mecklenburg-Vorpommerns weniger als 1 BP/100 km^2 ermittelt.

Literatur: PIECHOCKI (1982); LITZBARSKI (1981); KRÜGER in v.KNORRE et al. (1986); PRILL (1987); STARKE in KLAFS & STÜBS (1987); SCHÖNBRODT & SPRETKE (1989); BRIESEMEISTER (1992).

Rotfußfalke   *Falco vespertinus*

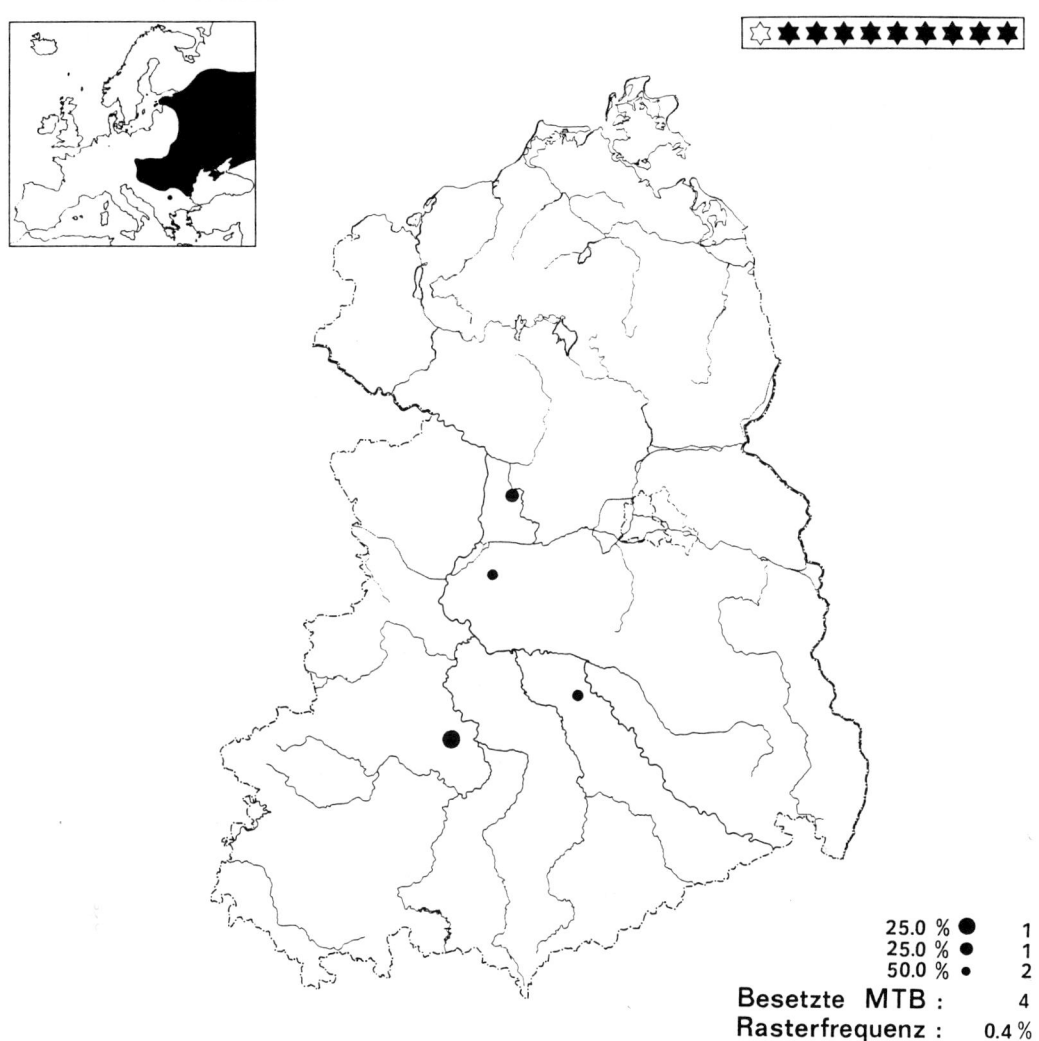

25.0 % ●	1
25.0 % ●	1
50.0 % •	2

Besetzte MTB :   4
Rasterfrequenz :   0.4 %

Faunentyp: palaearktisch.
Status: Vermehrungsgast.
Verbreitung: nur sporadische Einzelbruten außerhalb des Verbreitungsgebietes.
Bestand/Bestandsentwicklung: Während der Kartierung wurde 1978 eine erfolgreiche Brut im Gebiet der Mansfelder Seen W Halle (Sachsen-Anhalt) nachgewiesen. Dies ist neben einem Brutversuch 1976 im Kr. Beeskow (Brandenburg) der aktuellste und am besten gesicherte Nachweis des Brütens im Gebiet. Viele der älteren Vorkommen sind aus heutiger Sicht umstritten (vgl. Diskussion in der Literatur). Der späte Heimzug noch bis Ende Mai, also bereits zur Brutzeit, und der Aufenthalt in typischen, potentiellen Bruthabitaten kann schnell zu Fehleinschätzungen führen. Andererseits sollte aber den Beobachtungen von Ende Mai bis Anfang Juli die ihnen gebührende Aufmerksamkeit geschenkt werden.

Literatur: GLUTZ v.BLOTZHEIM et al. (1971); BALSCHUN (1980); HEYDER (1983); KLAMMER (1983); SCHMIDT in RUTSCHKE (1983); LIEDEL (1990); BUSCHING et al. (1991).

Baumfalke   *Falco subbuteo*

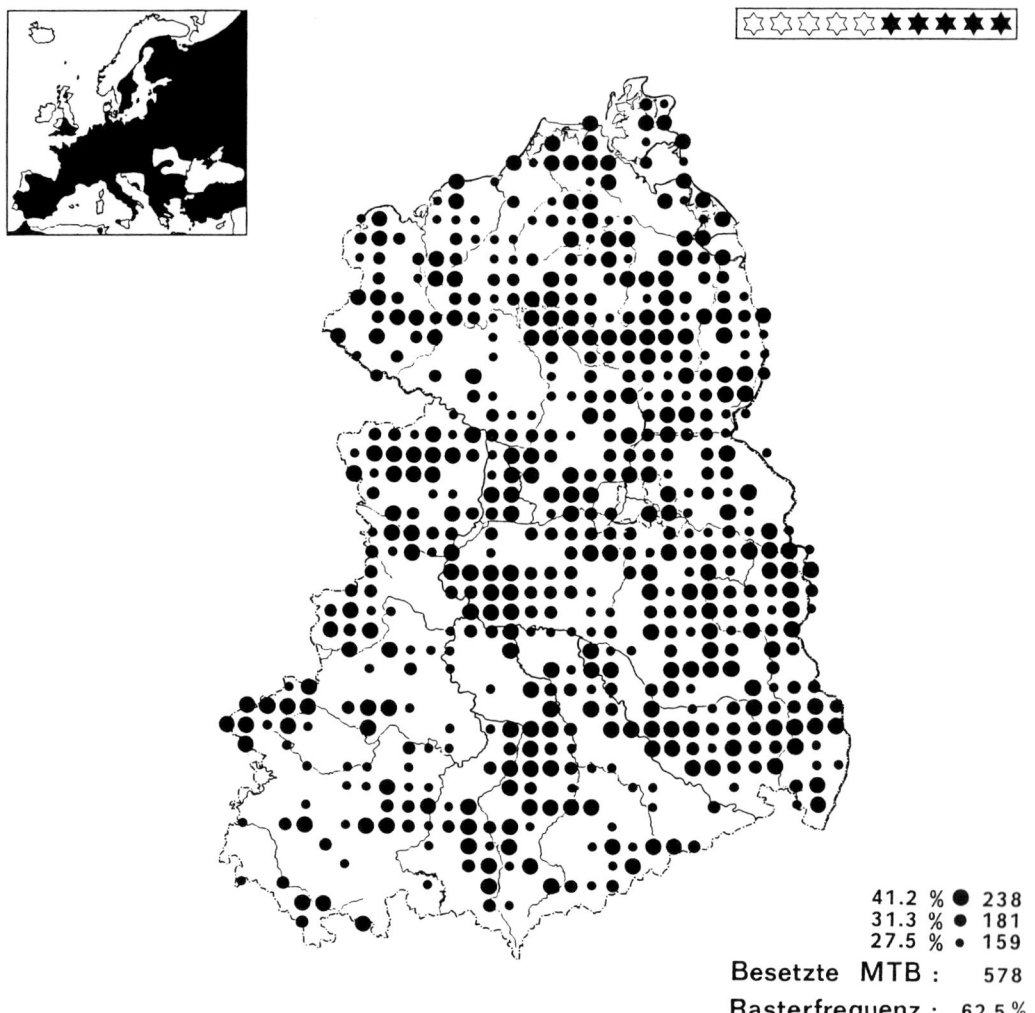

41.2 %	●	238
31.3 %	●	181
27.5 %	•	159

Besetzte MTB : 578

Rasterfrequenz : 62.5 %

Faunentyp: palaearktisch.

Status: mäßig häufiger Brutvogel; Durchzügler.

Verbreitung: mit regionalen Lücken über das gesamte Gebiet.

Bestand/Bestandsentwicklung: Der Bestand beträgt nach den Schätzungen 850 BP (± 30 %). Er ist damit deutlich höher als von FIUCZYNSKI angegeben, was sicher auf besseren Kenntnisstand beruht. Allgemein ist der Baumfalke trotzdem nur in geringer Dichte Brutvogel. Nach den Abschätzungen wird der größte Teil (86 %) der besetzten Raster nur von 1 (57 %) bis 2 (29 %) BP bewohnt. Von den Einstufungen mit 3 oder mehr BP je Raster entfallen etwa 70 % auf die ehemaligen Bez. Potsdam, Magdeburg, Schwerin und den SW Neubrandenburgs. Höchste Dichten wurden mit 5,2 BP/100 km² für den Kreis Rathenow bekannt. Am spärlichsten vertreten ist der Baumfalke dagegen im äußersten SW (Thüringen). Die allgemeine Bestandsentwicklung ist durch negativen Trend gekennzeichnet.

Literatur: FIUCZYNSKI (1981, 1987); LITZBARSKI (1981); KRÜGER (1985); KRÜGER in v.KNORRE (1986); STEINKE (1987); ROHDE (1990); HASTÄDT & FIEDLER (1991).

Wanderfalke   *Falco peregrinus*

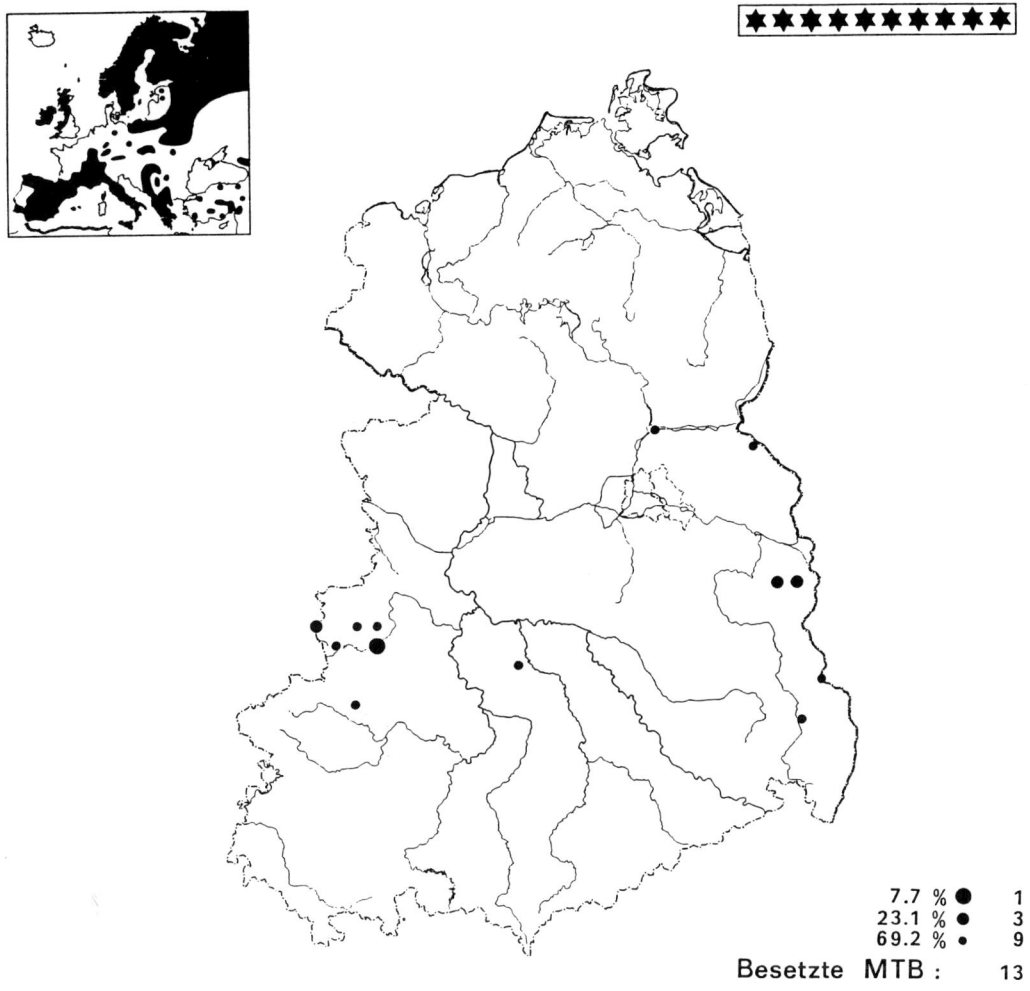

Besetzte MTB : 13
Rasterfrequenz : 1.4 %

7.7 % ● 1
23.1 % ● 3
69.2 % ● 9

Faunentyp: kosmopolitisch.

Status: sehr seltener Brutvogel; Durchzügler, Wintergast.

Verbreitung: lokale Einzelvorkommen.

Bestand/Bestandsentwicklung: Der Wanderfalke war ehemals im Gebiet ein verbreiteter und relativ häufiger Brutvogel. Sein Bestand, der um 1950 noch etwa 150 baumbrütende und 30 felsbrütende Paare umfaßte, war innerhalb weniger Jahre völlig zusammengebrochen. Nach 1973 wurde kein sicheres Brüten mehr bekannt. - Als ein Ergebnis von Auswilderungen in Hessen begann während des Kartierungszeitraumes 1981 die Wiederbesiedlung des Gebietes durch ein Felsbrüterpaar am N Harzrand. Hier fand 1982 die erste erfolgreiche Brut statt. Strenge Schutzmaßnahmen führten in der Folgezeit zu weiteren Ansiedlungen. 1986 besiedelten bereits wieder 7 BP unser Gebiet. 1989 wurden die ersten Jungfalken im Elbsandsteingebirge ausgewildert. 1990 waren bereits 11 Reviere beflogen, davon 7 traditionelle Felsbrutplätze im Mittelgebirgsraum und 4 feste Reviere an Hochbauten im urbanen Bereich.

Literatur: KIRMSE & KLEINSTÄUBER (1977); KÖNIG in HAENSEL & KÖNIG (1978); KALLMEYER (1984); KLEINSTÄUBER & KIRMSE (1987); KLEINSTÄUBER (1987, 1990, 1991); MÜLLER (1989).

Birkhuhn

Tetrao tetrix

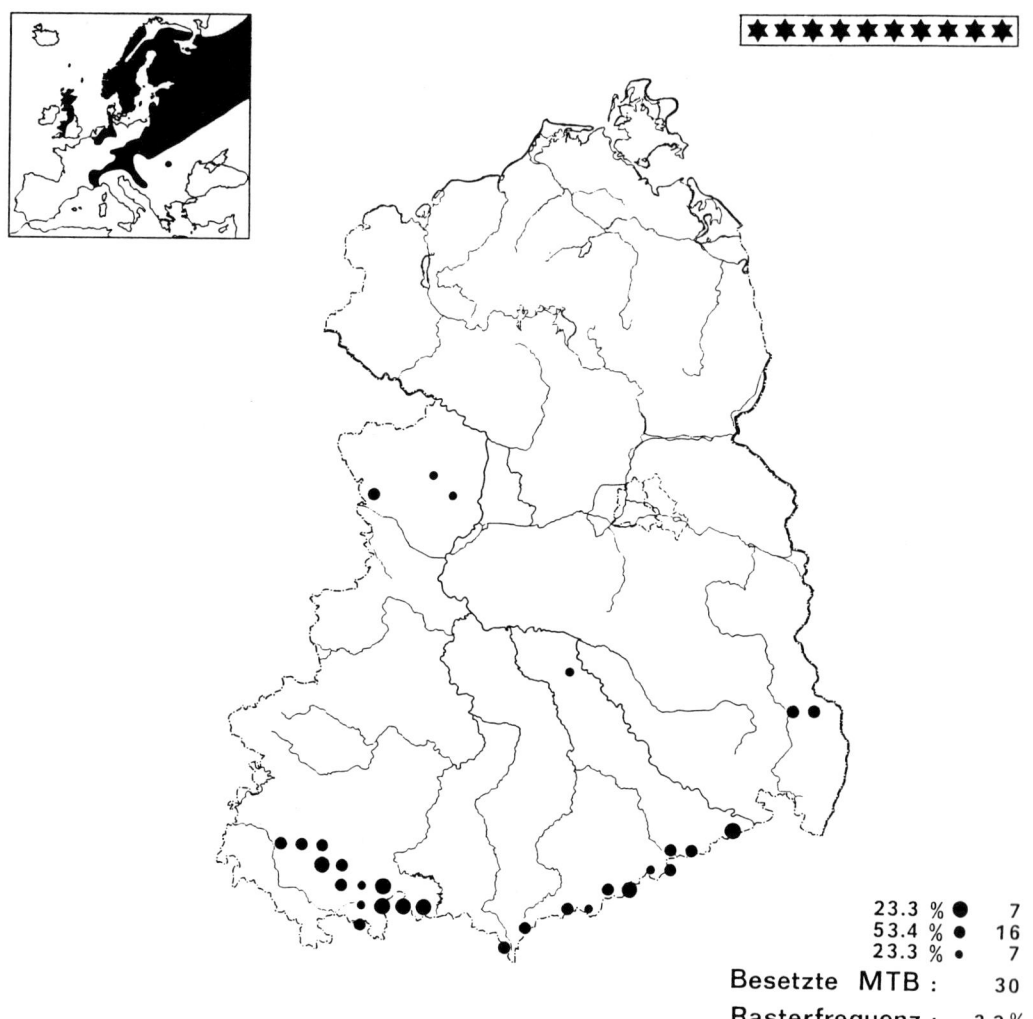

23.3 % ● 7
53.4 % ● 16
23.3 % ● 7

Besetzte MTB : 30

Rasterfrequenz : 3.2 %

Faunentyp: palaearktisch.

Status: sehr seltener Brutvogel; Überwinterer.

Verbreitung: außer im Erzgebirge und Thüringer Wald nur lokale Vorkommen (Altmark, Lausitz).

Bestand/Bestandsentwicklung: Der Bestand kann nach den Schätzungen mit 100 "BP" (± 30 %) angenommen werden. Etwa die Hälfte entfällt auf den Thüringer Wald und ca. 40 % auf das Erzgebirge. - Die Bestandsentwicklung ist durch eine allgemein negative Tendenz gekennzeichnet. KLAUS und Mitarbeiter schätzen den Gesamtbestand für 1988 auf 130 bis 160 Vögel. Bemerkenswert ist die Entwicklung im Thüringer Wald, wo 1968 durch günstige Bedingungen ("Katastrophenflächen") und nach 25 Jahre andauernder Zunahme ein absolutes Max. von 300 bis 360 Vögel erreicht wurde. Seitdem erfolgte kontinuierlicher Rückgang auf heute (1990) wohl weniger als 30 Vögel. Nach ebenfalls starkem Rückgang hat der Bestand im Erzgebirge in den letzten Jahren, vermutlich bedingt durch die Entstehung von Freiflächen, wieder leicht zugenommen.

Literatur: SEIBT & KLAUS in v.KNORRE et al. (1986); SAEMANN (1987); GÖRNER et al. (1988); KLAUS et al. (1990, 1991); KNOBLOCH (1990).

Auerhuhn

Tetrao urogallus

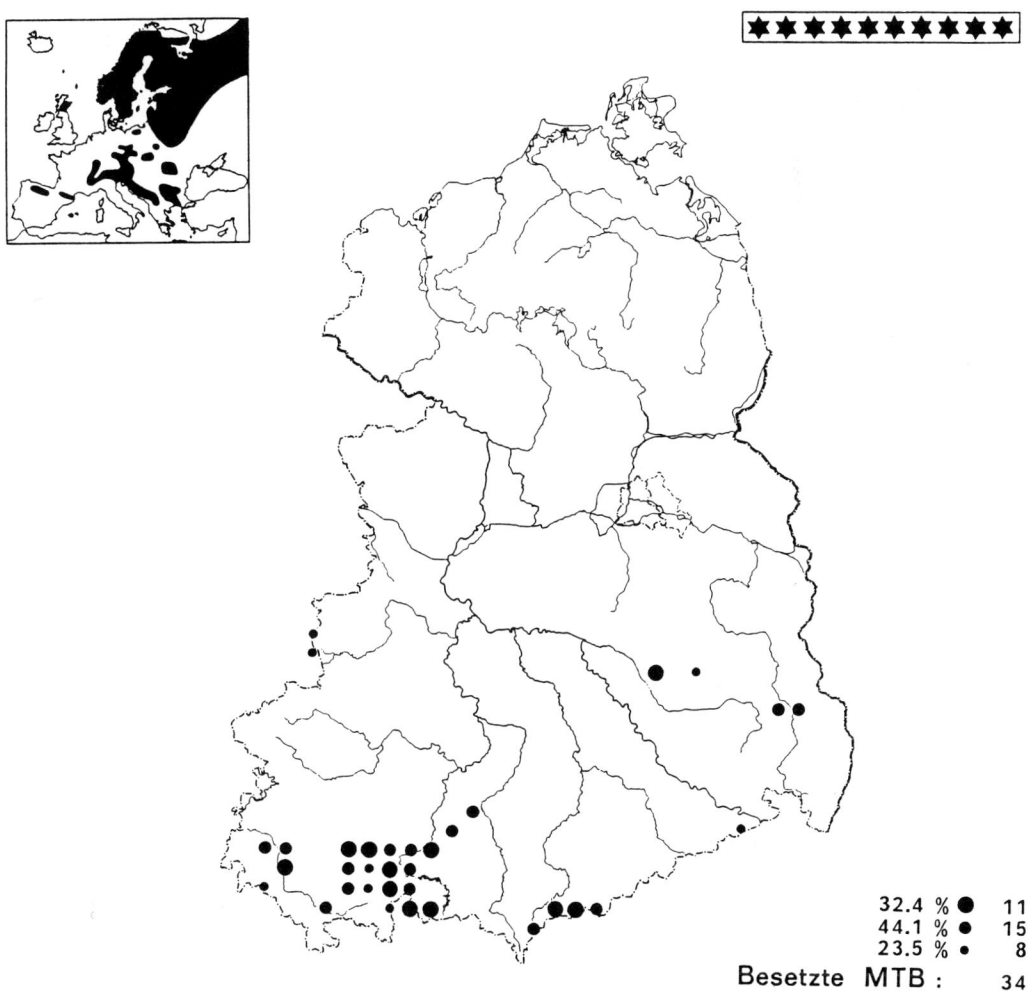

★★★★★★★★★★

32.4 %	●	11
44.1 %	●	15
23.5 %	•	8

Besetzte MTB :   34

Rasterfrequenz :   3.7 %

Faunentyp: palaearktisch.

Status: sehr seltener Brutvogel; Überwinterer.

Verbreitung: weitgehend auf S-Thüringen und das W-Erzgebirge beschränkt; sonst nur lokale Restbestände.

Bestand/Bestandsentwicklung: Der Bestand kann nach den Schätzungen mit 80 "BP" (± 25 %) angenommen werden. Der größte Anteil (über 75 %) siedelt in Thüringen, nur etwa 15 % im W Erzgebirge und ein Restbestand (?) im Bez. Cottbus. - Den vorliegenden Angaben zufolge ist die Tendenz stark rückläufig und der Bestand extrem gefährdet. Während 1970 für Thüringen noch etwa 300 Auerhühner über ein geschlossenes, etwa 1200 km² großes Areal verteilt waren, wurden 1980 110 Vögel auf ca. 470 km², 1985 ca. 80 Vögel auf 400 km² und 1990 nur noch 30 Vögel auf ca. 300 km² geschätzt. - Seit 1978 im W-Harz/Niedersachsen erfolgte Aussetzungen (bis 1989 insgesamt 533 Vögel !) führten zur Ansiedlung des Auerhuhns im Oberharz (Sachsen-Anhalt), wo Ende der 80er Jahre mit 15 bis 20 Auerhühnern gerechnet werden kann.

Literatur: KLAUS et al. (1982, 1985, 1989, 1992); KLAUS, SEIBT in v.KNORRE et al. (1986); DORNBUSCH (1987); SAEMANN (1987); HAARSTICK (1989); KNOBLOCH (1990).

Rebhuhn   *Perdix perdix*

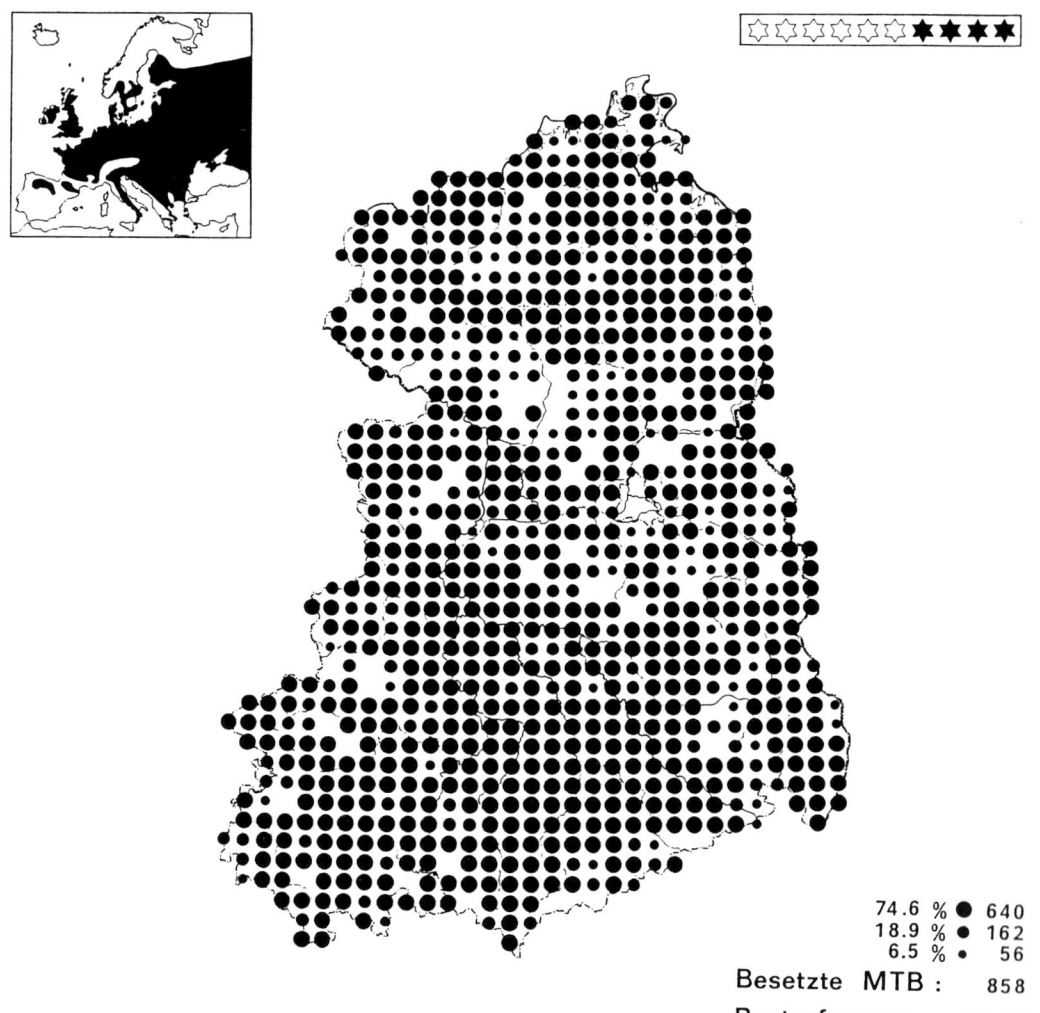

74.6 %	●	640
18.9 %	●	162
6.5 %	•	56

Besetzte MTB : 858

Rasterfrequenz : 92.8 %

Faunentyp: europäisch-turkestanisch.

Status: häufiger Brutvogel; Überwinterer.

Verbreitung: über das gesamte Gebiet mit ± großen Lücken (auch Erfassungslücken ?).

Bestand/Bestandsentwicklung: Der Bestand beträgt nach den Schätzungen 20000 BP (± 45 %). Er wird großflächig sicher unterschätzt, der wahre mittlere Bestand dürfte sehr wahrscheinlich im oberen Bereich unserer Angabe oder gar noch darüber liegen. Bei relativer Betrachtung der Raster-Schätzungen fallen diese im Durchschnitt im N und NE niedriger aus als im SW des Gebietes. - Insgesamt ist in den letzten Jahrzehnten ein deutlicher Bestandsrückgang zu verzeichnen. Wildzählungen der Jagdgesellschaften ergaben 1968 125000, 1976 68000 und 1988 20700 Rebhühner. Die Ursachen liegen in erster Linie in der anthropogenen Ausräumung und Umgestaltung der Landschaft.

Literatur: ULOTH in v.KNORRE et al. (1986); SIEFKE in KLAFS & STÜBS (1987); NICOLAI (1989); THEOPHIL & WEIDNER (1990); DWENGER (1991).

Wachtel

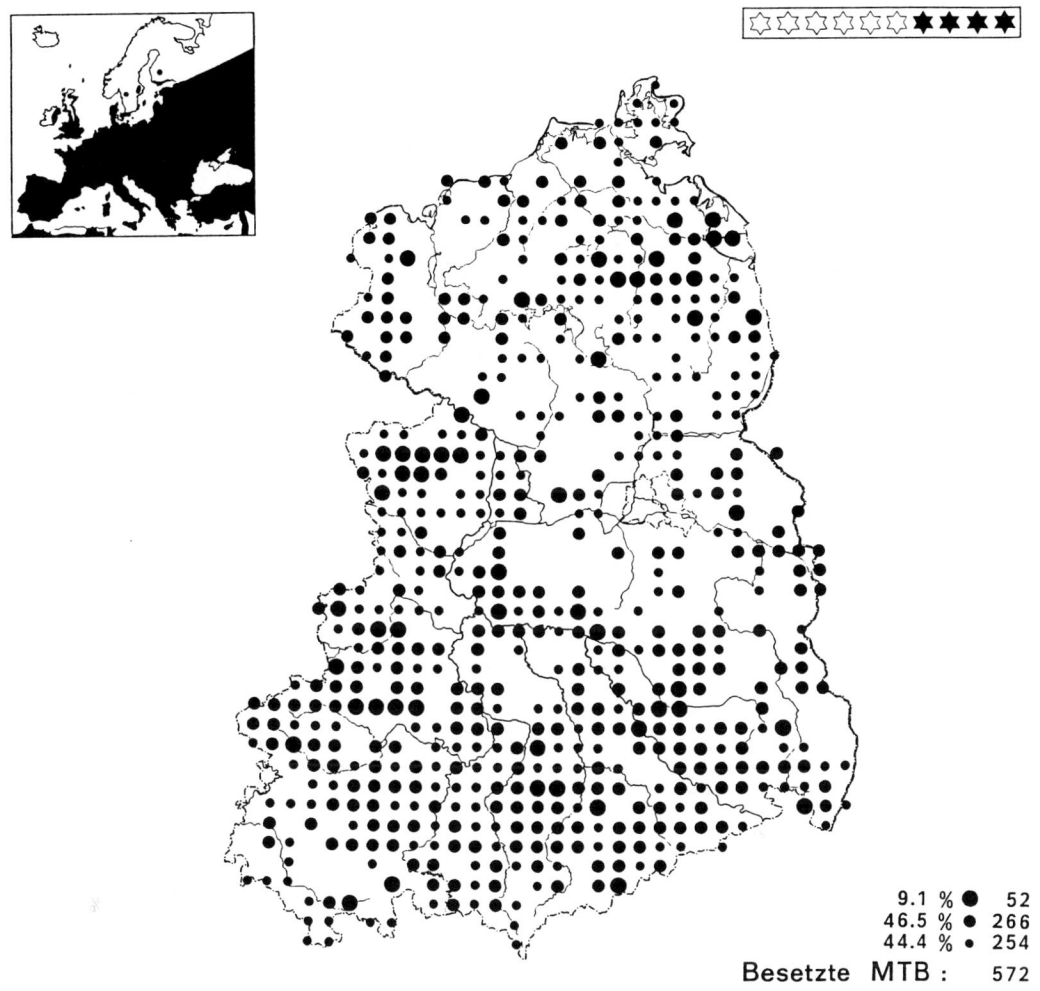

9.1 % ● 52
46.5 % ● 266
44.4 % • 254

Besetzte MTB : 572

Rasterfrequenz : 61.8%

Faunentyp: altweltlich.

Status: häufiger Brutvogel; Durchzügler.

Verbreitung: über das gesamte Gebiet mit regionalen Lücken (sicher auch Erfassungslücken darunter ?).

Bestand/Bestandsentwicklung: Einer gründlichen Bearbeitung von GEORGE folgend, kann der Bestand im Mittel mit 10000 BP (± 70%) angegeben werden. - Die Wachtel ist nur mit ganz spezifischer Methodik und hohem Aufwand erfaßbar, wird deshalb unterschätzt. Ebenso ist aufgrund erheblicher Bestandsschwankungen keine sichere Aussage in bezug auf eine vielfach diskutierte generelle Abnahme in den letzten Jahrzehnten zu treffen. In manchen Jahren erfolgt invasionsartiges Auftreten mit Vorkommen in mehrfach erhöhter Dichte. Solche "Wachteljahre" waren z. B. bei uns 1964, 1973, 1977, 1979 und 1982. Unabhängig davon kann bei relativer Betrachtung der Häufigkeiten pro Rasterfläche für die SW-Hälfte des Gebietes eine höhere Bestandsdichte angenommen werden (vgl. Häufigkeitskarte 3).

Literatur: GEORGE (1983, 1990, 1992); HAVERLAND (1986).

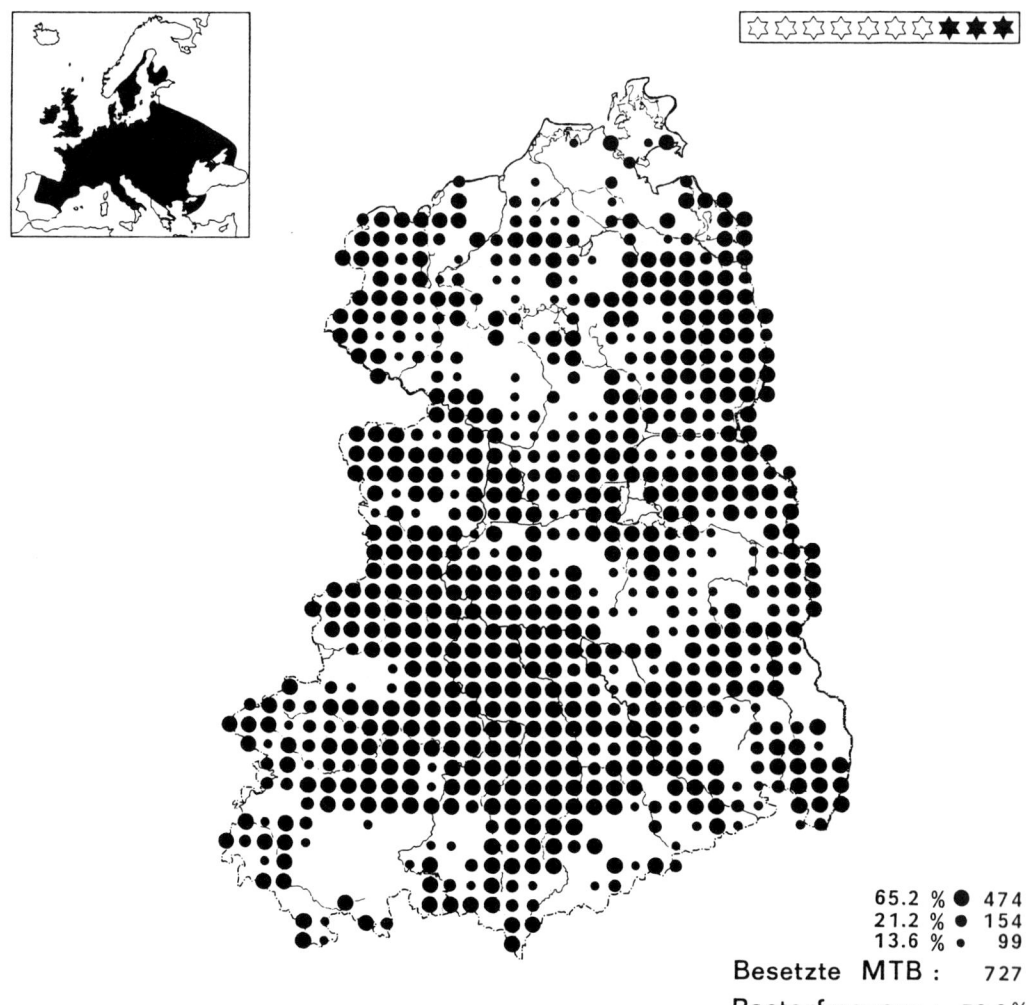

☆☆☆☆☆☆☆★★★

65.2 %	●	474
21.2 %	●	154
13.6 %	•	99

Besetzte MTB :   727

Rasterfrequenz :   78.6 %

Faunentyp: unbekannt (chinesisch ?).

Status: häufiger Brutvogel; Überwinterer.

Verbreitung: über das gesamte Gebiet mit regionalen Lücken (durch Aussetzungen stark anthropogen beeinflußt !).

Bestand/Bestandsentwicklung: Der Brutbestand beträgt nach den Schätzungen 30000 BP (± 47 %). Die größte Dichte wird in Sachsen-Anhalt, NW-Sachsen und NE-Thüringen erreicht. Im Raum Halle wurden bei der Kartierung 1983 bis 1986 großflächige Dichten von 182 bis 260 BP/100 km^2 ermittelt. Sowohl im SW und S (Mittelgebirgsraum) als auch in Mecklenburg-Vorpommern und Brandenburg wird der Fasan großflächig deutlich seltener eingeschätzt. Die Ursachen für die sehr unterschiedliche Verteilung sind wohl in erster Linie in den "Hegemaßnahmen" zu suchen. Allein im ehemaligen Bez. Magdeburg (Börde und Altmark) wurden jährlich bis zu 15000 Jungfasane ausgesetzt.

Literatur: GORETZKI (1987); SIEFKE in KLAFS & STÜBS (1977, 1987); SCHÖNBRODT & SPRETKE (1989).

Wasserralle   *Rallus aquaticus*

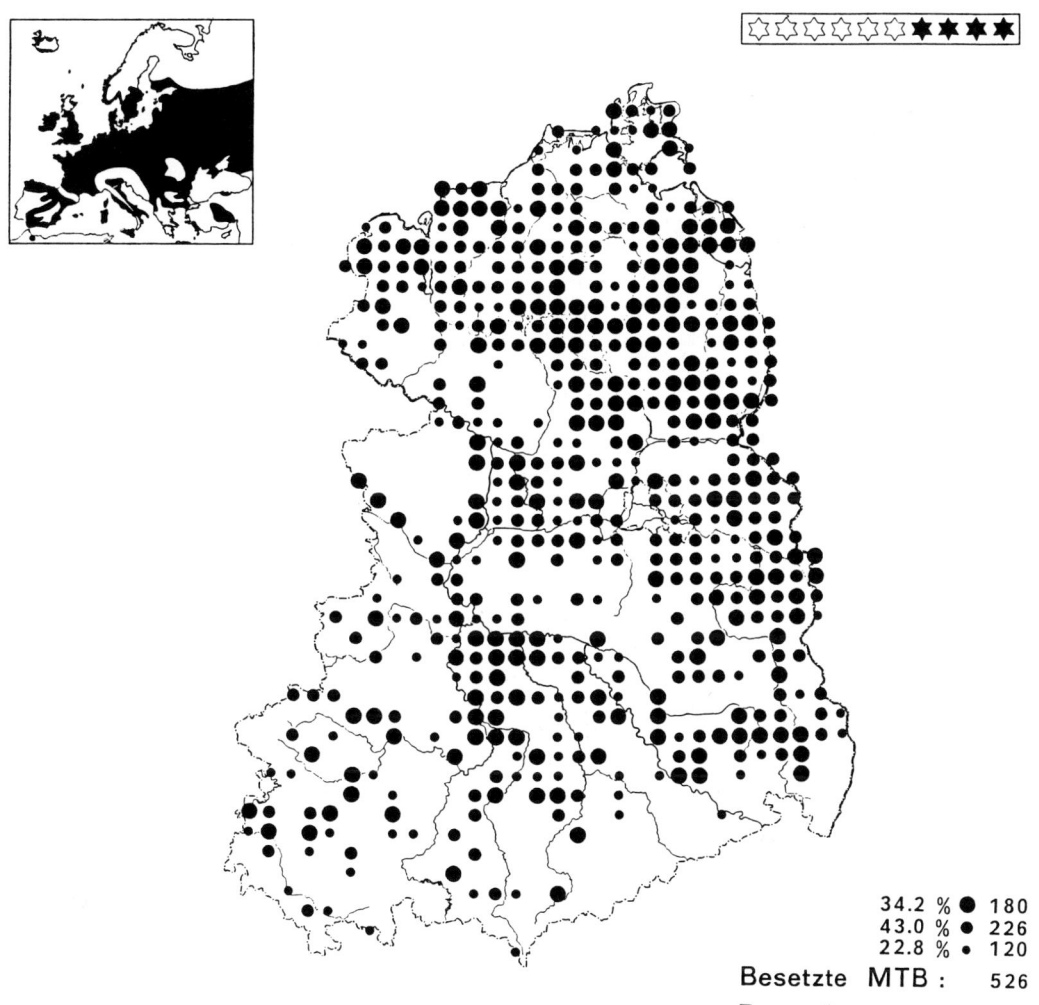

34.2 % ● 180
43.0 % ● 226
22.8 % • 120

Besetzte MTB : 526
Rasterfrequenz : 56.9 %

Faunentyp: palaearktisch.

Status: (mäßig) häufiger Brutvogel; Durchzügler, Wintergast.

Verbreitung: mit besonders im S und SW größeren Lücken über das gesamte Gebiet.

Bestand/Bestandsentwicklung: Der Bestand beträgt nach den Schätzungen 5700 BP (± 35 %). Entsprechend dem Verbreitungsbild weist die NE-Hälfte des Gebietes mit den gewässerreichen Seenlandschaften in Mecklenburg-Vorpommern und Brandenburg die größten Bestände auf, jeweils etwa 40 %. In der gesamten SW-Hälfte siedeln lediglich rund 20 %, vornehmlich im Elbe-Saale-Bereich und in der Oberlausitz. In Thüringen und SW-Sachsen ist die Wasserralle mit 2 % des Bestandes nur ausgesprochen spärlich vertreten.

Literatur: BERG & STIEFEL (1968); HOENE in v.KNORRE et al. (1986); FRÄDRICH (1986); EICHSTÄDT, HEISE in KLAFS & STÜBS (1987).

Tüpfelsumpfhuhn   *Porzana porzana*

☆☆☆★★★★★★★

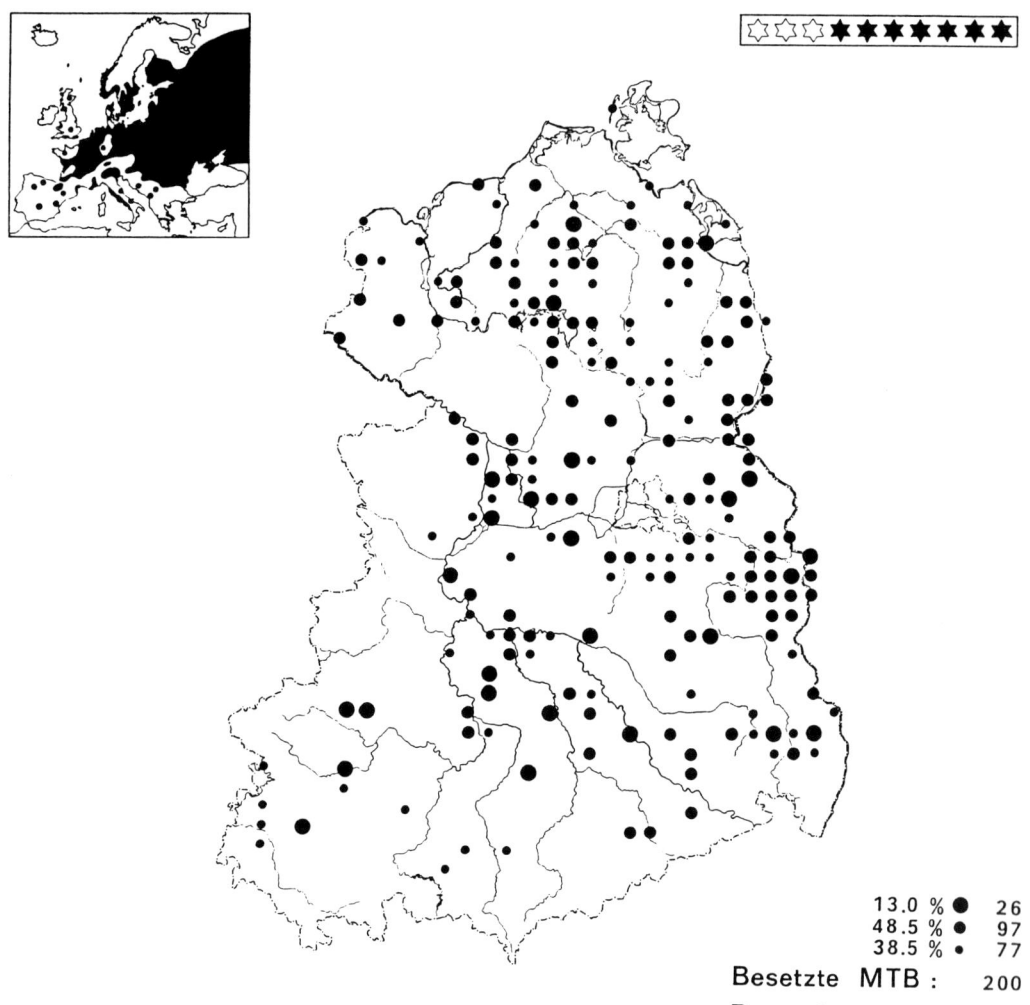

13.0 %	●	26
48.5 %	●	97
38.5 %	●	77

Besetzte MTB : 200

Rasterfrequenz : 21.6 %

<u>Faunentyp:</u> wahrscheinlich europäisch.

<u>Status:</u> mäßig häufiger Brutvogel; Durchzügler.

<u>Verbreitung:</u> ähnlich Wasserralle, nur bedeutend spärlicher (lückenhafter).

<u>Bestand/Bestandsentwicklung:</u> Der Bestand beträgt nach den Schätzungen 700 BP (± 29 %). Wie die anderen kleinen Rallenarten, dürfte auch die Tüpfelralle leicht übersehen und im Bestand unterschätzt werden, der angegebene Bestand ist mit Vorbehalt zu betrachten. Nach den Bestandsschätzungen werden meist nur einzelne bis wenige Paare je Raster angegeben. Ähnlich der Wasserralle ist das Tüpfelsumpfhuhn in der SW-Hälfte des Gebietes deutlich seltener.

Literatur: HOENE in v.KNORRE et al. (1986); EICHSTÄDT, HEISE in KLAFS & STÜBS (1987).

Kleines Sumpfhuhn   *Porzana parva*

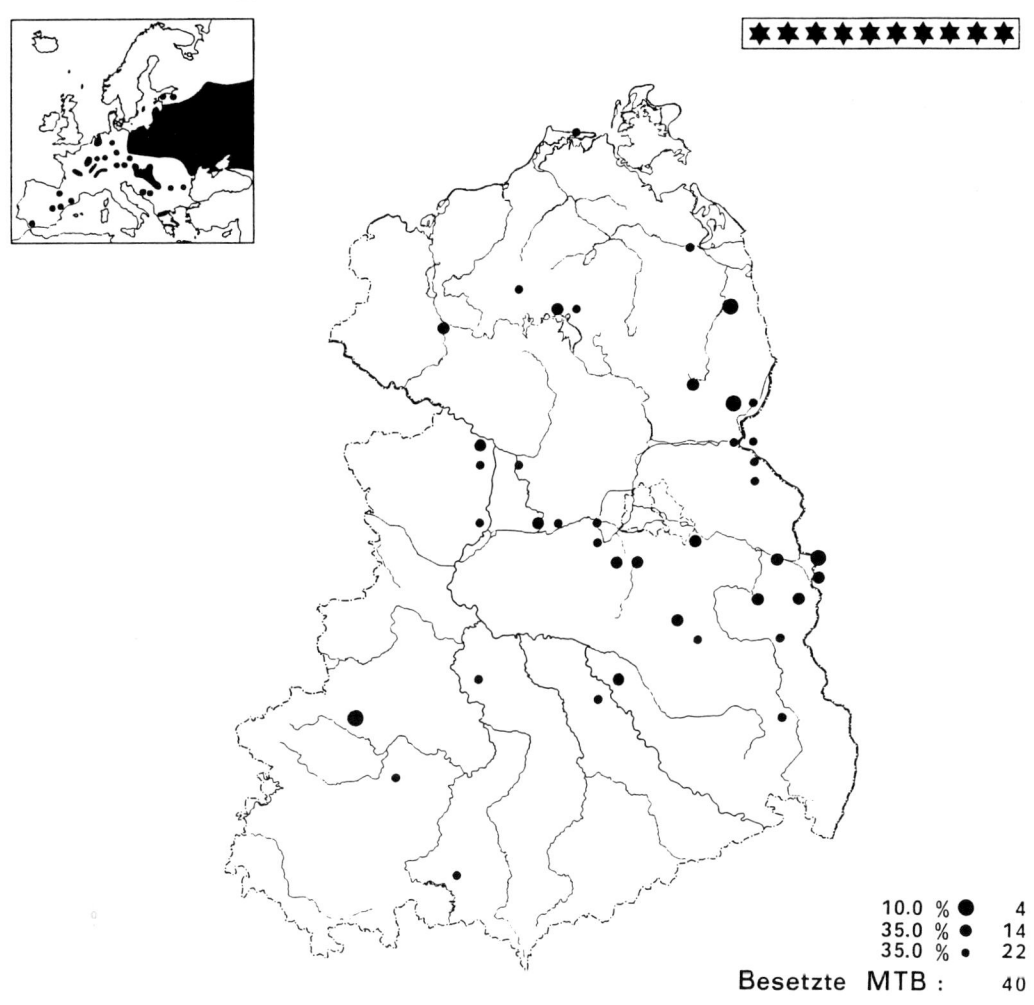

10.0 %	●	4
35.0 %	●	14
35.0 %	•	22

Besetzte MTB : 40

Rasterfrequenz : 4.3 %

<u>Faunentyp:</u> palaearktisch.

<u>Status:</u> sehr seltener (?) Brutvogel, Durchzügler.

<u>Verbreitung:</u> lokal bzw. sporadisch (an der W-Grenze des geschlossenen Verbreitungsgebietes).

<u>Bestand/Bestandsentwicklung:</u> Der Bestand beträgt nach den Schätzungen 80 BP (± 38 %). Diese Angabe ist sicher sehr unzuverlässig und kann nur ein grober Anhaltspunkt sein. Eine vollständige Erfassung und hinreichend genaue Bestandsangabe wird es bei dieser heimlichen und unauffälligen Art für ein so großes Gebiet kaum geben können. Diese kleine Ralle gehört sicher zu den Problemvögeln, also zu jenen Arten, über die unsere derzeitigen Kenntnisse zum Vorkommen noch völlig ungenügend sind. Echte Brutnachweise sind sehr selten.

Literatur: KRAUSE (1983); LITZBARSKI in RUTSCHKE (1983); HOENE in v.KNORRE et al. (1986); EICHSTÄDT, HEISE in KLAFS & STÜBS (1987).

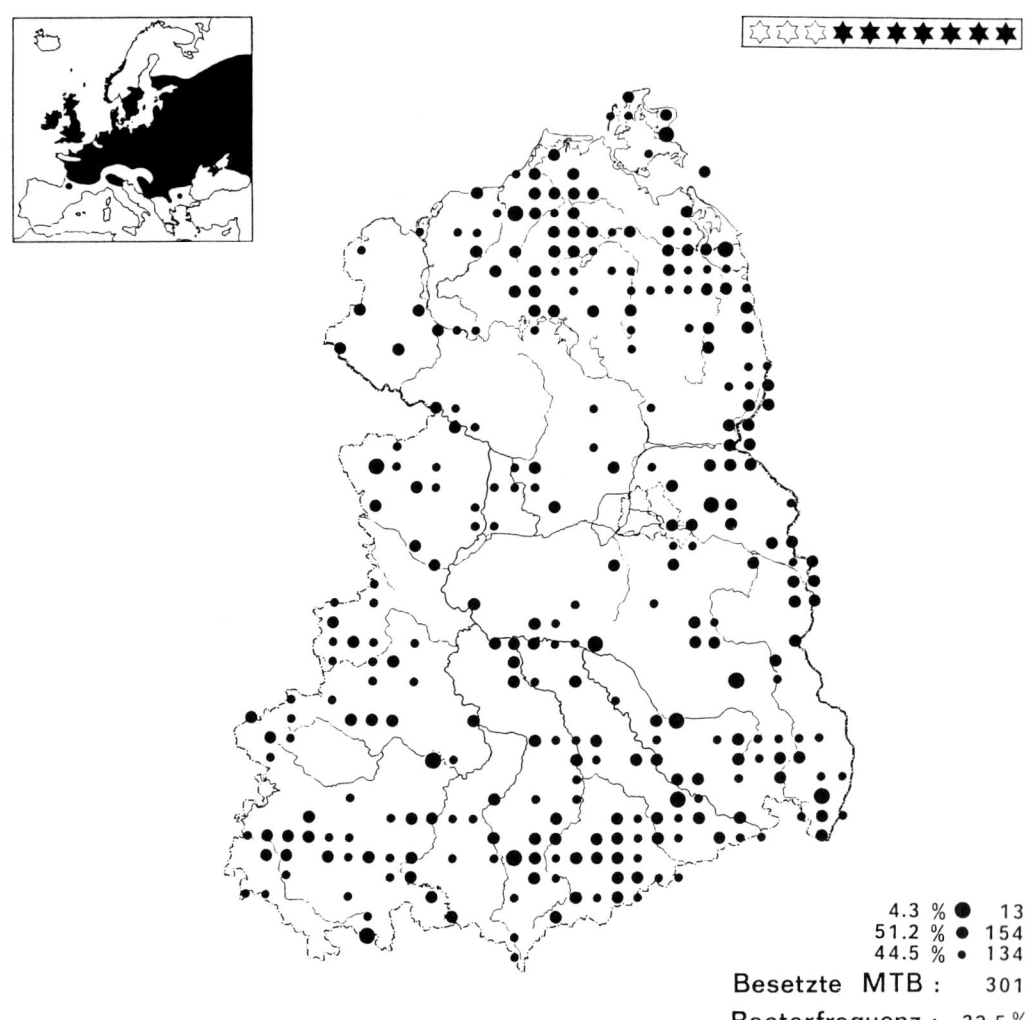

4.3 % ● 13
51.2 % ● 154
44.5 % • 134

Besetzte MTB :   301
Rasterfrequenz : 32.5 %

Faunentyp: wahrscheinlich europäisch.
Status: (seltener bis) mäßig häufiger Brutvogel; Durchzügler.
Verbreitung: mit größeren regionalen Lücken über das gesamte Gebiet.
Bestand/Bestandsentwicklung: Der Bestand beträgt nach den Schätzungen 1000 BP (± 30 %). Der Wachtelkönig unterliegt großräumigen Bestandsverschiebungen, die sich in zeit- und gebietsweise verstärktem Auftreten äußern. Beispielsweise war 1969 ein herausragendes Jahr, in dem 4mal soviele Nachweise wie in den Jahren davor erbracht wurden. Aber auch 1970 und 1971 sowie während der Kartierung 1979 und 1981 wurden vermehrt Wachtelkönige festgestellt. - Die Erfassung ist wegen der versteckten, nachtaktiven Lebensweise nur mit spezieller Methodik möglich. Deshalb ist eine zuverlässige Bestandsangabe für so große Gebiete nur schwer zu erbringen. Eine aktuelle Bestandsschätzung von STIEFEL beläuft sich auf etwa 400 rufende Männchen mit einer Schwankungsbreite von 150 in trockenen bis 750 in nassen Jahren.

Literatur: STIEFEL & SCHMIDT (1980); STIEFEL (1991).

Teichhuhn   *Gallinula chloropus*

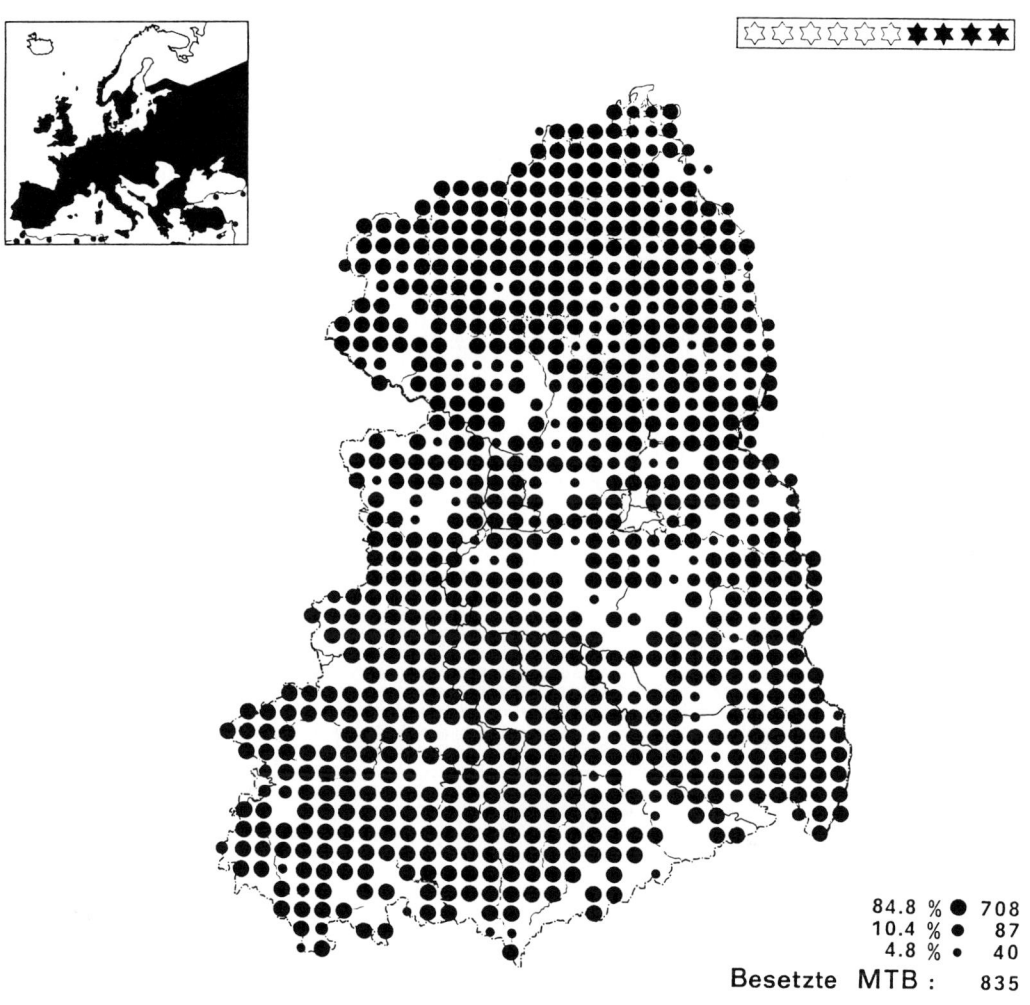

84.8 % ● 708
10.4 % ● 87
 4.8 % • 40

Besetzte MTB : 835
Rasterfrequenz : 90.3%

Faunentyp: kosmopolitisch.
Status: häufiger Brutvogel; Durchzügler, Wintergast.
Verbreitung: lückenhaft über das gesamte Gebiet (auch Erfassungslücken ?).
Bestand/Bestandsentwicklung: Der Bestand beträgt nach den Schätzungen 10000 BP (± 30 %). Er wird sicher unterschätzt, da das Teichhuhn auch isolierte Kleingewässer mit dichter Vegetation bewohnt und hier besonders leicht übersehen wird. Die Bestandsangabe ist deshalb mit Vorbehalt zu betrachten. - Besonders aus dem äußersten S (Bez. Gera, Erzgebirge mit Vorland) sind für die letzten beiden Jahrzehnte erhebliche Bestandseinbußen bekannt geworden. Extremwinter (z. B. 1978/79) wirken sich zusätzlich negativ aus.

Literatur: ENGLER (1983); HOENE in v.KNORRE (1986); LIEDER (1989); SAEMANN (1989).

Bläßhuhn   *Fulica atra*

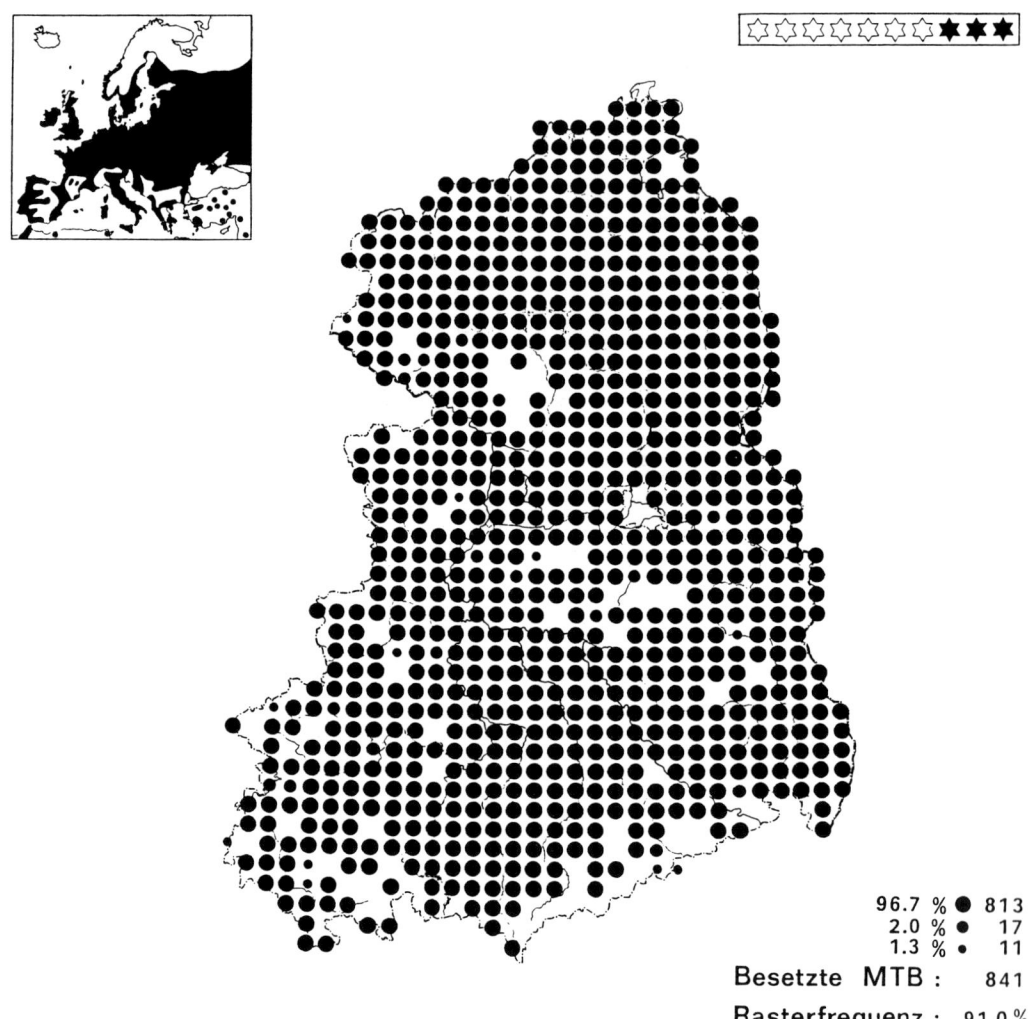

☆☆☆☆☆☆☆★★★

```
                          96.7 % ● 813
                           2.0 % ● 17
                           1.3 % • 11
              Besetzte  MTB :    841
              Rasterfrequenz :  91.0 %
```

Faunentyp: wahrscheinlich palaearktisch.

Status: sehr häufiger Brutvogel; Durchzügler, Wintergast.

Verbreitung: lückenhaft über das gesamte Gebiet (auch Erfassungslücken ?).

Bestand/Bestandsentwicklung: Der Bestand beträgt nach den Schätzungen 50000 BP (± 50 %). Die großflächige Bestandsdichte ist in Abhängigkeit von der weiträumigen Gewässerverteilung unterschiedlich. In Mecklenburg-Vorpommern und Brandenburg wohnt deshalb auch zweifellos der weitaus größte Anteil des Bestandes. - Zu grundlegenden Bestandsveränderungen können keine Angaben gemacht werden. Lokale Abnahmen (z. B. Havelgewässer bei Potsdam) wurden bekannt. Ihnen stehen Zunahmen durch Entstehung neuer Gewässer (z. B. Bewässerungsspeicher in Thüringen, Bergbaufolgelandschaft) gegenüber.

Literatur: LITZBARSKI in RUTSCHKE (1983); ERNST (1984); HOENE in v.KNORRE et al. (1986).

Kranich   *Grus grus*

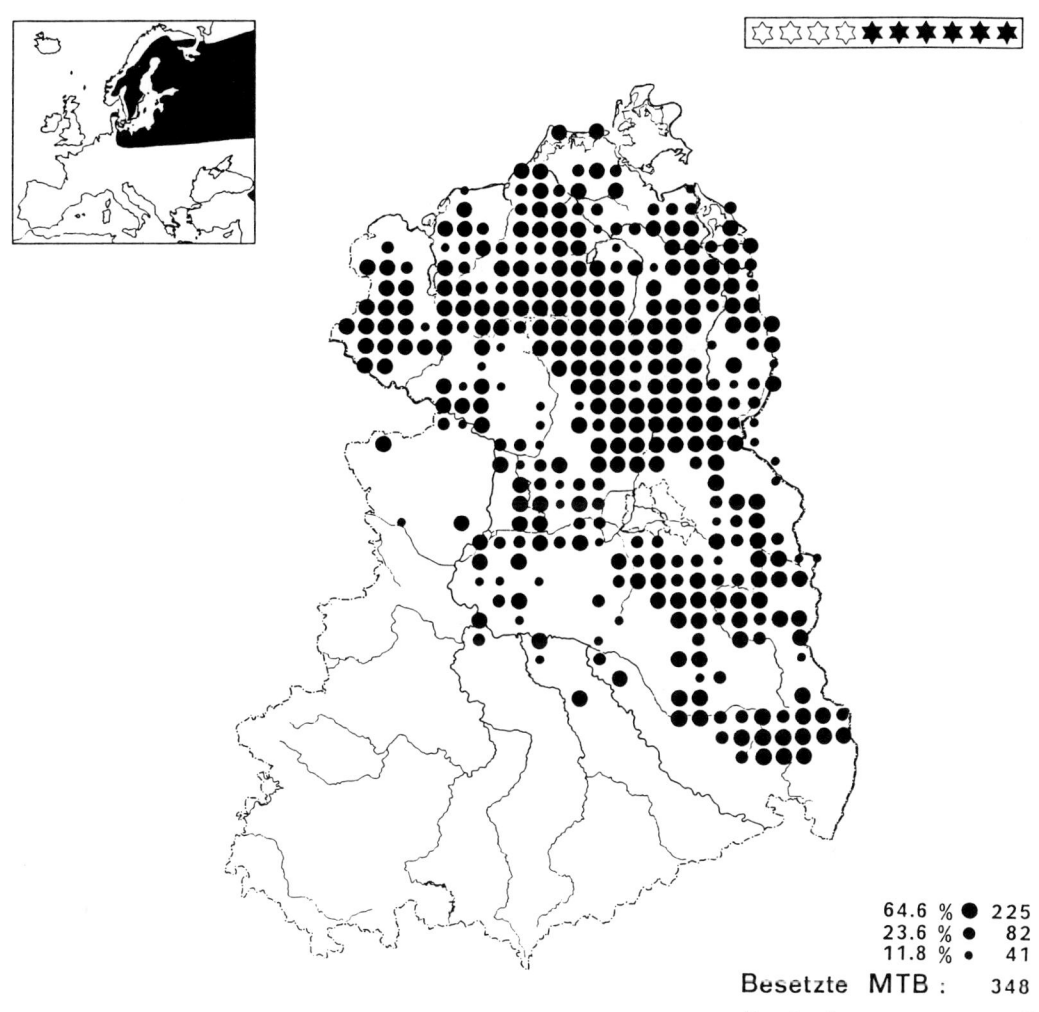

64.6 %	●	225
23.6 %	●	82
11.8 %	•	41

Besetzte MTB : 348

Rasterfrequenz : 37.6 %

Faunentyp: palaearktisch.

Status: mäßig häufiger Brutvogel; Durchzügler, ausnahmsweise Überwinterer.

Verbreitung: auf die NE-Hälfte beschränkt (mit Ausbreitungstendenz nach W).

Bestand/Bestandsentwicklung: Der Bestand beträgt nach den Schätzungen 900 BP (± 17 %). Die meisten Kraniche brüten in Mecklenburg-Vorpommern (über 60 %) und in Brandenburg (33 %). Relativ unbedeutend, aber mit zunehmender Tendenz sind dagegen die Bestände an der Verbreitungsgrenze in der Oberlausitz (3 %) sowie in Sachsen-Anhalt (3 %). Früher publizierte Bestandsangaben (1958: 200 BP, 1969: 300 BP, 1977: 500 BP, 1979: 600 BP) dokumentieren in erster Linie einen immer besseren Kenntnisstand, weniger die gleichsam erfolgte Zunahme und Ausbreitung nach W. Der aktuelle Bestand (1989/90) liegt bereits bei mehr als 1200 BP. Lokaler Rückgang ist nur für den Küstenbereich belegt.

Literatur: MAKATSCH (1959, 1970); DORNBUSCH (1979); SCHULZE (1983); MEWES (1984); PRANGE (1989); PRANGE & MEWES (1989).

113

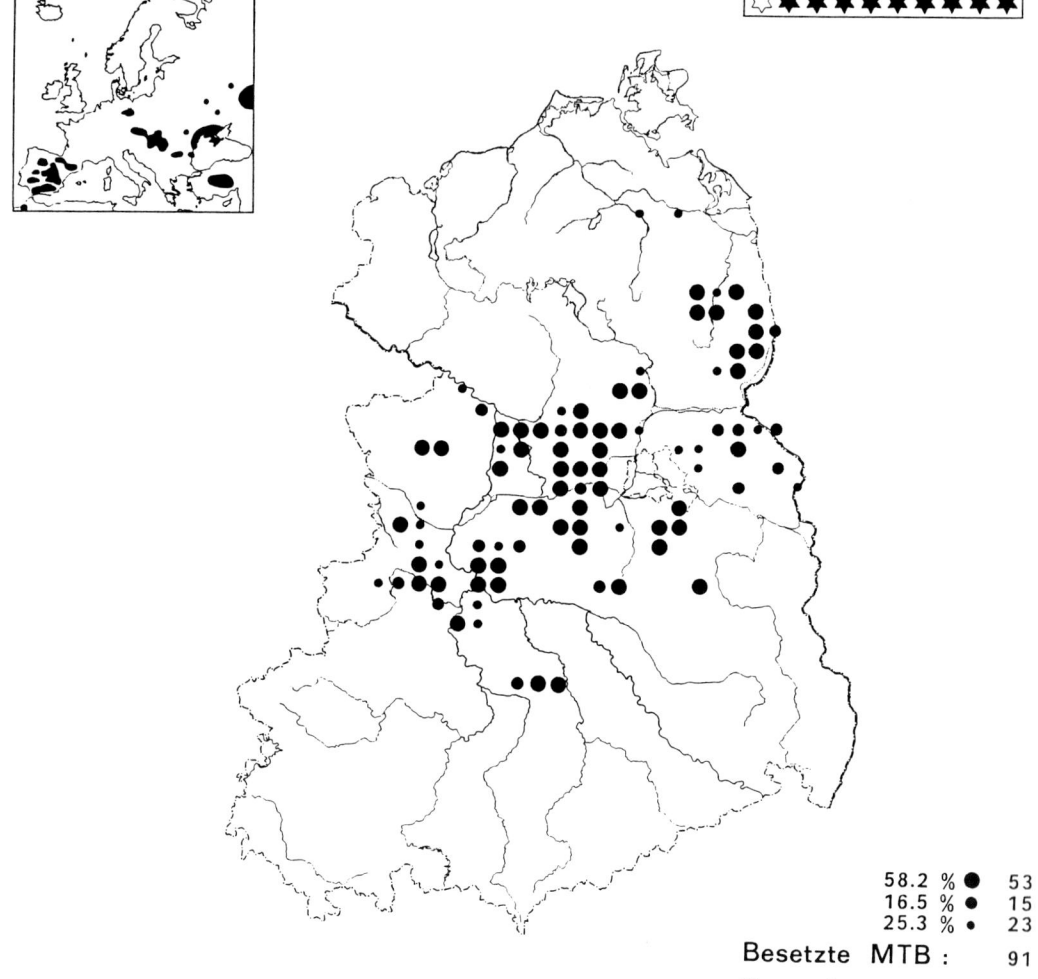

☆★★★★★★★★★★

58.2 %	●	53
16.5 %	●	15
25.3 %	•	23

Besetzte MTB : 91

Rasterfrequenz : 9.8 %

Faunentyp: palaearktisch.

Status: (sehr) seltener Brutvogel; Überwinterer.

Verbreitung: nur noch regional begrenzte Restbestände in mittleren Gebietsteilen (insbesondere Sachsen-Anhalt und Brandenburg).

Bestand/Bestandsentwicklung: Das Ergebnis der Schätzungen erbrachte für 1981/82 insgesamt 230 "BP" (± 22 %). Es stimmt recht gut mit offiziellen Bestandszahlen überein: 560 Trappen wurden für 1980 gemeldet. Diese verteilen sich wie folgt: Brandenburg 72 % (Bez. Potsdam 60 %), Sachsen-Anhalt 21 %, Mecklenburg-Vorpommern 5% und Sachsen < 2 %. Der katastrophale Bestandsniedergang der isolierten mitteleuropäischen Population, die im 18. Jahrhundert aufgrund günstiger Bedingungen ihre höchsten Bestandszahlen und weiteste Verbreitung aufwies, dokumentiert sich folgendermaßen:

Jahr	1940	1960	1970	1975	1980	1986	1990
Bestand (Stück)	4100	1200	950	850	560	350	220

Unter den bestehenden ökologischen Bedingungen scheint das völlige Verschwinden der Großtrappe aus Deutschland bevorzustehen.

Literatur: DORNBUSCH (1983); LITZBARSKI & LOEW (1983); LUDWIG (1983); KLAFS (1985); KALBE (1986); LITZBARSKI et al. (1987).

Austernfischer

Haematopus ostralegus

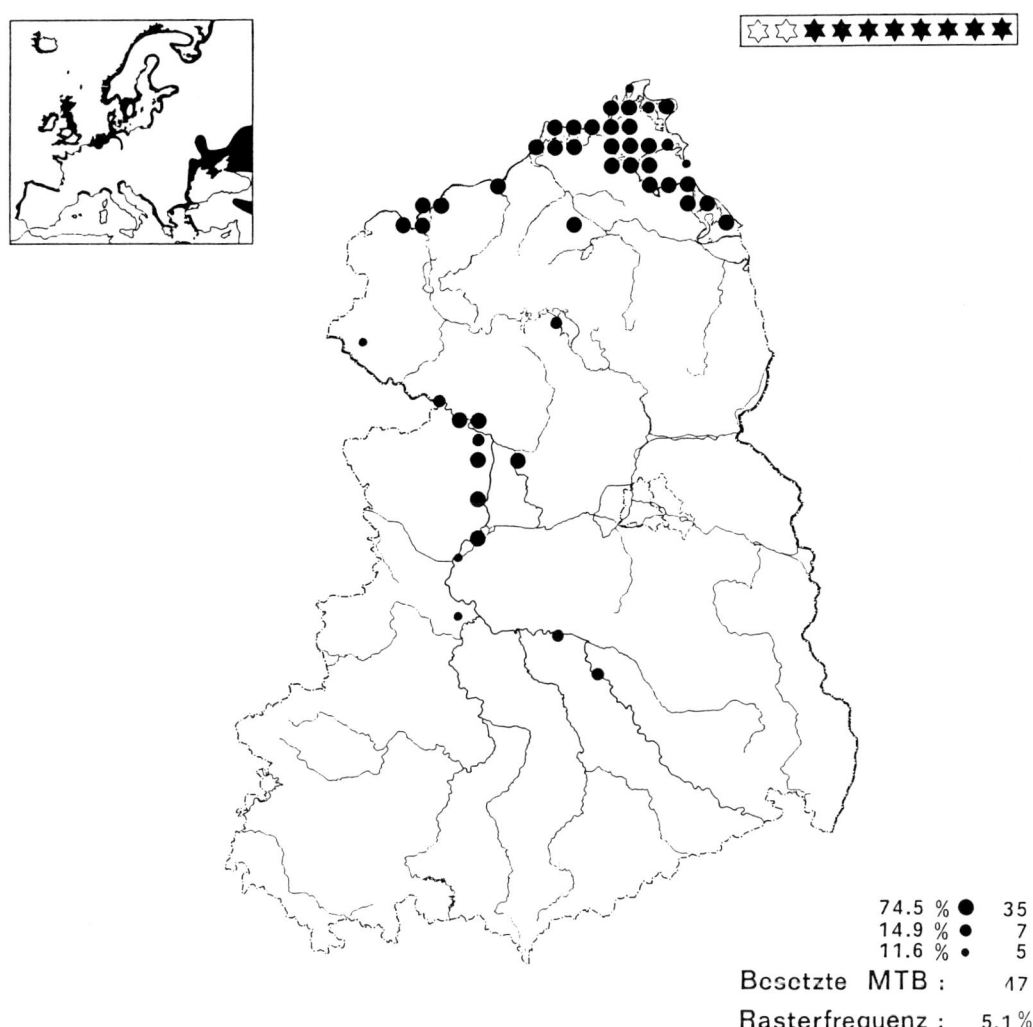

74.5 %	●	35
14.9 %	●	7
11.6 %	•	5

Besetzte MTB : 47

Rasterfrequenz : 5.1 %

Faunentyp: kosmopolitisch.

Status: seltener Brutvogel; Durchzügler, Wintergast.

Verbreitung: weitestgehend auf Küstenbereich und Elbeniederung beschränkt.

Bestand/Bestandsentwicklung: Der Bestand beträgt nach den Schätzungen und Literaturangaben 300 BP (± 13 %). Über 90 % davon brüten im Ostseeküsten- und Boddenbereich, allein ca. 100 BP in der Barther Boddenkette. - Nach langsamer Anlaufphase finden seit Anfang/Mitte der 70er Jahre regelmäßig Bruten im Elbegebiet bis Magdeburg (und darüberhinaus) statt. Es zeichnet sich eine analoge Entwicklung wie bei der Brandgans ab. Der Binnenlandbestand in diesem weitläufigen Bereich ist zur Zeit noch schwer einzuschätzen, doch könnte er 10 bis 20 BP erreichen. - Unmittelbar nach der Kartierung erfolgte 1984 an der Oder bei Stolpe der erste Brutnachweis.

Literatur: DITTBERNER & DITTBERNER (1986); NEHLS in KLAFS & STÜBS (1987); BRIESEMEISTER, STEIN in BRIESEMEISTER et al. (1988).

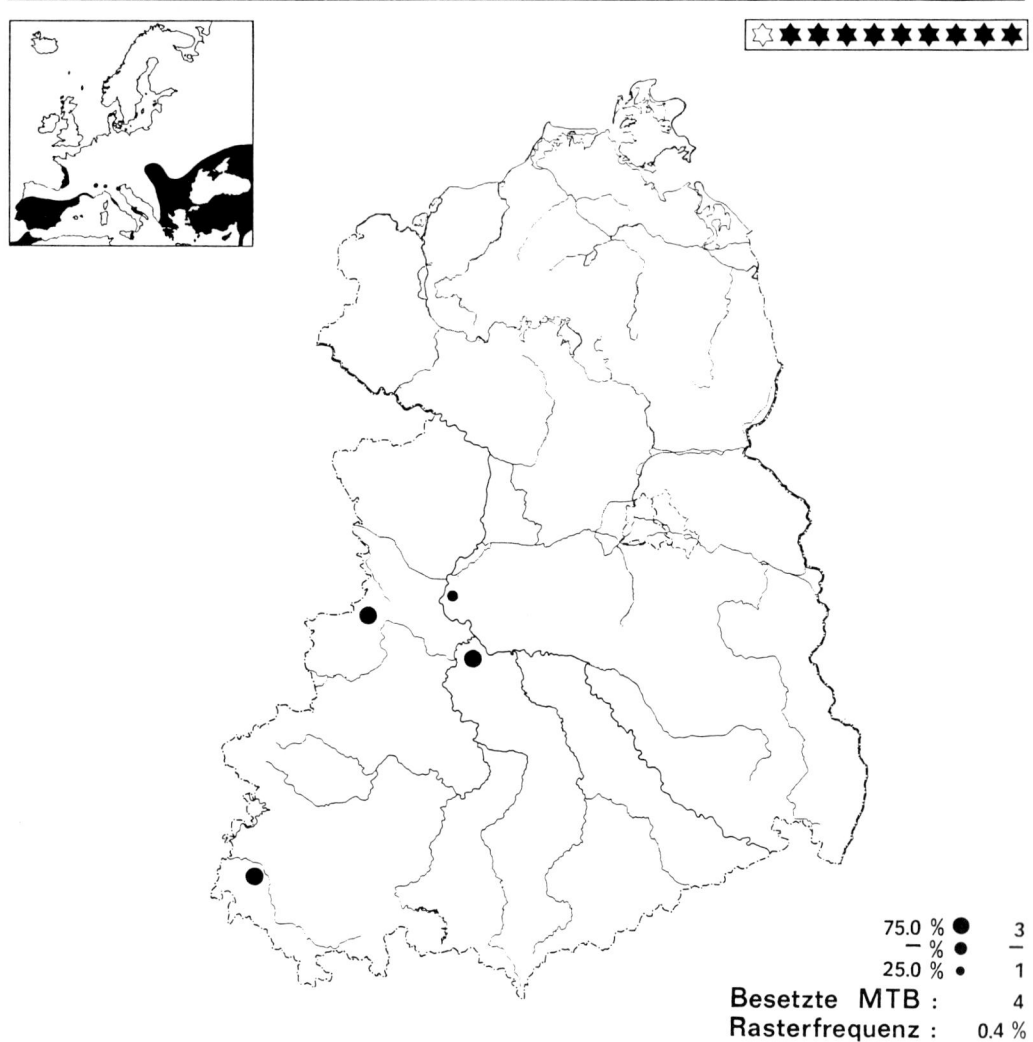

75.0 % ● 3
— % ● ―
25.0 % ● 1
Besetzte MTB : 4
Rasterfrequenz : 0.4 %

Faunentyp: kosmopolitisch.

Status: Vermehrungsgast.

Verbreitung: nur sporadische Einzelbruten außerhalb des Verbreitungsgebietes.

Bestand/Bestandsentwicklung: Die nächstgelegenen Bereiche des riesigen Areals der Art befinden sich in Südeuropa. Die sporadisch vorkommenden Bruten bei uns liegen also weit N davon. Während der Kartierung kam es gleich zu drei Brutnachweisen: in Sachsen-Anhalt 1979 je eine erfolglose Brut im Wulfener Bruch/Kr. Köthen (29.5. verlassenes 4er Gelege; KÜHNEL, LUGE, NEUMANN) und im Großen Bruch/Kr. Oschersleben (21.6. zerstörtes 3er Gelege; SCHNEIDER) sowie in Thüringen 1981 eine erfolgreiche Brut im NSG Breitunger Seen/Kr. Schmalkalden (von mindestens 2 geschlüpften Jungvögeln wurde 1 flügge; DITTMAR, NEUGEBAUER). - Auch nach der Kartierung erfolgte noch eine Ansiedlung im Kr. Königs Wusterhausen. Damit sind innerhalb der letzten vier Jahrzehnte mindestens in 5 Jahren (1958, 1965, 1979, 1981, 1988) 7 Bruten bzw. Brutversuche nachgewiesen.

Literatur: STENZEL (1958); HAPPATZ (1966); WILKE (1966); KÜHNEL et al. (1982); DITTMAR (1985); HEYER in v.KNORRE et al. (1986); BRIESEMEISTER et al. (1988); SCHONERT (1990).

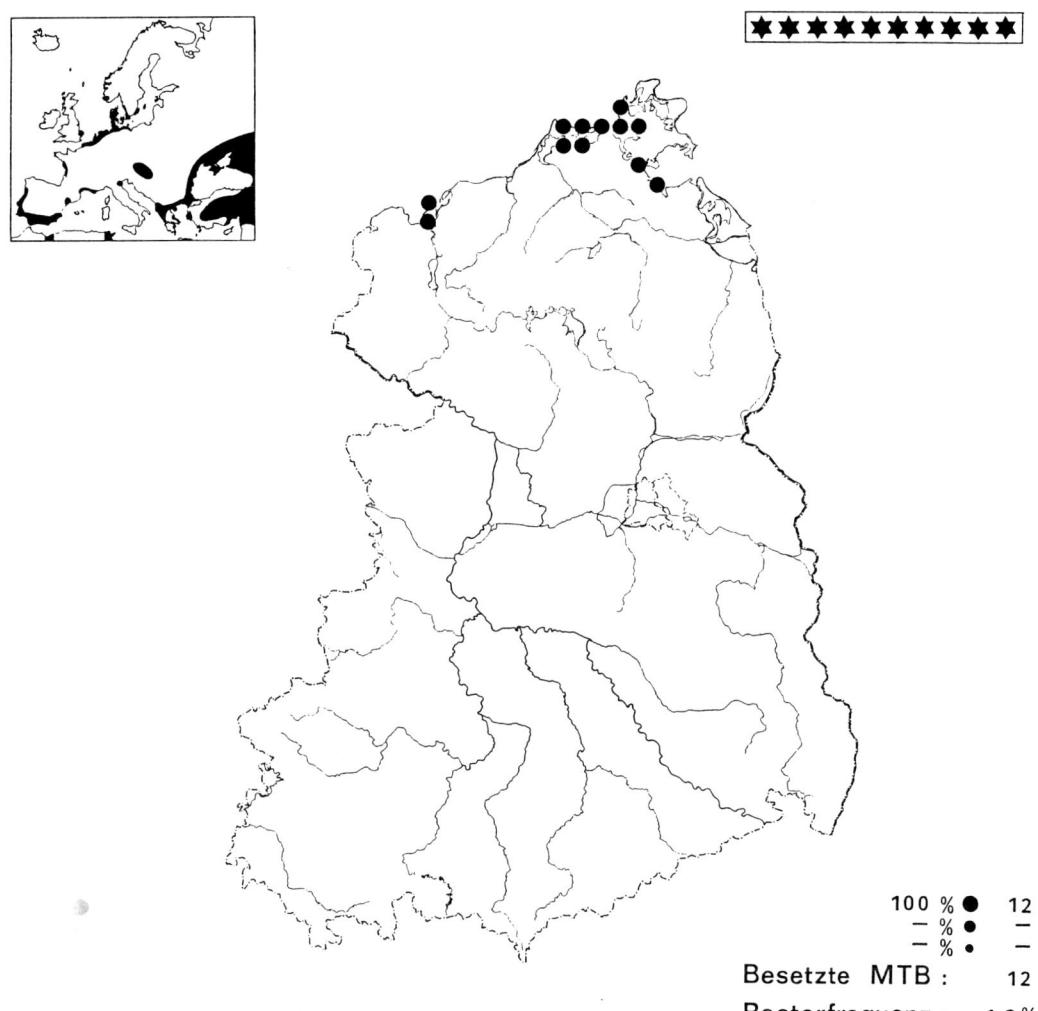

★★★★★★★★★★

100 % ● 12
— % ● —
— % ● —

Besetzte MTB :   12
Rasterfrequenz :   1.3 %

Faunentyp: wahrscheinlich turkestanisch-mediterran.
Status: seltener Brutvogel; Durchzügler.
Verbreitung: auf wenige Brutplätze an der Küste beschränkt.
Bestand/Bestandsentwicklung: Der Bestand beträgt nach den vorliegenden Angaben um 250 BP. Etwa die Hälfte aller Paare brüten im NSG Oie und Kirr. Seit der Wiederbesiedlung der mecklenburgisch-vorpommerschen Ostseeküste (1955 1 BP auf der Barther Oie !) hat der Bestand ständig zugenommen und erreichte während der Kartierung praktisch seinen Höhepunkt:

Jahr	1955	1960	1965	1970	1975	1980	1981	1984	1988
Anzahl BP	1	20	64	70	135	148	257	148	219

Literatur: MÜLLER (1980ff.); SCHEUFLER et al. (1982); STÜBS in KLAFS & STÜBS (1987).

117

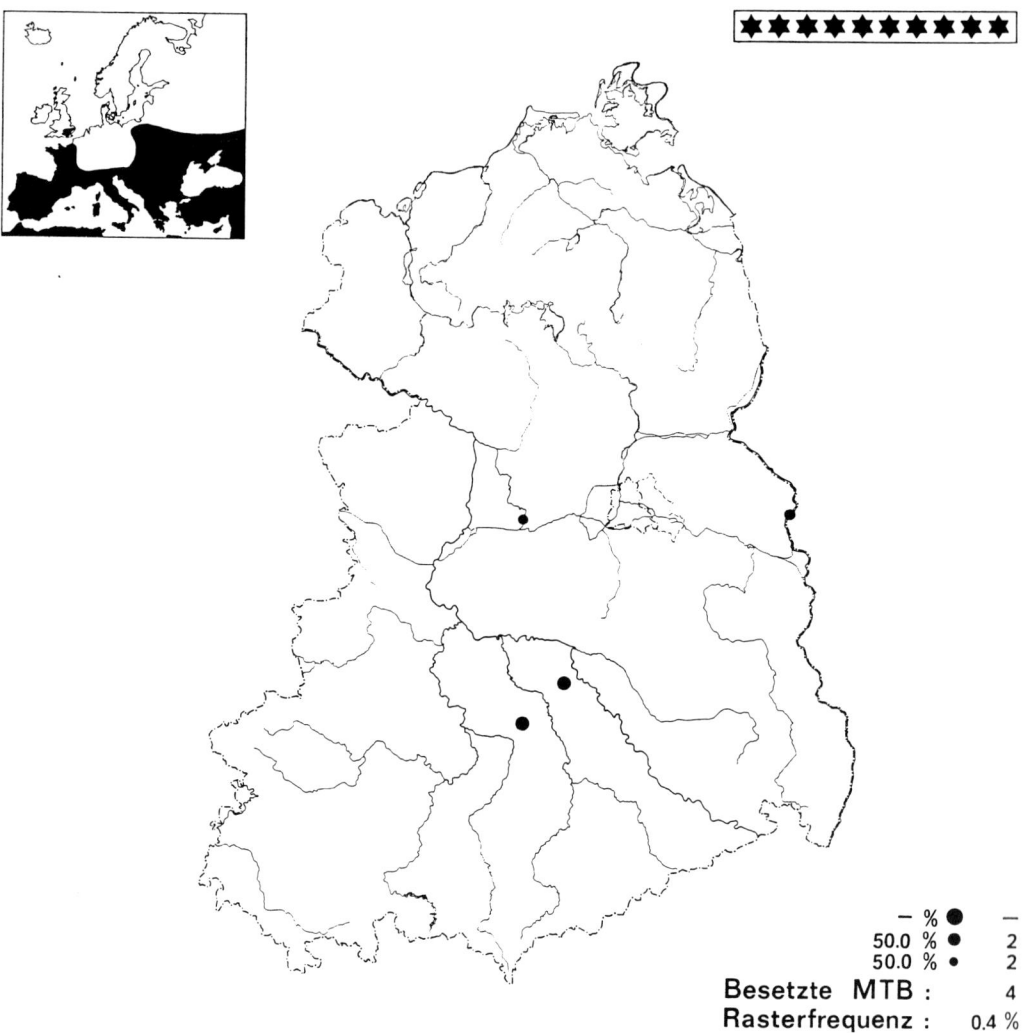

– % ●		–
50.0 % ●		2
50.0 % ●		2

Besetzte MTB :   4

Rasterfrequenz :   0.4 %

Faunentyp: wahrscheinlich turkestanisch-mediterran.

Status: sehr seltener (unregelmäßiger ?) Brutvogel; Durchzügler.

Verbreitung: nur noch lokale Restvorkommen.

Bestand/Bestandsentwicklung: Die letzten Nachweise erfolgten 1966 bei Burg N Magdeburg und 1967/68 auf der Lebuser Hochfläche bei Frankfurt/Oder. Beide Gebiete waren bis 1969 bzw. 1972 noch besetzt. Bis 1976 soll noch ein Brutplatz im Kr. Brandenburg bestanden haben. Aus den 70er Jahren liegen schließlich Beobachtungen mit Brutverdacht aus dem Raum NE Leipzig vor. Zumindest für dieses traditionelle Brutgebiet (es läßt sich über 100 Jahre zurückverfolgen !) erscheint ein Brüten sehr wahrscheinlich. Es kann angenommen werden, daß sich hier ein "Restbestand" von 2 bis 3 BP über die Jahre gehalten hat. Die letzte, leider erfolglose Brut fand nachweislich 1987 statt (LEIPE). - Heute (1992) muß der Triel für das Gebiet sehr wahrscheinlich als verschwunden gelten.

Literatur: WADEWITZ (1955); KRAATZ & WEGNER (1969); NICOLAI (1970/71); GLUTZ v.BLOTZHEIM et al. (1977); LEIPE (1990); HEMPEL & RUDOLPH (1991).

Flußregenpfeifer

Charadrius dubius

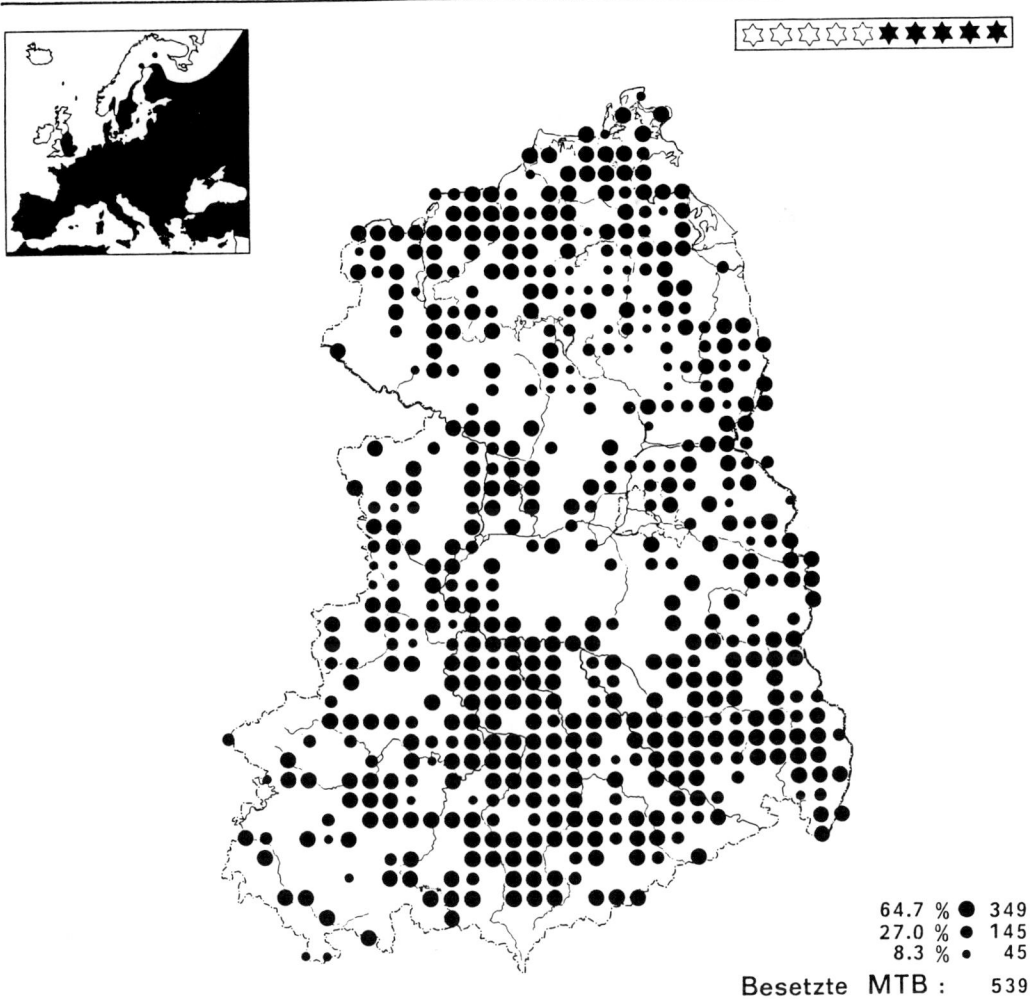

☆☆☆☆☆★★★★★

64.7 %	●	349
27.0 %	●	145
8.3 %	·	45

Besetzte MTB : 539

Rasterfrequenz : 58.3 %

Faunentyp: palaearktisch.

Status: mäßig häufiger Brutvogel; Durchzügler.

Verbreitung: mit ± großen Lücken (besonders in Brandenburg und Thüringen) über das gesamte Gebiet.

Bestand/Bestandsentwicklung: Der Bestand beträgt nach den Schätzungen 2000 BP (± 25 %). Für Mecklenburg-Vorpommern und für den Mittelgebirgsraum (sowie für das westliche Brandenburg) läßt sich insgesamt eine geringere Bestandsdichte erkennen. Der Anteil abgeschätzter Raster mit nur 1 bis 2 BP ist hier deutlich höher. Dagegen konzentrieren sich die Raster mit den höchsten Einstufungen (über 10 BP) nahezu ausschließlich im ehemaligen Bez. Halle und in NW-Sachsen. Hier werden gebietsweise Bestandsdichten von 20 bis 30 BP/100 km^2 erreicht. - Eine schwer einzuschätzende Fehlergröße ergibt sich aus dem nicht seltenen Vorkommen von Ackerbrütern, im Raum Halle immerhin fast 10 % der Brutplätze.

Literatur: LAMBERT in KLAFS & STÜBS (1977, 1987); LITZBARSKI, SEEGER in RUTSCHKE (1983); SCHÖNBRODT & SPREDTKE (1989).

Sandregenpfeifer

Charadrius hiaticula

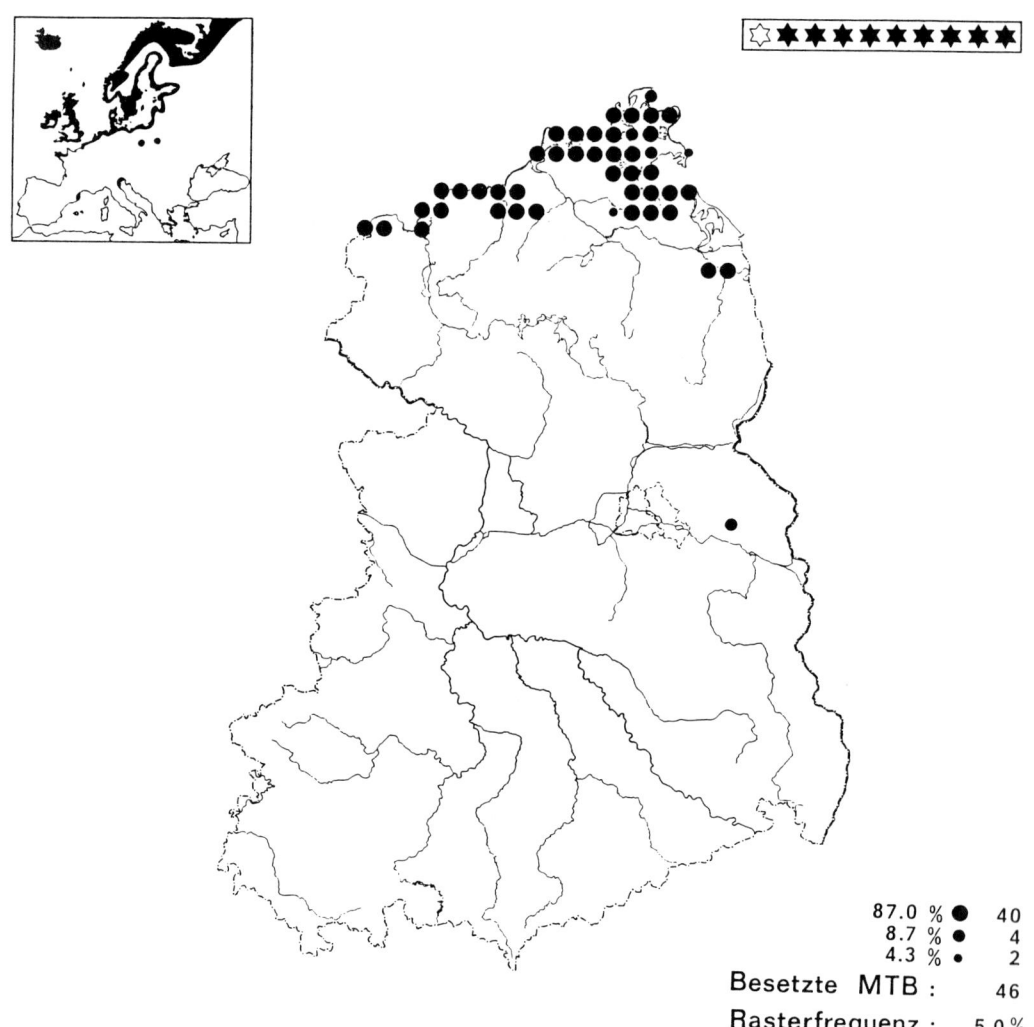

87.0 %	●	40
8.7 %	●	4
4.3 %	●	2

Besetzte MTB : 46

Rasterfrequenz : 5.0 %

Faunentyp: arktisch.

Status: seltener (bis mäßig häufiger) Brutvogel; Durchzügler.

Verbreitung: auf die Küste und unmittelbares Hinterland (bis 30 km Tiefe) beschränkt, ± sporadische Vorkommen auch darüberhinaus.

Bestand/Bestandsentwicklung: Der Bestand kann nach HOLZ mit insgesamt etwa 800 BP (± 40 %) angegeben werden. Davon entfallen auf den unmittelbaren Küstenbereich 200 bis 250 BP, allein um Rügen siedeln 150 bis 180 BP. Nach den neuesten Erkenntnissen ist eine beträchtliche Anzahl von Feldbrütern auf den Ackerflächen des küstennahen Binnenlandes zu erwarten. Dieser Bestandsanteil ist derzeit noch nicht voll überschaubar und unterliegt wahrscheinlich größeren Schwankungen. - In den letzten Jahren sind vereinzelt auch wieder Brutvögel tief im Binnenland aufgetreten, so beispielsweise bei Halberstadt (1983, 1984), E Berlin (1988), bei Brandenburg (1988) und N Köthen (1988, 1989).

Literatur: HOLZ (1987); HOLZ in KLAFS & STÜBS (1987); SCHONERT (1990); HARZ & LUGE (1990).

Kiebitz   *Vanellus vanellus*

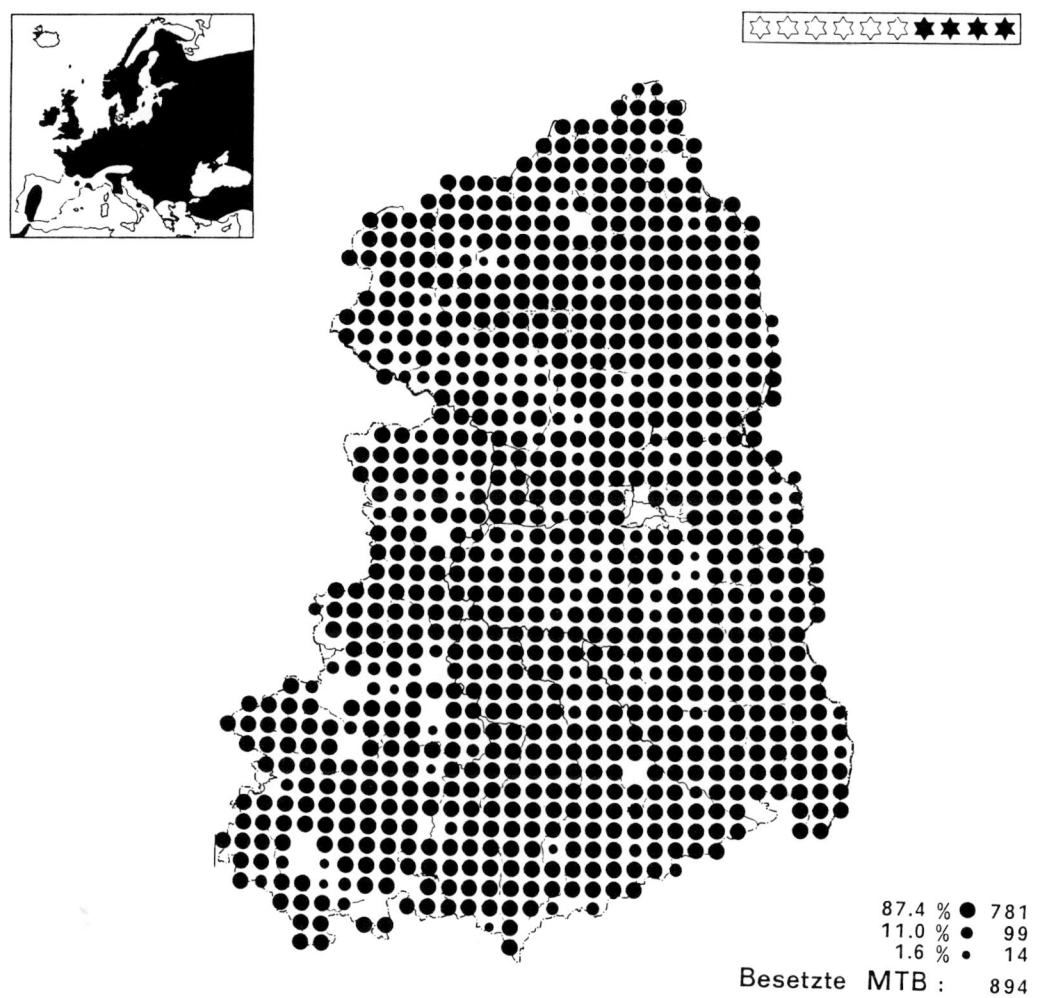

☆☆☆☆☆★★★★

87.4 %	●	781
11.0 %	●	99
1.6 %	•	14

Besetzte MTB : 894

Rasterfrequenz : 96.6 %

<u>Faunentyp:</u> palaearktisch.

<u>Status:</u> häufiger Brutvogel; Durchzügler, teilweise Wintergast.

<u>Verbreitung:</u> über das gesamte Gebiet.

<u>Bestand/Bestandsentwicklung:</u> Der Bestand beträgt nach den Schätzungen 28000 BP (± 43 %). Regionale Unterschiede in der Bestandsdichte lassen sich durch die relativ groben Bestandsschätzungen auf den Rasterflächen nicht nachweisen. Den allgemeinen Angaben folgend, darf jedoch ein N-S-Gefälle angenommen werden. Ebenso ist für die letzten Jahrzehnte ein deutlich negativer Bestandstrend zu verzeichnen, der insbesondere durch die anthropogene Landschaftsveränderung (Umwandlung von Feuchtgrünland, Eutrophierung, Bewirtschaftungsweise u. ä.) verursacht wird. - Großflächige Bestandsschätzungen ergaben Dichten von 75 BP/100 km^2 Flußniederungsgebiete (Mittelelbebereich, 1972), 25 BP/100 km^2 Magdeburger Börde (1972) und 20 bis 27 BP/100 km^2 im Raum Halle (1983-86).

<u>Literatur:</u> BRIESEMEISTER (1985); PRILL in KLAFS & STÜBS (1987); BRIESEMEISTER et al. (1988); SCHÖNBRODT & SPRETKE (1989).

Alpenstrandläufer   *Calidris alpina*

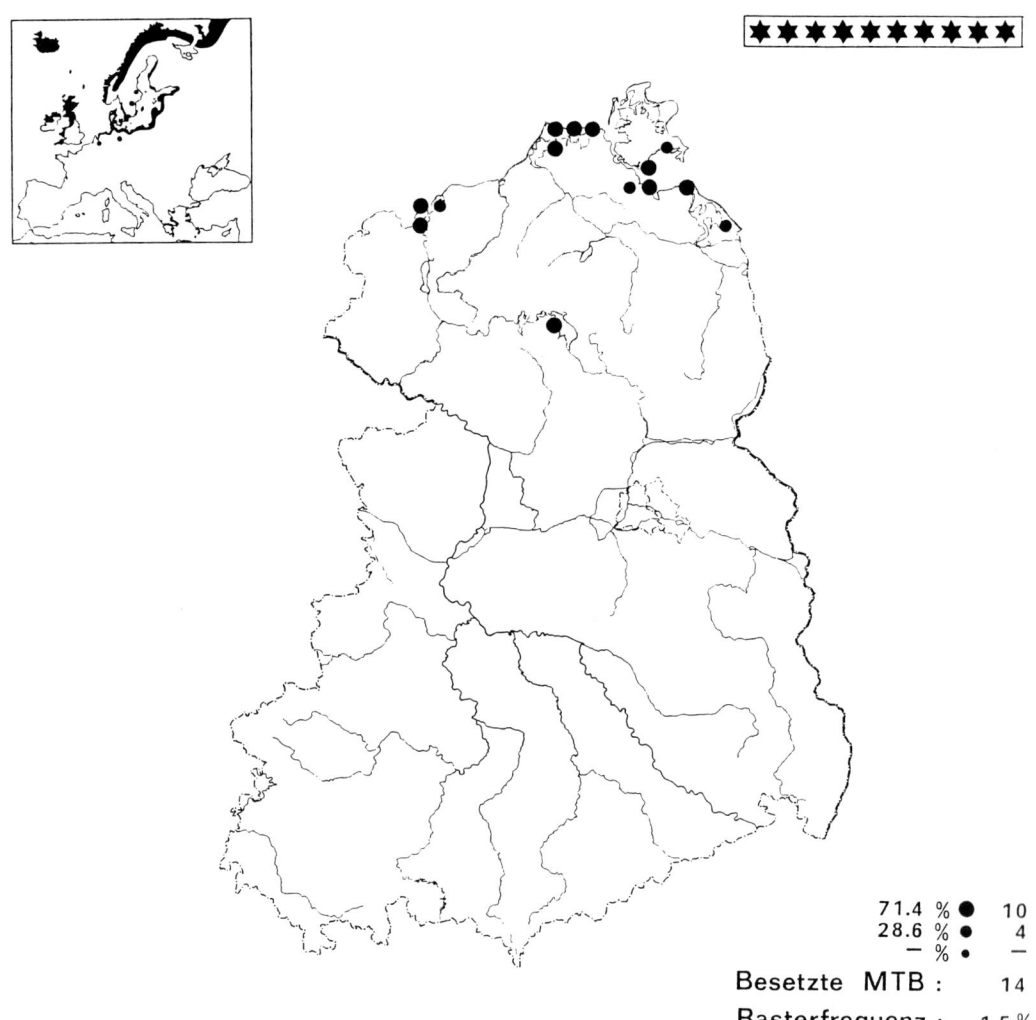

71.4 %	●	10
28.6 %	●	4
— %	•	—

Besetzte MTB : 14

Rasterfrequenz : 1.5 %

<u>Faunentyp:</u> arktisch.

<u>Status:</u> sehr seltener Brutvogel; Durchzügler, Wintergast.

<u>Verbreitung:</u> beschränkt auf ± lokale Vorkommen an der Küste; ein Vorkommen im Binnenland.

<u>Bestand/Bestandsentwicklung:</u> Der Bestand beträgt nach vorliegenden Angaben 90 ± 10 BP. - In den 50er Jahren brüteten noch 200 bis 250 Paare, davon 75 % an der Darßer Boddenkette, 1974 etwa 160 Paare und 1984 nur noch etwa 70 Paare. Bei anhaltender Abnahme des Bestandes hat sich das Schwergewicht der "Restpopulation" praktisch immer weiter nach E verlagert. So brüteten 1981 etwa 65 % aller Alpenstrandläufer im Bereich des Greifswalder Boddens und nur 20 % auf den Inseln Oie und Kirr. - Wohl noch bis 1982 kam ein Paar an der Müritz vor, eine erfolgreiche Brut fand aber letztmalig 1979 statt.

Literatur: HOLZ (1982); NEHLS in KLAFS & STÜBS (1987); STIEFEL & SCHEUFLER (1989).

Kampfläufer

Philomachus pugnax

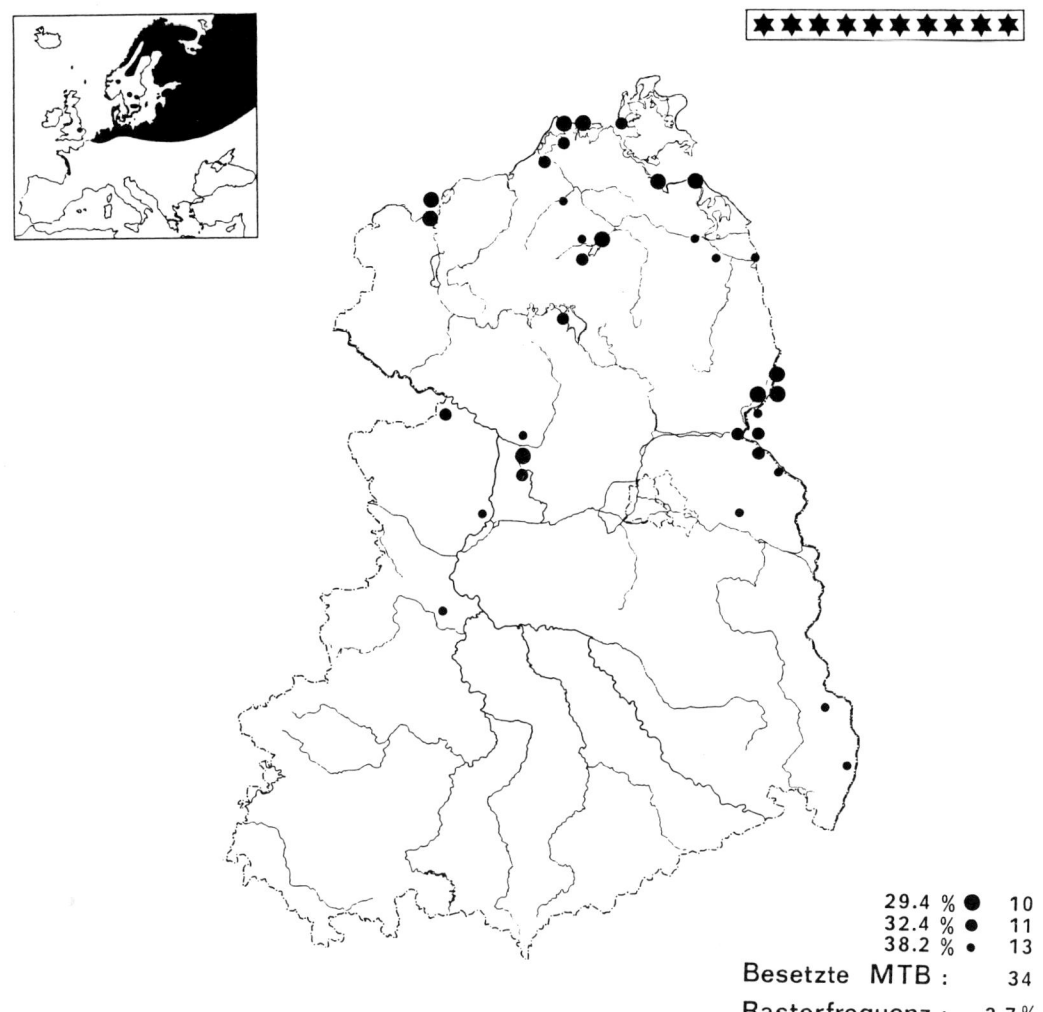

29.4 %	●	10
32.4 %	●	11
38.2 %	•	13

Besetzte MTB : 34

Rasterfrequenz : 3.7 %

Faunentyp: palaearktisch.

Status: sehr seltener Brutvogel; Durchzügler.

Verbreitung: beschränkt auf ± lokale Vorkommen an der Küste und im Bereich der Oder; sonst nur sporadisch im Binnenland.

Bestand/Bestandsentwicklung: Der Bestand beträgt nach den Schätzungen und Literaturangaben 120 "BP" (± 30 %). Er wird maßgeblich von zwei Brutgebieten bestimmt: dem NSG Oie und Kirr (1981/82 etwa 60 BP) und dem unteren Odertal (etwa 40 ± 10 BP). Letzteres scheint nach den Atlas-Ergebnissen ausgedehnter zu sein als bisher angenommen. Alle übrigen Vorkommen sind zahlenmäßig relativ unbedeutend (zusammen knapp 20 %) und betreffen nur ± sporadisch besetzte Plätze. Der Bestand an den Brutplätzen im Binnenland ist von den jeweilig herrschenden Wasserverhältnissen (Naßwiesen !) im Mai/Juni abhängig.

Literatur: DITTBERNER & DITTBERNER (1975); NEHLS (1982); SCHEUFLER et al. (1982); SCHEUFLER & STIEFEL (1985).

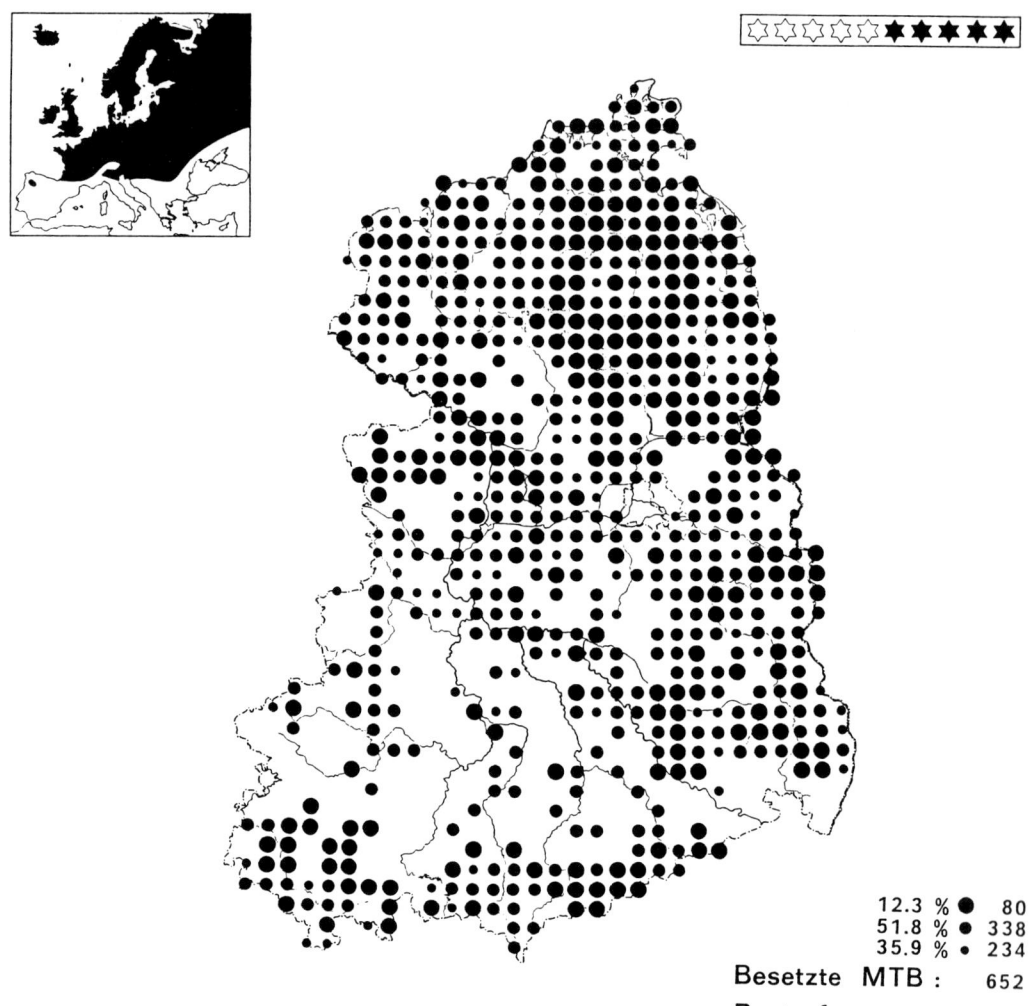

☆☆☆☆☆★★★★★

12.3 % ● 80
51.8 % ● 338
35.9 % ∙ 234

Besetzte MTB :   652
Rasterfrequenz :   70.5 %

Faunentyp: holarktisch.

Status: häufiger Brutvogel; Durchzügler, Wintergast.

Verbreitung: über das gesamte Gebiet mit regionalen Lücken (besonders in der S-Hälfte).

Bestand/Bestandsentwicklung: Der Bestand beträgt nach den Schätzungen 5900 BP (± 34 %). Er liegt höher als bisherige Schätzungen in den Landesavifaunen. Von N nach S nimmt die Häufigkeit bzw. die großflächige Bestandsdichte ab (vgl. Häufigkeitskarte 4). Den Schätzungen zufolge befindet sich etwa die Hälfte des Bestandes allein in Mecklenburg-Vorpommern, also auf nur 1/4 der Gebietsfläche. Hervorzuheben sind weiterhin die Angaben im Bereich des Erzgebirges, die einen geschätzten Bestand von 150 ± 50 BP ergeben. Das ist sicher ein Ergebnis besserer Durchforschung, denn SAEMANN gibt hierfür nur "etwa 50 BP bei abnehmender Tendenz" an. - Einhellig sind die Aussagen über einen deutlich negativen Bestandstrend.

Literatur: SAEMANN (1976); REDDIG (1981); SCHMIDT in RUTSCHKE (1983); GRIMM in v.KNORRE et al. (1986); PRILL in KLAFS & STÜBS (1987).

Waldschnepfe   *Scolopax rusticola*

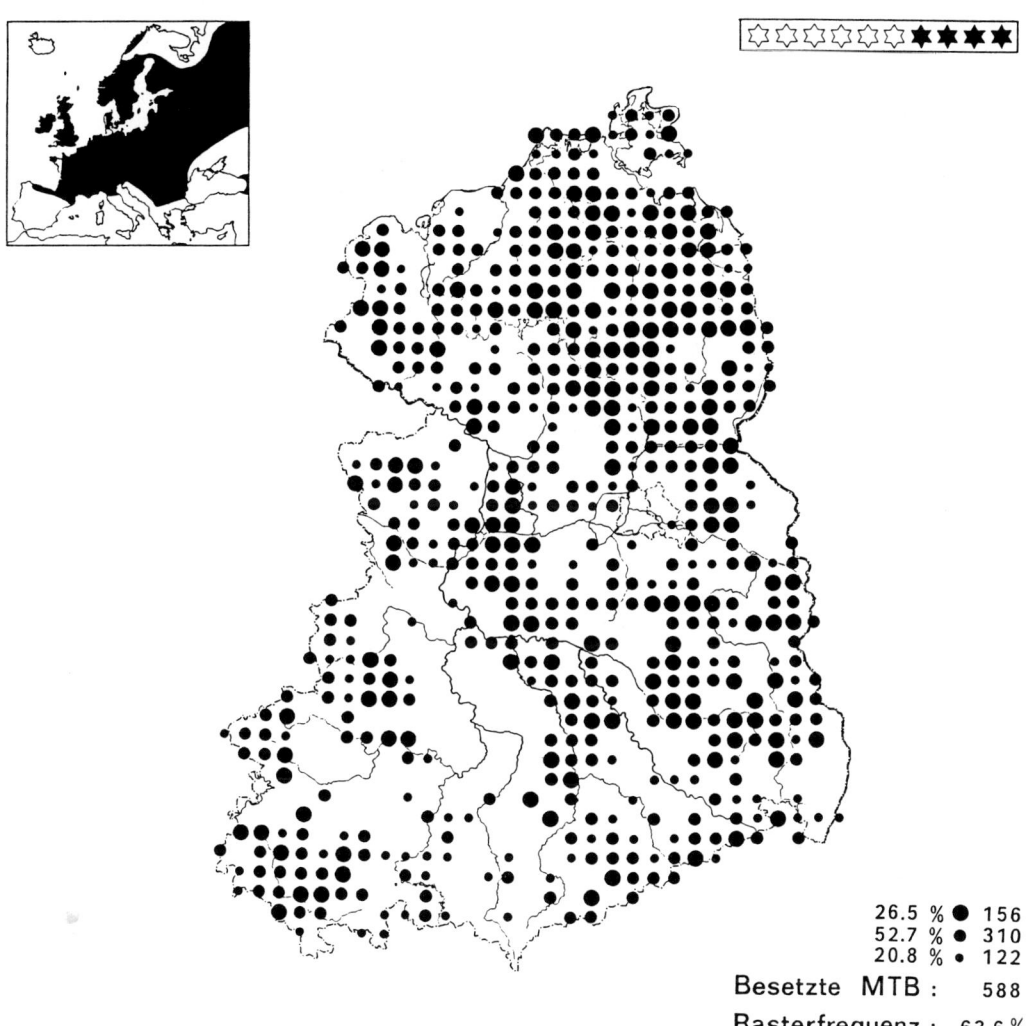

26.5 % ● 156
52.7 % ● 310
20.8 % • 122

Besetzte MTB :   588
Rasterfrequenz : 63.6 %

Faunentyp: palaearktisch.
Status: häufiger Brutvogel; Durchzügler, Wintergast.
Verbreitung: mit ± großen Lücken (auch Erfassungslücken!) über das gesamte Gebiet.
Bestand/Bestandsentwicklung: Es kann ein Bestand von 16000 BP (± 38 %) angenommen werden.
Dieser wurde auf der Grundlage von Untersuchungsergebnissen in Mecklenburg (0,24 BP/100 ha) und
unter Verwendung der Atlas-Rasterfrequenz berechnet. Die Bestandsangabe ist mit Vorbehalt zu
betrachten. Die Bestände auf den Rasterflächen werden deutlich unterschätzt, so daß sich hierdurch
vermutlich ein um etwa 2/3 zu geringer Wert ergeben würde. Unabhängig davon nimmt unter Berücksichtigung der Rasterfrequenz die großräumige Bestandsdichte von SW nach NE zu. - Neben echten
Verbreitungslücken in waldarmen Gegenden (z. B. Börden in Sachsen-Anhalt, Thüringen) dürften sich im
Atlas-Bild wahrscheinlich auch noch Erfassungslücken verbergen (z. B. N Altmark ?).

Literatur: HOLZ & SELLIN (1981); BRIEDERMANN et al. (1982); ENGLER (1983); PRILL in KLAFS & STÜBS (1987); MÜNCH (1988).

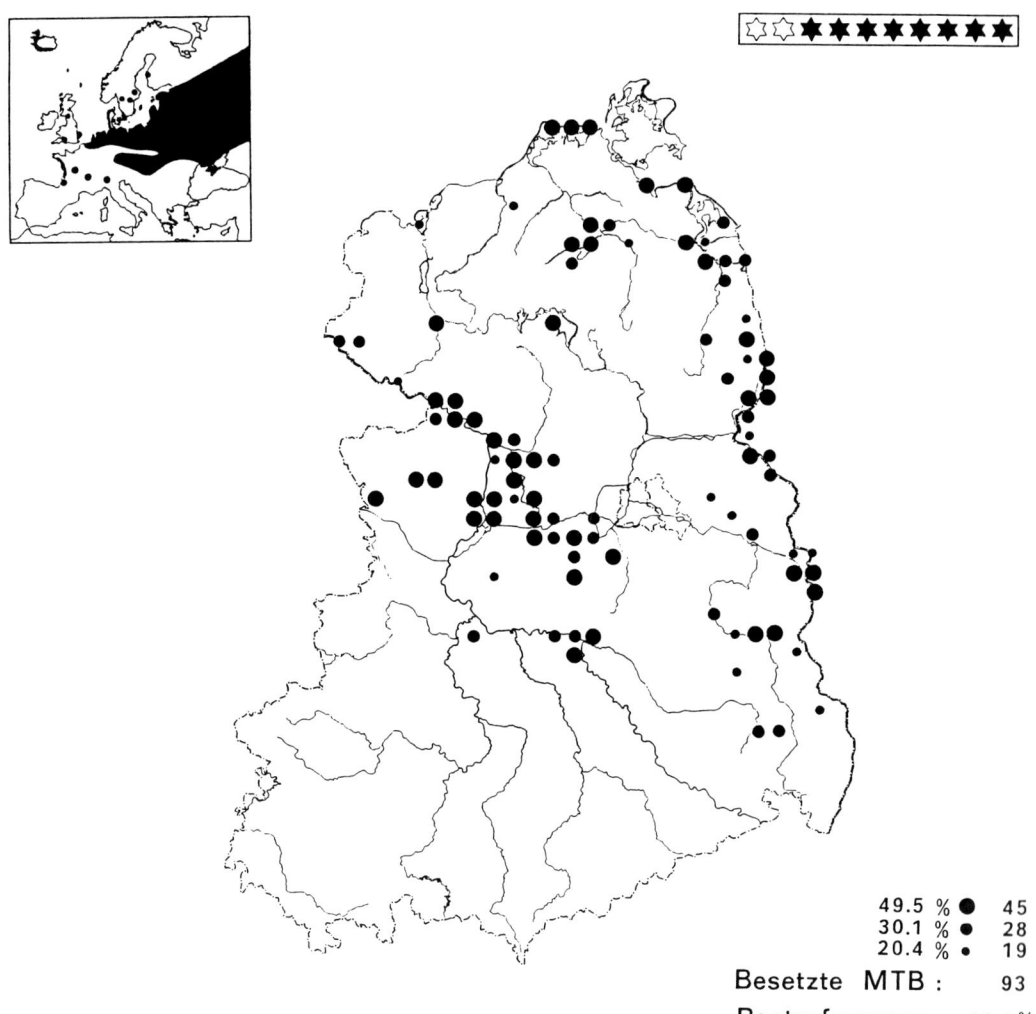

49.5 %	●	45
30.1 %	●	28
20.4 %	•	19

Besetzte MTB :   93

Rasterfrequenz : 10.1 %

Faunentyp: palaearktisch.

Status: seltener Brutvogel; Durchzügler.

Verbreitung: lückenhaft (teilweise sporadisch) auf die NE-Hälfte beschränkt.

Bestand/Bestandsentwicklung: Der Bestand beträgt nach den Schätzungen und vorliegenden Angaben 290 BP (± 21 %). Für den unmittelbaren Küstenbereich können 80 ± 20 BP und für das gesamte Binnenland 210 ± 40 BP angegeben werden. Die größte Konzentration von 40 bis 55 BP befindet sich auf Oie und Kirr (Barther Bodden/Mecklenburg-Vorpommern), wo sich die Ansiedlung im Gegensatz zu fast allen übrigen Gebieten seit 20 Jahren fast kontinuierlich vergrößert hat (1983 und 1984 bereits auf 90 BP und 1987 und 1988 auf 95 BP).

Literatur: KALBE & SEEGER (1972); MÜLLER (1980ff.); SCHEUFFLER et al. (1982); PRILL in KLAFS & STÜBS (1987); HEIDECKE et al. (1988).

Großer Brachvogel   *Numenius arquata*

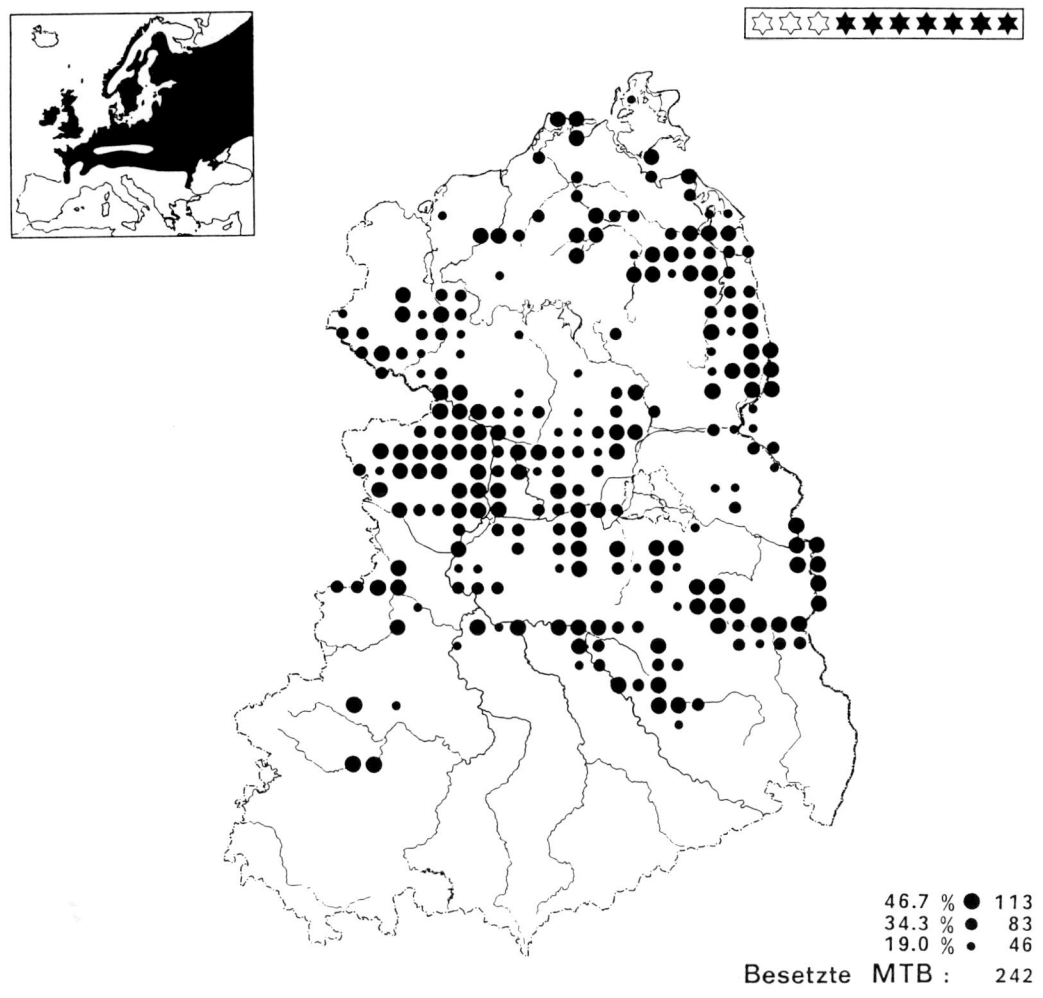

☆☆☆★★★★★★★★

46.7 % ● 113
34.3 % ● 83
19.0 % • 46

Besetzte MTB : 242
Rasterfrequenz : 26.2 %

Faunentyp: palaearktisch.
Status: mäßig häufiger Brutvogel; Durchzügler, Wintergast.
Verbreitung: mit großen Lücken im wesentlichen auf Sachsen-Anhalt, Brandenburg und Mecklenburg-Vorpommern beschränkt.
Bestand/Bestandsentwicklung: Der Bestand beträgt nach den Schätzungen 800 BP (± 25 %). Vermutlich liegt der wahre Bestand sogar nur an der unteren Grenze unserer Angabe. Ein beträchtlicher Anteil siedelt im Gebiet der Altmark und der Elbe-Havel-Niederung N von Magdeburg. Für den ehemaligen Bez. Magdeburg können für 1980 noch etwa 250 BP angegeben werden. Aber auch hier ist in den letzten Jahrzehnten ein allgemeiner Rückgang zu verzeichnen. Der aktuelle (1989/90) Bestand im Bez. Magdeburg dürfte nur noch knapp 150 BP betragen, der Gesamtbestand in Ostdeutschland derzeit bereits unter 500 BP liegen (möglicherweise sogar bei weniger als 400 BP).

Literatur: LUDWIG in RUTSCHKE (1983); GRIMM in v.KNORRE (1986); PRILL in KLAFS & STÜBS (1987); HEIDECKE et al. (1988).

Rotschenkel

Tringa totanus

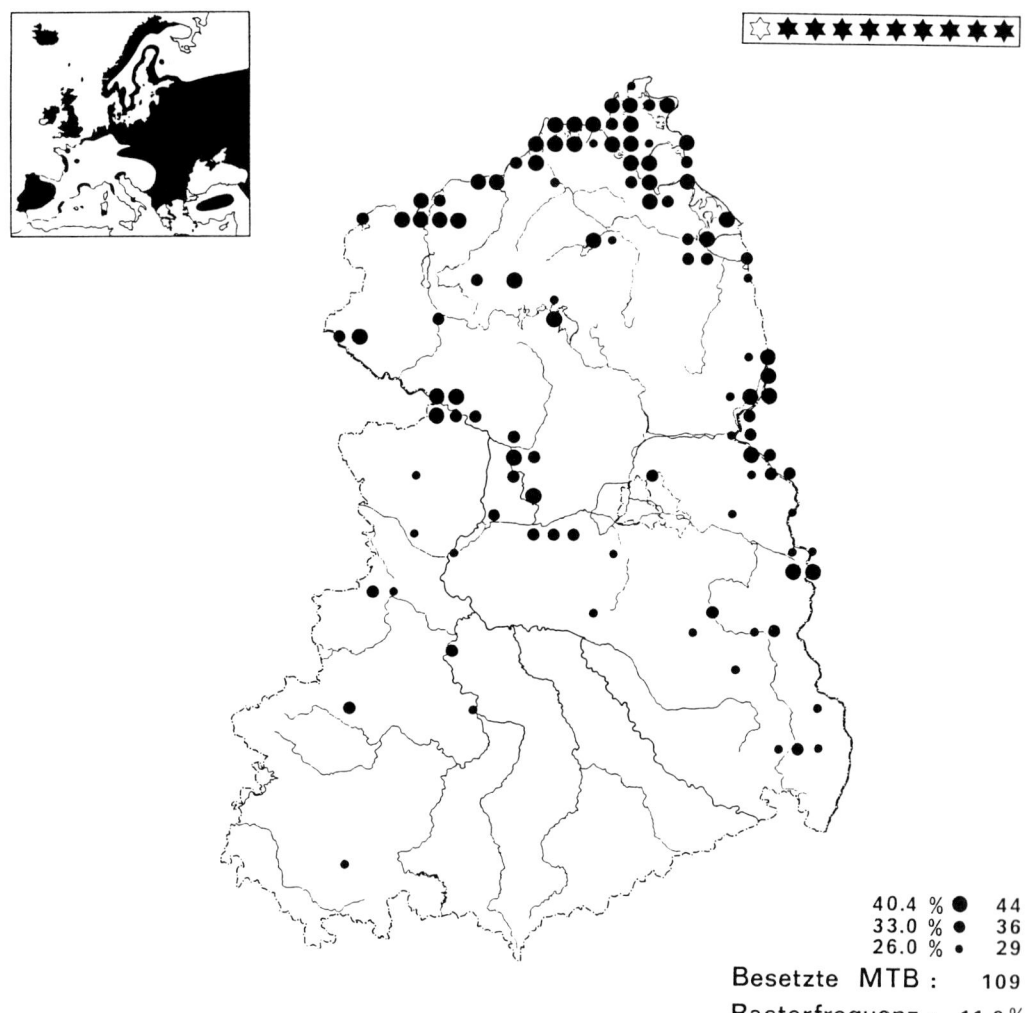

40.4 %	●	44
33.0 %	●	36
26.0 %	•	29

Besetzte MTB : 109
Rasterfrequenz : 11.8 %

Faunentyp: palaearktisch.
Status: seltener bis mäßig häufiger Brutvogel; Durchzügler, Wintergast.
Verbreitung: außerhalb Mecklenburg-Vorpommern, der Elb-Havel- und Oder-Niederung nur sporadisch.
Bestand/Bestandsentwicklung: Der Bestand beträgt nach den Schätzungen und vorliegenden Angaben 650 BP (± 23 %). Davon entfallen 500 ± 100 BP auf den Küsten- und Boddenbereich, wobei sich etwa die Hälfte in zwei Gebieten konzentriert: Wismarbucht (100 ± 20 BP) und Inseln Oie und Kirr (150 ± 20 BP). Im Gegensatz zum annähernd gleichbleibenden Bestand an der Küste dürfte für den im Binnenland ein negativer Bestandstrend anhalten. Nur noch etwa 140 ± 40 BP (knapp 22 %) verteilen sich weitläufig und ± isoliert auf das gesamte Gebiet, wobei sich im Bereich der Oder-Niederung immerhin allein 40 bis 50 % der Binnenlandvorkommen befinden.

Literatur: SCHEUFLER et al. (1982); STIEFEL & SCHEUFLER (1984); HAMANN (1985).

Waldwasserläufer *Tringa ochropus*

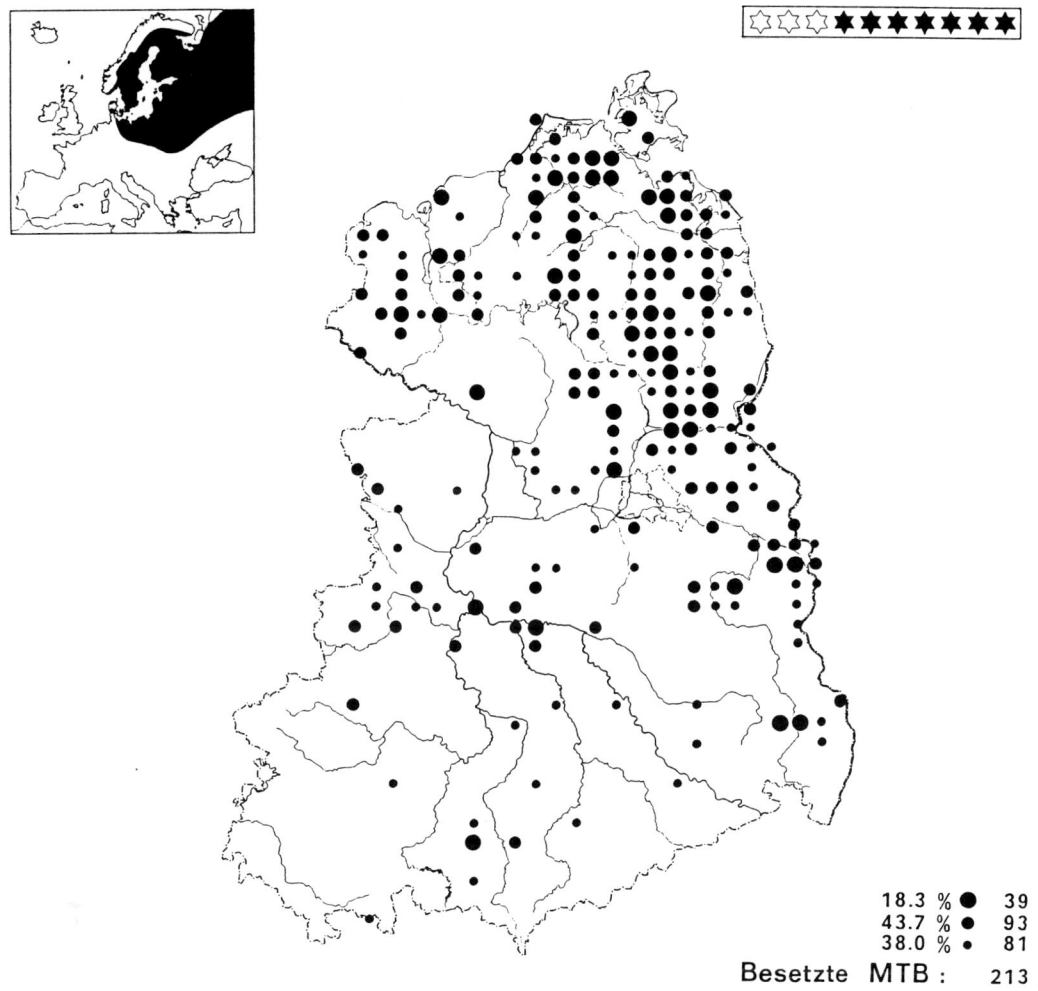

☆☆☆★★★★★★★

18.3 %	●	39
43.7 %	●	93
38.0 %	•	81

Besetzte MTB : 213

Rasterfrequenz : 23.0 %

Faunentyp: palaearktisch.

Status: seltener (bis mäßig häufiger) Brutvogel; Durchzügler, Wintergast.

Verbreitung: in der NE-Hälfte lückenhaft, außerhalb lokal bis sporadisch.

Bestand/Bestandsentwicklung: Der Bestand beträgt nach den Schätzungen 300 BP (± 33 %). Er wird vermutlich unterschätzt und dürfte eher im oberen Bereich der Angabe liegen. Allein für Mecklenburg-Vorpommern schätzt PRILL bereits 200 bis 300 BP. Das Schwerpunktgebiet liegt zweifellos im äußersten NE, wo in einem Untersuchungsgebiet bei Greifswald 0,5 BP/km² ermittelt wurden. - Im SW befinden sich derzeit lediglich sporadische Vorkommen. Das südwestlichste Brutvorkommen bei Auma/Thüringen war 1981 mit drei flüggen Jungvögeln erfolgreich.

Literatur: KIRCHNER (1978); KRAATZ & BEYER (1982, 1984); WARTHOLD in v.KNORRE et al. (1986); PRILL in KLAFS & STÜBS (1987); GRÄTZ (1988).

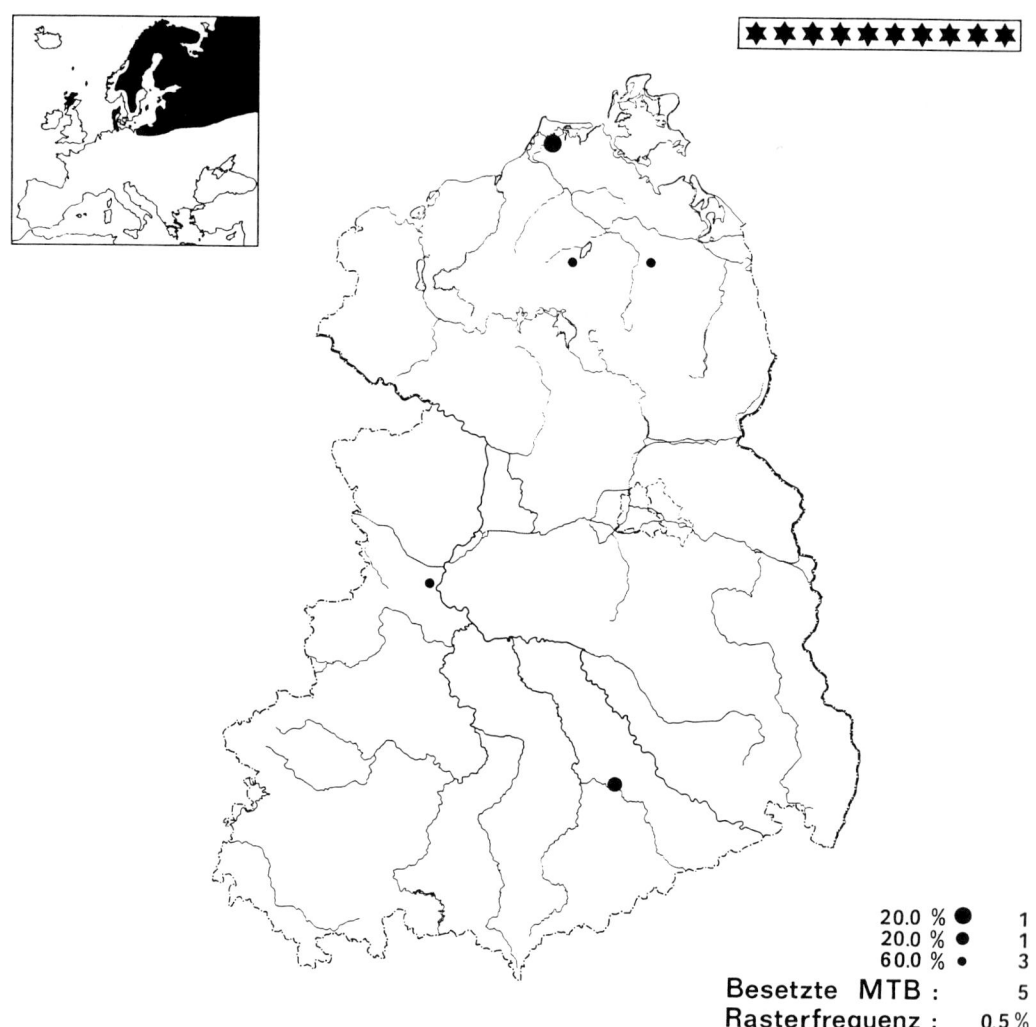

20.0 % ●   1
20.0 % ●   1
60.0 % •   3

Besetzte MTB :   5
Rasterfrequenz :   0.5 %

<u>Faunentyp:</u> palaearktisch.
<u>Status:</u> ehemaliger Brutvogel, (Brut-)Gast; Durchzügler.
<u>Verbreitung:</u> sporadisches Vorkommen außerhalb des Verbreitungsgebietes.
<u>Bestand/Bestandsentwicklung:</u> Mitte des 19. Jahrhunderts wurde ein Brutvorkommen im Kr. Parchim in Mecklenburg-Vorpommern bekannt; ansonsten existieren nur wenig konkrete Hinweise. - Während der Kartierungszeit fand 1980 ein Brutversuch in den Boddenwiesen bei Born auf dem Darß statt: L. und W. WISCHHOF fanden am 1. Juni ein 3er Gelege, das aber wenige Tage später zerstört wurde. - Bei den anderen Nachweisen dürfte es sich in jedem Fall um (nichtbrütende) Gäste handeln, auch wenn sich einzelne Vögel längere Zeit im Gebiet aufhalten (Übersommerung). Da aber im benachbarten E (Polen) und NW (Schleswig-Holstein) der Bruchwasserläufer seltener Brutvogel ist, sollten besonders Brutzeit-feststellungen im N Flachland entsprechend beachtet werden.

Literatur: GLUTZ v.BLOTZHEIM et al. (1977); KIRCHNER (1978); KÖNIG in HAENSEL & KÖNIG (1978); L. u. W. WISCHHOF in MÜLLER (1982); LAMBERT in KLAFS & STÜBS (1987).

Flußuferläufer   *Actitis hypoleucos*

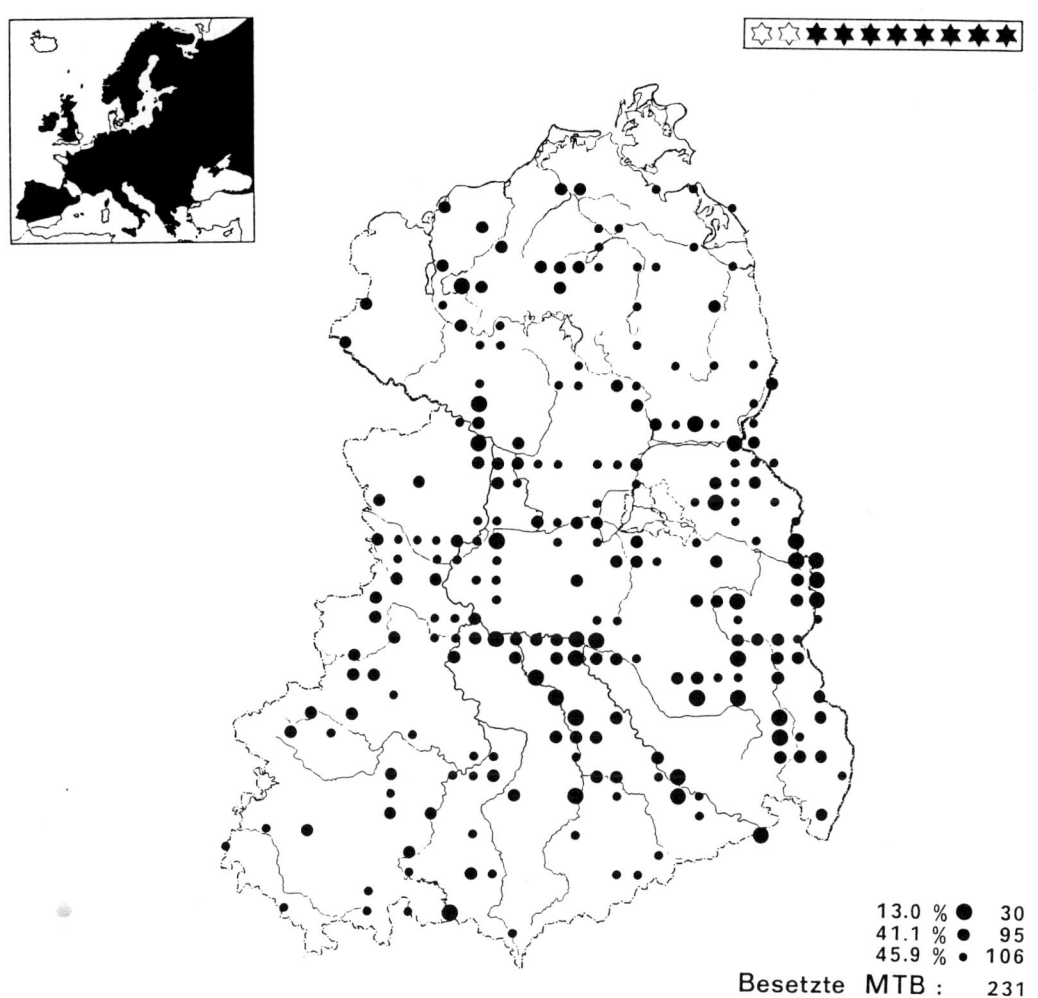

13.0 %	●	30
41.1 %	●	95
45.9 %	●	106

Besetzte MTB : 231

Rasterfrequenz : 25.0 %

Faunentyp: holarktisch.

Status: seltener (bis mäßig häufiger ?) Brutvogel; Durchzügler.

Verbreitung: mit ± großen Lücken über das gesamte Gebiet.

Bestand/Bestandsentwicklung: Der Bestand beträgt nach den Schätzungen 500 BP (± 50 %). So heimlich und unauffällig wie der Flußuferläufer am Brutplatz ist (nur 13 % der besetzten Raster mit Brutnachweis !), so schwierig ist es auch, eine zuverlässige Bestandsangabe zu liefern. Hinzu kommt noch, daß sowohl bis Ende Mai und bereits ab Anfang Juli echte Durchzügler auftreten, die fälschlich als B- oder C-Nachweise eingegangen sein können. Unsere Angabe ist deshalb mit Vorbehalt zu betrachten. - Abschätzungen mit mehr als 2 BP je Raster finden sich fast ausschließlich in Brandenburg, Sachsen-Anhalt und N-Sachsen. In diesen Gebieten scheint der Flußuferläufer also relativ "häufiger" zu sein als in allen anderen.

Literatur: WADEWITZ (1964); GRÄTZ in RUTSCHKE (1983); SCHLÖGEL (1985); PRILL in KLAFS & STÜBS (1987).

Schwarzkopfmöwe   *Larus melanocephalus*

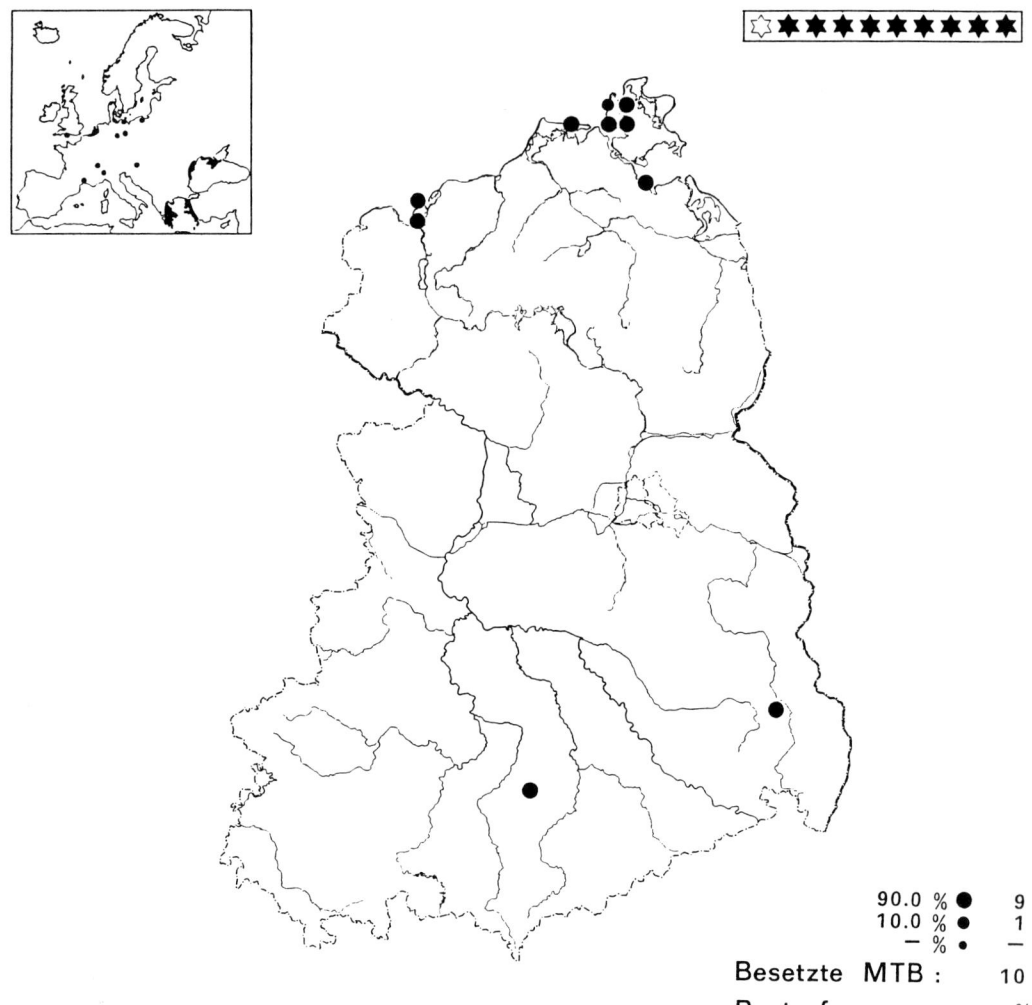

☆★★★★★★★★★

90.0 % ●	9
10.0 % ●	1
— % ●	—

Besetzte MTB :   10

Rasterfrequenz :   1.1 %

Faunentyp: vermutlich (?) sarmatisch.

Status: sehr seltener Brutvogel; Gast.

Verbreitung: vereinzelt an der Küste, sporadisch im Binnenland.

Bestand/Bestandsentwicklung: Der Bestand beträgt nach den vorliegenden Angaben 10 BP (± 30 %). - Im Jahre 1951 versuchte die Schwarzkopfmöwe erstmalig an unserer Ostseeküste zu brüten, seitdem aber fast jährlich in geringer und wechselnder Anzahl. Der Bestand ist sogar leicht angestiegen (1980 10 BP). Hinzu kommt noch eine Anzahl Nichtbrüter. - Seit 1976 werden vereinzelt Bruten im Binnenland bekannt. In der Oberlausitz waren es 1982 3 BP. BEKHUIS & MEININGER rechnen für die 80er Jahre in unserem Gebiet mit insgesamt 15 BP.

Literatur: FROMMHOLD (1951); MÜLLER (1980ff.); STEINBACH (1982); KRÜGER & KNOPF (1983); BRENNING in KLAFS & STÜBS (1987); HOYER (1987); BEKHUIS & MEININGER (1990).

Lachmöwe *Larus ridibundus*

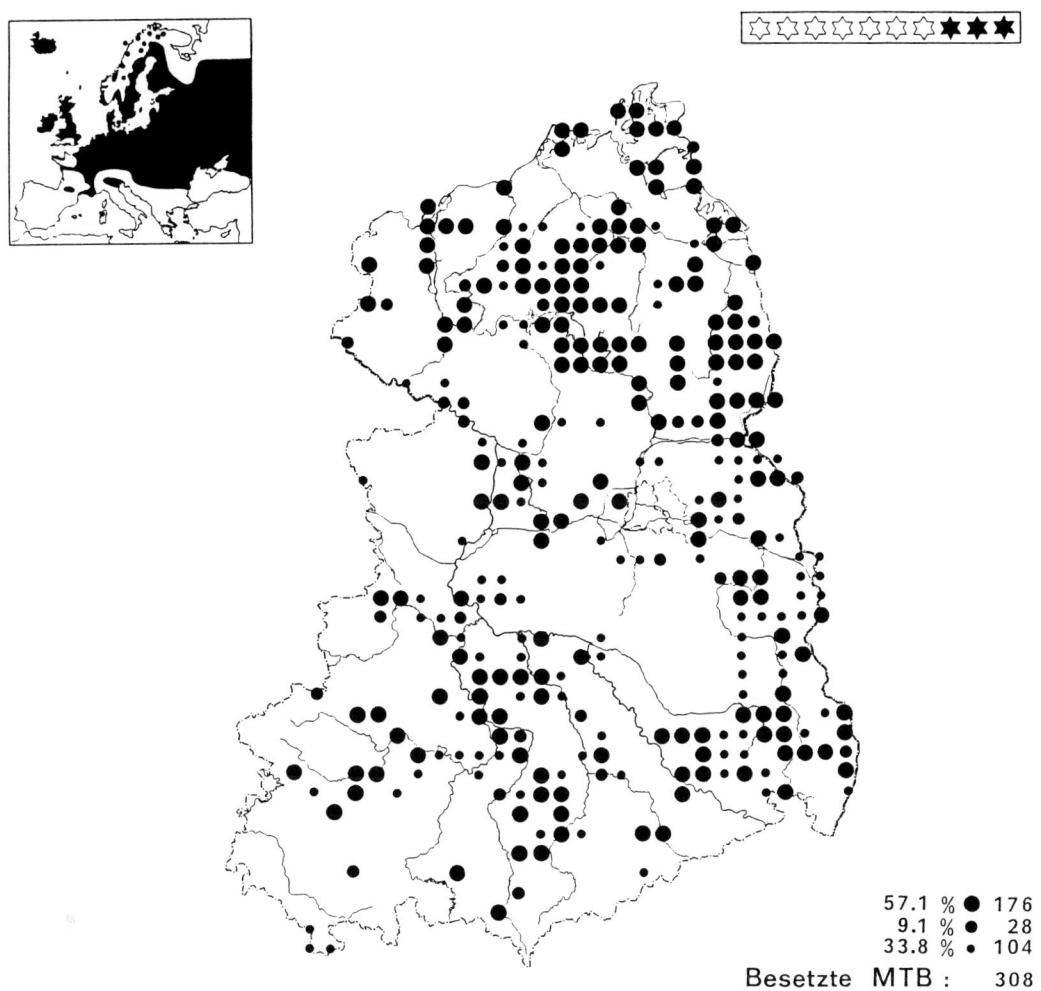

☆☆☆☆☆☆☆★★★

57.1 %	●	176
9.1 %	●	28
33.8 %	•	104

Besetzte MTB : 308

Rasterfrequenz : 33 3 %

<u>Faunentyp:</u> palaearktisch.

<u>Status:</u> häufiger Brutvogel; Durchzügler, Wintergast.

<u>Verbreitung:</u> mit ± großen Lücken über das gesamte Gebiet.

<u>Bestand/Bestandsentwicklung:</u> Der Bestand läßt sich auf der Grundlage von Zählungen mit 100000 BP (± 8 %) angeben. Der größte Anteil (72 %) befindet sich im Küsten- und Boddenbereich, die beiden größten Kolonien sind auf der Barther Oie (1983 14400 BP) und den Inseln Böhmke und Werder (1983 13000 BP). Der Bestand zeigt deutlich steigende Tendenz:

Jahr	1963	1973	1978	1983
Anzahl Plätze	55	76	102	115
Anzahl BP	38500	75500	88000	100000

In den zehn Jahren von 1973 bis 1983 erfolgte damit eine durchschnittliche Zunahme von etwa 3 % pro Jahr. Mit der Auffüllung des Gebietes verbunden ist eine weitere Ausbreitung nach S/SW.

<u>Literatur:</u> CREUTZ (1965); LITZBARSKI (1975, 1982); MEY in v.KNORRE et al. (1986); LAMBERT in KLAFS & STÜBS (1987); ARNOLD (1988); AUERSWALD & LIEDER (1991).

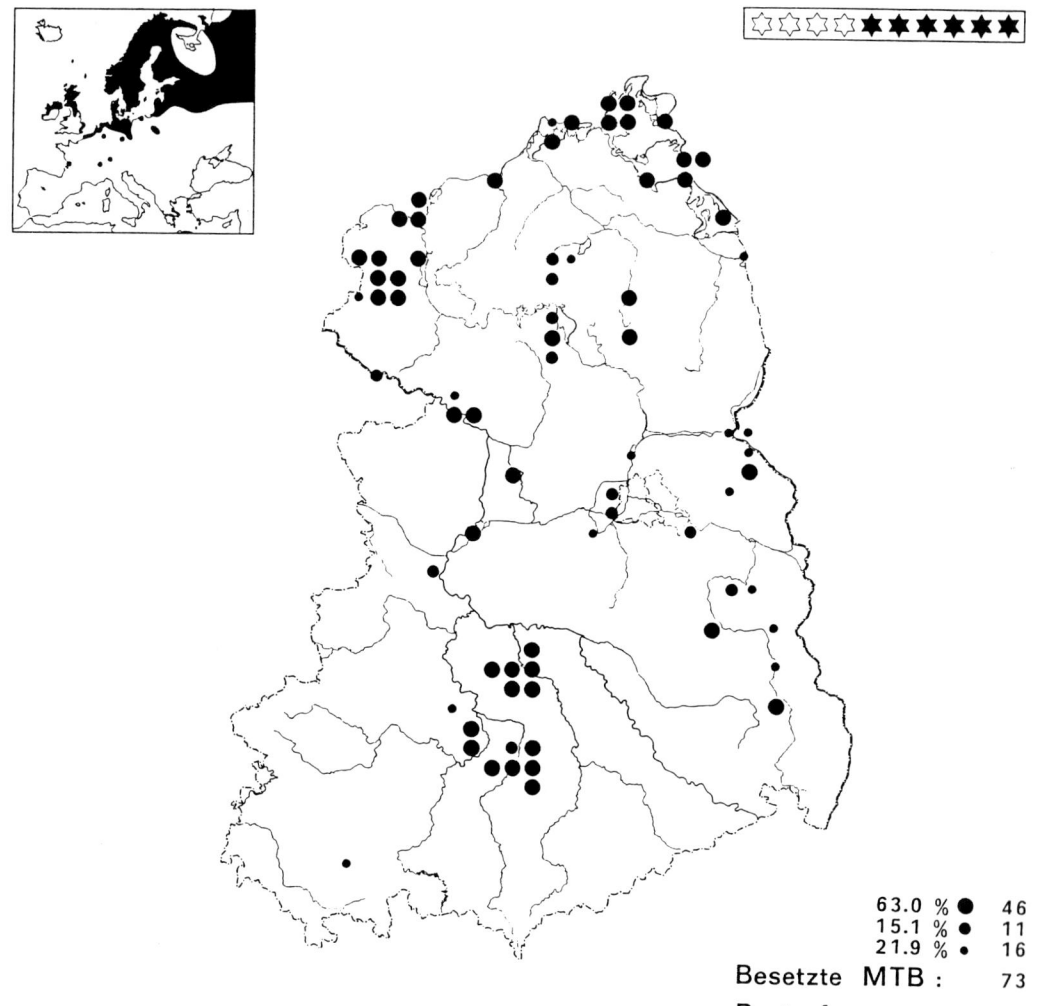

63.0 % ● 46
15.1 % ● 11
21.9 % ● 16

Besetzte MTB : 73

Rasterfrequenz : 7.9 %

Faunentyp: palaearktisch.

Status: mäßig häufiger Brutvogel; Durchzügler, Wintergast.

Verbreitung: außerhalb der Küste nur lokal (zunehmend) oder sporadisch.

Bestand/Bestandsentwicklung: Der Bestand beträgt nach Literaturangaben 6000 BP (± 33 %). Anfang der 70er Jahre erreichte er nach bedeutender Zunahme sein Max. mit etwa 14000 BP. Ab 1971 wurden "Regulierungsmaßnahmen" durchgeführt (bis 1984 wurden insgesamt ca. 26000 Brutvögel getötet). Besonders die größte Kolonie auf Langenwerder (1972 11000 BP) wurde so bis 1976 auf weniger als 3000 BP dezimiert. 1982 brüteten hier wieder 4000 und 1984 über 5500 Paare. Der Bestand im Binnenland kann bei steigender Tendenz mit 250 bis 500 BP angegeben werden. Meist handelt es sich um ± sporadische Vorkommen von nur wenigen Paaren. Relativ stabile Vorkommen existieren derzeit aber im Bez. Halle (1983 ca. 150 BP, 1990 über 200 BP, KÖCK).

Literatur: HAUFF (1969); NEHLS (1979); BRENNING (1983); GRÖSSLER (1984); GNIELKA (1985); NEHLS in KLAFS & STÜBS (1987).

Silbermöwe   *Larus argentatus*

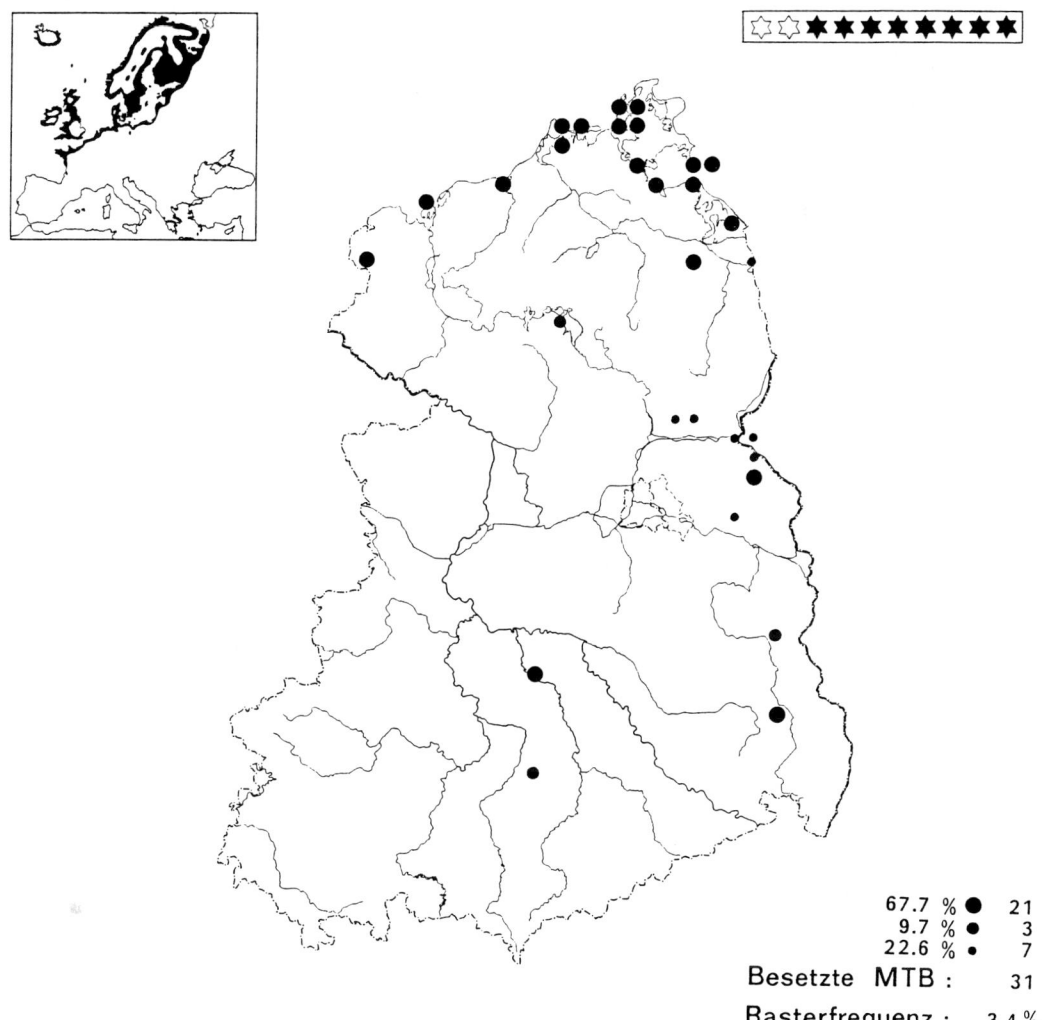

67.7 % ● 21
9.7 % ● 3
22.6 % ● 7

Besetzte MTB : 31
Rasterfrequenz : 3.4 %

Faunentyp: nearktisch.

Status: mäßig häufiger Brutvogel; Durchzügler, Wintergast.

Verbreitung: weitgehend auf die Küste beschränkt, Binnenlandvorkommen ± sporadisch.

Bestand/Bestandsentwicklung: Der Bestand beträgt nach vorliegenden Angaben 1000 BP (± 20 %). Zu Beginn unseres Jahrhunderts war die Silbermöwe sehr seltener Brutvogel an der Küste. Erst seit den 30er Jahren erfolgte eine kontinuierliche Zunahme, zunächst sehr langsam (nur Insel Langenwerder), in den 60er Jahren dann explosionsartig. Der Höchststand wurde 1974 mit fast 1600 BP erreicht. Wegen der Gefährdung anderer Küstenvögel wurden seit 1962 "Regulierungsmaßnahmen" durchgeführt, wobei über 12000 Silbermöwen getötet wurden. - Ansiedlungen im Binnenland erfolgten erst in den letzten Jahren (etwa seit 1975), der Bestand ist jedoch zahlenmäßig noch relativ unbedeutend.

Literatur: NEHLS (1979); NEHLS in KLAFS & STÜBS (1977, 1987); KRÜGER & LITZKOW (1984).

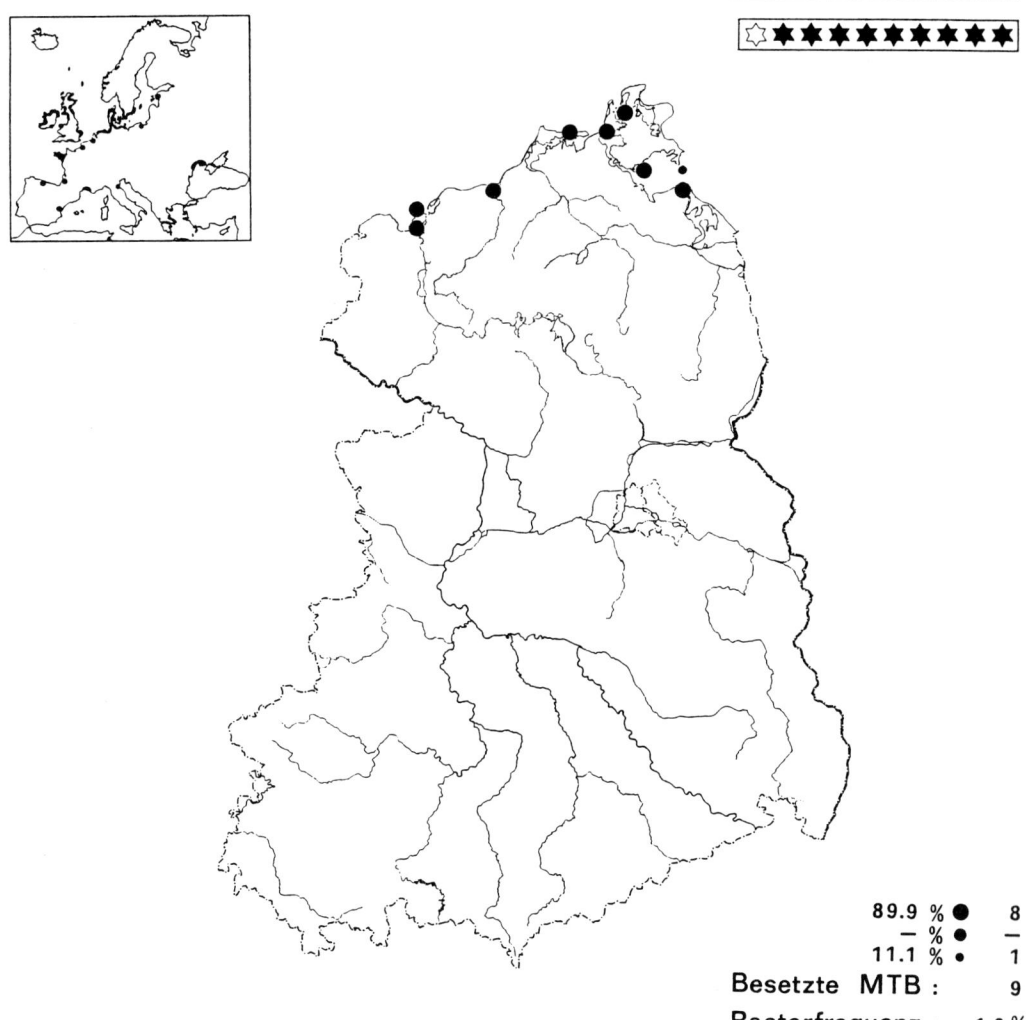

89.9 % ● 8
— % ● —
11.1 % • 1

Besetzte MTB : 9
Rasterfrequenz : 1.0 %

Faunentyp: kosmopolitisch.

Status: seltener Brutvogel; Durchzügler.

Verbreitung: lokal auf die Küste beschränkt.

Bestand/Bestandsentwicklung: Der Bestand beträgt nach vorliegenden Angaben 1100 BP (± 14 %). Die Brandseeschwalbe ist erst seit 1957 regelmäßiger Brutvogel an unserer Küste und hat ihren Bestand bis Ende der 70er Jahre kontinuierlich erhöht (1957 27 BP, 1960 253 BP, 1965 439 BP, 1970 649 BP, 1975 711 BP und 1979 1245 BP). Die erste Ansiedlung auf der Insel Heuwiese wurde zum bedeutendsten Brutplatz mit max. 1050 BP (1979). Sieben weitere (alljährlich 2 bis 5) Brutplätze sind mit Ausnahme von Langenwerder nur unregelmäßig besetzt.

Literatur: MÜLLER (1980ff.); NEHLS in KLAFS & STÜBS (1987).

Flußseeschwalbe   *Sterna hirundo*

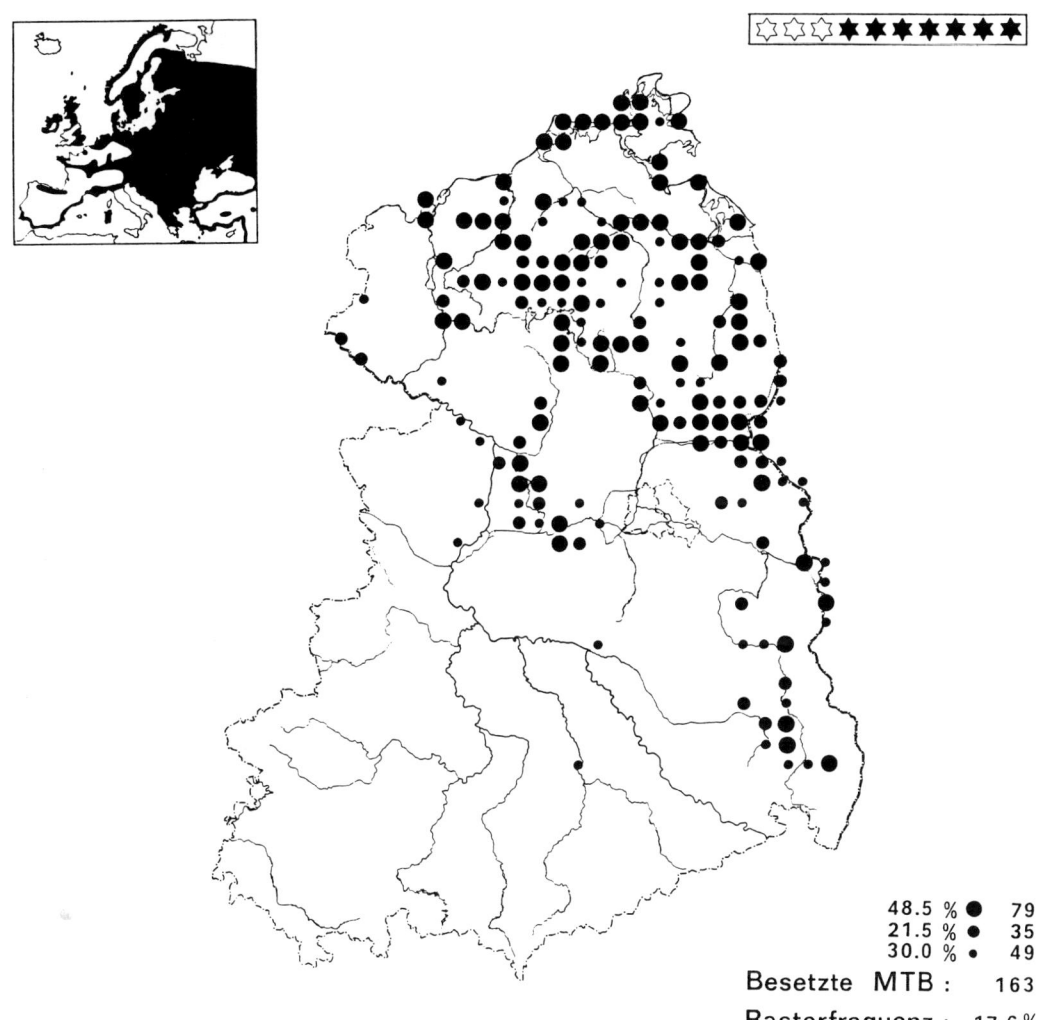

☆☆☆★★★★★★★★

48.5 % ● 79
21.5 % ● 35
30.0 % • 49

Besetzte MTB : 163
Rasterfrequenz : 17.6 %

Faunentyp: holarktisch.
Status: mäßig häufiger Brutvogel; Durchzügler.
Verbreitung: mit ± großen Lücken auf die NE-Hälfte des Gebietes beschränkt.
Bestand/Bestandsentwicklung: Der Bestand beträgt nach den Schätzungen und Literaturangaben 2300 BP (± 13 %). Davon bewohnen etwa 75 % den Küstenbereich, allein über 650 BP die Inseln Oie und Kirr. Innerhalb von 15 Jahren hat sich hier die Anzahl der BP vervierfacht. Aber auch insgesamt zeigt sich für die Küste eine positive Tendenz: 1972 über 700 BP, 1978 etwa 1200 BP und 1982 etwa 1600 BP. Der bedeutendste unter den Binnenlandbrutplätzen befindet sich dagegen am Krakower Obersee mit lediglich 150 bis 200 BP. - Bemerkenswert ist die Besiedlung der Oberlausitz seit 1967. Nach Bestandszunahme befanden sich im Jahre 1979 in 3 Kolonien 60 BP.

Literatur: KRÜGER (1981); MÜLLER (1982); NEUBAUER (1982); SCHEUFLER et al. (1982); SCHUMMER in RUTSCHKE (1983); NEUBAUER in KLAFS & STÜBS (1987).

Küstenseeschwalbe   *Sterna paradisaea*

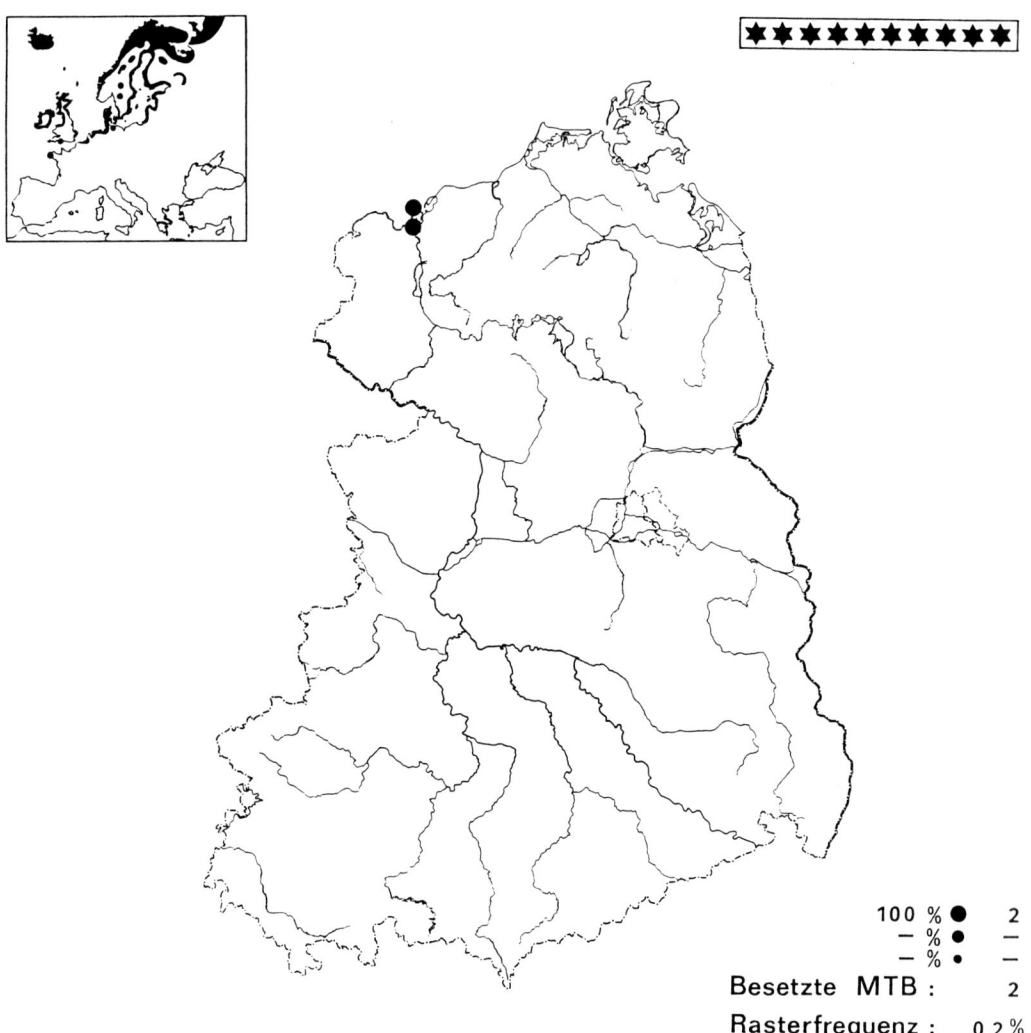

100 % ● 2
— % ● —
— % ● —

Besetzte MTB :   2
Rasterfrequenz :   0.2 %

Faunentyp: arktisch.
Status: sehr seltener Brutvogel; Durchzügler.
Verbreitung: lokal (nur in der Wismarbucht).
Bestand/Bestandsentwicklung: Der Bestand beträgt nach vorliegenden Angaben 180 BP (± 20 %). - Die einzigen Brutplätze in der Wismarbucht (eigentlich nur Inseln Langenwerder und Walfisch) sind bereits seit über 150 Jahren bekannt. Sie weisen nach leichtem Anstieg in den 50er und 60er Jahren etwa seit dieser Zeit einen relativ konstanten Bestand zwischen 140 und 230 BP auf.

Literatur: MÜLLER (1980ff.); NEHLS in KLAFS & STÜBS (1987).

Zwergseeschwalbe　　　　　　　*Sterna albifrons*

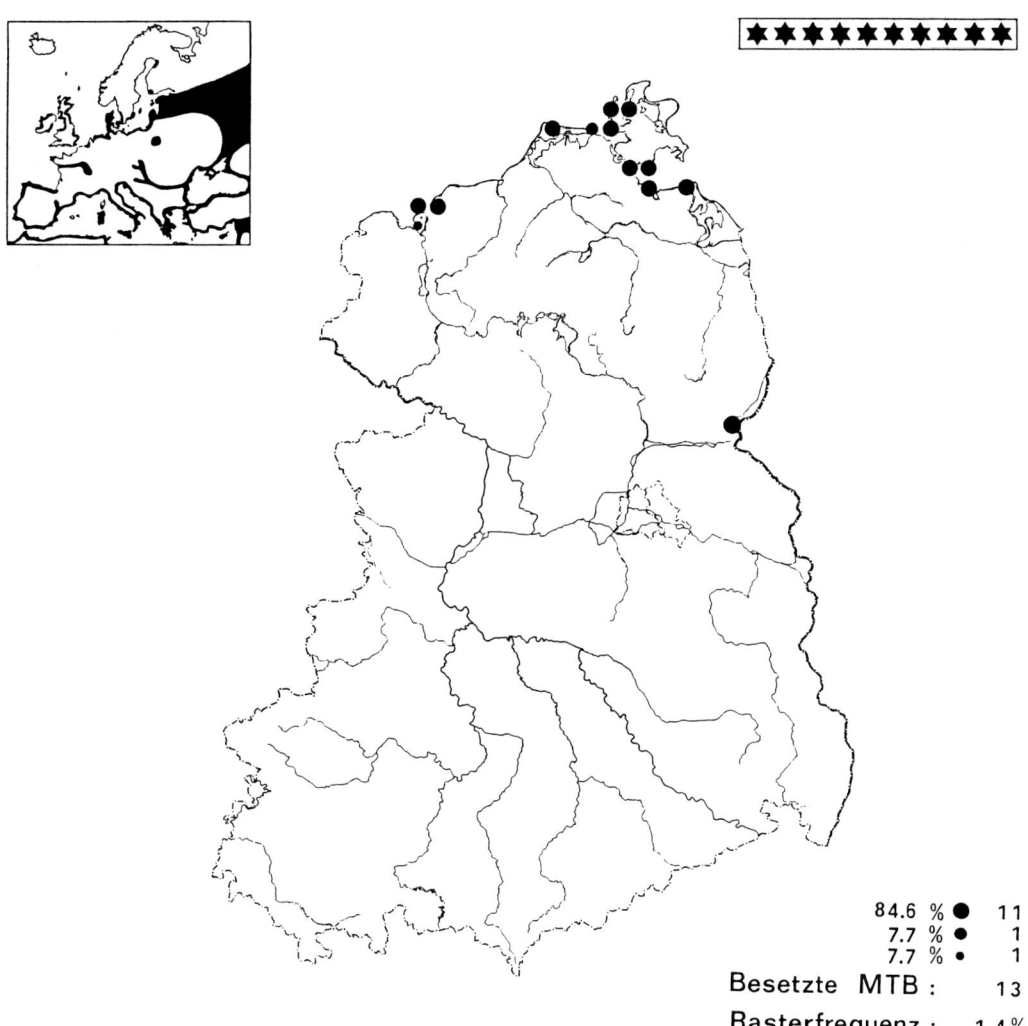

★★★★★★★★★★

84.6 %	●	11
7.7 %	●	1
7.7 %	•	1

Besetzte MTB : 13

Rasterfrequenz : 1.4 %

Faunentyp: kosmopolitisch.

Status: sehr seltener Brutvogel; Durchzügler.

Verbreitung: lokal auf die Küste beschränkt.

Bestand/Bestandsentwicklung: Der Bestand beträgt nach vorliegenden Angaben 110 BP (± 27 %). Damit ist er, abgesehen von kurzzeitigen Schwankungen, seit 1960 etwa konstant. - Die Zwergseeschwalbe reagiert kurzfristig auf die Entstehung neuer günstiger Lebensräume (z. B. Spülflächen, Auskiesungen), verschwindet aber bei Veränderung (Zerstörung, Bewuchs/Verkrautung) derselben. Die beiden bedeutendsten und traditionellen Brutplätze sind auf Langenwerder in der Wismarbucht (max. 34 BP) und der Bessin auf Hiddensee (max. 71 BP 1982). - Interessant und selten (?) sind Bruten auf Ackerflächen im Küstenbereich. Ausnahmsweise kommen bei uns auch Bruten im Binnenland vor: 1979 brüteten 2 bis 3 Paare neben Flußseeschwalben bei Stolpe an der Oder, 1983 und 1984 waren es hier sogar 5 BP.

Literatur: WILKE (1974); NADLER (1976); MÜLLER (1980ff.); HOLZ & HERRMANN (1982); DITTBERNER & DITTBERNER (1986); NEHLS in KLAFS & STÜBS (1987).

139

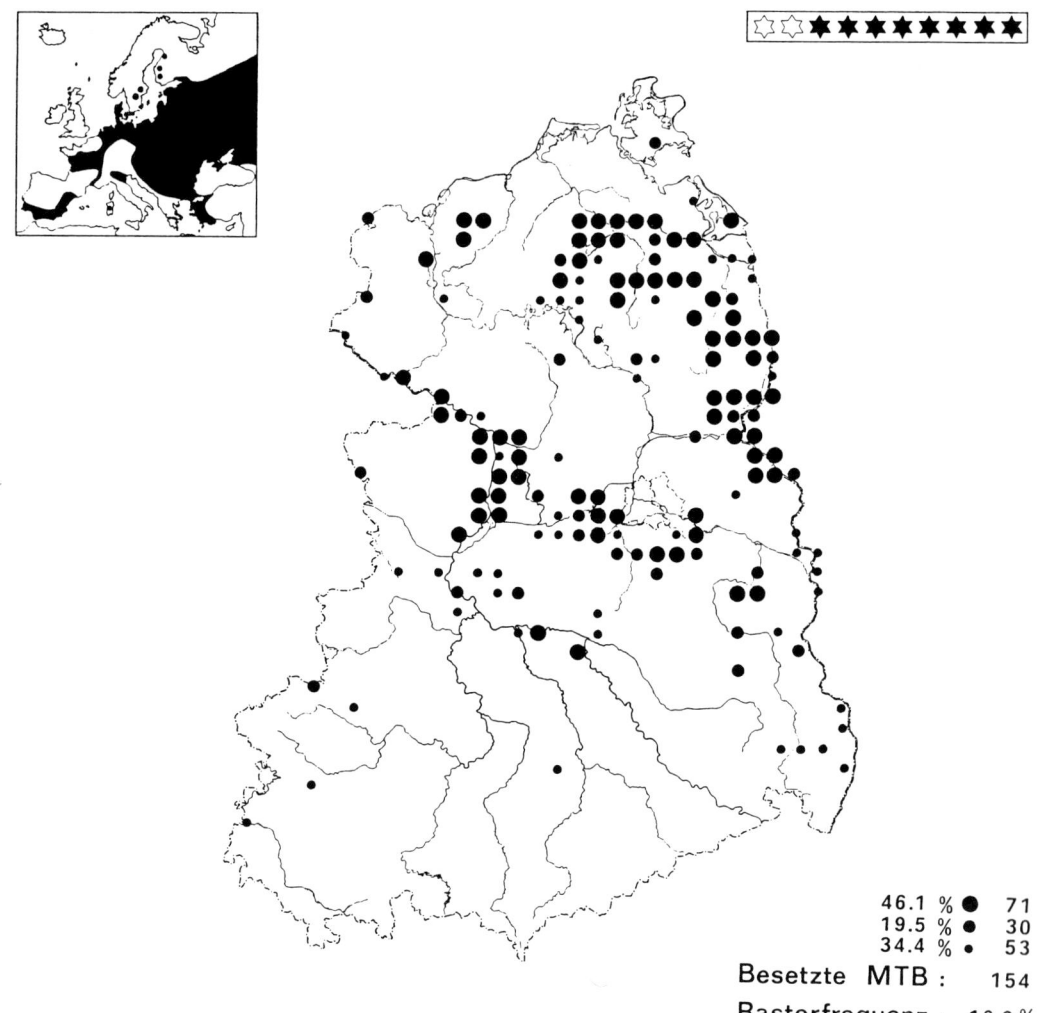

☆☆★★★★★★★★★

46.1 % ● 71
19.5 % ● 30
34.4 % · 53

Besetzte MTB : 154
Rasterfrequenz : 16.6 %

Faunentyp: holarktisch.
Status: mäßig häufiger Brutvogel; Durchzügler.
Verbreitung: mit größeren Lücken auf Mecklenburg-Vorpommern, Sachsen-Anhalt und Brandenburg beschränkt.
Bestand/Bestandsentwicklung: Der Bestand beträgt nach den Schätzungen 1150 BP (± 30 %). Sein Schwerpunkt befindet sich im NE (Rückland der Seenplatte und Oderniederung). Von insgesamt etwa 400 BP in Mecklenburg-Vorpommern siedeln fast 80 % in der E-Hälfte (ehemaliger Bez. Neubrandenburg). Für den NE Brandenburgs können ebenfalls mehr als 300 BP angegeben werden. Im Elbe-Havel-Gebiet konzentrieren sich weiterhin 300 ± 100 BP.

Literatur: ROGGE in RUTSCHKE (1983); NEUBAUER in KLAFS & STÜBS (1987); HAHNKE et al. (1990).

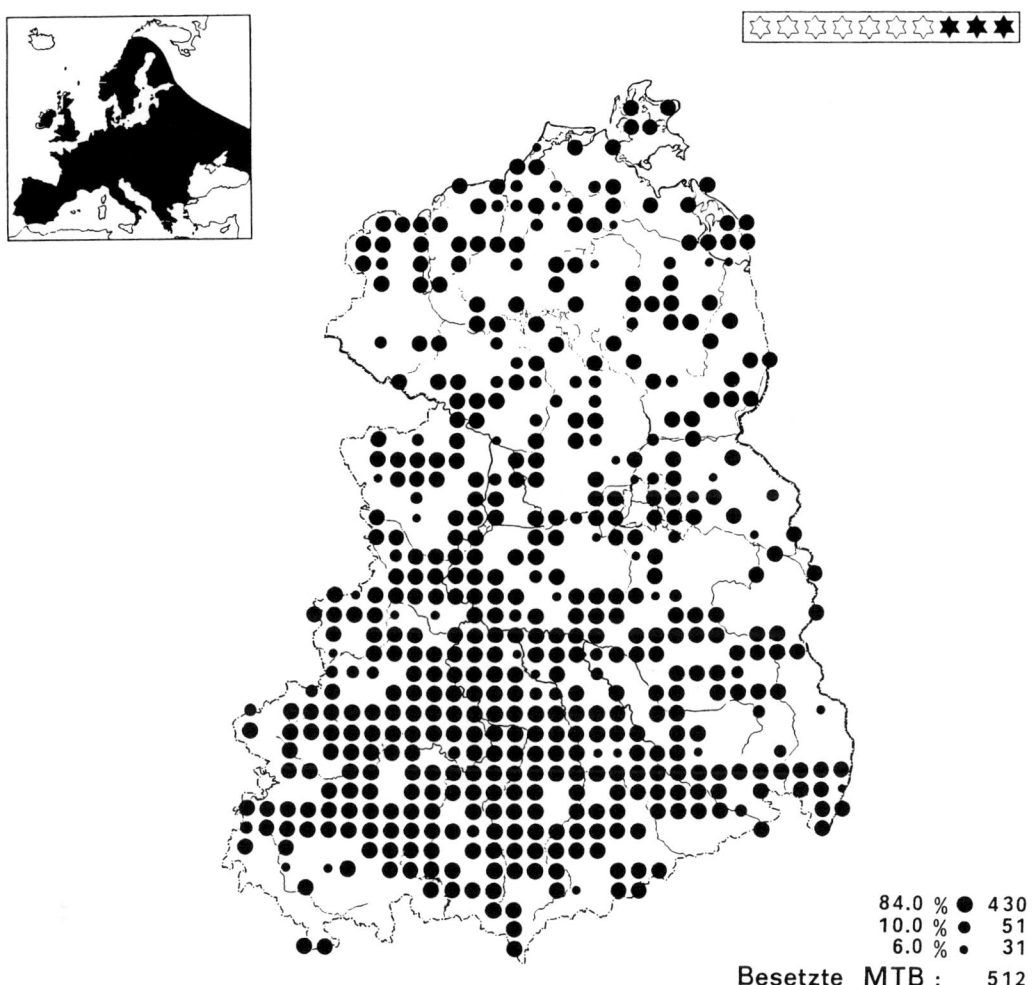

84.0 % ● 430
10.0 % ● 51
6.0 % ● 31

Besetzte MTB : 512

Rasterfrequenz : 55.4 %

Faunentyp: (turkestanisch-mediterran).

Status: (sehr) häufiger Brutvogel.

Verbreitung: lückenhaft über das gesamte Gebiet (nahezu ausschließlich an menschliche Siedlungen gebunden).

Bestand/Bestandsentwicklung: Der Bestand beträgt nach den Schätzungen 55000 BP (± 45 %). Diese Angabe ist mit Vorbehalt zu betrachten und kann nur grober Anhaltspunkt sein. Einmal wird der Bestand stark unterschätzt, zum anderen ist nicht die Hälfte gezählter Individuen gleich der Anzahl "BP" (sehr großer Anteil Nichtbrüter !). - Da die Straßentaube, von wenigen Ausnahmen abgesehen, nur im menschlichen Siedlungsbereich vorkommt, ist sie in der vom Menschen dichter besiedelten S-Hälfte des Gebietes erwartungsgemäß am häufigsten (70 %). Bedeutende Bestände konzentrieren sich in Großstädten. Für das Gebiet von W-Berlin werden allein 20000 bis 40000 "BP" geschätzt. [Diese sind nicht in der o. g. Bestandsangabe enthalten!] In Mecklenburg-Vorpommern kommen dagegen nur etwa 10 % des Bestandes vor.

Literatur: OAG Berlin (West) (1984); GNIELKA (1987); ZIMMERMANN in KLAFS & STÜBS (1987); NICOLAI in BRIESEMEISTER et al. (1988).

Hohltaube   *Columba oenas*

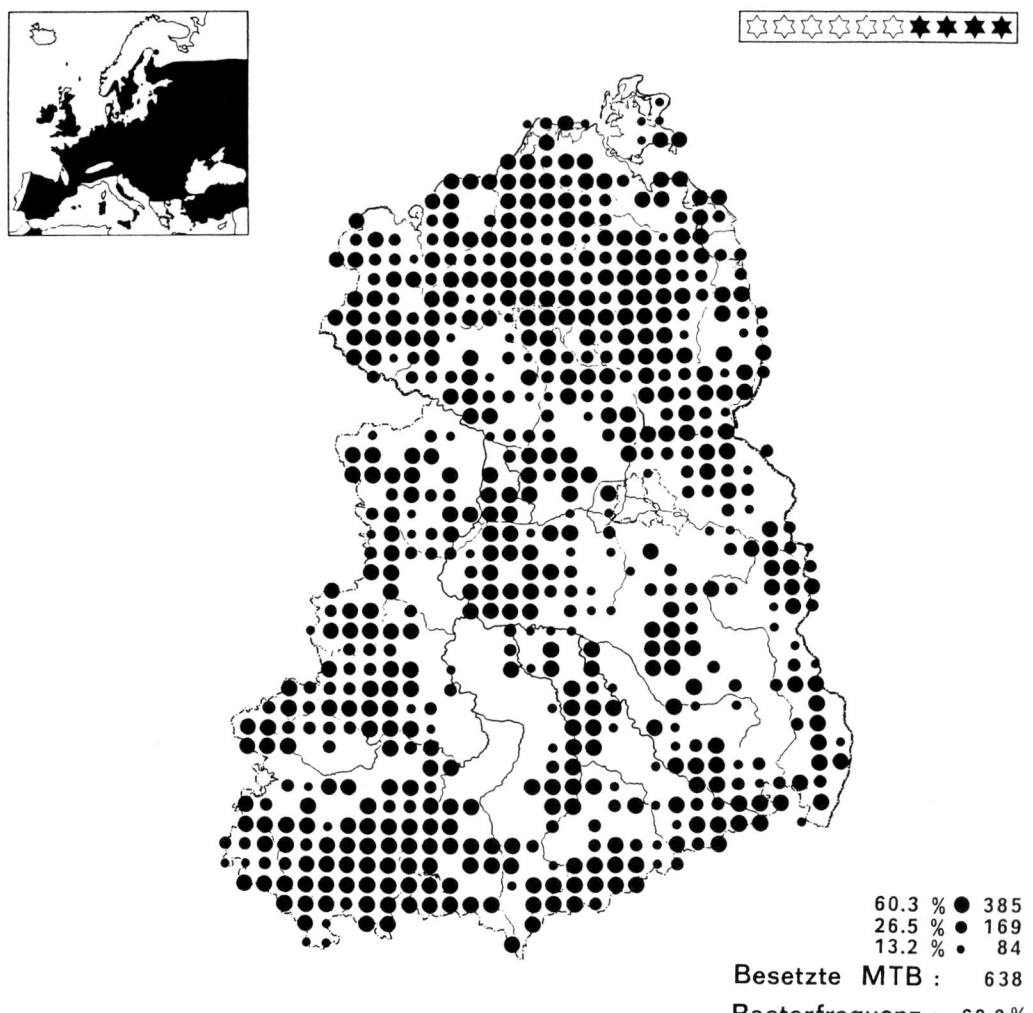

60.3 %	●	385
26.5 %	●	169
13.2 %	•	84

Besetzte MTB :   638

Rasterfrequenz :   69.0 %

Faunentyp: europäisch-turkestanisch.
Status: häufiger Brutvogel; Durchzügler, Wintergast.
Verbreitung: mit ± großen Lücken über das gesamte Gebiet.
Bestand/Bestandsentwicklung: Der Bestand beträgt nach den Schätzungen 7000 BP (± 36 %). Mecklenburg-Vorpommern weist danach mit etwa 2200 BP (bis 3000 BP nach STÜBS), also etwa einem Drittel des Bestandes bei nur einem Viertel der Fläche, eine durchschnittlich höhere Bestandsdichte auf. Abgesehen von den größeren Verbreitungslücken in waldarmen Gegenden (besonders der Sachsen-Anhaltischen Ebenen) ist die großflächige Bestandsdichte aufgrund der Schätzungen im SE (S Brandenburg und Sachsen) am geringsten. - In optimalen, höhlenreichen Buchen-Altholzbeständen werden Dichten 5 bis 8 BP/10 ha (kleinfächig sogar bis 20 BP/10 ha) erreicht.

Literatur: STÜBS in KLAFS & STÜBS (1987); MÖCKEL (1988); PRILL (1989).

Ringeltaube
Columba palumbus

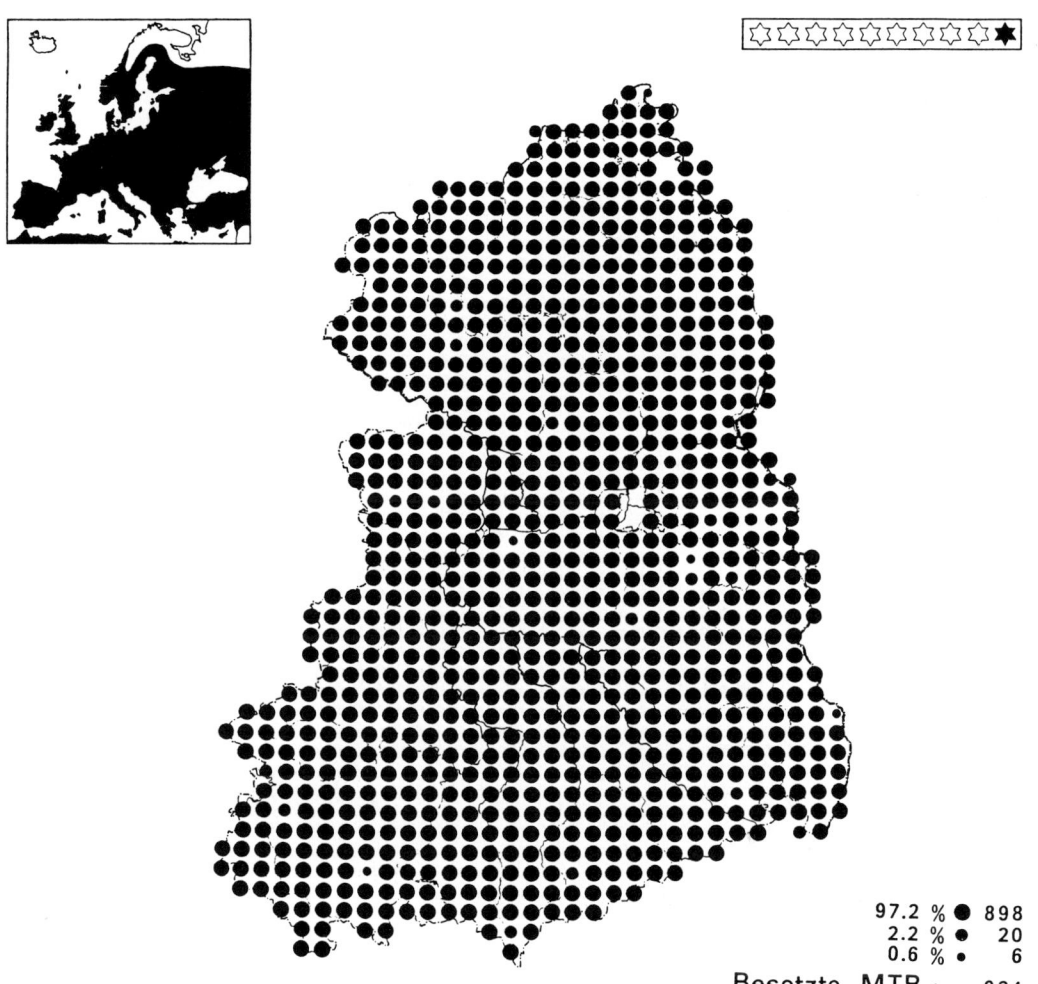

97.2 % ● 898
2.2 % ● 20
0.6 % ● 6

Besetzte MTB : 924
Rasterfrequenz : 99.9 %

Faunentyp: europäisch-turkestanisch.

Status: sehr häufiger Brutvogel; Durchzügler, Wintergast.

Verbreitung: flächendeckend über das gesamte Gebiet.

Bestand/Bestandsentwicklung: Der Bestand beträgt nach den Schätzungen und durch Hochrechnung von Siedlungsdichteangaben 250000 BP (± 40 %). Die Ringeltaube ist damit der häufigste Nichtsperlings- vogel im Gebiet. Sie besiedelt nahezu alle Landschaftsformen und Habitate und erreicht besonders in Parks kleinflächig hohe Siedlungsdichten bis über 20 BP/10 ha. Gerade in städtischen Parks hat sie besonders in den 60er und 70er Jahren vielerorts deutlich zugenommen. - Großflächig siedeln im Raum Halle 1,6 bis 2,3 BP/km^2.

Literatur: GNIELKA (1984); STÜBS in KLAFS & STÜBS (1987); NICOLAI in BRIESEMEISTER et al. (1988); SCHÖNBRODT & SPRETKE (1989).

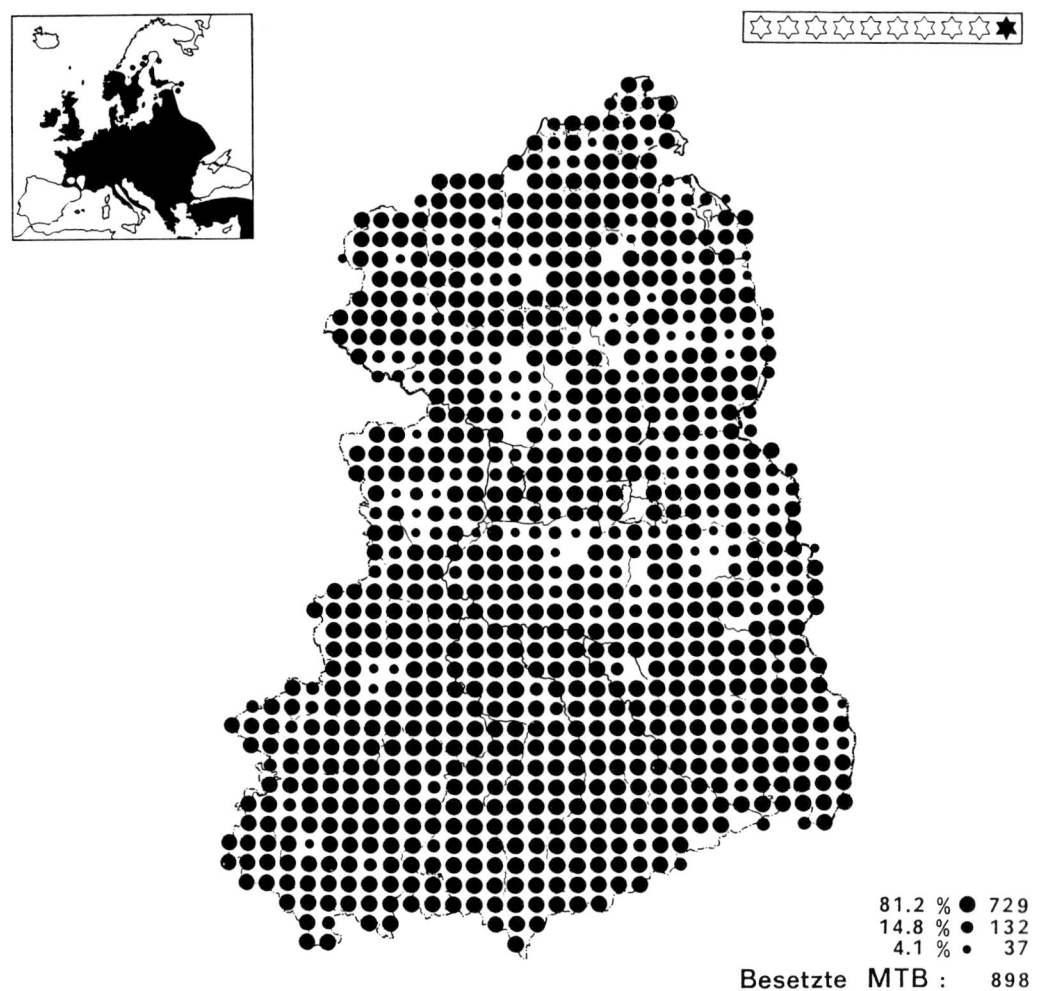

81.2 % ● 729
14.8 % ● 132
4.1 % · 37

Besetzte MTB : 898

Rasterfrequenz : 97.1 %

<u>Faunentyp:</u> indo-afrikanisch.

<u>Status:</u> sehr häufiger Brutvogel.

<u>Verbreitung:</u> über das gesamte Gebiet (auch kleine Erfassungslücken ?).

<u>Bestand/Bestandsentwicklung:</u> Der Bestand beträgt nach den Schätzungen 65000 BP (± 46 %), liegt vermutlich im oberen Bereich der Angabe. - Seit Beginn der Besiedlung hat der Bestand ständig zugenommen. Entsprechend der engen Bindung an den menschlichen Siedlungsbereich ist die Türkentaube erwartungsgemäß im S- bzw. SW-Teil am häufigsten (vgl. Häufigkeitskarte 5). Am dichtesten sind die W-sächsischen Industriegebiete besiedelt. Etwa 1/3 des Gesamtbestandes entfällt allein auf Sachsen (nur 17 % Flächenanteil), während sich nur knapp 1/10 für Mecklenburg-Vorpommern ergeben. Die großflächige Bestandsdichte ist in Sachsen damit etwa 4 bis 5mal größer als im N. - Für den Stadtkreis Halle (134 km^2) werden von GNIELKA für 1978 etwa 4200 BP angegeben. In den folgenden Jahren erfolgte hier allerdings ein spürbarer Rückgang.

Literatur: SAEMANN (1975); KNEIS & GÖRNER (1981); GNIELKA (1984); STÜBS, KAISER in KLAFS & STÜBS (1977, 1987); SCHÖNBRODT & SPRETKE (1989).

Turteltaube

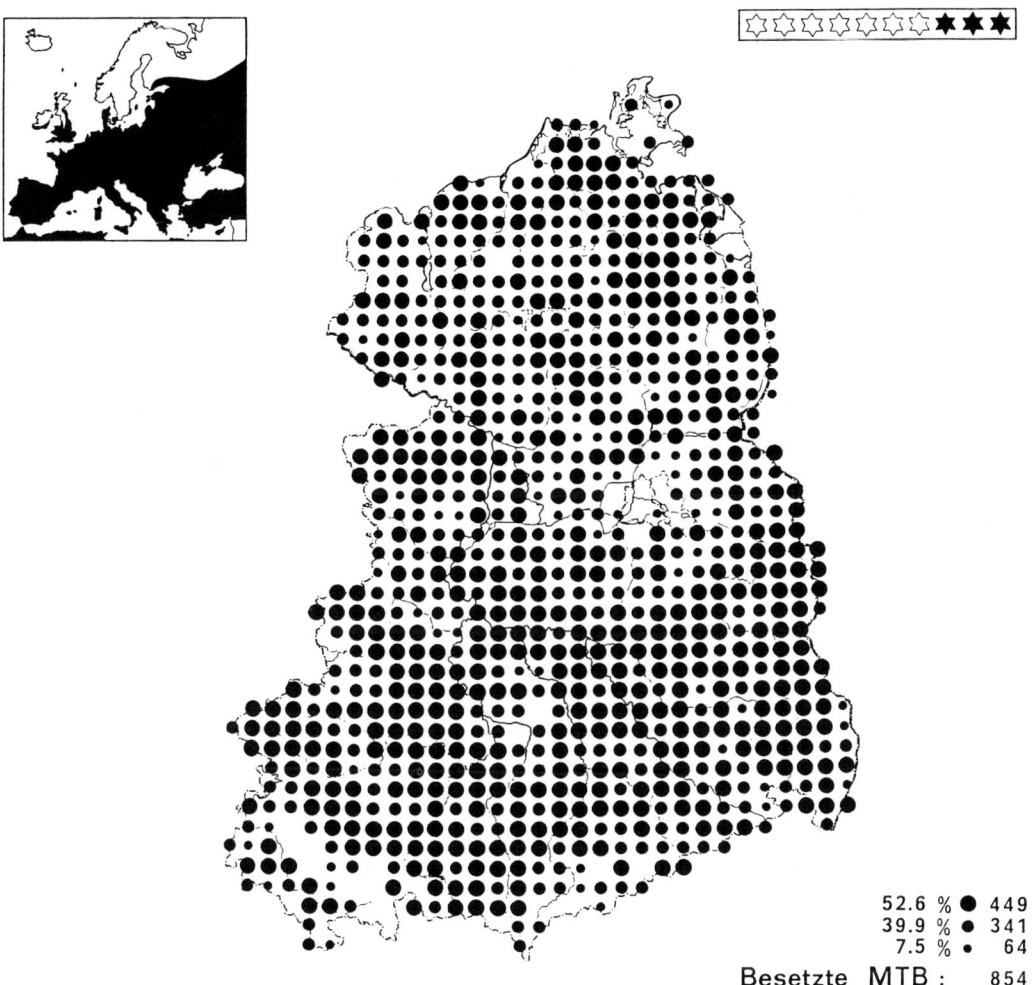

52.6 % ●	449
39.9 % ●	341
7.5 % •	64

Besetzte MTB : 854

Rasterfrequenz : 92.3 %

Faunentyp: europäisch-turkestanisch.

Status: häufiger Brutvogel; Durchzügler.

Verbreitung: mit ± kleinen Lücken (z. B. Thüringer Wald) über das gesamte Gebiet (auch Erfassungslücken?).

Bestand/Bestandsentwicklung: Der Bestand beträgt nach den Schätzungen 26000 BP (± 42 %), dürfte sich eher im oberen Bereich dieser Angabe oder noch etwas darüber bewegen. STÜBS nimmt allein für Mecklenburg-Vorpommern 10000 bis 15000 BP an. Die Häufigkeitsschätzungen lassen dabei für den NE-Teil (Mecklenburg-Vorpommern und NE-Brandenburg) eine etwas geringere Bestandsdichte erwarten als für den SW-Teil. Die höheren Einstufungen (mehr als 20 BP je Rasterfläche) sind hier deutlich weniger vertreten: 18 % von 135 zu 45 % von 372 abgeschätzten MTB. - Im waldarmen Gebiet um Halle wurde eine großflächige Bestandsdichte von 0,2 bis 0,3 BP/km^2 ermittelt.

Literatur: ULOTH in v.KNORRE et al. (1986); STÜBS in KLAFS & STÜBS (1987); SCHÖNBRODT & SPRETKE (1989).

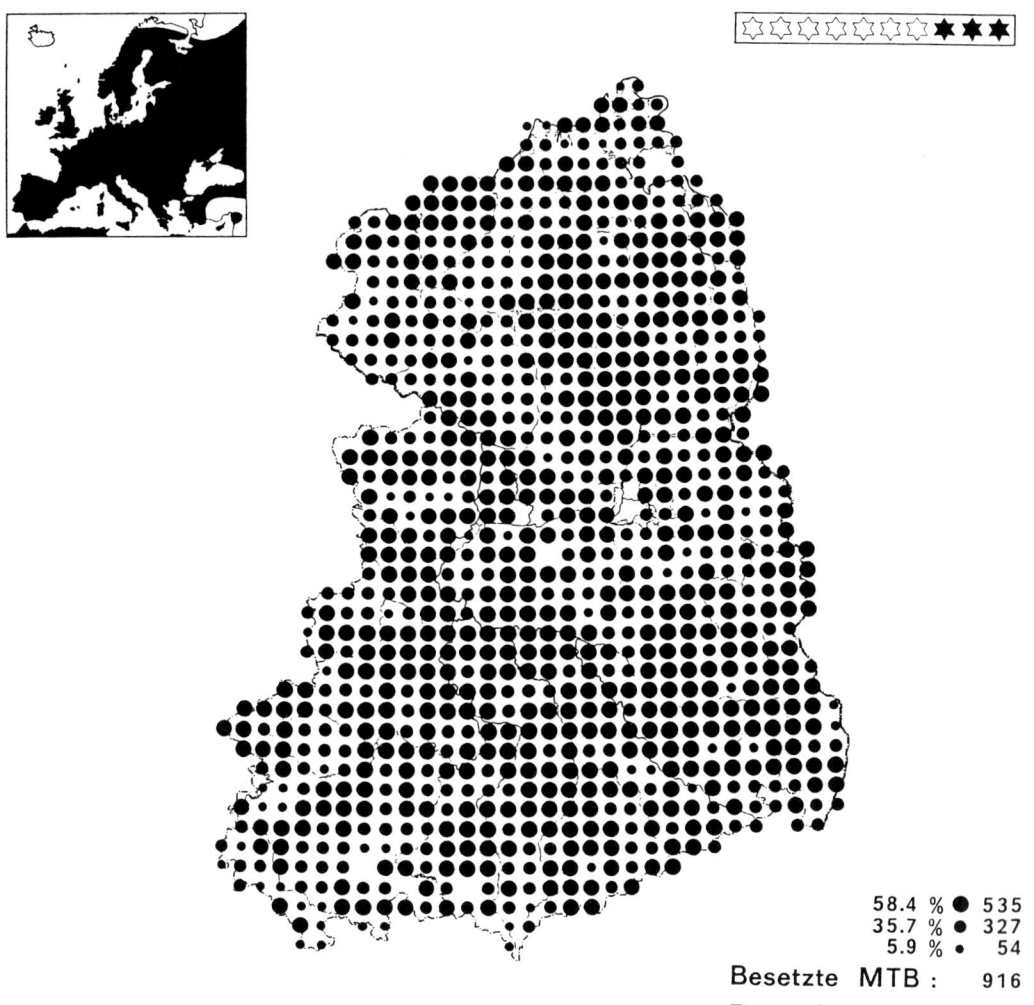

58.4 %	●	535
35.7 %	●	327
5.9 %	•	54

Besetzte MTB :   916

Rasterfrequenz :   99.0 %

Faunentyp: wahrscheinlich palaearktisch.

Status: sehr häufiger Brutvogel; Durchzügler.

Verbreitung: flächendeckend über das gesamte Gebiet.

Bestand/Bestandsentwicklung: Der Bestand beträgt nach den Schätzungen und durch Hochrechnung von Siedlungsdichteangaben 45000 "BP" (± 44 %). In optimalen Lebensräumen (abwechlungsreiche, offene Landschaft mit Gewässern, Wiesen, Gebüschgruppen, Ufervegetation) kommen 2 bis 3 Männchen auf 1 km² Fläche. Im Raum Halle wurde großflächig eine Bestandsdichte von 0,6 bis 0,8 Rufer/km² geschätzt. - Trotz bestehender regionaler Unterschiede in der Häufigkeit können Teichrohrsänger und Bachstelze, gefolgt von Neuntöter und Gartenrotschwanz, in den letzten Jahrzehnten als die häufigsten Wirtsvögel genannt werden.

Literatur: KRÄGENOW (1973); GOTTSCHALK (1980); GÖRNER & KNEIS (1981); GERSTMANN in v.KNORRE et al. (1986); SCHÖNBRODT & SPRETKE (1989).

Schleiereule *Tyto alba*

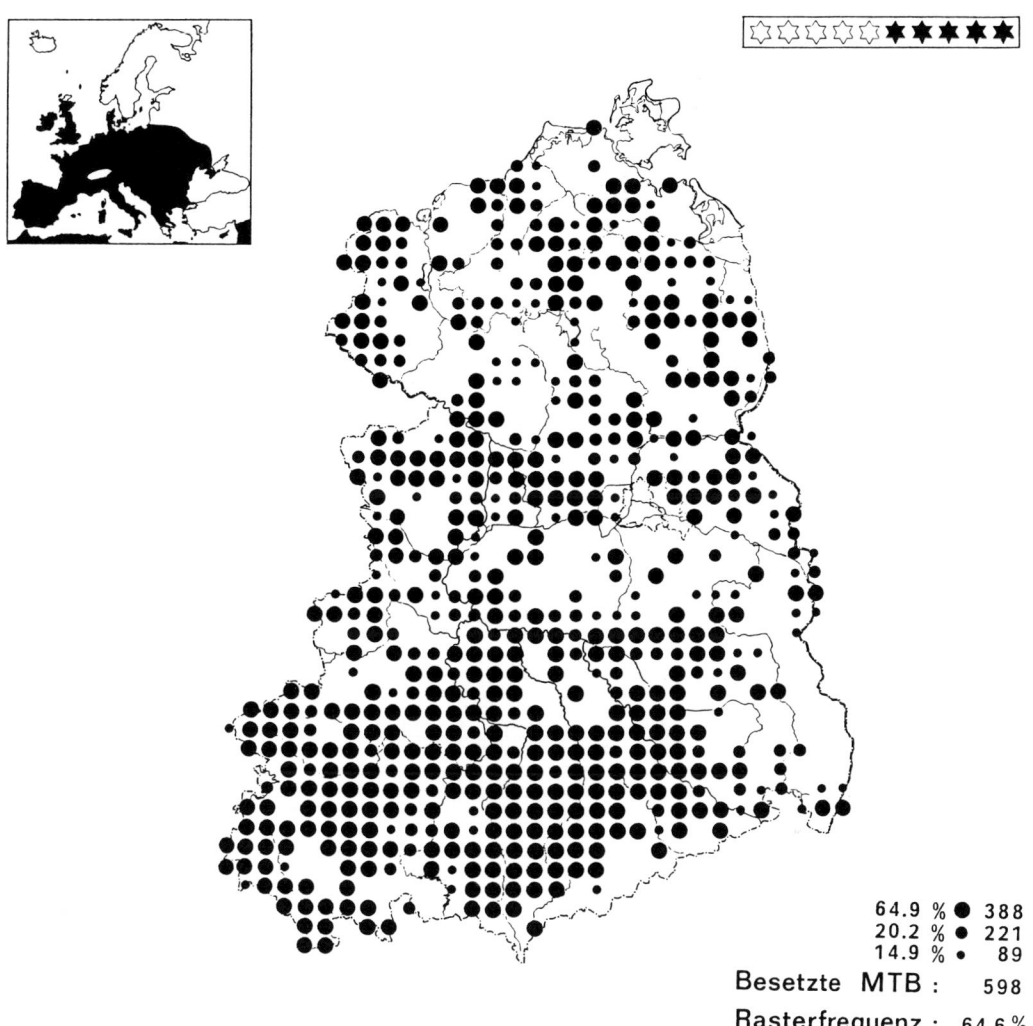

64.9 % ● 388
20.2 % ● 221
14.9 % • 89

Besetzte MTB : 598

Rasterfrequenz : 64.6 %

<u>Faunentyp</u>: kosmopolitisch.

<u>Status</u>: (mäßig) häufiger Brutvogel; Überwinterer.

<u>Verbreitung</u>: mit ± großen Lücken über das gesamte Gebiet (auch Erfassungslücken ?).

<u>Bestand/Bestandsentwicklung</u>: Der Bestand beträgt nach den Schätzungen 3500 BP (± 29 %). Diese Angabe ist mit Vorbehalt zu betrachten (möglicherweise Unterschätzung des Bestandes). Unabhängig davon zeigen die Häufigkeitseinstufungen bei relativer Betrachtung im SW-Teil durchschnittlich höhere Werte. Danach kann für Thüringen eine 2 bis 4mal höhere Bestandsdichte angenommen werden als für Mecklenburg-Vorpommern. Diese Annahme wird im Verbreitungsbild durch nach N und E zunehmende Lückenhaftigkeit bestätigt. - Trotz größerer Dichteschwankungen, besonders in Abhängigkeit von extremen Wintern, ist ein allgemein negativer Bestandtrend zu verzeichnen. Heute dürften kaum mehr Dichten von bis zu 10 BP/100 km^2 erreicht werden, wie noch 1968-72 im mittleren Saaletal erfaßt oder für das N-Harzvorland geschätzt.

Literatur: SCHÖNFELD & GIRBIG (1975); SCHNEIDER (1977); SCHÖNFELD et al. (1977); KÖNIG in HAENSEL & KÖNIG (1981).

Bubo bubo

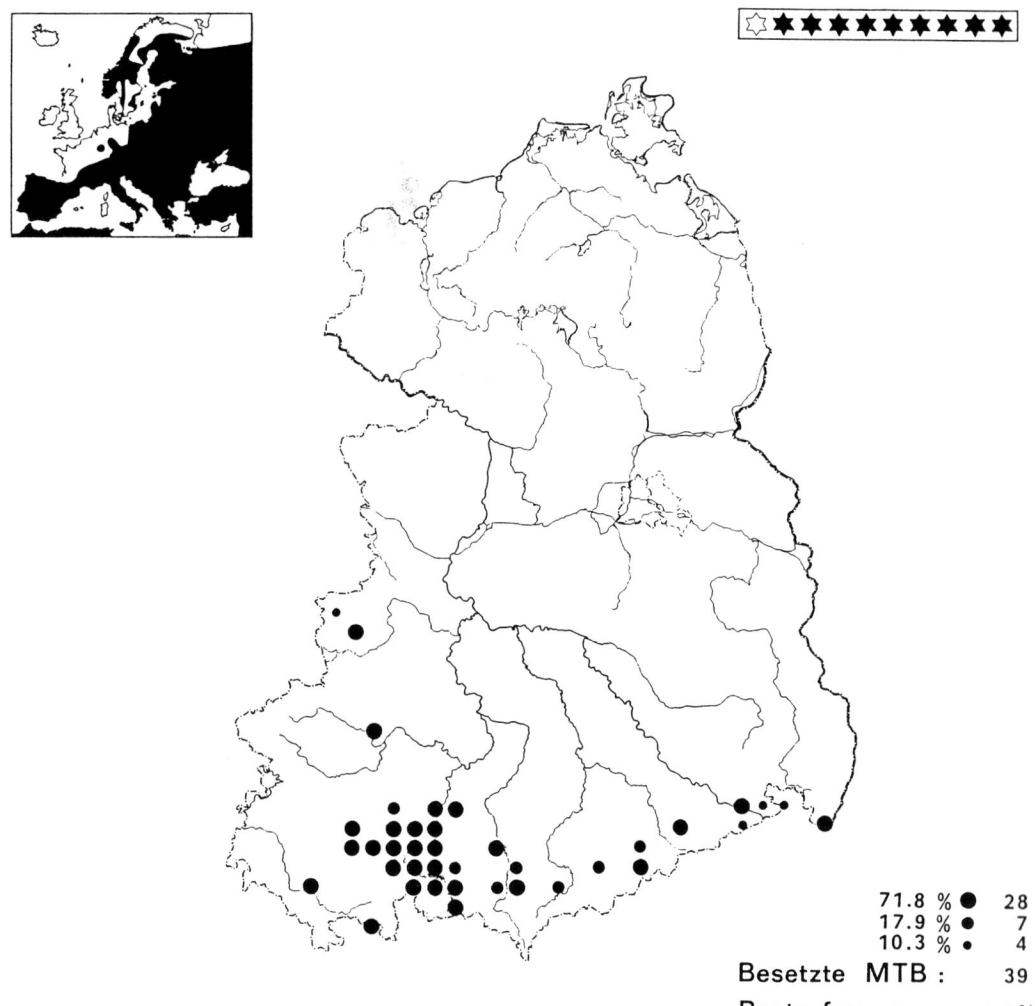

71.8 %	●	28
17.9 %	●	7
10.3 %	●	4

Besetzte MTB : 39

Rasterfrequenz : 4.2 %

Faunentyp: palaearktisch.

Status: sehr seltener Brutvogel; Überwinterer.

Verbreitung: regional begrenzt auf die Mittelgebirge bzw. deren Vorländer.

Bestand/Bestandsentwicklung: Der Bestand beträgt nach vorliegenden Angaben 45 BP (± 11 %). Der größte Anteil (1980 36 BP = 80 %) siedelt in Thüringen. In den sächsischen Mittelgebirgen sind es insgesamt nur 5 bis 10 BP. Das N Harzvorland (Sachsen-Anhalt), wo das letzte Vorkommen 1963 erloschen war, ist während des Kartierungszeitraums von 1 bis 2 BP besiedelt worden, die auf Aussetzungen im W-Harzgebiet (Niedersachsen) zurückgehen. - Der Bestand hat sich damit infolge strenger Schutzmaßnahmen von seinem Tief in den 50er Jahren (in Thüringen 1950 nur etwa 7 BP) erholt. Die aktuelle Situation sieht noch günstiger aus als zur Kartierung. Derzeit (1990/91) beträgt der Bestand 70 ± 15 BP, allein im N Harzvorland wohnen etwa 8 bis 10 BP.

Literatur: KNOBLOCH (1979); MÄRZ & PIECHOCKI (1980); KÖNIG in HAENSEL & KÖNIG (1981); GÖRNER (1982); GÖRNER in v.KNORRE et al. (1986); WADEWITZ (1992).

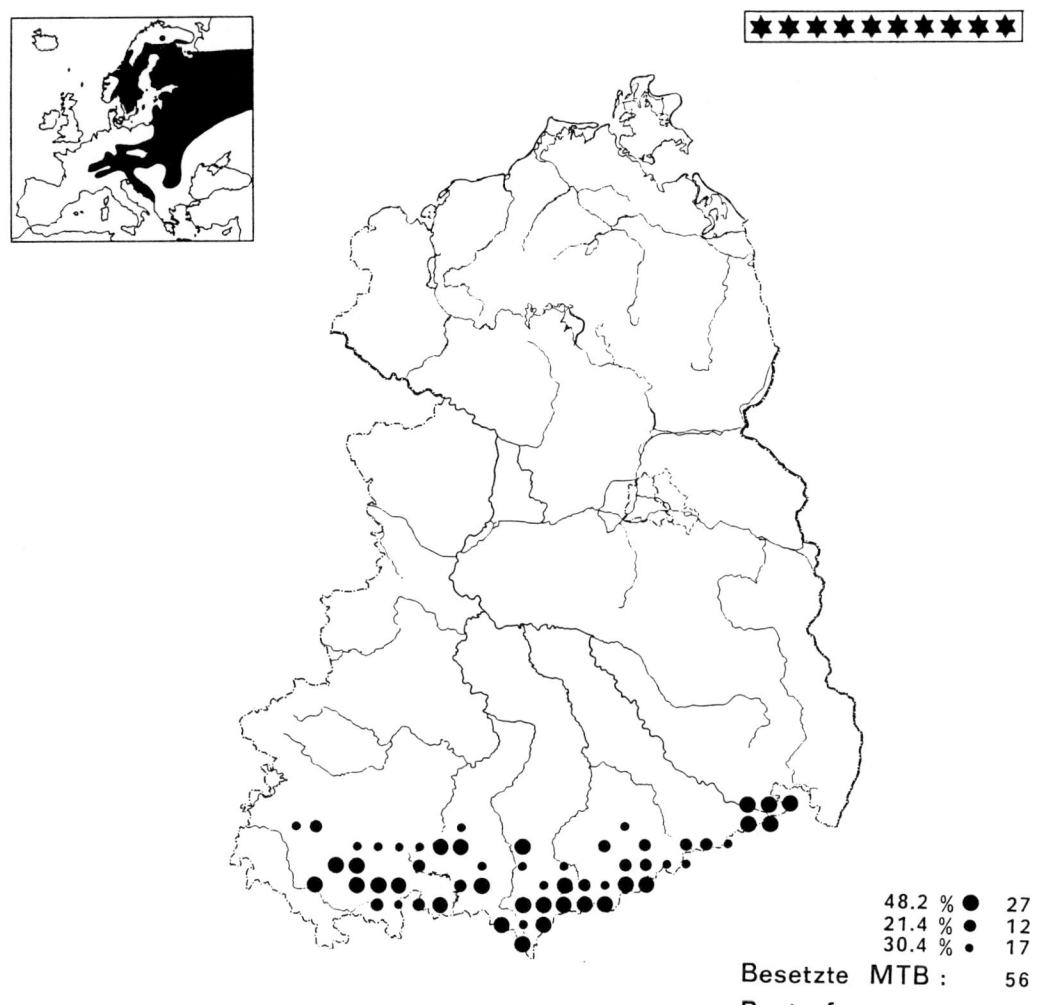

★★★★★★★★★★

48.2 % ●	27
21.4 % ●	12
30.4 % •	17

Besetzte MTB :   56

Rasterfrequenz :   6.1 %

Faunentyp: sibirisch-kanadisch.

Status: (sehr) seltener Brutvogel; Überwinterer.

Verbreitung: auf die Mittelgebirge im äußersten S des Gebietes beschränkt.

Bestand/Bestandsentwicklung: Der Bestand beträgt nach den Schätzungen und Literaturangaben 170 BP (± 30 %). Der Sperlingskauz ist das beste Beispiel dafür, wie aus mangelnder Kenntnis und aufgrund fehlender Untersuchungen eine Art fehleingeschätzt wurde. Noch um 1970/71 wird der Bestand mit "höchstens 5 bis 8 Paaren" angenommen, obwohl er möglicherweise kaum geringer als heute war. Für Thüringen wurde die Existenz eines stabilen Vorkommens noch bis 1976 angezweifelt. Mit dem Kenntniszuwachs fielen die Bestandsangaben ständig höher aus. Allein für Sachsen wurden 1980 schließlich ca. 100 BP geschätzt, was sich mit dem Atlasergebnis (95 ± 25 BP) deckt. Unter optimalen Bedingungen wurden bisher Siedlungsdichten von 3,0 bis 3,5 BP/10 km^2 registriert.

Literatur: SCHIEMENZ (1972); SCHÖNN (1978); MÖCKEL (1980); RUDAT & WIESNER (1981); SAEMANN (1981); GÜNTHER (1983); SAUER & FRIEDRICH (1985); WIESNER et al. (1991).

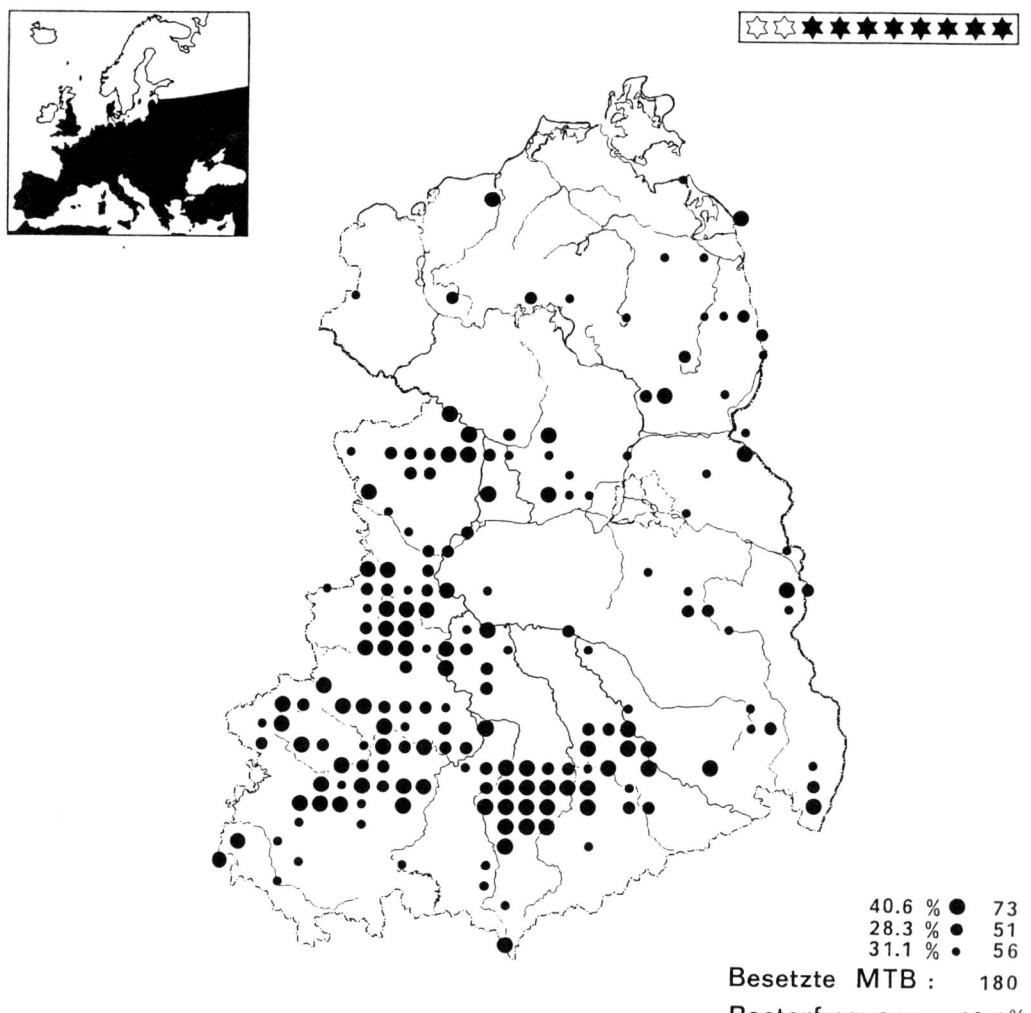

40.6 % ● 73
28.3 % ● 51
31.1 % · 56

Besetzte MTB : 180

Rasterfrequenz : 19.4 %

Faunentyp: turkestanisch-mediterran.

Status: seltener Brutvogel; Überwinterer.

Verbreitung: in der SW-Hälfte regional und lückenhaft, in der NE-Hälfte lokal bis sporadisch (auch Erfassungslücken ?).

Bestand/Bestandsentwicklung: Der Bestand beträgt nach den Schätzungen 500 BP (± 28 %). Entsprechend dem Verbreitungsbild und den Schätzungen ist Sachsen-Anhalt mit 45 % des Bestandes am dichtesten besiedelt. In Thüringen und Sachsen konzentrieren sich jeweils weitere 20 %. - Obwohl eine Unterschätzung des Bestandes und Erfassungslücken möglich erscheinen, ist ein anhaltender katastrophaler Rückgang des Steinkauzbestandes unverkennbar. Der Gesamtbestand wird für 1987/88 nur noch auf 110 bis 160 BP geschätzt. Für den ehemaligen Bez. Magdeburg ist beispielsweise in den letzten zwei bis drei Jahrzehnten ein Verlust von 80 bis 90 % anzunehmen.

Literatur: GRIMM (1985); GÜNTHER in v.KNORRE et al. (1986); SCHÖNN (1986); SCHÖNN et al. (1991); ROBILLER & ROBILLER (1992).

Waldkauz   *Strix aluco*

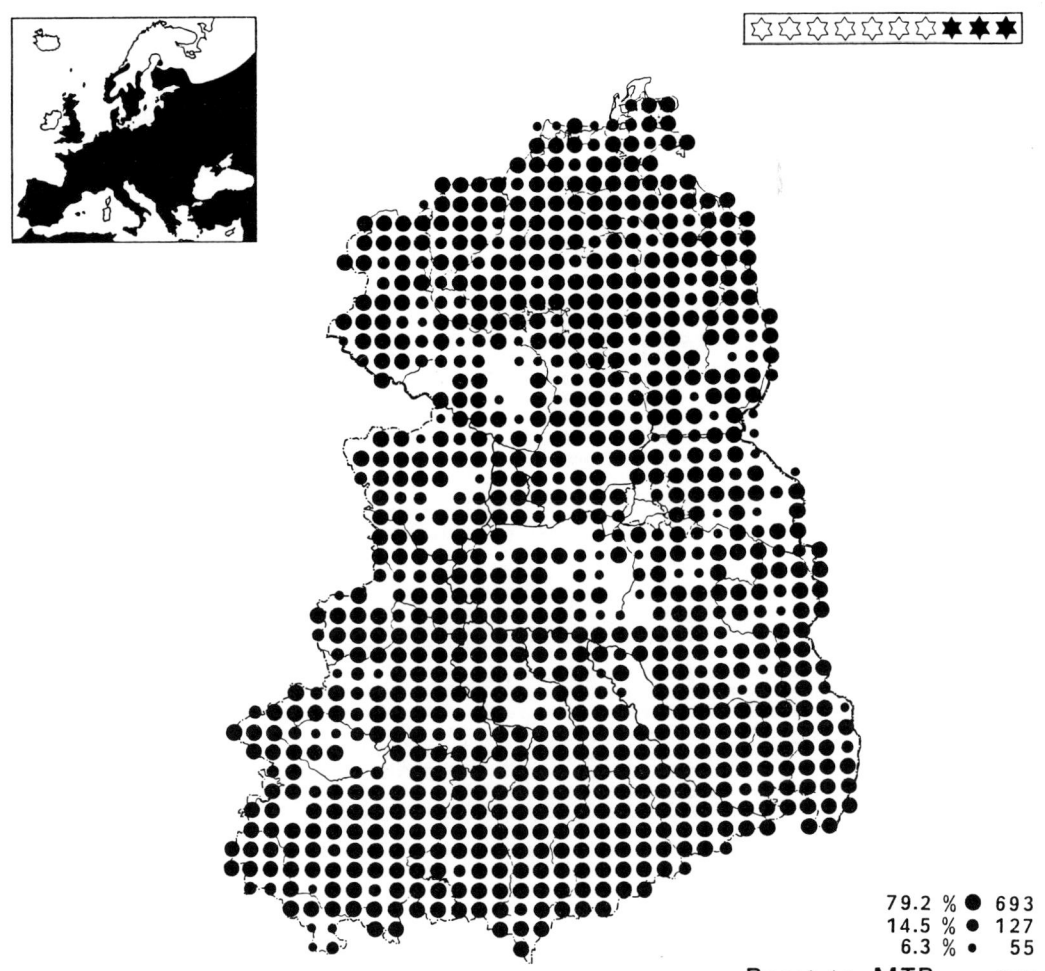

☆☆☆☆☆☆☆★★★

79.2 %	●	693
14.5 %	●	127
6.3 %	•	55

Besetzte MTB : 875

Rasterfrequenz : 94.6 %

Faunentyp: palaearktisch.

Status: sehr häufiger Brutvogel; Überwinterer.

Verbreitung: über das gesamte Gebiet mit kleineren Lücken (Erfassungslücken ?).

Bestand/Bestandsentwicklung: Der Bestand kann mit 18000 BP (± 40 %) angegeben werden, davon ausgehend, daß im Durchschnitt auf 100 km^2 10 bis 25 BP siedeln. Die Hochrechnung von Raster-schätzungen ergibt im Mittel nur 12000 BP und erscheint zu niedrig. Im waldarmen Gebiet um Halle beträgt die großflächige Bestandsdichte 16 bis 21 BP/100 km^2, im Oberelbe-Röder-Gebiet 22 bis 26 BP/100 km^2, und auch in Mecklenburg-Vorpommern liegen die meisten Angaben in dem obengenannten Bereich. In optimalen Lebensräumen (Parks, Dorf-, Stadtrandlagen mit höhlenreichem Baumbestand) können weit höhere Dichten erreicht werden, so beispielsweise 4 bis 5 BP auf 2,2 km^2 Parkgelände bei Dresden.

Literatur: GLEINICH & HUMMITZSCH (1977); MELDE (1984); LABES, PATZER in KLAFS & STÜBS (1987); SCHÖNBRODT & SPRETKE (1989).

151

Waldohreule   *Asio otus*

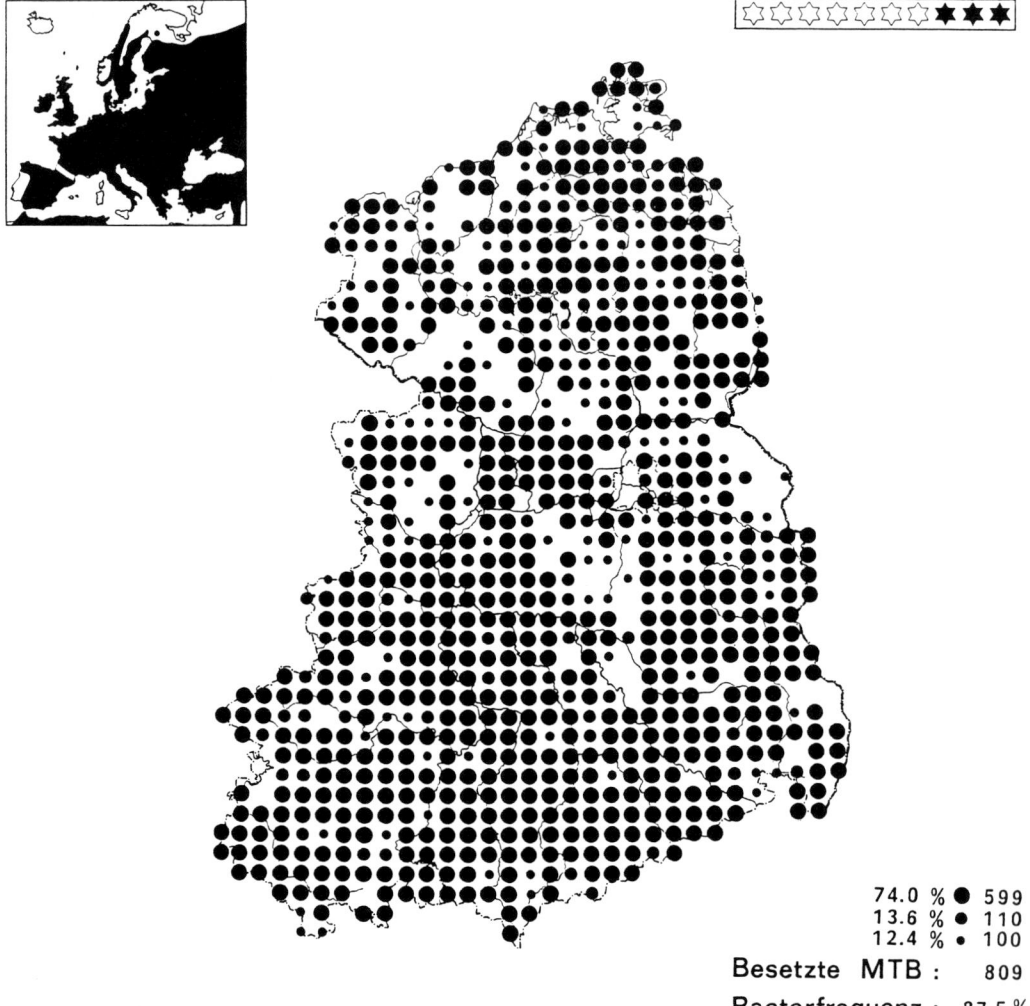

74.0 %	●	599
13.6 %	●	110
12.4 %	·	100

Besetzte MTB : 809
Rasterfrequenz : 87.5 %

Faunentyp: holarktisch.
Status: (mäßig) häufiger Brutvogel; Durchzügler, Wintergast.
Verbreitung: ± lückenhaft über das gesamte Gebiet (auch Erfassungslücken ?).
Bestand/Bestandsentwicklung: Der Bestand beträgt nach den Schätzungen und durch Hochrechnung 14000 BP (± 45 %). Dabei wurde eine mittlere Bestandsdichte von 8 bis 20 BP/100 km^2 zugrunde gelegt. Die Abschätzungen pro Raster ergeben im Mittel nur 9000 BP; mit Sicherheit wird aber der Bestand unterschätzt. Max. Siedlungsdichten bis zu 98 BP/100 km^2 sind jedoch durch BLOCK nachgewiesen worden. - In Abhängigkeit von strengen, schneereichen Wintern und besonders von Massenvermehrungen der Feldmaus schwankt der Bestand beträchtlich. In Jahren mit Kleinnager-Gradationen kann die Siedlungsdichte erheblich ansteigen, lokal bis 5mal so hoch wie in Latenzjahren.

Literatur: HÖSER (1969); CREUTZ (1976); GLEINICH & HUMMITZSCH (1977); PESSNER & HARTUNG (1985); BLOCK & BLOCK (1987).

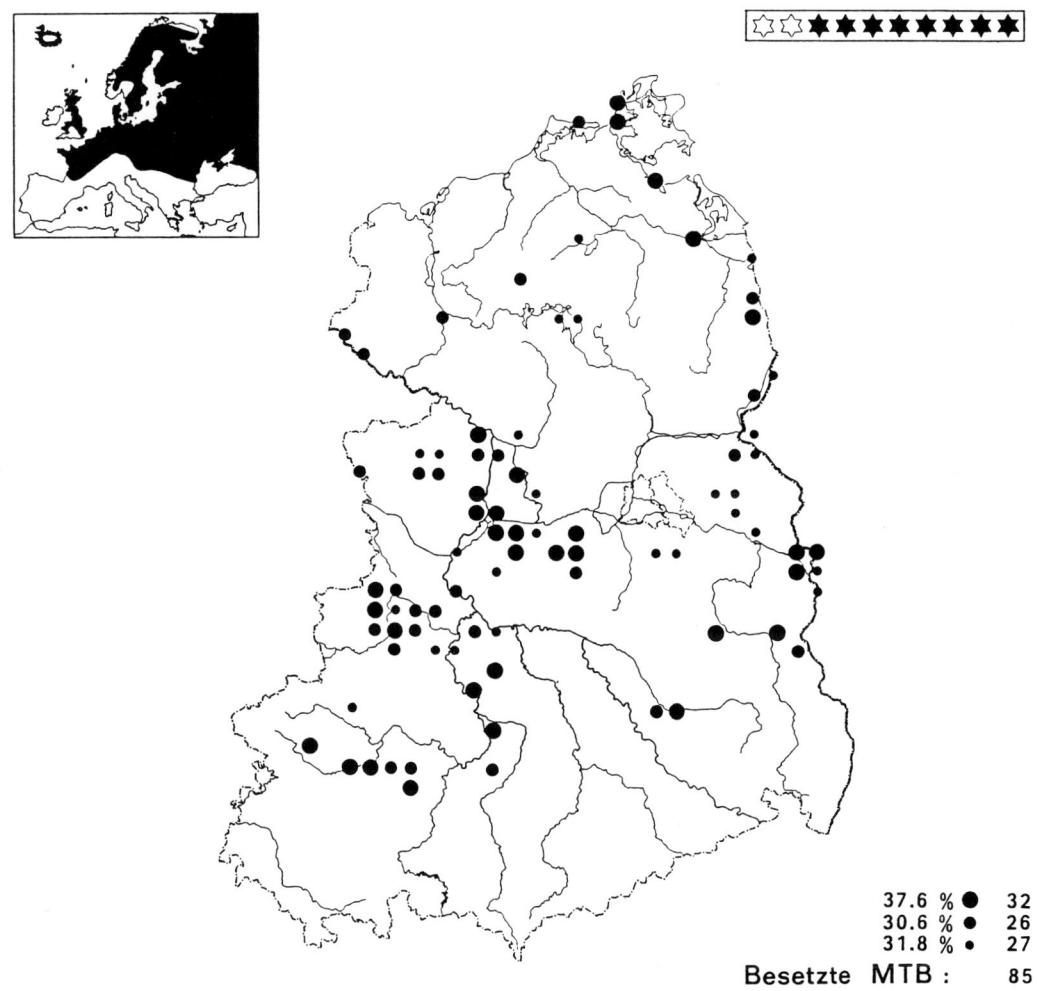

37.6 % ●	32
30.6 % ●	26
31.8 % •	27

Besetzte MTB :   85

Rasterfrequenz :   9.2 %

Faunentyp: holarktisch.

Status: (sehr) seltener Brutvogel; Durchzügler, Wintergast.

Verbreitung: lokal bis sporadisch im gesamten (?) Gebiet.

Bestand/Bestandsentwicklung: Der Bestand beträgt nach den Schätzungen und unter Vorbehalt 120 BP (± 50 %). Einerseits werden Vorkommen leicht übersehen, andererseits kann die Sumpfohreule bei günstigem Nahrungsangebot (Kleinnagergradation) in größerer Zahl und an unerwarteten Orten brüten. Solche (Invasions-)Jahre waren zuletzt 1971 und 1978 (Kartierungsjahr !), aber wohl regional unterschiedlich. Normalerweise ist diese Eule im Gebiet nur ein sehr seltener Brutvogel, und ihr Bestand ist deshalb kaum zuverlässig anzugeben, weil es wirklich stabile und regelmäßig besetzte Brutplätze eigentlich kaum gibt.

Literatur: SEELIG (1972); KALBE in RUTSCHKE (1983); LIPPERT et al. (1983); GÜNTHER in v.KNORRE et al. (1986); BRIESEMEISTER, SEELIG in BRIESEMEISTER et al. (1988).

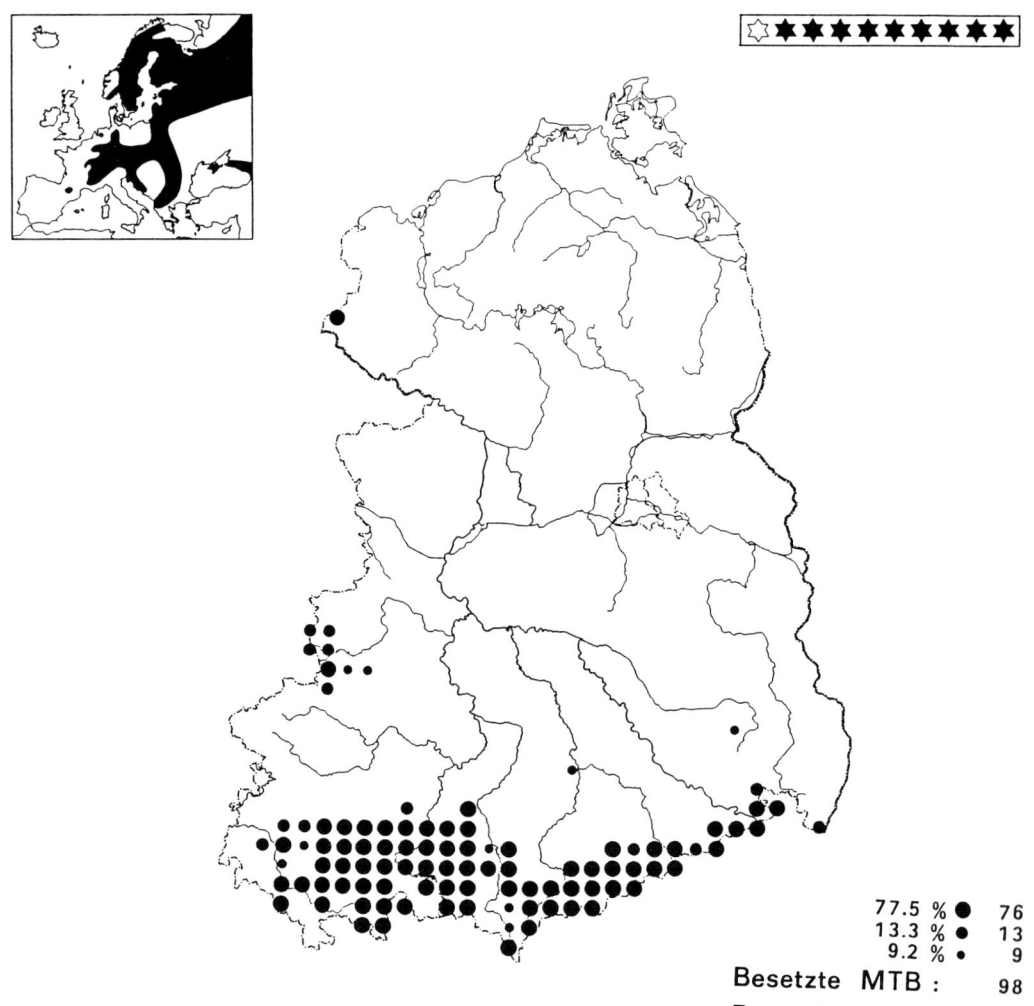

77.5 % ● 76
13.3 % ● 13
9.2 % ● 9

Besetzte MTB : 98

Rasterfrequenz : 10.6 %

Faunentyp: sibirisch-kanadisch.

Status: seltener (bis mäßig häufiger) Brutvogel; Durchzügler, Überwinterer.

Verbreitung: weitestgehend auf Mittelgebirge beschränkt (sporadisch im übrigen Gebiet; Erfassungslücken ?).

Bestand/Bestandsentwicklung: Der Bestand beträgt nach den Schätzungen 500 BP (± 24 %). Davon siedeln etwa 60 % in Thüringen, 30 % in Sachsen und weniger als 10 % im Harzgebiet (Sachsen-Anhalt). - Nach unseren heutigen Kenntnissen ist es sehr wahrscheinlich, daß sich außerhalb dieser Gebiete an verschiedenen Stellen noch unerkannte Vorkommen befinden. Mit sporadischem Auftreten in geeigneten Habitaten kann praktisch überall gerechnet werden. Ein Beleg dafür ist der Zufallsfund einer Bruthöhle 1982 im Kr. Hagenow (Mecklenburg-Vorpommern), dessen beringter Altvogel von der Population der Lüneburger Heide abstammt. 1985 wurde schließlich noch ein Brutvorkommen im Kr. Rathenow (Brandenburg) entdeckt.

Literatur: MÖCKEL (1983); BLOCK & BLOCK (1986, 1989); MÜLLER & SCHRAMM (1986); MÜLLER in KLAFS & STÜBS (1987); MEYER & RUDAT (1987); SCHULENBURG & ZÖPHEL (1987).

Ziegenmelker

Caprimulgus europaeus

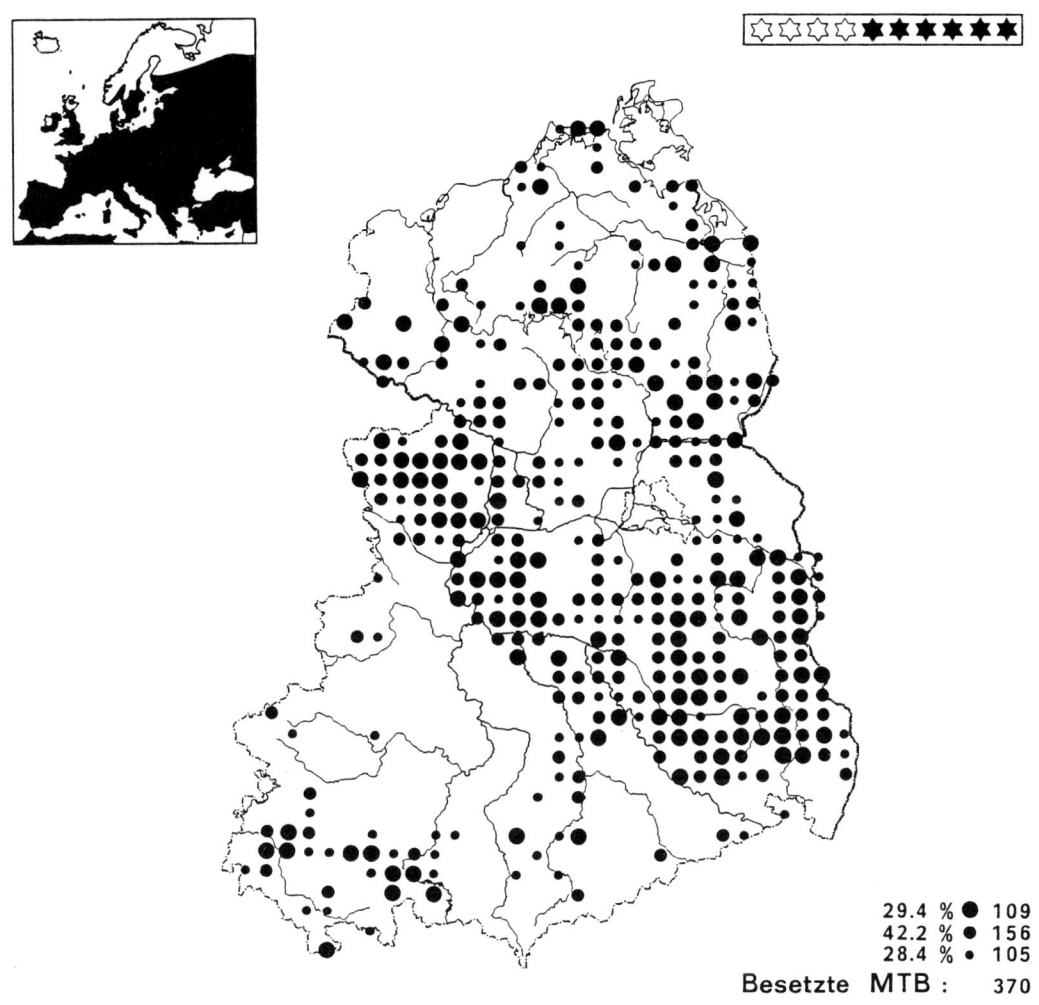

29.4 % ● 109
42.2 % ● 156
28.4 % • 105

Besetzte MTB : 370

Rasterfrequenz : 40.0 %

Faunentyp: palaearktisch.

Status: mäßig häufiger Brutvogel; Durchzügler.

Verbreitung: sehr ungleichmäßig über das gesamte Gebiet mit großen Lücken besonders im S/SW und N.

Bestand/Bestandsentwicklung: Der Bestand beträgt nach den Schätzungen 4000 BP (± 38 %). Der weitaus größte Teil konzentriert sich im mittleren Gebiet und im SE (Altmark, Brandenburg, N-Sachsen), wo annähernd 80 % des Bestandes siedeln. In Mecklenburg-Vorpommern wohnen ca. 15 % und in Thüringen 5 %. Die größte Dichte kann nach den Schätzungen für die Lausitz angenommen werden. In optimalen Lebensräumen (Kiefernheide) wurden hier bis 10 BP/100 ha gefunden. Solche Werte wurden in den 70er Jahren auch noch in der Steckbyer Heide (Sachsen-Anhalt) erreicht. Hier, aber auch in den anderen Bundesländern erfolgte jedoch in den letzten Jahrzehnten eine teilweise recht erhebliche Abnahme.

Literatur: SCHLEGEL (1967); STEINKE (1981); DECKERT in RUTSCHKE (1983); EICHSTÄDT in KLAFS & STÜBS (1987); SCHULTZ (1988).

Mauersegler *Apus apus*

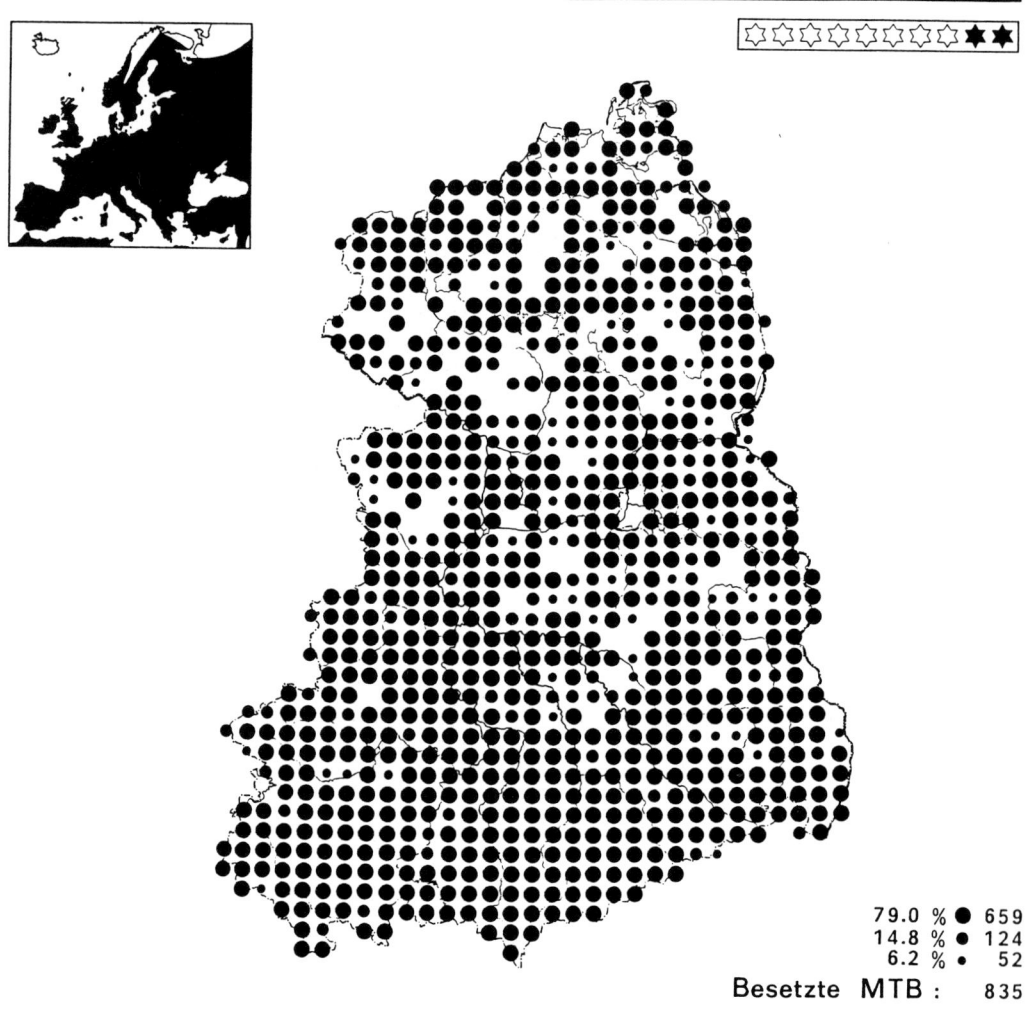

79.0 % ● 659
14.8 % ● 124
6.2 % · 52

Besetzte MTB : 835

Rasterfrequenz : 90.3 %

Faunentyp: palaearktisch.

Status: sehr häufiger Brutvogel; Durchzügler.

Verbreitung: mit ± kleinen Lücken (Mecklenburg-Vorpommern, Brandenburg) über das gesamte Gebiet.

Bestand/Bestandsentwicklung: Der Bestand beträgt nach den Schätzungen 110000 BP (± 55 %). Erfassungen sind problematisch, die Angabe ist mit Vorbehalt zu betrachten. - Wie bei anderen, eng an den menschlichen Siedlungsbereich gebundenen Arten weist die S-Hälfte bedeutend höhere Bestände auf (vgl. Häufigkeitskarte 6). Sofern abgeschätzt, heben sich aber auch im N-Teil Raster hervor, auf denen größere Städte liegen (z. B. Stralsund, Neubrandenburg). Es besteht eine klare Beziehung zwischen Bevölkerungsdichte und Häufigkeit des Mauerseglers. Trotzdem muß auf lokale Vorkommen von Felsbrütern (z. B. Kreideküste von Rügen, Steinbrüche in Thüringen) und besonders Baumbrütern in naturnahen Wäldern hingewiesen werden. Das mit 400 bis 500 BP größte Baumbrütervorkommen befindet sich im NE-Harz.

Literatur: PLATH (1984); KELLNER in v.KNORRE (1986); GÜNTHER & HELLMANN (1991).

Eisvogel

Alcedo atthis

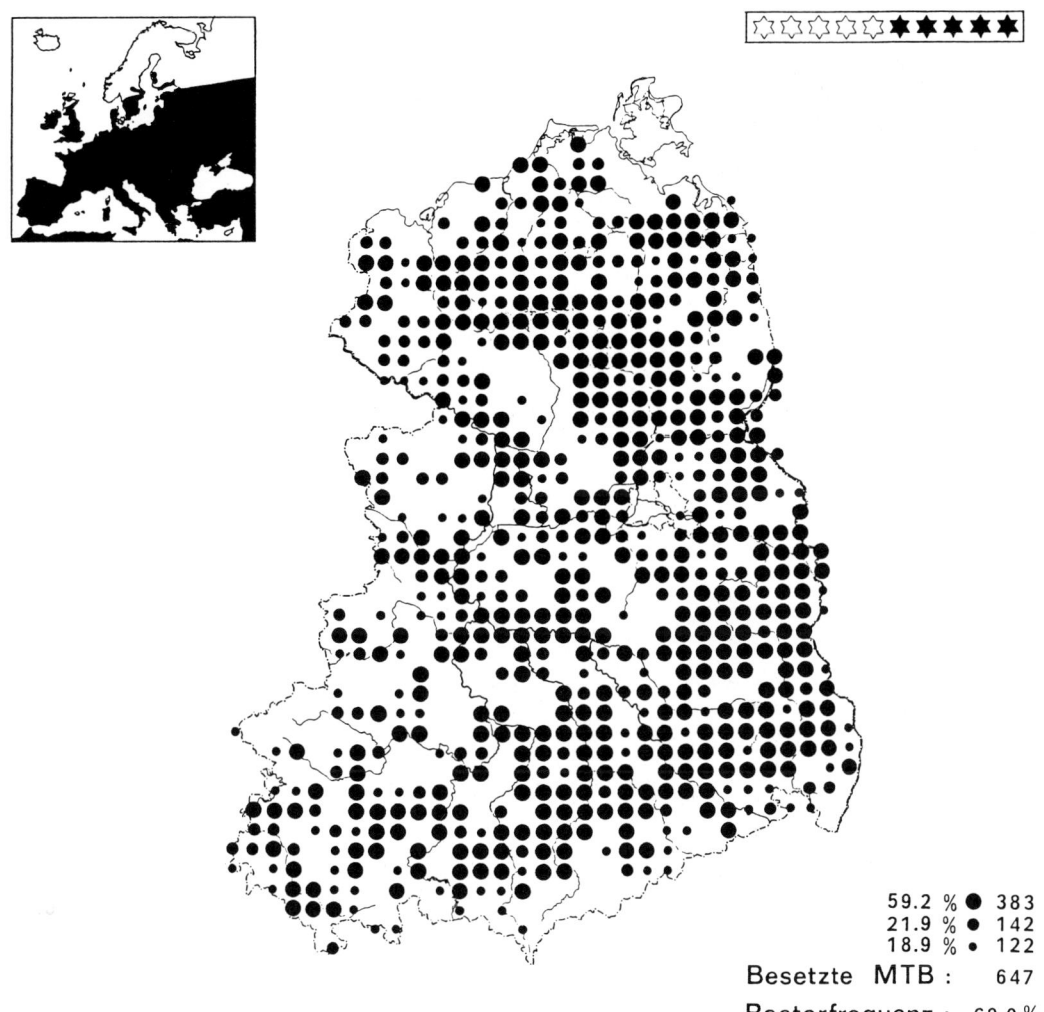

59.2 %	●	383
21.9 %	●	142
18.9 %	•	122

Besetzte MTB : 647

Rasterfrequenz : 69.9 %

Faunentyp: altweltlich.
Status: mäßig häufiger Brutvogel; Durchzügler, Überwinterer.
Verbreitung: ± lückenhaft über das gesamte Gebiet.
Bestand/Bestandsentwicklung: Der Bestand beträgt nach den Schätzungen 1900 BP (± 32 %). Er unterliegt in Abhängigkeit von Extremwintern größeren Schwankungen. So kam es nach dem Winter 1962/63 regional zum fast völligen Verschwinden der Vorkommen. Nach einigen Normaljahren sind derartige Verluste ausgeglichen. Der kalte Winter 1978/79 dürfte sich also kaum noch auf die Bestandsschätzungen ausgewirkt haben. Die Bestandsdichte ist allgemein gering, auf mehr als 60 % der besetzten Raster wurden nur jeweils 1 bis 2 BP geschätzt. Die höheren Einstufungen finden sich verstärkt in Brandenburg.

Literatur: GÖRNER (1973); KÖNIG in HAENSEL & KÖNIG (1981); GRÄTZ, SCHMIDT in RUTSCHKE (1983).

Blauracke   *Coracias garrulus*

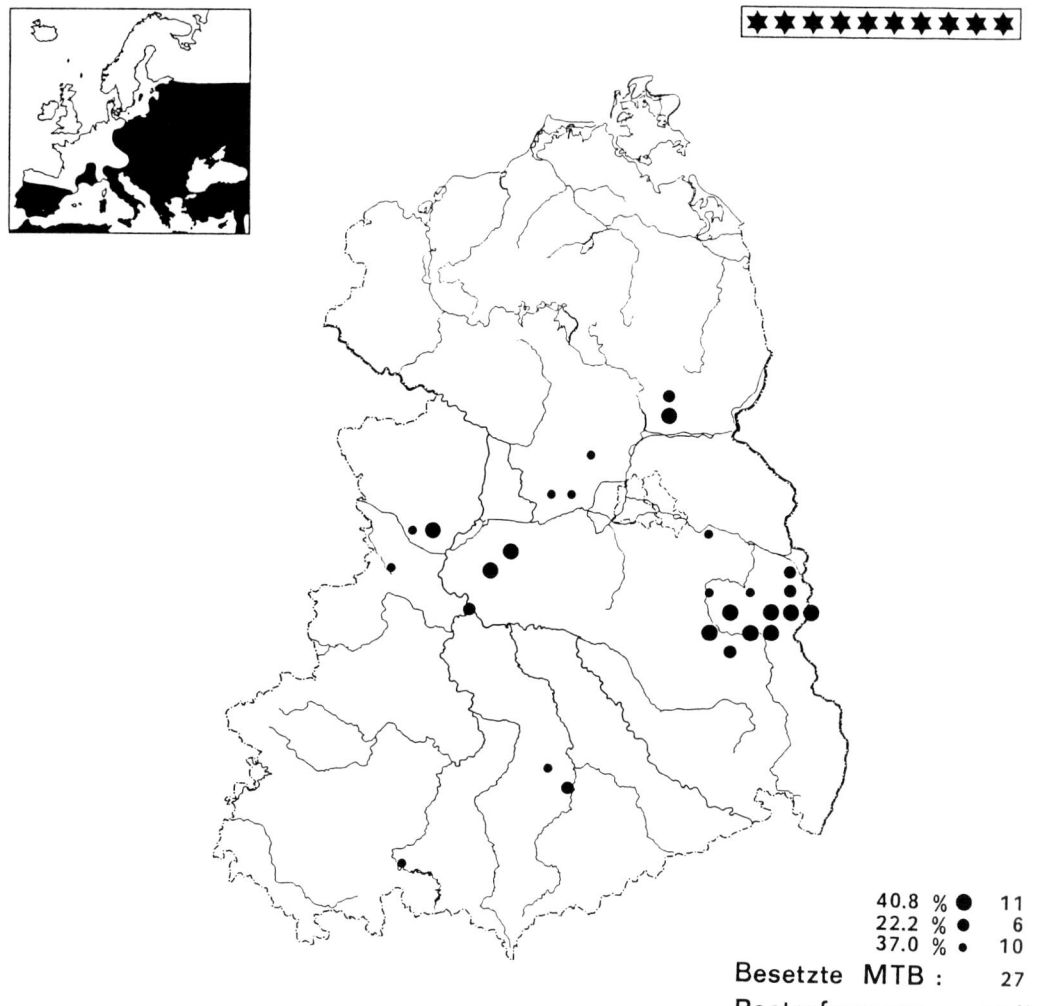

40.8 %	●	11
22.2 %	●	6
37.0 %	●	10

Besetzte MTB : 27
Rasterfrequenz : 2.9 %

Faunentyp: europäisch-turkestanisch.

Status: sehr seltener Brutvogel; Durchzügler.

Verbreitung: beschränkt auf lokale Restbestände in Sachsen-Anhalt und Brandenburg.

Bestand/Bestandsentwicklung: Der Bestand beträgt nach den Schätzungen 40 BP (± 50 %). Er hat in den vergangenen 3 Jahrzehnten extrem abgenommen. Ebenso reduzierte sich das Verbreitungsgebiet immer mehr. Noch für 1961 wurden 150 bis 200 BP erfaßt. Eine Zählung 1976 erbrachte nur noch 35 bis 50 BP. Schwerpunktgebiet mit etwa 75 % des Bestandes ist die Niederlausitz. Von 1961 bis 1981 war aber auch hier ein Rückgang um mehr als 80 % zu verzeichnen. Diese traurige Bilanz setzte sich auch nach der Kartierung fort. Mitte der 80er Jahre existierten praktisch nur noch einzelne Vorkommen im Raum Cottbus und in der Colbitz-Letzlinger Heide. Möglicherweise fanden 1990 die letzten Bruten in Deutschland statt, so daß heute die Blauracke schon nicht mehr zu den regelmäßigen Brutvögeln des Gebietes zählt.

Literatur: CREUTZ (1964, 1979); ERDMANN (1980); ROBEL (1982, 1991); HAMSCH (1984); ZÖRNER (1987).

Wiedehopf

Upupa epops

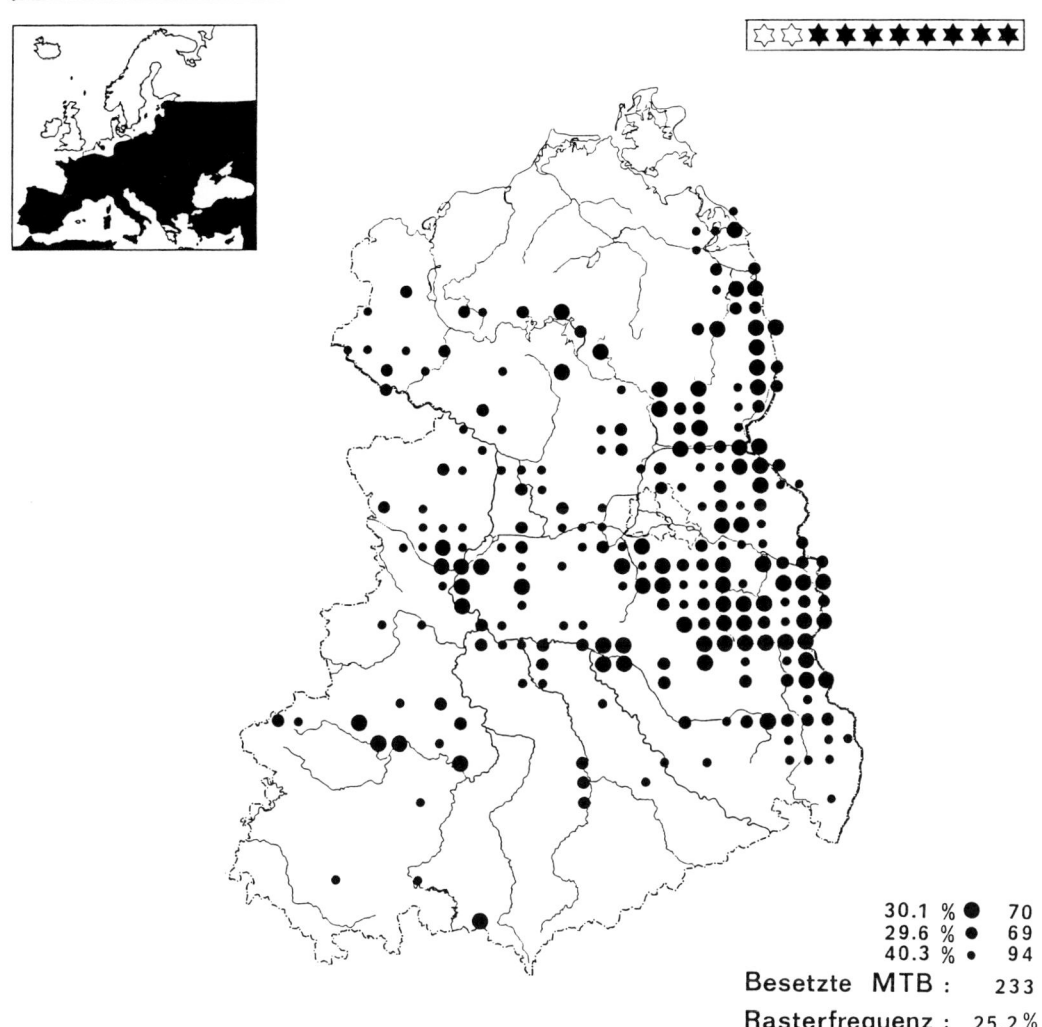

30.1 % ●	70
29.6 % ●	69
40.3 % •	94

Besetzte MTB : 233

Rasterfrequenz : 25.2 %

Faunentyp: altweltlich.

Status: seltener Brutvogel; Durchzügler.

Verbreitung: im wesentlichen Brandenburg und Sachsen-Anhalt (Mittelelbe-Bereich); im S/SE und NW nur noch ± sporadisch.

Bestand/Bestandsentwicklung: Der Bestand beträgt nach den Schätzungen 370 BP (± 27 %). Sein Schwerpunkt befindet sich eindeutig in den mittleren und E Gebietsteilen. Annähernd 60 % aller BP lassen sich nach den Abschätzungen allein für die E-Hälfte Brandenburgs, dem klimatisch "kontinentalsten" Bereich des Gebietes, ermitteln. - Ziemlich eindeutig für alle Bundesländer ist die stark negative Tendenz der Bestandsentwicklung, wobei sich Parallelen zum Verlauf der katastrophalen Entwicklung bei der Blauracke abzeichnen.

Literatur: HIRSCHFELD & HIRSCHFELD (1973); MENZEL (1975); RUTSCHKE (1983).

Jynx torquilla

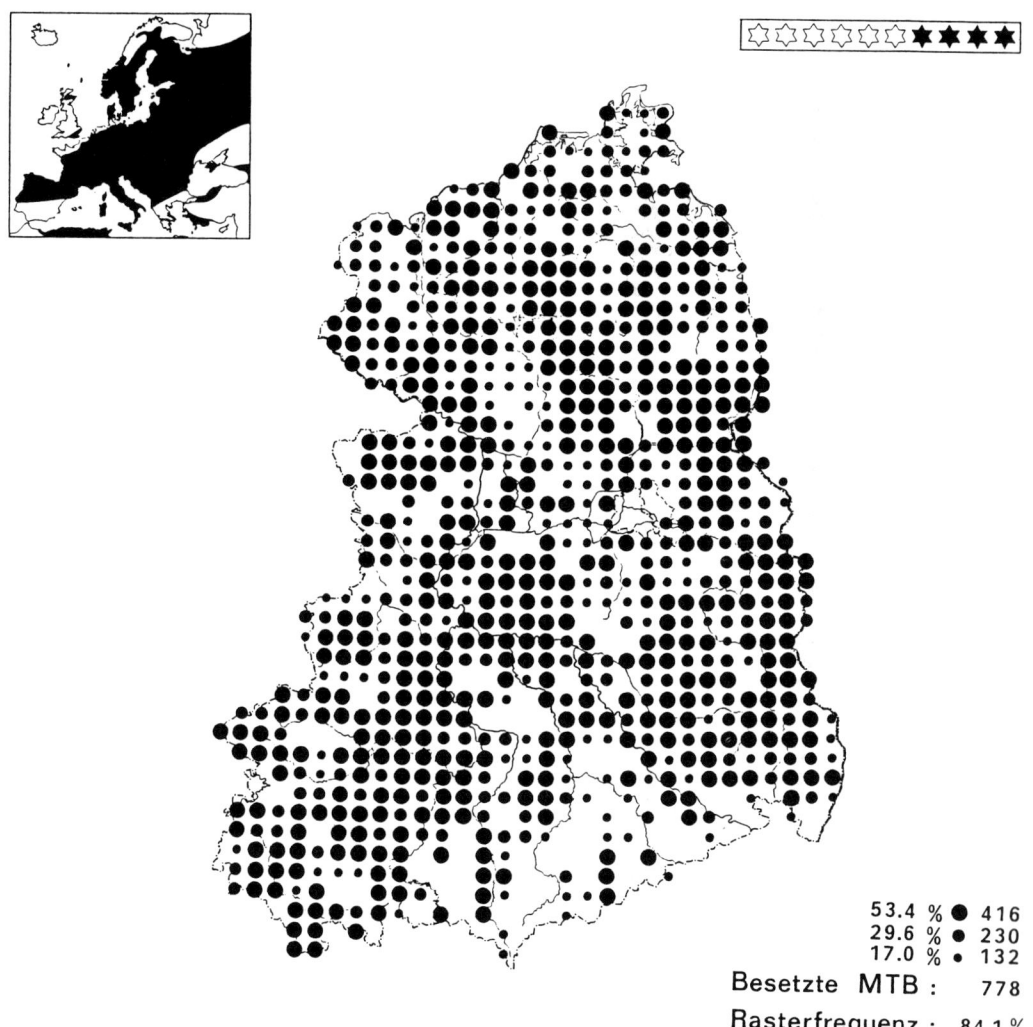

☆☆☆☆☆★★★★

53.4 % ● 416
29.6 % ● 230
17.0 % • 132
Besetzte MTB : 778
Rasterfrequenz : 84.1 %

<u>Faunentyp:</u> palaearktisch.

<u>Status:</u> häufiger Brutvogel; Duchzügler.

<u>Verbreitung:</u> ± lückenhaft über das gesamte Gebiet (Verbreitungslücken besonders in Sachsen).

<u>Bestand/Bestandsentwicklung:</u> Der Bestand beträgt nach den Schätzungen 10000 BP (± 35 %). Geringere Häufigkeiten werden besonders aus dem S gemeldet. Für Sachsen lassen sich nur 360 ± 80 BP errechnen (4 % des Bestandes !). Im Erzgebirge ist der Wendehals besonders selten, aber auch der Bez. Leipzig weist nach starker Abnahme in den letzten Jahren nur noch sehr geringen Bestand auf. Eine geringere Bestandsdichte zeichnet sich weiterhin für den N-Teil von Mecklenburg-Vorpommern (Küstenregion) ab.

Literatur: GRÖSSLER (1984); BRENNING in KLAFS & STÜBS (1987); HUMMITZSCH (1988).

Grauspecht

Picus canus

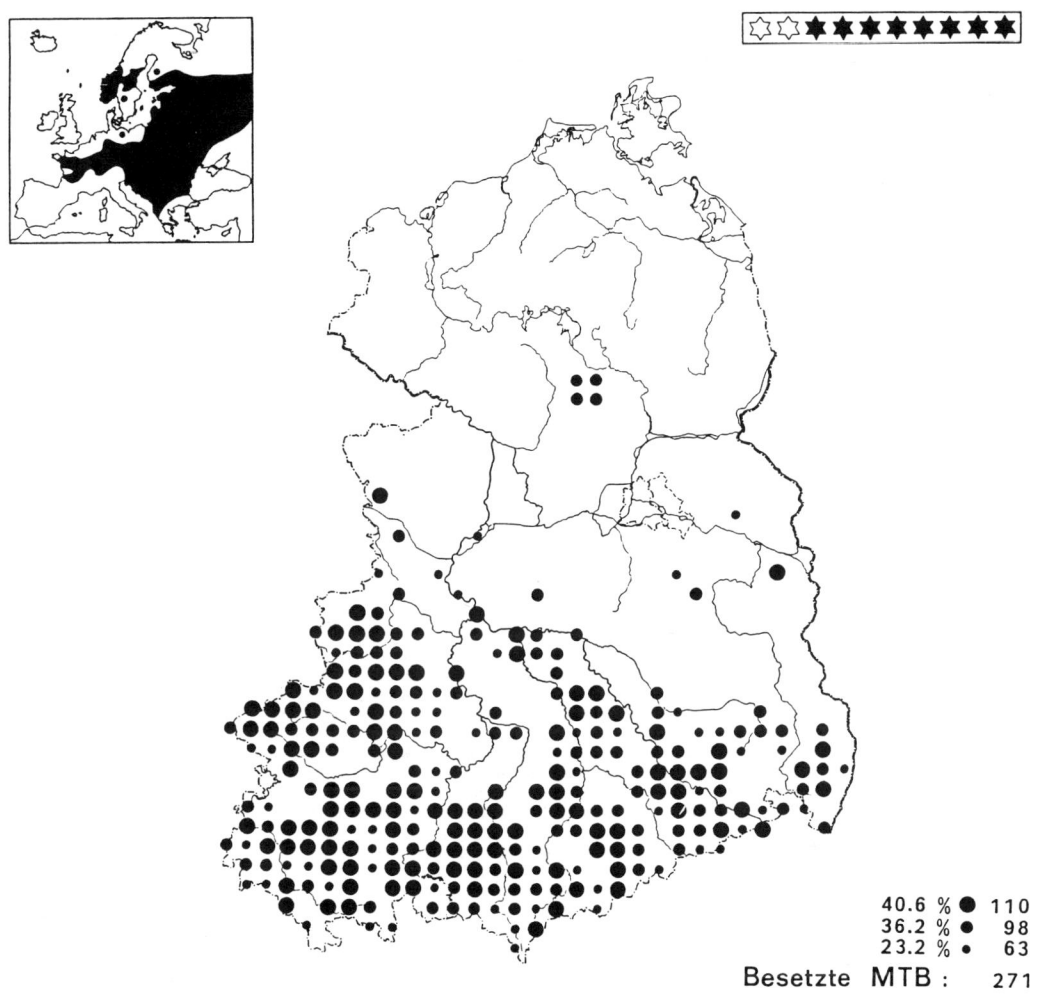

40.6 %	●	110
36.2 %	●	98
23.2 %	•	63

Besetzte MTB : 271

Rasterfrequenz : 29.3 %

Faunentyp: palaearktisch.

Status: mäßig häufiger Brutvogel; Überwinterer.

Verbreitung: nur in Thüringen, Sachsen und im S/SW von Sachsen-Anhalt; lokal in Brandenburg.

Bestand/Bestandsentwicklung: Der Bestand beträgt nach den Schätzungen 1600 BP (± 31 %). Am dichtesten besiedelt ist Thüringen (etwa 55 % des Bestandes), in Sachsen wohnen 25 % und in Sachsen-Anhalt knapp 20 %, hier insbesondere im Harzgebiet. Die geschätzten Häufigkeiten je Raster entsprechen nur in Thüringen im Durchschnitt etwa denen des Grünspechtes. Sie werden zur Verbreitungsgrenze hin immer geringer. Größte Siedlungsdichte von etwa 10 BP auf 40 km^2 (davon 16 km^2 Wald) wurde im Kr. Zeulenroda gefunden. - Die isolierten Vorkommen im N Brandenburgs sind besonders interessant und bedürfen zukünftig eingehender Untersuchungen. Immerhin liegen gerade aus dem Gebiet Stechlinsee bereits aus den 60er Jahren Nachweise vor.

Literatur: FLÖSSNER (1967); SEMMLER & v.KNORRE (1975); KALBE in RUTSCHKE (1983); GRÖSSLER (1984); SCHUBERT (1987); HUMMITZSCH (1988); SÜDBECK (1992).

161

Grünspecht   *Picus viridis*

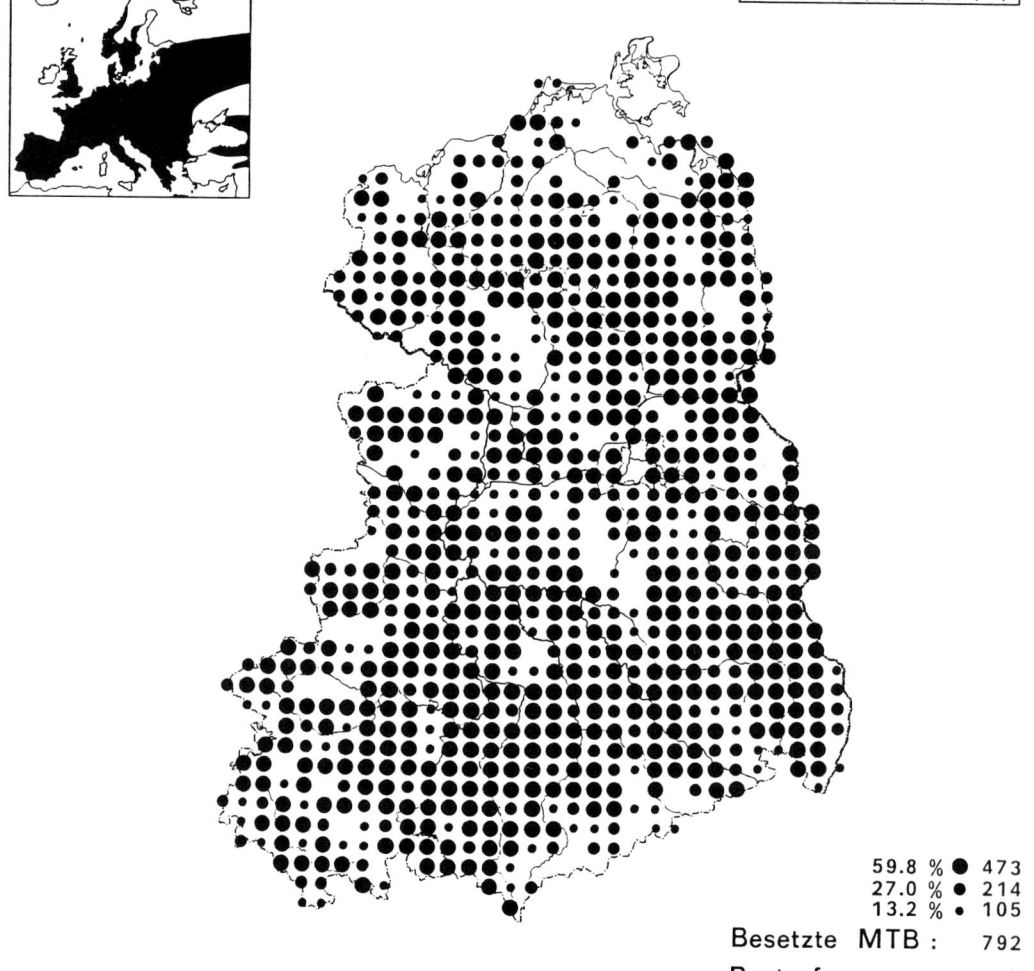

59.8 %	●	473
27.0 %	●	214
13.2 %	•	105

Besetzte MTB : 792

Rasterfrequenz : 85.6 %

Faunentyp: europäisch.
Status: häufiger Brutvogel; Überwinterer.
Verbreitung: lückenhaft über das gesamte Gebiet (auch Erfassungslücken ?).
Bestand/Bestandsentwicklung: Der Bestand beträgt nach den Schätzungen 7700 BP (± 32 %). Die Häufigkeitseinstufungen fallen im N-Teil geringer aus. Zudem kommen noch Verbreitungslücken im Bereich der Küste und des Hinterlandes, so daß sich für Mecklenburg-Vorpommern eine deutlich geringere Bestandsdichte ergibt (nur 15 % des Bestandes auf einem Viertel der Fläche). Für den Raum Halle wurde großflächig eine Siedlungsdichte von 13 bis 17 BP/100 km^2 ermittelt. - Eine sichere Aussage über den Bestandstrend ist nicht möglich. Ebenso kann nicht beurteilt werden, ob bzw. inwiefern sich der extreme Winter 1978/79 noch auf die Bestandsschätzungen ausgewirkt hat.

Literatur: GRÖSSLER (1984); BRENNING in KLAFS & STÜBS (1987); HUMMITZSCH (1987); SCHÖNBRODT & SPRETKE (1989).

Schwarzspecht *Dryocopus martius*

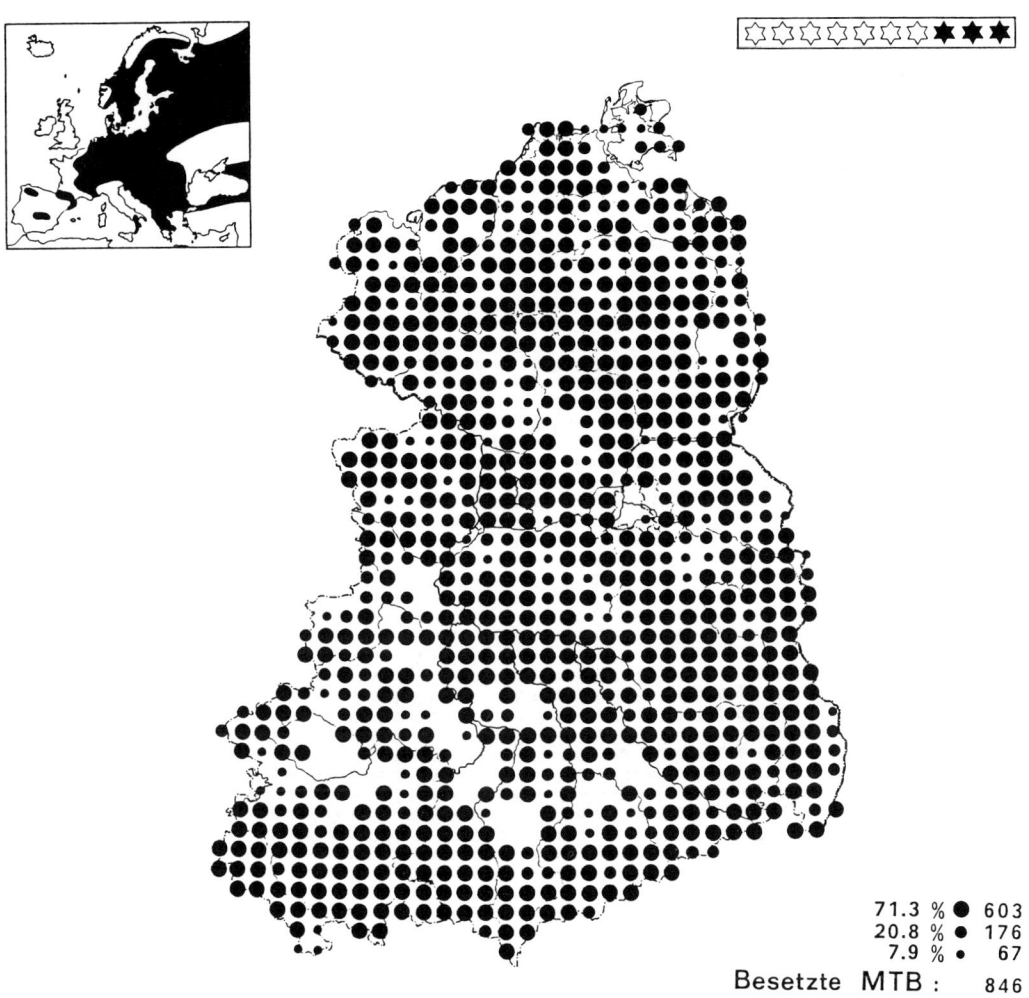

☆☆☆☆☆☆★★★

71.3 % ● 603
20.8 % ● 176
7.9 % • 67

Besetzte MTB : 846

Rasterfrequenz : 91.4 %

Faunentyp: palaearktisch.

Status: häufiger Brutvogel; Überwinterer.

Verbreitung: ± lückenhaft über das gesamte Gebiet.

Bestand/Bestandsentwicklung: Der Bestand beträgt nach den Schätzungen 7300 BP (± 33 %). Die Sachsen-Anhaltischen Ebenen, das Thüringer Becken und das W Sächsische Hügelland weisen eine geringere Bestandsdichte auf (abgeschätzte Raster mit niedrigeren Einstufungen, Verbreitungslücken). Hier wirkt sich mit Sicherheit das Fehlen von größeren Waldgebieten aus. Ansonsten können anhand der Schätzangaben hinsichtlich großflächiger Bestandsdichte weiter keine Unterschiede abgeleitet werden. - Für die letzten zwei bis drei Jahrzehnte kann eine Bestandszunahme angenommen werden, die sich u. a. auch darin äußert, daß zunehmend die offene Landschaft (Feldgehölze, Alleen) besiedelt wurde und wohl noch wird.

Literatur: LIEDER in v.KNORRE et al. (1986); HUMMITZSCH (1987); BRIESEMEISTER, STEIN in BRIESEMEISTER et al. (1988).

163

95.1 % ● 876
3.5 % ● 32
1.4 % • 13

Besetzte MTB : 921

Rasterfrequenz : 99.6 %

Faunentyp: palaearktisch.

Status: sehr häufiger Brutvogel; Überwinterer, Durchzügler, Wintergast.

Verbreitung: flächendeckend über das gesamte Gebiet.

Bestand/Bestandsentwicklung: Der Bestand beträgt durch Hochrechnung von Siedlungsdichteangaben 180000 BP (± 42 %). Der Buntspecht ist mit Abstand die häufigste Spechtart und nach der Ringeltaube der zweithäufigste Nichtsperlingsvogel. Die größten Bestände befinden sich zweifellos in den Wäldern, wo im Mittel mit Siedlungsdichten von 0,5 bis 1,0 BP/10 ha zu rechnen ist, Spitzenwerte finden sich in strukturreichen Auwäldern (kleinflächig bis über 5 BP/10 ha). - Großflächig wurden im Gebiet um Halle (770 km² mit nur 4 % Waldanteil) 0,4 bis 0,5 BP/km² und im Elbe-Röder-Gebiet bei Dresden/Sachsen (23 % Waldanteil) 1,0 bis 1,5 BP/km² ermittelt.

Literatur: BRENNING in KLAFS & STÜBS (1987); BRIESEMEISTER, CLAUSING in BRIESEMEISTER et al. (1988); HUMMITZSCH (1988); SCHÖNBRODT & SPRETKE (1989).

Mittelspecht
Dendrocopos medius

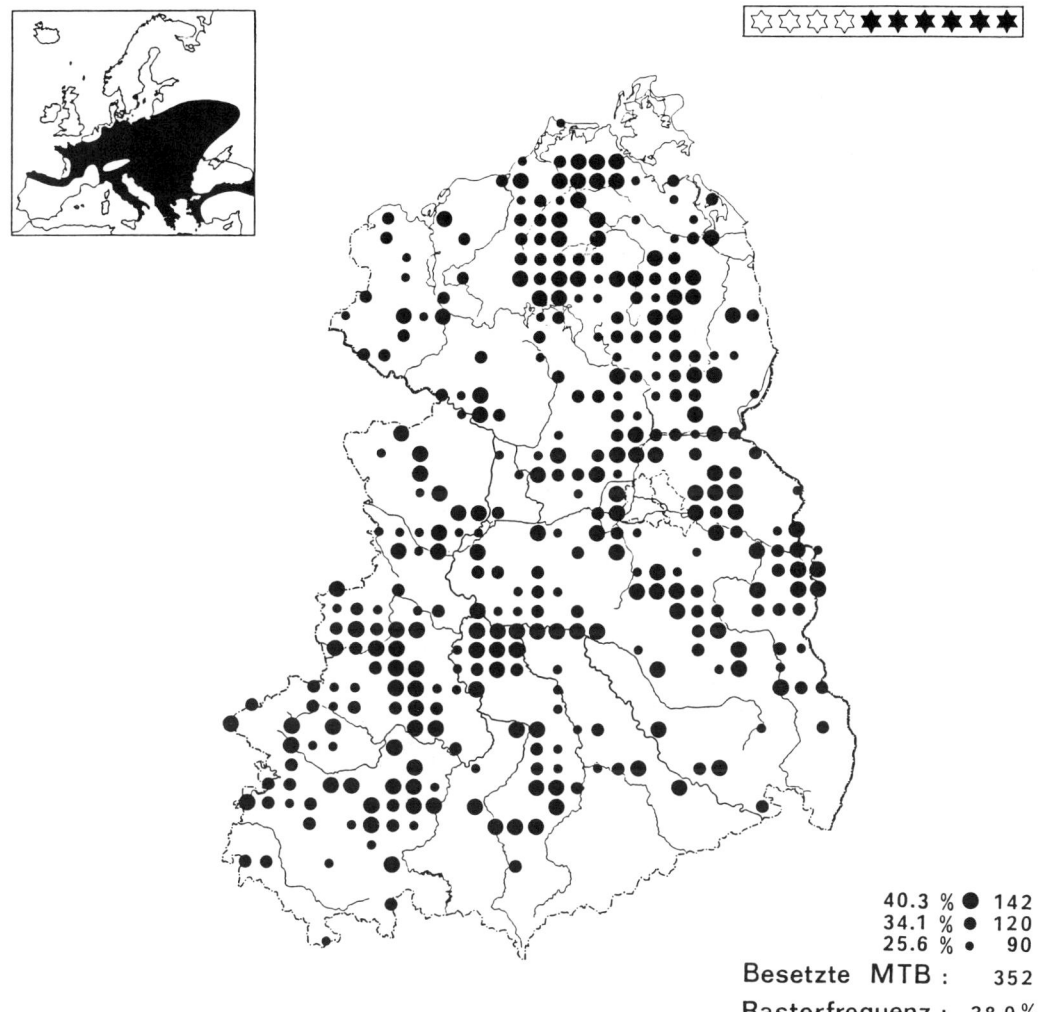

40.3 % ● 142
34.1 % ● 120
25.6 % ● 90

Besetzte MTB : 352

Rasterfrequenz : 38.0 %

Faunentyp: europäisch.

Status: mäßig häufiger Brutvogel; Überwinterer.

Verbreitung: mit ± großen Lücken über das gesamte Gebiet.

Bestand/Bestandsentwicklung: Der Bestand beträgt nach den Schätzungen 1900 BP (± 32 %). Der relativ unauffällige Mittelspecht ist der seltenste Vertreter seiner Familie im Gebiet. Unabhängig davon gehört er sicher mit zu den Arten, deren Bestand unterschätzt wird, was für einige Raster auch belegt werden kann. Andererseits ist er als Spezialist weitgehend auf Eichenwälder angewiesen, seine Verbreitung dadurch eingeschränkt. Unsere Angabe sollte deshalb als Mindestbestand gewertet werden. - Nach unseren derzeitigen Kenntnissen konzentrieren sich vermutlich die größten Bestände im NE-Harz (130 ± 40 BP) und in den Auwaldgebieten der Mittelelbe zwischen Magdeburg und Wittenberg (150 ± 50 BP).

Literatur: KÖNIG in HAENSEL & KÖNIG (1981); BRENNING in KLAFS & STÜBS (1987); GÜNTHER (1987); BRIESEMEISTER, NICOLAI in BRIESEMEISTER et al. (1988).

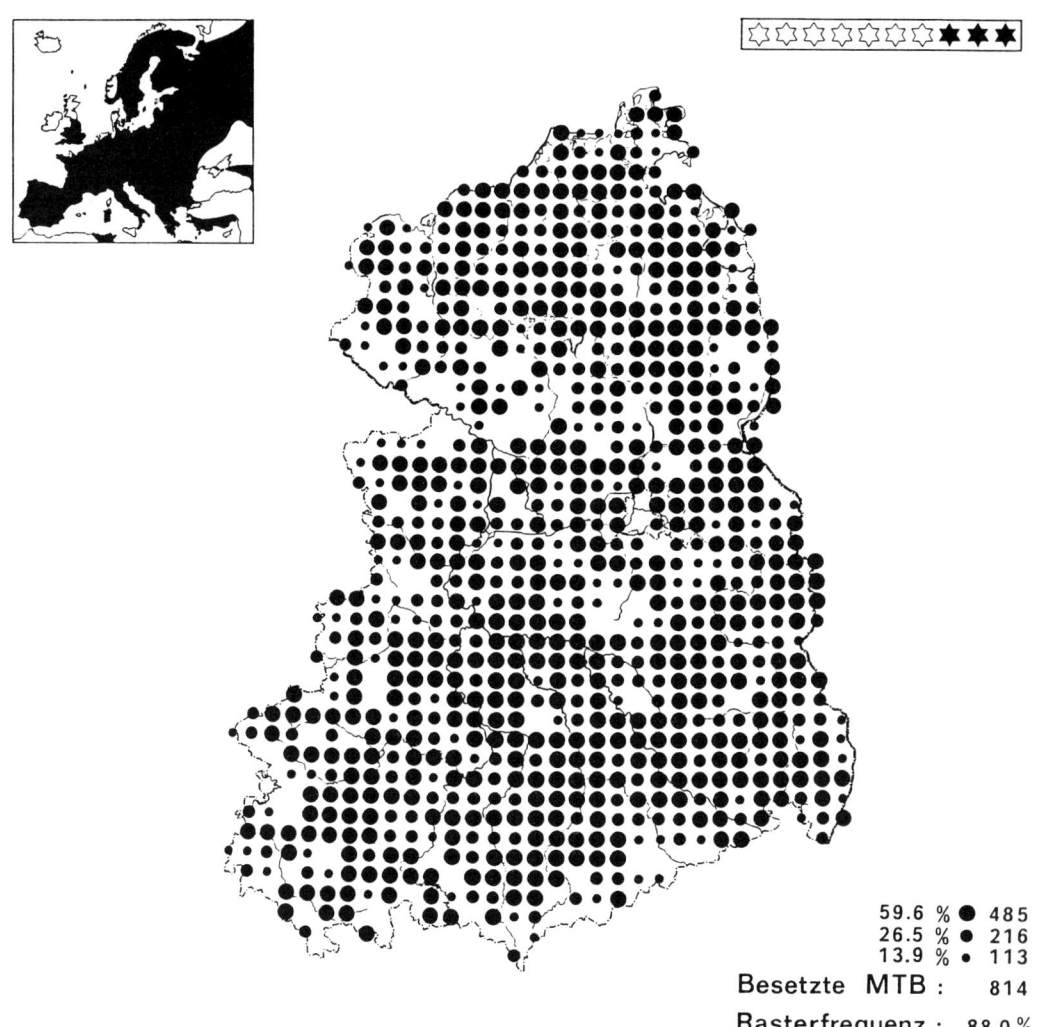

59.6 %	●	485
26.5 %	●	216
13.9 %	•	113

Besetzte MTB :   814

Rasterfrequenz :   88.0 %

Faunentyp: palaearktisch.

Status: häufiger Brutvogel; Überwinterer.

Verbreitung: ± lückenhaft über das gesamte Gebiet (auch Erfassungslücken ?).

Bestand/Bestandsentwicklung: Der Bestand beträgt nach den Schätzungen 9000 BP (± 33 %). Der unauffällige Kleinspecht dürfte sicher unterschätzt worden sein, unsere Angabe stellt einen Mindestwert dar. - Unterschiede in der Häufigkeitsverteilung lassen sich kaum erkennen. In Kombination der Schätzungen mit Verbreitungslücken lassen lediglich für die Gebiete Erzgebirge/Vogtland und den SW Mecklenburgs eine deutlich geringere Bestandsdichte erkennen. - Großflächig wurden bisher nur geringe Siedlungsdichten von etwa 0,05 bis 0,20 BP/km^2 ermittelt bzw. geschätzt.

Literatur: KELLNER in v.KNORRE et al. (1986); HUMMITZSCH (1988); SCHÖNBRODT & SPRETKE (1989).

Haubenlerche

Galerida cristata

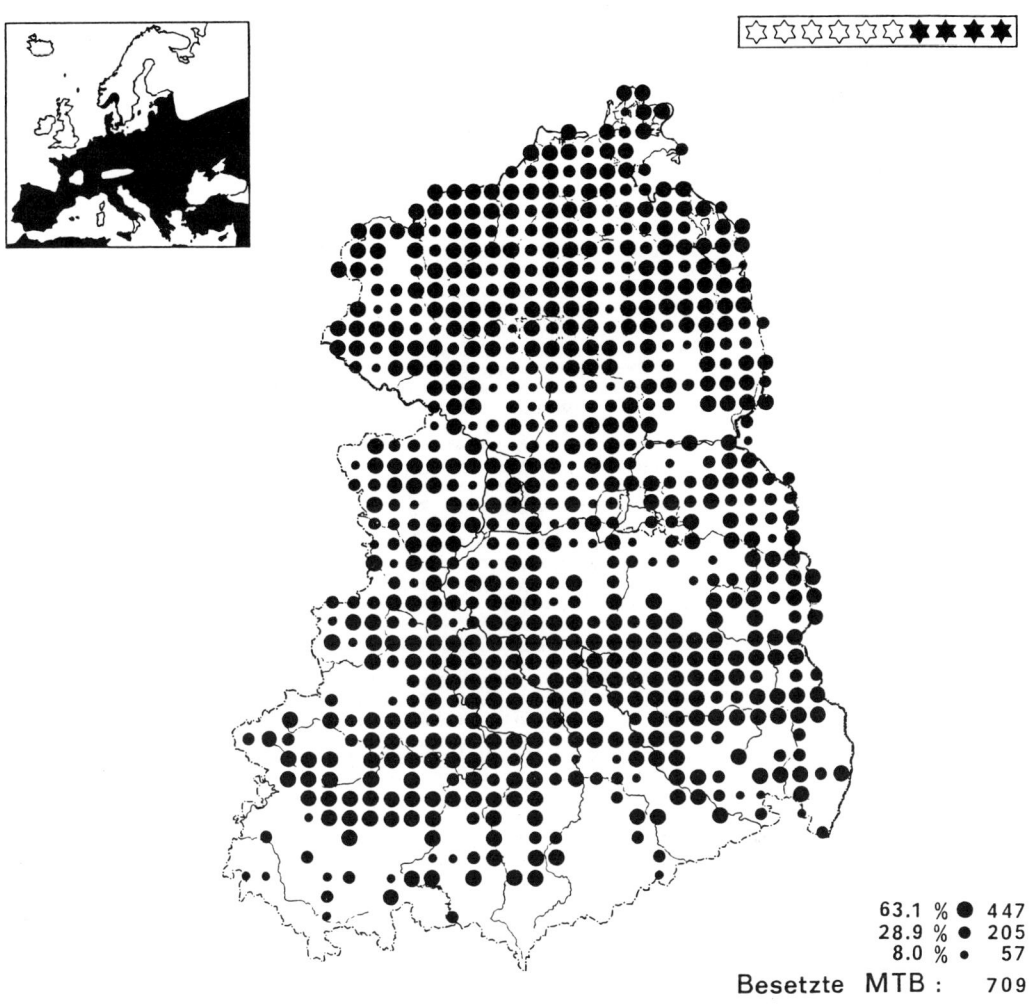

63.1 %	●	447
28.9 %	●	205
8.0 %	•	57

Besetzte MTB : 709

Rasterfrequenz : 76.6 %

Faunentyp: palaearktisch.

Status: häufiger Brutvogel; Überwinterer.

Verbreitung: über das gesamte Gebiet mit größeren Lücken, besonders in Sachsen und Thüringen (Mittelgebirge).

Bestand/Bestandsentwicklung: Der Bestand beträgt nach den Schätzungen 16000 BP (± 44 %). Etwa 70 % des Gesamtbestandes wurden für die NE-Hälfte des Gebietes geschätzt, davon in Mecklenburg-Vorpommern etwa 5100 BP (32 %) und in Brandenburg etwa 6000 BP (38 %). Im ehemaligen Bez. Magdeburg befinden sich etwa weitere 2700 BP (17 %). In diesen genannten Gebieten ist die groß-flächige Bestandsdichte im Mittel annähernd gleich (20 BP/100 km^2). Bereits im SE Sachsen-Anhalts wird sie deutlich geringer. Nur noch kleine Bestände beherbergen schließlich Sachsen (4 %) und Thüringen (3 %). - Ein großräumiger Bestandstrend ist zur Zeit nicht eindeutig, sowohl Zu- als auch Abnahmen wurden gemeldet.

Literatur: KRÜGER in RUTSCHKE (1983); GNIELKA (1985); PÄTZOLD (1986); KLAFS & STÜBS (1977, 1987).

167

Heidelerche

Lullula arborea

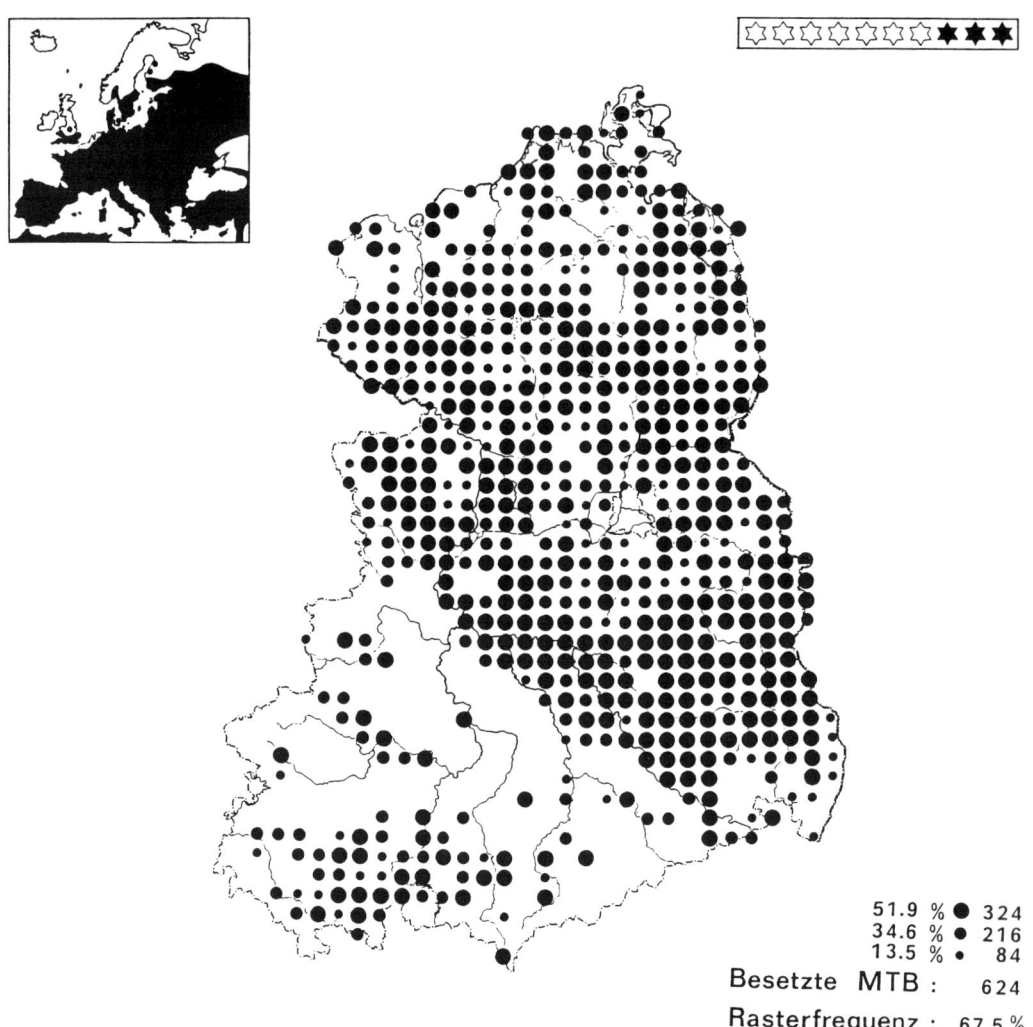

51.9 %	●	324
34.6 %	●	216
13.5 %	•	84

Besetzte MTB : 624

Rasterfrequenz : 67.5 %

Faunentyp: europäisch.

Status: häufiger Brutvogel; Durchzügler, Wintergast.

Verbreitung: über das gesamte Gebiet, aber ungleichmäßig verteilt; kleinere Verbreitungslücken im N und größere regionale Lücken im SW.

Bestand/Bestandsentwicklung: Der Bestand beträgt nach den Schätzungen 24000 BP (± 42 %). Der größte Anteil, mehr als 95 % des Bestandes, siedelt im weitgehend geschlossenen Verbreitungsgebiet im NE (annähernd 2/3 des Gebietes). Hier liegen auch die geschätzten Bestände je Rasterfläche im Durchschnitt deutlich höher als diejenigen im SW-Teil (vgl. Häufigkeitskarte 7). Die größten Vorkommen konzentrieren sich offensichtlich in den ausgedehnten Kiefernheiden Brandenburgs. Die ± isolierten Verbreitungsinseln im SW sind durch eine geringere großflächige Siedlungsdichte gekennzeichnet, ihr Gesamtbestand hier ist mit nur knapp 5 % relativ unbedeutend.

Literatur: KALBE in RUTSCHKE (1983); GNIELKA (1985); PÄTZOLD (1986); KLAFS, MEWES in KLAFS & STÜBS (1987).

Feldlerche   *Alauda arvensis*

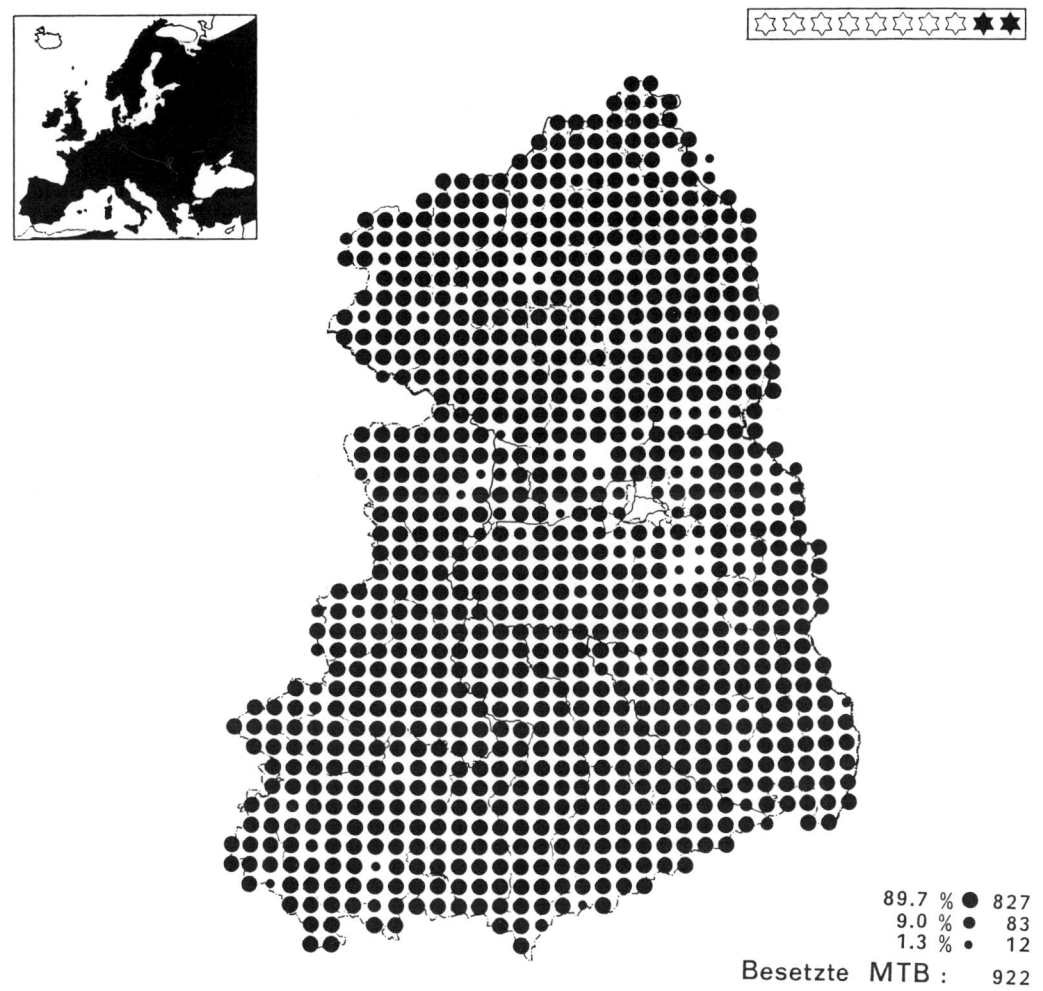

☆☆☆☆☆☆☆☆★★

89.7 %	●	827
9.0 %	●	83
1.3 %	•	12

Besetzte MTB : 922

Rasterfrequenz : 99.7 %

Faunentyp: palaearktisch.

Status: sehr häufiger Brutvogel; Durchzügler, Wintergast.

Verbreitung: flächendeckend über das gesamte Gebiet.

Bestand/Bestandsentwicklung: Der Bestand beträgt durch Hochrechnung von Siedlunglungsdichte-angaben 2000000 BP (± 35 %). Die Feldlerche ist damit ziemlich sicher die dritthäufigste Brutvogelart des Gebietes. Das soll nicht darüber hinwegtäuschen, daß in den letzten Jahrzehnten eine teilweise erhebliche Bestandsabnahme erfolgt ist (und vielleicht noch erfolgt). - Als typischer Bewohner der Agrarlandschaft bekannt, bewohnt die Feldlerche aber auch ein sehr breites Spektrum verschiedener Lebensräume in der offenen Landschaft bis hin zu jungen Kiefernschonungen. Die mittleren Siedlungsdichten auf Ackerland liegen bei 2,5 bis 4,5 BP/10 ha und auf Grünland bei 1,5 bis 3,5 BP/10 ha. Extremwerte aus den 60er Jahren im N Harzvorland von bis zu 21 BP/10 ha werden wohl heute nicht mehr erreicht.

Literatur: MAUERSBERGER (1979); PÄTZOLD (1983); HAENSEL in HAENSEL & KÖNIG (1984).

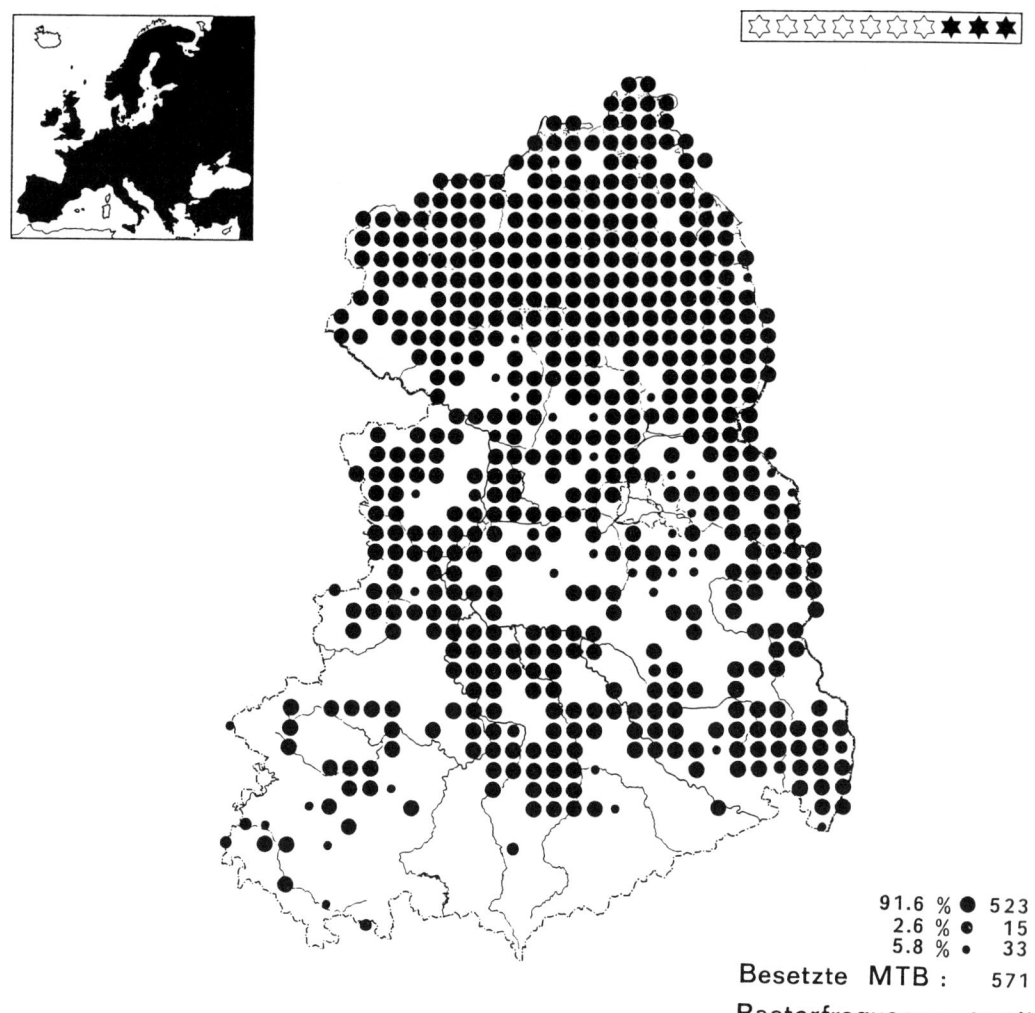

91.6 % ● 523
2.6 % ● 15
5.8 % · 33

Besetzte MTB : 571
Rasterfrequenz : 61.7 %

Faunentyp: holarktisch.

Status: häufiger Brutvogel; Durchzügler.

Verbreitung: außer in den Mittelgebirgen über fast das gesamte Gebiet, aber in den mittleren Bereichen mit ± großen Lücken und im S/SW nur lokal.

Bestand/Bestandsentwicklung: Der Bestand beträgt nach den Schätzungen 60000 BP (± 38 %). Die Siedlungsdichte nimmt großflächig von N nach S ab. Was sich bereits im Verbreitungsbild durch geringere Rasterfrequenz in der S-Hälfte andeutet, wird durch die geringeren Häufigkeiten auf besetzten Rastern bestätigt (vgl. Häufigkeitskarte 8). Die größten Kolonien mit über 1000 BP befinden sich an Steilufern der Küste. Kolonien im Binnenland bestehen meist aus 10 bis 100 BP, mehr als 300 BP sind hier selten; außergewöhnlich und eine der größten Kolonien im mitteleuropäischen Binnenland ist die mit 1290 Röhren (bis 900 davon besetzt) von FISCHER 1989 bei Berlin gefundene. - Aus einigen Gebieten (z. B. ehemaliger Bez. Magdeburg in den 80er Jahren) kommen Meldungen über Bestandsabnahme.

Literatur: OHLSEN (1975); ANSORGE & LEHNERT (1981); JAESCHKE, LITZBARSKI in RUTSCHKE (1983); HEISSIG, HEYER in v.KNORRE et al. (1986); OHLSEN, PLATH in KLAFS & STÜBS (1987); LADENDORF (1988); MEWES & LORENZ (1988); FISCHER (1990).

Rauchschwalbe

Hirundo rustica

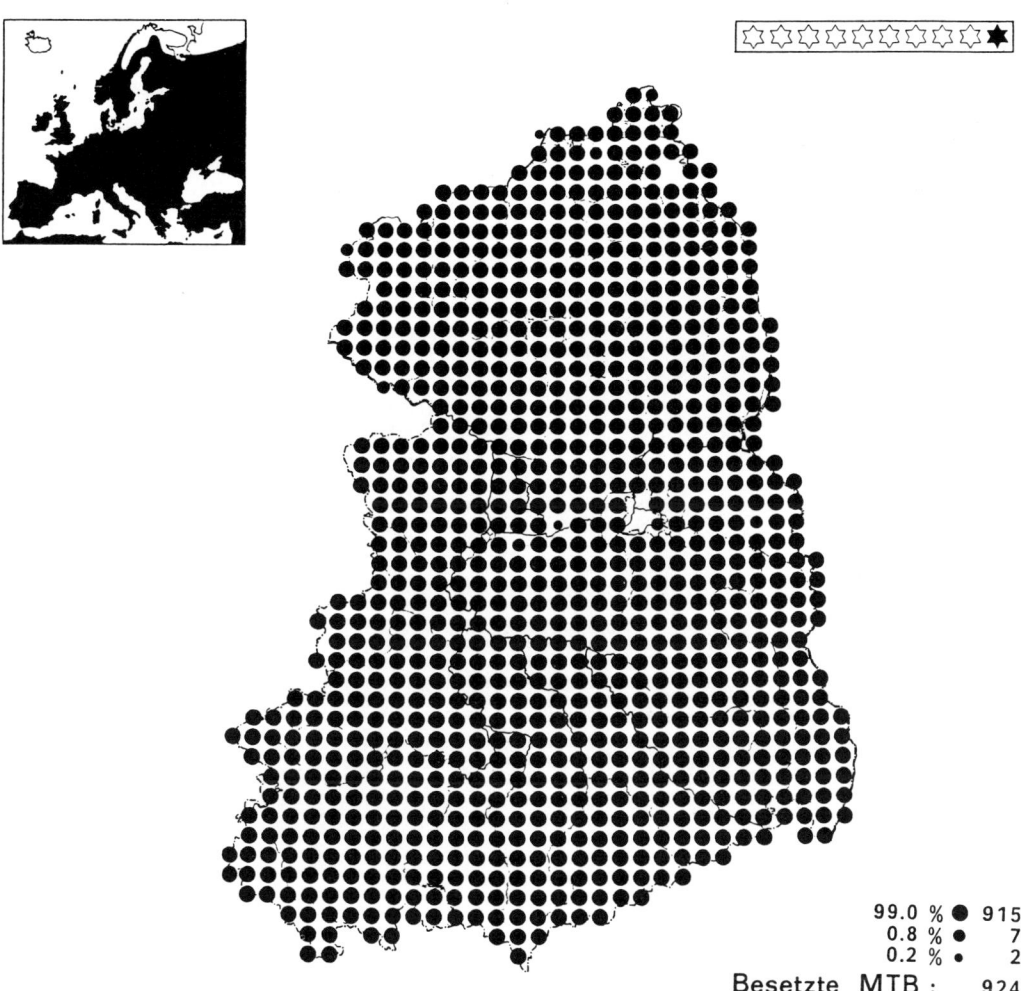

99.0 % ● 915
0.8 % ● 7
0.2 % • 2

Besetzte MTB : 924

Rasterfrequenz : 99.9 %

Faunentyp: holarktisch.

Status: sehr häufiger Brutvogel; Durchzügler.

Verbreitung: flächendeckend über das gesamte Gebiet.

Bestand/Bestandsentwicklung: Der Bestand beträgt nach den Schätzungen und durch Hochrechnung von Siedlungsdichteangaben 700000 BP (± 43 %). - In Dörfern kann mit durchschnittlich 15 bis 30 BP/10 ha gerechnet werden. Großflächige Untersuchungen erbrachten 7 bis 11 BP/km^2. - Die vielfach zitierten Meldungen über einen allgemeinen Bestandsrückgang resultieren zumeist aus Vorgängen in den 60er Jahren. Sie sollten für den aktuellen Zeitraum genauer und differenziert betrachtet werden, wozu sicher auch gezielte quantitative Untersuchungen erforderlich sind.

Literatur: KRÄGENOW (1969); BRIESEMEISTER in NICOLAI et al. (1982); HAENSEL in HAENSEL & KÖNIG (1984); GLUTZ v.BLOTZHEIM & BAUER (1985); PLATH in KLAFS & STÜBS (1987); KINTZEL & MEWES (1988); SCHÖNBRODT & SPRETKE (1989).

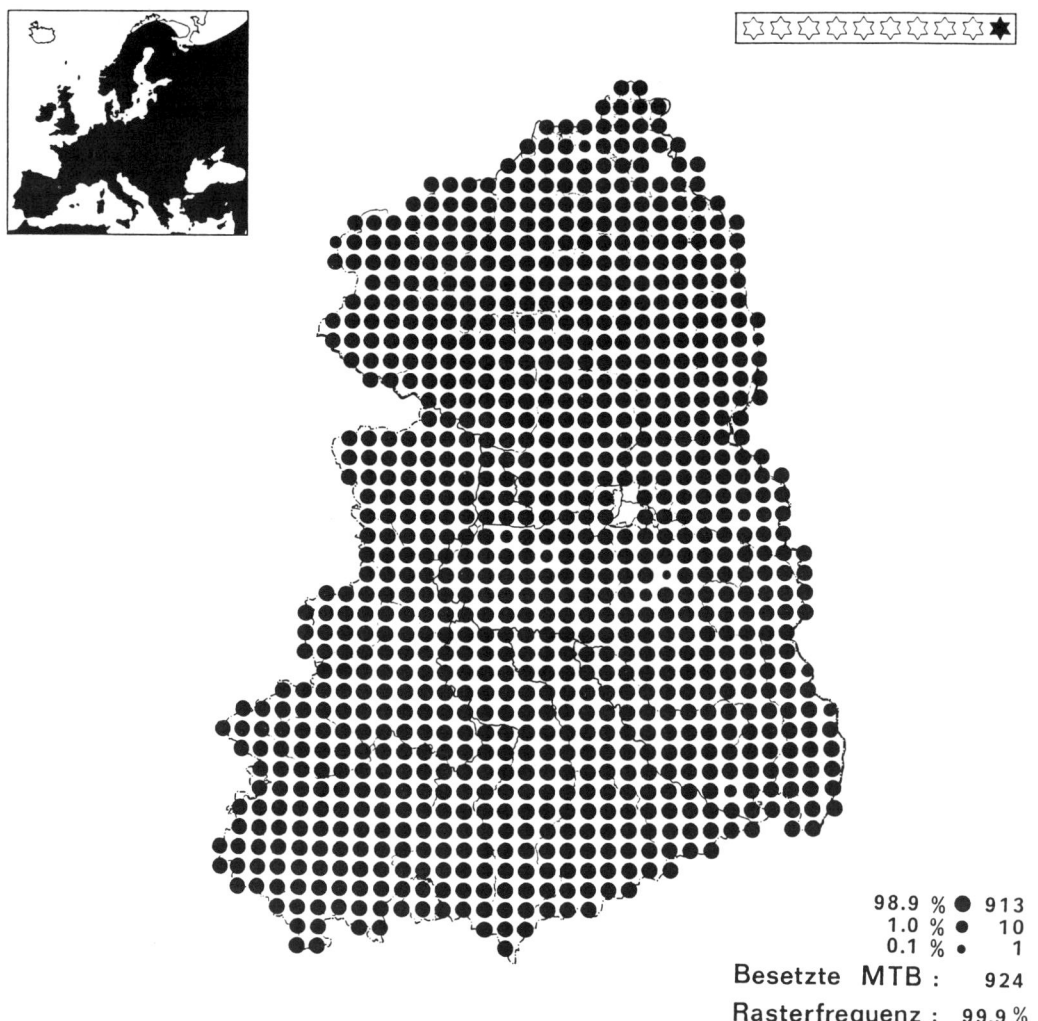

98.9 % ● 913
1.0 % ● 10
0.1 % • 1

Besetzte MTB : 924
Rasterfrequenz : 99.9 %

Faunentyp: palaearktisch.
Status: sehr häufiger Brutvogel; Durchzügler.
Verbreitung: flächendeckend über das gesamte Gebiet.
Bestand/Bestandsentwicklung: Der Bestand beträgt nach den Schätzungen 600000 BP (± 50 %). - In Dörfern kann, bei größerer Streuung der Werte als bei der Rauchschwalbe, im Mittel mit 10 bis 30 BP/10 ha gerechnet werden. Großflächige Untersuchungen im Raum Halle erbrachten etwa 5 bis 10 BP/km². Die größten Kolonien liegen selten über 200 BP (z. B. 1969 254 BP und 1981 350 BP an einem Stallgebäude in Mönchhof/Kr.Röbel, Mecklenburg-Vorpommern). Mehlschwalben brüten auch an der Kreideküste Saßnitz-Stubbenkammer (1983 828 BP) sowie an der Steilküste von Kap Arkona (1983 347 BP). - Bei teilweise beträchtlichen Bestandsschwankungen läßt sich über einen allgemeinen Trend keine sichere Aussage treffen.

Literatur: KRÄGENOW (1969); PLATH (1977); KLEBB (1984); MENZEL (1984); HEISSIG, HEYER in v.KNORRE et al. (1986); PLATH in KLAFS & STÜBS (1987); KINTZEL & MEWES (1988); SCHÖNBRODT & SPRETKE (1989).

Brachpieper

Anthus campestris

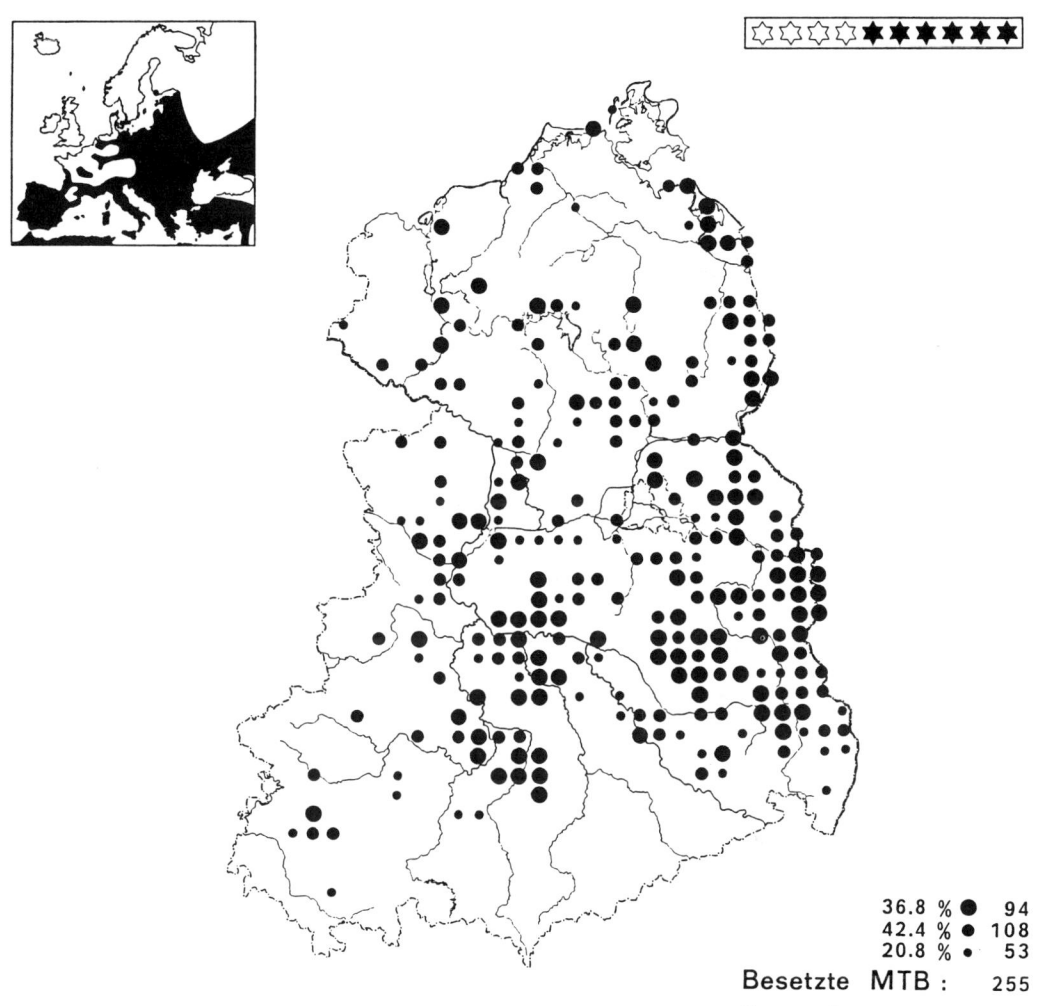

36.8 %	●	94
42.4 %	●	108
20.8 %	•	53

Besetzte MTB : 255

Rasterfrequenz : 27.6 %

Faunentyp: palaearktisch.

Status: mäßig häufiger Brutvogel; Durchzügler.

Verbreitung: lückenhaft im mittleren und E-Teil, lokal bis sporadisch im NW, fehlend im Bereich der Mittelgebirge.

Bestand/Bestandsentwicklung: Der Bestand beträgt nach den Schätzungen 2200 BP (± 36 %). Die höchste Bestandsdichte erreicht der Brachpieper im SE (Lausitzer Becken- und Heideland). Allein im ehemaligen Bez. Cottbus siedelt etwa ein Drittel des Gesamtbestandes. Hier wurden in der Bergbaufolge-landschaft auch hohe Siedlungsdichten von bis zu 3,7 BP/10 ha gefunden. - Für Mecklenburg-Vor-pommern ergeben sich nur etwa 160 ± 40 BP (7 %). Hier sind gegenüber früheren Angaben offen-sichtlich Vorkommen in Dünen des Küstenbereiches weitgehend erloschen (?), da sich derartige Gebiete auch in der Verbreitungskarte nicht abzeichnen. Auch in verschiedenen anderen Gebieten ist eine Bestandsabnahme zu verzeichnen.

Literatur: ROSIN bzw. SELLIN in KLAFS & STÜBS (1977, 1987); LITZBARSKI in RUTSCHKE (1983); HAENSEL in HAENSEL & KÖNIG (1984); KRÜGER (1987, 1989).

Baumpieper   *Anthus trivialis*

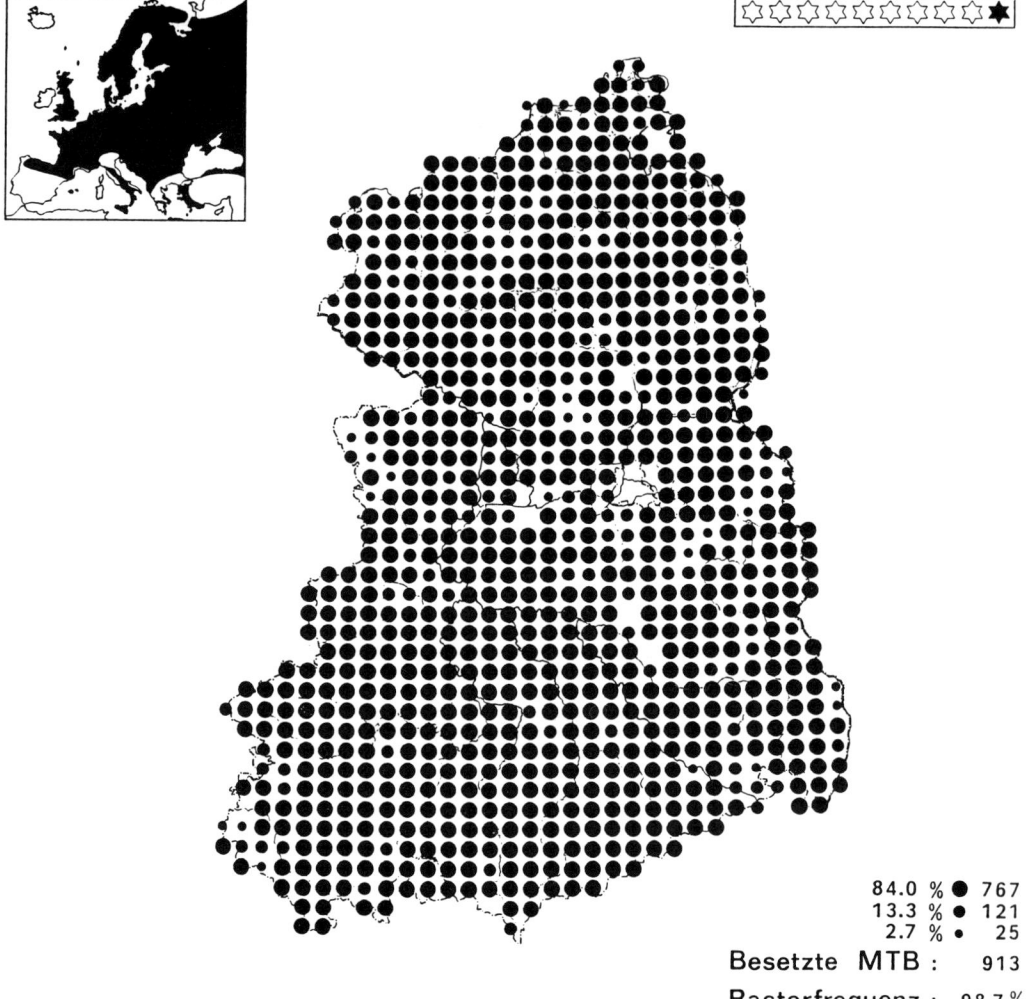

84.0 %	●	767
13.3 %	●	121
2.7 %	•	25

Besetzte MTB :   913

Rasterfrequenz : 98.7 %

Faunentyp: europäisch-turkestanisch.
Status: sehr häufiger Brutvogel; Durchzügler.
Verbreitung: flächendeckend über das gesamte Gebiet.
Bestand/Bestandsentwicklung: Der Bestand beträgt durch Hochrechnung von Siedlungsdichteangaben
900000 BP (± 39 %). Der Baumpieper zählt damit zu unseren häufigsten Brutvögeln. Er erreicht im
Nadelwald mittlere Siedlungsdichten von 1,5 bis 3,0 BP/10 ha und im Laubwald 2,0 bis 5,0 BP/10 ha.
Max. Dichtewerte in optimalen Habitaten (lichte, strukturreiche Baumbestände) reichen bis 11 BP/10 ha.
- Großflächig wurden im Raum Halle nur 2,3 bis 3,2 BP/km^2 ermittelt, wobei sich hier zweifellos der
geringe Waldanteil dieses Gebietes auswirkt.

Literatur: KRÜGER (1987); GNIELKA in SCHÖNBRODT & SPRETKE (1989); PÄTZOLD (1990).

Wiesenpieper

Anthus pratensis

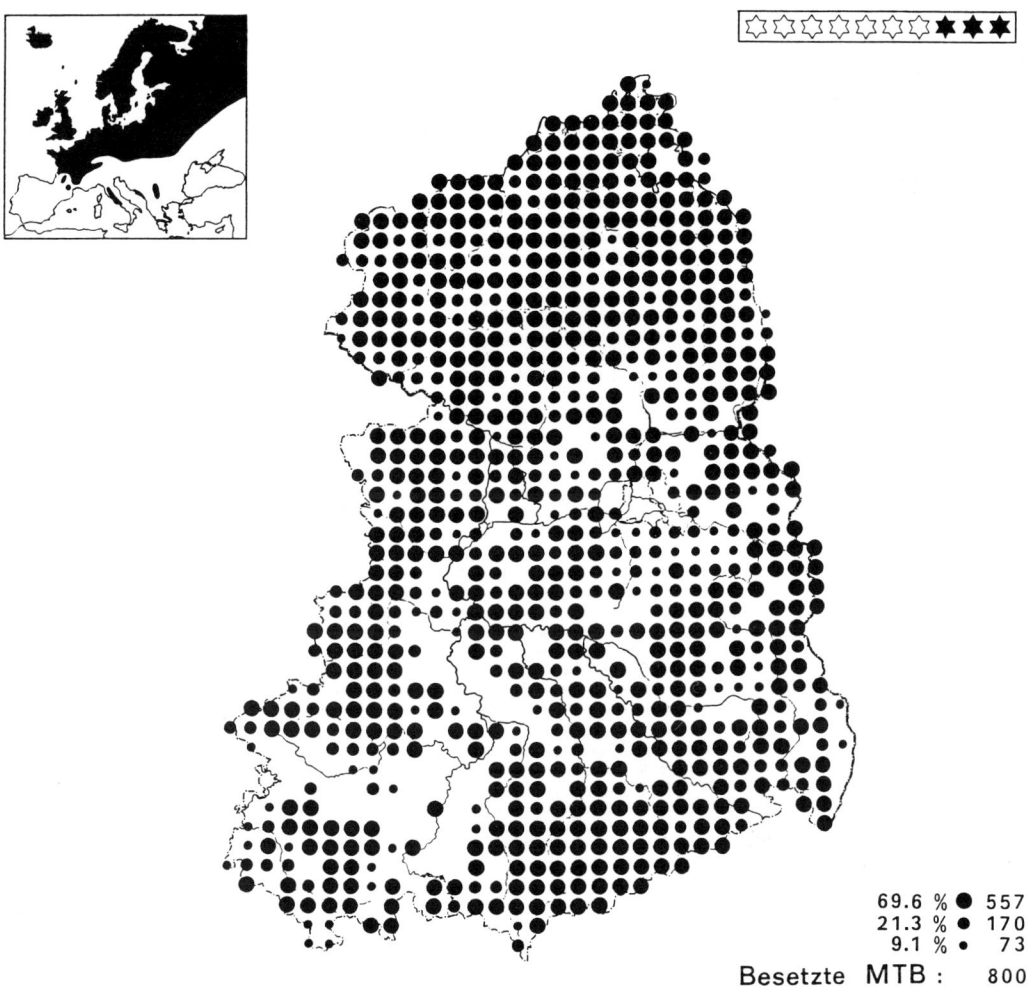

69.6 %	●	557
21.3 %	●	170
9.1 %	•	73

Besetzte MTB :   800

Rasterfrequenz :   86.5 %

Faunentyp: europäisch.

Status: sehr häufiger Brutvogel; Durchzügler, Wintergast.

Verbreitung: über das gesamte Gebiet, aber mit regionalen Lücken (Thüringen, Sachsen-Anhaltische Ebenen).

Bestand/Bestandsentwicklung: Der Bestand beträgt nach den Schätzungen und durch Hochrechnung von Siedlungsdichteangaben 80000 BP (± 50 %). Im SW (Thüringen, S Sachsen-Anhalt, NW-Sachsen) mit Ausnahme des Harzes, Thüringer Waldes und der Rhön, sowie im äußersten SE (Oberlausitzer Bergland und Vorbergzone) fallen die Bestandsschätzungen deutlich geringer aus. In diesen Gebieten ist die großflächige Bestandsdichte niedriger als im Durchschnitt, merklich höher ist sie dagegen in Mecklenburg-Vorpommern und auffälligerweise auch im Erzgebirge.

Literatur: OESTERLE in v.KNORRE et al. (1986); SELLIN in KLAFS & STÜBS (1987); HÖTKER (1989).

175

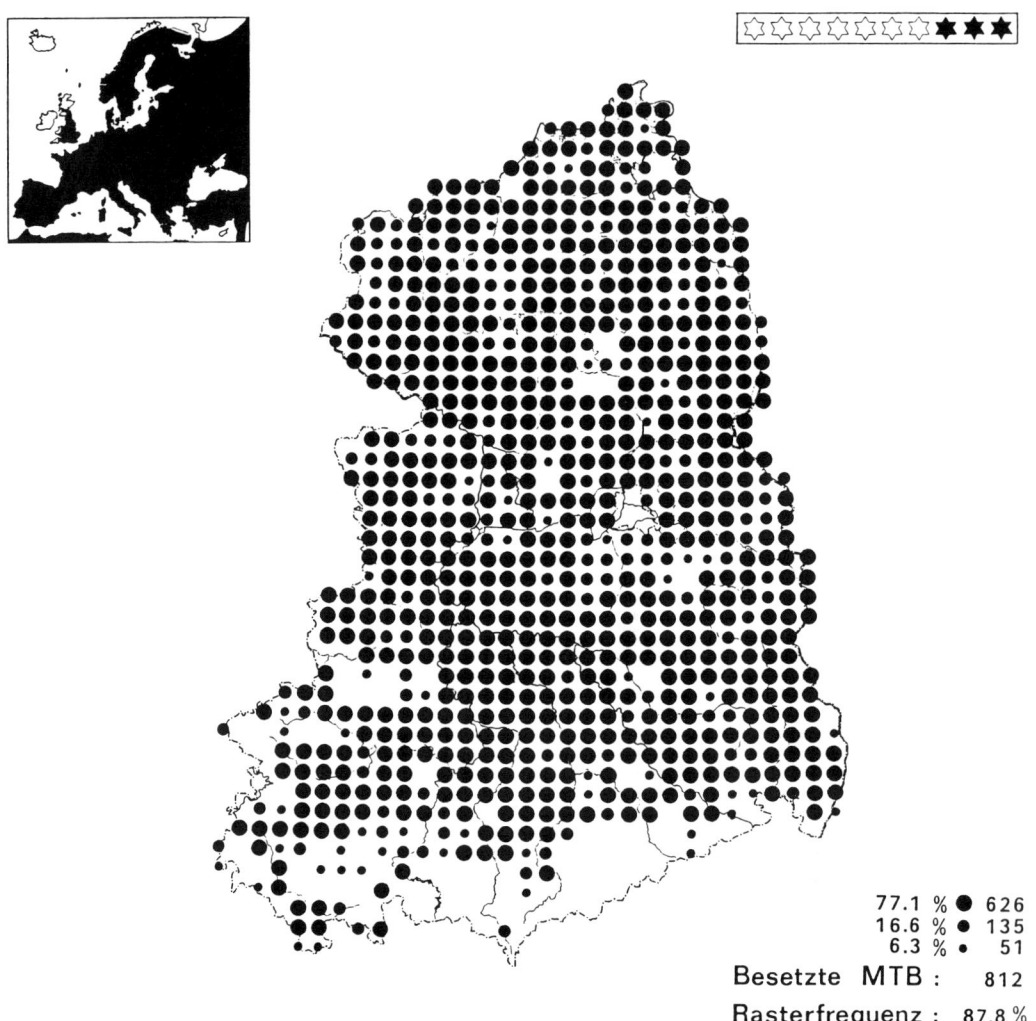

77.1 % ● 626
16.6 % ● 135
6.3 % ● 51

Besetzte MTB :   812

Rasterfrequenz :   87.8 %

Faunentyp: palaearktisch.

Status: sehr häufiger Brutvogel; Durchzügler.

Verbreitung: mit Ausnahme der Mittelgebirge (Höhengrenze zwischen etwa 200 m NN im Harz und 350 m NN Thüringen/Sachsen) über das gesamte Gebiet.

Bestand/Bestandsentwicklung: Der Bestand beträgt nach den Schätzungen und durch Hochrechnung von Siedlungsdichteangaben 56000 BP (± 50 %). Im S und SW (Harz, Thüringen, S-Sachsen) ist die Schafstelze deutlich seltener, erkennbar bereits an den Lücken in der Verbreitungskarte. Zum Erzgebirge zeichnet sich dabei sehr deutlich eine Verbreitungsgrenze ab. In Thüringen siedeln nur knapp 2 % des Bestandes, vorwiegend im NE und im Thüringer Becken. Für den übrigen Teil des Gebietes lassen die relativ groben Häufigkeitsangaben keine weitere Differenzierung zu, doch ist für Mecklenburg-Vorpommern großflächig eine etwas höhere mittlere Bestandsdichte anzunehmen.

Literatur: DITTBERNER & DITTBERNER (1984); HAENSEL in HAENSEL & KÖNIG (1984); CREUTZ (1985); ÖLSCHLEGEL in v.KNORRE et al. (1986); SELLIN in KLAFS & STÜBS (1987).

Gebirgsstelze

Motacilla cinerea

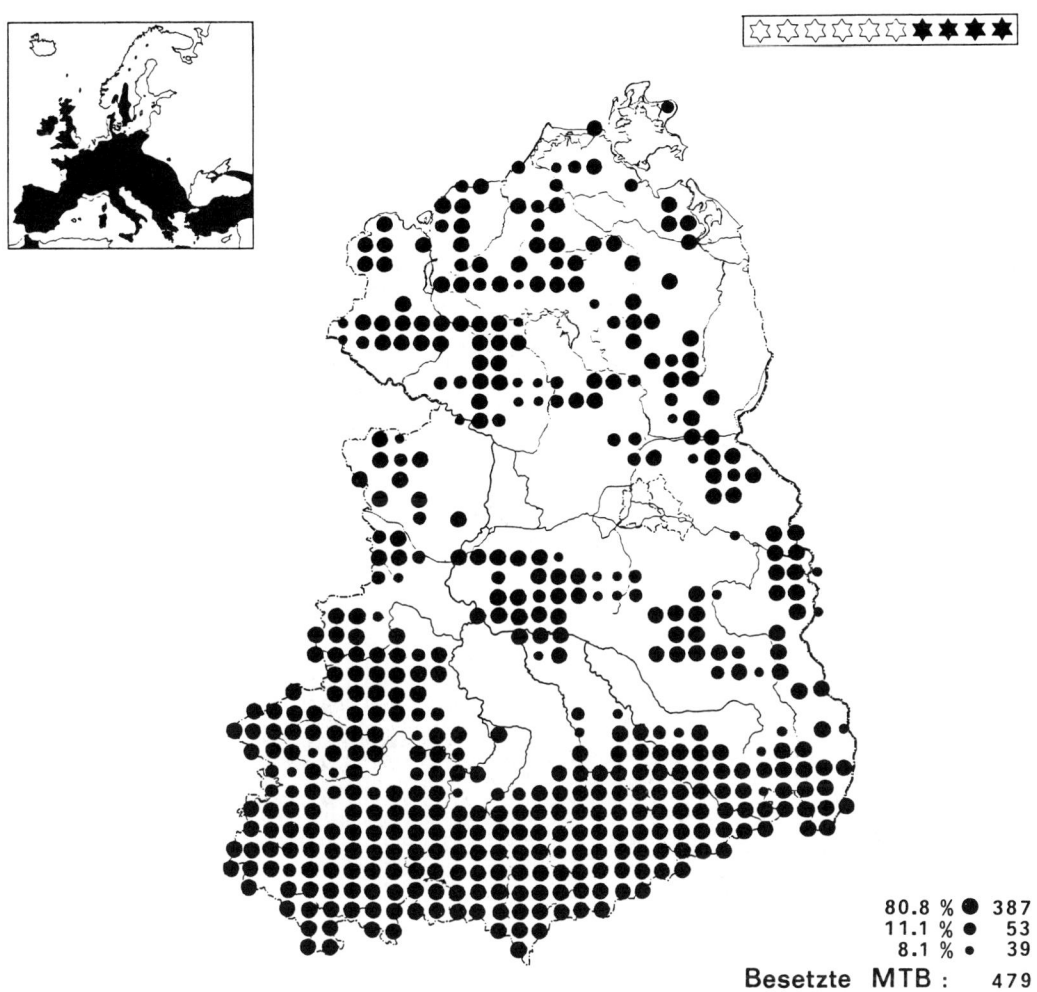

80.8 % ● 387
11.1 % ● 53
8.1 % • 39

Besetzte MTB : 479
Rasterfrequenz : 51.8%

Faunentyp: palaearktisch.

Status: (mäßig) häufiger Brutvogel; Durchzügler, Überwinterer.

Verbreitung: über das gesamte Gebiet, aber mit ± großen Lücken besonders im Flachland (auch Erfassungslücken ?).

Bestand/Bestandsentwicklung: Der Bestand beträgt nach den Schätzungen 9500 BP (± 42 %). Das gesamte Tiefland ist nur dünn besiedelt, die Einstufungen der Häufigkeiten auf den besetzten Rastern sind hier deutlich geringer als in den Mittelgebirgen (vgl. Häufigkeitskarte 9). Außerdem finden sich hier ± große Verbreitungslücken. Die spezifischen Lebensraumansprüche machen zwar das Auffinden leicht, doch sind Erfassungslücken im Flachland nicht auszuschließen, weil die Art vielleicht nicht erwartet und deshalb nicht genügend gesucht wurde! - Nach den vorliegenden Angaben besiedeln nur annähernd 15 % des Bestandes etwa 3/4 des Territoriums. Der größte Teil (85 %) bewohnt das geschlossene Verbreitungsgebiet in den Mittelgebirgen und deren unmittelbaren Vorländern (über 200 m NN).

Literatur: WODNER (1975); HAENSEL in HAENSEL & KÖNIG (1984); FLÖSSNER (1981); CREUTZ (1985); GRÄTZ (1985); ÖLSCHLEGEL in v.KNORRE et al. (1986); MÖCKEL (1987); WEISSGERBER (1987).

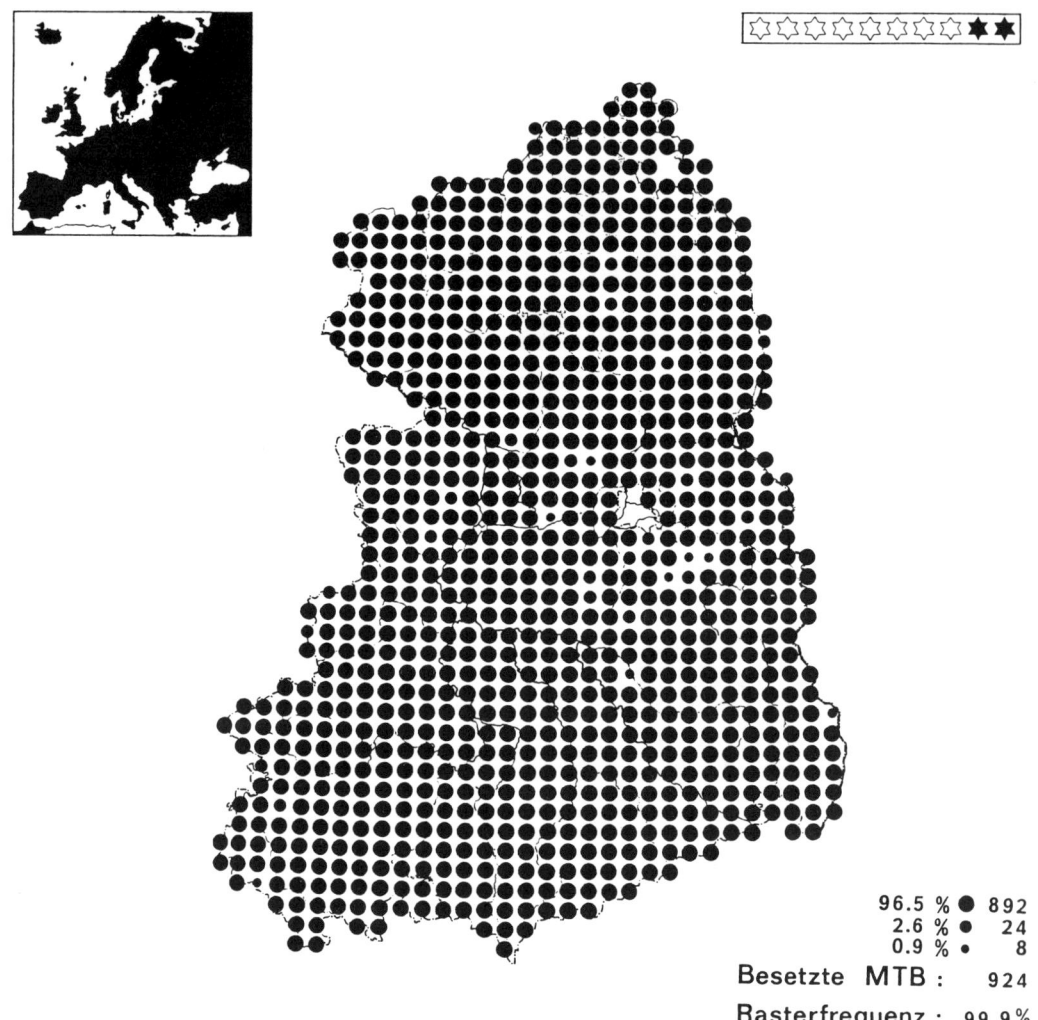

☆☆☆☆☆☆☆☆★★

96.5 % ● 892
2.6 % ● 24
0.9 % • 8

Besetzte MTB : 924
Rasterfrequenz : 99.9 %

Faunentyp: palaearktisch.
Status: sehr häufiger Brutvogel; Durchzügler, (seltener) Wintergast.
Verbreitung: flächendeckend über das gesamte Gebiet.
Bestand/Bestandsentwicklung: Der Bestand beträgt nach den Schätzungen und durch Hochrechnung von Siedlungsdichteangaben 130000 BP (± 50 %). Großflächig wurden im Raum Halle 1,0 bis 1,3 BP/km^2 ermittelt. In dieser Größenordnung (bis 2 BP/km^2) liegen die meisten Angaben zur Bestandsdichte. Auf kleineren Flächen in optimalen Lebensräumen (Dörfer, strukturreiche aufgelockerte Stadtrandlagen mit Kleinstgewässern, Kleingartenanlagen) können Siedlungsdichten bis 7, ausnahmsweise bis 13 BP/10 ha erreicht werden.

Literatur: ÖLSCHLEGEL (1982, 1985); (CREUTZ (1985); SELLIN in KLAFS & STÜBS (1987); ULRICH & ZÖRNER (1988); SCHÖNBRODT & SPRETKE (1989).

Wasseramsel   *Cinclus cinclus*

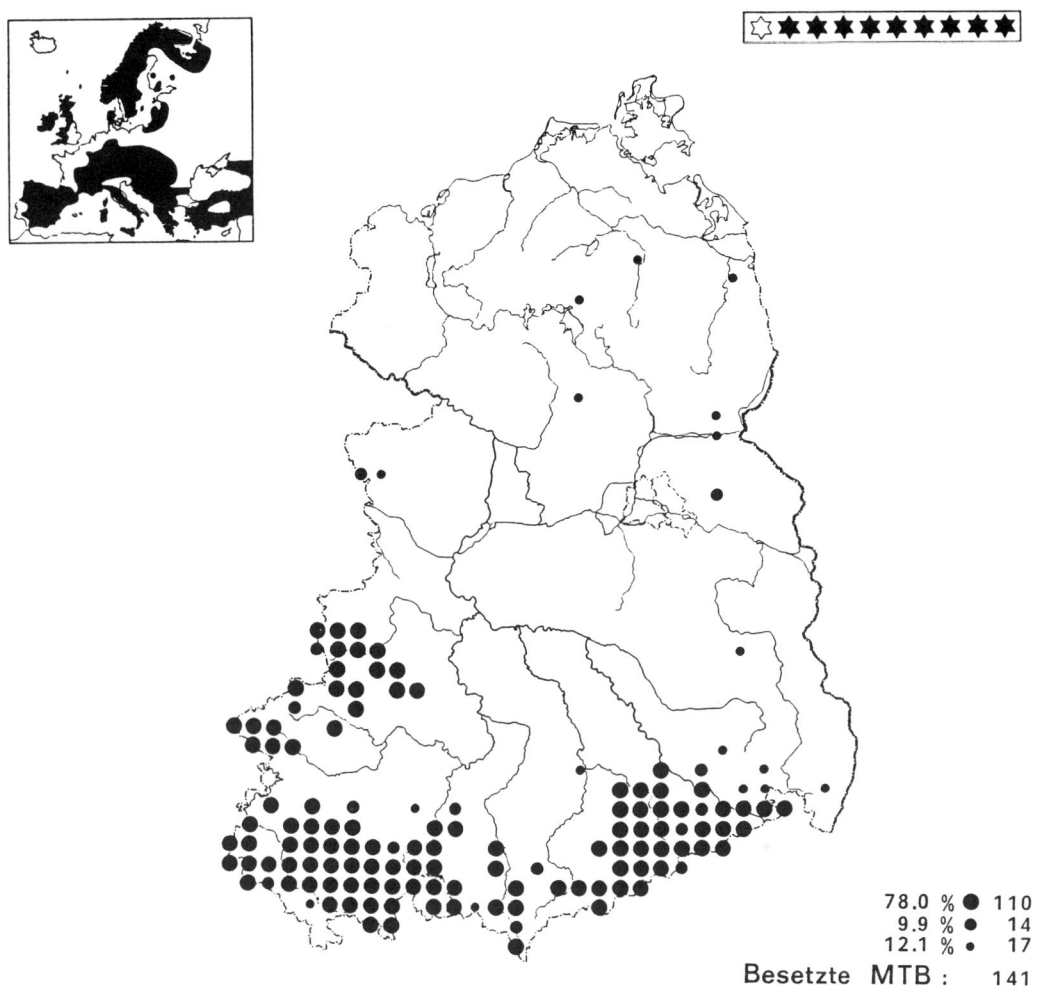

☆★★★★★★★★★★

78.0 %	●	110
9.9 %	●	14
12.1 %	•	17

Besetzte MTB : 141

Rasterfrequenz : 15.2 %

Faunentyp: palaeomontan.

Status: mäßig häufiger Brutvogel; Durchzügler, Überwinterer.

Verbreitung: auf die Mittelgebirgsregion beschränkt; sporadische Vorkommen im Flachland (?).

Bestand/Bestandsentwicklung: Der Bestand beträgt nach den Schätzungen 560 BP (± 25 %). Die Hälfte davon entfällt auf Thüringen (280 ± 60 BP). Hierfür schätzt auch GÖRNER für den Zeitraum 1980 bis 1984 einen Bestand von ca. 180 bis 260 BP. Im Harzgebiet (Sachsen-Anhalt), für das HAENSEL bis 1973 48 bis 61 BP angibt, siedeln nach unserer Hochrechnung 70 ± 20 BP. Schließlich ergeben sich für die sächsische Mittelgebirgsregion 210 ± 50 BP. - Für das Flachland konnten während der Kartierung keine sicheren Brutvorkommen nachgewiesen werden. Bemerkenswerterweise gelangen jedoch unter anderem in zwei Gebieten (Raum Eberswalde/Brandenburg und Altentreptow/Mecklenburg-Vorpommern) Nachweise, wo 1966 und 1972 bereits einmal Bruten stattfanden. In diesen Gebieten sollte weiterhin intensiv kontrolliert werden.

Literatur: LITZBARSKI & LITZBARSKI (1967); FRÜNDT (1976); HAENSEL (1977); MÜLLER (1983); GÖRNER (1985); CREUTZ (1986, 1988); STÜBS in KLAFS & STÜBS (1987).

179

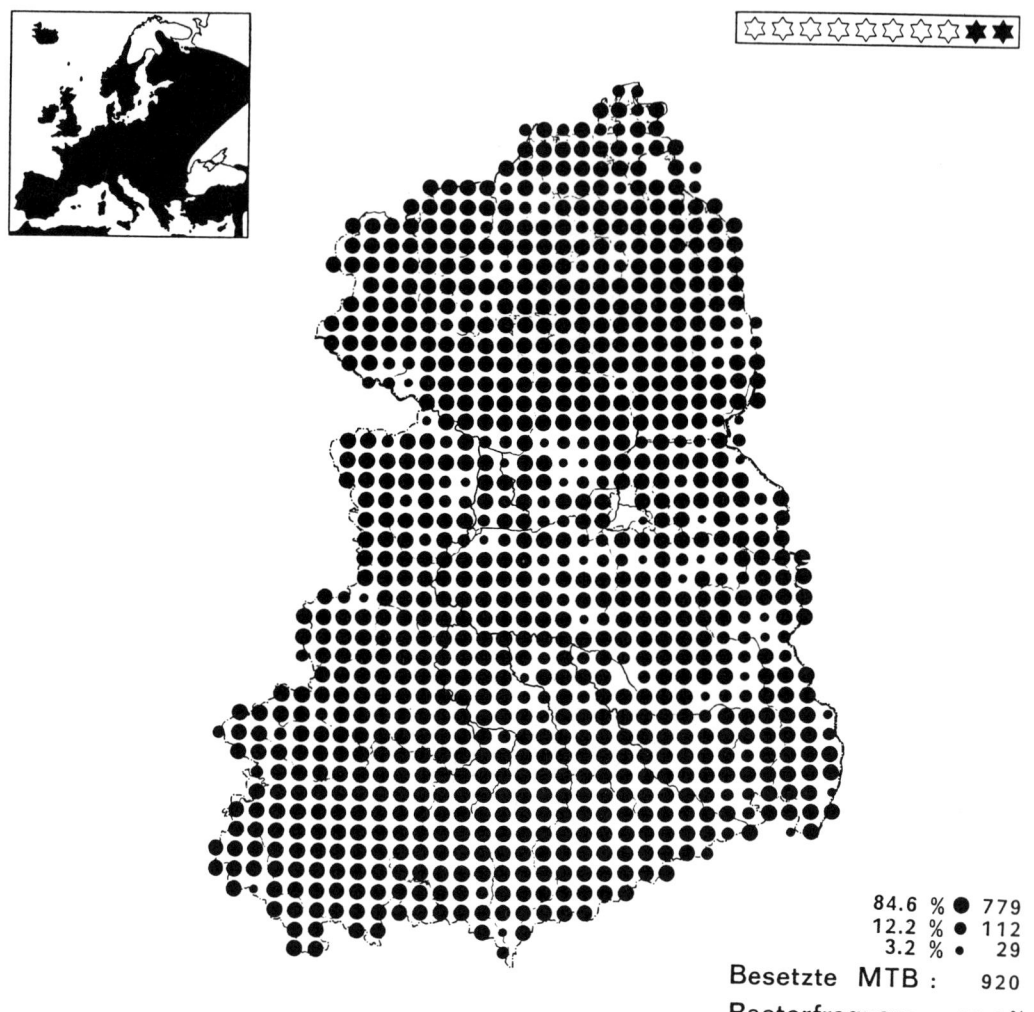

84.6 % ● 779
12.2 % ● 112
3.2 % ● 29

Besetzte MTB : 920
Rasterfrequenz : 99.5 %

Faunentyp: holarktisch.
Status: sehr häufiger Brutvogel; Durchzügler, Wintergast.
Verbreitung: flächendeckend über das gesamte Gebiet.
Bestand/Bestandsentwicklung: Der Bestand beträgt durch Hochrechnung von Siedlungsdichteangaben 340000 BP (± 53 %). Er unterliegt in Abhängigkeit von Extremwintern teilweise großen Schwankungen. - Für den Zaunkönig können als mittlere Siedlungsdichten in den wichtigsten Habitaten gelten: Nadelwald 0,5 bis 1,5 BP/10 ha und Laubwald 0,5 bis 2,2 BP/10 ha.

Literatur: HAENSEL in HAENSEL & KÖNIG (1984); GLUTZ v.BLOTZHEIM & BAUER (1985); DALLMANN (1987).

Heckenbraunelle

Prunella modularis

72.0 % ● 643
22.2 % ● 198
5.8 % • 52

Besetzte MTB : 893
Rasterfrequenz : 96.5 %

Faunentyp: europäisch.
Status: sehr häufiger Brutvogel; Durchzügler, Wintergast.
Verbreitung: über das gesamte Gebiet, mit Lücken in Brandenburg (Erfassungslücken ?).
Bestand/Bestandsentwicklung: Der Bestand beträgt durch Hochrechnung von Siedlungsdichteangaben 480000 BP (± 48 %). - Leider wurden keine Bestandsschätzungen erfragt. Sie hätten bestimmt mit Auskunft darüber geben können, ob die Heckenbraunelle wirklich in Brandenburg (insbesondere im S-Teil: Fläming, Niederlausitz) weniger häufig vorkommt. Dies deutet sich jedenfalls im Verbreitungsbild durch eine geringere Rasterfrequenz in diesem Bereich an. - Die mittleren Siedlungsdichten in den bedeutendsten Habitaten betragen: Kiefernwald 0,5 bis 1,8 BP/10 ha, Fichtenwald 1,5 bis 3,5 BP/10 ha (Dickungen bis 7,0) und Laubwald 0,3 bis 1,8 BP/10 ha.

Literatur: LIBBERT (1970); OTTO (1979); HAUPT in RUTSCHKE (1983).

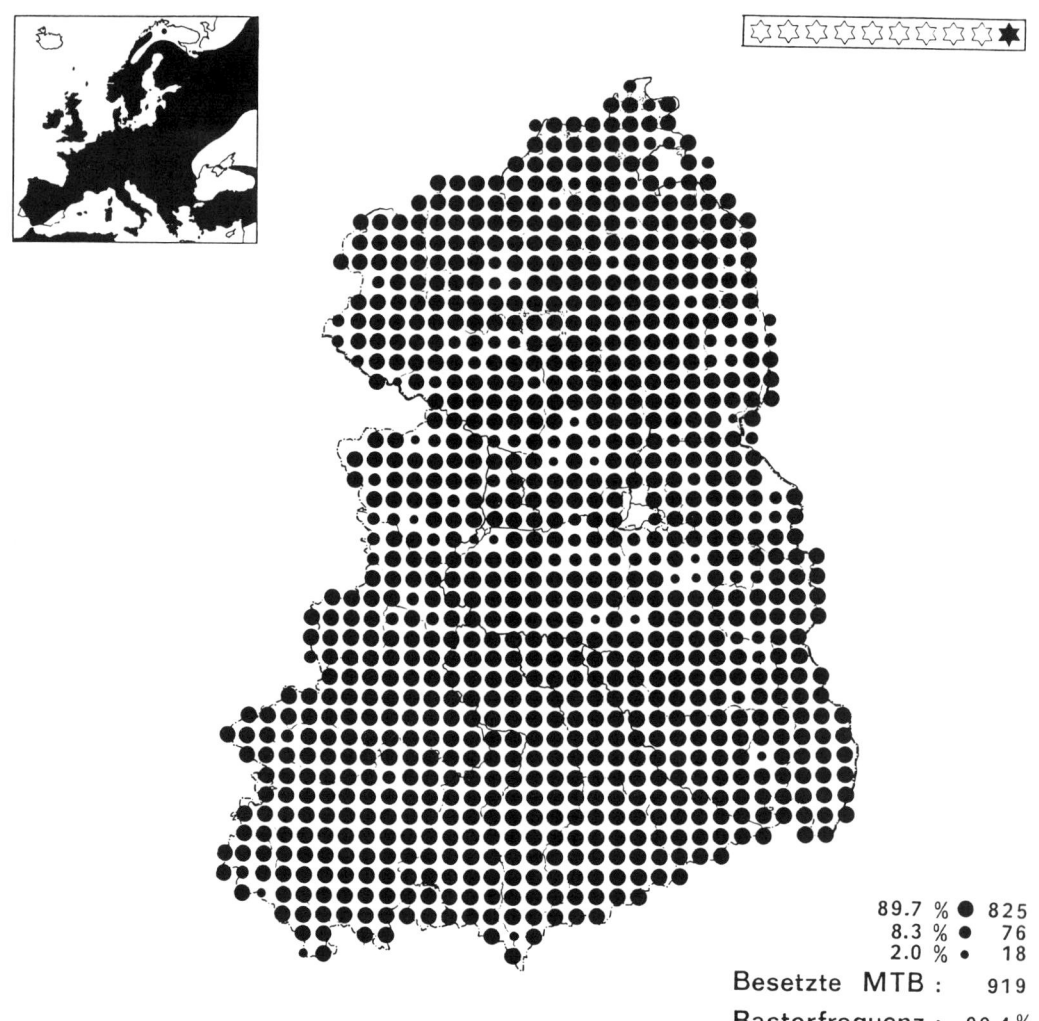

89.7 % ● 825
8.3 % ● 76
2.0 % • 18

Besetzte MTB : 919
Rasterfrequenz : 99.4 %

Faunentyp: europäisch.

Status: sehr häufiger Brutvogel; Durchzügler, Überwinterer.

Verbreitung: flächendeckend über das gesamte Gebiet.

Bestand/Bestandsentwicklung: Der Bestand beträgt durch Hochrechnung von Siedlungsdichteangaben 850000 BP (± 47 %). Die mittleren Siedlungsdichten in den bedeutendsten Habitaten sind: Laubwald 2,0 bis 5,0 BP/10 ha, Fichtenwald 2,0 bis 4,5 BP/10 ha und Kiefernwald 1,0 bis 3,5 BP/10 ha. In optimalen strukturreichen Habitaten werden bedeutend höhere Werte erreicht, beispielsweise bis max. 19 BP/10 ha in einem Feldgehölz mit reichlich Unterwuchs. Die Bedeutung der Wälder für den Bestand des Rotkehlchens wird in u. a. der relativ geringen großflächigen Bestandsdichte von 0,7 bis 1,1 BP/km^2 im waldarmen Raum Halle (4 % Waldanteil) gegenüber dem geschätzten Mittel von 7,8 BP/km^2 des Gesamtgebietes (27 % Waldanteil) deutlich.

Literatur: PÄTZOLD (1979); STERNBERG & STERNBERG (1982); KRÄGENOW in KLAFS & STÜBS (1987).

Sprosser
Luscinia luscinia

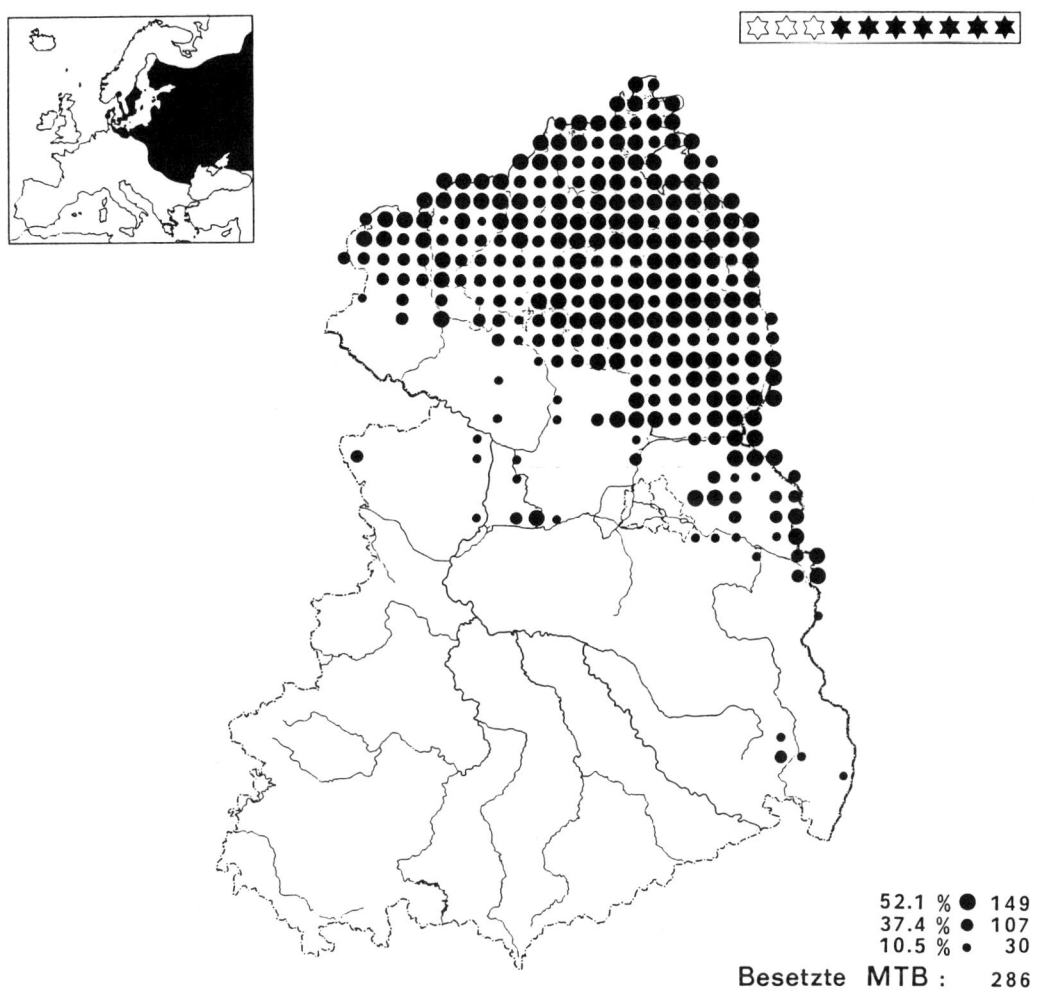

☆☆☆★★★★★★★★

52.1 %	●	149
37.4 %	●	107
10.5 %	•	30

Besetzte MTB : 286

Rasterfrequenz : 30.9 %

Faunentyp: palaearktisch.

Status: häufiger Brutvogel; Durchzügler.

Verbreitung: im NE flächendeckend, außerhalb der SW Verbreitungsgrenze nur ± sporadisch.

Bestand/Bestandsentwicklung: Der Bestand beträgt nach den Schätzungen 18000 BP (± 50 %). Mehr als 90 % davon werden für Mecklenburg-Vorpommern geschätzt, die restlichen 10 % entfallen auf den NE Brandenburgs. Die vereinzelten Vorkommen in der Unteren Havel- und Elbniederung sowie in der Oberlausitz sind, sofern sie überhaupt echte Brutvögel betreffen, zahlenmäßig völlig unbedeutend. Sie sollten jedoch immer beachtet werden, um rechtzeitig Entwicklungsprozesse zu erfassen, wie jetzt möglicherweise eine Ausbreitung nach W/SW. - Die eingeschätzten Häufigkeiten auf den Rastern entsprechen im Mittel denen der Nachtigall und lassen großflächig im besiedelten Gebiet annähernd gleiche Bestandsdichten erwarten.

Literatur: LITZBARSKI in RUTSCHKE (1983); BÄSSLER & RAU (1985); KRÄGENOW in KLAFS & STÜBS (1987); GLUTZ v.BLOTZHEIM & BAUER (1988); SCHÖNFELD (1992).

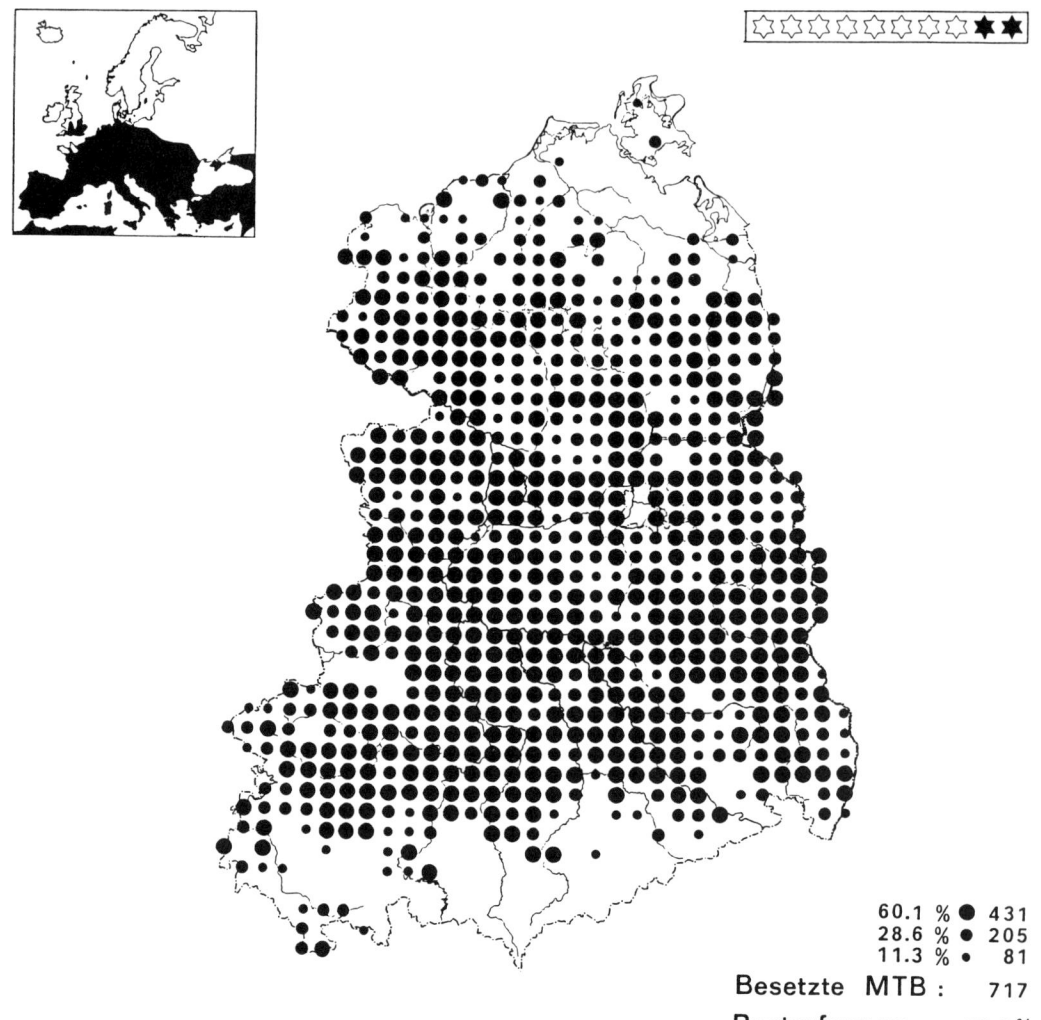

60.1 % ● 431
28.6 % ● 205
11.3 % • 81

Besetzte MTB : 717
Rasterfrequenz : 77.5 %

Faunentyp: europäisch.

Status: sehr häufiger Brutvogel; Durchzügler.

Verbreitung: außerhalb der Verbreitungsgrenze im NE nur sporadisch; fehlt in Mittelgebirgen oberhalb etwa 300 m NN.

Bestand/Bestandsentwicklung: Der Bestand beträgt nach den Schätzungen und durch Hochrechnung von Siedlungsdichteangaben 50000 BP (± 50 %). Die größte Bestandsdichte weist Sachsen-Anhalt auf, dicht gefolgt von Brandenburg. Das verdeutlicht die Häufigkeitskarte (10) recht gut. In diesen beiden Ländern siedeln 77 % aller Nachtigallen des Gebietes. In Mecklenburg-Vorpommern wohnen immerhin noch etwa 15 %, die sich besonders im SW konzentrieren. Sachsen und Thüringen (jeweils etwa 4 % des Bestandes) sind relativ dünn besiedelt. - In den letzten Jahrzehnten ist eine Bestandszunahme und Arealerweiterung zu verzeichnen, teilweise wurden ehemals aufgegebenen Gebiete bereits wiederbesiedelt.

Literatur: BRIESEMEISTER, NICOLAI in NICOLAI et al. (1982); BÄSSLER & RAU (1985); REISSLAND in v.KNORRE et al. (1986); HAENSEL in HAENSEL & KÖNIG (1987); KREMP, KRÄGENOW in KLAFS & STÜBS (1987); GLUTZ v.BLOTZHEIM & BAUER (1988).

Blaukehlchen

Luscinia svecica

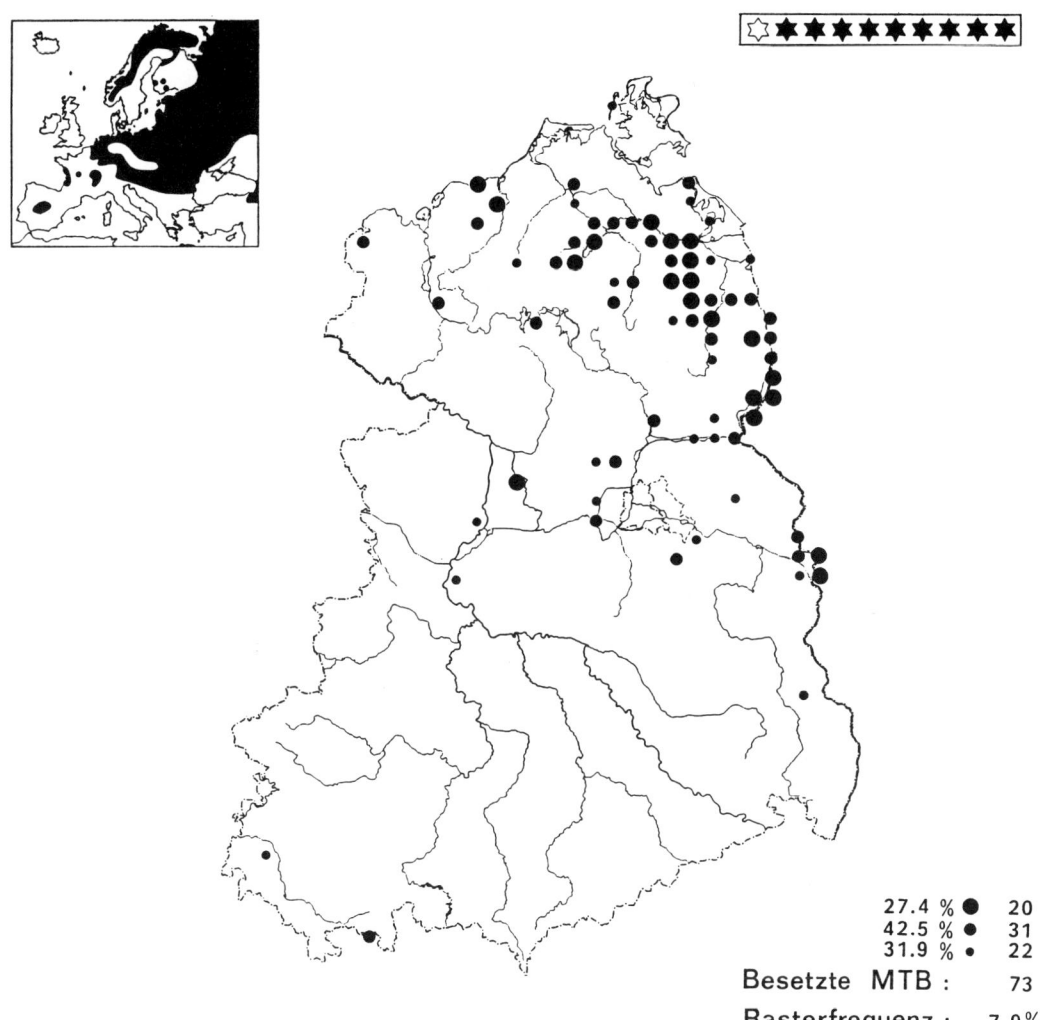

27.4 %	●	20
42.5 %	●	31
31.9 %	•	22

Besetzte MTB : 73

Rasterfrequenz : 7.9 %

Faunentyp: palaearktisch.

Status: seltener Brutvogel; Durchzügler.

Verbreitung: sehr lückenhaft im NE, sonst nur noch sporadisch.

Bestand/Bestandsentwicklung: Der Bestand beträgt nach den Schätzungen 270 BP (± 41 %). Etwa 70 % davon entfallen auf Mecklenburg-Vorpommern mit Schwerpunkt im E. Allein im Peenetal kommen in günstigen Jahren über 40 BP vor. In Brandenburg siedeln etwa 30 %, auch hier hauptsächlich im NE und E. - Im Zuge eines allgemeinen Bestandsrückganges in den letzten Jahrzehnten sind auch eine Reihe von Vorkommen im SW verschwunden oder fraglich geworden. Das betrifft in erster Linie Gebiete der Elbe-Havel-Niederung/Sachsen-Anhalt, SW-Mecklenburg und Brandenburg.

Literatur: GRÄTZ, SCHMIDT in RUTSCHKE (1983); LAMBERT in KLAFS & STÜBS (1977, 1987); GLUTZ v.BLOTZHEIM & BAUER (1988); DUTY (1988); SCHMIDT (1988).

Hausrotschwanz *Phoenicurus ochruros*

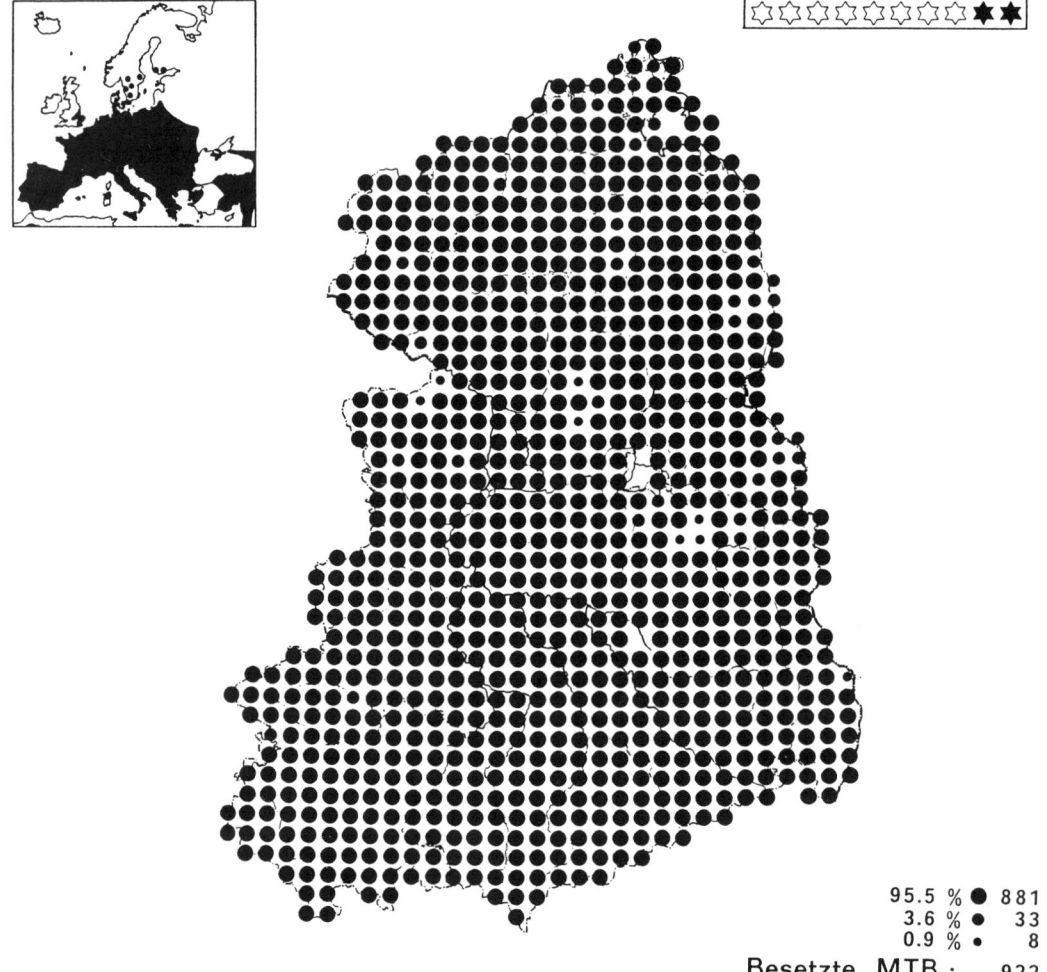

☆☆☆☆☆☆☆☆★★

95.5 % ● 881
3.6 % ● 33
0.9 % ● 8

Besetzte MTB : 922
Rasterfrequenz : 99.7 %

Faunentyp: palaeo-xeromontan.
Status: sehr häufiger Brutvogel; Durchzügler, Wintergast.
Verbreitung: flächendeckend über das gesamte Gebiet.
Bestand/Bestandsentwicklung: Der Bestand beträgt nach den Schätzungen und spezifischen Kenntnissen 190000 BP (± 32 %). Der Hausrotschwanz ist eng an den Siedlungsbereich des Menschen gebunden, was in der Verteilung der eingeschätzten Häufigkeiten deutlich wird (vgl. Häufigkeitskarte 11). Danach ist die SW-Hälfte (insbesondere die Industriezentren in W-Sachsen) am dichtesten besiedelt. In Thüringen und Sachsen wurde auf 60 % der Rasterflächen ein Bestand von mehr als 100 BP geschätzt, in Mecklenburg-Vorpommern auf nur knapp 10 %, demzufolge wohnen hier auch nur weniger als 15 % des Bestandes. Im Durchschnitt kommt 1 Hausrotschwanz-BP auf 80 bis 100 Einwohner. Siedlungen werden im allgemeinen von 1 bis 2 BP/10 ha bewohnt, doch werden auch Dichten von mehr als 6 BP/10 ha erreicht.

Literatur: MENZEL (1983); KELLNER in v.KNORRE et al. (1986); NICOLAI (1986); HAHNKE (1991).

Gartenrotschwanz   *Phoenicurus phoenicurus*

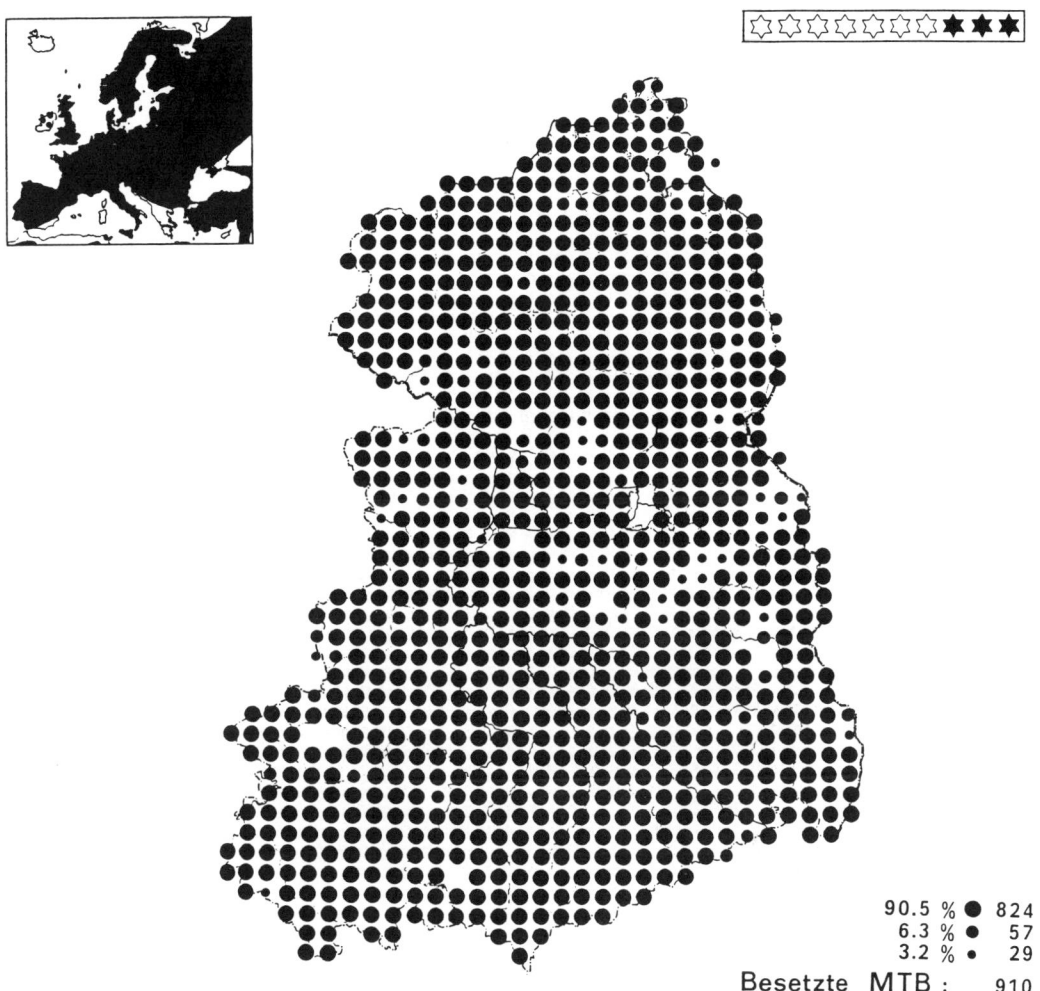

90.5 % ● 824
6.3 % ● 57
3.2 % • 29

Besetzte MTB : 910
Rasterfrequenz : 98.4 %

Faunentyp: europäisch.

Status: sehr häufiger Brutvogel; Durchzügler.

Verbreitung: über das gesamte Gebiet (Erfassungslücken ?).

Bestand/Bestandsentwicklung: Der Bestand kann nach den Schätzungen und unter Berücksichtigung von Angaben zur Siedlungsdichte mit 120000 BP (± 50 %) angenommen werden. Die Hochrechnung von Siedlungsdichteangaben ergibt einen deutlich höheren Wert. Es wurde jedoch berücksichtigt, daß die überwiegende Anzahl der Siedlungsdichten aus den 60er und 70er Jahren stammt, seitdem aber eine deutliche Bestandsabnahme erfolgte. Erst in den letzten Jahren scheint diese Tendenz abgeklungen zu sein und der Bestand sich auf merklich geringerem Niveau stabilisiert zu haben. - Unabhängig davon wird die Häufigkeit auf den Rasterflächen im S-Teil im Mittel höher eingestuft. Im Raum Halle wurden großflächig 1,0 bis 1,4 BP/km^2 ermittelt.

Literatur: MENZEL (1984); SCHÖNBRODT & SPRETKE (1989).

☆☆☆☆☆☆★★★★

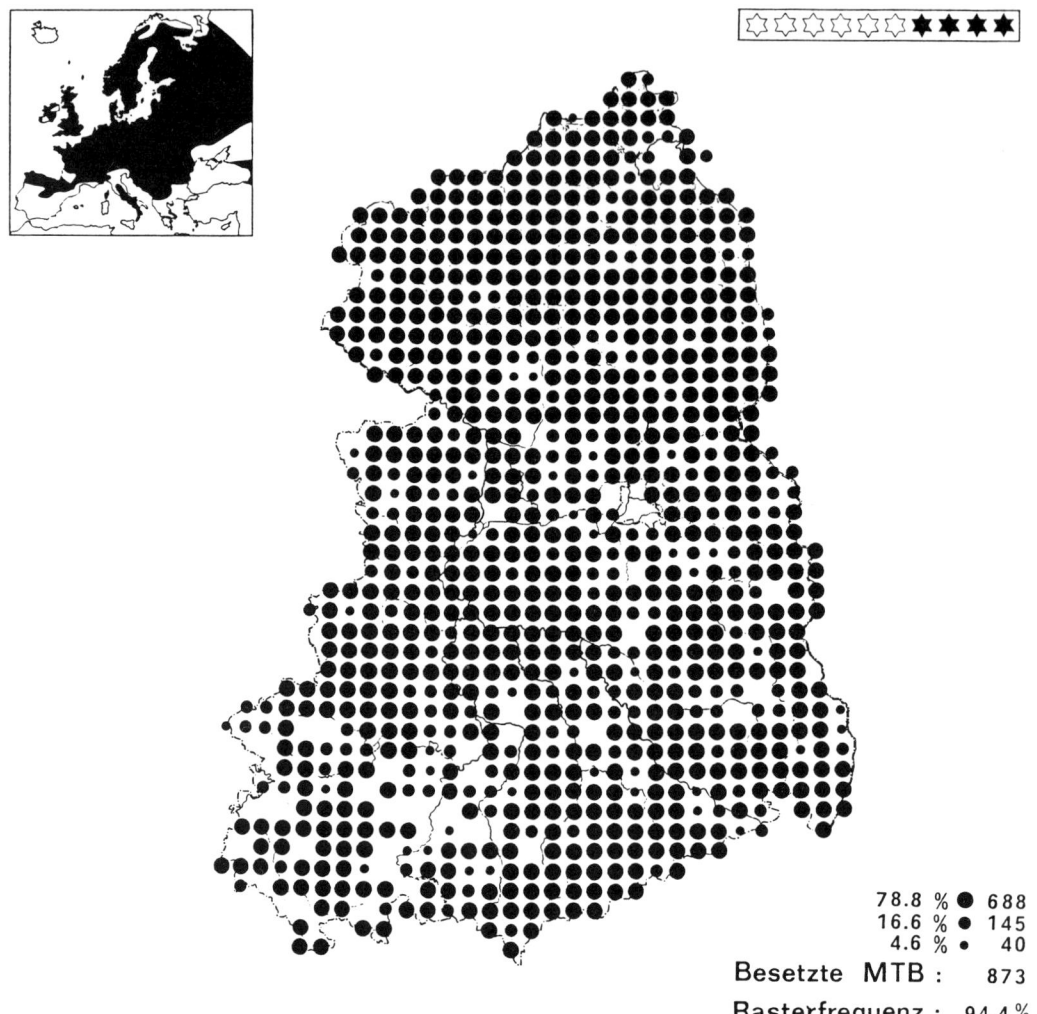

78.8 %	●	688
16.6 %	●	145
4.6 %	•	40

Besetzte MTB : 873

Rasterfrequenz : 94.4 %

Faunentyp: europäisch.

Status: sehr häufiger Brutvogel; Durchzügler.

Verbreitung: ± lückenhaft über das gesamte Gebiet.

Bestand/Bestandsentwicklung: Der Bestand beträgt nach den Schätzungen und durch Hochrechnung von Siedlungsdichteangaben 50000 BP (± 50 %). In Mecklenburg-Vorpommern ist das Braunkehlchen häufiger als im übrigen Gebiet. Nach den Häufigkeitseinstufungen kann hier großflächig eine 3fach höhere Bestandsdichte angenommen werden als für die Gebiete im S. Unabhängig davon ist jedoch überall in den letzten Jahrzehnten ein starker Bestandsrückgang zu verzeichnen, der in erster Linie in der Zerstörung von optimalen Habitaten begründet ist. - Im Raum Halle wurden großflächig 0,12 bis 0,16 BP/km^2 ermittelt. In dieser Größenordnung bewegen sich auch eine Reihe von Schätzungen in anderen Regionen.

Literatur: FEIGE in KLAFS & STÜBS (1987); GLUTZ v.BLOTZHEIM & BAUER (1988); KOLBE & NEUMANN (1988); SCHÖNBRODT & SPRETKE (1989).

Schwarzkehlchen   *Saxicola torquata*

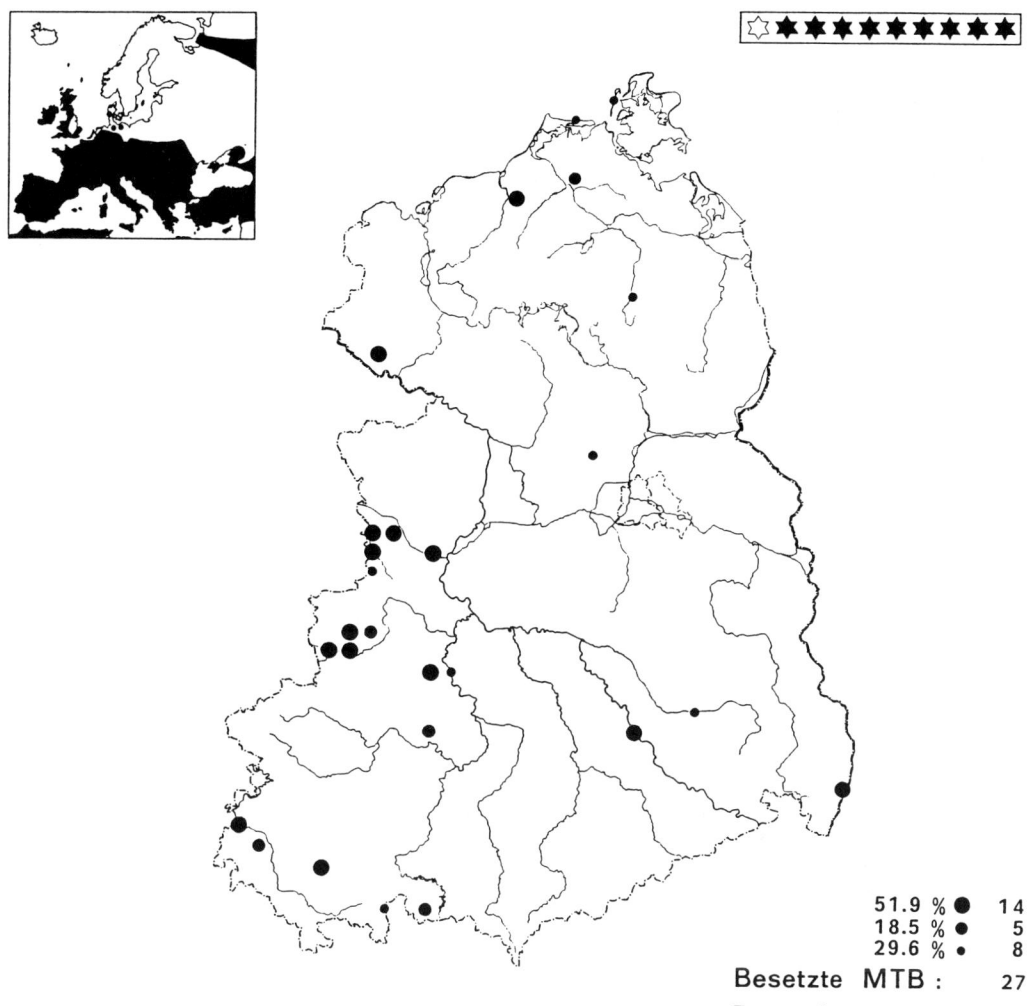

51.9 %	●	14
18.5 %	●	5
29.6 %	•	8

Besetzte MTB :   27

Rasterfrequenz :   3.0 %

Faunentyp: palaearktisch.

Status: sehr seltener Brutvogel; Gast.

Verbreitung: ± regelmäßige Vorkommen nur im W Sachsen-Anhalts; sonst nur lokal und sporadisch.

Bestand/Bestandsentwicklung: Der Bestand beträgt nach den Schätzungen und mit Vorbehalt 50 BP (± 50 %). Es kann davon ausgegangen werden, daß sowohl fast überall mögliche sporadische als auch kleine regelmäßige Vorkommen leicht übersehen werden, weil sie sich oft an Plätzen befinden, an denen nur selten beobachtet wird (Industriegelände, Bahnstrecken u. ä.) oder die schwer zugängig sind (Truppenübungsplätze). Der Bestand konzentriert sich im wesentlichen (über 80 %) auf den W Sachsen-Anhalts, insbesondere auf das N-Harzgebiet und den Kr. Haldensleben (Sachsen-Anhalt). In diesem Bereich sind auch die ± regelmäßig besetzten Brutplätze zu finden.

Literatur: SOHNS in RUTSCHKE (1983); KOBER (1985); HÖLAND in v.KNORRE et al. (1986); HERRMANN (1987); PLATH, FEIGE in KLAFS & STÜBS (1987); HÖLAND (1989); FRIEDRICHS (1990); OPPERMANN (1992).

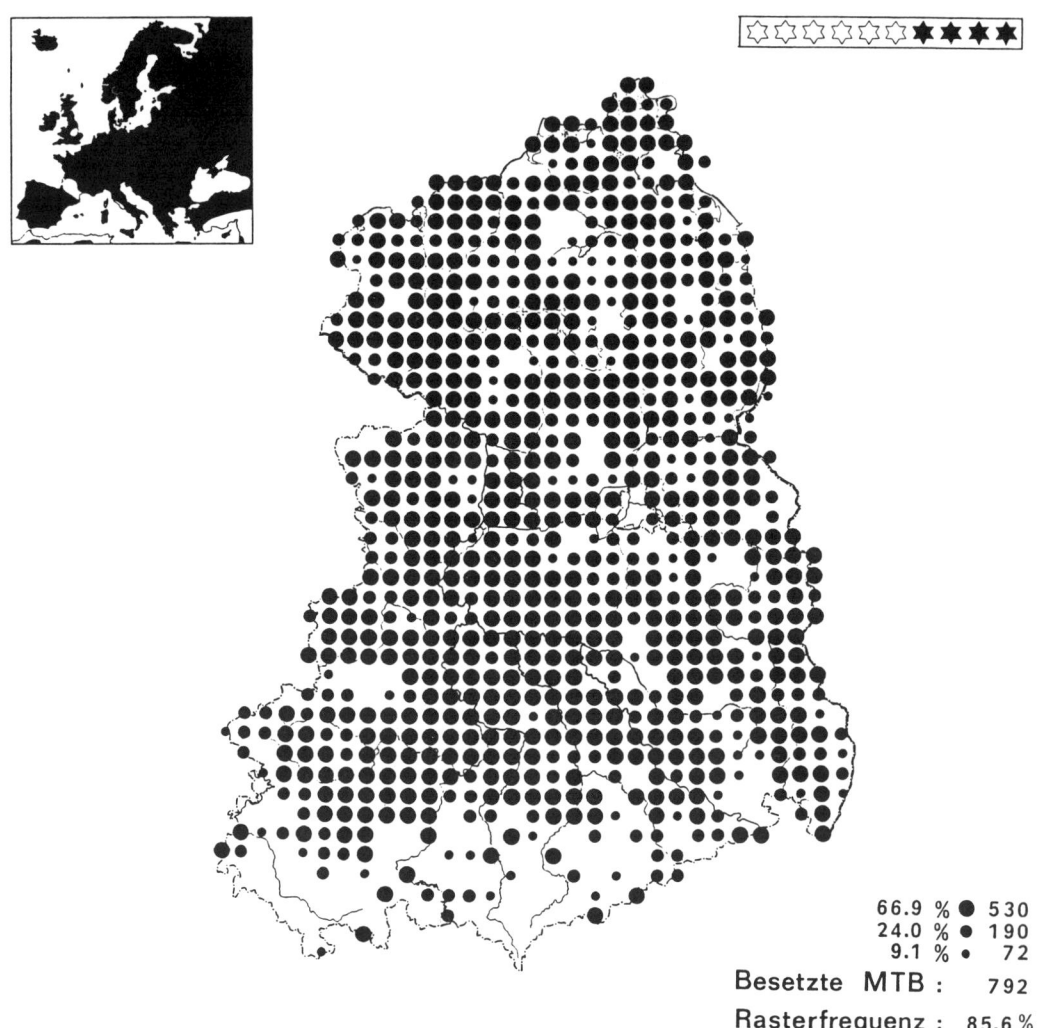

66.9 % ● 530
24.0 % ● 190
9.1 % ● 72

Besetzte MTB : 792

Rasterfrequenz : 85.6 %

Faunentyp: palaearktisch.

Status: häufiger Brutvogel; Durchzügler.

Verbreitung: ± lückenhaft über das gesamte Gebiet (regionale Verbreitungslücken im Mittelgebirgsbereich).

Bestand/Bestandsentwicklung: Der Bestand beträgt nach den Schätzungen 16000 BP (± 44 %). Die Verteilung und damit die Bestandsdichte ist ungleichmäßig (vgl. Häufigkeitskarte 12). Bereits die Verbreitungskarte läßt eine geringere Dichte in Thüringen (nur 3 % des Bestandes; etwa 3 BP/100 km^2) und Sachsen (gut 5 % des Bestandes; 4 bis 5 BP/100 km^2) erkennen. Nicht zu erwarten war dagegen die geringe Bestandsdichte in Mecklenburg-Vorpommern mit 9 bis 10 BP/100 km^2 bei knapp 16 % des Bestandes. In Sachsen-Anhalt und Brandenburg konzentrieren sich 76 % der Vorkommen bei einer mittleren Dichte von etwa 25 BP/100 km^2. Bestätigt wird die relativ hohe Bestandsdichte hier durch die Kartierung 1983-86 im Raum Halle, wo 52 bis 65 BP/100 km^2 ermittelt wurden.

Literatur: KNEIS (1982); REISSLAND in KNORRE et al. (1986); SELLIN in KLAFS & STÜBS (1987); SCHÖNBRODT & SPRETKE (1989).

190

Ringdrossel

Turdus torquatus

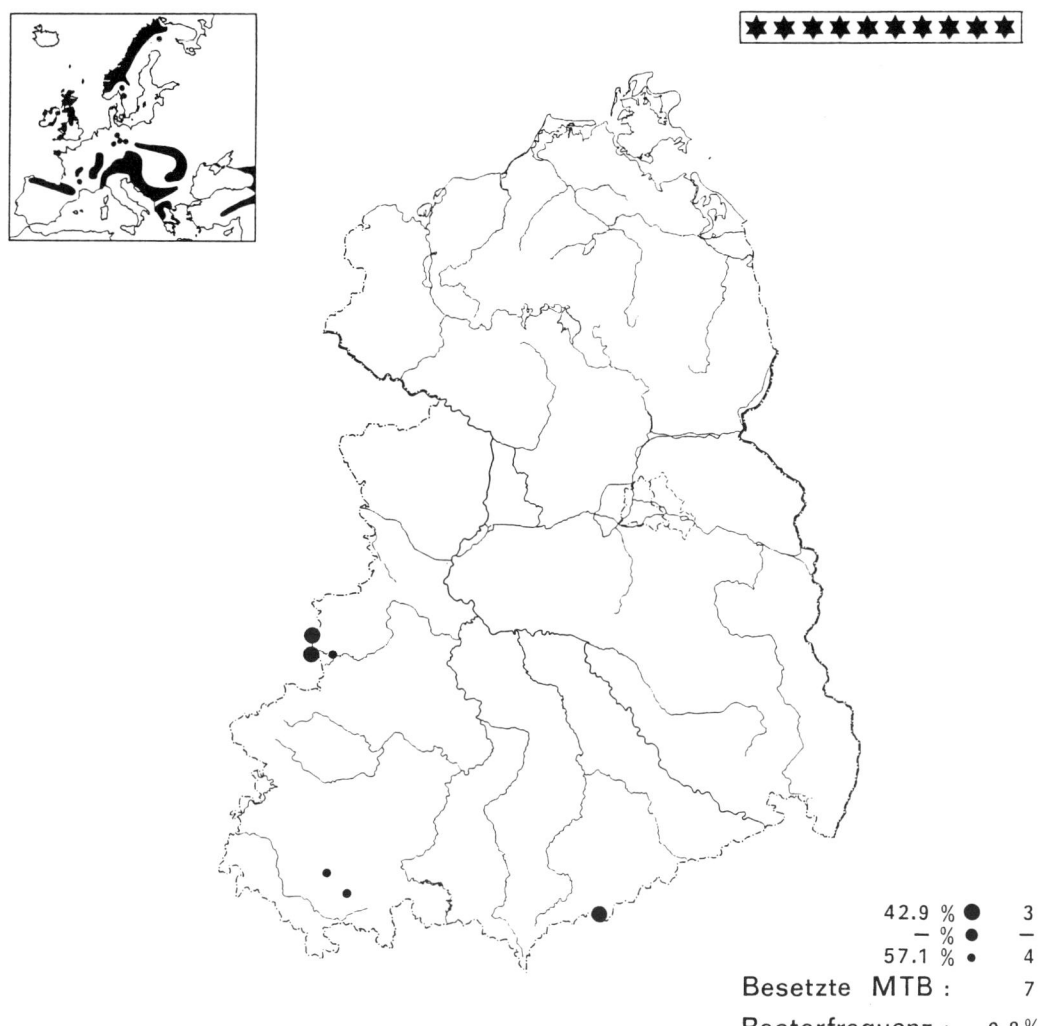

★★★★★★★★★★

42.9 %	●	3
— %	●	—
57.1 %	•	4

Besetzte MTB : 7

Rasterfrequenz : 0.8 %

Faunentyp: palaeomontan.

Status: sehr seltener Brutvogel; Durchzügler.

Verbreitung: nur lokal in den höchsten Mittelgebirgsbereichen.

Bestand/Bestandsentwicklung: Der Bestand wird mit 30 BP (± 50 %) angenommen. Diese Schätzung beruht auf den Angaben von HOLUPIREK für das Erzgebirge (etwa 10 BP) und von OHLENDORF für den Oberharz. Neuere Untersuchungen im Brockengebiet/Harz bestätigen hier eine stabile Population (1990/91 etwa 35 bis 40 BP). Eine Bestandszunahme im Oberharz erscheint in den letzten Jahren durch Vergrößerung der Freiflächen (Windwurf, Kahlschläge) möglich. Der Bestand ist jedoch durch den aktuellen Massentourismus wieder in Gefahr. - Für Thüringen liegt inzwischen ein gesicherter Brutnachweis vor (1983 oberhalb Suhl: Altvögel füttern flügge Jungvögel), der die beiden B-Nachweise in diesem Bereich sichert und für die Kartierungszeit bereits ein Brutvorkommen wahrscheinlich macht.

Literatur: HOLUPIREK (1977, 1982, 1990); STRUBE & STRUBE (1984); PONTIUS in v.KNORRE et al. (1986); HAENSEL in HAENSEL & KÖNIG (1987); OELKE (1992); HELLMANN et al. (1992).

191

Amsel

Turdus merula

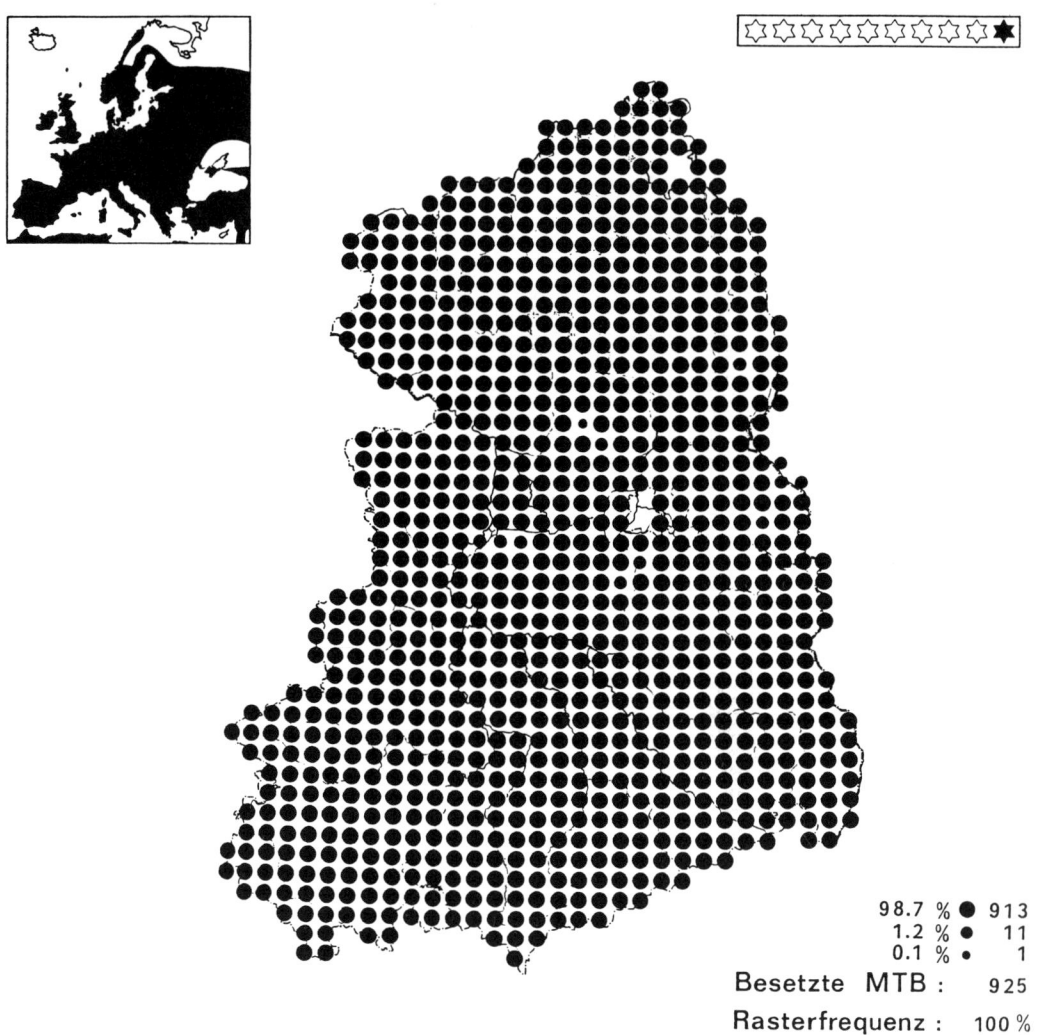

98.7 % ● 913
1.2 % ● 11
0.1 % ● 1

Besetzte MTB : 925

Rasterfrequenz : 100 %

Faunentyp: palaearktisch.

Status: sehr häufiger Brutvogel; Durchzügler, Überwinterer.

Verbreitung: flächendeckend über das gesamte Gebiet.

Bestand/Bestandsentwicklung: Der Bestand beträgt durch Hochrechnung von Siedlungsdichteangaben 1000000 BP (± 40 %). Die Amsel zählt damit zu unseren häufigsten Brutvögeln (etwa an 6. Stelle). - Die mittleren Siedlungsdichten in den bedeutendsten Habitaten sind: Nadelwald und Buchenwald 0,8 bis 2,0 BP/10 ha, sonstiger Laubwald 1,5 bis 4,0 BP/10 ha, Wohnviertel 3,0 bis 6,0 BP/10 ha, Gartenstadt und Villenviertel 6,0 bis 9,0 BP/10 ha, Kleingärten und Parks 7,0 bis 15,0 BP/10 ha. Im Raum Halle wurden großflächig 9,1 bis 14,3 BP/km^2 ermittelt.

Literatur: STEPHAN (1985); SELLIN in KLAFS & STÜBS (1987); SCHÖNBRODT & SPRETKE (1989).

Wacholderdrossel

Turdus pilaris

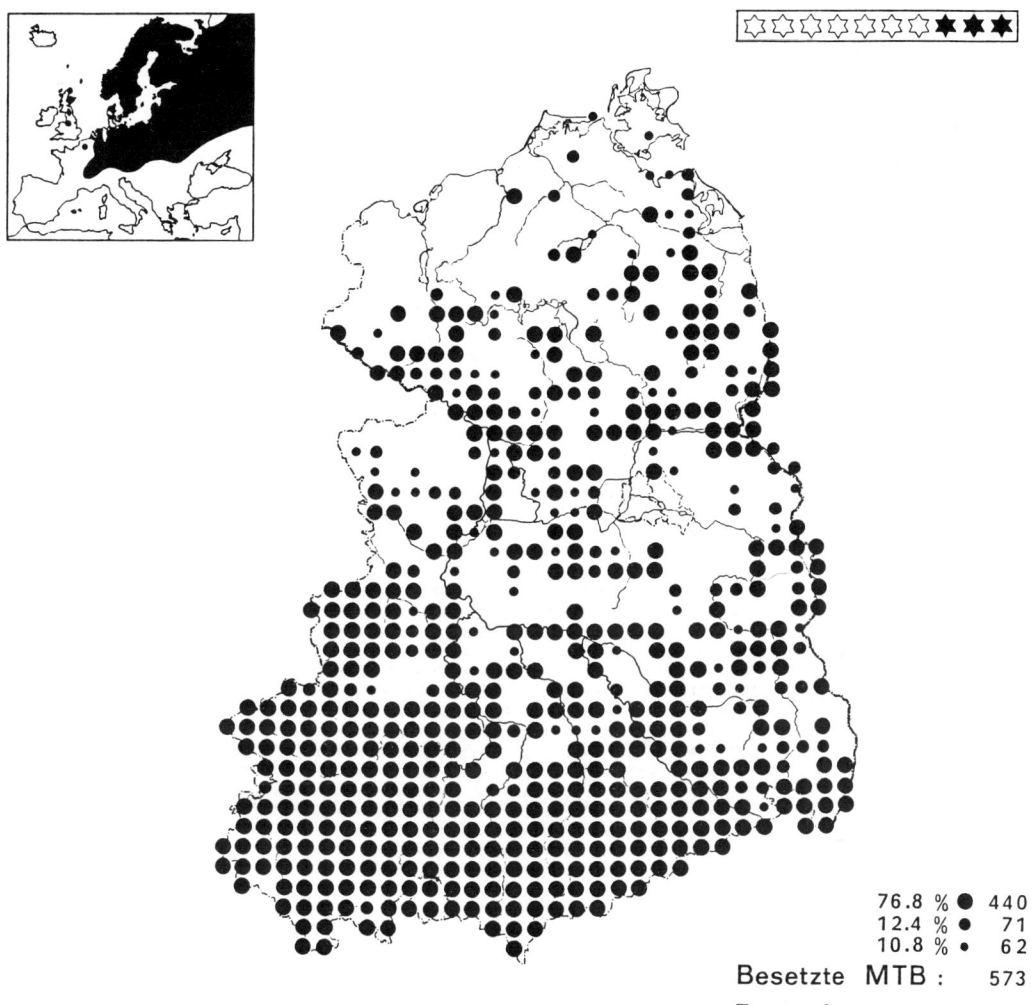

76.8 % ● 440
12.4 % ● 71
10.8 % • 62

Besetzte MTB : 573
Rasterfrequenz : 61.9 %

Faunentyp: sibirisch.

Status: häufiger Brutvogel; Durchzügler, Wintergast.

Verbreitung: flächendeckend in Mittelgebirgen und Vorländern, nach N zunehmend lückenhaft bis regional fehlend.

Bestand/Bestandsentwicklung: Der Bestand beträgt nach den Schätzungen 40000 BP (± 50 %). Er konzentriert sich im S/SW, gut erkennbar auch in der Häufigkeitskarte (13). Auf Thüringen entfallen etwa 50 % und auf Sachsen 35 % des Bestandes. Einschließlich Harzgebiet siedeln etwa 90 % der Wacholderdrosseln in den Mittelgebirgen und Mittelgebirgsvorländern. Das gesamte übrige Gebiet ist dagegen nur sehr dünn besiedelt. Lediglich 5 % des Bestandes bewohnen Brandenburg und Mecklenburg-Vorpommern, also über die Hälfte der Gebietsfläche. Doch scheint sich besonders hier eine Bestandszunahme sowie ein weiteres Vordringen nach N abzuzeichnen.

Literatur: LÜBCKE & FURRER (1985); STEGEMANN in KLAFS & STÜBS (1987); GÜNTHER & DONATH (1991); GNIELKA (1992).

Singdrossel

Turdus philomelos

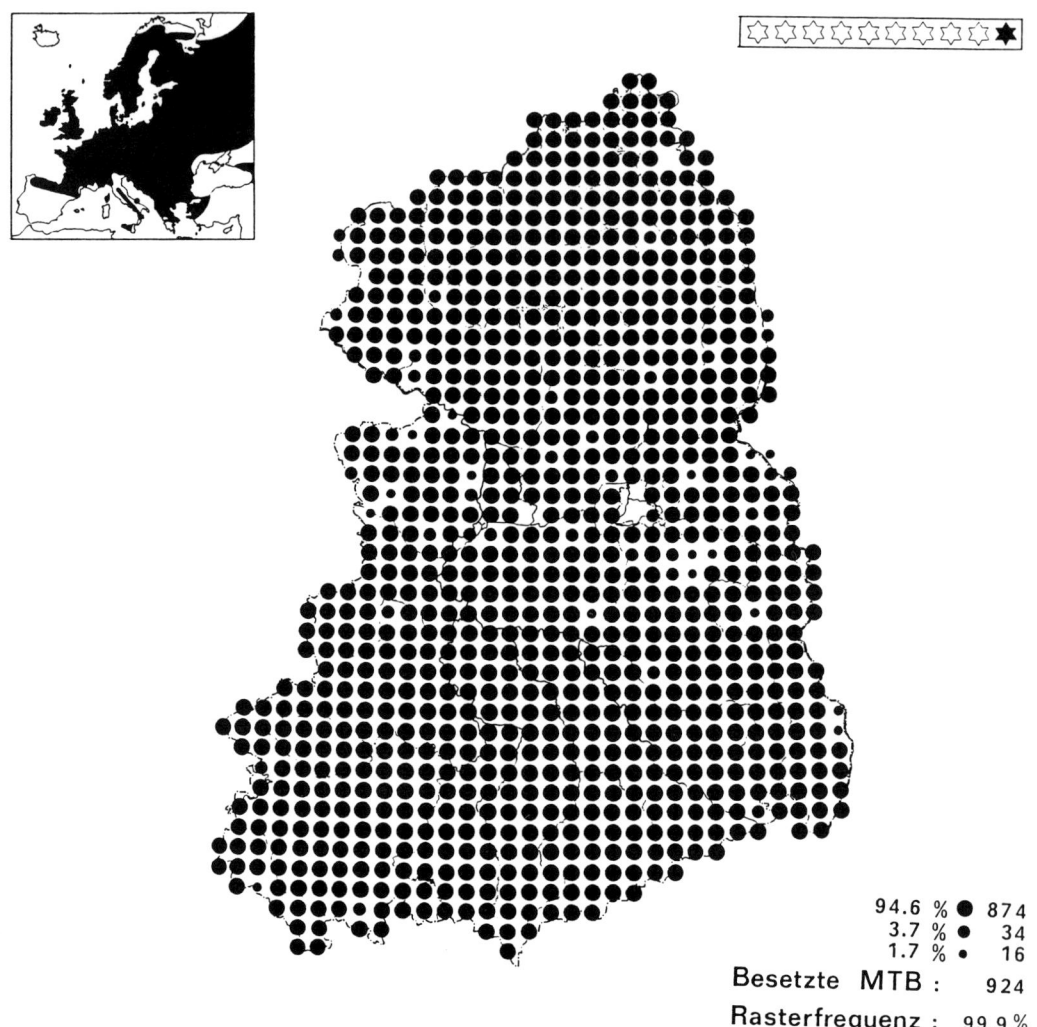

94.6 % ● 874
3.7 % ● 34
1.7 % • 16

Besetzte MTB : 924
Rasterfrequenz : 99.9 %

Faunentyp: europäisch.

Status: sehr häufiger Brutvogel; Durchzügler, Wintergast.

Verbreitung: flächendeckend über das gesamte Gebiet.

Bestand/Bestandsentwicklung: Der Bestand beträgt durch Hochrechnung von Siedlungsdichteangaben 540000 BP (± 41 %). Die mittleren Siedlungsdichten in den bedeutendsten Habitaten sind: Buchenwald 0,5 bis 1,5 BP/10 ha, Auwald 2,5 bis 5,0 BP/10 ha, sonstiger Laubwald, Parks und Nadelwald 1,0 bis 3,0 BP/10 ha. Die Wälder erbringen den wesentlichen Anteil des Bestandes: Im waldarmen Gebiet um Halle wurden großflächig nur 1,0 bis 1,7 BP/km^2 ermittelt; die geschätzte durchschnittliche Bestandsdichte für das Gesamtgebiet beträgt dagegen fast 5 BP/km^2.

Literatur: SCHÖNBRODT & SPRETKE (1989); MELDE & MELDE (1991).

Rotdrossel

Turdus iliacus

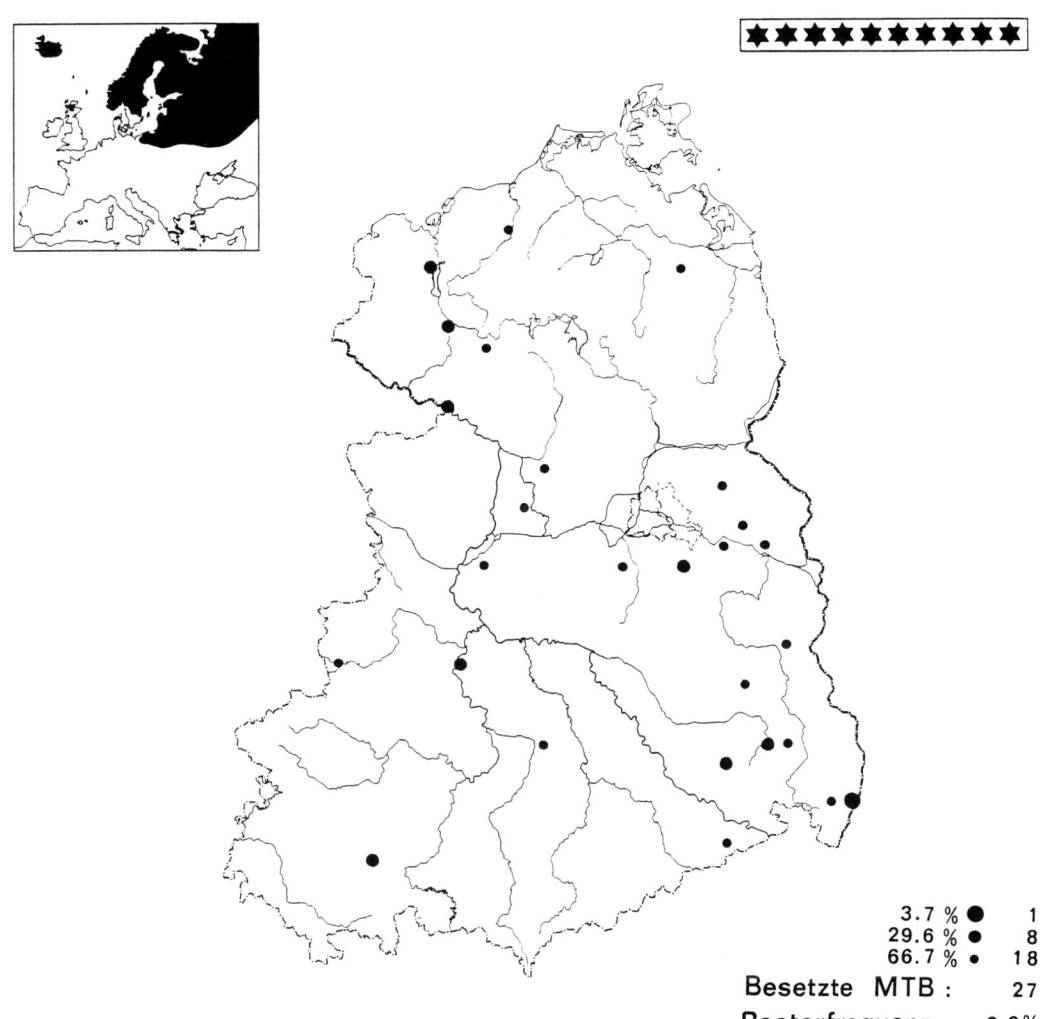

3.7 % ●	1
29.6 % ●	8
66.7 % ●	18

Besetzte MTB : 27

Rasterfrequenz : 2.9 %

<u>Faunentyp:</u> sibirisch.

<u>Status:</u> Vermehrungsgast; Durchzügler, Wintergast.

<u>Verbreitung:</u> sporadische Vorkommen außerhalb des Verbreitungsgebietes; nur ausnahmsweise brütend.

<u>Bestand/Bestandsentwicklung:</u> Während der Kartierung nur ein Brutnachweis in der Lausitz (1981 Nestfund, aber erfolglose Brut im Kr. Zittau, HOFMANN), wo auch bereits in den 60er Jahren erfolgreiche Bruten nachgewiesen wurden. B- und C-Nachweise verteilen sich über das gesamte Gebiet. Ein Brüten erscheint in geeigneten Habitaten nahezu überall im Gebiet möglich, am ehesten natürlich im SE. Außerdem ergeben sich deutliche Hinweise auf eine Ausbreitungtendenz nach W. - Im unmittelbaren Nachbargebiet, in SE-Niedersachsen, erfolgten in den letzten drei Jahrzehnten ebenfalls mehrfach Bruthinweise, zuletzt war 1984 eine Brut bei Hildesheim sogar erfolgreich.

Literatur: WILKE & MORLING (1965); MASCHKE (1967, 1969); PIESKER (1980); MÜLLER (1983); SCHMIDT in RUTSCHKE (1983); HOFMANN (1985); MÜLLER in KLAFS & STÜBS (1987); GLUTZ v.BLOTZHEIM & BAUER (1988).

Misteldrossel   *Turdus viscivorus*

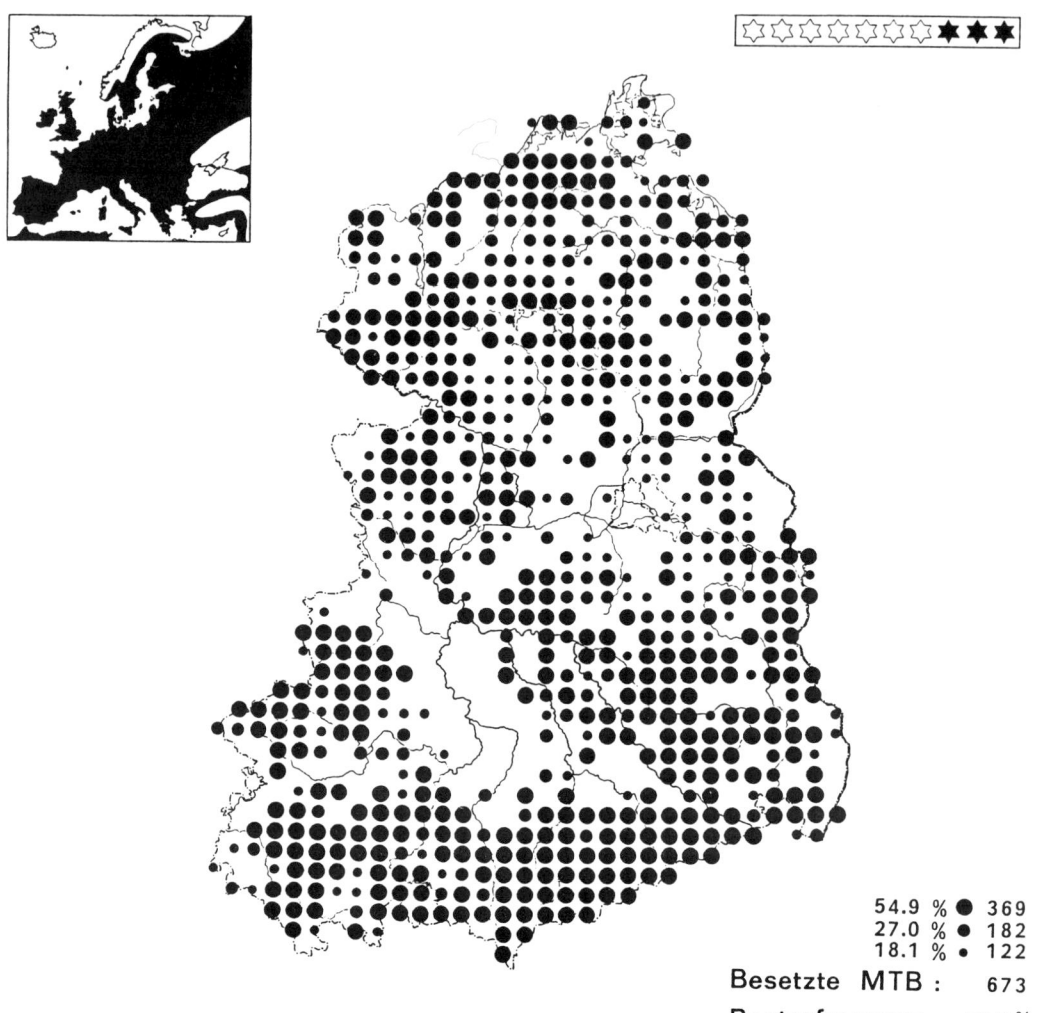

54.9 %	●	369
27.0 %	●	182
18.1 %	●	122

Besetzte MTB : 673

Rasterfrequenz : 72.8 %

Faunentyp: europäisch-turkestanisch.

Status: häufiger Brutvogel; Durchzügler, Wintergast.

Verbreitung: über das gesamte Gebiet mit ± großen Lücken (besonders Sachsen-Anhaltische Ebenen).

Bestand/Bestandsentwicklung: Der Bestand beträgt nach den Schätzungen und durch Hochrechnung von Siedlungsdichteangaben 40000 BP (± 38 %). Der größte Anteil (55 %) befindet sich in Thüringen und Sachsen, hier besonders in den Nadelwäldern der Mittelgebirge. Eine großflächige Untersuchung in optimalem Siedlungsgebiet (Fichtenwald) erbrachte 3,2 BP/km². Abgesehen von der Verbreitungslücke in den Sachsen-Anhaltischen Ebenen und (Erfassungs-?)Lücken in Brandenburg scheint die Bestandsdichte in Mecklenburg-Vorpommern im Mittel etwas geringer zu sein (vgl. Häufigkeitskarte 14).

Literatur: MÖCKEL (1975); STARKE, STRUNK in KLAFS & STÜBS (1987).

Feldschwirl   *Locustella naevia*

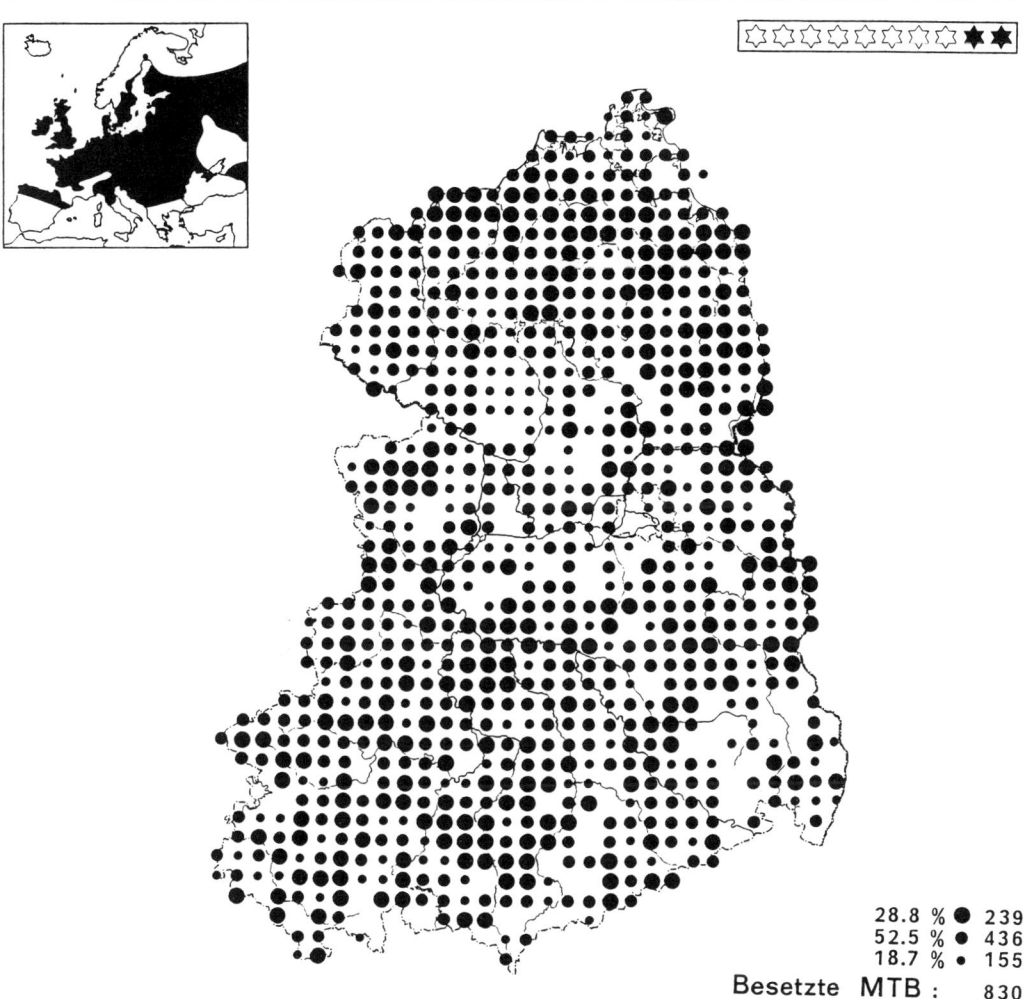

28.8 %	●	239
52.5 %	●	436
18.7 %	•	155

Besetzte MTB : 830

Rasterfrequenz : 89.7 %

Faunentyp: europäisch-turkestanisch.

Status: sehr häufiger Brutvogel; Durchzügler.

Verbreitung: ± lückenhaft über das gesamte Gebiet (auch Erfassungslücken ?).

Bestand/Bestandsentwicklung: Der Bestand beträgt durch Hochrechnung von Siedlungsdichteangaben 40000 BP (± 50 %). Aus den Abschätzungen errechnet sich zwar ein geringerer Wert, doch ergibt sich selbst bei vorsichtiger Verwendung der Angaben zur Siedlungsdichte ein deutlich höherer Bestand, der unter Berücksichtigung der Unauffälligkeit des Feldschwirls den Vorzug erhielt. Den Schätzungen kann jedoch entnommen werden, daß die großflächige Bestandsdichte im SE deutlich geringer ausfällt (vgl. Häufigkeitskarte 15). Im übrigen Gebiet erfolgten die Einstufungen in Häufigkeiten relativ gleichmäßig. Im Raum Halle werden großflächig etwa 0,5 BP/km^2 geschätzt. - Für einige Gebiete ist ein positiver Bestandstrend zu verzeichnen.

Literatur: WODNER (1975); SAEMANN (1976); HOENE in v.KNORRE et al. (1986); SCHÖNBRODT & SPRETKE (1989); GLUTZ v.BLOTZHEIM & BAUER (1991).

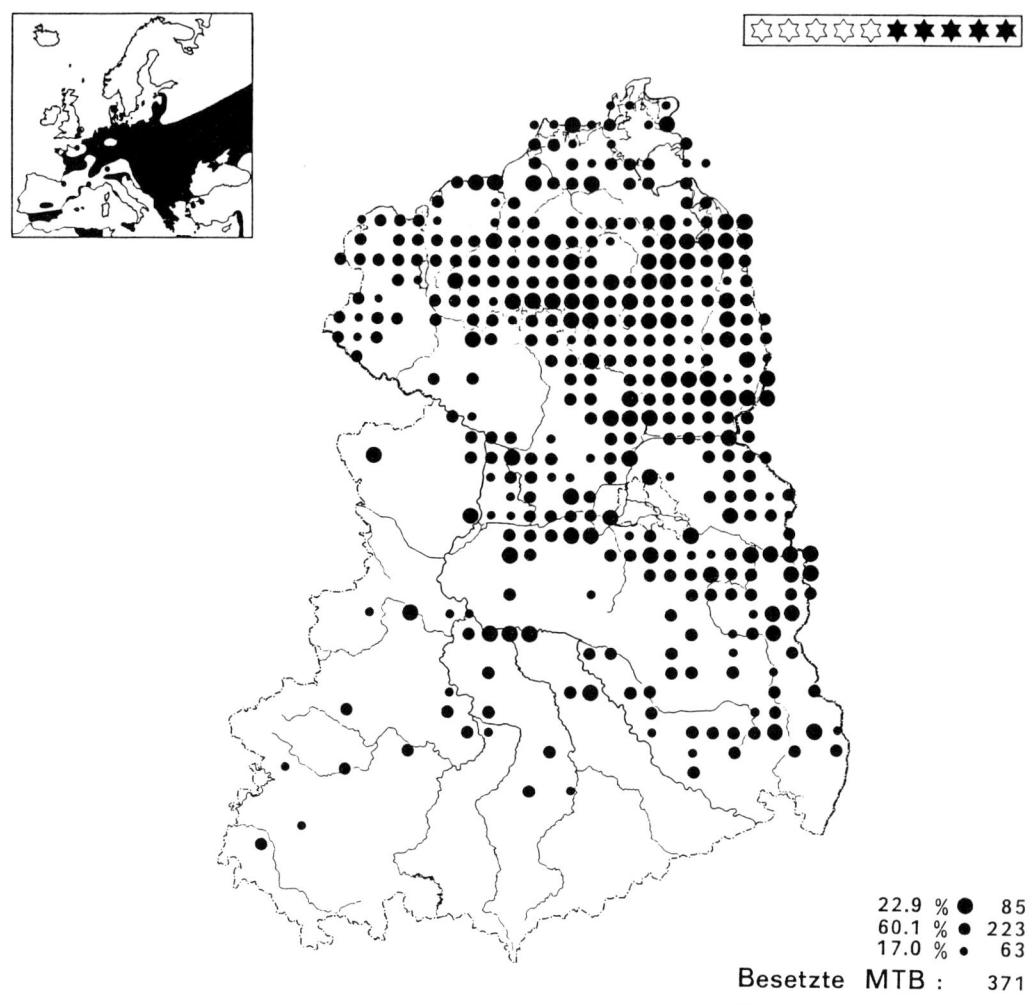

☆☆☆☆☆★★★★★

22.9 %	●	85
60.1 %	●	223
17.0 %	·	63

Besetzte MTB : 371

Rasterfrequenz : 40.1 %

Faunentyp: europäisch-turkestanisch.

Status: mäßig häufiger Brutvogel; Durchzügler.

Verbreitung: in der NE-Hälfte mit ± großen Verbreitungslücken, in der SW-Hälfte lokal bis sporadisch; in den Mittelgebirgen fehlend.

Bestand/Bestandsentwicklung: Der Bestand beträgt nach den Schätzungen 4000 BP (± 30 %). Der größte Anteil (58 %) befindet sich erwartungsgemäß in Mecklenburg-Vorpommern, wobei sich eine mittlere Bestandsdichte von 8,7 BP/100 km^2 angeben läßt. In Brandenburg siedeln 38 % bei einer geringeren Bestandsdichte von 5,6 BP/100 km^2 bezogen auf die Gesamtfläche. In beiden Ländern wurde jedoch der Bestand für die besetzten Raster etwa gleich abgeschätzt (im Mittel 12 BP). In Sachsen-Anhalt, Sachsen und Thüringen befindet sich derzeit nur ein relativ unbedeutender Anteil von etwa 4 %. - Trotz teilweise erheblicher Bestandsschwankungen zeigt sich allgemein wohl zunehmende Tendenz.

Literatur: LIBBERT (1970); OTTO in RUTSCHKE (1983); SCHÖNN (1984); GREMPE in KLAFS & STÜBS (1987); GLUTZ v.BLOTZHEIM & BAUER (1991).

Schlagschwirl   *Locustella fluviatilis*

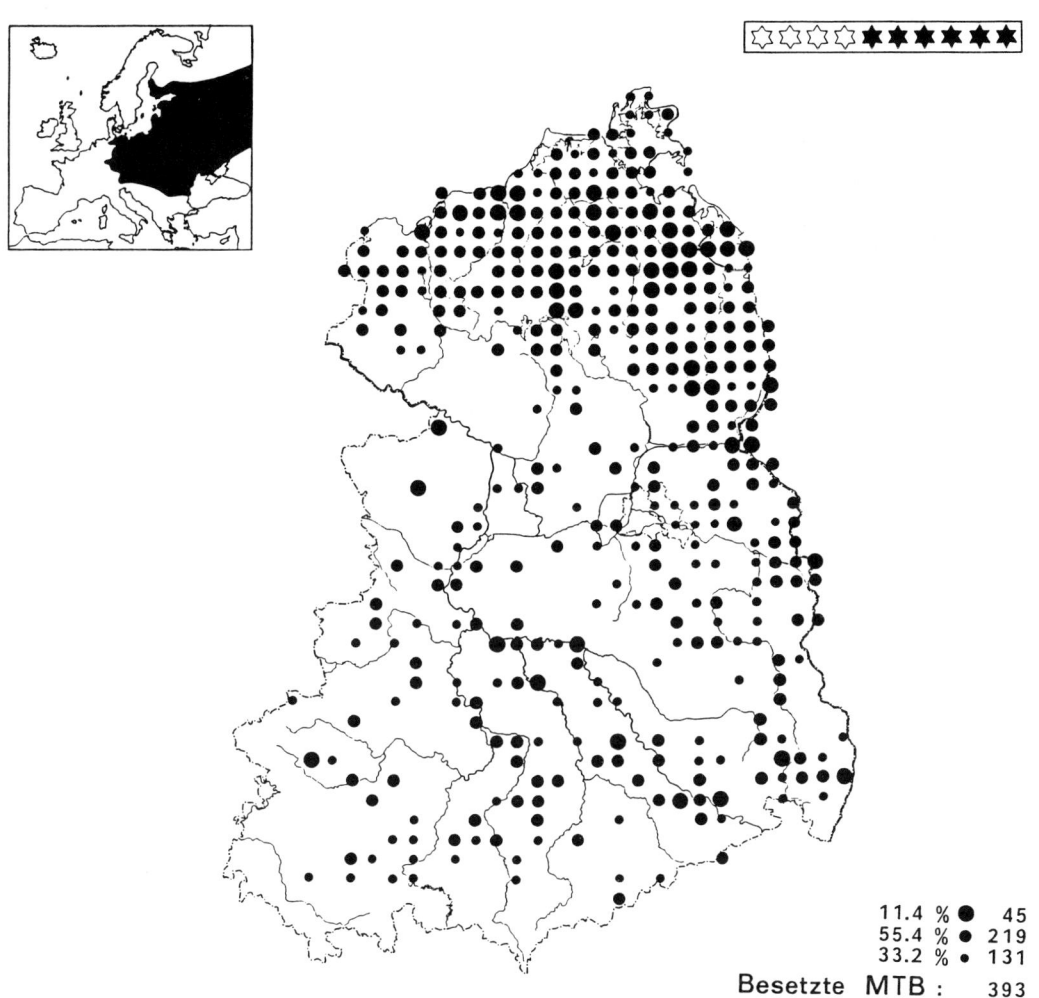

11.4 %	●	45
55.4 %	●	219
33.2 %	●	131

Besetzte MTB : 393

Rasterfrequenz : 42.7 %

Faunentyp: palaearktisch.

Status: mäßig häufiger Brutvogel; Durchzügler.

Verbreitung: im NE fast flächendeckend, außerhalb mit ± großen Lücken über fast das gesamte Gebiet.

Bestand/Bestandsentwicklung: Der Bestand beträgt nach den Schätzungen 2600 BP (± 43 %). Davon beherbergt Mecklenburg-Vorpommern fast 80 %. Die großflächige mittlere Bestandsdichte errechnet sich daraus mit etwa 7,5 BP/100 km^2. In Brandenburg finden wir rund 13 % des Bestandes, vornehmlich im NE. Ähnlich der vorigen Art sind die Vorkommen des Schlagschwirls in der SW-Hälfte des Gebietes zahlenmäßig noch relativ unbedeutend (nur etwa 8 %). Die Bestandsdichte ist unter Vorbehalt mit 0,2 (Thüringen) und 0,6 BP/100 km^2 (Sachsen-Anhalt) gering und starken jährlichen Schwankungen unterworfen. Die Bestandszunahme und Ausbreitung nach W hält aber an.

Literatur: LIBBERT (1970); GREMPE in KLAFS & STÜBS (1977, 1987); HOENE in v.KNORRE et al. (1986); SCHÖNN & SCHÖNN (1987); DEUNERT & REITZ (1988); ROST (1990).

Seggenrohrsänger

Acrocephalus paludicola

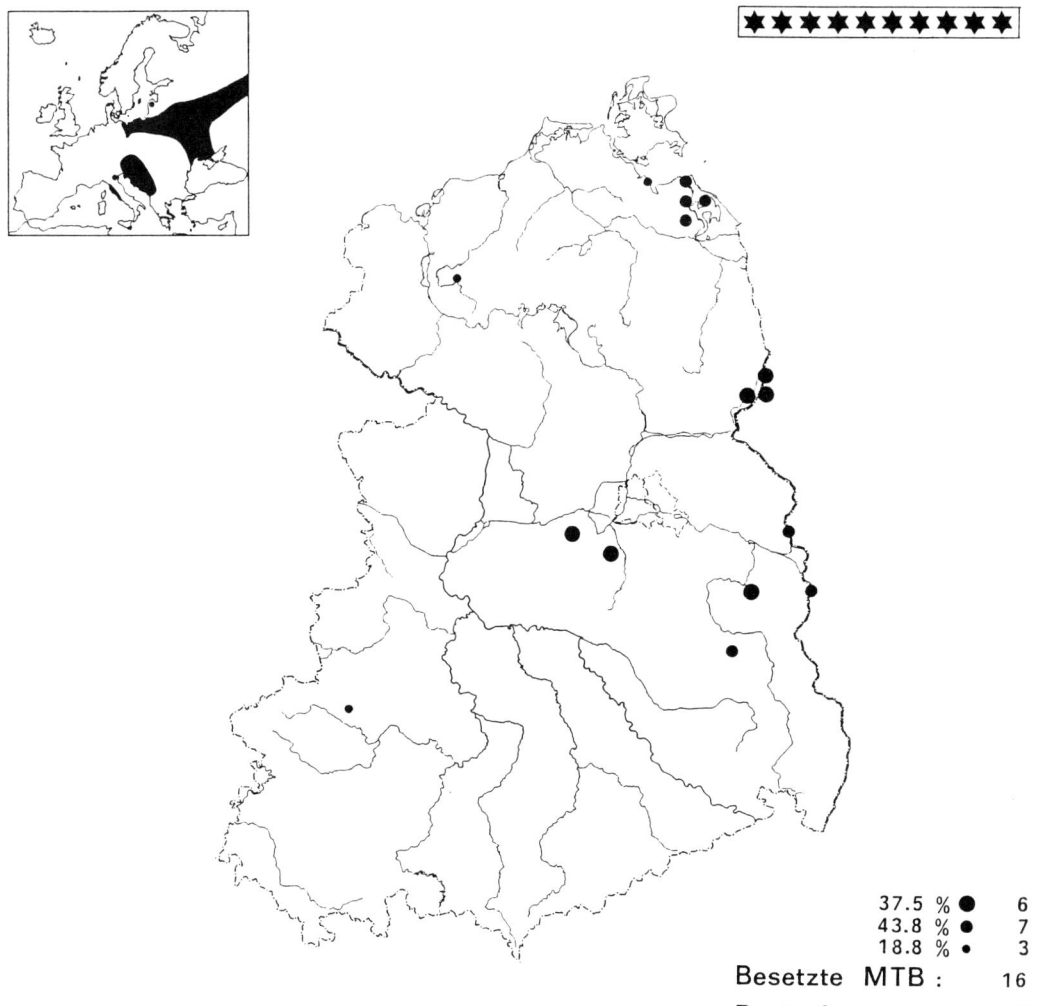

37.5 %	●	6
43.8 %	●	7
18.8 %	•	3

Besetzte MTB : 16

Rasterfrequenz : 1.7 %

Faunentyp: europäisch.

Status: sehr seltener Brutvogel; Durchzügler.

Verbreitung: nur noch lokale Restvorkommen.

Bestand/Bestandsentwicklung: Der Bestand beträgt nach den Schätzungen und mit Vorbehalt 90 BP (± 56 %). HEISE (1974) kam bei nur 4 bekannten Brutplätzen auf weniger als 60 Männchen. Der Bestand schmolz in den folgenden Jahren noch bedrohlich zusammen. Das bedeutendste Vorkommen im Unteren Odertal mit etwa 50 "BP" wurde erst Anfang der 70er Jahre bekannt. Auch hier erfolgte, durch Meliorationsmaßnahmen bedingt, ein Rückgang bis auf 1 bis 2 Männchen, 1986-1988 waren es aber wieder ca. 15. Am Peenestrom N Wolgast wurden von SELLIN (1984) Neuansiedlungen gefunden, und es sind durchaus bisher noch unentdeckte Vorkommen möglich. 1989 wurden an zwei bekannten Vorkommen im NE Mecklenburg-Vorpommerns noch 40 singende Männchen nachgewiesen.

Literatur: HEISE (1974); DITTBERNER & DITTBERNER (1976); WAWRZYNIAK & SOHNS (1977; in RUTSCHKE 1983); SELLIN (1984, 1989); HEISE in KLAFS & STÜBS (1987); GLUTZ v.BLOTZHEIM & BAUER (1991).

Schilfrohrsänger   *Acrocephalus schoenobaenus*

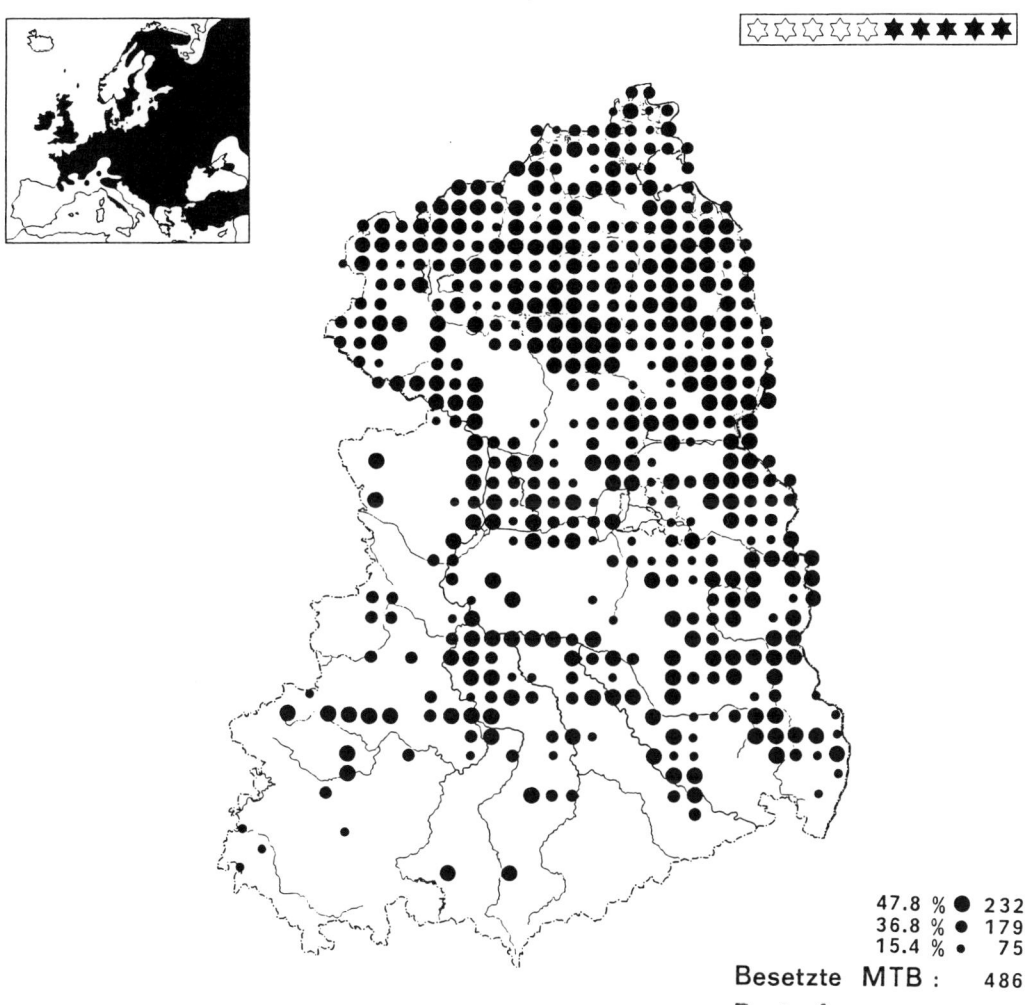

47.8 % ● 232
36.8 % ● 179
15.4 % • 75

Besetzte MTB : 486

Rasterfrequenz : 52.5 %

Faunentyp: europäisch-turkestanisch.

Status: häufiger Brutvogel; Durchzügler.

Verbreitung: im N/NE ± lückenhaft, nach S/SW zunehmend regional fehlend und lokal.

Bestand/Bestandsentwicklung: Der Bestand beträgt nach den Schätzungen 9000 BP (± 39 %). Die Bestandsdichte nimmt von N/NE nach S/SW sehr deutlich ab. In Mecklenburg-Vorpommern finden wir 54 %, in Brandenburg 32 %, in Sachsen-Anhalt 12 % und in Sachsen und Thüringen nur etwa 2 % des Bestandes. - In den letzten drei Jahrzehnten erfolgte ein erheblicher Rückgang, und dabei eine Auflösung des Verbreitungsgebietes von SW her. Der aktuelle Bestand liegt möglicherweise nur noch an der unteren Grenze der obengenannten Angabe.

Literatur: SIEFKE (1977); ROGGE in RUTSCHKE (1983); GRÖSSLER (1984); JUNG, KRÄGENOW in KLAFS & STÜBS (1987); KUPFER (1989); GLUTZ v.BLOTZHEIM & BAUER (1991).

Sumpfrohrsänger

Acrocephalus palustris

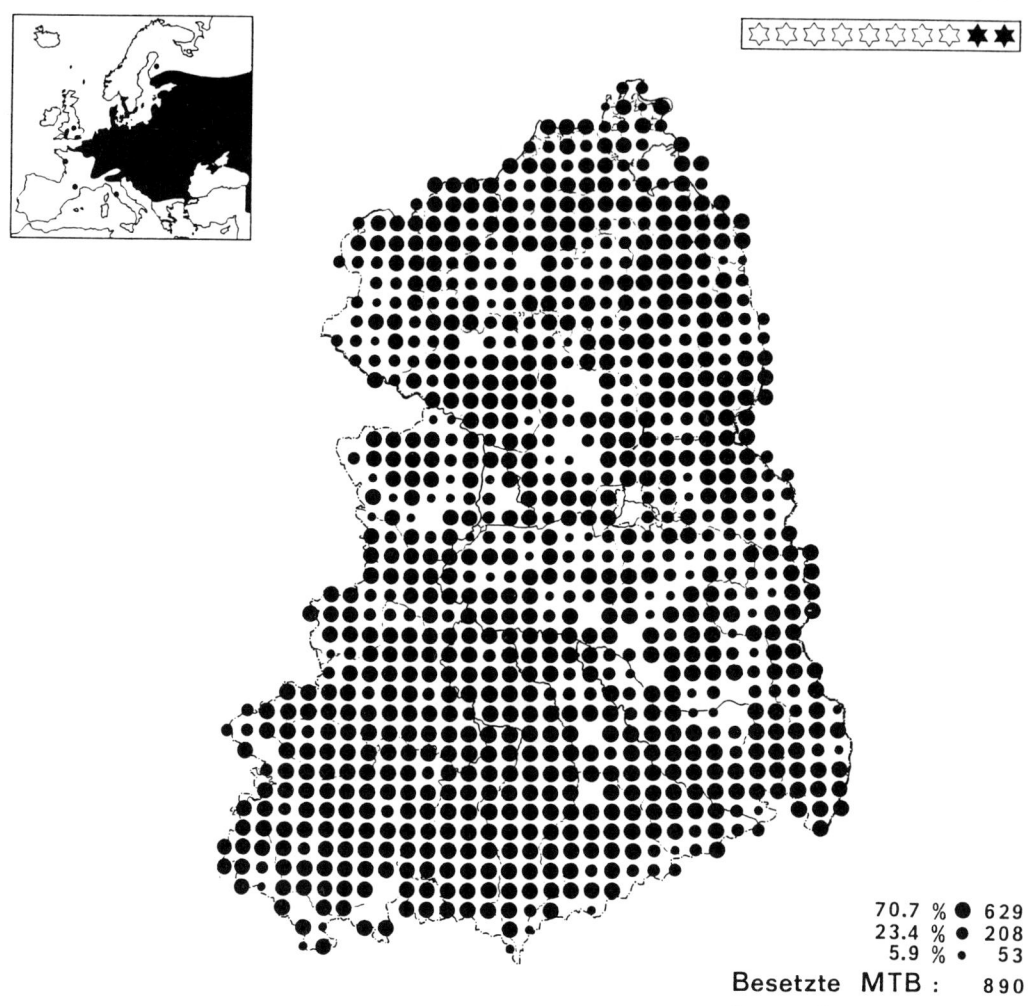

70.7 % ● 629
23.4 % ● 208
5.9 % • 53

Besetzte MTB : 890

Rasterfrequenz : 96.2 %

Faunentyp: europäisch.

Status: sehr häufiger Brutvogel; Durchzügler.

Verbreitung: mit ± kleinen Lücken über das gesamte Gebiet (Erfassungslücken ?).

Bestand/Bestandsentwicklung: Der Bestand beträgt nach den Schätzungen und durch Hochrechnung von Siedlungsdichteangaben 110000 BP (± 45 %). In optimalen Lebensräumen erreicht die Siedlungsdichte Werte von 10 und mehr BP/10 ha. Die Einstufungen der Häufigkeiten auf besetzten Rastern verteilen sich, ganz im Gegensatz zu denen der anderen Rohrsänger, weitgehend gleichmäßig über das Gebiet. Dabei läßt sich für den SW eher noch eine etwas größere Häufigkeit ablesen. In Mecklenburg-Vorpommern wird der Sumpfrohrsänger ebenso zahlreich eingeschätzt wie der Teichrohrsänger. - Ganz im Gegensatz zu den anderen Rohrsängern ist der Bestand stabil, teilweise ist sogar ein positiver Trend zu verzeichnen.

Literatur: STEIN (1985); KRÄGENOW in KLAFS & STÜBS (1987); GNIELKA in SCHÖNBRODT & SPRETKE (1989); GLUTZ v.BLOTZHEIM & BAUER (1991).

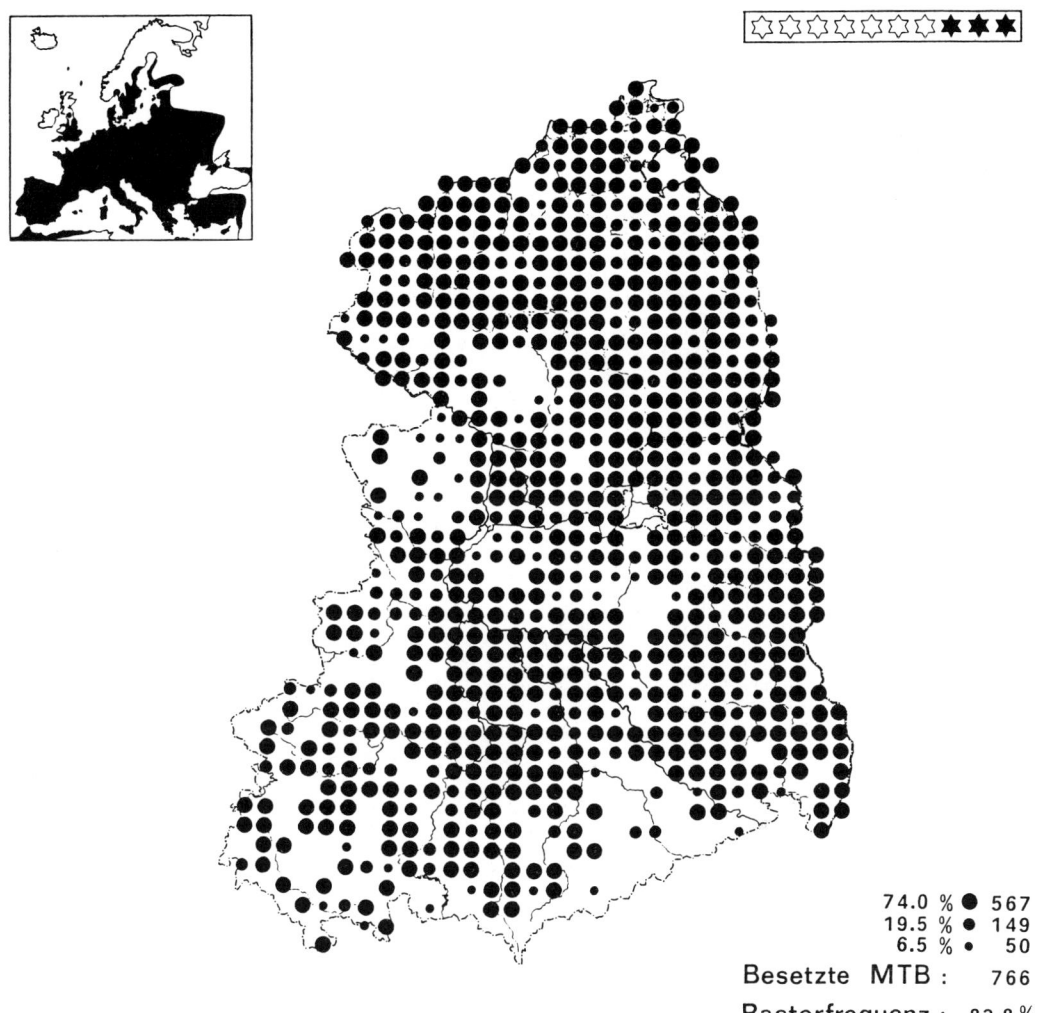

74.0 % ● 567
19.5 % ● 149
6.5 % • 50

Besetzte MTB : 766

Rasterfrequenz : 82.8 %

Faunentyp: europäisch-turkestanisch.

Status: sehr häufiger Brutvogel; Durchzügler.

Verbreitung: im N und E flächendeckend, sonst mit ± großen Lücken (besonders in gewässerarmen Gebieten).

Bestand/Bestandsentwicklung: Der Bestand beträgt nach den Schätzungen 46000 BP (± 50 %). Auch wenn die Häufigkeit unterschätzt wurde (der Bestand dürfte eher im oberen Bereich unserer Angabe oder noch etwas darüber liegen), nimmt sie bei relativer Betrachtung der Angaben von NE nach SW deutlich ab. Die Ursache liegt in erster Linie im Angebot an geeigneten Habitaten (Gewässer mit Schilfzone). Etwa 50 % des gesamten Bestandes wohnen in Mecklenburg-Vorpommern, 30 % in Brandenburg und nur 3 % in Thüringen. Kleinflächig werden jedoch in Thüringen bei vorhandenen Schilfflächen ebenso hohe Dichten erreicht wie im N (z. B. 30 BP/ha Schilffläche im Teichgebiet Plothen).

Literatur: ÖLSCHLEGEL (1981); ÖLSCHLEGEL in v.KNORRE et al. (1986); KRÄGENOW, JUNG in KLAFS & STÜBS (1987); ROST (1989).

Drosselrohrsänger

Acrocephalus arundinaceus

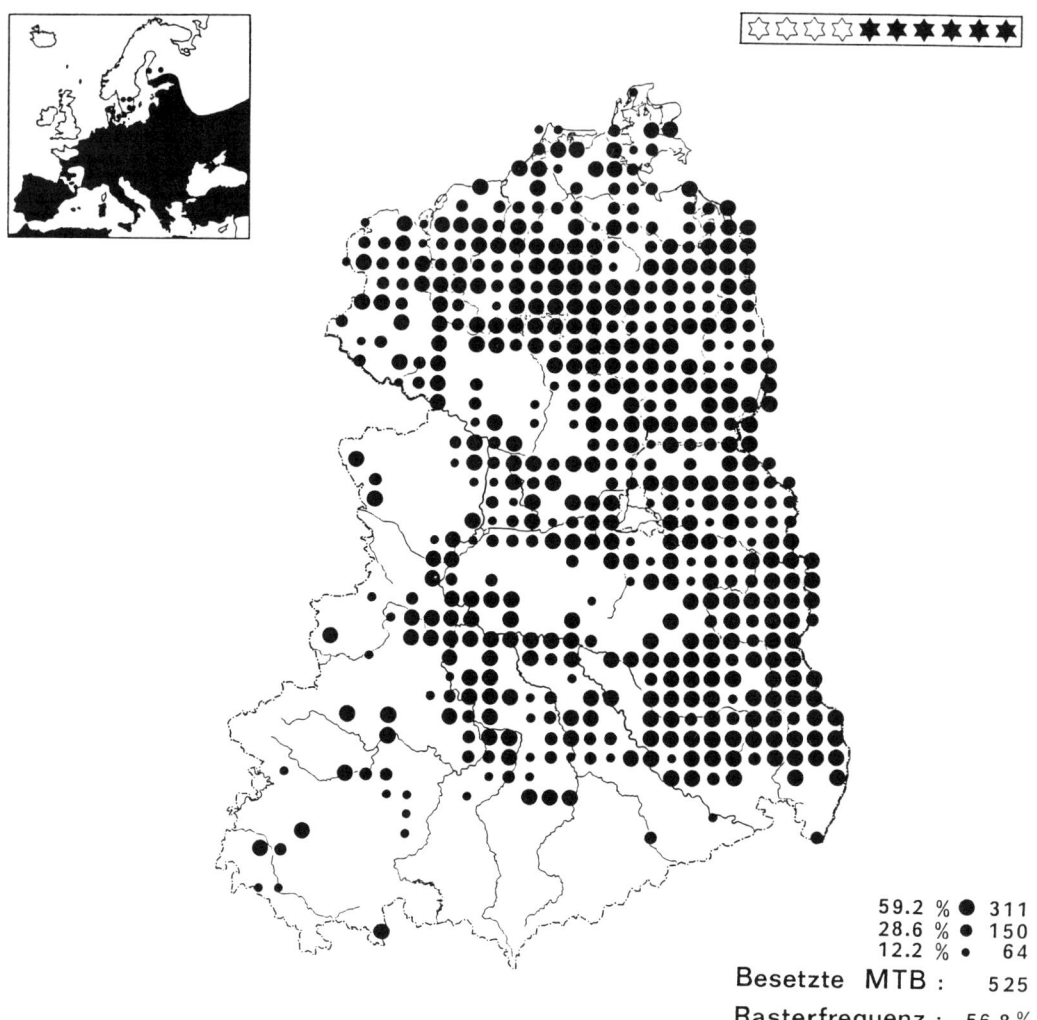

```
59.2 %  ● 311
28.6 %  ● 150
12.2 %  ·  64
```

Besetzte MTB :   5 25

Rasterfrequenz :   56.8 %

Faunentyp: europäisch-turkestanisch.

Status: mäßig häufiger Brutvogel; Durchzügler.

Verbreitung: in der NE-Hälfte ± lückenhaft, im übrigen Gebiet mit großen regionalen Lücken, im Mittelgebirgsbereich weitgehend fehlend.

Bestand/Bestandsentwicklung: Der Bestand beträgt nach den Schätzungen 4700 BP (± 30 %). Die Bestandsdichte nimmt, ähnlich der von Schilf- und Teichrohrsänger, von NE nach SW ab. In NE-Sachsen ist der Drosselrohrsänger im Vergleich zu diesen beiden Arten jedoch relativ stärker und in Mecklenburg-Vorpommern weniger vertreten. Im Mittel wird er auf den besetzten Rastern in Sachsen fast so häufig eingeschätzt wie im N (8,9 zu 9,5 BP/Raster). - In den letzten drei Jahrzehnten ist eine extreme Bestandsabnahme zu verzeichnen, die zur Aufgabe vieler Brutplätze besonders in der SW-Hälfte des Gebietes führte.

Literatur: SIEFKE (1977); ROST (1982); GRÖSSLER (1984); HAENSEL in HAENSEL & KÖNIG (1984); KRÄGENOW in KLAFS & STÜBS (1987).

Gelbspötter   *Hippolais icterina*

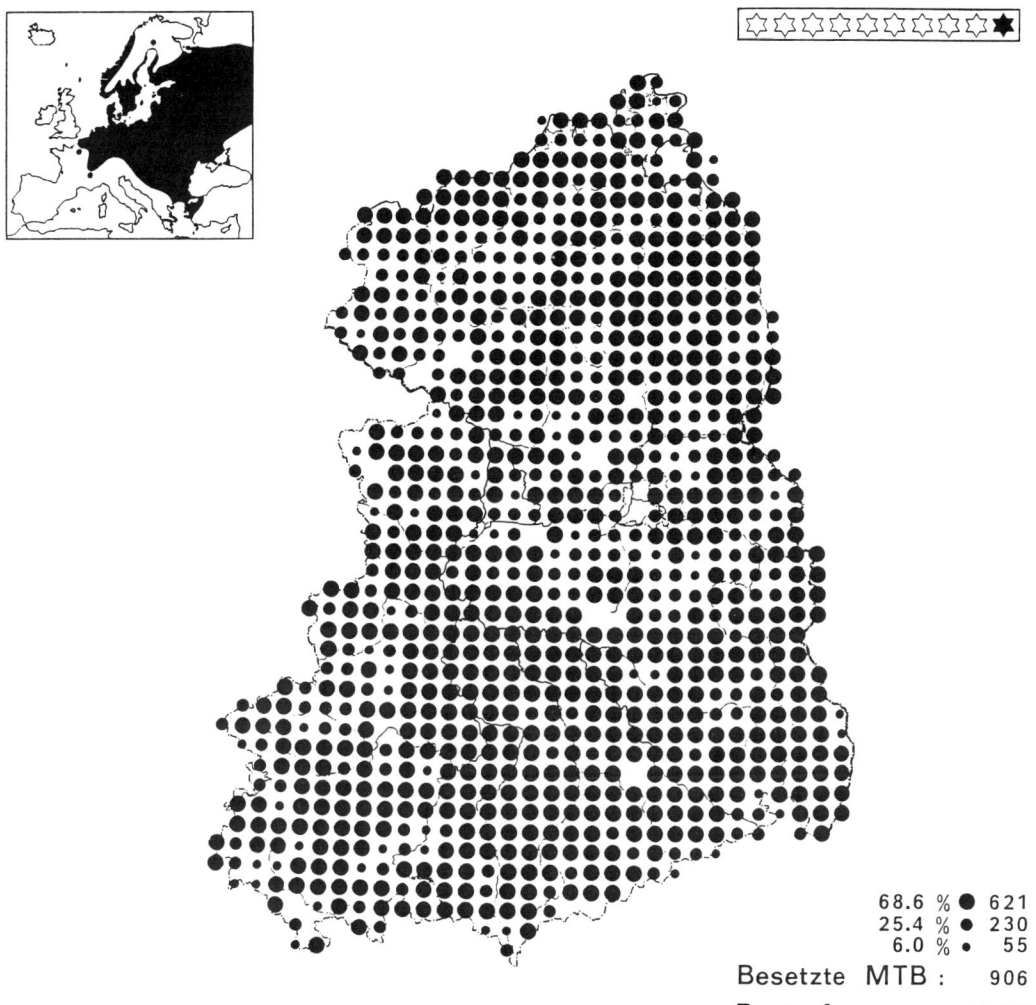

68.6 %	●	621
25.4 %	●	230
6.0 %	•	55

Besetzte MTB : 906
Rasterfrequenz : 97.9 %

Faunentyp: europäisch.
Status: sehr häufiger Brutvogel; Durchzügler.
Verbreitung: fächendeckend über das gesamte Gebiet (Erfassungslücken ?).
Bestand/Bestandsentwicklung: Der Bestand beträgt durch Hochrechnung von Siedlungsdichteangaben 350000 BP (± 46 %). - In den Mittelgebirgen nimmt der Gelbspötter mit zunehmender Höhenlage ab. Es existiert jedoch keine so scharfe Höhenverbreitungsgrenze, daß sich dies bei dem groben Atlasraster im Kartenbild abzeichnen kann. - Die mittleren Siedlungsdichten des Gelbspötters in den bedeutendsten Habitaten liegen im Laubwald bei 0,5 bis 1,5 BP/10 ha (Auwald/Ufergehölz: 2,5 bis 7,5), in Dörfern und Stadtrandlandschaften (Gartenstadt) 0,8 bis 2,0 BP/10 ha. Im Raum Halle werden großflächig 3,6 bis 5,2 BP/km² erreicht.

Literatur: GNIELKA (1975); HAENSEL in HAENSEL & KÖNIG (1984); TITTEL in v.KNORRE et al. (1986); CREUTZ (1987); SCHÖNBRODT & SPRETKE (1989).

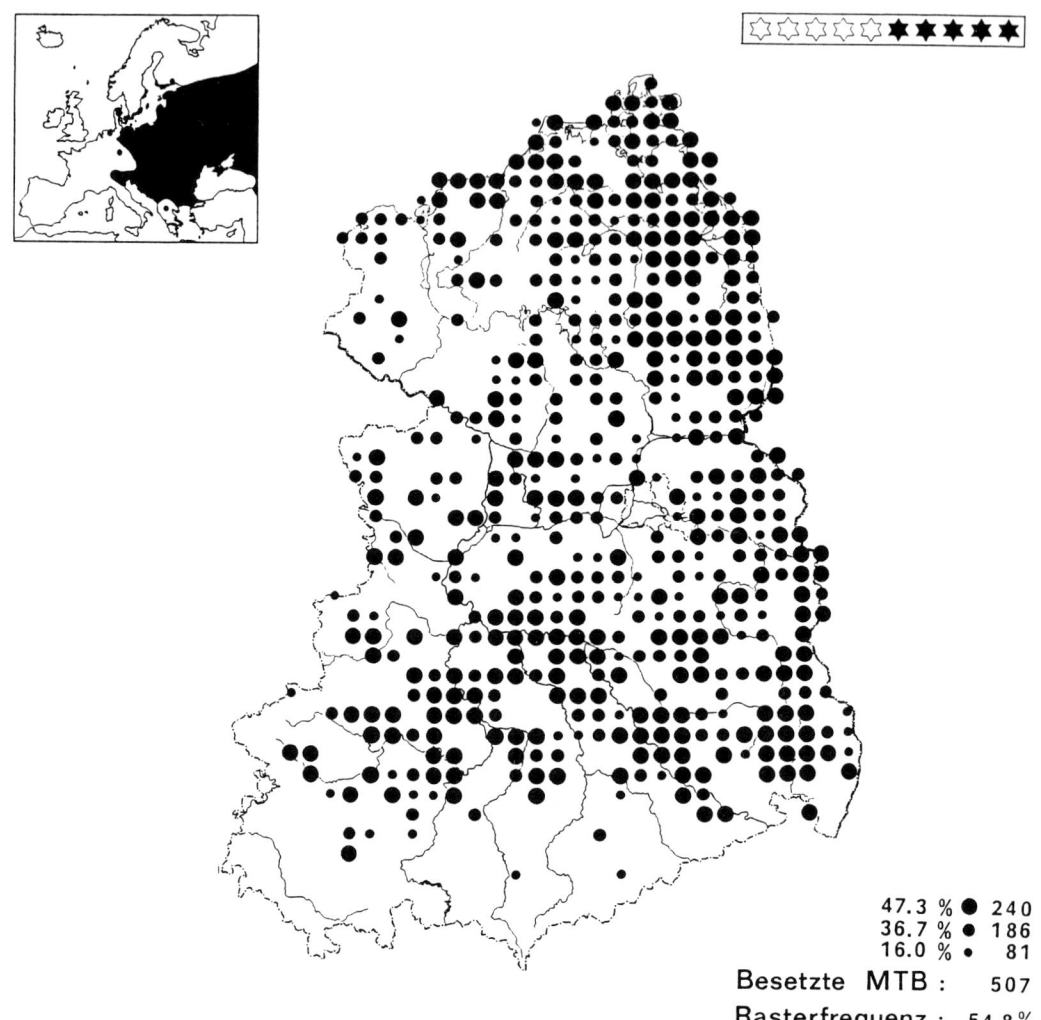

47.3 %	●	240
36.7 %	●	186
16.0 %	•	81

Besetzte MTB : 507

Rasterfrequenz : 54.8 %

Faunentyp: europäisch-turkestanisch.

Status: (mäßig) häufiger Brutvogel; Durchzügler.

Verbreitung: bis auf den Mittelgebirgsbereich (hier fehlend bis sporadisch) ± lückenhaft (auch Erfassungslücken ?).

Bestand/Bestandsentwicklung: Der Bestand beträgt nach den Schätzungen 4400 BP (± 30 %). Er dürfte eher unterschätzt worden sein. In Mecklenburg-Vorpommern befindet sich fast die Häfte des Bestandes (46 %), wobei der Schwerpunkt eindeutig im E liegt, während der SW (ehemaliger Bez. Schwerin) ausgesprochen spärlich besiedelt ist. Bei geringerer großflächiger Bestandsdichte als im N siedeln in Brandenburg etwa 29 % und in Sachsen-Anhalt, wo recht gute Bestände im Mittelelbegebiet und Raum Halle existieren, 17 % aller Sperbergrasmücken. Während in Sachsen (hier fast ausschließlich im N/NE) knapp 7 % vorkommen, werden für Thüringen schließlich nur noch etwas mehr als 1 % geschätzt.

Literatur: SCHMIDT (1981); NEUSCHULZ (1988); SCHÖNBRODT & SPRETKE (1989); GLUTZ v.BLOTZHEIM & BAUER (1991).

Klappergrasmücke   *Sylvia curruca*

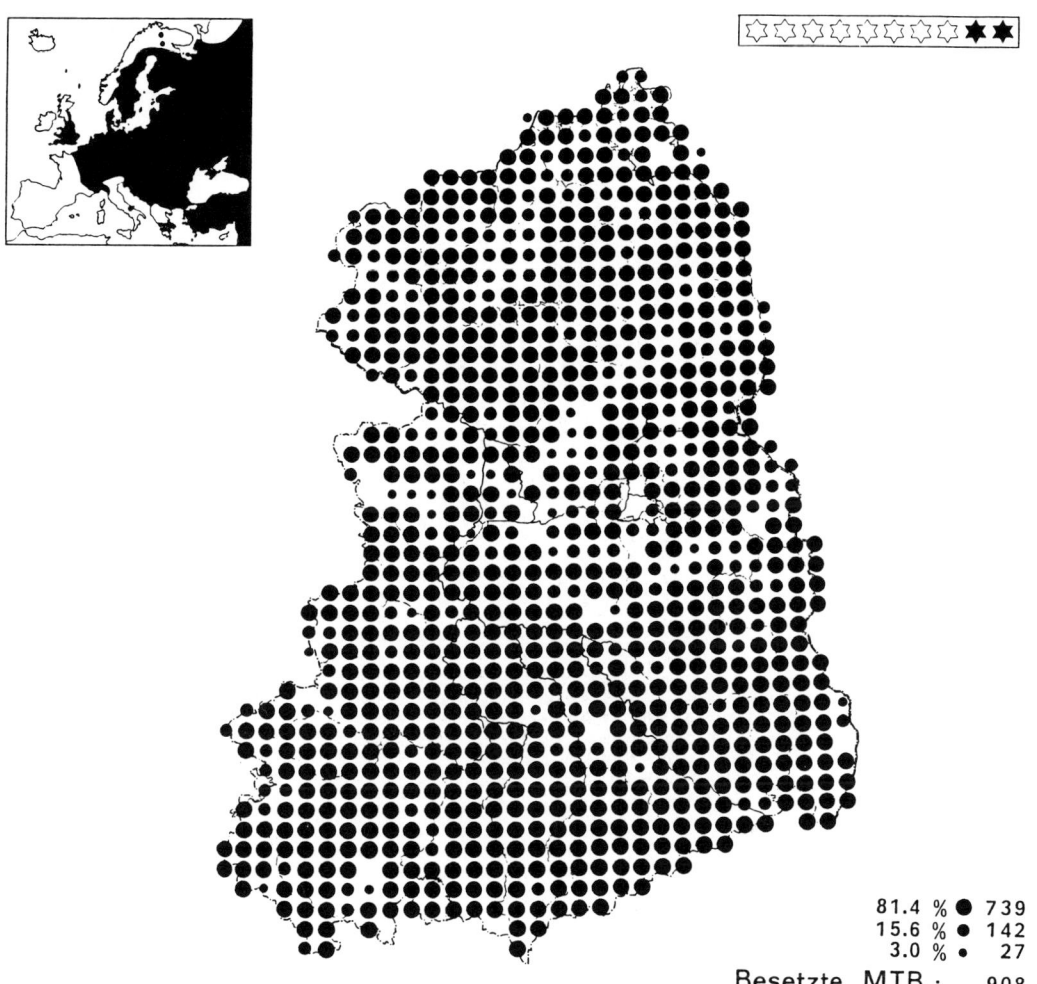

81.4 % ● 739
15.6 % ● 142
3.0 % • 27

Besetzte MTB :   908
Rasterfrequenz :   98.2 %

Faunentyp: europäisch-turkestanisch.
Status: sehr häufiger Brutvogel; Durchzügler.
Verbreitung: über das gesamte Gebiet (Erfassungslücken ?).
Bestand/Bestandsentwicklung: Der Bestand beträgt nach den Schätzungen und durch Hochrechnung von Siedlungsdichteangaben 230000 BP (± 48 %). Die abgeschätzten Häufigkeiten auf den Rasterflächen verteilen sich relativ gleichmäßig über das Gebiet und lassen keine regionalen Unterschiede in der Bestandsdichte erkennen. Anders als Garten- und Mönchsgrasmücke bewohnt die Klappergrasmücke mehr die offene Landschaft und weniger dichte Waldgebiete. Obwohl ihr Gesamtbestand eindeutig geringer ist, erreicht sie deshalb großflächig im waldarmen Raum Halle (nur 4 % Flächenanteil !) mit 2,1 bis 3,3 BP/km^2 praktisch gleiche Werte wie ihre Verwandten.

Literatur: SIEFKE in KLAFS & STÜBS (1987); SCHÖNBRODT & SPRETKE (1989); GLUTZ v.BLOTZHEIM & BAUER (1991).

☆☆☆☆☆☆☆★★★

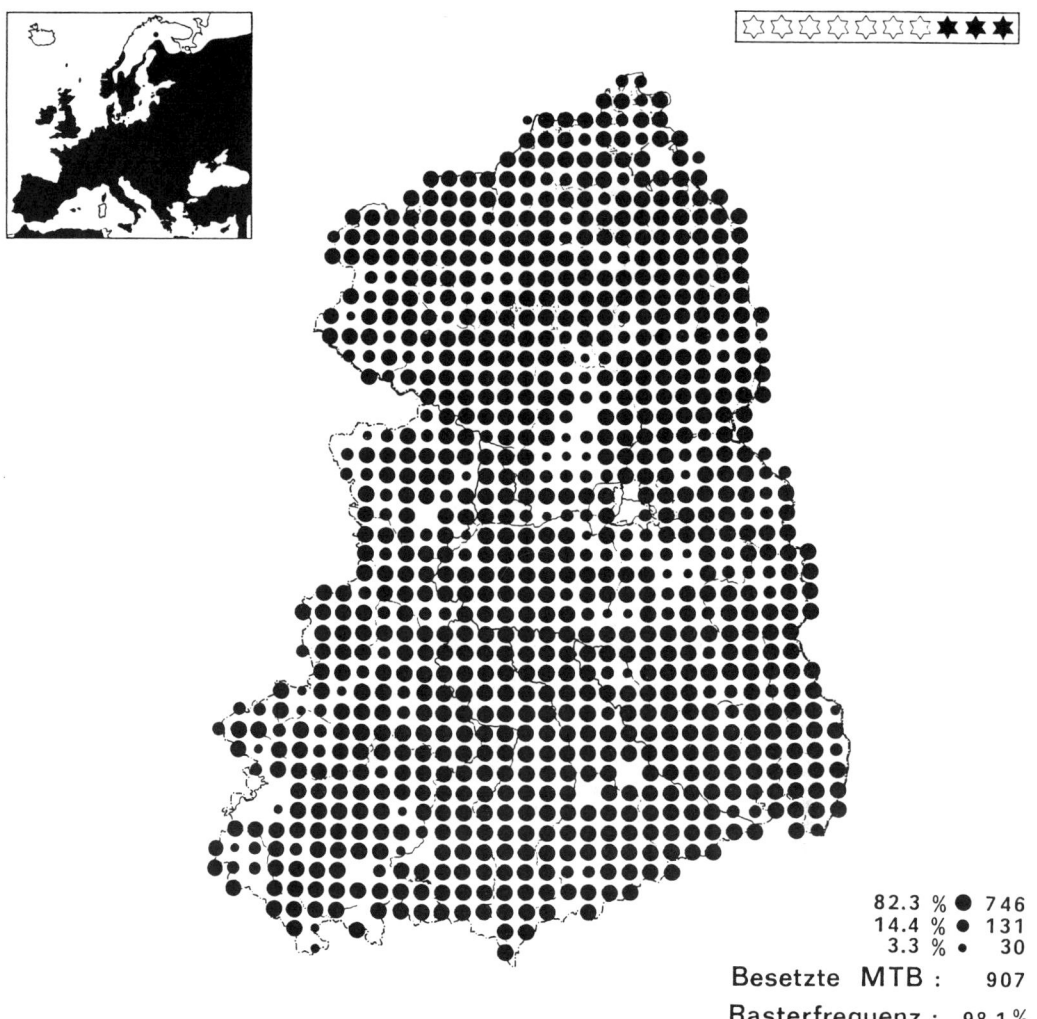

82.3 % ● 746
14.4 % ● 131
3.3 % · 30

Besetzte MTB :   907
Rasterfrequenz :   98.1 %

Faunentyp: europäisch-turkestanisch.
Status: sehr häufiger Brutvogel; Durchzügler.
Verbreitung: über das gesamte Gebiet (Erfassungslücken ?).
Bestand/Bestandsentwicklung: Der Bestand beträgt nach den Schätzungen und durch Hochrechnung von Siedlungsdichteangaben 170000 BP (± 53 %). Die Schätzungen ergeben einen Bestand im unteren Bereich, die Siedlungsdichten einen Wert, der im oberen Bereich dieser Angabe liegt. Erklärbar ist das neben einer allgemeinen Unterschätzung dadurch, daß die Angaben zur Siedlungsdichte vorwiegend aus den 60er und 70er Jahren stammen und seitdem eine viel diskutierte Bestandsabnahme erfolgte. Der Bestand scheint sich jedoch in den letzten Jahren (auf niedrigerem Niveau) wieder stabilisiert zu haben. - Im Raum Halle wurden großflächig 1,9 bis 2,8 BP/km^2 ermittelt.

Literatur: SIEFKE in KLAFS & STÜBS (1977, 1987); SCHÖNBRODT & SPRETKE (1989).

Gartengrasmücke   *Sylvia borin*

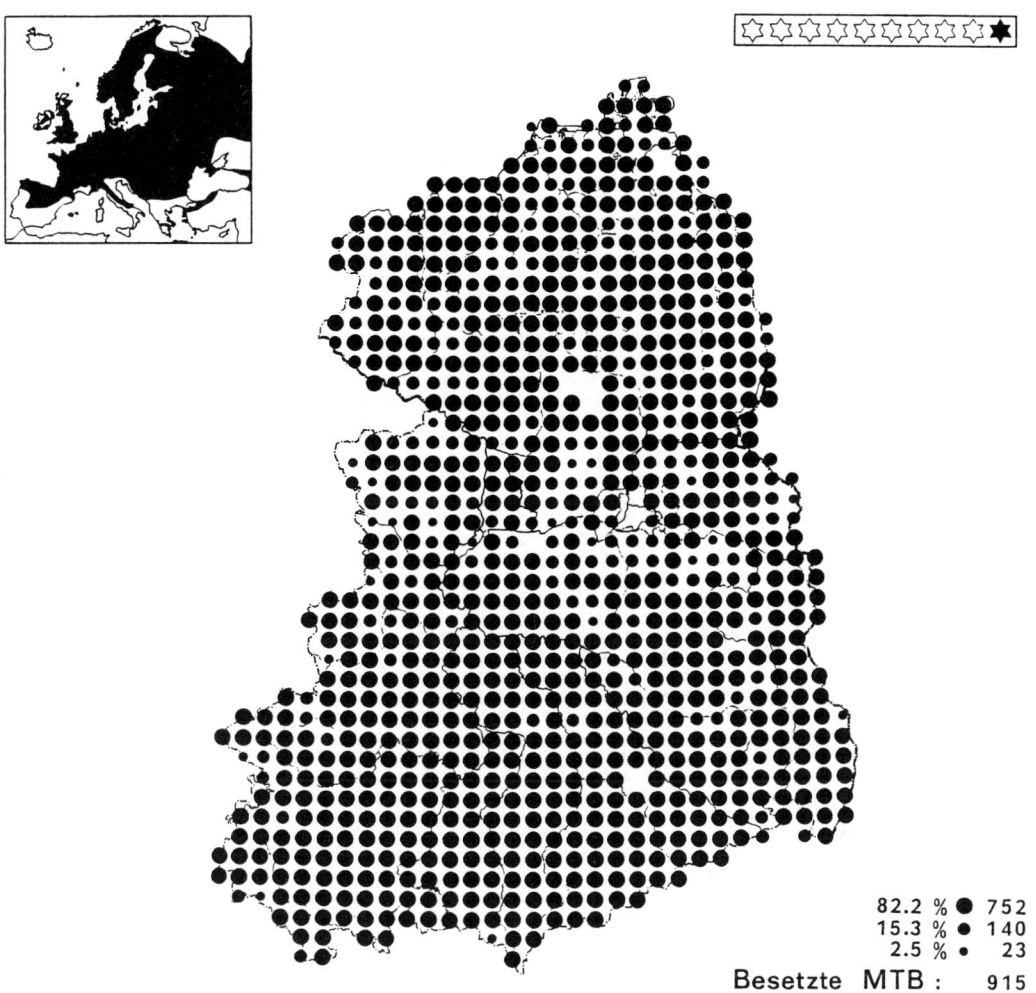

82.2 %	●	752
15.3 %	●	140
2.5 %	•	23

Besetzte MTB :   915

Rasterfrequenz :   98.9 %

Faunentyp: europäisch.

Status: sehr häufiger Brutvogel; Durchzügler.

Verbreitung: über das gesamte Gebiet (Erfassungslücken ?).

Bestand/Bestandsentwicklung: Der Bestand beträgt durch Hochrechnung von Siedlungsdichteangaben 570000 BP (± 47 %). Die Gartengrasmücke dürfte unsere häufigste Grasmücke sein. Ihre mittleren Siedlungsdichten in den bedeutendsten Habitaten sind: Buchenwald 0,3 bis 1,0 BP/10 ha, sonstiger Laubwald 1,5 bis 4,5 BP/10 ha, Nadelwald 0,5 bis 1,8 BP/10 ha und Dorf/Gartenstadt 0,5 bis 2,0 BP/10 ha. In strukturreichen Laubmischwäldern werden sogar max. Werte bis zu 16 BP/10 ha erreicht. - Im Raum Halle siedeln großflächig 2,5 bis 3,5 BP/km^2.

Literatur: HAENSEL in HAENSEL & KÖNIG (1984); SIEFKE in KLAFS & STÜBS (1987); SCHÖNBRODT & SPRETKE (1989).

Mönchsgrasmücke   *Sylvia atricapilla*

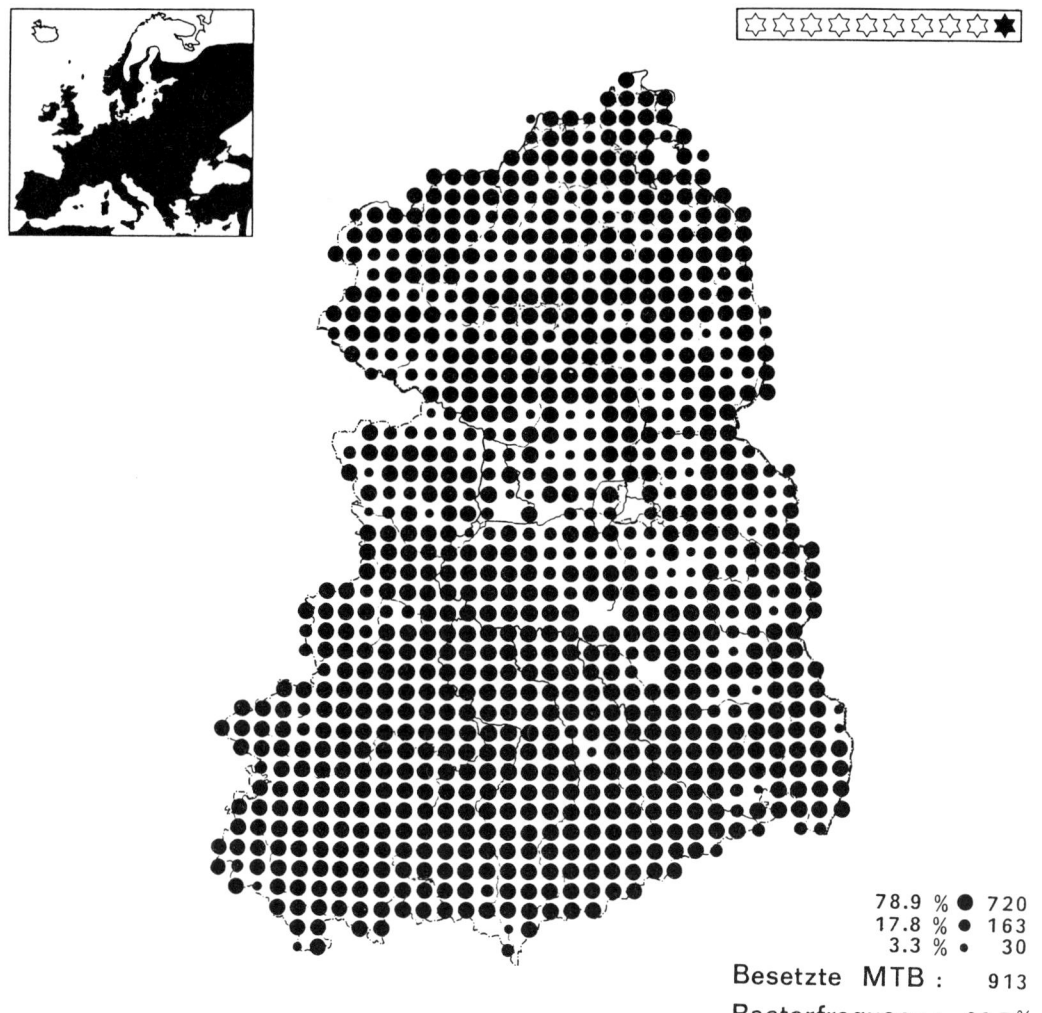

78.9 %	●	720
17.8 %	●	163
3.3 %	·	30

Besetzte MTB : 913

Rasterfrequenz : 98.7 %

Faunentyp: europäisch.
Status: sehr häufiger Brutvogel; Durchzügler, Wintergast.
Verbreitung: über das gesamte Gebiet (Erfassungslücken ?).
Bestand/Bestandsentwicklung: Der Bestand beträgt durch Hochrechnung von Siedlungsdichteangaben 450000 BP (± 44 %). Die mittleren Siedlungsdichten in den bedeutendsten Habitaten sind: Buchenwald 0,5 bis 1,5 BP/10 ha, sonstiger Laubwald 1,5 bis 4,0 BP/10 ha und Nadelwald 0,5 bis 1,5 BP/10 ha. Obwohl bei uns im Durchschnitt nicht ganz die Dichten der Gartengrasmücke erreicht werden, sind aus optimalen Habitaten (Auwälder!) kleinflächig Werte bis max. 18 BP/10 ha bekannt. - Großflächig wurden im Raum Halle 2,3 bis 3,1 BP/km² ermittelt.

Literatur: STEIN in NICOLAI et al. (1982); GNIELKA (1987); GNIELKA in SCHÖNBRODT & SPRETKE (1989); BERTHOLD et al. (1990).

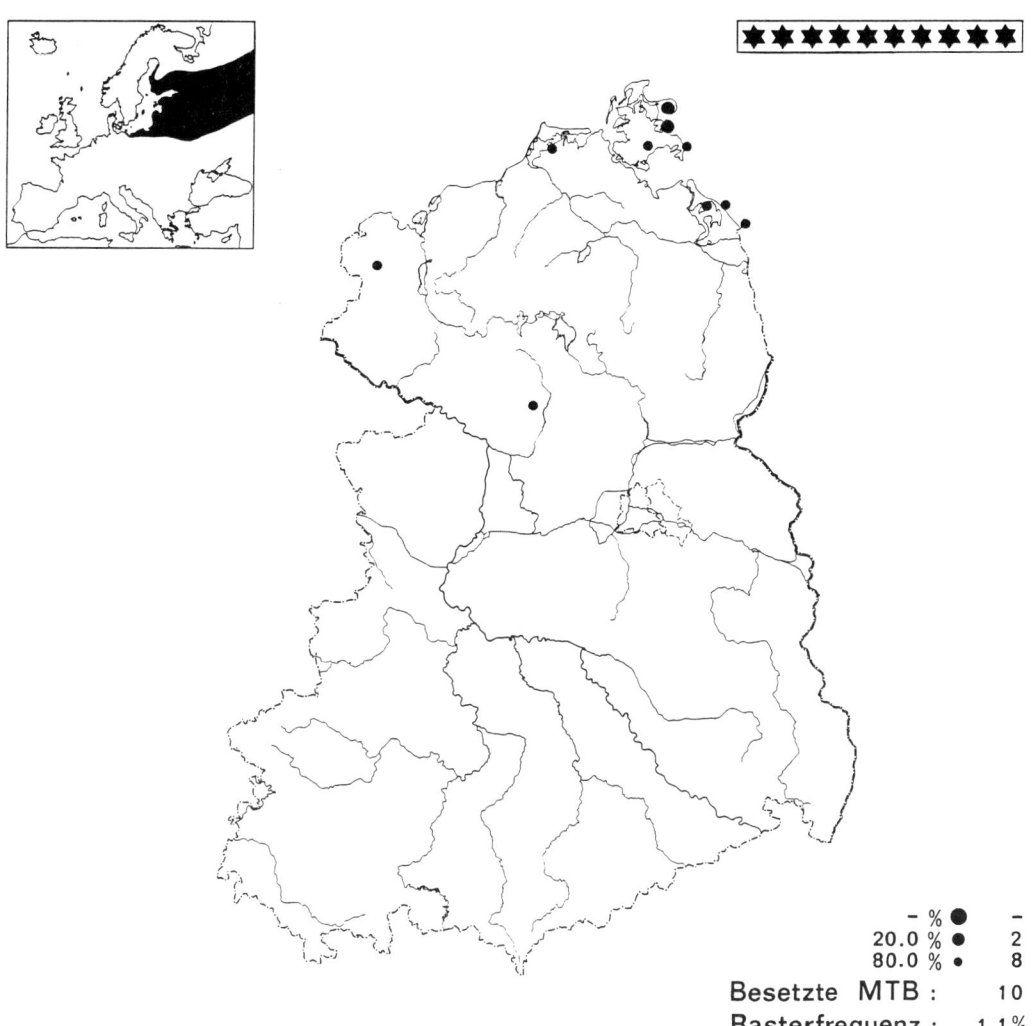

★★★★★★★★★★★

	%	●	–
	20.0 %	●	2
	80.0 %	•	8

Besetzte MTB :   10

Rasterfrequenz :   1.1 %

Faunentyp: sibirisch.

Status: wahrscheinlich unregelmäßiger Brutvogel (?).

Verbreitung: lokal bzw. sporadisch im NE.

Bestand/Bestandsentwicklung: Es existieren aus unserem Gebiet (noch) keine sicheren Brutnachweise, doch werden inzwischen jährlich singende Männchen vorzugsweise im Küstenbereich von E-Rügen (Stubnitz, Granitz) und Usedom festgestellt. Die Rasterkarte wurde im Küstenbereich durch Literaturangaben ergänzt. Die Binnenlandnachweise sind sicher nicht vollständig enthalten. Auch aus der Zeit nach der Kartierung existieren von den verschiedensten Stellen aus dem NE Nachweise von revieranzeigenden Männchen. - Die erste erfolgreiche Brut des Grünlaubsängers in Deutschland erfolgte 1990 auf Helgoland.

Literatur: GREMPE (1973); GREMPE in KLAFS & STÜBS (1977, 1987); MÜLLER, S. (1980ff.); MÜLLER, H. (1983); RUTSCHKE (1983); SCHUBERT (1983); KÖSTER & RENNER (1990); GLUTZ v. BLOTZHEIM & BAUER (1991).

Berglaubsänger   *Phylloscopus bonelli*

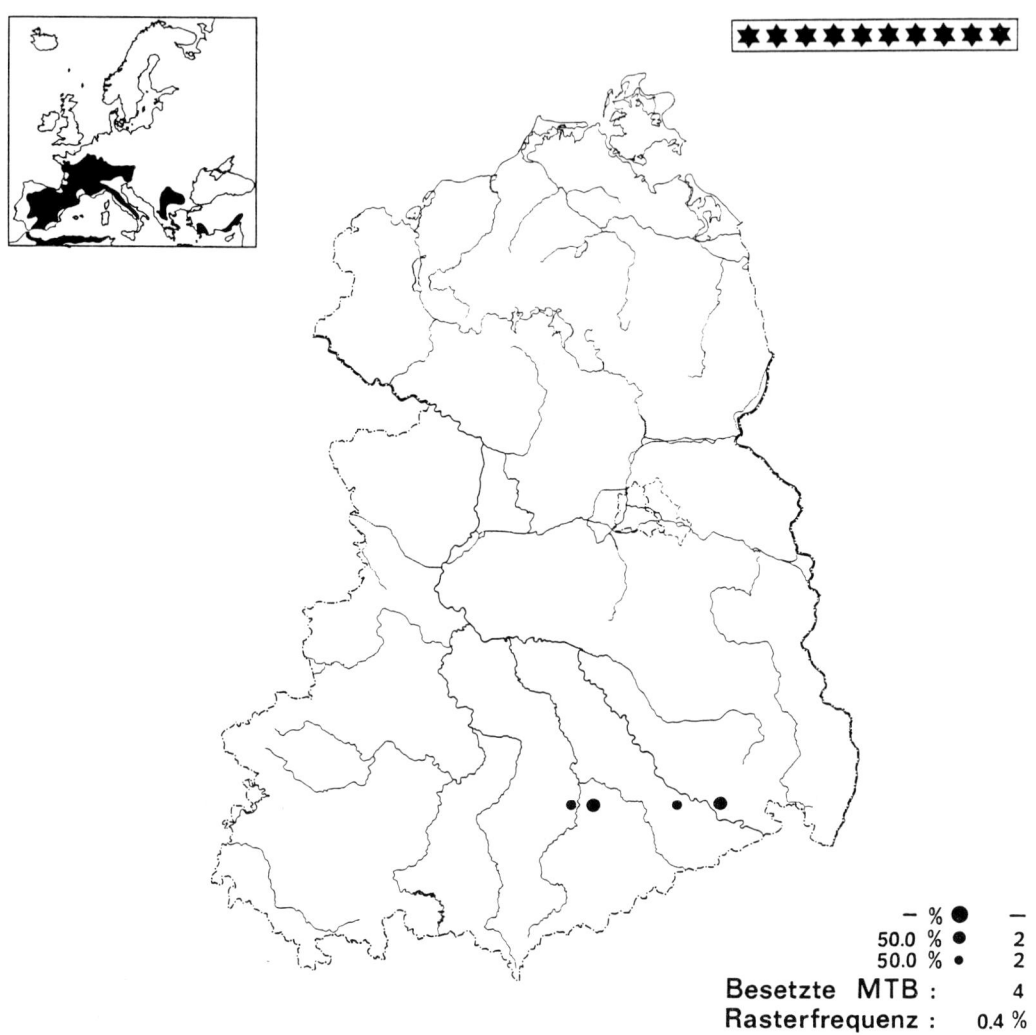

	%	•	
–	%	•	–
50.0	%	•	2
50.0	%	•	2

Besetzte MTB :   4
Rasterfrequenz :   0.4 %

Faunentyp: europäisch.
Status: gelegentlicher Brutvogel; seltener Gast.
Verbreitung: nur sporadisches Vorkommen außerhalb des Verbreitungsgebietes.
Bestand/Bestandsentwicklung: Bisher lediglich in Thüringen (drei) Brutnachweise. - Nachdem 1958 der erste Nachweis eines singenden Männchens für Sachsen erfolgte, gelangen während der Kartierung hier die einzigen Nachweise. 1980 fand sogar Brutversuch im Kr. Rochlitz statt (Balz, später zerstörtes Nest gefunden!), und bei Dresden besetzte ein Männchen längere Zeit ein Revier. - Auch nach dem Kartierungszeitraum wurde der Berglaubsänger im Gebiet nachgewiesen. So erfolgten unter anderem die ersten beiden Nachweise für Mecklenburg-Vorpommern (1984 NSG Ostufer der Müritz, 1987 Vitte/Hiddensee). Mit dem Auftreten als Gast kann also nahezu überall gerechnet werden, mit Bruten aber nur ausnahmsweise und am ehesten im S/SW.

Literatur: HEYDER (1962); BRUCH et al. (1978); RUTSCHKE (1983); OESTERLE in v.KNORRE et al. (1986); HAENSEL in HAENSEL & KÖNIG (1987); MÜLLER (1987); DIJK (1988); GLUTZ v.BLOTZHEIM & BAUER (1991).

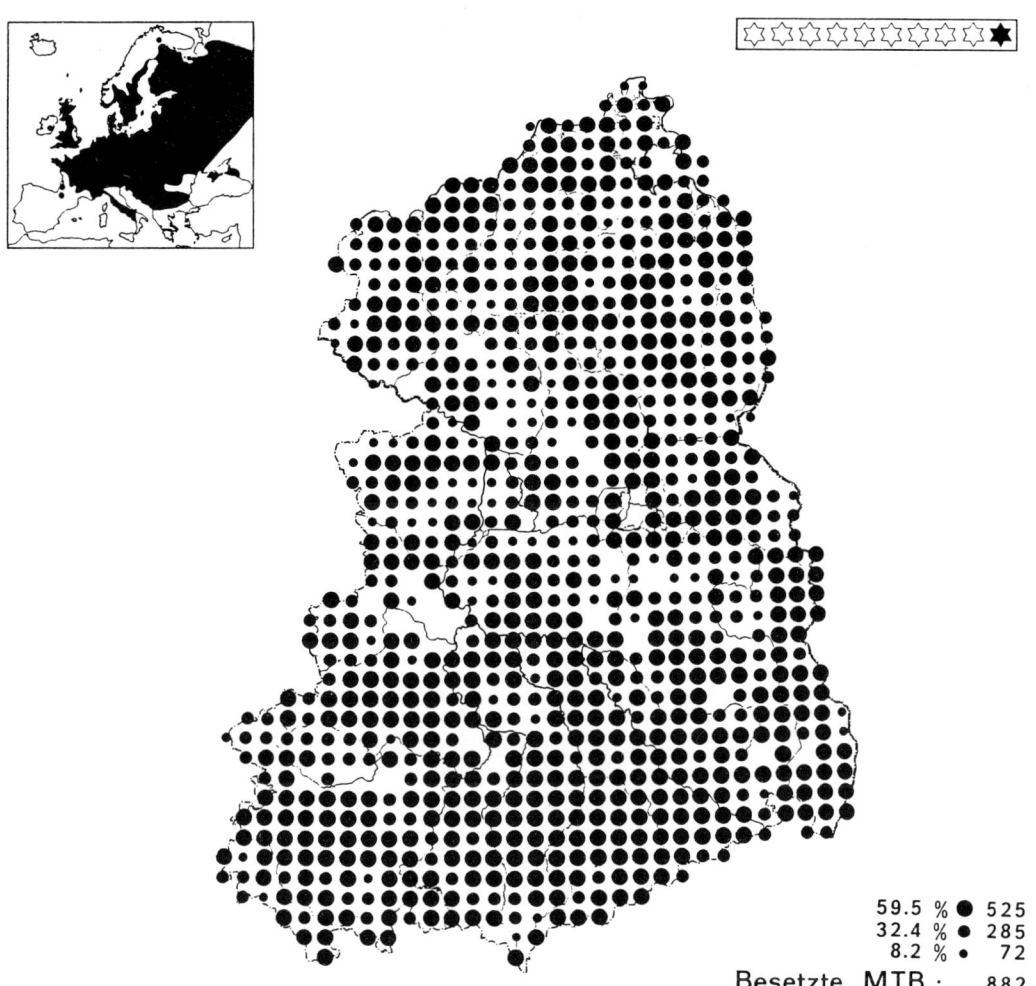

59.5 %	●	525
32.4 %	●	285
8.2 %	•	72

Besetzte MTB : 882

Rasterfrequenz : 95.3 %

Faunentyp: europäisch.

Status: sehr häufiger Brutvogel; Durchzügler.

Verbreitung: ± lückenhaft über das gesamte Gebiet (auch Erfassungslücken?).

Bestand/Bestandsentwicklung: Der Bestand beträgt durch Hochrechnung von Siedlungsdichteangaben 310000 BP (± 48 %). - Der Waldlaubsänger ist im Gegenatz zu Fitis und Zilpzalp tatsächlich auf Wälder angewiesen. Deshalb zeigt sich im Verbreitungsbild im Bereich der Magdeburger Börde auch eine Lücke. Bei feinerem Raster ließe sich dieser Zusammenhang viel deutlicher abzeichnen. Die mittleren Siedlungs-dichten in den bedeutendsten Habitaten sind: Kiefernwald 0,5 bis 1,5 BP/10 ha, Fichtenwald 0,3 bis 0,8 BP/10 ha, Buchenwald 1,5 bis 3,5 BP/10 ha (hier max. sogar bis 10,9) und sonstiger Laubwald 0,8 bis 2,5 BP/10 ha.

Literatur: STARKE, WEBER in KLAFS & STÜBS (1987); SCHÖNBRODT & SPRETKE (1989).

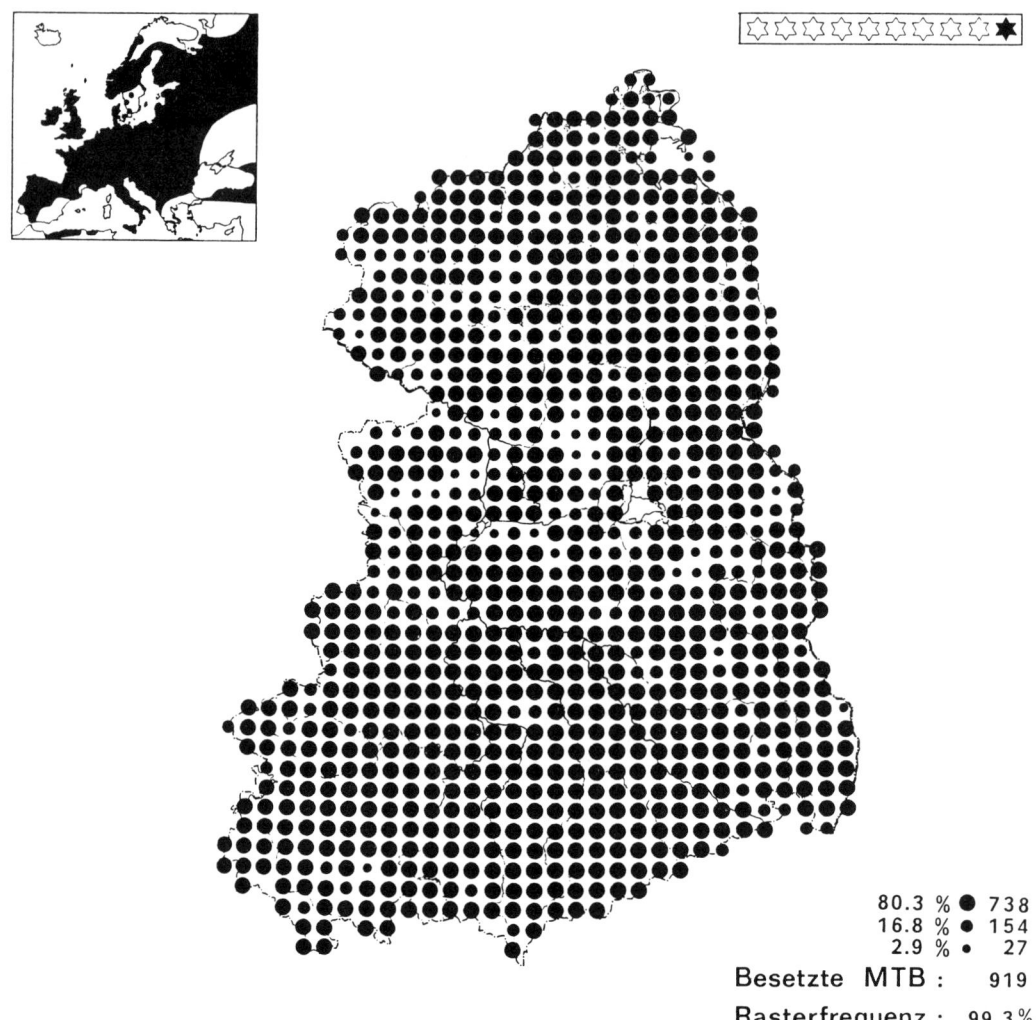

☆☆☆☆☆☆☆☆☆★

80.3 %	●	738
16.8 %	●	154
2.9 %	·	27

Besetzte MTB : 919
Rasterfrequenz : 99.3 %

Faunentyp: palaearktisch.
Status: sehr häufiger Brutvogel; Durchzügler.
Verbreitung: flächendeckend über das gesamte Gebiet.
Bestand/Bestandsentwicklung: Der Bestand beträgt durch Hochrechnung von Siedlungsdichteangaben 700000 BP (± 43 %). Die mittleren Siedlungsdichten in den bedeutendsten Habitaten sind: Nadelwald 0,5 bis 3,0 BP/10 ha, Laubwald 2,0 bis 5,0 BP/10 ha (Buchenwald 0,5 bis 1,5) und Parks 3,0 bis 6,0 BP/10 ha. Die höchsten Dichten (bis 20 BP/10 ha) werden in parkartigem Gelände mit entsprechendem Altbaumbestand erreicht. Auf solchen Flächen ist der Zilpzalp auch bedeutend häufiger als der Fitis.

Literatur: SCHÖNFELD (1980).

76.4 %	●	704
19.8 %	●	182
3.8 %	•	35

Besetzte MTB : 921

Rasterfrequenz : 99.7 %

Faunentyp: palaearktisch.

Status: sehr häufiger Brutvogel; Durchzügler.

Verbreitung: flächendeckend über das gesamte Gebiet.

Bestand/Bestandsentwicklung: Der Bestand beträgt durch Hochrechnung von Siedlungsdichteangaben 860000 BP (± 38 %). Der Fitis ist damit unser häufigster Laubsänger. Die mittleren Siedlungsdichten in den bedeutendsten Habitaten sind: Kiefernwald 1,5 bis 3,5 BP/10 ha (in Kiefernjungbeständen 6,0 bis 9,0), Fichtenwald 0,5 bis 2,0 BP/10 ha, Laubwald 1,8 bis 4,0 BP/10 ha (Buchenwald 0,4 bis 1,0) und Öd-/Un-/Abbauland 2,0 bis 4,0 BP/10 ha. Insgesamt streuen die Werte stark und in Abhängigkeit mehr von der jeweiligen Struktur der Flächen als von den Baumarten.

Literatur: SCHÖNFELD (1984).

215

Wintergoldhähnchen *Regulus regulus*

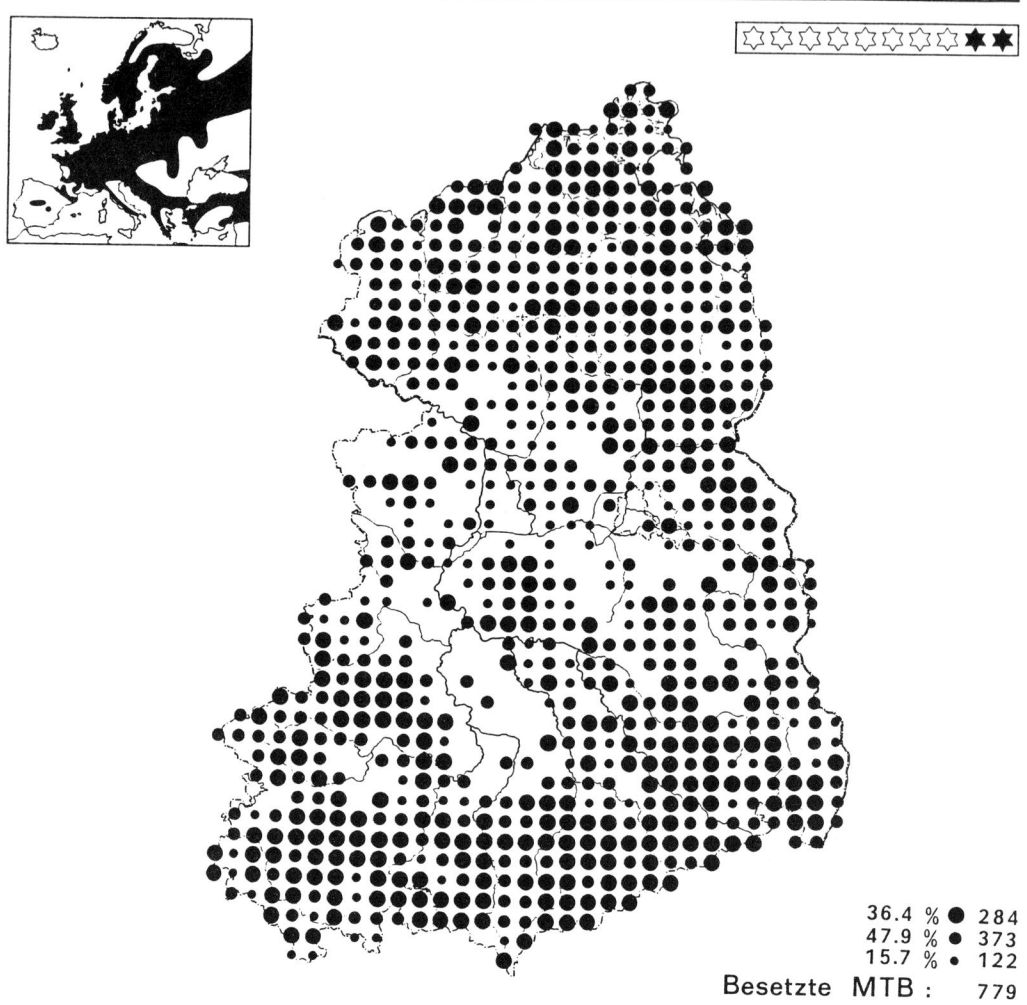

36.4 % ● 284
47.9 % ● 373
15.7 % • 122

Besetzte MTB : 779

Rasterfrequenz : 84.2 %

Faunentyp: palaearktisch.

Status: sehr häufiger Brutvogel; Durchzügler, Wintergast.

Verbreitung: über das gesamte Gebiet, mit ± großen Lücken in Sachsen-Anhalt und Brandenburg (auch Erfassungslücken ?).

Bestand/Bestandsentwicklung: Der Bestand beträgt durch Hochrechnung von Siedlungsdichteangaben 300000 BP (± 47 %). Die starke Bindung des Wintergoldhähnchens an Fichtenwälder führt offensichtlich zu den Verbreitungslücken, die sich im Kartenbild besonders in Sachsen-Anhalt und Brandenburg abzeichnen. - Die mittleren Siedlungsdichten dieses typischen Nadelwaldbewohners in den bedeutendsten Habitaten sind: Fichtenwald 2,0 bis 6,0 BP/10 ha (hier bis max. 15,5) und Kiefernwald 0,1 bis 0,6 BP/10 ha.

Literatur: REISSLAND in v.KNORRE et al. (1986); SCHUBERT (1985); THALER-KOTTECK (1990).

Sommergoldhähnchen   *Regulus ignicapillus*

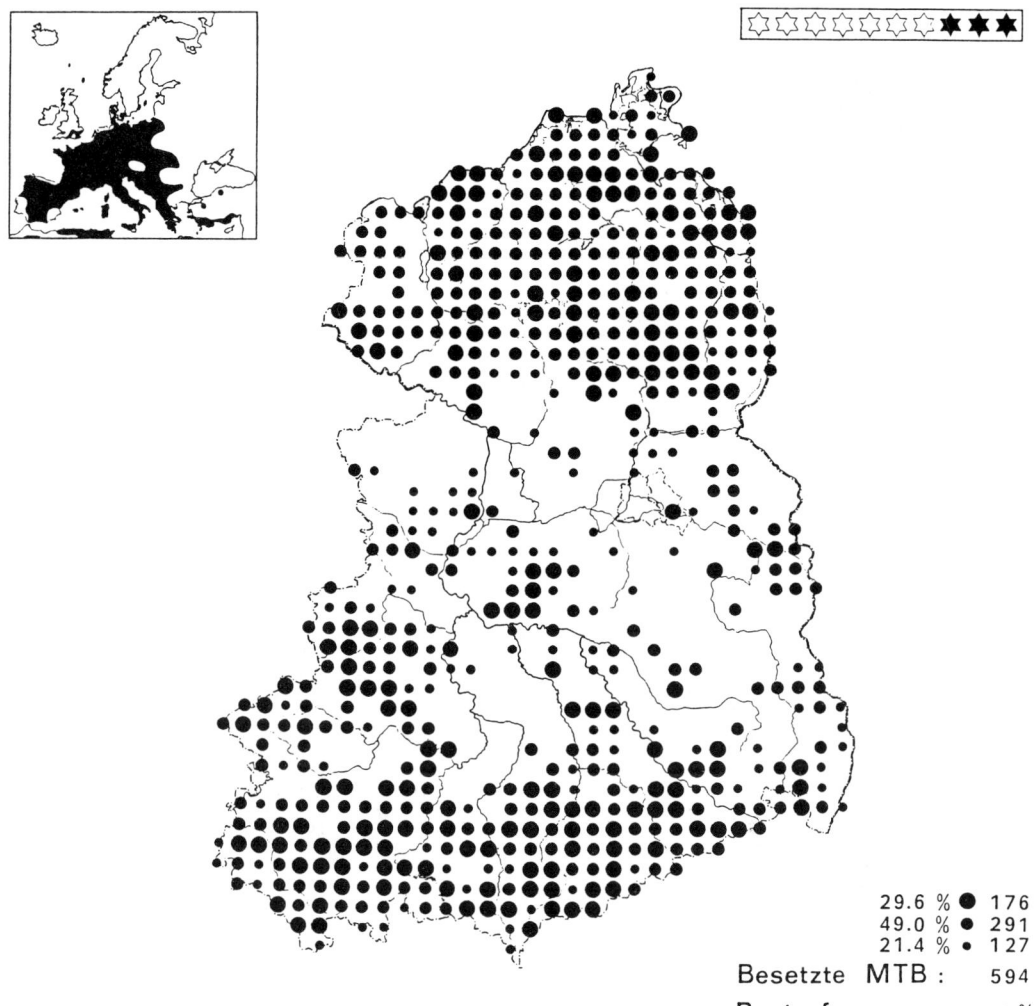

29.6 %	●	176
49.0 %	●	291
21.4 %	•	127

Besetzte MTB : 594

Rasterfrequenz : 64.2 %

Faunentyp: holarktisch.

Status: sehr häufiger Brutvogel; Durchzügler.

Verbreitung: im N und S ± lückenhaft (auch Erfassungslücken ?), in Sachsen-Anhalt und Brandenburg regional fehlend.

Bestand/Bestandsentwicklung: Der Bestand beträgt durch Hochrechnung von Siedlungsdichteangaben 100000 BP (± 50 %). Das Sommergoldhähnchen erreicht auch in den geschlossenen Verbreitungsgebieten Mecklenburg-Vorpommerns und der Mittelgebirge nicht die Dichte des Wintergoldhähnchens. Dafür ist jedoch die Bindung an die Fichte nicht so ausgeprägt. Die großen Verbreitungslücken in Brandenburg und Sachsen-Anhalt bedürfen einer eingehenden Untersuchung, zumal sich im W Fläming inselartig Vorkommen konzentrieren. - Die mittleren Siedlungsdichten in den bedeutendsten Habitaten sind: Fichtenwald 0,5 bis 2,5 BP/10 ha und Kiefernwald 0,05 bis 0,2 BP/10 ha.

Literatur: LIBBERT (1970); SCHUBERT (1985); REISSLAND in v.KNORRE et al. (1986); STARKE in KLAFS & STÜBS (1987); THALER-KOTTECK (1990).

Grauschnäpper — *Muscicapa striata*

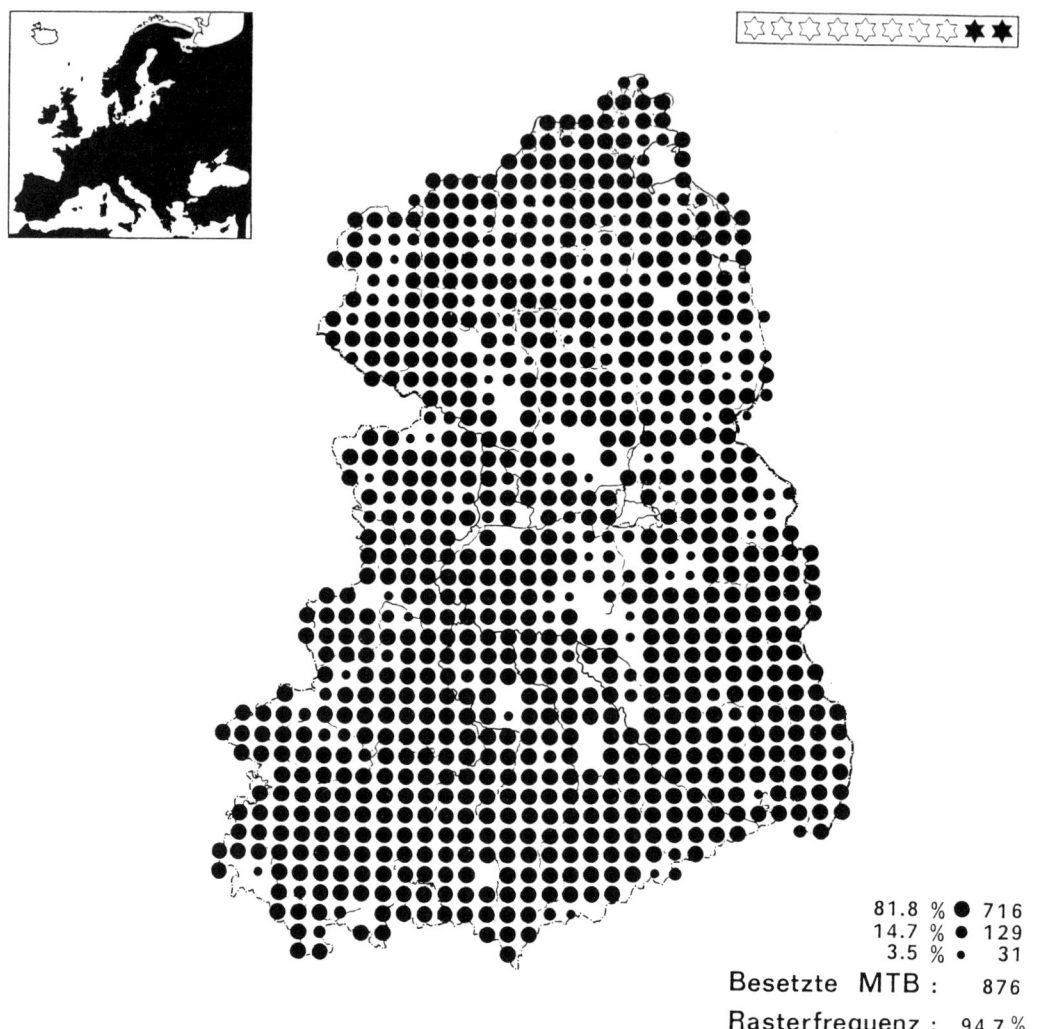

81.8 % ● 716
14.7 % ● 129
3.5 % ● 31

Besetzte MTB : 876

Rasterfrequenz : 94.7 %

Faunentyp: europäisch-turkestanisch.

Status: sehr häufiger Brutvogel; Durchzügler.

Verbreitung: ± lückenhaft über das gesamte Gebiet (wohl Erfassungslücken ?).

Bestand/Bestandsentwicklung: Der Bestand beträgt durch Hochrechnung von Siedlungsdichteangaben 130000 BP (± 50 %). Der unscheinbare Grauschnäpper, der zudem keinen auffälligen Reviergesang besitzt, wird häufig übersehen und deshalb stark unterschätzt. Er kommt aber in allen geeigneten Lebensräumen vor, die ihm Nistmöglichkeiten, Ansitze und Freiraum für die Flugjagd nach Insekten bieten. Die Siedlungsdichten auf Kontrollflächen bieten deshalb eine bessere Grundlage zur Hochrechnung auf den Gesamtbestand. Die mittleren Siedlungsdichten in den bedeutendsten Habitaten sind: Laubwald 0,7 bis 1,5 BP/10 ha (hier bis max. 4,4), Nadelwald 0,1 BP/10 ha, Ortschaften/Siedlungsgebiet 0,4 bis 0,9 BP/10 ha.

Literatur: HAENSEL in HAENSEL & KÖNIG (1987); GNIELKA in SCHÖNBRODT & SPRETKE (1989).

Zwergschnäpper

Ficedula parva

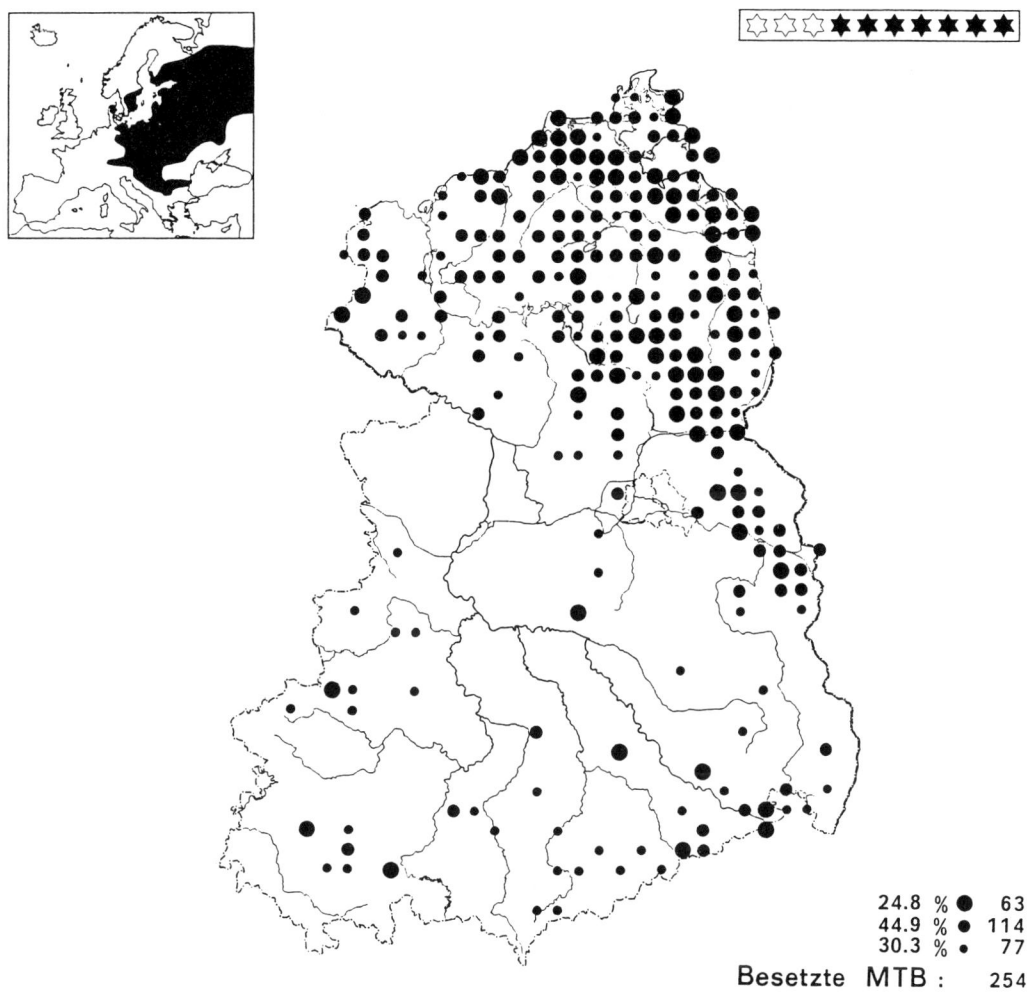

24.8 % ● 63
44.9 % ● 114
30.3 % ● 77

Besetzte MTB : 254
Rasterfrequenz : 27.5 %

Faunentyp: palaearktisch.
Status: mäßig häufiger Brutvogel; Durchzügler.
Verbreitung: im NE ± lückenhaft, sonst lokal oder sporadisch.
Bestand/Bestandsentwicklung: Der Bestand beträgt nach den Schätzungen 1800 BP (± 33 %). Davon entfallen allein etwa 1400 BP (78%) auf Mecklenburg-Vorpommern. In Brandenburg befinden sich noch etwa 18 % des Bestandes, die sich nahezu ausschließlich auf die NE-Hälfte beschränken. Für Sachsen können zwar nur weniger als 3 % angenommen werden, doch die Angaben im SE sprechen für ein regelmäßigeres Vorkommen als bisher vermutet. Hier sollte intensiv weiter untersucht werden. In Thüringen waren es zur Kartierung nur sporadische Vorkommen. In den letzten Jahren wird aber zunehmend ein Vordringen nach S/SW, verbunden mit einer Bestandszunahme, spürbar.

Literatur: LAMBERT (1980); MEY & FLATH (1983); RUTSCHKE (1983); REISSLAND in v.KNORRE et al. (1986); STURM (1986); PRILL in KLAFS & STÜBS (1987); KREISCHE (1989).

Halsbandschnäpper *Ficedula albicollis*

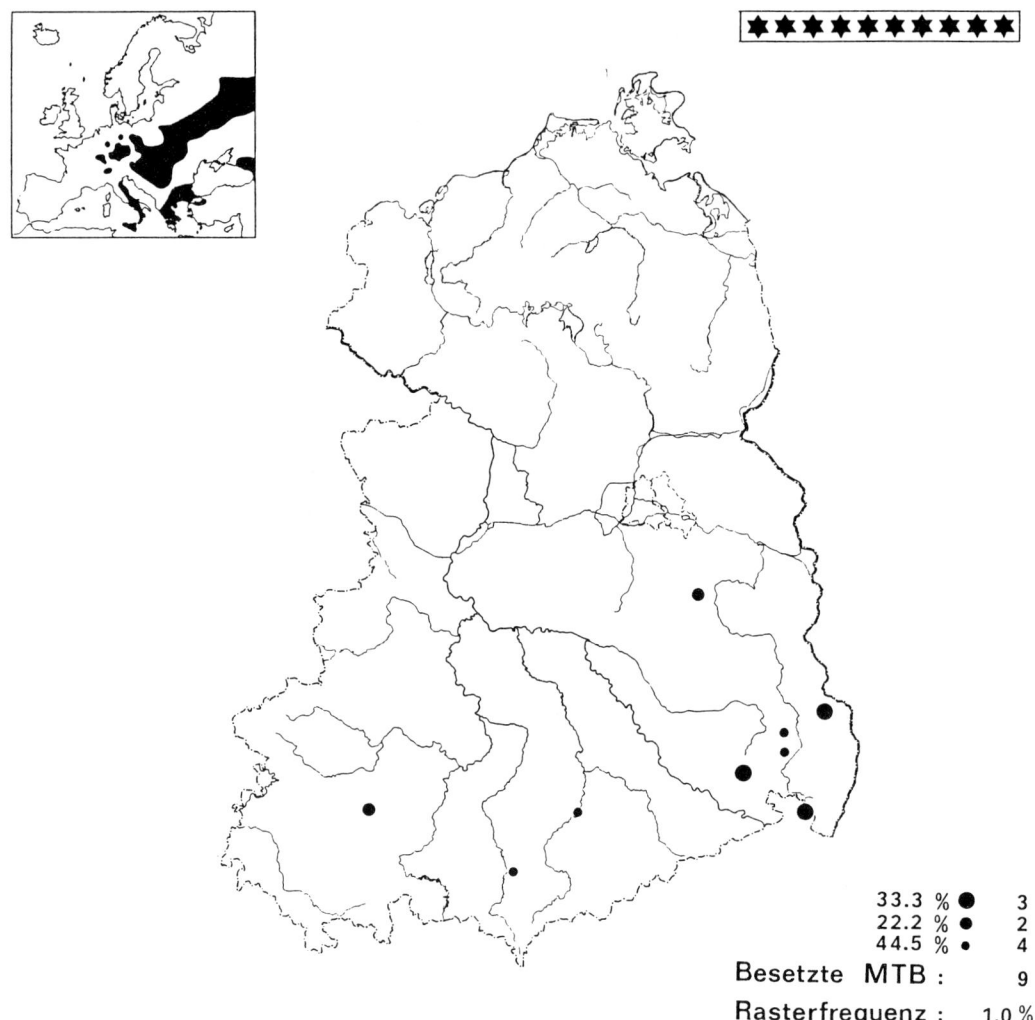

★★★★★★★★★★

33.3 % ● 3
22.2 % ● 2
44.5 % • 4

Besetzte MTB : 9
Rasterfrequenz : 1.0 %

Faunentyp: europäisch.
Status: (sehr seltener) unregelmäßiger Brutvogel; Durchzügler.
Verbreitung: am Rande bzw. außerhalb des in Mitteleuropa zersplitterten Verbreitungsgebietes; sporadische Vorkommen sind im S/SE am wahrscheinlichsten.
Bestand/Bestandsentwicklung: Während der Kartierung wurden auf drei Rasterflächen in der Lausitz D-Nachweise erbracht. In dieser Region erfolgten bereits in früheren Jahren vereinzelt Beobachtungen. Das potentielle Vorkommensgebiet kann zweifellos nicht in jedem Jahr vollständig kontrolliert werden, so daß sicherlich Ansiedlungen unentdeckt bleiben. Trotzdem kann bisher bestenfalls von unregelmäßigem und sporadischem Brüten in einzelnen bis wenigen Paaren gesprochen werden.

Literatur: CREUTZ (1970, 1971, 1983); RUTSCHKE (1983); SCHILDE (1983); REISSLAND in v.KNORRE et al. (1986).

Trauerschnäpper *Ficedula hypoleuca*

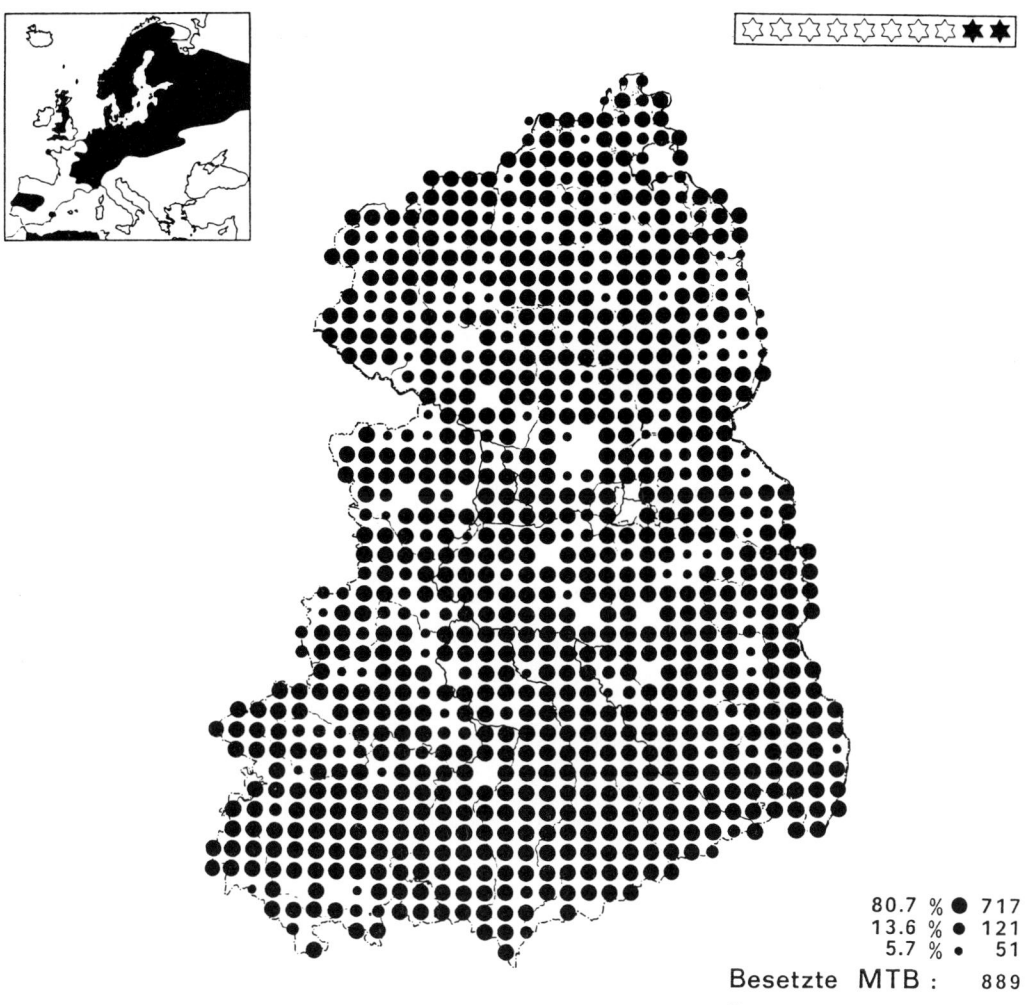

80.7 %	●	717
13.6 %	●	121
5.7 %	•	51

Besetzte MTB : 889

Rasterfrequenz : 96.1 %

Faunentyp: europäisch.
Status: sehr häufiger Brutvogel; Durchzügler.
Verbreitung: ± lückenhaft über das gesamte Gebiet.
Bestand/Bestandsentwicklung: Der Bestand beträgt nach den Schätzungen und durch Hochrechnung von Siedlungsdichteangaben 150000 BP (± 53 %). Nach den Bestandsschätzungen auf den Rasterflächen wird der Trauerschäpper von N nach S zunehmend häufiger eingestuft. Es darf deshalb in Mecklenburg-Vorpommern mit einer geringeren und in Thüringen und Sachsen mit einer höheren großflächigen Bestandsdichte gerechnet werden. - Der Trauerschnäpper ist auf höhlenreiche Altbestände angewiesen und kann, wo diese fehlen, durch künstliche Nisthöhlen recht erfolgreich angesiedelt und gefördert werden. So wurden in jungen Kiefernbeständen bei Steckby/Kr. Zerbst (Sachsen-Anhalt) in den 60er Jahren Siedlungsdichten bis 44,8 BP/10 ha erreicht.

Literatur: DORNBUSCH (1972); REISSLAND in v.KNORRE et al. (1986).

Bartmeise   *Panurus biarmicus*

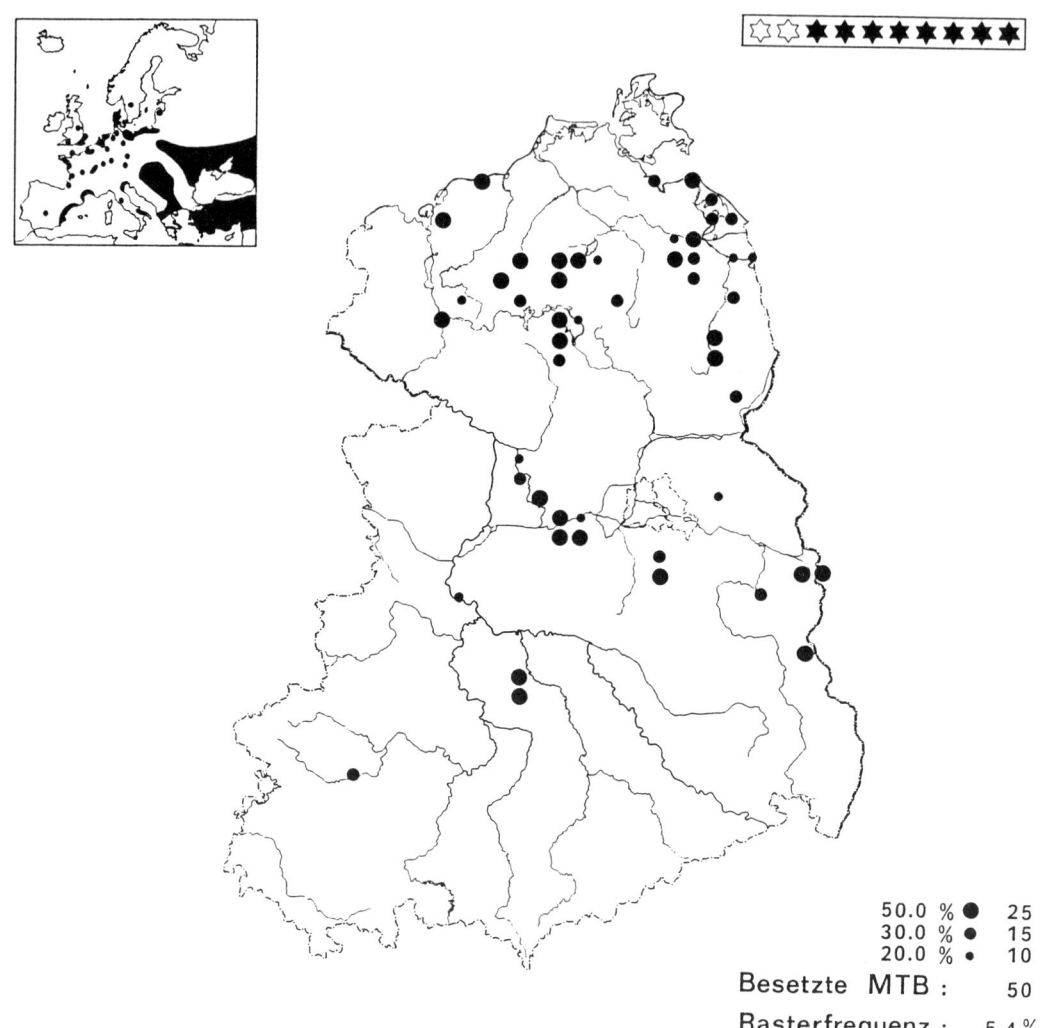

☆☆★★★★★★★★★★

50.0 %	●	25	
30.0 %	●	15	
20.0 %	•	10	

Besetzte MTB : 50

Rasterfrequenz : 5.4 %

Faunentyp: palaearktisch.

Status: (sehr) seltener Brutvogel; Durchzügler, Wintergast.

Verbreitung: nur ± sporadisch; vornehmlich in der NE-Hälfte.

Bestand/Bestandsentwicklung: Der Bestand beträgt nach den Schätzungen und mit Vorbehalt 160 BP (± 31 %). Wegen ihres sporadischen Auftretens, das in geeigneten (meist großflächigen) Schilfgebieten bei uns nahezu überall möglich ist, kann der Bestand großer Areale kaum sicher und vollständig erfaßt werden. Als regelmäßiger Brutvogel tritt die Bartmeise im Gebiet erst seit 1967 auf. Die bedeutendsten Brutplätze sind der Conventer See bei Bad Doberan (max. 80 BP, 1975) und der Rietzer See bei Brandenburg (max. 35-40 BP, 1975). In Mecklenburg-Vorpommern wurde für Mitte der 70er Jahre ein Maximalbestand von 350 bis 400 BP geschätzt. Danach allgemeiner und dramatischer Bestandsrückgang, der teilweise bis zum völligen Verschwinden führte. - Über die aktuelle Bestandsgröße kann keine verläßliche Angabe gemacht werden.

Literatur: MÜLLER (1980ff.); WAWRZYNIAK & SOHNS (1986); LAMBERT in KLAFS & STÜBS (1987); LAMBERT (1989).

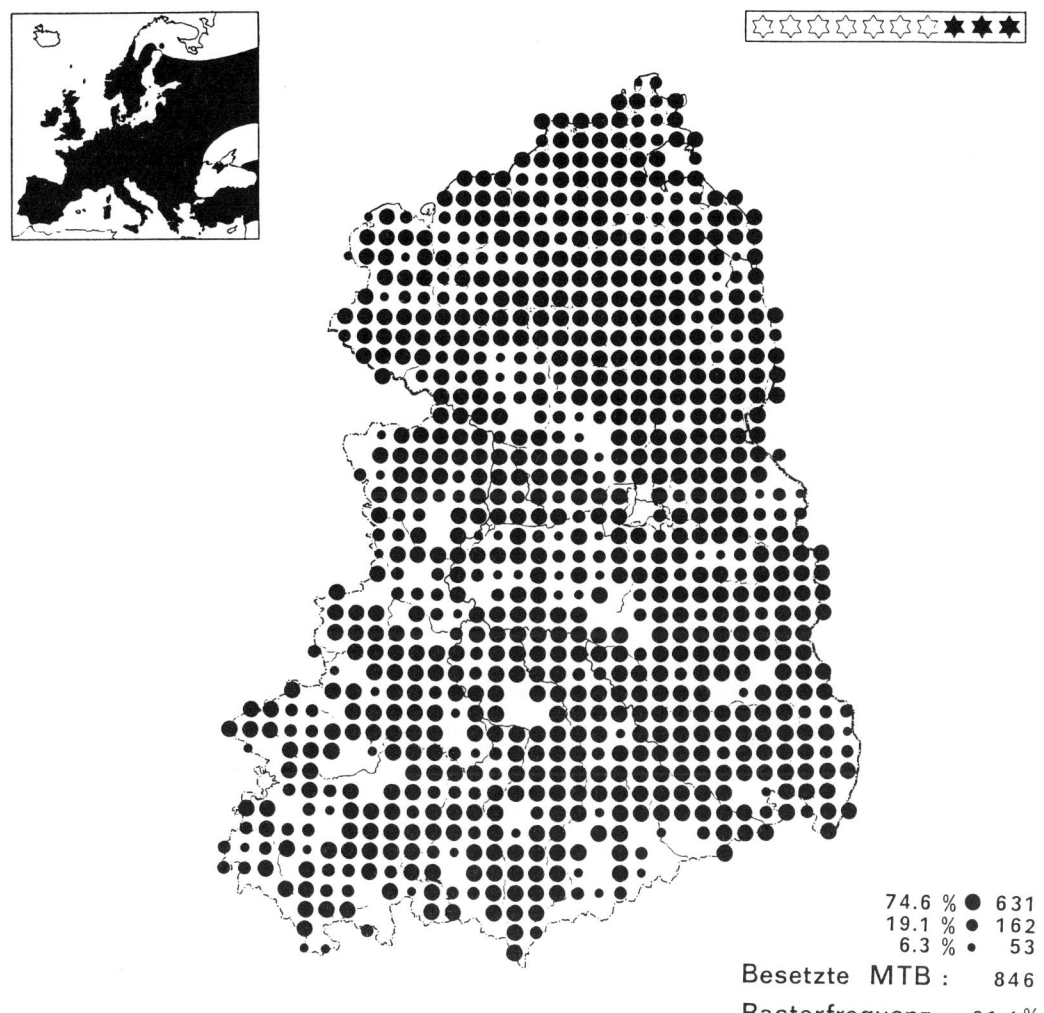

74.6 % ● 631
19.1 % ● 162
6.3 % ● 53

Besetzte MTB :   846

Rasterfrequenz :   91.4 %

Faunentyp: palaearktisch.

Status: sehr häufiger Brutvogel; Durchzügler, Wintergast.

Verbreitung: ± lückenhaft über das gesamte Gebiet (auch Erfassungslücken ?).

Bestand/Bestandsentwicklung: Der Bestand beträgt nach den Schätzungen und durch Hochrechnung von Siedlungsdichteangaben 55000 BP (± 45 %). Die Bestandsschätzungen verteilen sich relativ gleichmäßig über das Gebiet. Unterschiede in der großflächigen Bestandsdichte lassen sich danach nur schwer erkennen. Im Zusammenhang mit "unbesetzten" Rastern (s. Verbreitungskarte) weisen jedoch die Sachsen-Anhaltischen Ebenen, das Thüringer Becken, Thüringer Wald und Schiefergebirge (W-Teil), Erzgebirge und Zentraler und E Fläming etwas geringere Bestandsdichten auf. - Die Siedlungsdichte auf Kontrollflächen ist meist nur gering und liegt in Laubwäldern im Durchschnitt unter 0,5 BP/10 ha, in Nadelwäldern sogar unter 0,2 BP/10 ha.

Literatur: SCHEFFEL in v.KNORRE et al. (1986); HAENSEL in HAENSEL & KÖNIG (1987); HOLZ in KLAFS & STÜBS (1987); BLÜMEL (1990).

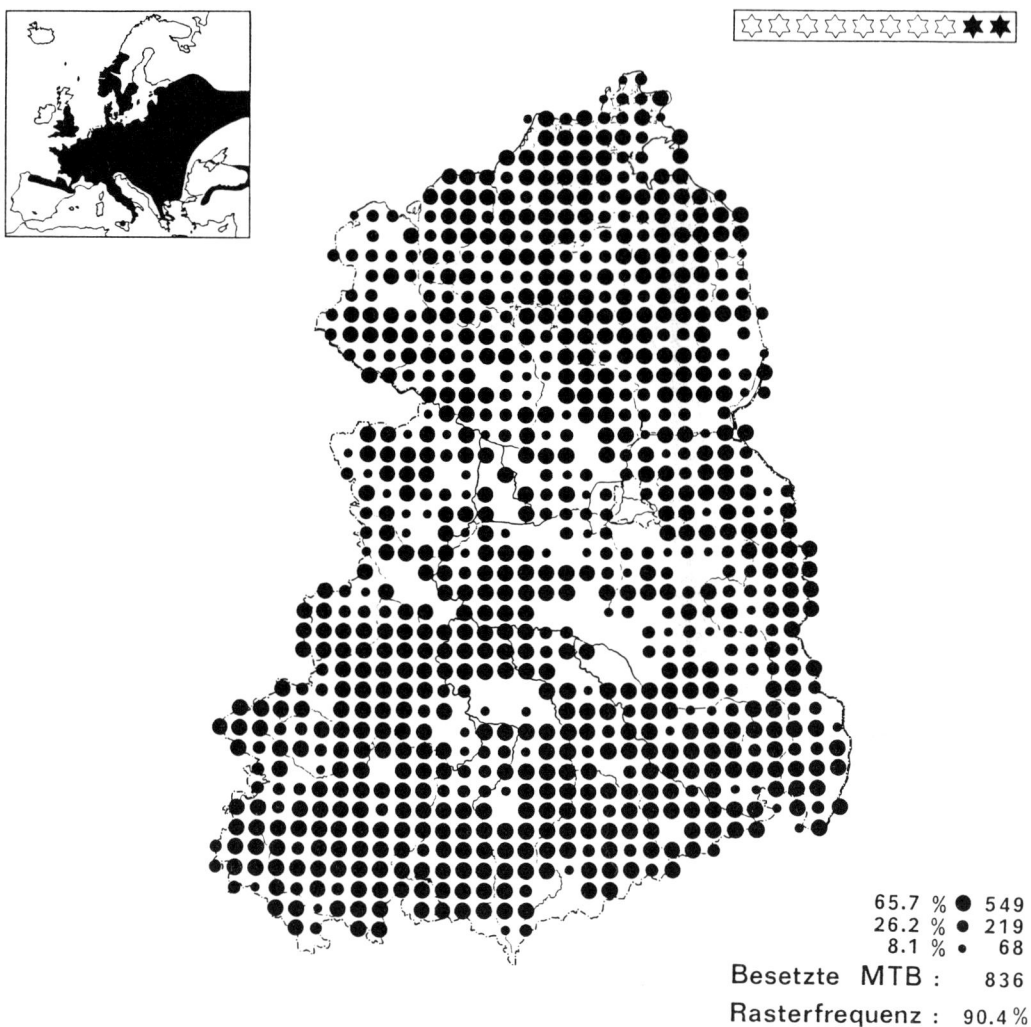

65.7 % ● 549
26.2 % ● 219
8.1 % • 68

Besetzte MTB : 836
Rasterfrequenz : 90.4 %

Faunentyp: palaearktisch.
Status: sehr häufiger Brutvogel; Überwinterer.
Verbreitung: ± lückenhaft über das gesamte Gebiet.
Bestand/Bestandsentwicklung: Der Bestand beträgt nach den Schätzungen und durch Hochrechnung von Siedlungsdichteangaben 65000 BP (± 46 %). Verteilung und Bestandsdichte sind unterschiedlich. Die Abschätzungen fallen in Thüringen im Mittel am höchsten und in Sachsen am geringsten aus, die Bestandsdichte verhält sich bei etwa gleicher Rasterfrequenz entsprechend. Sachsen-Anhalt, Brandenburg und Mecklenburg-Vorpommern liegen zwischen den beiden Extremen. Insgesamt ist die Sumpfmeise bei allgemein geringer Dichte (noch) etwas häufiger als die Weidenmeise (vgl. dort). HOLZ nimmt für Mecklenburg-Vorpommern einen deutlichen Unterschied der Häufigkeiten von Sumpf- zu Weidenmeise von 2-3 zu 1 an. - Teilweise wird auf Bestandsabnahme hingewiesen.

Literatur: GNIELKA (1983); HOLZ in KLAFS & STÜBS (1987).

Weidenmeise   *Parus montanus*

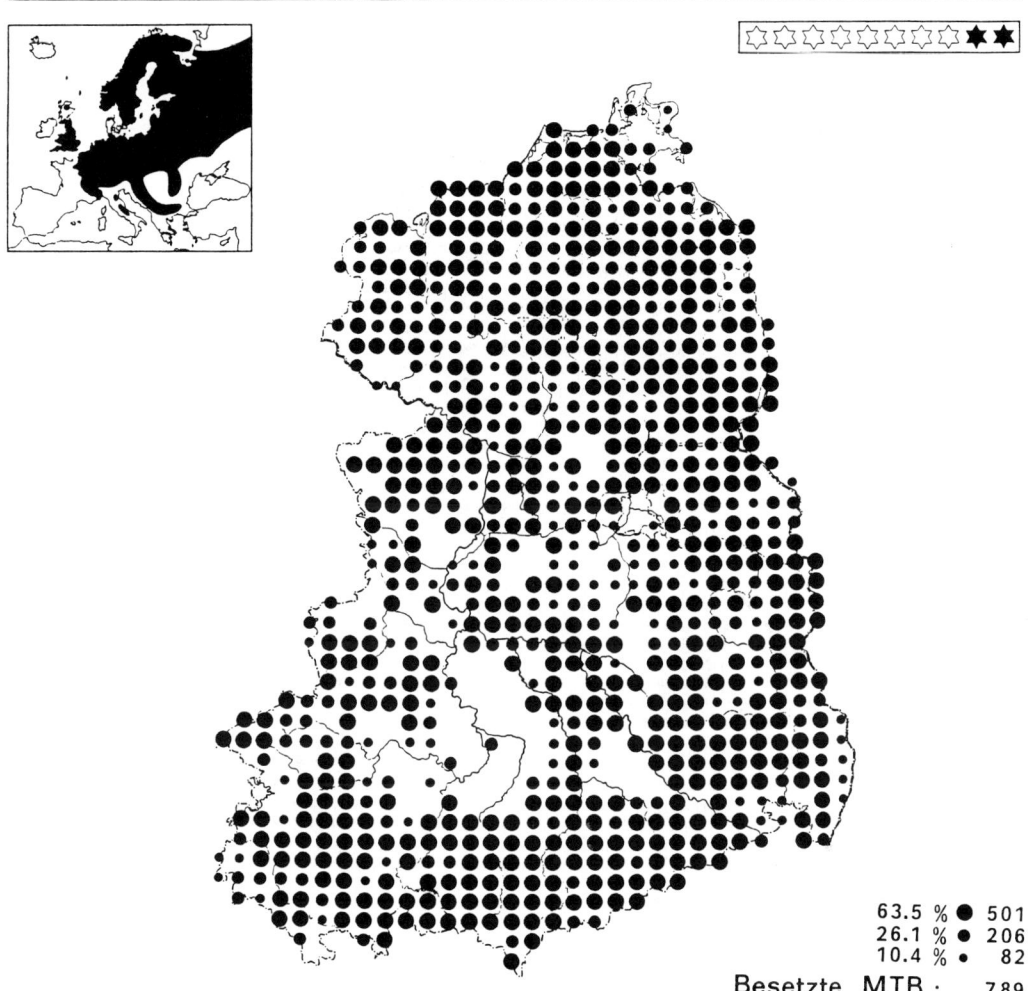

63.5 % ● 501
26.1 % ● 206
10.4 % • 82

Besetzte MTB : 789

Rasterfrequenz : 85.3 %

Faunentyp: palaearktisch.

Status: sehr häufiger Brutvogel; Überwinterer.

Verbreitung: ± lückenhaft über das gesamte Gebiet (größere Verbreitungslücken in Sachsen-Anhaltischen Ebenen/Thüringer Becken).

Bestand/Bestandsentwicklung: Der Bestand beträgt nach den Schätzungen 50000 BP (± 50 %). Ähnlich der Sumpfmeise ist auch hier die Häufigkeitsverteilung unterschiedlich. Sachsen-Anhalt weist eindeutig die geringste Dichte auf, Thüringen und Sachsen dagegen die höchste. Im relativen Vergleich zeigt sich, daß Sachsen das einzige Gebiet ist, in dem die Weidenmeise deutlich häufiger vorkommt als die Sumpfmeise. - Etwa in den letzten zwei bis drei Jahrzehnten hat eine deutliche Zunahme und Ausbreitung zumindest in den spärlich oder nicht besetzten Gebieten (Sachsen-Anhalt, NW-Sachsen) stattgefunden, so daß beispielsweise bereits Mitte/Ende der 80er Jahre das NE Harzvorland vollständig besiedelt war. Auch die markante Verbreitungslücke der Sachsen-Anhaltischen Ebenen dürfte sich inzwischen weitgehend "aufgelöst" haben.

Literatur: HAENSEL in HAENSEL & KÖNIG (1987); HOLZ in KLAFS & STÜBS (1987); SCHLÖGEL (1987); SCHÖNBRODT & SPRETKE (1989); MASCH (1991).

225

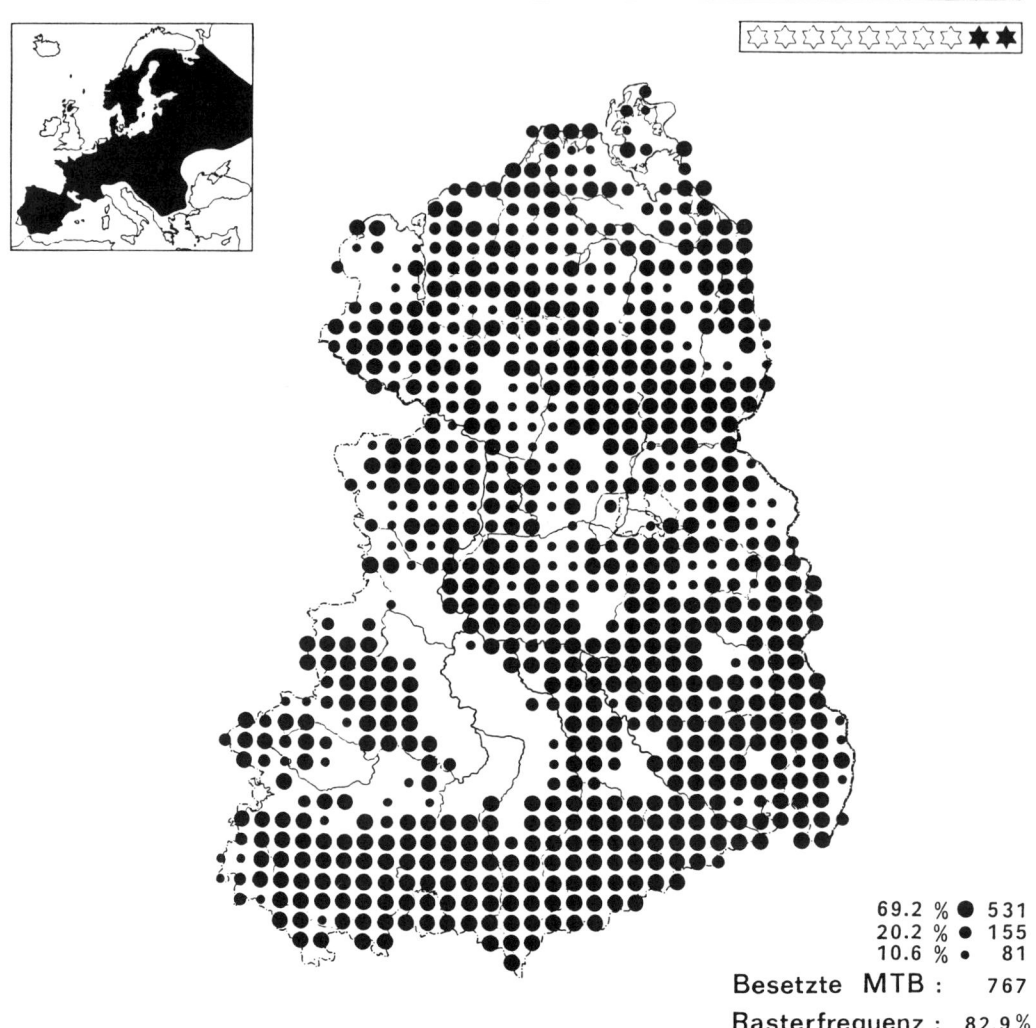

69.2 % ● 531
20.2 % ● 155
10.6 % • 81

Besetzte MTB : 767
Rasterfrequenz : 82.9 %

Faunentyp: europäisch.
Status: sehr häufiger Brutvogel; Überwinterer.
Verbreitung: ± lückenhaft über das gesamte Gebiet (mit auffälliger Verbreitungslücke in Sachsen-Anhaltischen Ebenen).
Bestand/Bestandsentwicklung: Der Bestand beträgt durch Hochrechnung von Siedlungsdichteangaben 100000 BP (± 50 %). - Die Haubenmeise ist ein typischer (Nadel-)Waldbewohner und bevorzugt als solcher ausgedehnte, strukturreiche Wälder. Damit erklärt sich auch die große Verbreitungslücke der Sachsen-Anhaltischen Ebenen. Die mittleren Siedlungsdichten in den bedeutendsten Habitaten sind relativ gering: Fichtenwald 0,5 bis 1,0 BP/10 ha, Kiefernwald 0,2 bis 0,8 BP/10 ha, Laubwald (mit Nadel-baumanteil) 0,4 bis 1,0 BP/10 ha.

Literatur: MÖCKEL (1990); LÖHRL (1991).

Tannenmeise

Parus ater

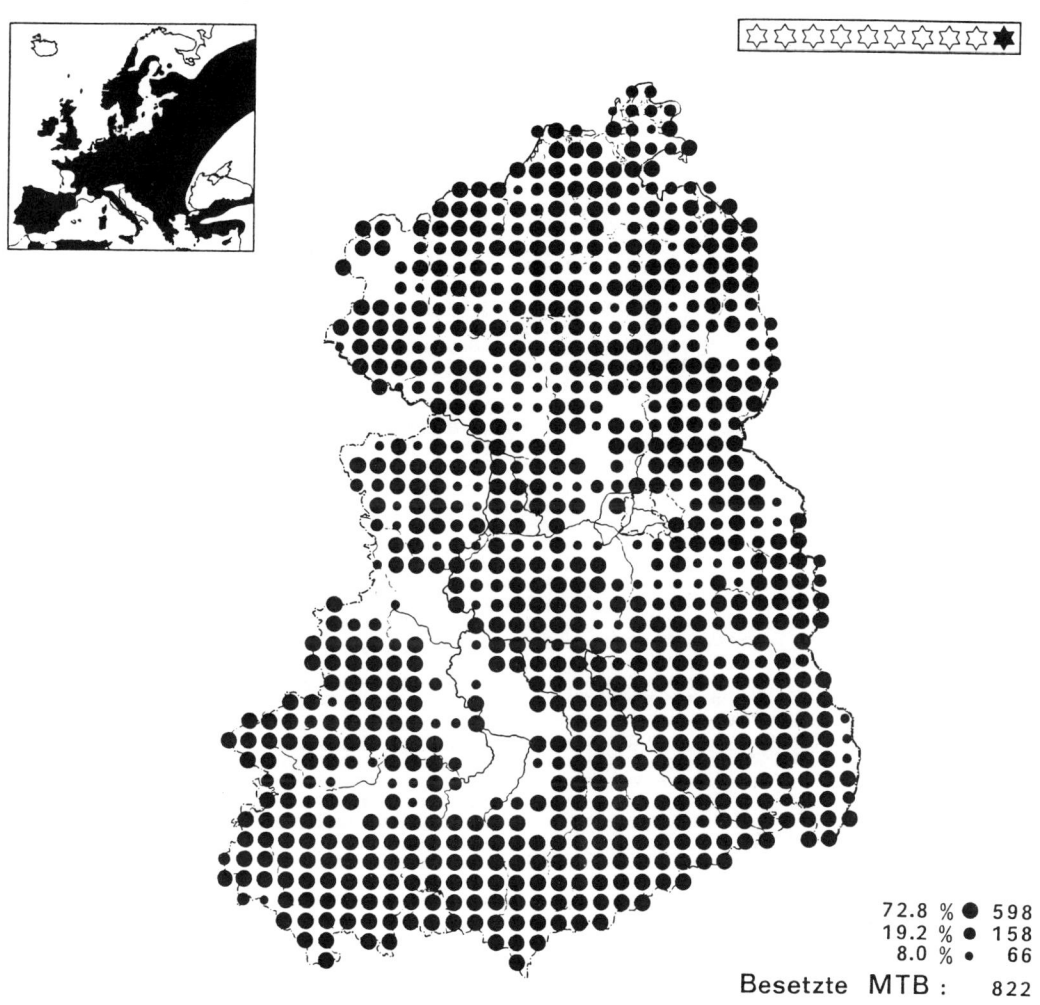

72.8 % ● 598
19.2 % ● 158
8.0 % ● 66

Besetzte MTB : 822
Rasterfrequenz : 88.9 %

Faunentyp: palaearktisch.

Status: sehr häufiger Brutvogel; Überwinterer.

Verbreitung: ± lückenhaft über das gesamte Gebiet (größere Verbreitungslücke in Sachsen-Anhaltischen Ebenen).

Bestand/Bestandsentwicklung: Der Bestand beträgt durch Hochrechnung von Siedlungsdichteangaben 360000 BP (± 47 %). Die Tannenmeise bewohnt als typischer Nadelwaldbewohner auch ausgedehnte, monotone Fichtenforste. Der Schwerpunkt der Verbreitung und der größte Anteil des Bestandes befinden sich deshalb im Bereich der Mittelgebirge. Interessant sind die inselartig isolierten Punkte innerhalb der Verbreitungslücke der Sachsen-Anhaltischen Ebenen, die sich auf das Vorkommen von ca. 30 bis 50 BP in den größeren Nadelholzbeständen der Dölauer Heide konzentrieren. - Die mittleren Siedlungsdichten in den bedeutendsten Habitaten sind: Kiefernwald 0,5 bis 2,0 BP/10 ha, Fichtenwald 1,5 bis 3,5 BP/10 ha (hier max. bis 8,5 BP/10 ha) und Laubwald mit Nadelbäumen 0,1 bis 0,4 BP/10 ha.

Literatur: LÖHRL (1974); SCHEFFEL in v.KNORRE et al. (1986); HAENSEL in HAENSEL & KÖNIG (1987); SCHÖNBRODT & SPRETKE (1989).

98.1 % ● 906
1.5 % ● 14
0.4 % ● 4

Besetzte MTB : 924
Rasterfrequenz : 99.9 %

Faunentyp: europäisch.

Status: sehr häufiger Brutvogel; Überwinterer.

Verbreitung: flächendeckend über das gesamte Gebiet.

Bestand/Bestandsentwicklung: Der Bestand beträgt durch Hochrechnung von Siedlungsdichteangaben 430000 BP (± 44 %). Nach der Kohlmeise ist sie unsere zweithäufigste Meisenart. Die mittleren Siedlungsdichten in den bedeutendsten Habitaten sind: Fichtenwald 0,1 bis 0,4 BP/10 ha, Kiefernwald 0,5 bis 1,0 BP/10 ha, Buchenwald 0,5 bis 1,5 BP/10 ha, sonstiger Laubwald 1,0 bis 3,0 BP/10 ha (Auwald 3,0 bis 7,0), Parks 2,5 bis 5,0 BP/10 ha, Siedlungen 1,0 bis 4,0 BP/10 ha und Kleingärten 4,0 bis 10,0 BP/10 ha.

Literatur: BLASCHKE in RUTSCHKE (1983); SCHEFFEL in v.KNORRE (1986); GNIELKA in SCHÖNBRODT & SPRETKE (1989).

Kohlmeise   *Parus major*

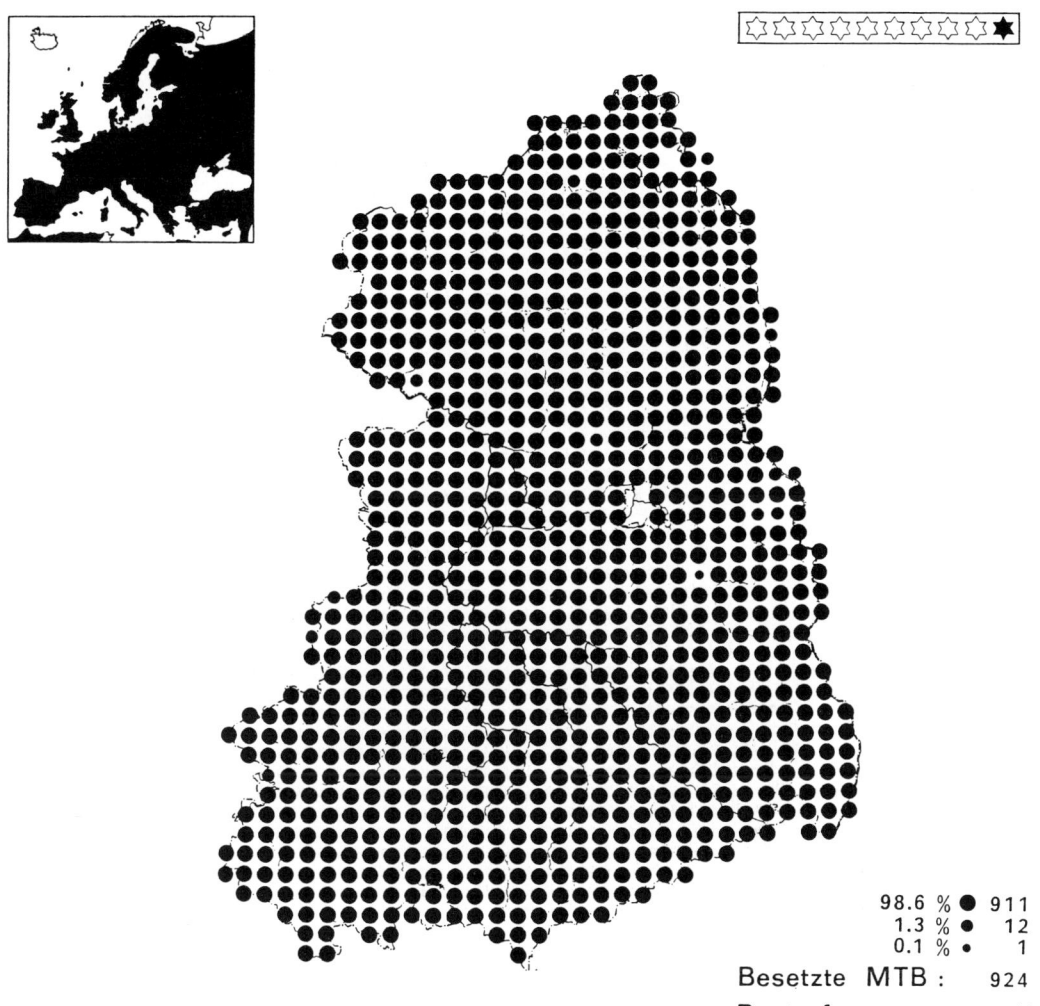

98.6 %	●	911
1.3 %	●	12
0.1 %	·	1

Besetzte MTB : 924
Rasterfrequenz : 99.9 %

Faunentyp: palaearktisch.
Status: sehr häufiger Brutvogel; Überwinterer.
Verbreitung: flächendeckend über das gesamte Gebiet.
Bestand/Bestandsentwicklung: Der Bestand beträgt durch Hochrechnung von Siedlungsdichteangaben 1500000 BP (± 33 %). Die Kohlmeise ist die häufigste Meise und eine der fünf häufigsten Singvogel-arten des Gebietes. Sie erreicht in höhlenreichem Auwald (max. 25,4 BP/10 ha) und im Randbereich der Städte und Siedlungen ihre höchsten Dichten. Besonders in Kleingärten werden, durch Nisthilfen begünstigt, bis 27 BP/10 ha gefunden. Die mittleren Siedlungsdichten in den bedeutendsten Habitaten sind: Fichtenwald 1,0 bis 2,5 BP/10 ha, Kiefernwald 3,0 bis 6,0 BP/10 ha, Buchenwald 2,0 bis 4,5 BP/10 ha, sonstiger Laubwald 3,0 bis 7,0 BP/10 ha, Siedlungen 2,0 bis 4,0 BP/10 ha und Parks 3,0 bis 5,5 BP/10 ha.

Literatur: SCHMIDT & WEIS (1986); HOLZ in KLAFS & STÜBS (1987); GNIELKA in SCHÖNBRODT & SPRETKE (1989).

229

Kleiber — *Sitta europaea*

88.3 % ● 807
8.5 % ● 78
3.2 % • 29

Besetzte MTB : 914
Rasterfrequenz : 98.8 %

Faunentyp: palaearktisch.
Status: sehr häufiger Brutvogel; Überwinterer.
Verbreitung: flächendeckend über das gesamte Gebiet.
Bestand/Bestandsentwicklung: Der Bestand beträgt durch Hochrechnung von Siedlungsdichteangaben 190000 BP (± 47 %). Die mittleren Siedlungsdichten in den bedeutendsten Habitaten sind: Nadelwald 0,2 bis 0,5 BP/10 ha und Laubwald 1,0 bis 3,0 BP/10 ha (hier werden in höhlenreichen Altholzbeständen Werte bis 7 BP/10 ha gefunden). - Abgesehen von verschiedenen Hinweisen auf Bestandseinbußen durch extreme Winter ist der Bestand stabil.

Literatur: GÖRNER (1981); PRILL (1988); GNIELKA in SCHÖNBRODT & SPRETKE (1989); BLÜMEL (1990).

Waldbaumläufer   *Certhia familiaris*

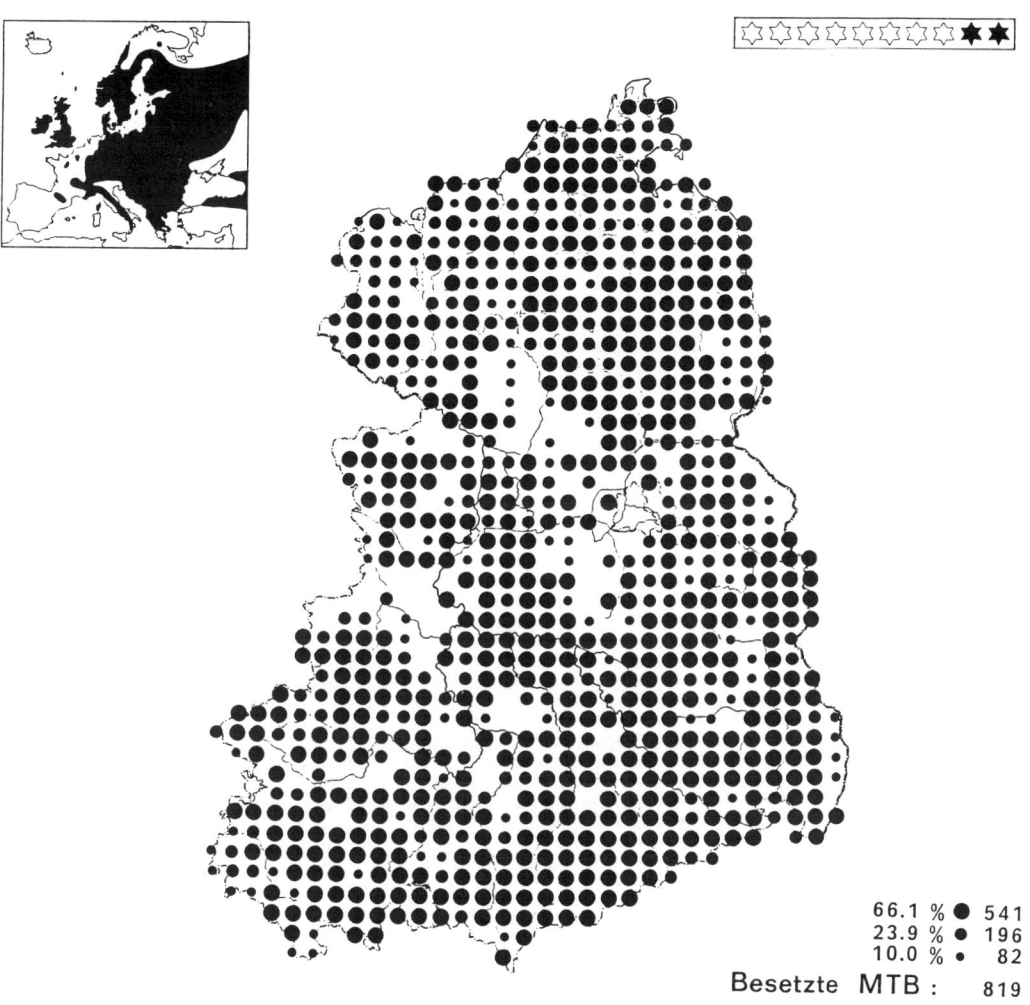

☆☆☆☆☆☆☆★★

66.1 % ● 541
23.9 % ● 196
10.0 % ● 82

Besetzte MTB : 819

Rasterfrequenz : 88.5 %

Faunentyp: holarktisch.

Status: sehr häufiger Brutvogel; Überwinterer.

Verbreitung: ± lückenhaft (besonders in waldarmen Gegenden) über das gesamte Gebiet (auch Erfassungslücken ?).

Bestand/Bestandsentwicklung: Der Bestand beträgt durch Hochrechnung von Siedlungsdichteangaben 110000 BP (± 50 %). Die Schätzungen ergeben nur einen Wert im unteren Bereich der Angabe. Der Bestand des Waldbaumläufers wird eher unterschätzt, weil er weniger auffällig ist als der Gartenbaumläufer. Zudem bevorzugt er größere Wälder, zeigt deshalb auch in waldarmen Gebieten (z. B. den Sachsen-Anhaltischen Ebenen) Verbreitungslücken. - Die mittleren Siedlungsdichten in Wäldern sind weitgehend unabhängig von den Baumarten (entscheidend sind Baum- bzw. Althölzer): 0,5 bis 1,0 BP/10 ha. Max. Werte reichen bis 5,0 BP/10 ha.

Literatur: DORNBUSCH in NICOLAI et al. (1982); DORNBUSCH in KLAFS & STÜBS (1987).

231

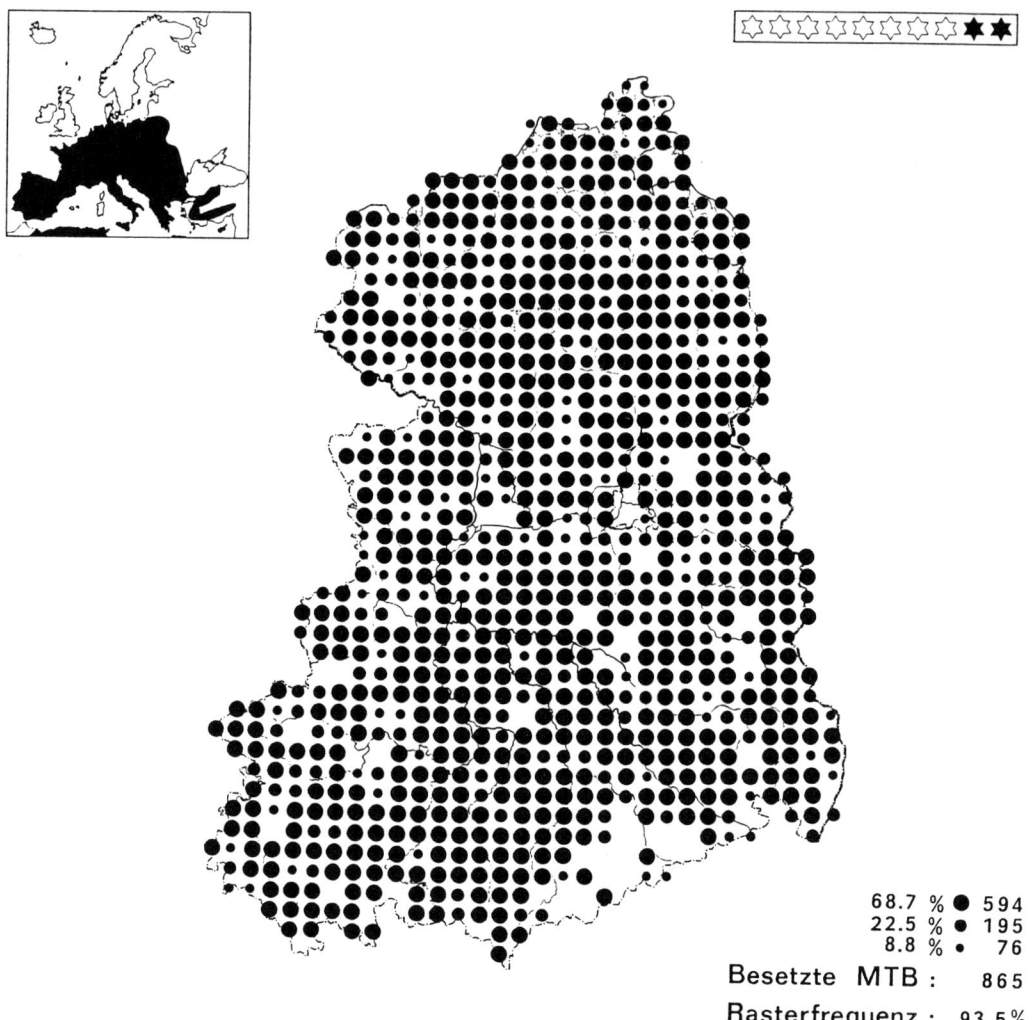

68.7 % ● 594
22.5 % ● 195
8.8 % ● 76

Besetzte MTB :   865
Rasterfrequenz :   93.5 %

Faunentyp: europäisch.
Status: sehr häufiger Brutvogel; Überwinterer.
Verbreitung: im Flachland flächendeckend (Erfassungslücken ?), im Gebirge oberhalb 500 m NN spärlich bis fehlend (Erzgebirge !).
Bestand/Bestandsentwicklung: Der Bestand beträgt nach den Schätzungen und durch Hochrechnung von Siedlungsdichteangaben 120000 BP (± 50 %). Aufgrund seiner größeren ökologischen Potenz und der in Wäldern nur wenig geringeren Siedlungsdichte ist der Gartenbaumläufer insgesamt vermutlich etwas häufiger als der Waldbaumläufer. - Max. Siedlungsdichten liegen ebenfalls bei 5,0 BP/10 ha.

Literatur: DORNBUSCH in NICOLAI et al. (1982); DORNBUSCH in KLAFS & STÜBS (1987).

Beutelmeise   *Remiz pendulinus*

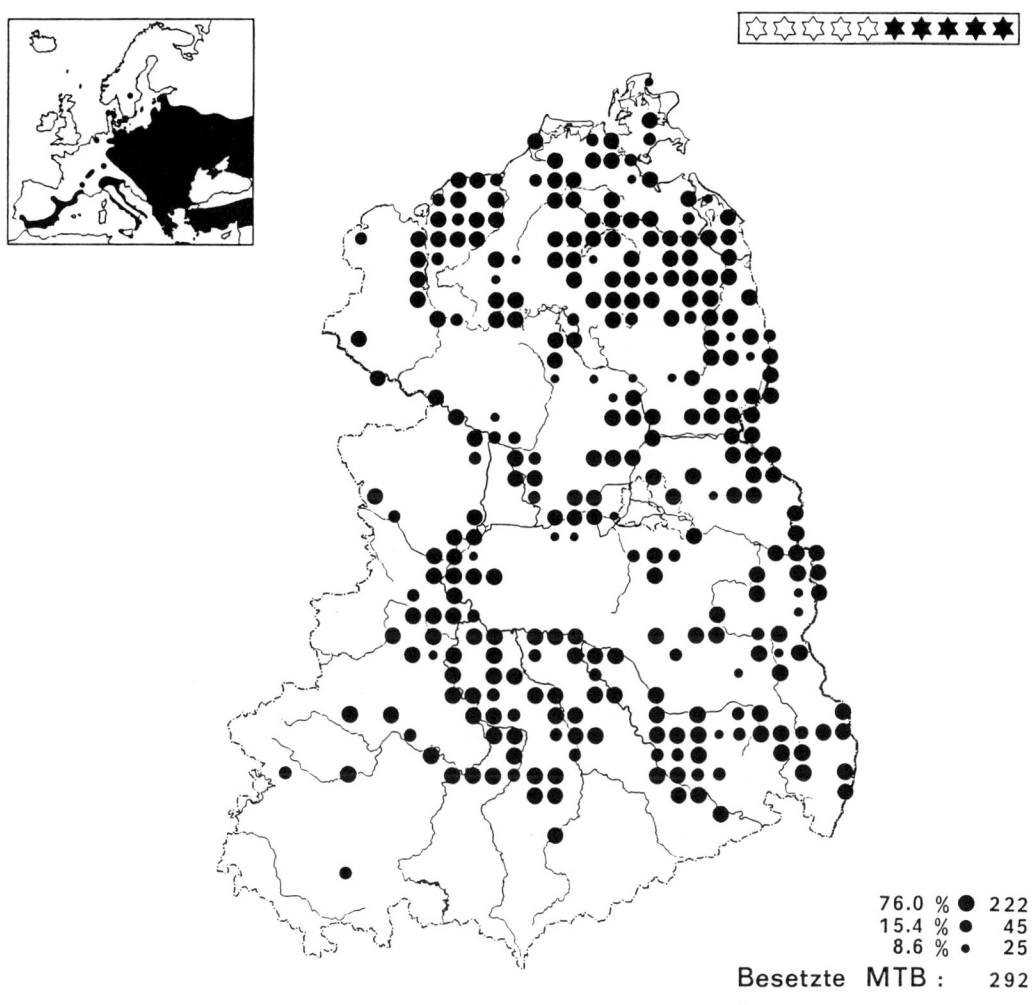

☆☆☆☆☆★★★★★

76.0 % ● 222
15.4 % ● 45
8.6 % · 25

Besetzte MTB : 292

Rasterfrequenz : 31.6 %

Faunentyp: palaearktisch.

Status: mäßig häufiger Brutvogel; Durchzügler.

Verbreitung: ± lückenhaft und regional fehlend (größere Verbreitungslücken in Mittelgebirgen und gewässerarmen Landschaften (z. B. Fläming, Altmark, Prignitz); auch Erfassungslücken (?).

Bestand/Bestandsentwicklung: Der Bestand beträgt nach den Schätzungen 1200 BP (± 30 %). Er liegt damit deutlich höher als bisherige Angaben. - Das Gebiet wird erst seit den 50er Jahren von E besiedelt. Ende der 60er/Mitte der 70er Jahre trat eine gewisse Stagnation bzw. ein leichter Rückgang ein. Seitdem erfolgt aber wieder nahezu kontinuierliche Zunahme und Neubesiedlung. In einem Kontrollgebiet S von Leipzig hat die Anzahl der Reviere von 9 (1979) auf 60 (1983) zugenommen. Auf 62 km^2 "Mittlere Elbe" bei Wittenberg wuchs die Population von 2 (1978) auf 26 (1983) besetzte Brutplätze mit 30 Weibchen. - Der aktuelle Bestand (1990/91) dürfte bei weiterer Auffüllung des Gebietes mit ziemlicher Sicherheit weit höher liegen, schätzungsweise bei 5000 BP (± 40 %).

Literatur: SCHÖNFELD & ZUPPKE (1980); LITZBARSKI in RUTSCHKE (1983); HAGEMANN & ROST (1985); FLADE et al. (1986); BEITZ in KLAFS & STÜBS (1977, 1987); SCHÖNBRODT & SPRETKE (1989); SCHÖNFELD (1989); ERNST (1991).

233

Pirol

Oriolus oriolus

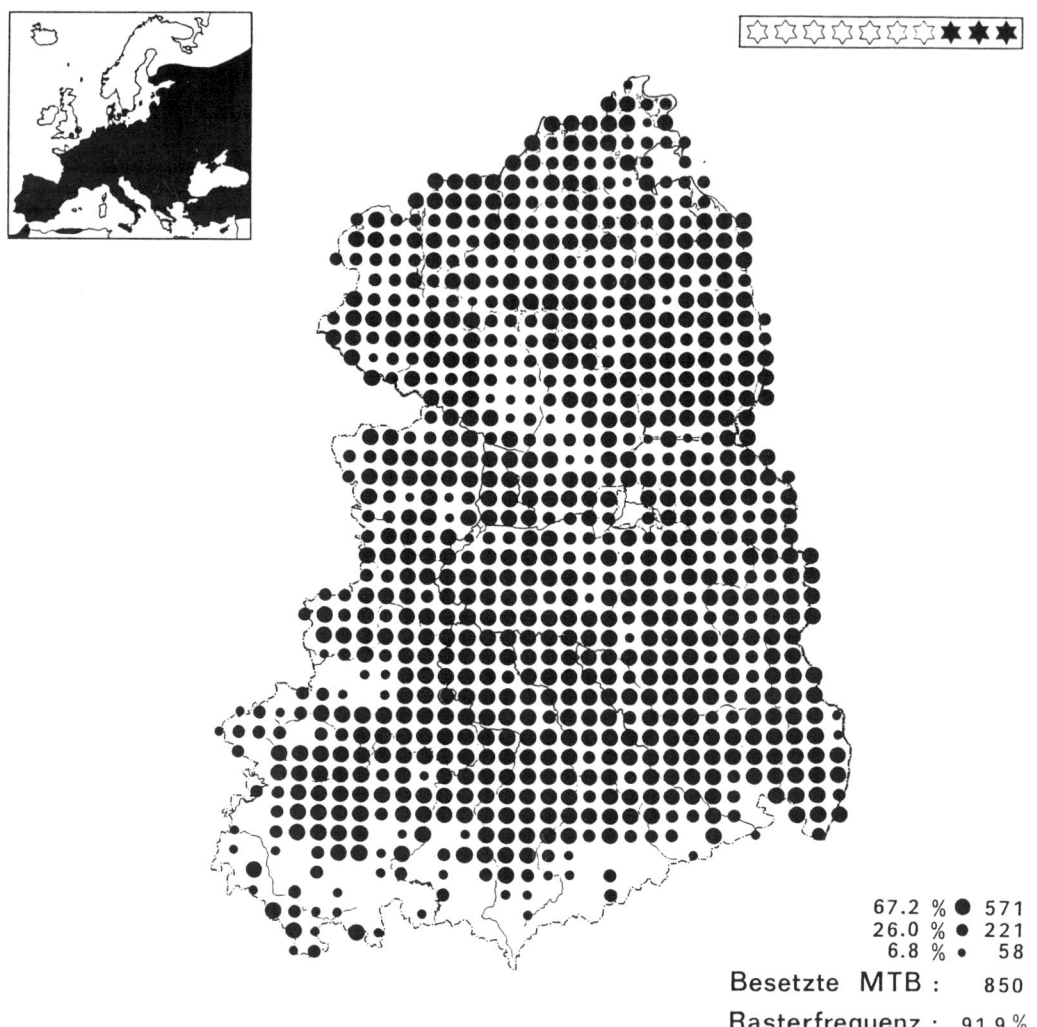

67.2 %	●	571
26.0 %	●	221
6.8 %	•	58

Besetzte MTB : 850

Rasterfrequenz : 91.9 %

Faunentyp: altweltlich.

Status: sehr häufiger Brutvogel; Durchzügler.

Verbreitung: außerhalb der Mittelgebirge (Verbreitungsgrenze etwa 400 m NN) flächendeckend über das gesamte Gebiet.

Bestand/Bestandsentwicklung: Der Bestand beträgt nach den Schätzungen und durch Hochrechnung von Siedlungsdichteangaben 45000 BP (± 44 %). In Sachsen-Anhalt und Brandenburg, wo die größte Bestandsdichte erreicht wird, siedeln etwa 60 % davon. Im Raum Halle wurden großflächig 0,8 bis 1,0 BP/km^2 geschätzt. Sowohl nach N als auch nach S/SW wird die Bestandsdichte geringer. In Sachsen wohnen knapp 10 % und in Thüringen nur etwa 4 % des Bestandes. Während sich hier die Verbreitungslücken der Mittelgebirge auswirken, wird der Pirol in Mecklenburg-Vorpommern bei flächendeckender Verbreitung insgesamt etwas weniger häufig eingeschätzt.

Literatur: FEIGE (1986); HEISSIG, HEYER in v.KNORRE et al. (1986); SCHÖNBRODT & SPRETKE (1989); FEIGE in KLAFS & STÜBS (1987); HAENSEL in HAENSEL & KÖNIG (1990).

Neuntöter

Lanius collurio

93.4 % ● 858
5.7 % ● 52
0.9 % · 8

Besetzte MTB : 918
Rasterfrequenz : 99.2 %

Faunentyp: palaearktisch.
Status: sehr häufiger Brutvogel; Durchzügler.
Verbreitung: flächendeckend über das gesamte Gebiet.
Bestand/Bestandsentwicklung: Der Bestand beträgt nach den Schätzungen und durch Hochrechnung von Siedlungsdichteangaben 60000 BP (± 42 %). Großflächig wurden in verschiedenen Gebieten Bestandsdichten von 0,4 bis 0,9 BP/km² geschätzt, was gut mit dem oben angegebenen Bestand übereinstimmt. In optimalen Habitaten werden lokal aber weit höhere Dichten erreicht, so beispielsweise bis zu 8 BP/km² in der Muschelkalklandschaft W und an den Sandsteinhängen NW von Halle (Sachsen-Anhalt). - Ein leicht negativer Bestandstrend liegt im Verlust an optimalen Lebensräumen (Vernichtung, Intensivierung, Eutrophierung) begründet.

Literatur: GÜNTHER (1979); HÖLAND & SCHMIDT (1984); KLEBB (1984); HAUFF in KLAFS & STÜBS (1987); SCHÖNBRODT & SPRETKE (1989).

235

Schwarzstirnwürger

Lanius minor

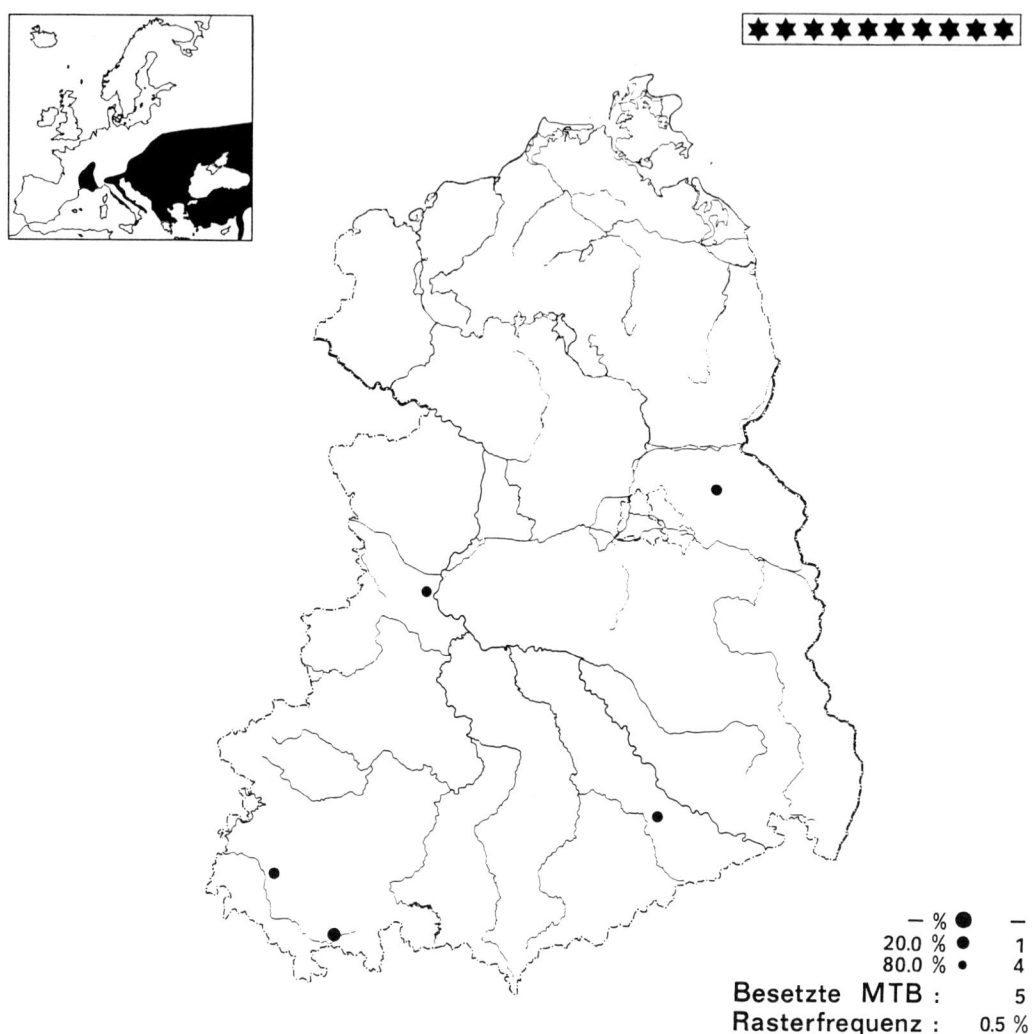

— % ●	—
20.0 % ●	1
80.0 % ·	4

Besetzte MTB : 5

Rasterfrequenz : 0.5 %

Faunentyp: europäisch-turkestanisch.

Status: ehemaliger Brutvogel; seltener Gast.

Verbreitung: Einzelvorkommen außerhalb des Verbreitungsgebietes.

Bestand/Bestandsentwicklung: Der Schwarzstirnwürger muß heute auch im Osten (wie wohl für ganz Deutschland !) als ausgestorben gelten. Die letzten sicheren Brutnachweise erfolgten 1965 im NE Harzvorland (bei Hecklingen, Sachsen-Anhalt) und 1976 im Kr. Gera (Thüringen). Viel früher verschwand die Art in Mecklenburg-Vorpommern (letzte Brut 1924), Brandenburg und Sachsen. - Während der Kartierung gelangen in 5 Gebieten Nachweise, bei denen es sich sehr wahrscheinlich nur um Gäste gehandelt hat.

Literatur: MÜLLER (1966); AUERSWALD (1979); BAUER & THIELCKE (1982); HAENSEL in HAENSEL & KÖNIG (1984); GÜNTHER in v.KNORRE et al. (1986); HAUFF in KLAFS & STÜBS (1987).

Raubwürger   *Lanius excubitor*

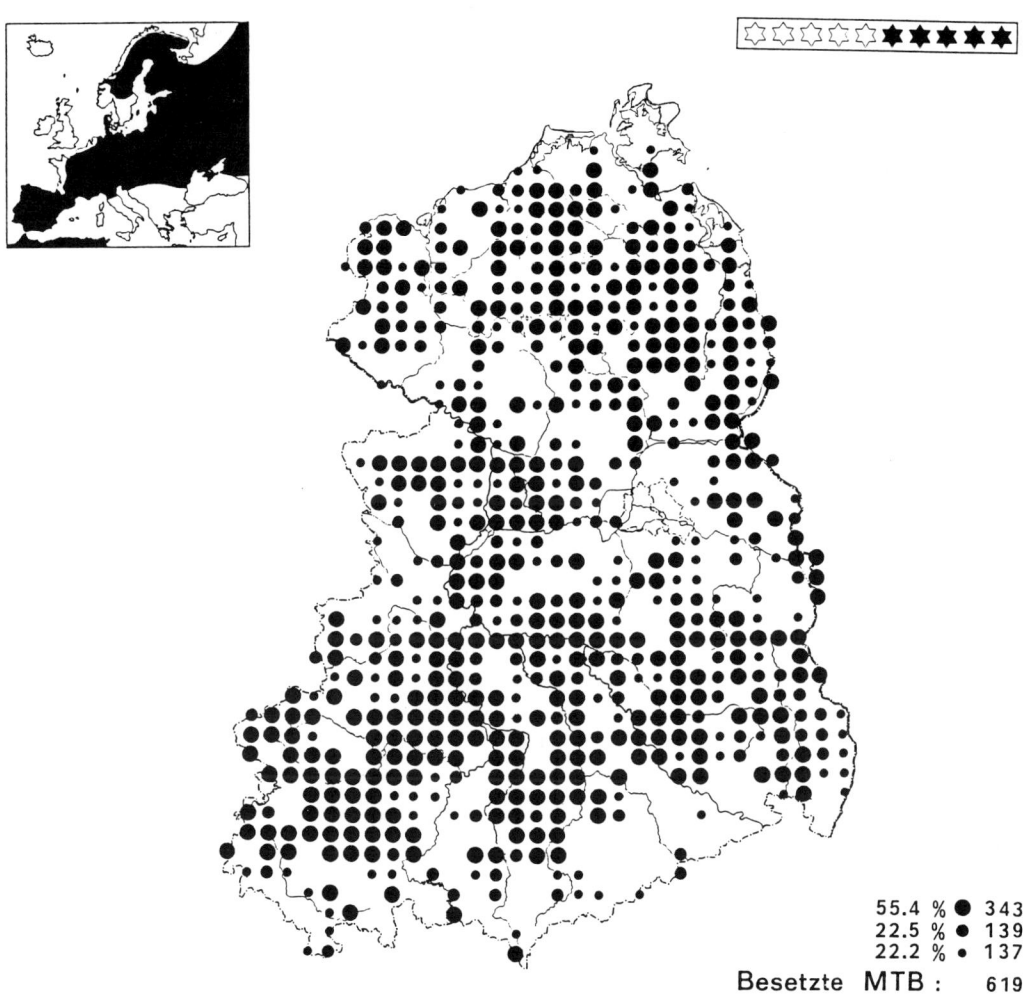

55.4 % ● 343
22.5 % ● 139
22.2 % • 137

Besetzte MTB : 619

Rasterfrequenz : 66.9%

Faunentyp: holarktisch.
Status: mäßig häufiger Brutvogel; Durchzügler, Wintergast.
Verbreitung: mit ± großen Lücken über das gesamte Gebiet; in S-Sachsen sporadisch.
Bestand/Bestandsentwicklung: Der Bestand beträgt nach den Schätzungen 1900 BP (± 29 %). Die geschätzten Häufigkeiten je Raster verteilen sich relativ gleichmäßig über das Territorium. Lediglich in Mecklenburg-Vorpommern (besonders N-Teil) und in Sachsen liegen sie etwas unter dem Durchschnitt. Für die Länder können folgende großflächigen Siedlungsdichten angegeben werden: Sachsen 1,1, Mecklenburg-Vorpommern 1,5, Brandenburg 1,8, Sachsen-Anhalt 2,4 und Thüringen 2,5 BP/100 km^2. Hervorzuheben ist das Gebiet um Halle, wo seit über 30 Jahren ein steter positiver Bestandstrend zu verzeichnen ist und eine überdurchschnittlich hohe Siedlungsdichte von etwa 6,5 BP/100 km^2 erreicht wird.

Literatur: SEELIG in NICOLAI et al. (1982); TAUCHNITZ in GNIELKA (1984); HAUF in KLAFS & STÜBS (1987); SCHÖNBRODT & SPRETKE (1989).

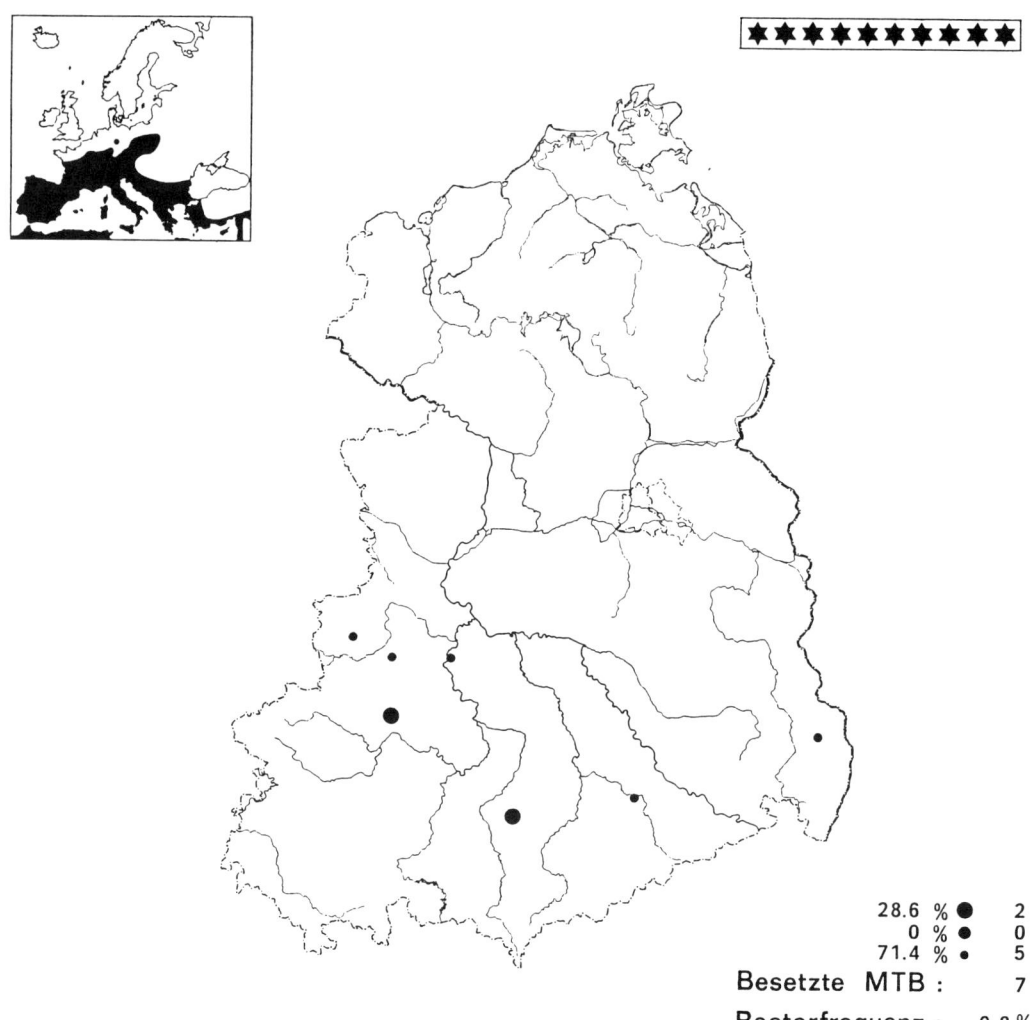

28.6 %	●	2
0 %	●	0
71.4 %	•	5

Besetzte MTB : 7

Rasterfrequenz : 0.8 %

Faunentyp: mediterran.

Status: sehr seltener (unregelmäßiger) Brutvogel; Gast.

Verbreitung: nur noch sporadisch im S-Teil.

Bestand/Bestandsentwicklung: Für 3 Rasterflächen mit je "einem" BP abgeschätzt. Der Bestand wird mit 2 bis 7 BP angenommen. Es werden zwar nicht in jedem Jahr Brutnachweise erbracht, es ist andererseits jedoch auch kaum möglich, alle potentiellen und traditionellen Brutgebiete jährlich vollständig zu kontrollieren. Im Thüringer Becken brütete er wohl nur noch bis 1960 regelmäßig. Der Rückgang des Bestandes hat bereits im vergangenen Jahrhundert begonnen und dürfte nicht zuletzt klimatisch begründet sein. - Heute (1992) muß der Rotkopfwürger für das Gebiet sehr wahrscheinlich als verschwunden gelten.

Literatur: MÜLLER (1966); AUERSWALD (1979); TAUCHNITZ in GNIELKA (1984); HAENSEL in HAENSEL & KÖNIG (1984); SCHULZE (1985); GÜNTHER in v.KNORRE et al. (1986).

Eichelhäher   *Garrulus glandarius*

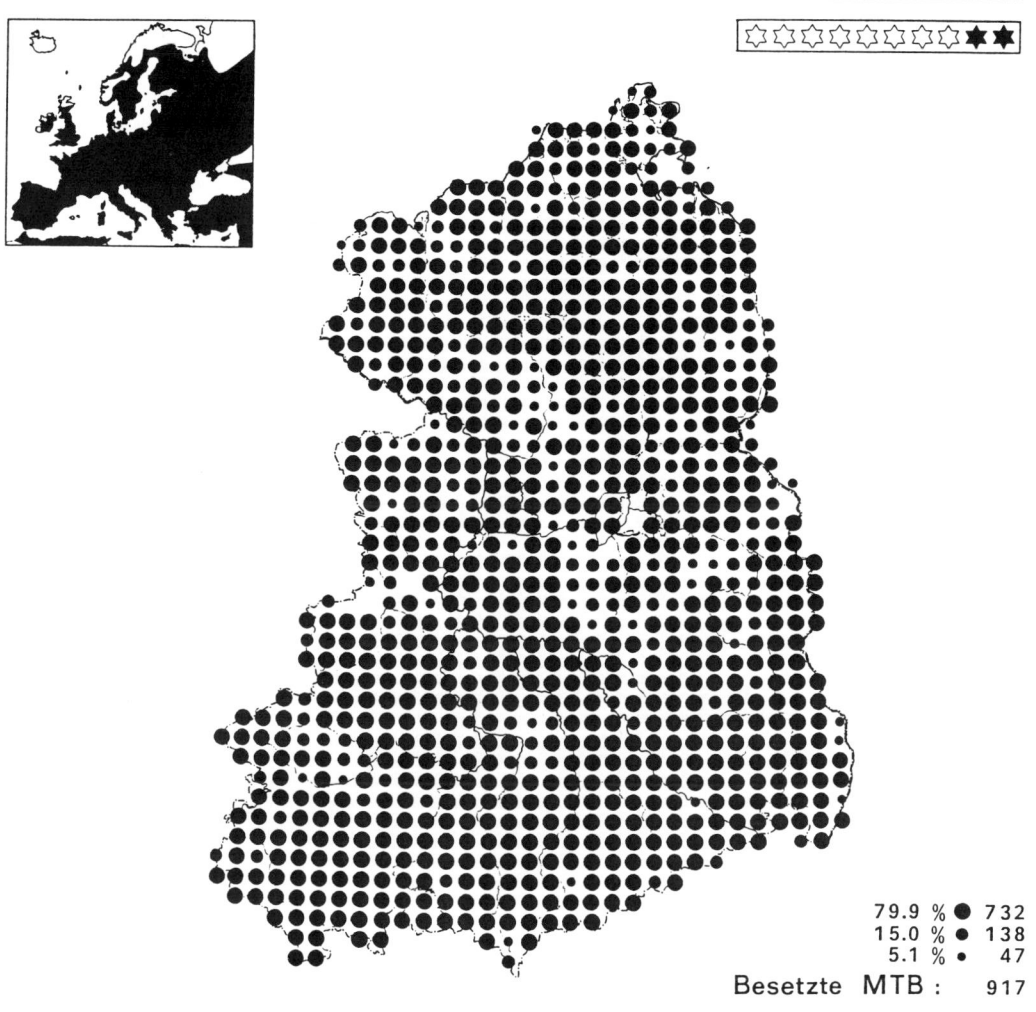

79.9 % ● 732
15.0 % ● 138
5.1 % • 47

Besetzte MTB : 917
Rasterfrequenz : 99.1 %

Faunentyp: palaearktisch.
Status: sehr häufiger Brutvogel; Durchzügler, Wintergast.
Verbreitung: nahezu flächendeckend über das gesamte Gebiet.
Bestand/Bestandsentwicklung: Der Bestand beträgt nach den Schätzungen und durch Hochrechnung von Siedlungsdichteangaben 100000 BP (± 45 %). In Mecklenburg-Vorpommern liegen die Schätzungen je Raster etwas unter den Einstufungen in Thüringen und Sachsen, wo demnach eine höhere Bestandsdichte angenommen werden kann. Die Erklärung dafür dürfte der höhere Waldanteil sein. Die waldarme Ackerlandschaft der Sachsen-Anhaltischen Ebenen zeichnet sich ebenfalls durch geringere Bestände aus. Der Eichelhäher besiedelt seinen typischen Lebensraum "Wald" in einer nur relativ geringen mittleren Siedlungsdichte von 0,2 bis 0,6 BP/10 ha.

Literatur: FLÖSSNER (1975); KOLBE (1982); KEVE (1985); HAENSEL in HAENSEL & KÖNIG (1990).

239

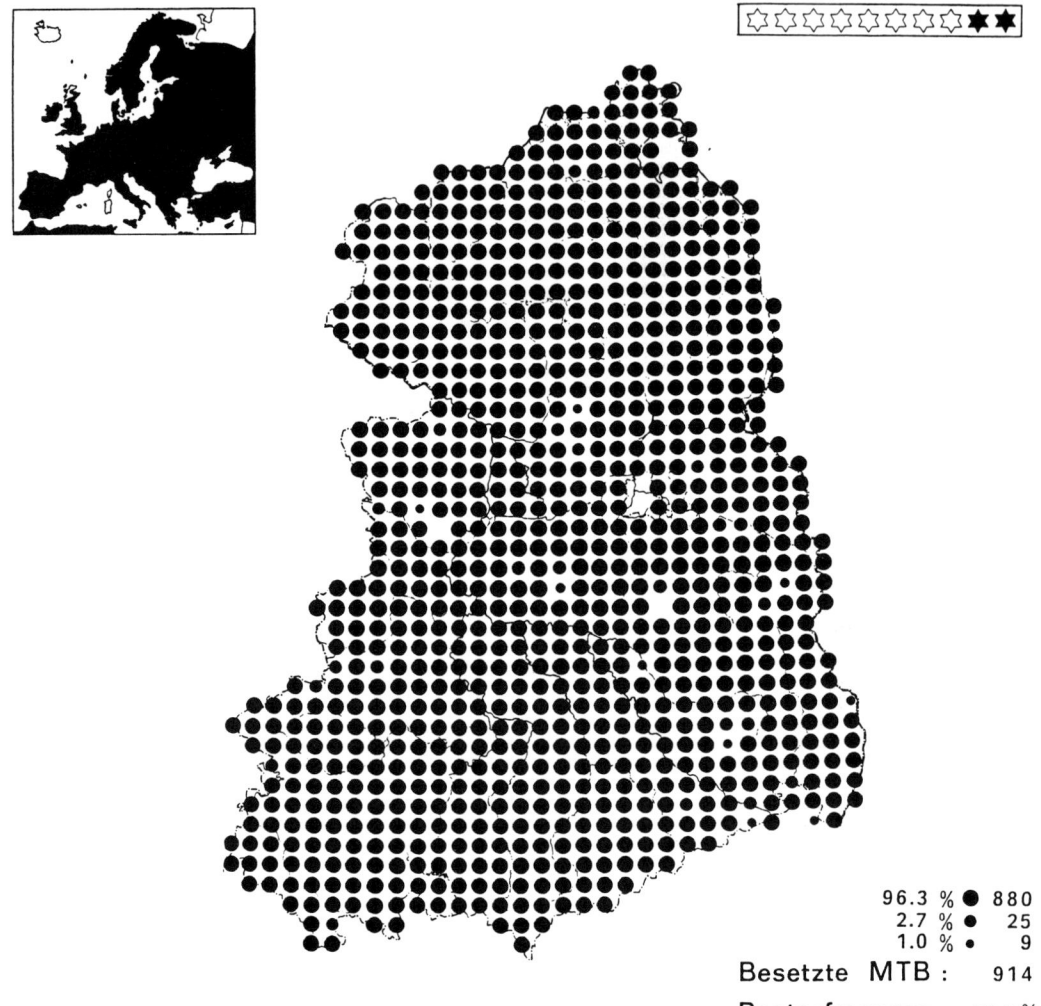

☆☆☆☆☆☆☆☆★★

96.3 % ● 880
2.7 % ● 25
1.0 % • 9

Besetzte MTB : 914

Rasterfrequenz : 98.8 %

Faunentyp: palaearktisch.

Status: sehr häufiger Brutvogel; Überwinterer.

Verbreitung: flächendeckend über das gesamte Gebiet (Erfassungslücken ?).

Bestand/Bestandsentwicklung: Der Bestand beträgt nach den Schätzungen 70000 BP (± 43 %). Nach den vorliegenden Angaben weist Mecklenburg-Vorpommern, bei noch erfolgender Bestandszunahme und Auffüllung des Gebietes (z. B. Rostock auf 176 km^2 1973: 46 BP und 1984: 129 BP), eine geringere Bestandsdichte als die anderen Gebiete auf. Dies ist sicher mit ein Hinweis darauf, daß die Elster die Nähe des Siedlungsbereiches bevorzugt. Demzufolge wohnen auch in der vom Menschen dichter besiedelten S-Hälfte mehr Elstern. Der Anschluß an den Menschen ist derzeit noch enger als bei der Aaskrähe. - Im Raum Halle wurden großflächig 0,9 bis 1,3 BP/km^2, im Eichsfeld 0,3 bis 0,5 BP/km^2 und im Bez. Gera etwa 0,4 BP/km^2 und im Bez. Rostock etwa 0,17 BP/km^2 ermittelt. Im Stadtgebiet Berlin erfolgte Zunahme von 1,6 (1969) und 2,8 (1982) auf 5,0 BP/km^2 (1987).

Literatur: SCHEFFEL (1976); KAISER in KLAFS & STÜBS (1977, 1987); DECKERT (1980); WODNER (1983); LEHMANN et al. (1986); LIEDER in v.KNORRE et al. (1986); LEHMANN (1988); PLATH (1988); SCHÖNBRODT & SPRETKE (1989).

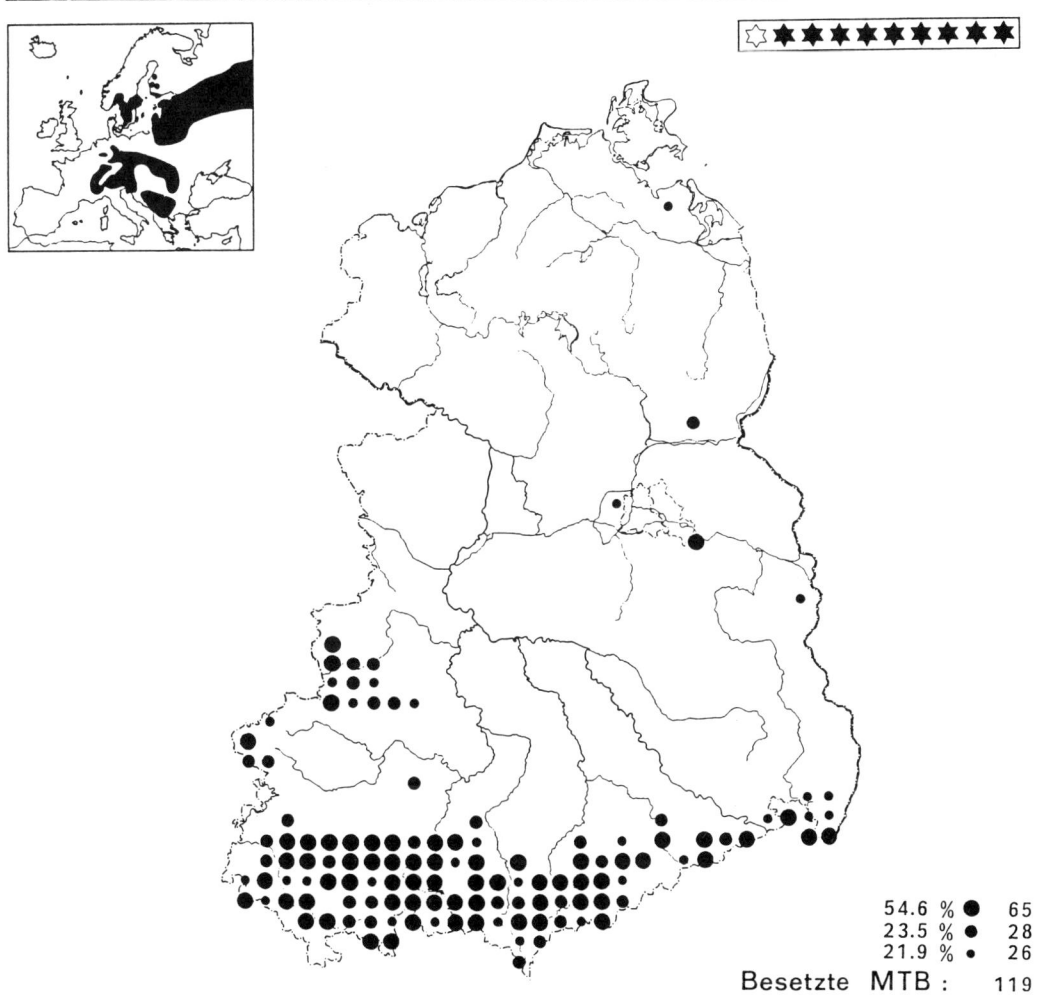

☆★★★★★★★★★★

54.6 % ●   65
23.5 % ●   28
21.9 % ·   26

Besetzte MTB :   119
Rasterfrequenz :   12.9 %

Faunentyp: palaearktisch.
Status: seltener bis mäßig häufiger Brutvogel; Überwinterer; [*Nucifraga caryocatactes macrorhynchos*: Durchzügler (Invasionsvogel), Gast].
Verbreitung: regelmäßiges Vorkommen auf Mittelgebirge (gewöhnlich oberhalb 400 m NN) beschränkt; ausnahmsweise im Flachland.
Bestand/Bestandsentwicklung: Der Bestand beträgt nach den Schätzungen 800 BP (± 25 %). Davon entfallen auf Thüringen rund 550 BP, wobei das Vorkommen im Eichsfeld zahlenmäßig unbedeutend und kaum bekannt (?) ist. In den sächsischen Mittelgebirgen siedeln etwa 150 BP. Für den berücksichtigten Bereich des Harzes können rund 100 BP angenommen werden. In optimalen Lebensräumen erreicht der Tannenhäher hier eine Siedlungsdichte von 2 bis 2,5 BP/10 km^2. - Der Brutnachweis SE Berlin stammt von 1978. Wahrscheinlich hat sich seitdem mindestens einer von diesen Hähern lange Zeit im gleichen Gebiet aufgehalten. Er wurde in verschiedenen Jahren beobachtet, verunglückte schließlich im Januar 1991. Die Bestimmung ergab *Nucifraga c. caryocatactes*, wie es von RECKIN bereits vermutet wurde.
Literatur: HAENSEL (1970); RECKIN (1979); HÖLAND & SCHMIDT (1983); LIEDER in v.KNORRE et al. (1986); HAENSEL in HAENSEL & KÖNIG (1990); FISCHER et al. (1991).

241

Dohle

Corvus monedula

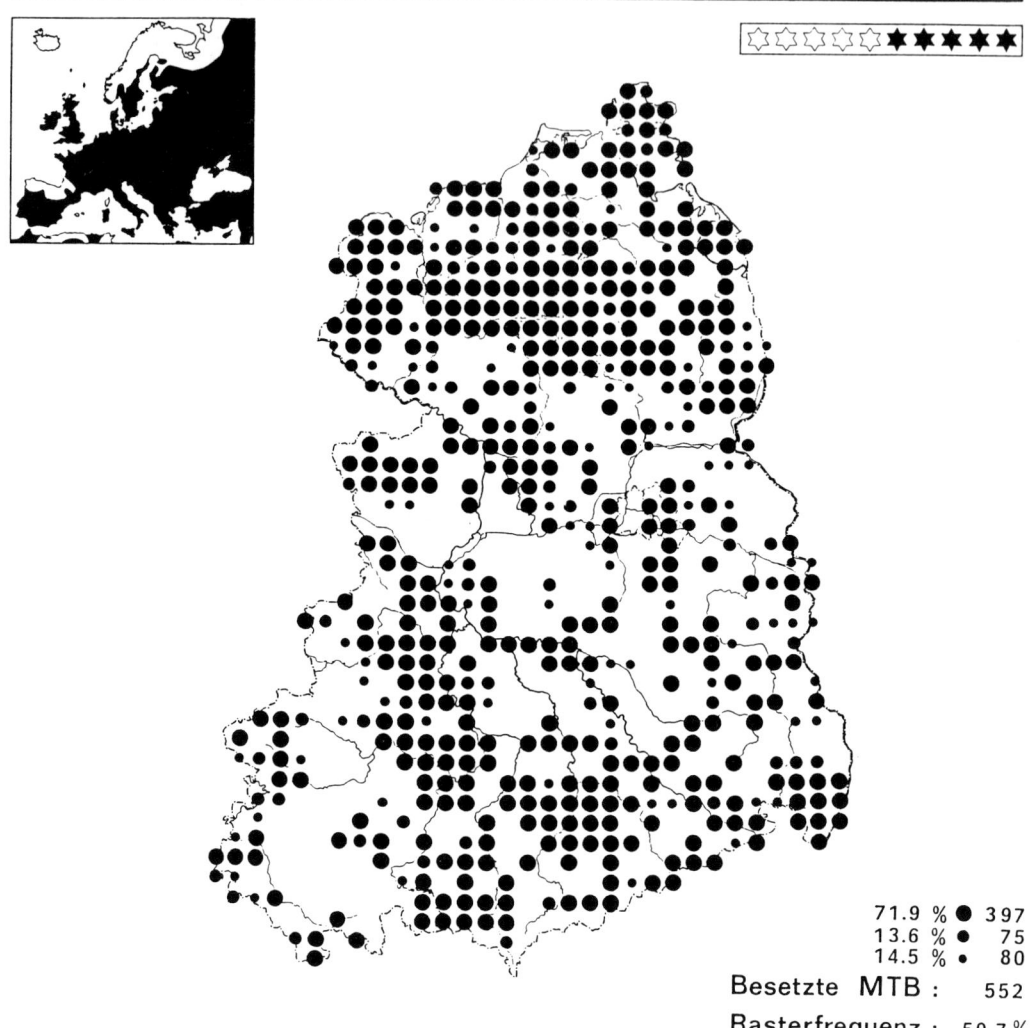

71.9 %	●	397
13.6 %	●	75
14.5 %	·	80

Besetzte MTB : 552

Rasterfrequenz : 59.7 %

Faunentyp: palaearktisch.

Status: häufiger Brutvogel; Überwinterer, Durchzügler, Wintergast.

Verbreitung: mit ± großen Lücken über das gesamte Gebiet.

Bestand/Bestandsentwicklung: Der Bestand beträgt nach den Schätzungen 10000 BP (± 40 %). Die Verteilung und daraus resultierend die großflächige Bestandsdichte ist innerhalb des Gebietes recht unterschiedlich, was sich bereits im Verbreitungsbild andeutet. Am dichtesten ist danach Mecklenburg-Vorpommern besiedelt (etwa 40 % des Bestandes), gefolgt von Sachsen (22 %). Für Brandenburg und Thüringen ergibt sich die geringste Bestandsdichte. Recht eindeutig und für viele Gebiete belegt ist eine Bestandsabnahme innerhalb der letzten zwei bis drei Jahrzehnte. Im Bez. Suhl (SE-Thüringen) kommen derzeit nur noch etwa 160 BP vor (4 BP/100 km^2) und im ehemaligen Bez. Magdeburg (Sachsen-Anhalt) ca. 400 BP (3,8 BP/100 km^2).

Literatur: LIEDER in v.KNORRE et al. (1986); KLAFS in KLAFS & STÜBS (1987); SCHMIDT (1988); DWENGER (1989); PLATH (1989).

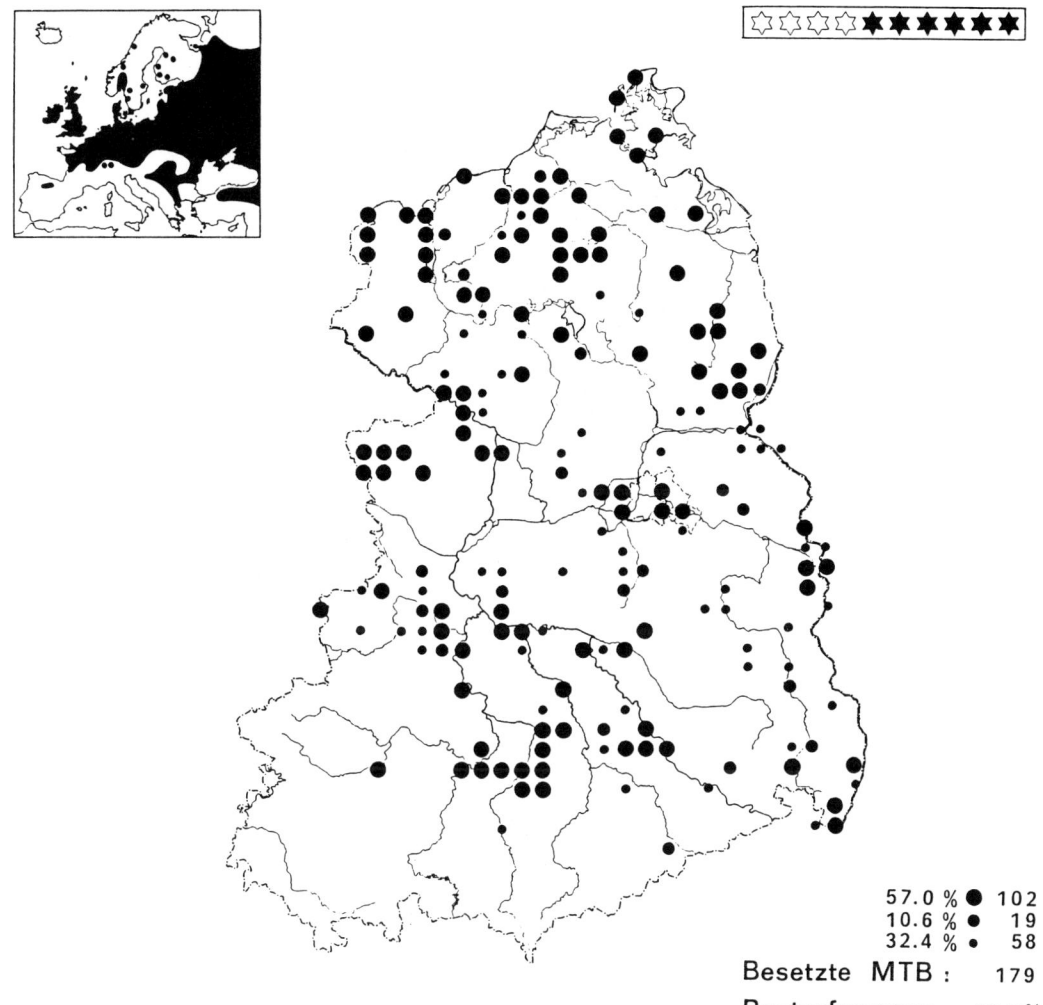

☆☆☆☆★★★★★★

57.0 % ● 102
10.6 % ● 19
32.4 % ● 58

Besetzte MTB : 179

Rasterfrequenz : 19.3%

Faunentyp: palaearktisch.

Status: mäßig häufiger Brutvogel; Durchzügler, Wintergast.

Verbreitung: sehr lückenhaft und regional fehlend.

Bestand/Bestandsentwicklung: Der Bestand beträgt 12900 BP (± 16 %). Diese Angabe basiert auf den Ergebnissen einer zentralen Zählung im Jahre 1978, wobei 9230 BP ermittelt wurden. Da diese Zählung nicht vollständig ist, wurde sie durch die Atlasergebnisse ergänzt. Eine Zählung von 1960 erbrachte 13315 BP in 180 Kolonien. Ganz sicher ist auch jene Erfassung unvollständig, der wahre Bestand höher. Gegenüber früheren Zeiten hat die Saatkrähe erheblich abgenommen, doch kann über die letzten zwei Jahrzehnte keine sichere Aussage getroffen werden. In Mecklenburg-Vorpommern waren es 1951 noch 50000 BP in 125 Kolonien, 1960 7874 BP, 1975 ca. 5500 BP und 1978(-82) 5900 ± 700 BP in mindestens 61 Kolonien. Im Bez. Leipzig hat sich der Bestand bis 1981 auf über 700 BP erhöht.

Literatur: MANSFELD (1965); ERDMANN (1981); TWELKMEYER in RUTSCHKE (1983); LIEDER in v.KNORRE et al. (1986); LAMBERT in KLAFS & STÜBS (1987).

Aaskrähe   *Corvus corone*

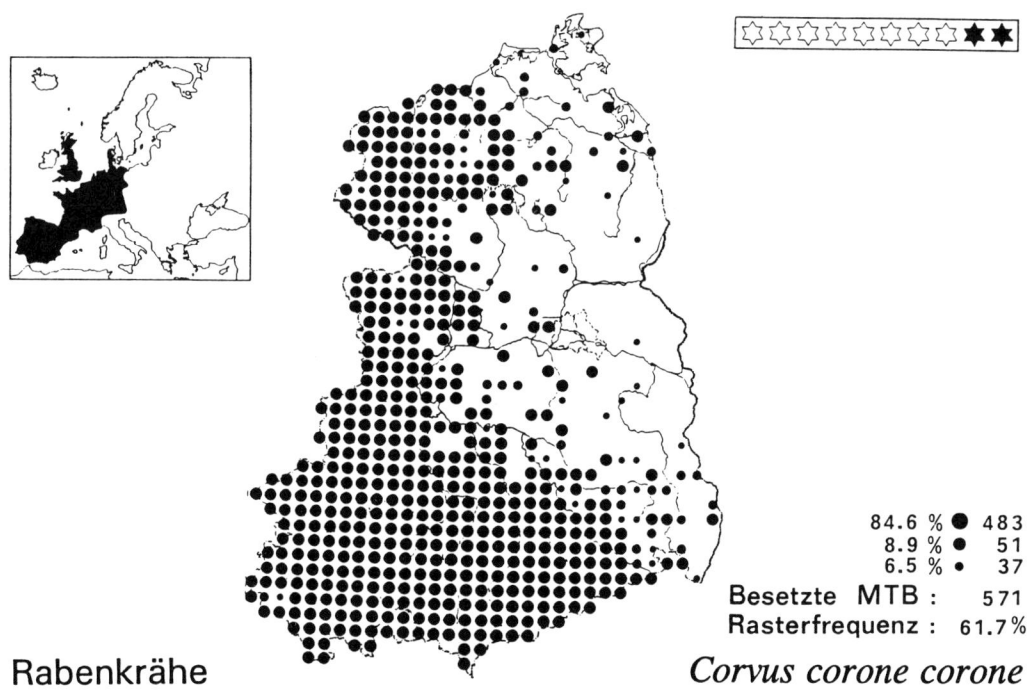

Rabenkrähe   *Corvus corone corone*

84.6 % ● 483
8.9 % ● 51
6.5 % ● 37
Besetzte MTB : 571
Rasterfrequenz : 61.7%

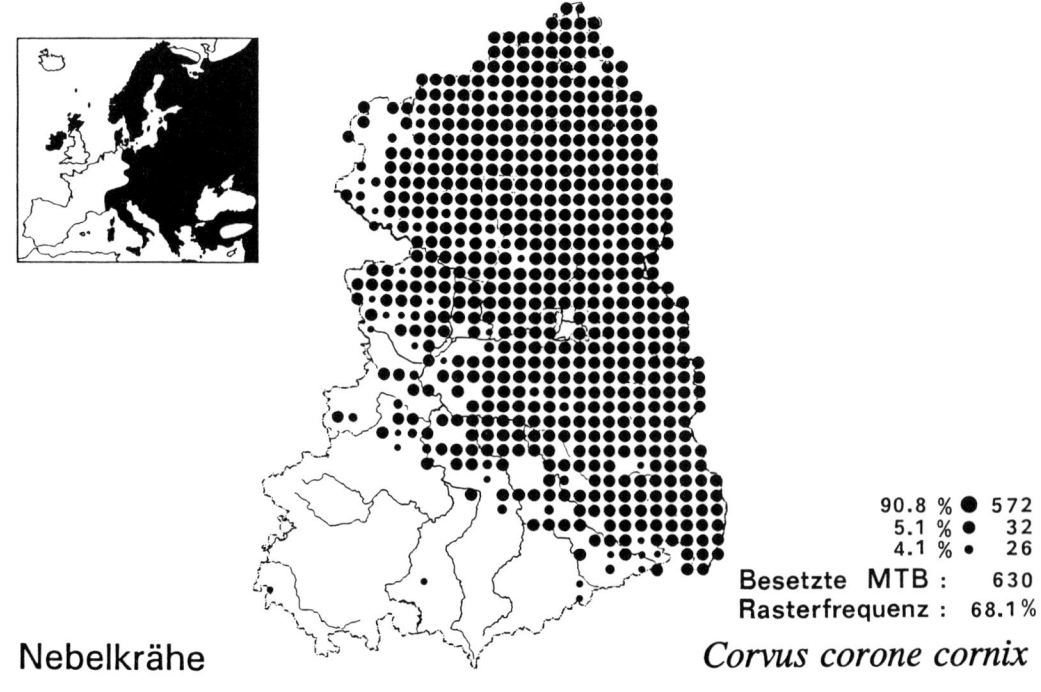

Nebelkrähe   *Corvus corone cornix*

90.8 % ● 572
5.1 % ● 32
4.1 % ● 26
Besetzte MTB : 630
Rasterfrequenz : 68.1%

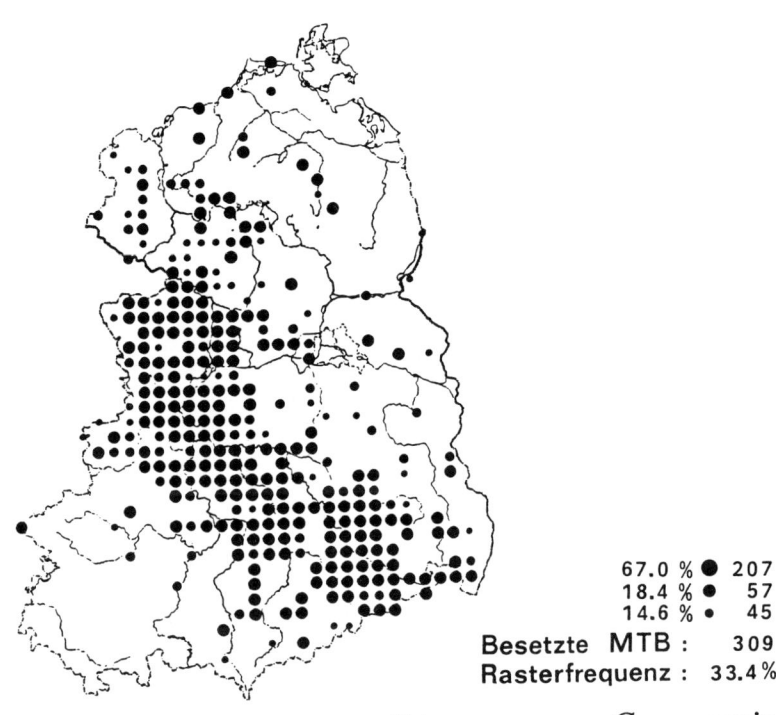

67.0 % ● 207
18.4 % ● 57
14.6 % ● 45
Besetzte MTB : 309
Rasterfrequenz : 33.4 %

Bastardkrähe *C.·c. corone x C. c. cornix*

Faunentyp: palaearktisch.

Status: sehr häufiger Brutvogel; Überwinterer, Durchzügler, Wintergast.

Verbreitung: flächendeckend über das gesamte Gebiet, wobei die Unterarten durch eine stabile, von NW nach SE gerichtete Mischzone getrennt sind.

Bestand/Bestandsentwicklung: Der Bestand beträgt nach den Schätzungen 125000 BP (± 48 %). Er erscheint damit allerdings recht hoch und dürfte eher im unteren Bereich der Angabe liegen. Als Mittelwert von Siedlungsdichten können 0,7 bis 0,9 BP/km² angenommen werden. Daraus würde sich ein Gesamtbestand zwischen 75000 und rund 100000 BP errechnen.

Das Gebiet wird von den beiden Unterarten Raben- und Nebelkrähe bewohnt, die sich in einem etwa 120 bis 150 km breiten Streifen überlappen und hier eine Mischzone bilden. Diese Mischzone hat sich in ihrer Lage und Ausdehnung seit MEISE nicht verändert. Nach den Schätzungen lassen sich für die Unterarten folgende anteiligen Bestände angeben: Rabenkrähe 40 %, Nebelkrähe 48 % und Bastardkrähe nur 12 %. In der Verteilung der Häufigkeiten lassen sich keine Unterschiede erkennen. Lediglich im unmittelbaren Grenzbereich ihrer jeweiligen Verbreitung nimmt die Siedlungsdichte der einen Form ab und wechselt über die Bastardkrähe in die andere über.

Folgt man den Angaben von KLAFS, so erscheint in Mecklenburg-Vorpommern eine geringere Bestandsdichte als im S-Teil möglich. Vielleicht kommt darin bereits eine zunehmende Urbanisierung der Aaskrähe zum Ausdruck.

Literatur: MEISE (1928); JUNG bzw. KLAFS in KLAFS & STÜBS (1977, 1987); DECKERT (1980); HOFFMANN, SCHMIDT in RUTSCHKE (1983); LIEDER in v.KNORRE et al. (1986); SCHÖNBRODT & SPRETKE (1989); HAHNKE (1991).

Kolkrabe   *Corvus corax*

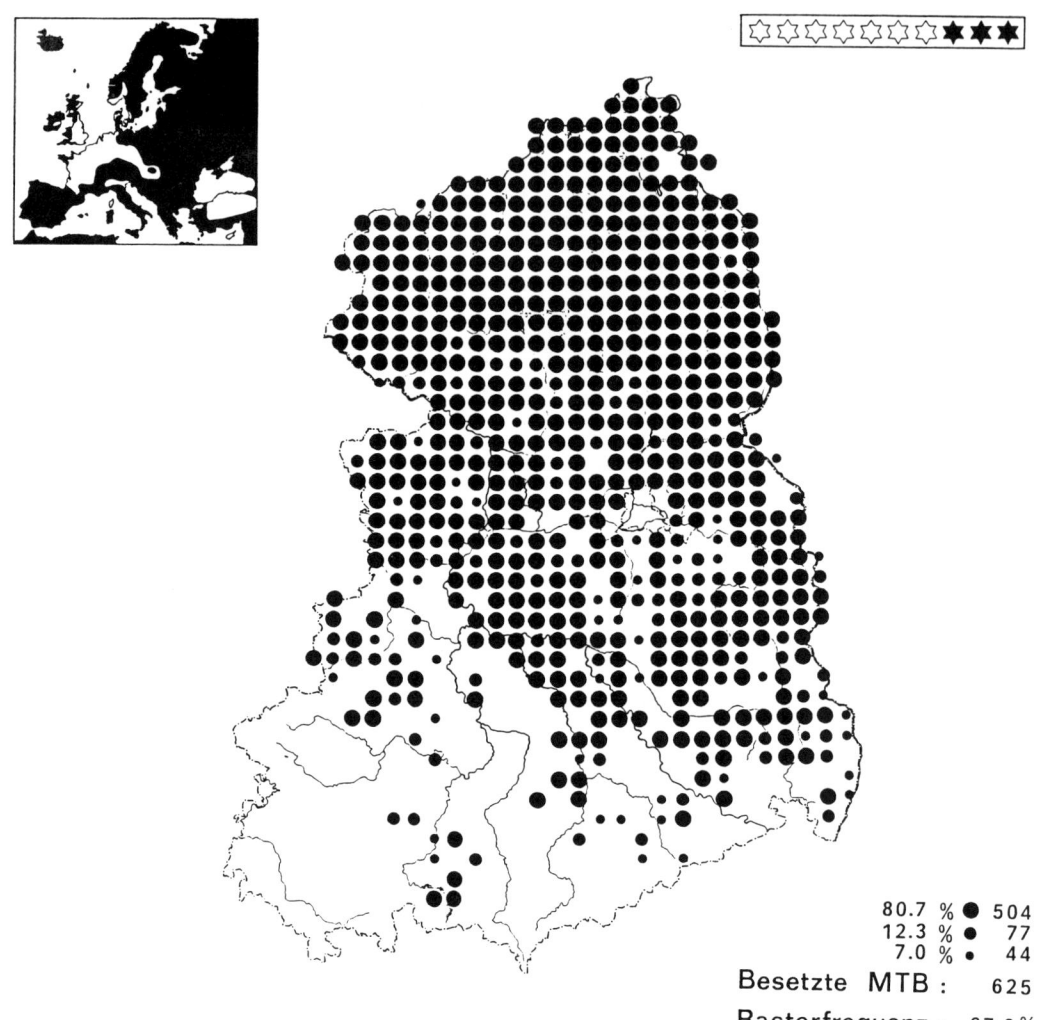

Faunentyp: holarktisch.

Status: häufiger Brutvogel; Überwinterer.

Verbreitung: im N/NE flächendeckend, zur Verbreitungsgrenze im SW auflösend.

Bestand/Bestandsentwicklung: Der Bestand beträgt nach den Schätzungen 3400 BP (± 26 %). In Mecklenburg-Vorpommern siedeln davon etwa 2000 BP, max. 6 BP auf 30 km^2 um den Teterower See (1979) oder 22 BP/100 km^2 auf einer Fläche E Greifswald (1987). In Brandenburg finden sich etwa 28 % und in Sachsen-Anhalt und Sachsen nur knapp 14 %. Die auf Aussetzung zurückgehende Ansiedlung in Thüringen ist mit 10 bis 15 BP (1982) noch relativ unbedeutend. Die Abnahme der Bestandsdichte zur Verbreitungsgrenze hin wird in der Häufigkeitskarte (16) sehr deutlich. - Nach dem absoluten Tiefstand in den 40er Jahren, als der Kolkrabe im Gebiet fast verschwunden war, erfolgte von Schleswig-Holstein aus die Wiederbesiedlung. Inzwischen hat sich die N-Hälfte nahezu "gesättigt", während im S die weitere Ausbreitung und Auffüllung des Gebietes anhält.

Literatur: GOTHE (1961); BRÄSECKE (1974); KÖCK (1981); PRILL (1981); LIEDER in v.KNORRE et al. (1986); PRILL in KLAFS & STÜBS (1987); SELLIN (1991); SÖMMER (1991).

Star

Sturnus vulgaris

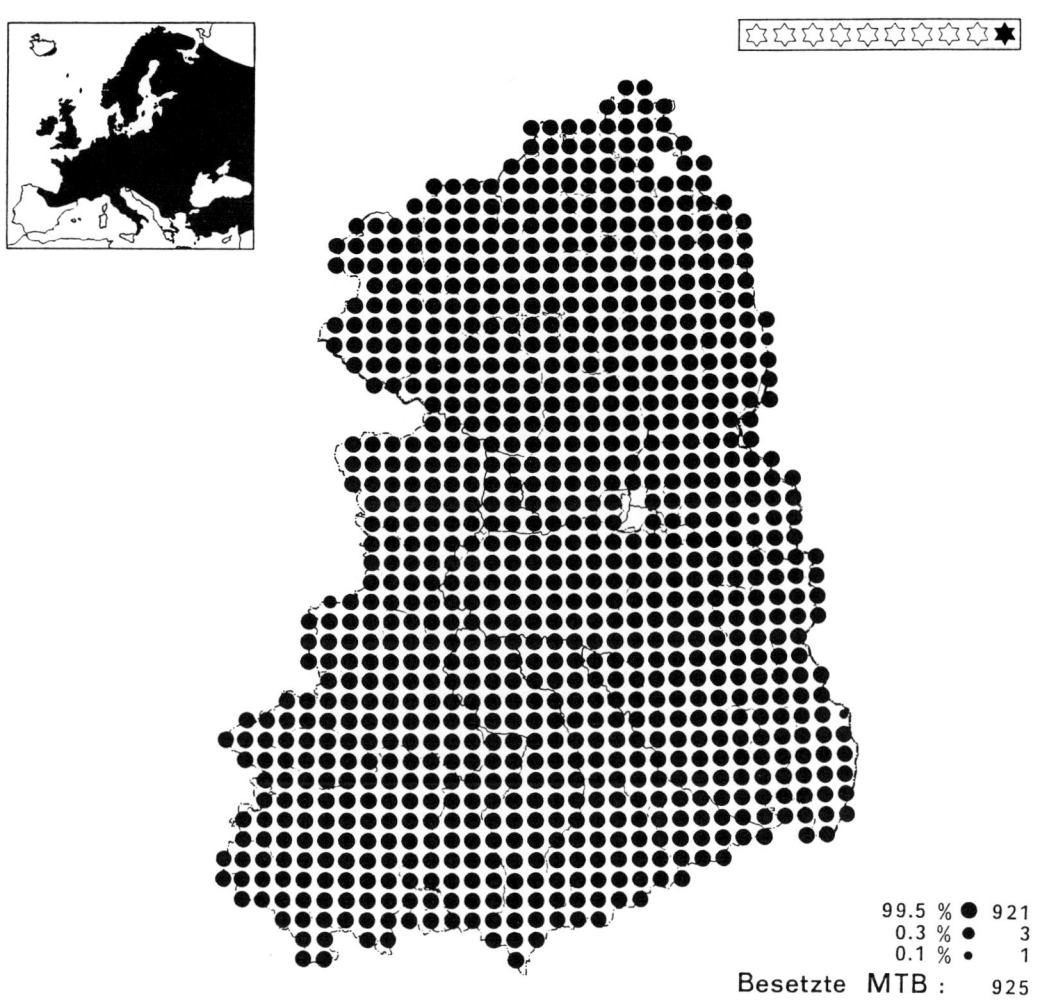

99.5 %	●	921
0.3 %	●	3
0.1 %	•	1

Besetzte MTB : 925

Rasterfrequenz : 100 %

Faunentyp: europäisch-turkestanisch.

Status: sehr häufiger Brutvogel; Durchzügler, Wintergast.

Verbreitung: flächendeckend über das gesamte Gebiet.

Bestand/Bestandsentwicklung: Der Bestand beträgt nach den Schätzungen und durch Hochrechnung von Siedlungsdichteangaben 1500000 BP (± 40 %). Der Star ist einer der häufigsten und verbreitetsten Brutvögel des Gebietes. Er erreicht seine größten Siedlungsdichten in höhlenreichen Laubwäldern (im Auwald kleinflächig bis über 100 BP/10 ha !) und Parks, ist aber auch in städtischen Lebensräumen vielfach als eine der häufigsten Arten und in hoher Dichte (bis 68 BP/10 ha, Gemeinde im Unterharz !) zu finden. Im Raum Halle wurden großflächig 13 bis 16 BP/km^2 ermittelt.

Literatur: SCHMIDT & WEIS (1986); SCHÖNBRODT & SPRETKE (1989); HAENSEL in HAENSEL & KÖNIG (1990).

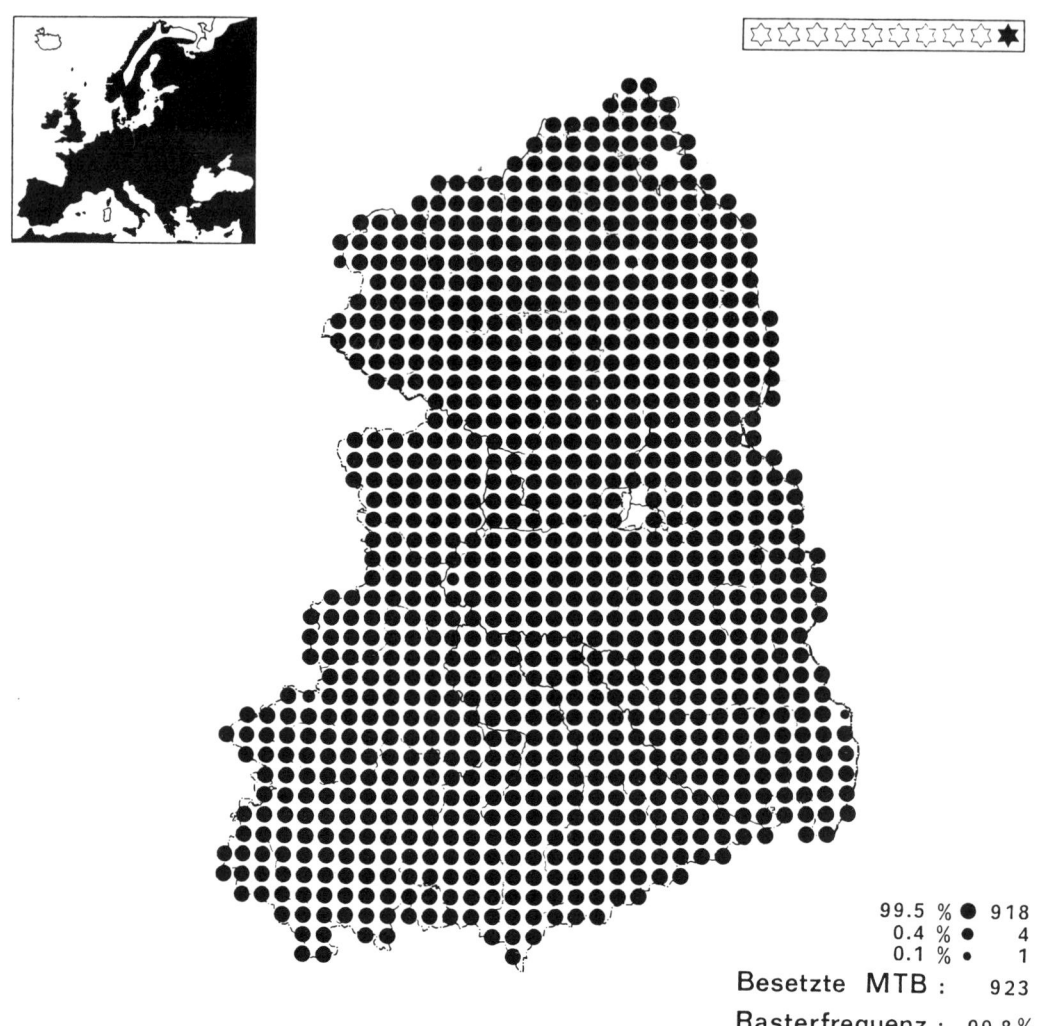

99.5 % ● 918
0.4 % ● 4
0.1 % ● 1

Besetzte MTB : 923
Rasterfrequenz : 99.8 %

Faunentyp: palaearktisch.
Status: sehr häufiger Brutvogel; Überwinterer.
Verbreitung: in Abhängigkeit vom anthropogenen Siedlungsnetz über das gesamte Gebiet.
Bestand/Bestandsentwicklung: Der Bestand beträgt durch Hochrechnung von Siedlungsdichteangaben 4500000 BP (± 40 %). Der Haussperling ist in Mitteleuropa fast ausschließlich an den Menschen und seinen unmittelbaren Siedlungsbereich gebunden. Obwohl ihm deshalb nur etwa 10 % der Fläche als besiedelbar zur Verfügung stehen, ist er mit Abstand die häufigste Brutvogelart des Gebietes. Das realisiert diese Art durch ihre extrem hohen Siedlungsdichten in Städten und Dörfern, wo bis 230 BP/10 ha gezählt wurden. Die mittleren Siedlungsdichten liegen in Städten bei 25 bis 50 BP/10 ha und in Dörfern bei 50 bis 100 BP/10 ha.

Literatur: DECKERT (1969); WOLF (1984); GRÜN in v.KNORRE et al. (1986); SCHÖNBRODT & SPRETKE (1989); HAENSEL in HAENSEL & KÖNIG (1990).

Feldsperling

Passer montanus

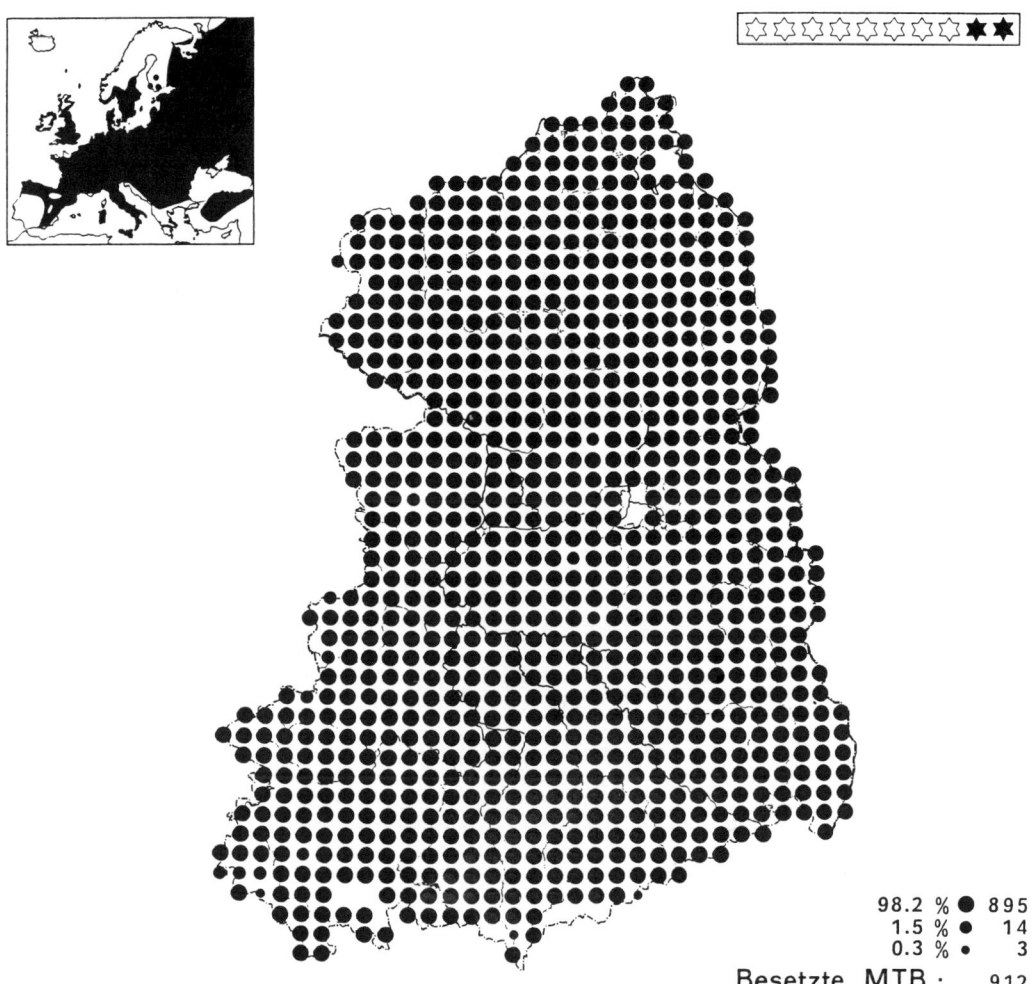

98.2 % ● 895
1.5 % ● 14
0.3 % • 3

Besetzte MTB : 912
Rasterfrequenz : 98.6 %

Faunentyp: palaearktisch.
Status: sehr häufiger Brutvogel; Überwinterer.
Verbreitung: mit Ausnahme der oberen Mittelgebirgslagen flächendeckend über das gesamte Gebiet.
Bestand/Bestandsentwicklung: Der Bestand beträgt nach den Schätzungen und durch Hochrechnung von Siedlungsdichteangaben 700000 BP (± 50 %). Die höchsten Siedlungsdichten weisen die Randlagen höhlenreicher Laubwälder, Kleingärten und Parks sowie Dorf- und Stadtrandlagen auf (bis 67 BP/10 ha). Die Angaben zur Siedlungsdichte streuen sehr stark und werden besonders durch das Höhlenangebot und im menschlichen Siedlungsbereich auch von der Anwesenheit des konkurrenzstarken Haussperlings beeinflußt. Im Raum Halle wurden großflächig 10 bis 19 BP/km^2 geschätzt. - Aus verschiedenen Gebieten liegen Meldungen über negativen Bestandstrend vor.

Literatur: DECKERT (1968); GRÜN in v.KNORRE et al. (1986); SCHÖNBRODT & SPRETKE (1989).

Buchfink

Fringilla coelebs

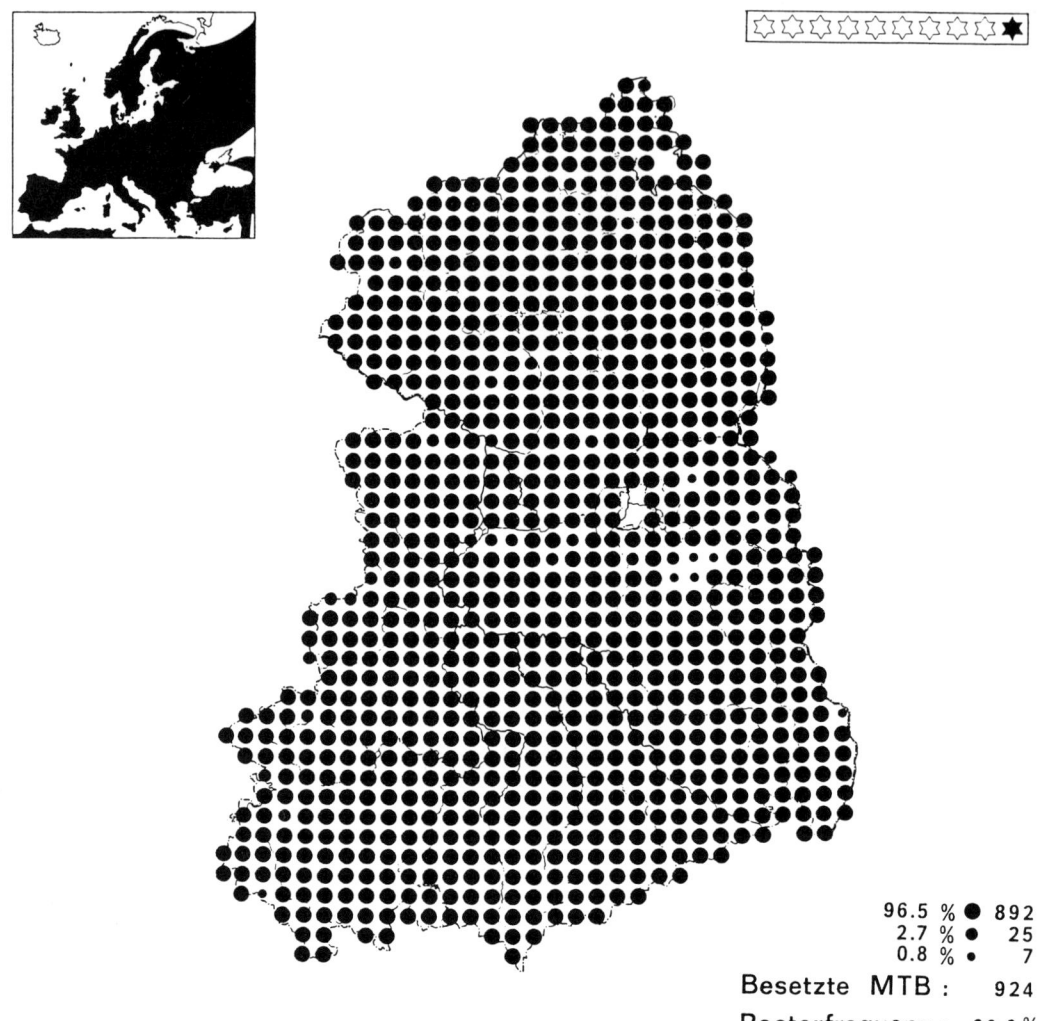

96.5 %	●	892
2.7 %	●	25
0.8 %	●	7

Besetzte MTB : 924

Rasterfrequenz : 99.9 %

Faunentyp: europäisch.
Status: sehr häufiger Brutvogel; Durchzügler, Wintergast.
Verbreitung: flächendeckend über das gesamte Gebiet.
Bestand/Bestandsentwicklung: Der Bestand beträgt durch Hochrechnung von Siedlungsdichteangaben 2500000 BP (± 36 %). Der Buchfink ist damit die zweithäufigste Vogelart des Gebietes. Bereits KRÄGENOW schätzte einen Mindestbestand von 1,3 Mill. BP, ging dabei aber offensichtlich von einer geringeren Siedlungsdichte in der S-Hälfte aus. Für Mecklenburg-Vorpommern, das weniger als ein Viertel der Fläche einnimmt, werden allein mindestens 500000 BP angegeben. - Die mittleren Siedlungsdichten in den bedeutendsten Habitaten sind: Kiefernwald 4 bis 8 BP/10 ha, Fichtenwald 7 bis 14 BP/10 ha, Laubwald 5 bis 15 BP/10 ha, Dorf/Gartenstadt 3 bis 7 BP/10 ha. In optimalen Habitaten werden durchaus deutlich höhere Werte gefunden, beispielsweise bis max. 33 BP/10 ha in Buchenaltholz.

Literatur: KRÄGENOW (1986); KRÄGENOW in KLAFS & STÜBS (1987).

Bergfink

Fringilla montifringilla

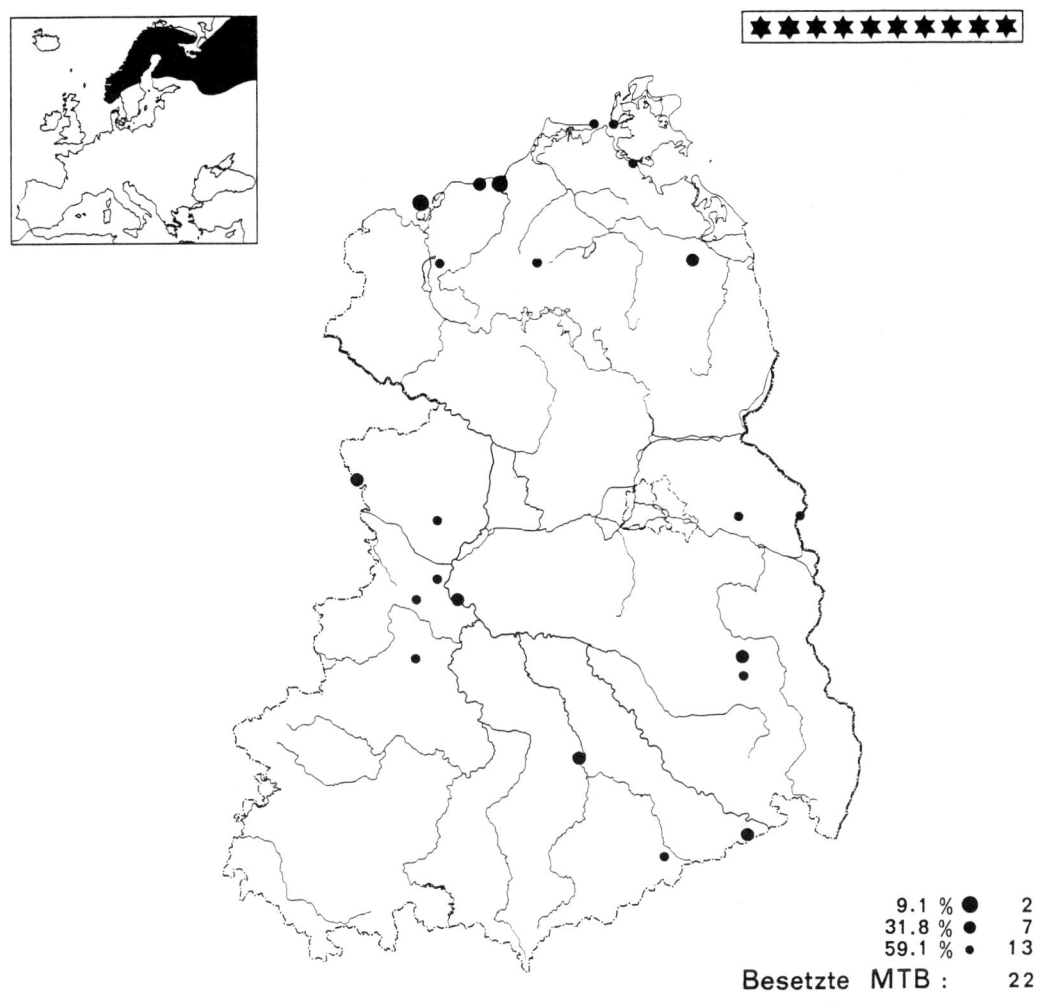

★ ★ ★ ★ ★ ★ ★ ★ ★ ★

9.1 %	●	2
31.8 %	●	7
59.1 %	●	13

Besetzte MTB : 22

Rasterfrequenz : 2.4 %

Faunentyp: sibirisch.

Status: Vermehrungsgast; Durchzügler, Wintergast.

Verbreitung: nur sporadisch isolierte Brutvorkommen außerhalb des Verbreitungsgebietes.

Bestand/Bestandsentwicklung: Bei dem sporadischen Vorkommen kann nicht von einem Bestand im herkömmlichen Sinne gesprochen werden. Einzelne Brutvorkommen sind nahezu überall möglich, am ehesten aber wohl im unmittelbaren Küstenbereich, wo 1981 auch mindestens zwei Bruten bzw. Brutversuche stattfanden: bei Gollwitz/Poel (im Juni singendes Männchen und am 26.6. Weibchen und Nestfund mit 3 Jungvögeln; NÖTZEL) und Küstenschutzwald W Warnemünde (27.6. Brutpaar und Nest mit 5 Eiern, erfolglos; SCHWANBECK). Ansonsten erfolgten nur B- und C-Nachweise. Ältere Nachweise im Binnenland bis nach Sachsen sind aber Belege dafür, daß auch hier durchaus vereinzelte Bruten erfolgen können.

Literatur: SCHUBERT (1977); NICOLAI et al. (1982); MÜLLER (1983, 1984); LAMBERT in KLAFS & STÜBS (1987).

251

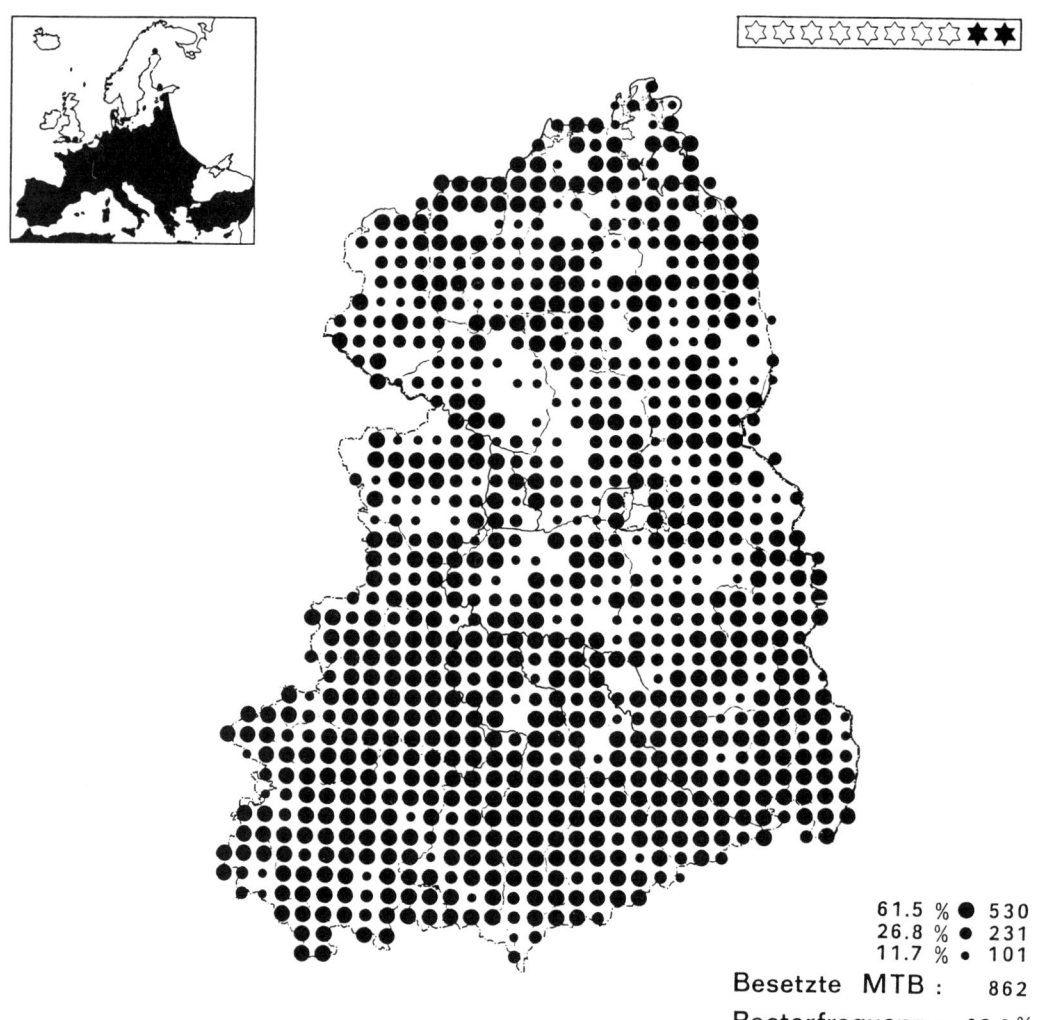

☆☆☆☆☆☆☆☆★★

61.5 % ● 530
26.8 % ● 231
11.7 % • 101

Besetzte MTB :   862
Rasterfrequenz :   93.2 %

Faunentyp: mediterran.
Status: sehr häufiger Brutvogel; Durchzügler, Wintergast.
Verbreitung: über das gesamte Gebiet, nach N zunehmend lückenhaft.
Bestand/Bestandsentwicklung: Der Bestand beträgt nach den Schätzungen und durch Hochrechnung von Siedlungsdichteangaben 100000 BP (± 50 %). Die Verteilung der Häufigkeiten auf den Rasterflächen zeigt im S eine deutlich höhere Dichte. In Mecklenburg-Vorpommern wurden nur 6 % der Raster mit mehr als 50 BP eingestuft, in Brandenburg 23 %, in Sachsen-Anhalt 33 % und in Thüringen 47 %. Darin kommt neben der Ausbreitungsgeschichte die enge Bindung des Girlitz an den menschlichen Siedlungsbereich zum Ausdruck. Von Ortslagen entfernte Vorkommen in lichten Wäldern sind relativ selten und am ehesten im S zu finden. - Besonders in der N-Hälfte erfolgte (und erfolgt noch ?) in den letzten zwei bis drei Jahrzehnten eine teilweise erhebliche Zunahme.

Literatur: GNIELKA (1978); LEBER in v.KNORRE et al. (1986); KAISER in KLAFS & STÜBS (1977, 1987).

Grünfink   *Carduelis chloris*

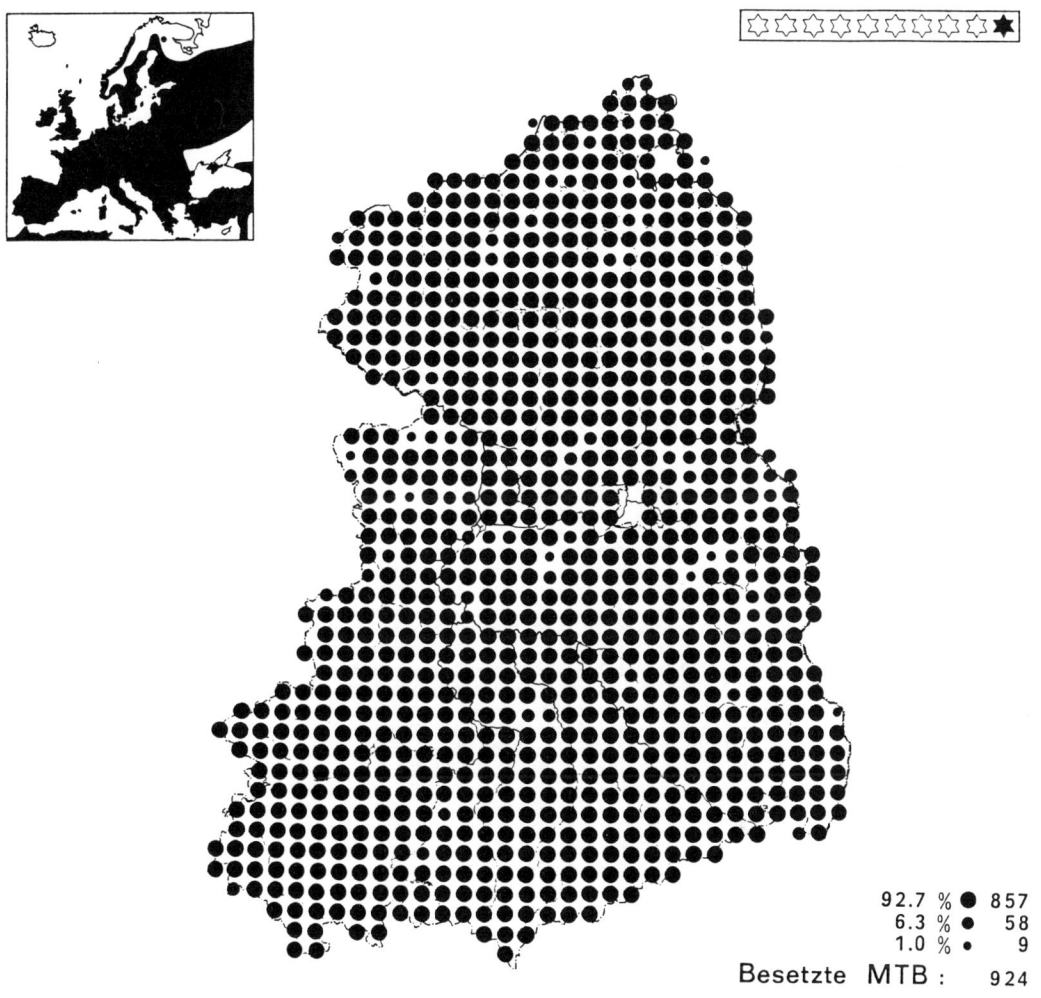

92.7 % ● 857
6.3 % ● 58
1.0 % • 9

Besetzte MTB : 924
Rasterfrequenz : 99.9 %

Faunentyp: europäisch-turkestanisch.

Status: sehr häufiger Brutvogel; Überwinterer.

Verbreitung: flächendeckend über das gesamte Gebiet.

Bestand/Bestandsentwicklung: Der Bestand beträgt nach den Schätzungen und durch Hochrechnung von Siedlungsdichteangaben 750000 BP (± 47 %). Der Grünfink ist nach dem Buchfink mit Abstand der zweithäufigste Finkenvogel. Die mittleren Siedlungsdichten in den bedeutendsten Habitaten sind: Wälder 1,2 BP/10 ha (bei großer Streuung max. über 13 BP/10 ha), Parks/Friedhöfe/Kleingärten 5 bis 10 BP/10 ha (max. bis 23 BP/10 ha), Siedlungsbereich 3 bis 7 BP/10 ha.

Literatur: BLÜMEL (1976); GNIELKA in SCHÖNBRODT & SPRETKE (1989).

☆☆☆☆☆☆☆☆★★

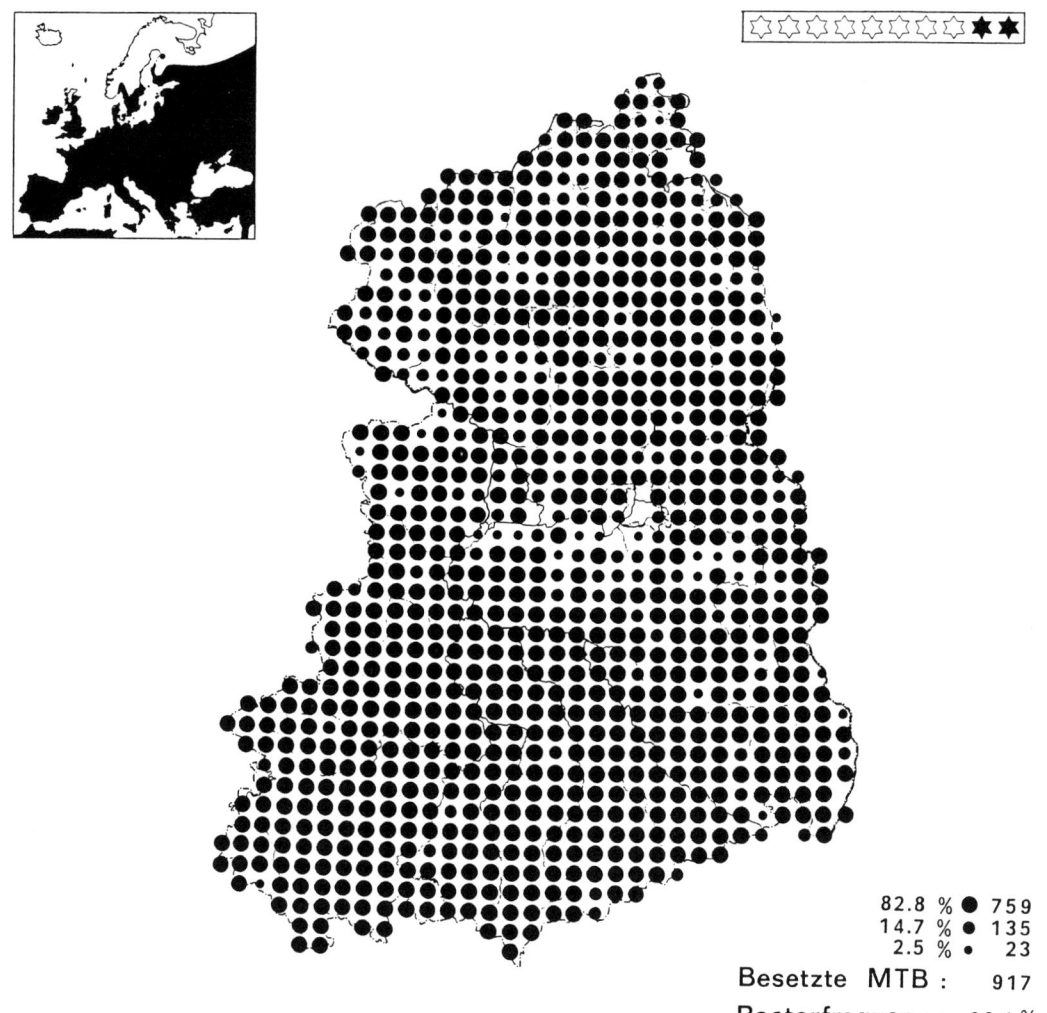

82.8 %	●	759
14.7 %	●	135
2.5 %	•	23

Besetzte MTB : 917

Rasterfrequenz : 99.1 %

Faunentyp: europäisch-turkestanisch.

Status: sehr häufiger Brutvogel; Durchzügler, Wintergast.

Verbreitung: flächendeckend über das gesamte Gebiet.

Bestand/Bestandsentwicklung: Der Bestand beträgt nach den Schätzungen und durch Hochrechnung von Siedlungsdichteangaben 190000 BP (± 53 %). Von N nach S/SW ist eine Zunahme der Häufigkeit zu verzeichnen. So wurden in Mecklenburg-Vorpommern nur auf 20 % der Raster mehr als 50 BP geschätzt, im ehemaligen Bez. Magdeburg auf 54 % und in Thüringen sogar auf 84 %. Nach diesen Angaben wird die größte Bestandsdichte in Thüringen, S-Sachsen-Anhalt und W-Sachsen erreicht. - Im Raum Halle wurde großflächig eine Bestandsdichte von 2,6 bis 3,6 BP/km^2 ermittelt. In günstigen Habitaten (Ortsrandlagen mit Obstgärten, Alleen, Ruderalflächen und üppigem Wildkrautbestand) wurden Siedlungsdichten von über 9 BP/10 ha und kolonieartiges Brüten gefunden.

Literatur: LEBER in v.KNORRE et al. (1986); GNIELKA in SCHÖNBRODT & SPRETKE (1989); KRÜGER (1991).

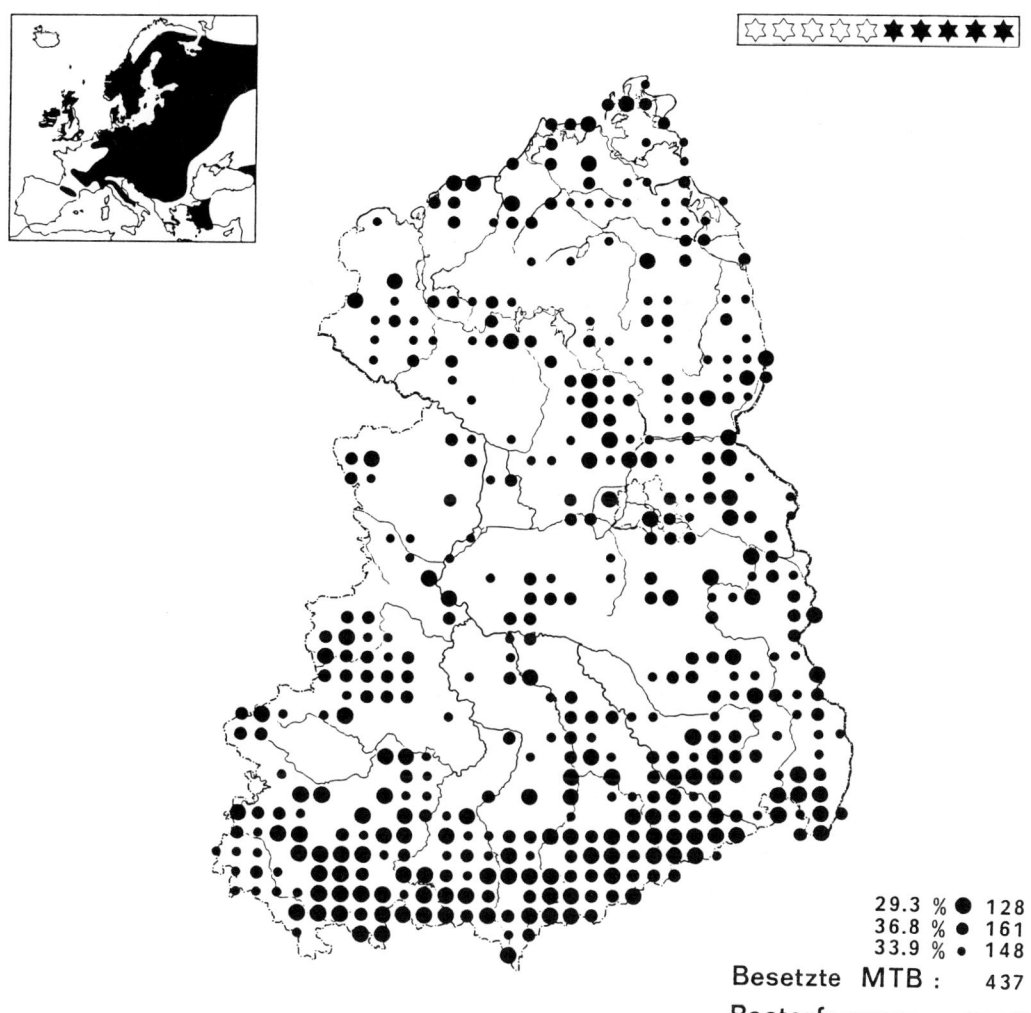

☆☆☆☆☆★★★★★

29.3 % ● 128
36.8 % ● 161
33.9 % ● 148

Besetzte MTB : 437
Rasterfrequenz : 47.2 %

Faunentyp: palaearktisch.
Status: mäßig häufiger Brutvogel; Durchzügler, Wintergast.
Verbreitung: im Flachland unregelmäßig und sporadisch mit größeren Lücken (auch Erfassungslücken ?); in Mittelgebirgen regelmäßig und nahezu flächendeckend.
Bestand/Bestandsentwicklung: Der Bestand beträgt nach den Schätzungen 10000 BP (± 60 %). Diese Angabe ist nur ein grober Anhaltspunkt. Über Siedlungsdichte und Bestandsgrößen beim Erlenzeisig ist kaum etwas bekannt (Rätselvogel!). Hinzu kommen größere jährliche und regionale Schwankungen im Auftreten sowohl zur Zug- und Winterzeit (Invasionsvogel) als auch zur Brutzeit. Auch wenn die Bestandsangabe nur mit Vorbehalt zu betrachten ist, befindet sich der größte Anteil eindeutig in den Mittelgebirgen (Fichtenwaldzone). - Für die Oberlausitz angegebene Siedlungsdichten in Fichten- bzw. Fichten-Mischwald liegen zwischen 0,3 und 0,8 (1,4) BP/10 ha.

Literatur: HAENSCHKE et al. (1983); SCHMIDT in RUTSCHKE (1983); LEBER in v.KNORRE et al. (1986); LAMBERT in KLAFS & STÜBS (1987); HAENSEL in HAENSEL & KÖNIG (1990); PANNACH (1990).

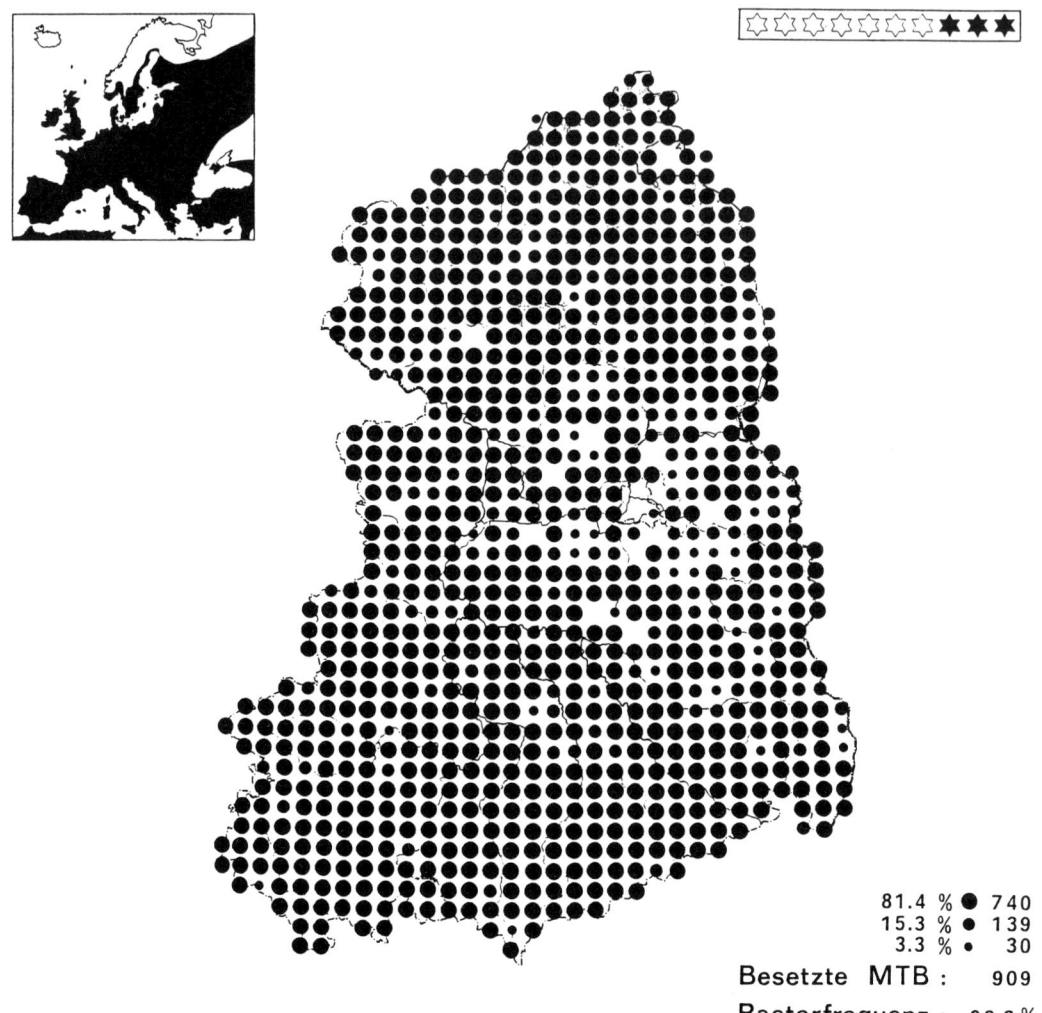

81.4 % ● 740
15.3 % ● 139
3.3 % · 30

Besetzte MTB : 909
Rasterfrequenz : 98.3 %

Faunentyp: europäisch-turkestanisch.

Status: sehr häufiger Brutvogel; Durchzügler, Wintergast.

Verbreitung: über das gesamte Gebiet (in Brandenburg Erfassungslücken ?).

Bestand/Bestandsentwicklung: Der Bestand beträgt nach den Schätzungen und durch Hochrechnung von Siedlungsdichteangaben 180000 BP (± 50 %). Er ist schwer einzuschätzen, da es lokal zu hohen Siedlungsdichten durch kolonieartiges Brüten kommen kann. In einer Fichtendickung im Nordharzvorland fanden HANDTKE & WITSACK beispielsweise bis zu 59 BP auf 0,6 ha. Andererseits werden aus verschiedenen Gebieten für die letzten Jahre Bestandsabnahmen gemeldet. Anhand der Schätzungen kann für den SW die höchste Bestandsdichte angenommen werden. Brandenburg weist wohl die geringste Bestandsdichte auf, was sich bereits im Verbreitungsbild andeutet. - Im Raum Halle wurden großflächig 1,0 bis 1,6 BP/km^2 ermittelt.

Literatur: HANDTKE & WITSACK (1972); DECKERT in RUTSCHKE (1983); LEBER in v.KNORRE et al. (1986); SCHÖNBRODT & SPRETKE (1989).

Birkenzeisig   *Carduelis flammea*

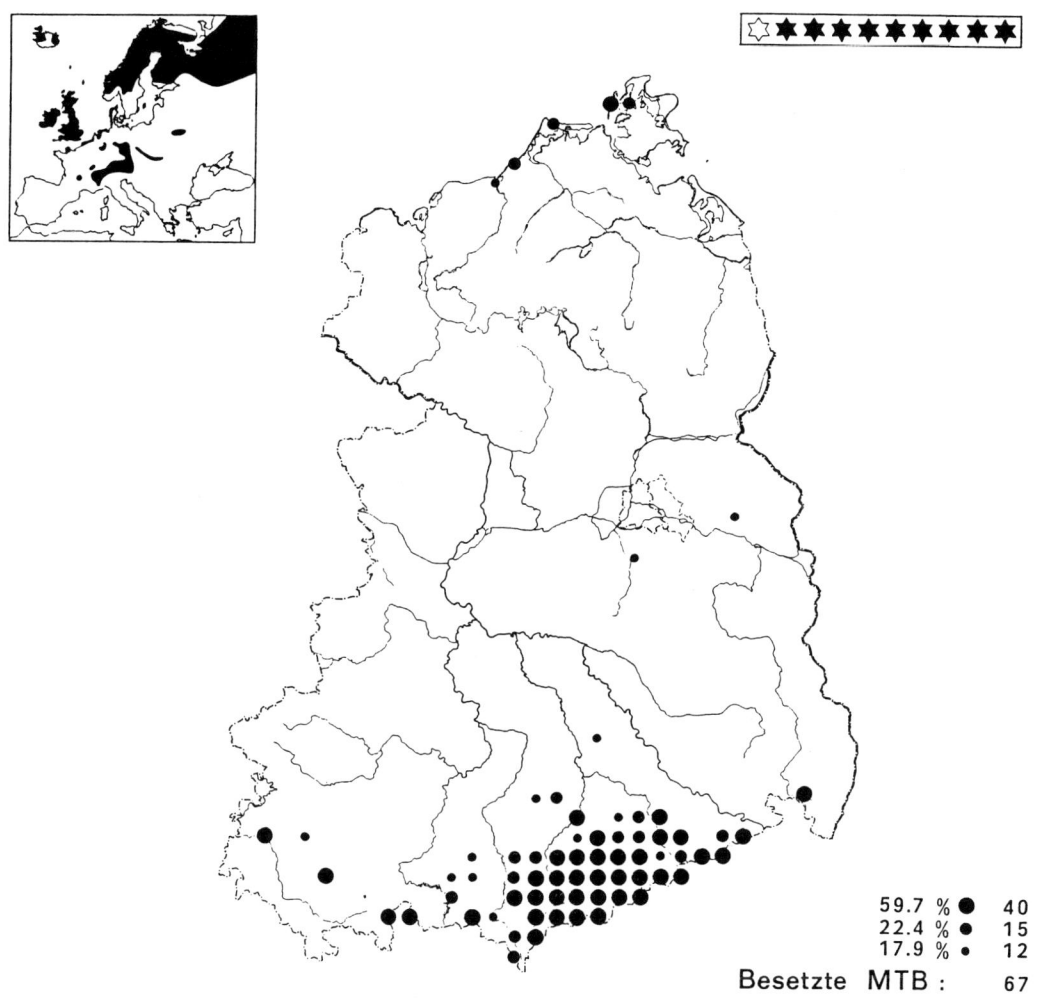

59.7 % ●	40
22.4 % ●	15
17.9 % ●	12

Besetzte MTB : 67

Rasterfrequenz : 7.2 %

Faunentyp: holarktisch.

Status: seltener bis mäßig häufiger Brutvogel; Durchzügler, Wintergast.

Verbreitung: regional in sächsischen Mittelgebirgen, lokal in Thüringen und an der Ostseeküste.

Bestand/Bestandsentwicklung: Der Bestand beträgt nach den Schätzungen 1800 BP (± 44 %). - Wie die Verbreitungskarte bereits zeigt, konzentriert sich fast der gesamte Bestand in SW-Sachsen (Erzgebirge). Hier fand seit 1970 eine gut dokumentierte rasante Bestandsentwicklung statt. Lediglich 1 bis 2 % können für die Kartierungzeit in Thüringen angenommen werden, wo der erste Brutnachweis wahrscheinlich 1978 erfolgte. Doch ist auch hier mit einer zügigen Zunahme des Bestandes und Ausbreitung zu rechnen. Ebenso erscheint an der Ostseeküste, spätestens seit dem ersten Brutnachweis 1982 durch MILES, ein kleiner, zahlenmäßig noch unbekannter Bestand möglich. - Schließlich konnte der Birkenzeisig durch WADEWITZ seit 1989 auch für den Harz in Sachsen-Anhalt als Brutvogel nachgewiesen werden.

Literatur: DICK (1973); LIEDER (1981); GÖRNER (1982); MILES (1984); SCHMIDT (1984); LEBER in v.KNORRE et al. (1986); LAMBERT in KLAFS & STÜBS (1987); ERNST (1988, 1990); WADEWITZ (1992).

Fichtenkreuzschnabel　　　　　　　*Loxia curvirostra*

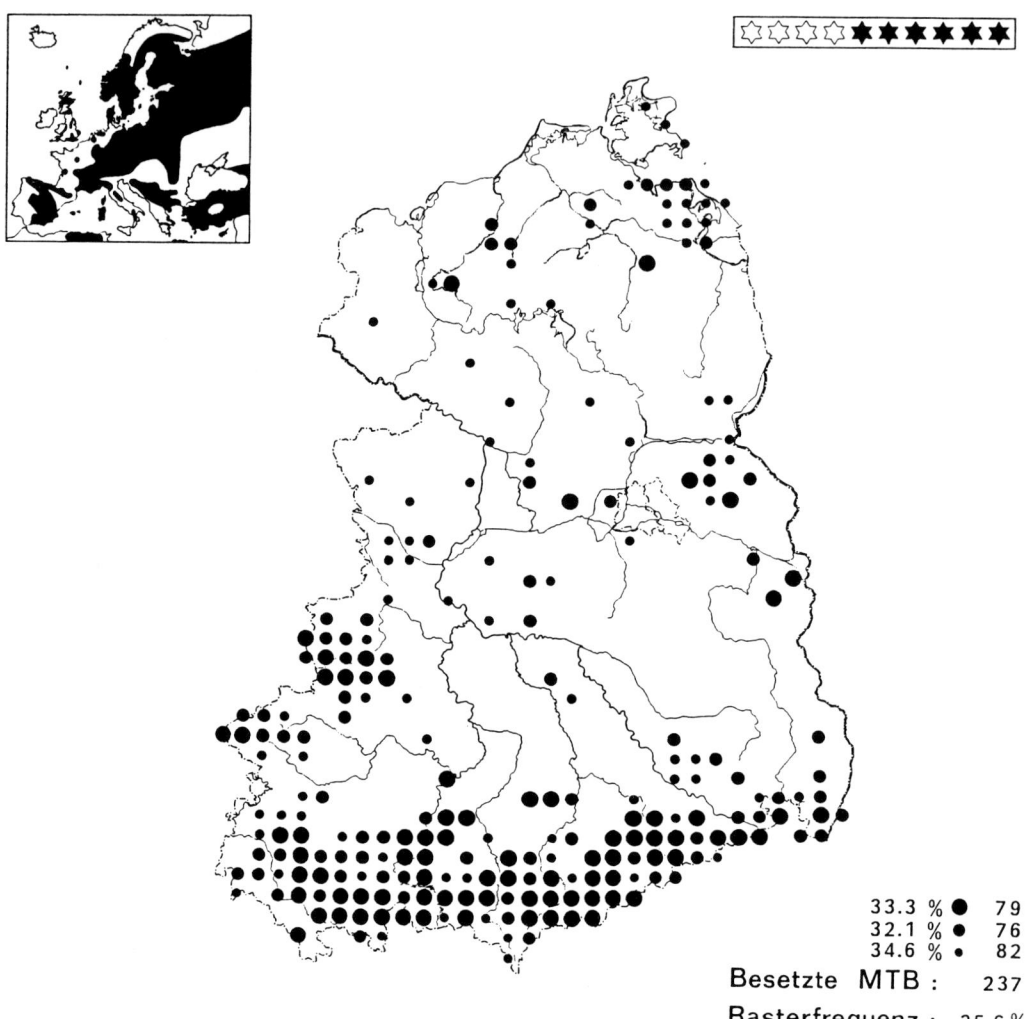

33.3 %	●	79
32.1 %	●	76
34.6 %	●	82

Besetzte MTB : 237

Rasterfrequenz : 25.6 %

Faunentyp: holarktisch.

Status: mäßig häufiger Brutvogel; Durchzügler, Wintergast.

Verbreitung: weitgehend auf die Mittelgebirge beschränkt, im Flachland nur sporadisch (?).

Bestand/Bestandsentwicklung: Der Bestand beträgt nach den Schätzungen 5000 BP (± 50 %). Er konzentriert sich erwartungsgemäß in den Fichtenwäldern der Mittelgebirge, schwankt in Abhängigkeit von der Hauptnahrung Fichtensamen und erreicht in "Mastjahren" Höchstzahlen. Völlig unzuverlässig ist eine Angabe für das übrige Gebiet (rund 80 % der Gesamtfläche). Nur vereinzelte echte Brutnachweise und Abschätzungen in 1 bis 2 (-5) BP je Raster lassen 50 bis 250 BP (weniger als 5 % des Bestandes) für das Flachland schätzen, doch könnten es bei diesem unauffälligen und unsteten Brutvogel mit seiner ungewöhnlichen Hauptbrutzeit im Spätwinter auch durchaus mehr sein.

Literatur: LEBER in v.KNORRE et al. (1986); STARKE, WEBER in KLAFS & STÜBS (1987); MÜLLER & WERNICKE (1988).

Karmingimpel   *Carpodacus erythrinus*

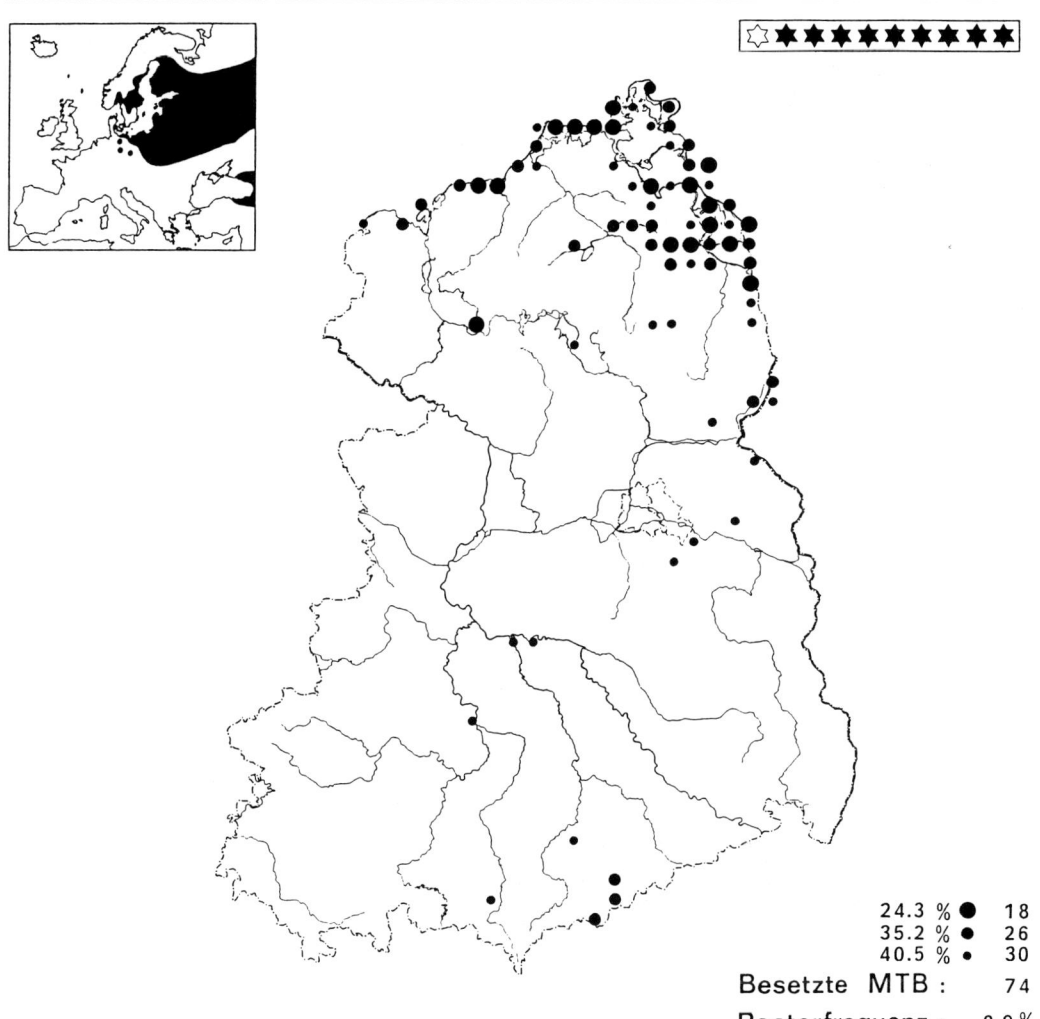

24.3 % ●	18
35.2 % ●	26
40.5 % •	30

Besetzte MTB :   74

Rasterfrequenz :   8.0 %

Faunentyp: palaearktisch.

Status: seltener Brutvogel; Durchzügler.

Verbreitung: weitgehend auf den Küstenbereich, das Peenetal und die Untere Oder beschränkt; sonst nur sporadisch.

Bestand/Bestandsentwicklung: Der Bestand beträgt nach den Schätzungen 280 BP (± 30 %). Der Karmingimpel ist erst seit 1967/68 regelmäßiger Brutvogel, nimmt seitdem jedoch ständig zu: 1968 bis 10 BP, 1978 mindestens 100 BP. Die Vorkommen beschränkten sich anfangs auf das unmittelbare Küstengebiet. Die Besiedlung des Binnenlandes erfolgt mit zeitlicher Verzögerung entlang der Flußtäler, 1974 erste Brutnachweise im Odertal. Neubesiedlung wird durch einzelne, meist junge Männchen eingeleitet. Treten alte, ausgefärbte (rote) Männchen auf, ist mit Bruten zu rechnen. - Interessant ist die aktuelle Entwicklung im S/SW, wo die ersten gesicherten Bruten im Erzgebirge (1990) und im Thüringer Wald (1991) nachgewiesen wurden. Im N Harzvorland glückte 1991 der Fang eines Weibchens mit Resten eines Brutfleckes.

Literatur: MÜLLER (1973); LAMBERT in KLAFS & STÜBS (1977, 1987); DITTBERNER et al. (1979); LAMBERT (1979); BOZHKO (1980); JUNG (1983); SAEMANN (1983); HILL (1986); ROST (1992); STEIN (1992).

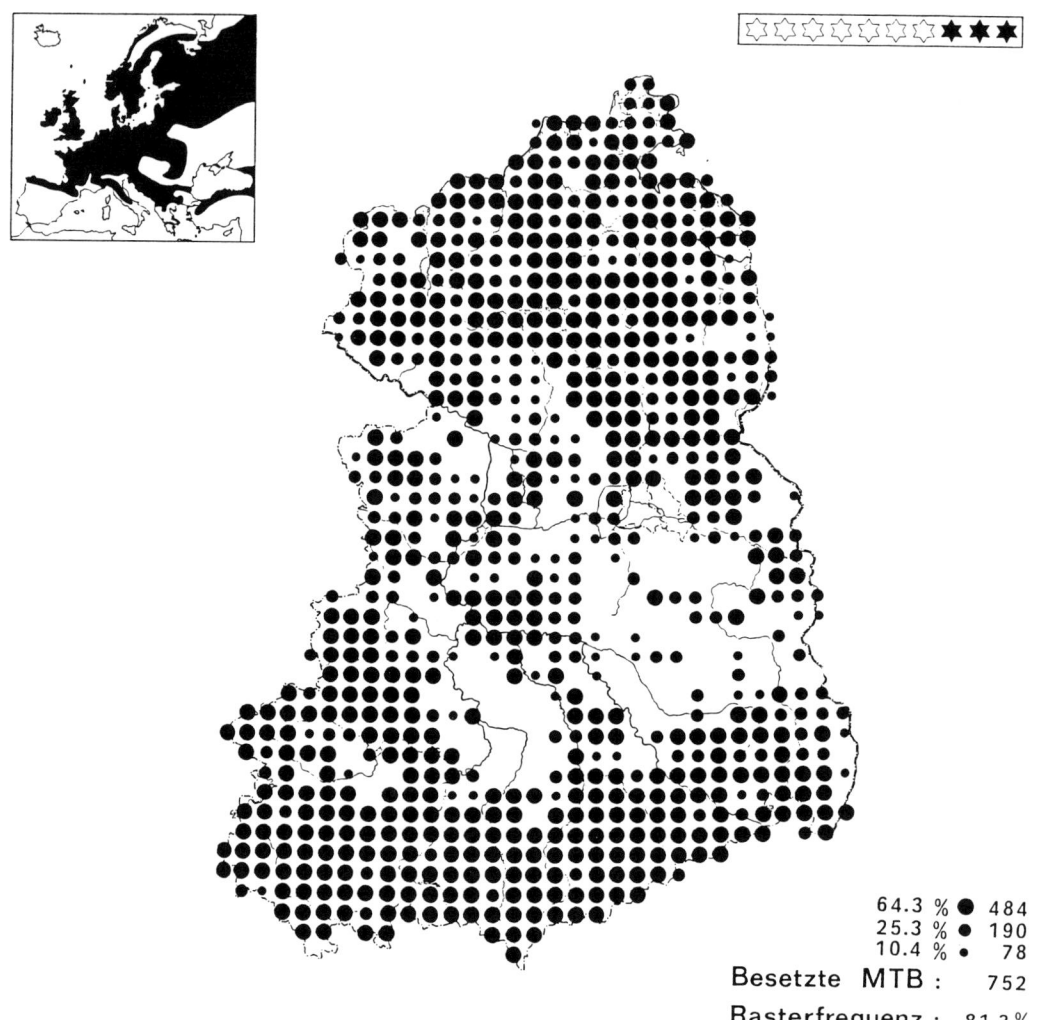

64.3 % ● 484
25.3 % ● 190
10.4 % • 78

Besetzte MTB : 752
Rasterfrequenz : 81.3%

Faunentyp: palaearktisch.
Status: häufiger Brutvogel; Durchzügler, Wintergast.
Verbreitung: über das gesamte Gebiet, aber größere Verbreitungslücken in Sachsen-Anhalt und Brandenburg.
Bestand/Bestandsentwicklung: Der Bestand beträgt nach den Schätzungen 50000 BP (± 50 %). Das Gebiet ist ausgesprochen ungleichmäßig besiedelt. Besonders in S-Brandenburg, NW-Sachsen und großen Teilen Sachsen-Anhalts ist die Siedlungsdichte sehr gering. Diese Gebiete zeichnen sich bereits im Verbreitungsbild durch größere Lücken aus. In Brandenburg wohnen nach den Schätzungen nur weniger als 5 % des Bestandes. Am häufigsten kommt der Gimpel in den Mittelgebirgen vor, was durch die Häufigkeitskarte (17) gut dokumentiert wird. Aber auch Mecklenburg-Vorpommern ist nach den Ergebnissen dichter besiedelt. In optimalen Habitaten (Mischbestände mit Fichtendickungen) wurden hier kleinflächig Siedlungsdichten bis zu 10 BP/10 ha ermittelt.

Literatur: LIBBERT (1970); SIEFKE in KLAFS & STÜBS (1977, 1987); KLEHM (1980); HAENSEL in HAENSEL & KÖNIG (1990).

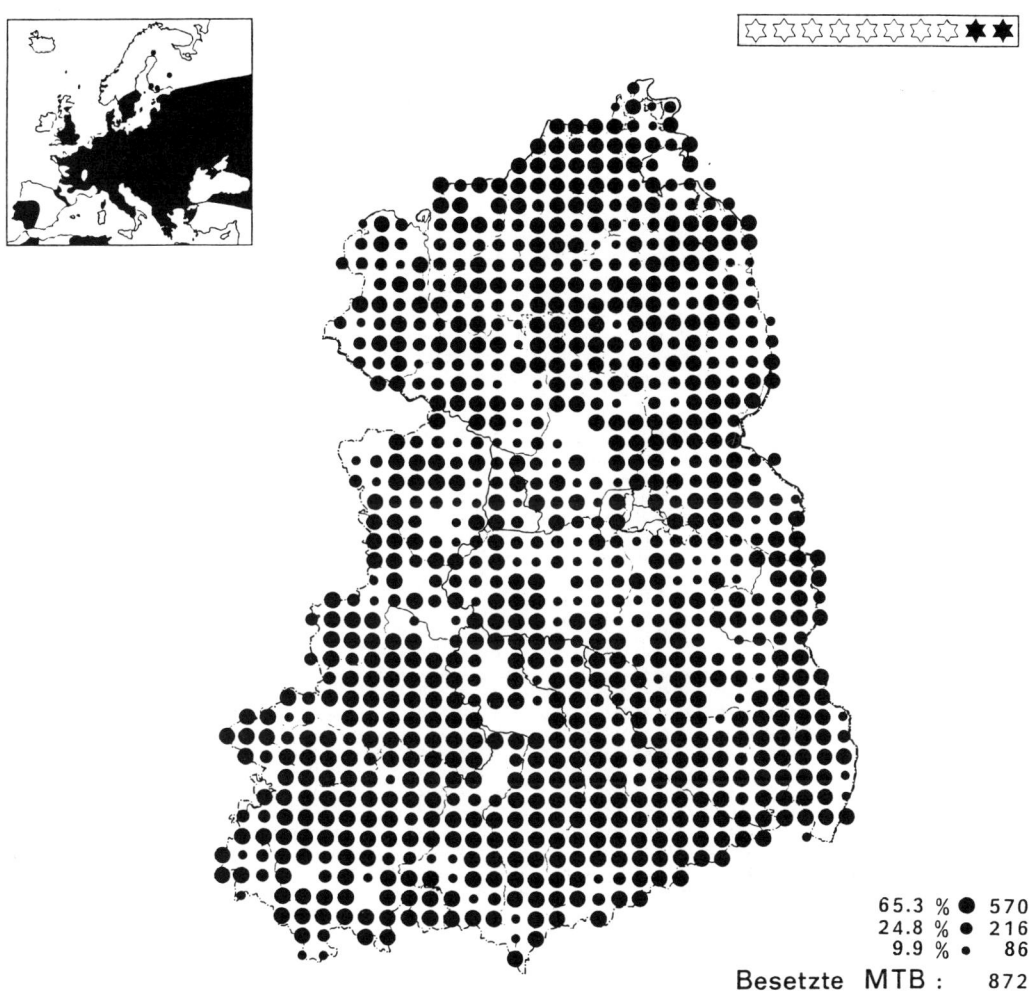

65.3 % ● 570
24.8 % ● 216
9.9 % • 86

Besetzte MTB : 872
Rasterfrequenz : 94.3 %

Faunentyp: palaearktisch.

Status: sehr häufiger Brutvogel; Durchzügler, Wintergast.

Verbreitung: ± lückenhaft über das gesamte Gebiet (auch Erfassungslücken ?).

Bestand/Bestandsentwicklung: Der Bestand beträgt durch Hochrechnung von Siedlungsdichteangaben 85000 BP (± 47 %). Der Kernbeißer ist eine sehr unauffällige Art, die deshalb leicht übersehen und sicher unterschätzt wird. Die Hochrechnung über Siedlungsdichten wurde deshalb der nach Schätzungen vorgezogen. Der Bestand ist auch deshalb schwer einzuschätzen, weil die Siedlungsdichte starken lokalen Schwankungen unterworfen ist. Außerdem kann es teilweise zu kolonieartigem Brüten kommen, während andere Flächen "frei" bleiben (Brutgast). Im Raum Halle wurden großflächig 0,26 bis 0,45 BP/km^2 ermittelt.

Literatur: KRÜGER (1979, 1991); SCHÖNBRODT & SPRETKE (1989).

Goldammer   *Emberiza citrinella*

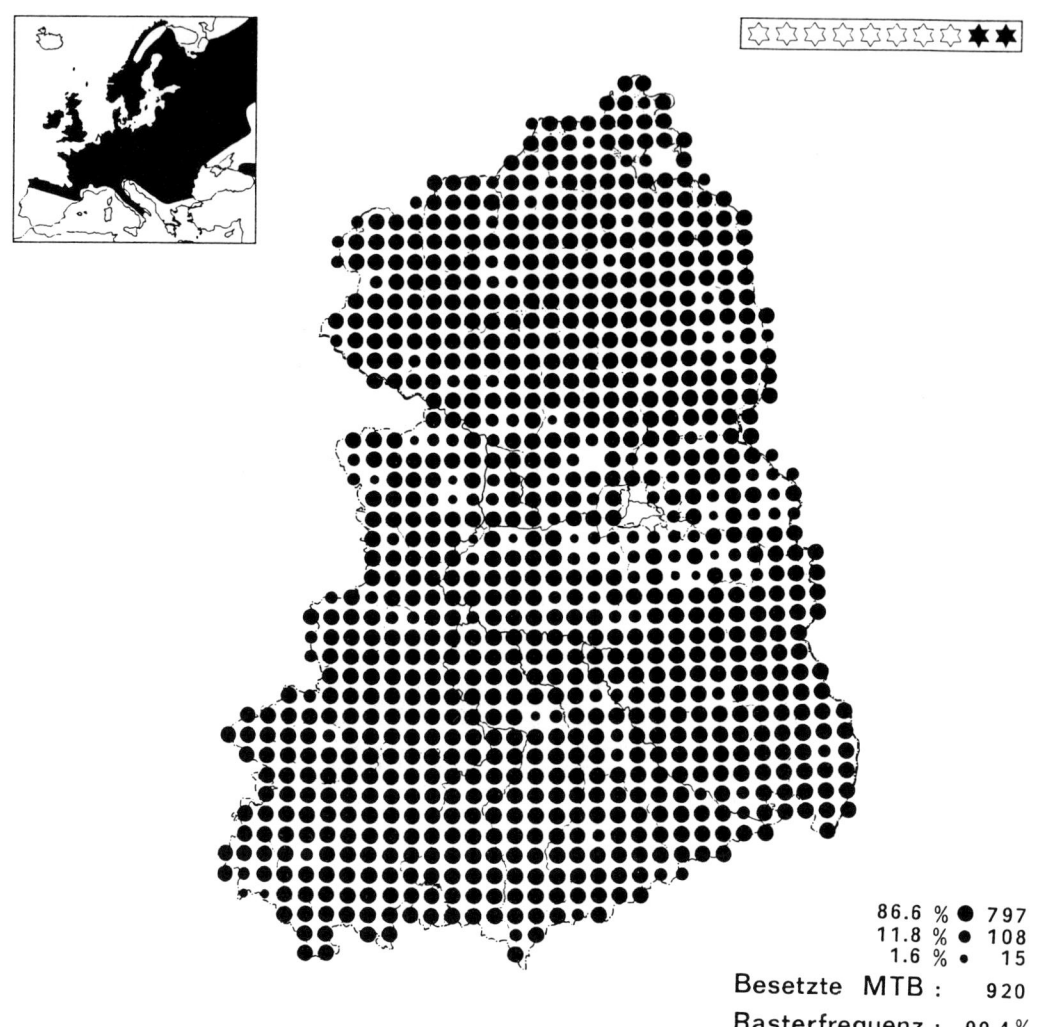

86.6 % ● 797
11.8 % ● 108
1.6 % · 15

Besetzte MTB : 920
Rasterfrequenz : 99.4 %

Faunentyp: palaearktisch.

Status: sehr häufiger Brutvogel; Überwinterer.

Verbreitung: flächendeckend über das gesamte Gebiet.

Bestand/Bestandsentwicklung: Der Bestand beträgt nach den Schätzungen und durch Hochrechnung von Siedlungsdichteangaben 280000 BP (± 54 %). Diese Angabe entspricht dem oberen Bereich der Schätzungen und dem unteren der Hochrechnung von Siedlungsdichten, die im Mittel etwa 460000 BP ergibt. Es wurde dabei berücksichtigt, daß innerhalb der letzten zwei bis drei Jahrzehnte aus fast allen Gebieten, insbesondere aber der Agrarlandschaft, Meldungen über spürbare Bestandsabnahme kamen. - Die höchsten Siedlungsdichten (max. bis über 10 BP/10 ha) werden in lichten, durchsonnten Wäldern (insbesondere Hanglagen) und in Heckenlandschaften gefunden; die mittleren Dichten liegen jedoch weit darunter.

Literatur: EIFLER & BLÜMEL (1983); HEYER in v.KNORRE (1986); KAISER in KLAFS & STÜBS (1987); SCHÖNBRODT & SPRETKE (1989).

Ortolan

Emberiza hortulana

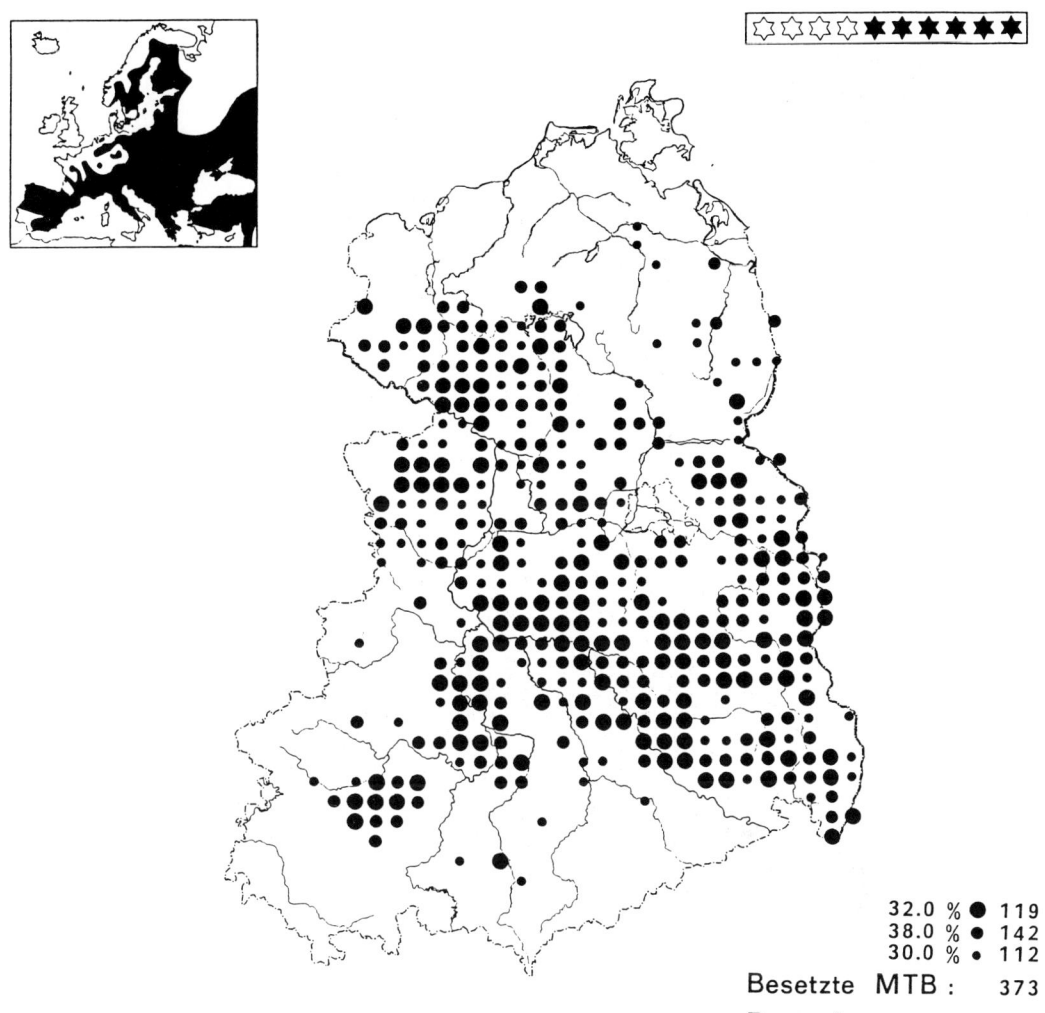

☆☆☆☆★★★★★★

32.0 %	●	119
38.0 %	●	142
30.0 %	•	112

Besetzte MTB : 373

Rasterfrequenz : 40.3 %

Faunentyp: europäisch-turkestanisch.

Status: mäßig häufiger Brutvogel; Durchzügler.

Verbreitung: ± lückenhaft und weitgehend auf die mittleren Gebiete beschränkt, fehlt fast völlig im Bereich der Mittelgebirge sowie im N; sporadisch im NE.

Bestand/Bestandsentwicklung: Der Bestand beträgt nach den Schätzungen 7000 BP (± 43 %). Die Verteilung und Häufigkeit ist sehr ungleichmäßig (vgl. Häufigkeitskarte 18). SW der Elbe und in der Oberlausitz ist der Ortolan nur noch spärlicher Brutvogel. Durch deutlich höhere Dichte heben sich N davon das Lausitzer Becken- und Heideland, der Fläming und die Altmark ab. Die höchste Dichte wird aber an der NW Verbreitungsgrenze erreicht. Nach den Schätzungen siedeln 40 % des Bestandes in SW-Mecklenburg und NW-Brandenburg mit Schwerpunkt in der Prignitz (hier teilweise auch noch zur Kartierungszeit häufigste Ammer !). - In vielen Gebieten erfolgte starke Bestandsabnahme bis zur völligen Räumung (z. B. N Harzvorland).

Literatur: EIFLER (1980); EIFLER & BLÜMEL (1983); GRÖSSLER (1984); KLEBB (1984); EICHSTÄDT (1986); HEYER in v.KNORRE et al. (1986); GNIELKA (1987); HAENSEL in HAENSEL & KÖNIG (1987); ZIMMERMANN in KLAFS & STÜBS (1987); SCHUBERT (1988).

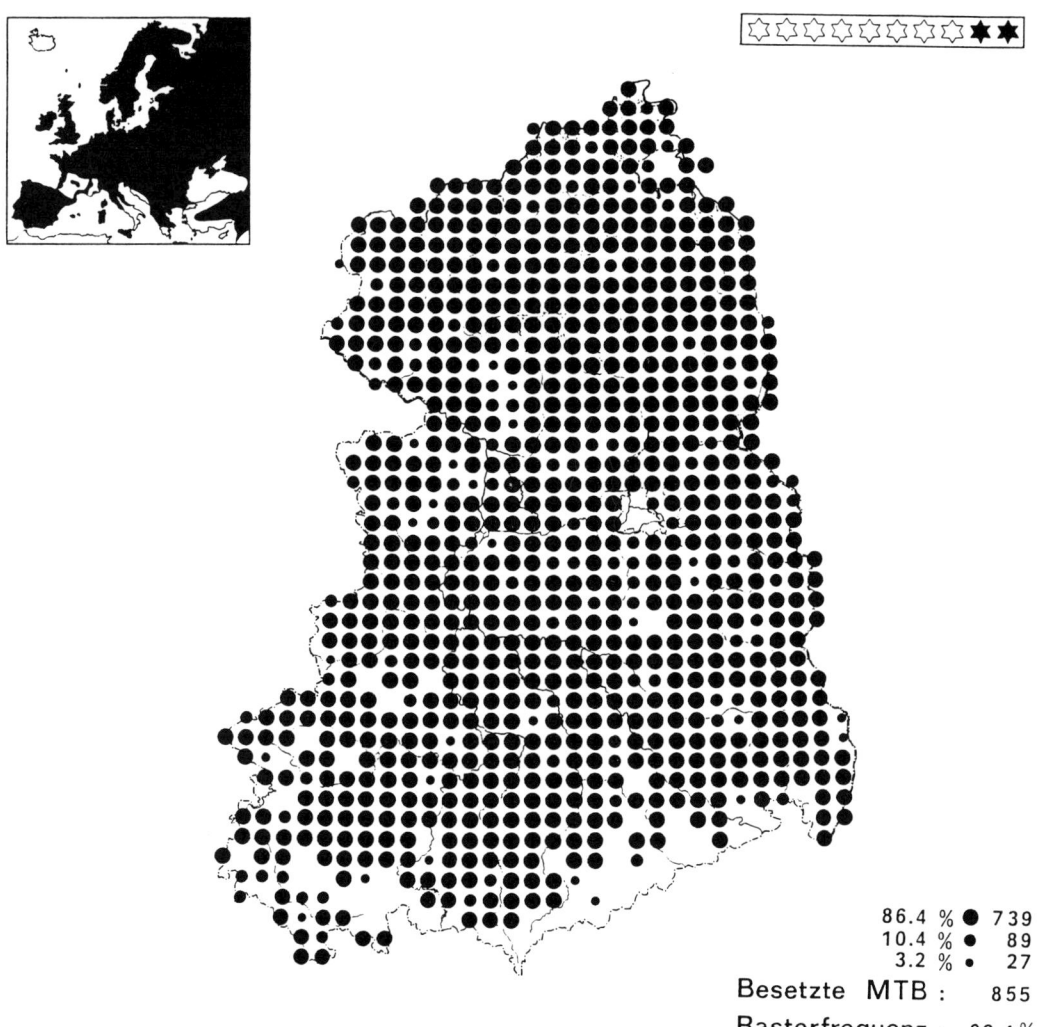

86.4 % ● 739
10.4 % ● 89
3.2 % ● 27

Besetzte MTB : 855
Rasterfrequenz : 92.4 %

Faunentyp: palaearktisch.
Status: sehr häufiger Brutvogel; Durchzügler, Wintergast.
Verbreitung: im Flachland nahezu flächendeckend, in Mittelgebirgen kaum oberhalb 500 m NN.
Bestand/Bestandsentwicklung: Der Bestand beträgt nach den Schätzungen und durch Hochrechnung von Siedlungsdichteangaben 150000 BP (± 40 %). Die Häufigkeit nimmt allgemein (in Abhängigkeit von Gewässerverteilung) von N nach S ab (vgl. Häufigkeitskarte 19). Mehr als die Hälfte des Bestandes wohnt in Mecklenburg-Vorpommern, etwa 28 % in Brandenburg. In der S-Hälfte finden sich größere Bestände fast ausschließlich im Bereich der Flußniederungen (Elbe, Saale, Mulde) und in Teichlandschaften (z. B. Lausitz). In Thüringen und Sachsen siedeln jeweils nur etwa 3 %, einschließlich der Verbreitungslücken in den Mittelgebirgen wird hier großflächig nur eine geringe Bestandsdichte erreicht (10 bis 20 BP/100 km^2).

Literatur: BLÜMEL (1982); EIFLER & BLÜMEL (1983); HEYER in v.KNORRE et al. (1986); LAMBERT, HEYDECKE in KLAFS & STÜBS (1987).

Grauammer

Miliaria calandra

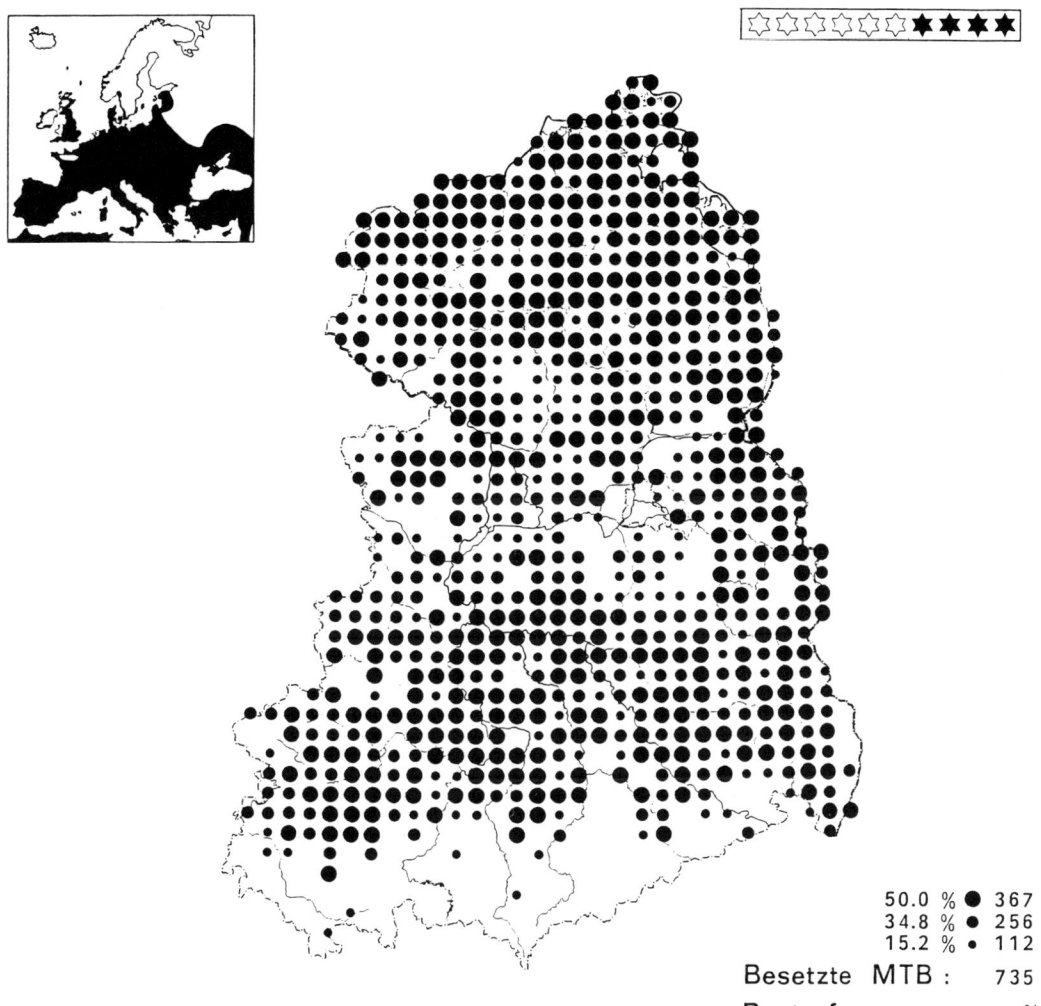

50.0 % ● 367
34.8 % ● 256
15.2 % ● 112

Besetzte MTB : 735
Rasterfrequenz : 79.5 %

Faunentyp: europäisch-turkestanisch.

Status: häufiger Brutvogel; Überwinterer.

Verbreitung: im Flachland ± lückenhaft, in den Mittelgebirgen weitgehend fehlend.

Bestand/Bestandsentwicklung: Der Bestand beträgt nach den Schätzungen und mit Vorbehalt 20000 BP (± 40 %). Die Verteilung ist ausgesprochen uneinheitlich (vgl. Häufigkeitskarte 20) und vielfach auch unerklärlich. Als "Steppenvogel" bewohnt die Grauammer die Agrarlandschaft, aber selbst diese sehr unregelmäßig. Insgesamt kann bei großflächiger Betrachtung eine Abnahme der Bestandsdichte von N nach S angenommen werden. So befindet sich nach den Schätzungen annähernd die Hälfte des Bestandes in Mecklenburg-Vorpommern. - Der Bestandstrend ist insgesamt anhaltend negativ, teilweise sind große Flächen völlig geräumt worden. Innerhalb von zwei Jahrzehnten ist die Grauammer von einem "Allerweltsvogel" zu einem heute zumeist nur noch spärlichen, in weiten Gebieten fehlenden Brutvogel geworden.

Literatur: DORNBUSCH (1980); EIFLER & BLÜMEL (1983); GRÖSSLER (1984); HEYER in v.KNORRE et al. (1986); DORNBUSCH in KLAFS & STÜBS (1987); GÜNTHER (1991).

Seeregenpfeifer   *Charadrius alexandrinus*

Faunentyp: kosmopolitisch.
Status: ausnahmsweise Brutvogel; Durchzügler, Gast.
Verbreitung: nur sporadische Einzelvorkommen an der Küste.
Bestand/Bestandsentwicklung: Jährlich halten sich Seeregenpfeifer als Gäste an der Ostseeküste Mecklenburg-Vorpommerns (vorzugsweise im Raum W und SE Rügens) auf. 1979 fand eine Brut im NSG Bessin auf Hiddensee statt, dessen Gelege jedoch vom Fuchs ausgeraubt wurde.

Literatur: MÜLLER (1980ff.); STÜBS in KLAFS & STÜBS (1987).

Heringsmöwe   *Larus fuscus*

Faunentyp: palaearktisch.
Status: sehr seltener Brutvogel; Durchzügler, Jahresgast.
Verbreitung: nur lokale Brutvorkommen an der Küste (Ostseeinseln).
Bestand/Bestandsentwicklung: Wahrscheinlich seit 1974 regelmäßig in Einzelpaaren auf den Inseln Greifswalder Oie oder Ruden brütend. Während der Kartierung: 1979 2 Paare (Brutverdacht), 1980/81 nicht kontrolliert und 1982 1 BP. 1983 brütete ebenfalls 1 Paar. Ab 1984 waren sogar jährlich mindestens 4 Paare anwesend, die auch meistens alle brüteten. Die Heringsmöwe ist damit zu einem zwar seltenen aber regelmäßigen Brutvogel an unserer Ostseeküste geworden.

Literatur: NEHLS (1976); MÜLLER (1980ff.); NEHLS in KLAFS & STÜBS (1987).

Raubseeschwalbe   *Sterna caspia*

Faunentyp: kosmopolitisch.
Status: sehr seltener Brutvogel; Durchzügler.
Verbreitung: nur lokale Vorkommen an der Küste.
Bestand/Bestandsentwicklung: Während der Kartierung brütete jährlich ein Paar auf der Insel Heuwiese W Rügen. Auch 1983 und 1984 war hier jeweils ein BP anwesend.

Literatur: MÜLLER (1985ff.); H. u. W. EICHSTÄDT in KLAFS & STÜBS (1987).

Bienenfresser   *Merops apiaster*

Faunentyp: turkestanisch-mediterran.
Status: Vermehrungsgast.
Verbreitung: nur sporadische Vorkommen.
Bestand/Bestandsentwicklung: Während der Kartierung 1982 erfolgte ein Brutnachweis in einer Kiesgrube am Rande des Großen Bruchs im N Harzvorland (im Juni fütternde Altvögel, aber vermutlich Höhle vor dem Ausfliegen der Jungvögel zerstört). Hier gab es auch in den Jahren davor und danach mehrfach Beobachtungen zur Brutzeit und weitere Bruten bzw. Brutversuche. - Mit sporadischem Auftreten kann unter günstigen Umständen nahezu im gesamten Gebiet gerechnet werden. So wurden 1985 und 1986 im Kr. Bützow beispielsweise auch die ersten Brutnachweise für Mecklenburg-Vorpommern erbracht.

Literatur: WIEGANK (1977); GEHLHAAR & KLEBB (1979); GLUTZ v.BLOTZHEIM & BAUER (1980); WADEWITZ (1984); REMUS (1988).

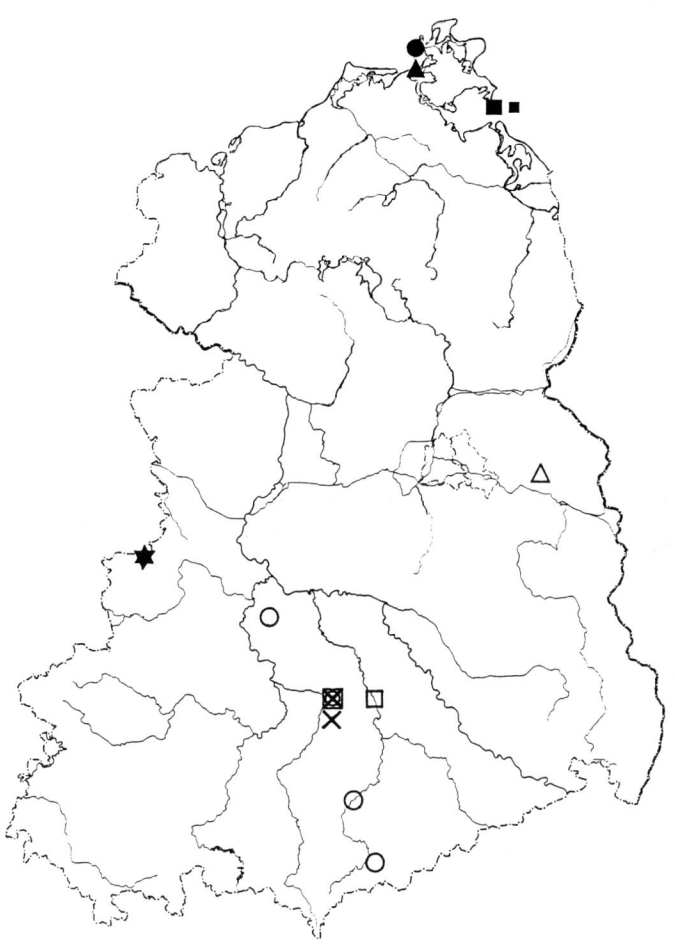

● Seeregenpfeifer
Charadrius alexandrinus

■ Heringsmöwe
Larus fuscus

▲ Raubseeschwalbe
Sterna caspia

★ Bienenfresser
Merops apiaster

□ Nilgans
Alopochen aegyptiacus

△ Rostgans
Tadorna ferruginea

○ Mandarinente
Aix galericulata

✕ Hirtenmaina
Acridotheres tristis

Ergänzungen für Arten ohne Brutnachweis während der Kartierungszeit und teilweise unklarem Status:

Prachttaucher - *Gavia arctica*

Faunentyp: holarktisch.
Status: Jahresgast.
Vorkommen: Gäste halten sich das ganze Jahr über im Küstengebiet um Rügen auf. Gesicherte Brutnachweise für das Gebiet existieren zumindest in diesem Jahrhundert nicht. Auch der einzige Hinweis von DEGEN für Brandenburg (14.7.1968 ein Altvogel mit 3 großen Jungvögeln auf dem Parsteiner See), der inzwischen bereits mehrfach als Brutnachweis in die Literatur einging, hält einer kritischen Prüfung nicht stand.

Literatur: DEGEN (1973); KALBE in RUTSCHKE (1983); LAMBERT in KLAFS & STÜBS (1987); LAMBERT (1987).

Nachtreiher - *Nycticorax nycticorax*

Faunentyp: kosmopolitisch.
Status: (Brut-)Gast.
Vorkommen: Während der Kartierung wurde ein C-Nachweis aus der Lausitz gemeldet. Hier konzentrieren sich überhaupt viele Nachweise des Nachtreihers, wie eine Übersicht des Vorkommens der Art im Gebiet von KOLBE & NEUMANN zeigt. Diese Zusammenstellung führt bis 1984 insgesamt 157 Nachweise auf, davon 12 während der Kartierungszeit (überwiegend entweder als Durchzügler oder A-Nachweis zu werten !). - Unter günstigen Umständen können aber immer einmal Bruten vorkommen, wie beispielsweise 1961 im Großen Bruch im N Harzvorland (Sachsen-Anhalt).

Literatur: HAENSEL et al. (1964); KÖNIG in HAENSEL & KÖNIG (1974); KOLBE & NEUMANN (1988).

Schlangenadler - *Circaetus gallicus*

Faunentyp: indo-afrikanisch.
Status: ehemaliger Brutvogel; Gast.
Vorkommen: Als Gast wird der Schlangenadler unregelmäßig meist in Brandenburg und Mecklenburg-Vorpommern beobachtet. Gesicherte Brutnachweise in diesem Jahrhundert fehlen, einige Hinweise bzw. Brutverdacht existieren aber für E-Brandenburg. Für 1975 hält GRÄTZ ein Brüten im Schlaubetal bei Eisenhüttenstadt für wahrscheinlich. Während der Kartierung erfolgten in diesem Bereich ebenfalls Beobachtungen.

Literatur: GRÄTZ (1978; in RUTSCHKE 1983); STÜBS in KLAFS & STÜBS (1987); SCHMIDT (1991); SPITZ (1991).

Zwergsumpfhuhn - *Porzana pusilla*

Faunentyp: altweltlich.
Status: (Brut-)Gast ?
Vorkommen: Unsere Kenntnisse über das Vorkommen der kleinen Rallenarten ist völlig unbefriedigend; über das Zwergsumpfhuhn wissen wir so gut wie nichts. Wahrscheinlich existiert für Ostdeutschland in diesem Jahrhundert überhaupt nur ein Brutnachweis (1917 bei Röbel/Mecklenburg-Vorpommern). - Während der Kartierung wurden für drei Rasterflächen Nachweise gemeldet (MTB 2847, 3537 und 3754), die hier nicht weiter beurteilt werden können.

Literatur: KRÄGENOW (1977, in KLAFS & STÜBS 1987); LIBBERT, RUTSCHKE in RUTSCHKE (1983); HOENE in v.KNORRE et al. (1986).

Weißkopfmöwe - *Larus cachinnans*

Faunentyp: palaearktisch (?).
Status: (sehr) seltener Brutvogel; Gast.
Vorkommen: Dem Auftreten dieser Möwe wurde erst seit dem Erscheinen des "Handbuches", in dem die früher als Unterart geführte Silbermöwe *Larus argentatus omissus* in den Artrang erhoben wurde (HAFFER, GOETHE), mehr Aufmerksamkeit geschenkt. So fehlen konkrete Hinweise zum Vorkommen vor und während der Kartierungszeit. Ein geringer Teil (weniger als 4 %) der Brutvögel sind gelbfüßig, doch bestehen hier zweifellos noch Unsicherheiten hinsichtlich ihrer Zuordnung, zumal fließende Übergänge vorkommen. - 1985 brüteten 2 Paare bei Suckow/Usedom, die LAMBERT und NEHLS eindeutig dieser Art zuordneten.

Literatur: HAFFER, GOETHE in GLUTZ v.BLOTZHEIM & BAUER (1982); NEHLS in KLAFS & STÜBS (1987); LAMBERT, NEHLS in MÜLLER (1987); FISCHER (1989).

Weißrückenspecht - *Dendrocopos leucotos*

Faunentyp: palaearktisch.
Status: ehemaliger Brutvogel; Gast.
Vorkommen: Für das Gebiet um Eberswalde (E-Brandenburg) existieren aus dem vergangenen Jahrhundert verschiedene Brutzeitbeobachtungen und sogar Brutnachweise. In diesem Jahrhundert erfolgten lediglich Einzelnachweise in Thüringen, Sachsen-Anhalt (hier hervorzuheben: ein 2-3wöchiger flügger Jungvogel von Steckby/Kr. Zerbst; BERNDT 1940) und Brandenburg, die überwiegend aus dem Winterhalbjahr stammen. Bemerkenswert ist deshalb der einzige Nachweis während der Kartierung am 2. Mai 1982 im Schlaubetal (MTB 3852). Im April 1985 gelang GRÄTZ nur wenige Kilometer E (MTB 3853) sogar die Beobachtung eines Paares.

Literatur: BERNDT (1940); GLUTZ v. BLOTZHEIM & BAUER (1980); FEILER, LITZBARSKI in RUTSCHKE (1983); HEYER in v.KNORRE et al. (1986); GRÄTZ (1988).

Buschrohrsänger - *Acrocephalus dumetorum*

Faunentyp: turkestanisch.
Status: seltener Gast.
Vorkommen: Die Beobachtung eines singenden Vogels während der Kartierung (1982) in Mecklenburg-Vorpommern durch DAUBER & HELBIG kann nicht mehr als sicher gelten. Seitdem erfolgten jedoch drei gesicherte Nachweise: 1984 im Kr. Altenburg/Sachsen, 1987 im Kr. Fürstenwalde/Brandenburg und 1990 in Berlin.

Literatur: DAUBER & HELBIG (1983); BRÄUTIGAM (1984); HAUPT & PAWLOWSKI (1988, 1989); GLUTZ v.BLOTZHEIM & BAUER (1991).

Häufigkeitskarten ausgewählter Arten:

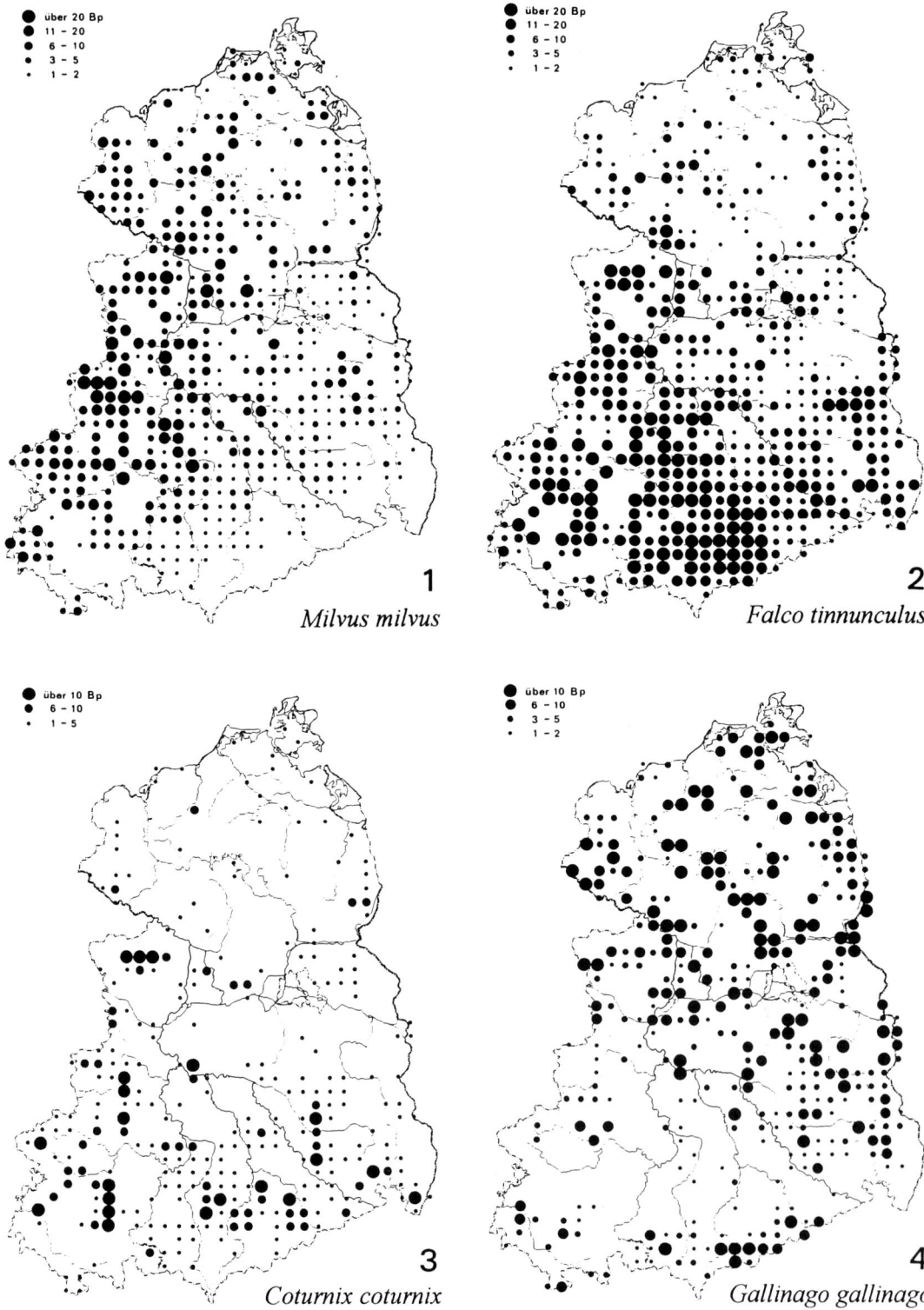

1 *Milvus milvus*

2 *Falco tinnunculus*

3 *Coturnix coturnix*

4 *Gallinago gallinago*

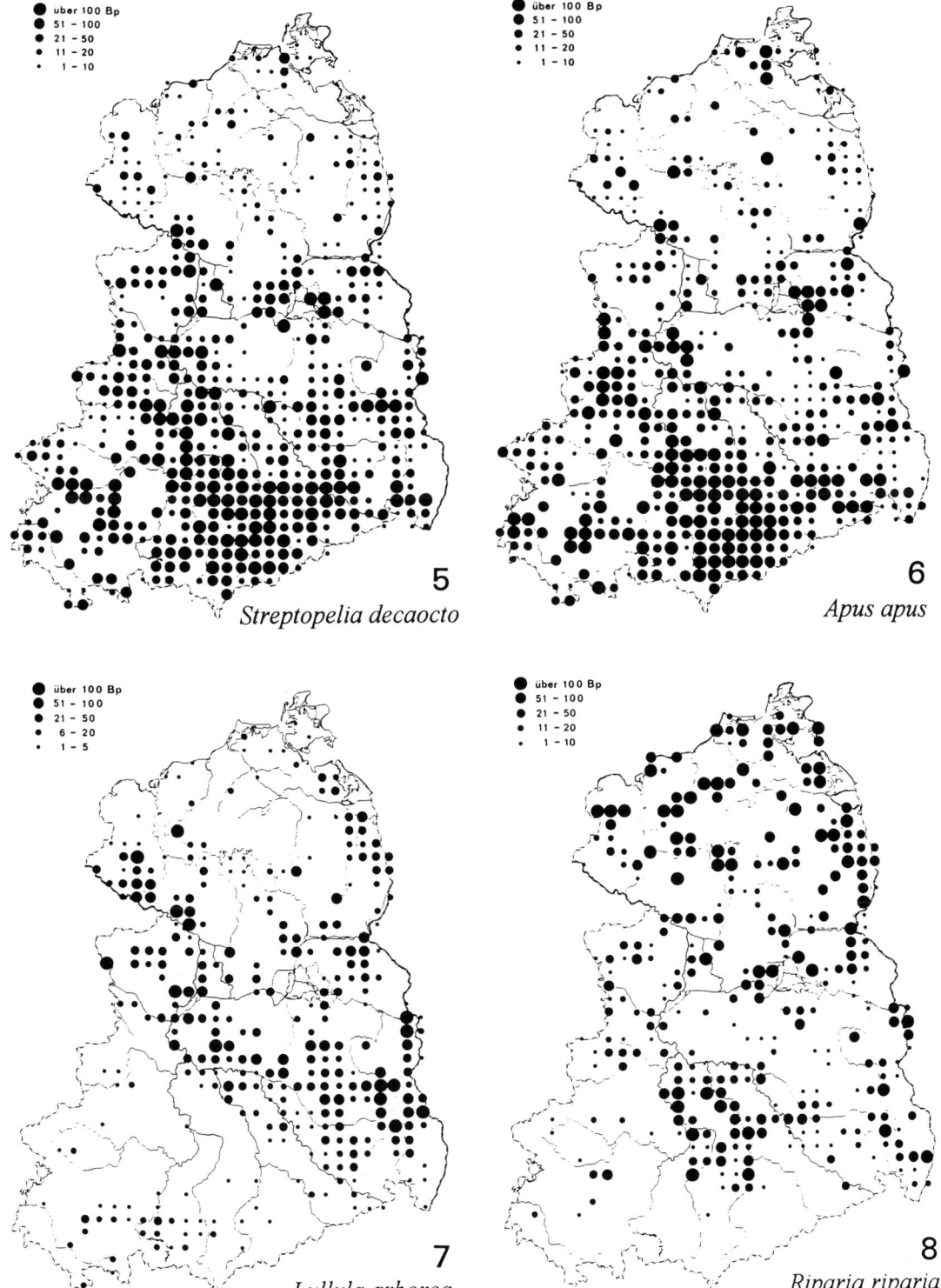

5 *Streptopelia decaocto*

6 *Apus apus*

7 *Lullula arborea*

8 *Riparia riparia*

271

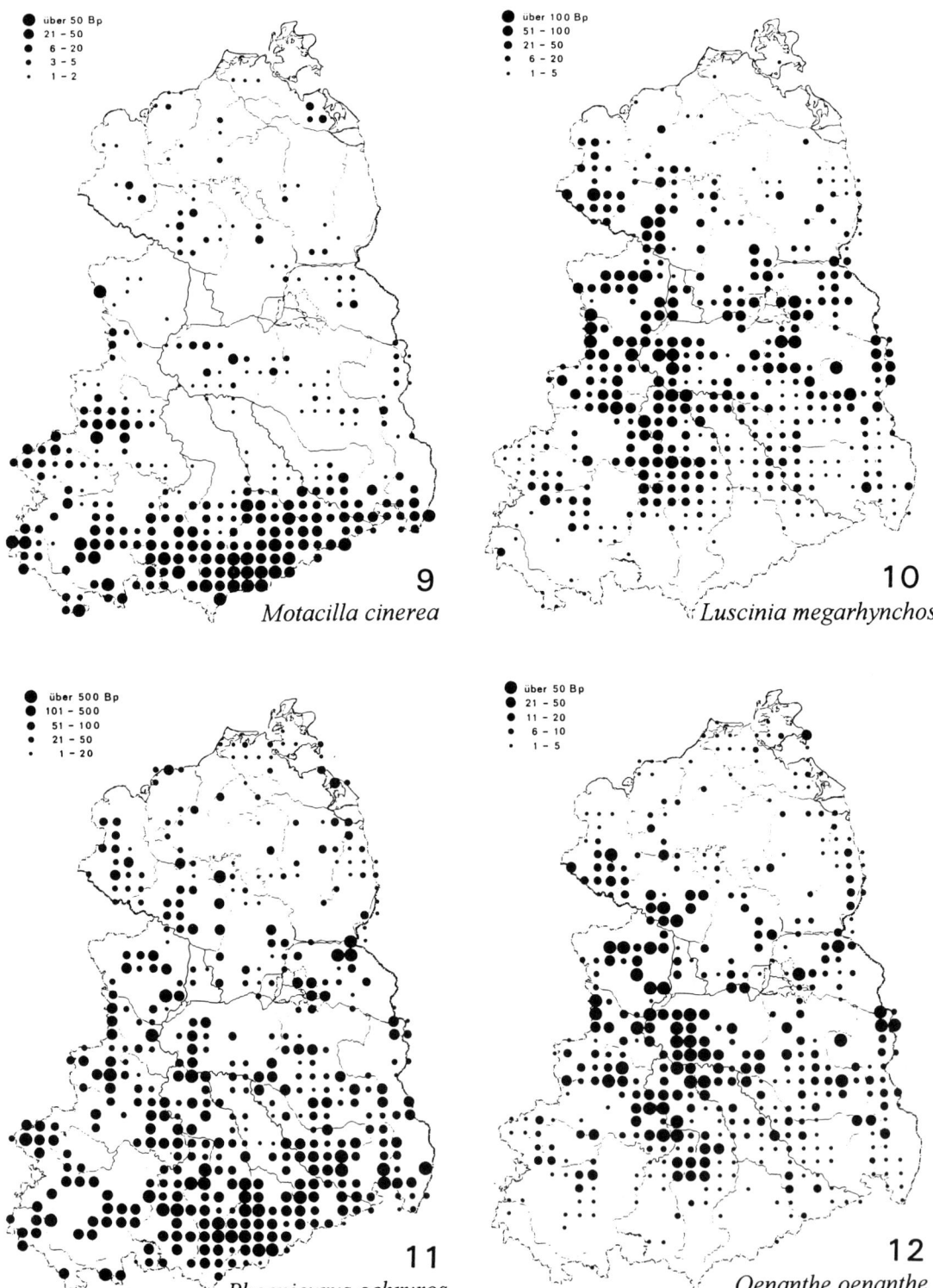

9 *Motacilla cinerea*

über 50 Bp
21 – 50
6 – 20
3 – 5
1 – 2

10 *Luscinia megarhynchos*

über 100 Bp
51 – 100
21 – 50
6 – 20
1 – 5

11 *Phoenicurus ochruros*

über 500 Bp
101 – 500
51 – 100
21 – 50
1 – 20

12 *Oenanthe oenanthe*

über 50 Bp
21 – 50
11 – 20
6 – 10
1 – 5

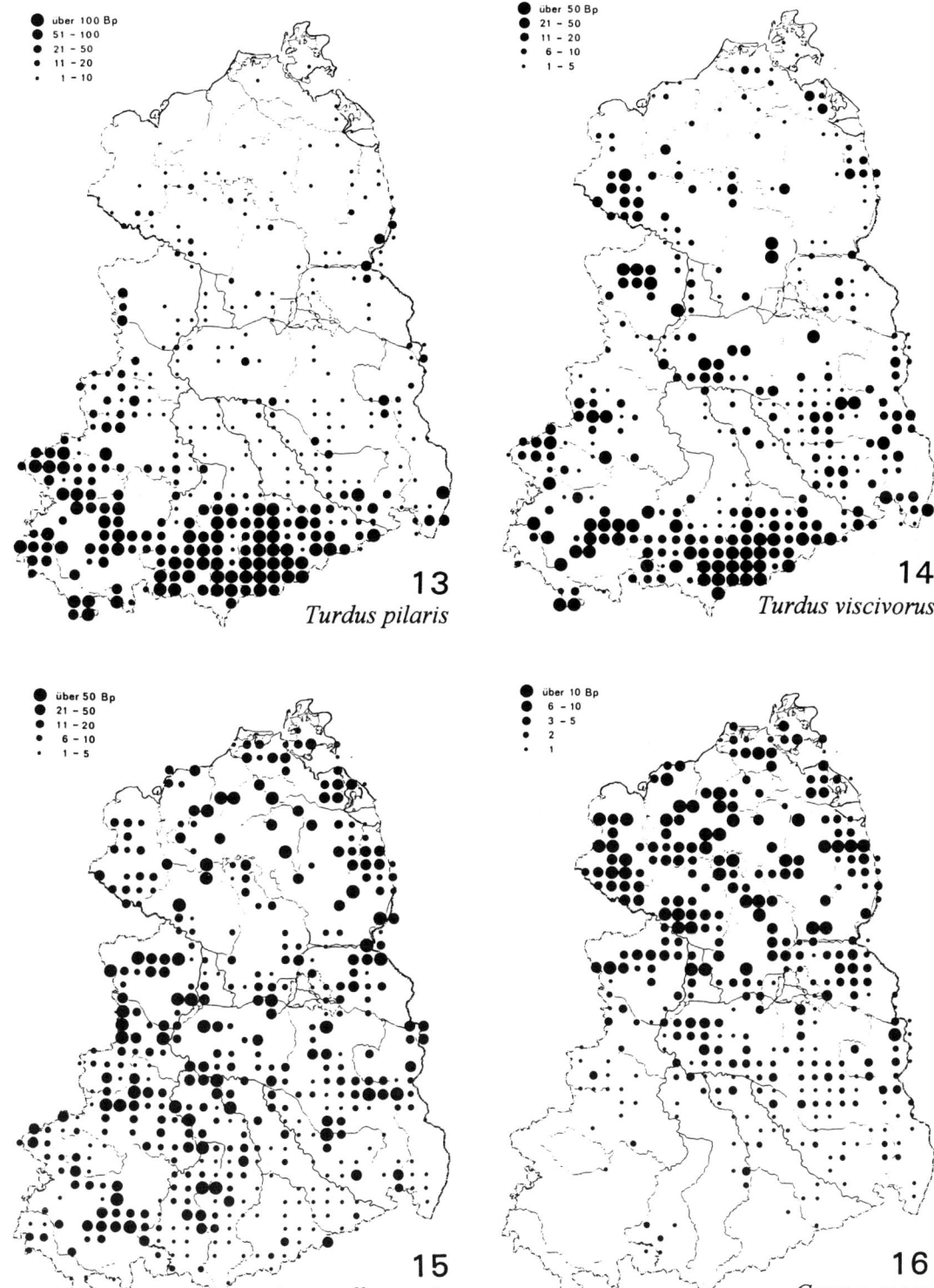

13 *Turdus pilaris*

14 *Turdus viscivorus*

15 *Locustella naevia*

16 *Corvus corax*

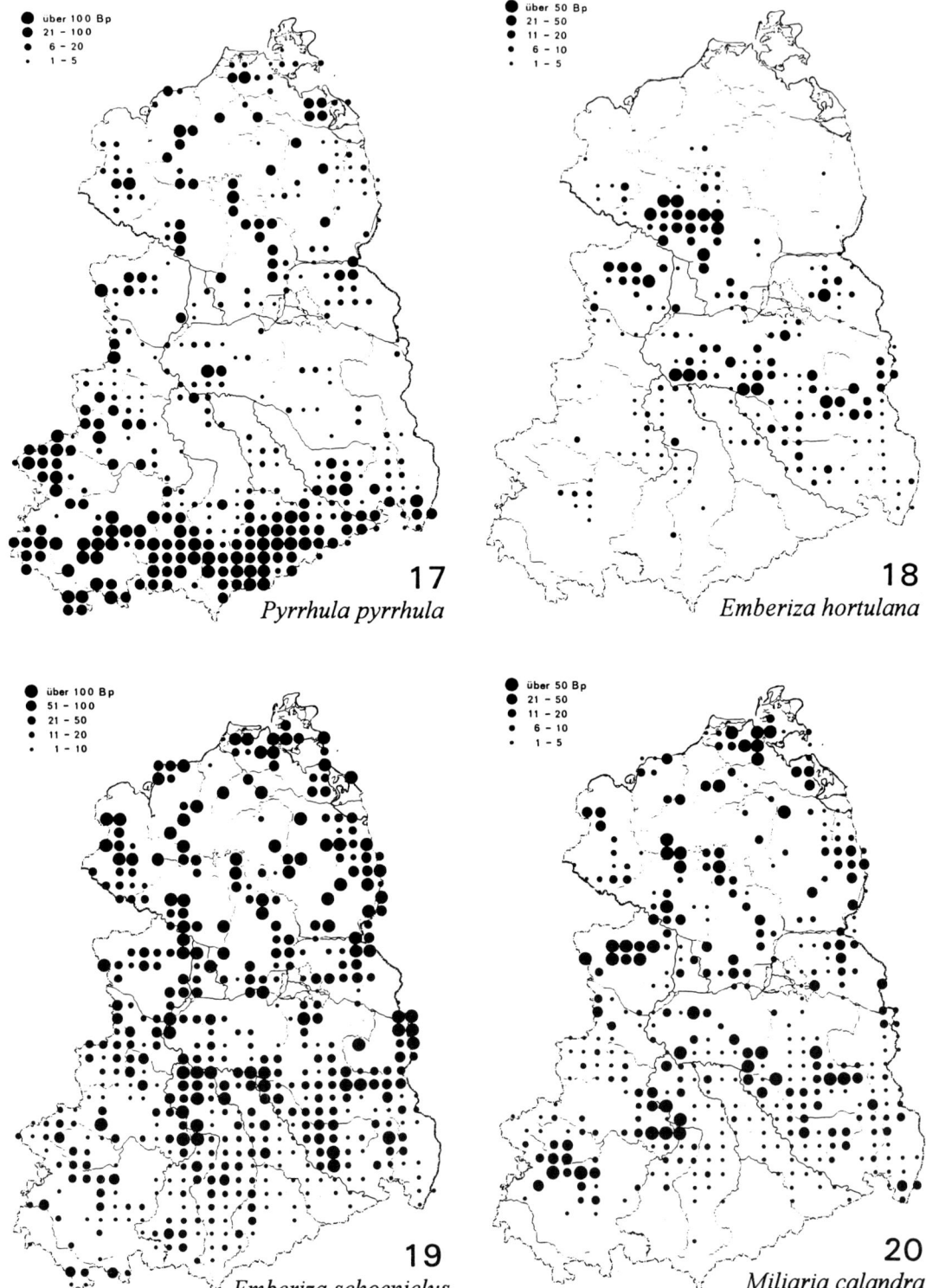

über 100 Bp
21 – 100
6 – 20
1 – 5

17
Pyrrhula pyrrhula

über 50 Bp
21 – 50
11 – 20
6 – 10
1 – 5

18
Emberiza hortulana

über 100 Bp
51 – 100
21 – 50
11 – 20
1 – 10

19
Emberiza schoeniclus

über 50 Bp
21 – 50
11 – 20
6 – 10
1 – 5

20
Miliaria calandra

Anhang

Anhang I

Vorderseite und Rückseite (s. nächstes Blatt) einer Registrierliste für die Brutvogelkartierung, wie sie jeder Bearbeiter von der Halberstädter Zentrale über Regionalkoordinatoren (s. Beispiel) oder direkt erhalten hat. Die Kreuze in den Spalten A bis D betreffen Nachweise

	KARTIERUNG DER BRUTVÖGEL DER DDR		MTB-Name: Raguhn	MTB-Nr.: 4239

A 0 Art zur Brutzeit auf dem Meßtischblatt beobachtet
B 1 Art zur Brutzeit in gemäßem Lebensraum beobachtet
   2 Singendes ♂, Paarungs- oder Balzlaute zur Brutzeit
C 3 Ein ♂♀ während der Brutzeit in gemäßem Lebensraum
   4 Revier mindestens nach einer Woche noch besetzt
   5 Paarungsverhalten und Balz
   6 Wahrscheinlichen Nistplatz besuchend
   7 ad.-Verhalten u. -Rufe deuten auf Nest oder Jungvögel
   8 Gefangener Altvogel mit Brutfleck
   9 Nestbau oder Anlage einer Nisthöhle
D10 Altvogel verleitet
  11 Benutztes Nest o. Eischalen gefunden
  12 Eben flügge juv. oder Dunenjunge festgestellt
  13 ad. brütet bzw. ad. zum oder vom (unerreichbaren) Nest
  14 Altvogel trägt Futter oder Kotballen
  15 Nest mit Eiern
  16 Jungvögel im Nest (gesehen oder gehört)

Jahr: 1982

Summe der Arten: A 16 B 11 C 97 D 124

MTB-Bearbeiter: Name, Anschrift
Wolfhart Haenschke,
4500 Dessau, Holunderweg 5

Zurück bis 1. September jeden Jahres an Regionalkoordinator:
Reinhard Gnielka,
4020 Halle/S., Huttenstr. 84

Kartierungszentrale:
MUSEUM HEINEANUM HALBERSTADT

Nr./Art	A	B	C	D	Nr./Art	A	B	C	D	Nr./Art	A	B	C	D
0020 Prachttaucher					1150 Mäusebussard			X	E	1820 Austernfischer				
0080 Haubentaucher					1130 Sperber	X			B	1850 Kiebitz			X	C
0090 Rothalstaucher					1110 Habicht		X		C	1910 Sa.re.pfeifer				
0070 Schw.h.taucher					1090 Rotmilan			X	D	1920 Fl.re.pfeifer			X	D
0050 Zwergtaucher			12	C	1100 Schwarzmilan		X		A	1930 Se.re.pfeifer				X
0350 Kormoran					1270 Seeadler					2210 Bekassine				
0390 Fischreiher	X	1		X	1080 Wespenbussard			X	C	2230 Waldschnepfe			X	13 C
0470 Zwergdommel					1360 Rohrweihe			X	B	2020 Brachvogel				

Nr./Art	A	B	C	D	Nr./Art	A	B	C	D	Nr./Art	A	B	C	D
0480 Rohrdommel					1330 Kornweihe		1		A	2030 Uferschnepfe				
0500 Weißstorch			X	X	1350 Wiesenweihe					2060 Rotschenkel				
0510 Schwarzstorch	X			A	1380 Fischadler	0				2110 Waldwas.läufer	0			
0570 Höckerschwan	X	4		A	1430 Baumfalke			X	B	2140 Flußuferläufer	X	7		B
0590 Graugans					1420 Wanderfalke			X		2350 Alp.str.läufer				X
0710 Brandgans					1480 Turmfalke			X	C	2390 Kampfläufer				
0820 Schnatterente					1510 Birkhuhn					2410 Säbelschnäbler				X
0750 Krickente		5		B	1500 Auerhuhn					2440 Triel				
0720 Stockente		X		G	1550 Haselhuhn					2560 Silbermöwe				X
0780 Spießente					1600 Rebhuhn		X		D	2550 Sturmmöwe				X
0800 Pfeifente					1610 Wachtel		X		A	2620 Schw.kopfmöwe				
0740 Knäkente	1			A	1620 Fasan		X		F	2630 Lachmöwe	X	1		X
0830 Löffelente					1640 Kranich					2720 Tr.seeschwalbe				
0850 Kolbenente					1670 Wasserralle		X		A	2750 Fl.seeschwalbe				
0860 Tafelente	1			A	1710 Tü.sumpfhuhn		7			2760 Kü.seeschwalbe				X
0880 Moorente					1700 Zwergsumpfhuhn					2800 Zw.seeschwalbe				X
0870 Reiherente					1690 Kl. Sumpfhuhn					2820 Br.seeschwalbe				X
0900 Schellente					1680 Wachtelkönig		X		A	2980 Hohltaube		6		B
1060 Mittelsäger					1730 Teichhuhn		X		C	2981 Verw.Haustaube	X	1		D
1050 Gänsesäger					1770 Bläßhuhn		X		E	2990 Ringeltaube			X	H
1250 Schreiadler		X		A	1800 Großtrappe					3000 Turteltaube		X	12	G

aus den Vorjahren, die Zahlen sind Eintragungen von den Neunachweisen im betreffenden Jahr. Buchstaben in der jeweils letzten freien Spalte sind die Einstufungen in Häufigkeitsklassen (Kreuze hier: keine Abschätzung erfragt).

Tabelle 1

Nr	Art	A	B	C	D
3020	Türkentaube			X	F
3040	Kuckuck			X	F
3070	Schleiereule			X	A
3090	Uhu				X
3120	Sperlingskauz				
3130	Steinkauz	2			A
3140	Waldkauz			X	D
3170	Waldohreule			X	B
3180	Sumpfohreule				
3200	Rauhfußkauz				
3230	Ziegenmelker	X		16	C
3270	Mauersegler			X	E
3320	Eisvogel	X		11	A
3350	Blauracke				
3360	Wiedehopf				
3380	Grünspecht			X	D
3390	Grauspecht			X	C
3400	Schwarzspecht			X	E
3410	Buntspecht			X	X
3430	Mittelspecht			X	D
3450	Kleinspecht	X		12	E

Nr	Art	A	B	C	D
4430	Rohrschwirl				
4420	Schlagschwirl				
4390	Feldschwirl	X		14	F
4500	Schilfr.sänger				
4510	Seggenr.sänger				
4470	Sumpfr.sänger			X	F
4460	Teichr.sänger			X	C
4450	Dross.r.sänger				
4530	Gelbspötter			X	X
4600	Gartengr.mücke			X	X
4570	Mönchsgr.mücke			X	X
4620	Klapp.gr.mücke			X	G
4610	Dorngrasmücke			X	F
4580	Sperb.gr.mücke			X	F
4720	Fitis			X	X
4730	Zilpzalp			X	X
4740	Berglaubsänger				X
4750	Waldlaubsänger			X	X
4810	Grü.Laubsänger			X	X
4820	Wi.go.hähnchen			X	X
4830	So.go.hähnchen	X			X

Nr	Art	A	B	C	D
3890	Beutelmeise				
3830	Haubenmeise			X	X
3860	Sumpfmeise			X	G
3870	Weidenmeise	X		12	C
3800	Blaumeise			X	X
3790	Kohlmeise			X	X
3820	Tannenmeise			X	X
3910	Kleiber			X	X
3940	Waldbaumläufer			X	F
3950	Ga.baumläufer			X	F
5570	Grauammer	X			A
5580	Goldammer			X	F
5670	Ortolan	X			A
5740	Rohrammer			X	E
5550	Buchfink			X	X
5560	Bergfink				X
5460	Girlitz			X	G
5330	Grünfink			X	I
5350	Stieglitz			X	H
5360	Erlenzeisig	X	2		C
5390	Birkenzeisig				

Tabelle 2

Nr	Art	A	B	C	D
3370	Wendehals			X	C
3560	Heidelerche	X		14	D
3540	Haubenlerche			X	E
3570	Feldlerche			X	X
3650	Uferschwalbe			X	F
3610	Rauchschwalbe			X	I
3640	Mehlschwalbe			X	H
5060	Schafstelze			X	D
5050	Gebirgsstelze				
5030	Bachstelze			X	G
4950	Brachpieper		X		C
4970	Baumpieper			X	X
4930	Wiesenpieper				
5000	Wasserpieper				
5160	Neuntöter			X	F
5130	Schw.st.würger				
5140	Rotkopfwürger				
5120	Raubwürger			X	B
3970	Wasseramsel				
3980	Zaunkönig			X	X
4900	Heckenbraunelle			X	X

Nr	Art	A	B	C	D
4840	Grauschnäpper			X	F
4860	Trau.schnäpper			X	H
4870	Ha.b.schnäpper				X
4890	Zwergschnäpper				
4100	Schw.kehlchen				
4090	Braunkehlchen			X	F
4070	Ga.rotschwanz			X	H
4060	Hausrotschwanz			X	G
4020	Nachtigall			X	G
4010	Sprosser				
4040	Blaukehlchen				
4000	Rotkehlchen			X	X
4120	Steinschmätzer			X	G
4320	Misteldrossel			X	C
4290	Wachol.drossel	X	1		A
4310	Singdrossel			X	X
4300	Rotdrossel				X
4230	Ringdrossel				X
4240	Amsel			X	X
3900	Bartmeise				
3880	Schwanzmeise			X	G

Nr	Art	A	B	C	D
5370	Bluthänfling			X	H
5500	Karmingimpel				
5520	Fi.kr.schnabel				
5320	Kernbeißer			X	H
5480	Gimpel			X	D
5250	Haussperling			X	X
5280	Feldsperling			X	K
5180	Star			X	L
3660	Pirol			X	F
3750	Eichelhäher			X	G
3720	Elster			X	G
3740	Tannenhäher			X	C
3710	Dohle			X	C
3700	Saatkrähe	X	1		C
3681	Rabenkrähe			X	B
3682	Nebelkrähe			X	} G
3683	Bastardkrähe			X	}
3670	Kolkrabe			X	B

Ag 203/42/78/V 10/1G   Schilfrohrsänger gestrichen!   Brutpaare Nebel-/Bastardkrähe nicht zu trennen!

Anhang II

Übersichtskarte des Bearbeitungsgebietes mit Randnumerierung der Meßtischblätter (MTB). Hervorgehoben wurden die nach Rasterflächen abgegrenzten und für die Bewertung der Brutvögel (B-Wert) herangezogenen Teilflächen (vgl. Anhang III).

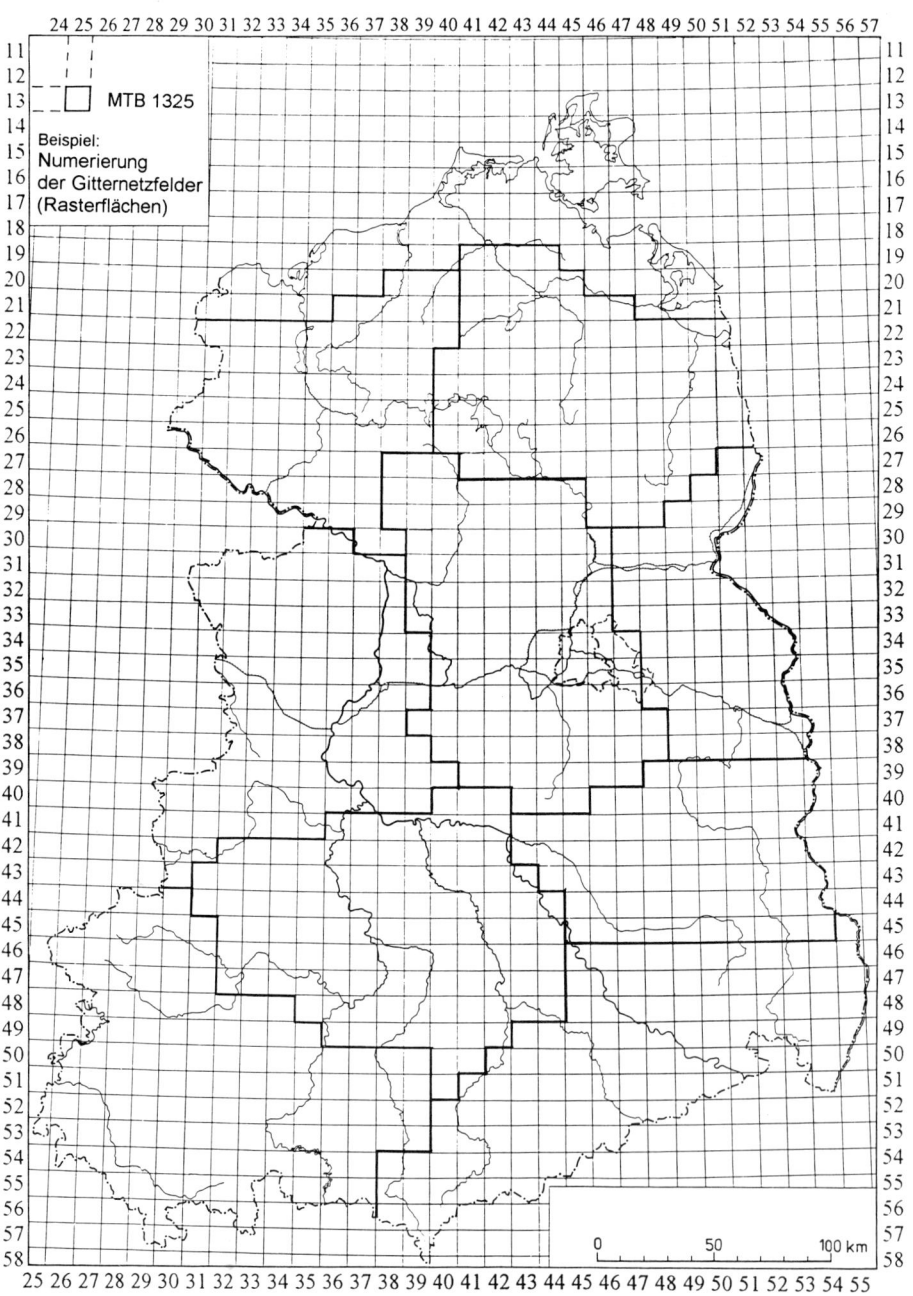

Anhang III

Bewertungsschema der Brutvögel
Die Kennziffern für die Indexwerte der Brutvögel Ostdeutschlands wurden ermittelt
1. aus den Rasterfrequenzen (Brutvogelatlas) .... A-Wert
2. nach der Anwesenheit (nur sicherer Brutnachweis!) auf 10 Großflächen (Einzelbezirke sowie Dresden/Karl-Marx-Stadt und Erfurt/Gera/Suhl zusammengefaßt) .... B-Wert
3. nach dem ermittelten Gesamtbrutbestand.. C-Wert
4. nach der Bestandsentwicklung etwa in den letzten 20 Jahren .... D-Wert
Der Indexwert einer jeden Art ist die Summe der vier Kennziffern (A + B + C + D).
Die folgende Klassifizierung der Kennziffern für die Bewertung der Brutvögel wurde vorgenommen:

A-Wert	Rasterfrequenz [%]	B-Wert	Anzahl besetzter Großflächen
9	0,1 - 2,0	9	1
8	- 5,0	8	2
7	- 10,0	7	3
6	- 20,0	6	4
5	- 30,0	5	5
4	- 40,0	4	6
3	- 50,0	3	7
2	- 60,0	2	8
1	- 75,0	1	9
0	-100	0	10

C-Wert	Anzahl Brutpaare	D-Wert	Bestandsentwicklung
9	1 - 50	9	ausgestorben
8	- 200	8	anhaltender Rückgang
7	- 500	7	teilweiser Rückgang
6	- 2000	6	ohne Tendenz (± stabil)
5	- 5000	5	teilweise Zunahme
4	- 20000	4	anhaltende Zunahme
3	- 50000	3	Neueinwanderer
2	- 200000		
1	- 500000		
0	> 500000		

Anhang IV

Übersicht der Brutvögel Ostdeutschlands: Rasterfrequenz (RF), Brutbestand, Bewertung/Indexwert (Stand: Kartierung 1978 bis 1982), Status in der vom Dachverband Deutscher Avifaunisten erstellten aktuellen Roten Liste für die Bundesrepublik Deutschland 1992 (Kategorie 1: vom Aussterben bedroht, Kategorie 2: stark gefährdet, Kategorie 3: gefährdet, P: potentiell gefährdet, I: Vermehrungsgast) und/oder Einordnung in das Bundesjagdgesetz (j+: jagdbare Art mit Jagdzeiten; j: jagdbare Art ohne Jagdzeit, ganzjährig geschont).

Vogelart	RF (%)	Brutbestand (Anzahl BP)		A	B	C	D	Index	Status	
Zwergtaucher	71,6	4 000 ±	1 100	1	0	5	7	13		3
Haubentaucher	63,7	15 000 ±	6 000	1	0	4	6	11	j	
Rothalstaucher	30,6	1 100 ±	350	4	0	6	6	16		P
Schwarzhalstaucher	8,3	520 ±	200	7	4	6	6	23		2
Kormoran	3,9	1 200 ±	150	8	3	6	4	21		3
Rohrdommel	30,4	750 ±	150	4	0	6	7	17		2
Zwergdommel	11,6	250 ±	120	6	3	7	7	23		1
Graureiher	35,7	5 800 ±	500	4	0	4	4	12	j	
Schwarzstorch	20,4	80 ±	20	5	1	8	4	18		1
Weißstorch	71,2	2 900 ±	200	1	0	5	7	13		2
Höckerschwan	77,9	3 200 ±	800	0	0	5	4	9	j+	
Graugans	33,1	4 000 ±	700	4	1	5	4	14	j+	
Brandgans	11,5	390 ±	100	6	2	7	5	20	j	
Pfeifente	1,8	6 ±	4	9	9	9	6	33	j+	I
Schnatterente	28,5	1 200 ±	400	5	0	6	5	16	j	
Krickente	48,3	1 800 ±	600	3	0	6	7	16	j+	3
Stockente	99,9	90 000 ±	45 000	0	0	2	6	8	j+	
Spießente	4,1	60 ±	25	8	6	8	6	28	j+	P
Knäkente	43,1	1 200 ±	500	3	0	6	6	15	j+	2
Löffelente	34,3	1 100 ±	350	4	0	6	6	16	j	3
Kolbenente	2,8	20 ±	10	8	5	9	4	26	j	2
Tafelente	55,8	7 500 ±	3 300	2	0	4	4	10	j+	
Moorente	3,4	15 ±	10	8	4	9	6	27	j	1
Reiherente	42,8	3 500 ±	1 500	3	0	5	4	12	j+	
Schellente	21,7	1 150 ±	400	5	2	6	6	19	j	3
Mittelsäger	3,0	350 ±	50	8	9	7	5	29	j	3
Gänsesäger	4,4	100 ±	30	8	6	8	5	27	j	2
Wespenbussard	65,5	1 300 ±	400	1	0	6	6	13	j	3
Schwarzmilan	64,0	1 400 ±	350	1	0	6	6	13	j	3
Rotmilan	89,6	5 000 ±	1 300	0	0	5	4	9	j	3
Seeadler	14,4	130 ±	15	6	2	8	5	21	j	2
Rohrweihe	82,8	4 100 ±	1 100	0	0	5	5	10	j	3
Kornweihe	18,7	100 ±	30	6	2	8	7	23	j	1
Wiesenweihe	12,9	100 ±	30	6	3	8	7	24	j	1
Habicht	93,7	3 100 ±	650	0	0	5	6	11	j	3
Sperber	51,9	1 100 ±	400	2	0	6	7	15	j	3
Mäusebussard	99,7	22 000 ±	8 000	0	0	3	6	9	j	
Schreiadler	9,7	130 ±	30	7	5	8	5	25	j	1
Fischadler	13,1	120 ±	20	6	3	8	5	22	j	2
Turmfalke	95,5	11 000 ±	4 000	0	0	4	6	10	j	

280

Vogelart	RF (%)	Brutbestand (Anzahl BP)	A	B	C	D	Index	Status	
Baumfalke	62,5	850 ± 250	1	0	6	7	14	j	2
Wanderfalke	1,4	1(-3)	9	9	9	8	35	j	2
Birkhuhn	3,2	100 ± 30	8	8	8	8	32	j+	1
Auerhuhn	3,7	80 ± 20	8	7	8	8	31	j+	1
Rebhuhn	92,8	20 000 ± 9 000	0	0	4	8	12	j+	3
Wachtel	61,8	10 000 ± 7 000	1	0	4	7	12	j	2
Fasan	78,6	30 000 ± 14 000	0	0	3	6	9	j+	
Wasserralle	56,9	5 700 ± 2 000	2	0	4	6	12		3
Tüpfelsumpfhuhn	21,6	700 ± 200	5	1	6	6	18		2
Kleines Sumpfhuhn	4,2	80 ± 30	8	7	8	6	29		1
Wachtelkönig	32,5	1 000 ± 300	4	3	6	6	19		1
Teichhuhn	90,3	10 000 ± 3 000	0	0	4	7	11		
Bläßhuhn	91,0	50 000 ± 25 000	0	0	3	6	9	j+	
Kranich	37,6	900 ± 150	4	1	6	5	16		2
Großtrappe	9,8	230 ± 50	7	4	7	8	26	j	1
Austernfischer	5,1	300 ± 40	7	5	7	4	23		
Säbelschnäbler	1,3	250 ± 30	9	9	7	4	29		
Triel	0,4	0-3	9	9	9	8	35		1
Flußregenpfeifer	58,3	2 000 ± 500	2	0	6	6	14		3
Sandregenpfeifer	5,0	800 ± 300	7	8	6	5	26		
Kiebitz	96,6	28 000 ± 12 000	0	0	3	8	11		3
Alpenstrandläufer	1,5	90 ± 10	9	8	8	8	33		1
Kampfläufer	3,7	120 ± 35	8	6	8	8	30		1
Bekassine	70,5	5 900 ± 2 000	1	0	4	8	13		2
Waldschnepfe	63,6	16 000 ± 6 000	1	0	4	6	11	j+	3
Uferschnepfe	10,1	290 ± 60	6	2	7	7	22		2
Brachvogel	26,2	800 ± 200	5	1	6	8	20		2
Rotschenkel	11,8	650 ± 150	6	4	6	8	24		3
Waldwasserläufer	23,0	300 ± 100	5	0	7	6	18		P
Flußuferläufer	25,0	500 ± 250	5	3	7	7	22		1
Schwarzkopfmöwe	1,1	10 ± 3	9	7	9	3	28	j	P
Lachmöwe	33,3	100 000 ± 8 000	4	0	2	4	10	j+	
Sturmmöwe	7,9	6 000 ± 2 000	7	2	4	4	17	j+	
Heringsmöwe	0,1	1-2	9	9	9	3	30	j+	
Silbermöwe	3,4	1 200 ± 300	8	5	6	4	23	j+	
Raubseeschwalbe	0,1	1	9	9	9	3	30		1
Brandseeschwalbe	1,0	1 100 ± 150	9	9	6	3	27		3
Flußseeschwalbe	17,6	2 300 ± 250	6	3	5	5	19		2
Küstenseeschwalbe	0,2	180 ± 40	9	9	8	6	32		3
Zwergseeschwalbe	1,4	110 ± 30	9	8	8	6	31		2
Trauerseeschwalbe	16,6	1 100 ± 450	6	2	6	7	21		1
Haustaube	55,4	55 000 ± 25 000	2	0	2	5	9	j	
Hohltaube	69,0	7 000 ± 2 500	1	0	4	6	11	j	
Ringeltaube	99,9	250 000 ± 100 000	0	0	1	4	5	j+	
Türkentaube	97,1	65 000 ± 30 000	0	0	2	3	5	j+	
Turteltaube	92,3	26 000 ± 11 000	0	0	3	6	9	j	
Kuckuck	99,0	45 000 ± 20 000	0	0	3	6	9		
Schleiereule	64,6	3 500 ± 1 000	1	0	5	7	13		3
Uhu	4,3	45 ± 5	8	6	9	5	28		3

Vogelart	RF (%)	Brutbestand (Anzahl BP)	Bewertung A	B	C	D	Index	Status
Sperlingskauz	6,1	170 ± 50	7	8	8	6	29	2
Steinkauz	19,4	500 ± 140	6	1	6	8	21	2
Waldkauz	94,6	18 000 ± 7 000	0	0	4	6	10	
Waldohreule	87,5	14 000 ± 6 000	0	0	4	6	10	
Sumpfohreule	9,2	130 ± 60	7	2	8	6	23	2
Rauhfußkauz	10,6	500 ± 120	6	6	7	6	25	
Ziegenmelker	40,0	4 000 ± 1 500	3	0	5	7	15	2
Mauersegler	90,3	120 000 ± 65 000	0	0	2	6	8	
Eisvogel	69,9	1 900 ± 600	1	0	6	6	13	3
Blauracke	2,9	40 ± 20	8	6	9	8	31	1
Wiedehopf	25,2	370 ± 100	5	2	7	8	22	1
Wendehals	84,1	10 000 ± 3 500	0	0	4	8	12	3
Grauspecht	29,3	1 600 ± 500	5	5	6	6	22	
Grünspecht	85,6	7 700 ± 2 500	0	0	4	6	10	3
Schwarzspecht	91,4	7 300 ± 2 400	0	0	4	5	9	
Buntspecht	99,6	180 000 ± 75 000	0	0	2	6	8	
Mittelspecht	38,1	1 900 ± 600	4	0	6	6	16	3
Kleinspecht	88,0	9 000 ± 3 000	0	0	4	6	10	
Haubenlerche	76,6	16 000 ± 7 000	0	0	4	7	11	2
Heidelerche	67,5	24 000 ± 10 000	1	0	3	6	10	2
Feldlerche	99,7	2 000 000 ± 700 000	0	0	0	7	7	
Uferschwalbe	61,7	60 000 ± 23 000	1	0	2	7	10	3
Rauchschwalbe	99,9	700 000 ± 300 000	0	0	0	6	6	
Mehlschwalbe	99,9	600 000 ± 300 000	0	0	0	5	5	
Brachpieper	27,6	2 200 ± 800	5	0	5	7	17	1
Baumpieper	98,7	900 000 ± 350 000	0	0	0	6	6	
Wiesenpieper	86,5	80 000 ± 40 000	0	0	2	7	9	3
Schafstelze	87,8	56 000 ± 28 000	0	0	2	7	9	3
Gebirgsstelze	51,9	9 500 ± 4 000	2	0	4	6	12	
Bachstelze	99,9	130 000 ± 60 000	0	0	2	6	8	
Wasseramsel	15,2	560 ± 140	6	6	6	6	24	3
Zaunkönig	99,5	340 000 ± 180 000	0	0	1	6	7	
Heckenbraunelle	96,5	480 000 ± 230 000	0	0	1	5	6	
Rotkehlchen	99,4	850 000 ± 400 000	0	0	0	5	5	
Sprosser	30,9	18 000 ± 9 000	4	5	4	6	19	
Nachtigall	77,5	50 000 ± 25 000	0	0	3	5	8	
Blaukehlchen	7,9	270 ± 110	7	6	7	7	27	2
Hausrotschwanz	99,7	190 000 ± 90 000	0	0	2	5	7	
Gartenrotschwanz	98,4	120 000 ± 60 000	0	0	2	8	10	
Braunkehlchen	94,4	50 000 ± 30 000	0	0	3	8	11	3
Schwarzkehlchen	3,0	50 ± 25	8	4	9	6	27	3
Steinschmätzer	85,6	16 000 ± 7 000	0	0	4	7	11	3
Ringdrossel	0,8	30 ± 15	9	8	9	4	30	
Amsel	100	1 000 000 ± 400 000	0	0	0	5	5	
Wacholderdrossel	61,9	40 000 ± 20 000	1	0	3	5	9	
Singdrossel	99,9	540 000 ± 220 000	0	0	0	6	6	

Vogelart	RF (%)	Brutbestand (Anzahl BP)	Bewertung A	B	C	D	Index	Status
Misteldrossel	72,8	40 000 ± 15 000	1	0	3	6	10	
Feldschwirl	89,7	40 000 ± 20 000	0	0	3	5	8	
Schlagschwirl	42,7	2 600 ± 1 100	3	3	5	4	15	
Rohrschwirl	40,1	4 000 ± 1 200	3	1	5	4	13	3
Seggenrohrsänger	1,7	90 ± 50	9	7	8	8	32	1
Schilfrohrsänger	52,5	9 000 ± 3 500	2	0	4	8	14	2
Sumpfrohrsänger	96,2	110 000 ± 50 000	0	0	2	5	7	
Teichrohrsänger	82,8	46 000 ± 23 000	0	0	3	6	9	
Drosselrohrsänger	56,8	4 700 ± 1 400	2	0	5	8	15	2
Gelbspötter	97,9	350 000 ± 160 000	0	0	1	1	6	
Sperbergrasmücke	54,8	4 400 ± 1 300	2	0	5	6	13	2
Klappergrasmücke	98,2	230 000 ± 110 000	0	0	1	6	7	
Dorngrasmücke	98,1	170 000 ± 90 000	0	0	2	7	9	
Gartengrasmücke	98,9	570 000 ± 270 000	0	0	0	6	6	
Mönchsgrasmücke	98,7	450 000 ± 200 000	0	0	1	5	6	
Waldlaubsänger	95,3	310 000 ± 150 000	0	0	1	5	6	
Zilpzalp	99,3	700 000 ± 300 000	0	0	0	6	6	
Fitis	99,7	860 000 ± 330 000	0	0	0	6	6	
Wintergoldhähnchen	84,2	300 000 ± 140 000	0	0	1	6	7	
Sommergoldhähnchen	64,2	100 000 ± 50 000	1	0	2	6	9	
Grauschnäpper	94,7	130 000 ± 65 000	0	0	2	6	8	
Zwergschnäpper	27,6	1 800 ± 600	5	2	6	5	18	P
Halsbandschnäpper	1,0	0-5	9	7	9	5	30	3
Trauerschnäpper	96,1	150 000 ± 80 000	0	0	2	6	8	
Bartmeise	5,4	160 ± 50	7	3	8	3	21	P
Schwanzmeise	91,4	55 000 ± 25 000	0	0	3	6	9	
Sumpfmeise	90,4	65 000 ± 30 000	0	0	2	6	8	
Weidenmeise	85,3	50 000 ± 25 000	0	0	3	5	8	
Haubenmeise	82,9	100 000 ± 50 000	0	0	2	6	8	
Tannenmeise	88,9	360 000 ± 170 000	0	0	1	5	6	
Blaumeise	99,9	430 000 ± 190 000	0	0	1	6	7	
Kohlmeise	99,9	1 500 000 ± 500 000	0	0	0	5	5	
Kleiber	98,8	190 000 ± 90 000	0	0	2	5	7	
Waldbaumläufer	88,5	110 000 ± 60 000	0	0	2	6	8	
Gartenbaumläufer	93,5	120 000 ± 60 000	0	0	2	6	8	
Beutelmeise	31,6	1 200 ± 350	4	0	6	3	13	
Pirol	91,9	45 000 ± 20 000	0	0	3	6	9	
Neuntöter	99,2	60 000 ± 25 000	0	0	2	7	9	3
Raubwürger	66,9	1 900 ± 550	1	0	6	7	14	2
Rotkopfwürger	0,8	5 ± 3	9	8	9	8	34	1
Eichelhäher	99,1	100 000 ± 45 000	0	0	2	6	8	
Elster	98,8	70 000 ± 30 000	0	0	2	5	7	
Tannenhäher	12,9	800 ± 200	6	6	6	6	24	
Dohle	59,7	10 000 ± 4 000	2	0	4	7	13	3
Saatkrähe	19,3	12 900 ± 2 000	6	0	4	6	16	3
Aaskrähe	99,5	125 000 ± 60 000	0	0	2	6	8	
Kolkrabe	67,6	3 400 ± 900	1	0	5	4	10	j 3
Star	100	1 500 000 ± 600 000	0	0	0	6	6	
Haussperling	99,8	4 500 000 ± 1 800 000	0	0	0	6	6	

283

Vogelart	RF (%)	Brutbestand (Anzahl BP)	Bewertung				Index	Status
			A	B	C	D		
Feldsperling	98,6	700 000 ± 350 000	0	0	0	7	7	
Buchfink	99,9	2 500 000 ± 900 000	0	0	0	5	5	
Girlitz	93,2	100 000 ± 50 000	0	0	2	6	8	
Grünfink	99,9	750 000 ± 350 000	0	0	0	5	5	
Stieglitz	99,1	190 000 ± 100 000	0	0	2	6	8	
Erlenzeisig	47,2	10 000 ± 6 000	3	0	4	6	13	
Bluthänfling	98,3	180 000 ± 90 000	0	0	2	7	9	
Birkenzeisig	7,2	1 800 ± 800	7	7	6	4	24	
Fi.-Kreuzschnabel	25,6	5 000 ± 2 500	5	1	5	6	17	
Karmingimpel	8,0	280 ± 80	7	7	7	3	24	P
Gimpel	81,3	50 000 ± 25 000	0	0	3	6	9	
Kernbeißer	89,3	85 000 ± 45 000	0	0	2	6	8	
Goldammer	99,4	280 000 ± 150 000	0	0	1	7	8	
Ortolan	40,3	7 000 ± 3 000	3	1	4	7	15	2
Rohrammer	92,4	150 000 ± 60 000	0	0	2	6	8	
Grauammer	79,5	20 000 ± 8 000	0	0	4	8	12	2

Anhang V

Verteilung der abgeschätzten Häufigkeiten der Arten auf den Rasterflächen.

Art	Größenklassen [Anzahl BP/Raster]							abgeschätzt	
	1 -2	3 -5	6 -10	11 -20	21 -50	51 -100	>100	n	%
Zwergtaucher	136	140	80	29	10	2	-	397	60,0
Haubentaucher	75	62	63	61	50	22	5	338	57,4
Rothalstaucher	77	31	10	1o	1	-	-	127	44,6
Schwarzhalstaucher	18	1	5	2	3	-	-	29	22,8
Rohrdommel	87	37	5	2	-	-	-	131	46,6
Zwergdommel	36	8	-	2	-	-	-	46	43,4
Schwarzstorch	69	2	-	-	-	-	-	71	37,6
Höckerschwan	173	140	85	31	4	-	-	433	60,1
Graugans	40	19	24	16	21	8	-	128	42,0
Brandgans	33	11	2	2	1	-	-	49	46,2
Schnatterente	53	28	12	7	1	1	-	102	34,5
Krickente	92	67	26	8	4	-	-	197	46,1
Spießente	9	3	1	-	-	-	-	13	35,1
Knäkente	101	49	15	4	1	-	-	170	42,7
Löffelente	83	33	10	3	1	-	-	130	41,1
Kolbenente	8	-	-	-	-	-	-	8	30,8
Tafelente	61	81	52	36	24	8	6	268	52,0
Moorente	5	-	-	-	-	-	-	5	16,7
Reiherente	97	57	16	11	8	6	4	199	50,3
Schellente	44	22	12	5	6	-	-	89	44,1
Mittelsäger	5	1	2	-	-	-	-	8	28,6
Gänsesäger	6	6	-	-	-	-	-	12	35,3
Wespenbussard	265	80	5	-	-	-	-	350	58,1
Schwarzmilan	227	83	20	2	-	-	-	332	56,2
Rotmilan	160	185	112	43	13	3	-	516	62,2
Seeadler	47	4	-	-	-	-	-	51	38,3
Rohrweihe	149	158	107	44	9	-	-	467	61,0
Kornweihe	57	3	-	-	-	-	-	60	34,7
Wiesenweihe	47	5	-	-	-	-	-	52	43,7
Habicht	223	227	56	10	-	-	-	516	59,7
Sperber	138	74	31	2	-	-	-	245	51,4
Mäusebussard	7	30	108	202	205	31	-	583	63,2
Fischadler	39	6	2	-	-	-	-	47	38,8
Schreiadler	24	7	-	-	-	-	-	31	34,4
Turmfalke	82	158	130	109	55	20	-	554	62,7
Baumfalke	274	40	3	-	-	-	-	317	54,9
Birkhuhn	5	12	3	-	-	-	-	20	66,7
Auerhuhn	7	9	-	-	-	-	-	16	47,1
Rebhuhn	30	109	131	108	58	32	12	480	55,9
Wachtel	112	97	50	16	3	2	-	280	49,0

Fortsetzung (Arten)

Art	Größenklassen [Anzahl BP/Raster]							abgeschätzt	
	1 -2	3 -5	6 -10	11 -20	21 -50	51 -100	>100	n	%
Fasan	35	70	78	77	74	47	28	407	55,9
Wasserralle	71	75	41	31	17	6	-	241	46,0
Tüpfelsumpfhuhn	62	18	5	4	1	-	-	90	45,0
Kl. Sumpfhuhn	12	4	-	-	-	-	-	16	42,1
Wachtelkönig	80	45	6	2	3	-	-	136	45,2
Teichhuhn	80	157	113	103	41	11	-	505	60,7
Kranich	97	51	17	2	-	-	-	167	48,0
Großtrappe	20	7	4	1	-	-	-	32	35,2
Flußregenpfeifer	182	99	29	10	3	-	-	323	60,0
Kiebitz	19	81	118	132	128	55	16	549	61,5
Kampfläufer	4	5	1	1	-	-	-	11	32,4
Bekassine	78	114	82	48	15	2	-	339	52,0
Waldschnepfe	59	123	56	51	16	4	-	309	52,6
Uferschnepfe	32	11	6	2	-	-	-	51	54,8
Brachvogel	71	42	17	7	1	-	-	138	57,0
Rotschenkel	29	6	7	3	1	-	-	46	42,2
Waldwasserläufer	74	22	-	2	-	-	-	98	46,0
Flußuferläufer	72	31	4	2	-	-	-	109	47,8
Flußseeschwalbe	17	12	2	7	2	1	-	41	28,9
Trauerseeschwalbe	8	15	10	14	4	1	-	52	33,8
Hohltaube	74	113	72	63	26	8	-	356	56,2
Turteltaube	38	70	152	124	125	54	14	507	59,4
Kuckuck	8	37	78	132	164	65	11	495	54,0
Schleiereule	133	130	60	30	11	-	-	364	61,1
Sperlingskauz	14	12	-	-	-	-	-	26	46,4
Steinkauz	62	29	5	1	-	-	-	97	53,9
Waldkauz	41	104	145	145	69	7	-	511	58,5
Waldohreule	60	133	120	109	44	5	-	471	58,2
Sumpfohreule	33	3	-	-	-	-	-	36	42,4
Rauhfußkauz	13	19	9	3	-	-	-	44	44,9
Ziegenmelker	40	53	35	38	8	4	-	178	48,1
Eisvogel	230	115	24	7	-	-	-	376	58,1
Blauracke	5	4	-	-	-	-	-	9	33,3
Wiedehopf	88	22	6	1	-	-	-	117	51,1
Wendehals	60	120	80	82	58	4	-	404	51,9
Grauspecht	74	49	30	18	7	-	-	178	65,7
Grünspecht	90	145	111	74	26	6	-	452	57,0
Schwarzspecht	97	168	126	83	23	2	-	499	59,0
Mittelspecht	89	52	26	11	7	-	-	185	53,2
Kleinspecht	77	134	134	71	42	6	-	464	57,0
Haubenlerche	40	97	79	81	58	17	10	382	54,2

Art	Größenklassen [Anzahl BP/Raster]							abgeschätzt	
	1 -2	3 -5	6 -10	11 -20	21 -50	51 -100	>100	n	%
Heidelerche	34	53	35	56	81	30	16	305	49,1
Brachpieper	40	45	22	12	7	2	-	128	50,2
Wiesenpieper	27	52	62	93	81	53	38	406	50,8
Schafstelze	29	36	55	87	108	70	51	436	53,6
Gebirgsstelze	90	63	45	40	53	21	6	318	66,2
Bachstelze	-	2	17	49	158	151	145	522	56,5
Wasseramsel	37	27	18	6	1	-	-	89	63,6
Sprosser	9	11	11	22	16	25	8	102	35,7
Nachtigall	61	50	47	63	104	74	20	419	58,4
Blaukehlchen	18	11	3	1	-	-	-	33	45,2
Braunkehlchen	43	89	87	87	110	50	27	493	56,5
Schwarzkehlchen	8	4	1	-	-	-	-	13	52,0
Steinschmätzer	53	103	92	75	59	30	6	418	52,9
Misteldrossel	27	67	64	75	54	37	21	345	51,5
Feldschwirl	41	85	124	99	83	37	4	473	57,2
Schlagschwirl	79	47	26	9	4	3	-	168	42,7
Rohrschwirl	42	47	35	22	11	5	-	162	43,8
Seggenrohrsänger	-	3	1	-	1	-	-	5	27,8
Schilfrohrsänger	36	53	41	38	36	13	-	217	44,7
Teichrohrsänger	26	62	75	77	82	62	39	423	55,4
Drosselrohrsänger	67	72	67	46	12	4	-	268	51,0
Sperbergrasmücke	66	87	55	31	11	4	-	254	50,1
Grauschnäpper	13	48	67	126	124	68	37	483	55,1
Zwergschnäpper	40	21	12	7	5	-	-	85	33,5
Bartmeise	13	5	2	1	-	-	-	21	42,9
Schwanzmeise	29	79	95	114	89	29	16	451	53,4
Sumpfmeise	15	45	45	74	84	69	39	371	44,5
Weidenmeise	18	57	33	73	78	62	46	367	46,4
Beutelmeise	71	45	24	9	1	-	-	150	51,4
Pirol	35	57	76	125	123	41	22	479	56,4
Grauammer	67	100	81	60	46	23	12	389	53,0
Ortolan	41	57	42	34	18	10	4	206	55,2
Neuntöter	5	29	73	137	190	85	33	552	60,1
Raubwürger	180	139	26	13	-	-	-	358	57,8
Tannenhäher	24	30	10	7	6	-	-	77	64,7
Dohle	25	78	70	63	50	14	3	303	54,9
Rabenkrähe	15	22	20	43	88	76	54	318	55,7
Nebelkrähe	16	9	18	45	75	61	54	278	44,1
Kolkrabe	154	93	62	30	7	-	-	346	55,4
Erlenzeisig	47	45	31	27	18	16	9	193	57,3
Birkenzeisig	5	13	4	9	4	6	1	42	62,3
Fi.Kreuzschnabel	10	14	6	12	8	4	2	56	23,6
Karmingimpel	13	2	2	2	1	-	-	20	27,0
Gimpel	30	46	67	57	74	43	54	371	49,3
Kernbeißer	21	58	86	104	109	49	35	462	53,0
Stockente	37	249	150	108	8	-	-	550	59,5
Bläßhuhn	186	193	74	51	3	-	-	507	60,2

Fortsetzung (häufigere Arten)

Art	Häufigkeiten [Anzahl BP/Raster]							abgeschätzt	
	1 -10	11 -50	51 -100	101 -500	501 -1000	1001 -5000	>5000	n	%
Haustaube	62	129	43	40	8	3	-	285	55,8
Ringeltaube	28	178	157	155	18	6	-	542	58,7
Türkentaube	120	228	112	68	7	-	-	535	59,8
Mauersegler	99	208	69	79	15	6	-	476	56,8
Uferschwalbe	59	115	61	43	2	1	-	281	49,3
Rauchschwalbe	1	41	64	270	110	28	-	513	55,5
Mehlschwalbe	-	58	79	222	110	47	-	516	55,8
Hausrotschwanz	20	149	106	134	33	-	-	442	47,9
Gartenrotschwanz	98	240	109	53	10	-	-	499	54,9
Wacholderdrossel	155	92	55	54	5	-	-	361	63,2
Sumpfrohrsänger	75	201	123	81	11	-	-	491	55,3
Klappergrasmücke	28	143	105	138	25	-	-	430	47,5
Dorngrasmücke	47	164	121	85	8	-	-	425	46,9
Trauerschnäpper	89	170	66	72	18	-	-	415	46,8
Waldbaumläufer	75	161	66	56	7	-	-	365	44,6
Gartenbaumläufer	70	175	72	46	14	-	-	377	43,7
Eichelhäher	72	208	110	90	17	-	-	497	54,2
Elster	93	268	98	50	12	-	-	521	56,9
Star	-	21	28	152	117	154	31	503	54,4
Feldsperling	12	51	67	173	99	78	-	480	52,6
Girlitz	130	206	82	51	5	-	-	474	55,0
Grünfink	9	85	85	177	89	53	-	498	53,9
Stieglitz	62	193	116	116	15	-	-	502	54,7
Hänfling	65	207	103	89	20	-	-	484	53,2
Goldammer	41	162	139	144	40	-	-	526	57,2
Rohrammer	114	215	78	75	7	-	-	489	57,2

Literaturverzeichnis

ANSORGE, H., & J. LEHNERT (1981): Die Verbreitung der Uferschwalbe, *Riparia riparia,* im Bezirk Leipzig. Actitis **21**, 13–24.

ARNOLD, H. (1988): Der Brutbestand der Lachmöwe im Jahre 1983 in der DDR. Falke **35**, 124–128 u.152–155.

– (1989): Der Brutbestand der Graureiher *(Ardea cinerea)* und die Bestandsentwicklung auf dem Gebiet der DDR. Beitr. Vogelkd. **35**, 207–218.

AUERSWALD, J. (1979): Erneutes Brutvorkommen vom Schwarzstirnwürger, *Lanius minor* GMELIN, und vom Rotkopfwürger, *Lanius senator* L., in Ostthüringen. Thür. Orn. Mitt. **25**, 37–40.

– & K. LIEDER (1991): Zum Brutvorkommen von Graureiher, *Ardea cinerea* L., und Lachmöwe, *Larus ridibundus* L., im Bezirk Gera. Thür. Orn. Mitt. **41**, 69–72.

AUST, O., & W. OTTO (1990): Vorkommen und Brutökologie der Rohrweihe im Berliner Raum. Pica **17**, 165–177.

AWERIN, J. W., & I. M. GANJA (1970): Die Vögel Moldaviens. Bd. 1. Kishinjew (russ.).

BALSCHUN, D. (1980): Rotfußfalkenbrut im Gebiet der Mansfelder Seen (Bezirk Halle). Falke **27**, 18–21.

BANSE, G. (1982): Anmerkungen zur Arten-Areal-Kurve bei Vögeln. Ökol. Vögel **4**, 59–65.

BÄSSLER, R., & S. RAU (1985): Nachtigall, *Luscinia megarhynchos*, und Sprosser, *Luscinia luscinia*, im Elbe-Röder-Gebiet bei Dresden. Actitis **24**, 28–37.

BAUER, K. M., & GLUTZ V. BLOTZHEIM (1966, 1968, 1969): Handbuch der Vögel Mitteleuropas. Bde. 1; 2; 3. Wiesbaden.

BAUER, S., & G. THIELKE (1982): Gefährdete Brutvogelarten in der Bundesrepublik Deutschland und im Land Berlin: Bestandsentwicklung, Gefährdungsursachen und Schutzmaßnahmen. Vogelwarte **31**, 183–391.

BEKHUIS, J., & P. L. MEININGER (1990): Mediterranean Gull *Larus melanocephalus*. Bird Census News **3**/1, 6–9.

BERG, W., & A. STIEFEL (1968): Der Brutbestand der Wasserralle im Stadtkreis Halle, im Saalkreis und an den Mansfelder Seen. Apus **1**, 210–218.

BERNDT, R., H. HECKENROTH & W. WINKEL (1978): Zur Bewertung von Vogelbrutgebieten. Vogelwelt **99**, 222–226.

BERTHOLD, P., G. FLIEGE, U. QUERNER & H. WINKLER (1986): Die Bestandsentwicklung von Kleinvögeln in Mitteleuropa: Analyse von Fangzahlen. J. Orn. **127**, 397–437.

–, U. QUERNER & R. SCHLENKER (1990): Die Mönchsgrasmücke. NBB **603**. Wittenberg Lutherstadt.

BEZZEL, E. (1969): Die Tafelente. NBB **405**, Wittenberg Lutherstadt.

– (1971): Grobe Analyse der Verbreitung einiger Brutvögel in den Bayerischen Alpen und ihrem Vorland. Anz. orn. Ges. Bayern **10**, 7–37.

– (1980a): Die Brutvögel Bayerns: Artenreichtum auf Rasterflächen. Garmischer vogelkdl. Ber. **8**, 39–49.

– (1980b): Die Brutvögel Bayerns und ihre Biotope: Versuch der Bewertung ihrer Situation als Grundlage für Planungs- und Schutzmaßnahmen. Anz. orn. Ges. Bayern **19**, 133–169.

– (1982): Vögel in der Kulturlandschaft. Ulmer, Stuttgart.

– (1983): Zur Interpretation von Verteilungsmustern (Rasterkarten) bei Sommervögeln. J. Orn. **124**, 47–63.

– (1985): Kompendium der Vögel Mitteleuropas. Wiesbaden.

– & H. UTSCHICK (1979): Die Rasterkartierung von Sommervogelbeständen – Bedeutung und Grenzen. J. Orn. 120, 431–440.

–, F. LECHNER & H. RANFTL (1980): Arbeitsatlas der Brutvögel Bayerns. Themen der Zeit, H. 4. Greven.

BLANA, H. (1978): Die Bedeutung der Landschaftsstruktur für die Vogelwelt – Modell einer ornithologischen Landschaftsbewertung. Beitr. Avifauna Rheinland, H. 12.

BLOCK, B., & P. BLOCK (1986): Zum Vorkommen des Rauhfußkauzes *(Aegolius funereus)* im Flachland und ersten Brutnachweisen im Bezirk Potsdam. Mitt. BAG „Artenschutz" (Potsdam) H. 2, 30–35.

– – (1987): Zu einigen den Brutbestand und die Reproduktion der Waldohreule *(Asio otus)* beeinflussenden Faktoren. Populationsökol. Greifvogel- u. Eulenarten **1**, 385–398.

– – (1989): Der Rauhfußkauz *(Aegolius funereus)* als Brutvogel im Bezirk Potsdam. Beitr. Tierwelt d. Mark **XI**, 78–88.

–, M. JASCHKE & H. LITZBARSKI (1989): Zur Verbreitung der Brutvögel im Bezirk Potsdam – Ergebnisse einer Kartierung in den Jahren 1978–1982 – Teil 1 u. 2. Mitt. BAG „Artenschutz" (Potsdam), H. 1 u. 2.

BLÜMEL, H. (1976): Der Grünling. NBB **490**. Wittenberg Lutherstadt.

– (1982): Die Rohrammer. NBB **544**. Wittenberg Lutherstadt.

– (1990): Schwanz- und Bartmeise in der Oberlausitz. Abh. Ber. Naturkde. Mus. Görlitz **64**/6, 1–4.

– & R. KRAUSE (1990): Die Schellente. NBB **605**. Wittenberg Lutherstadt.

BOLZ, H. (1989): Zum Brutvorkommen des Gänsesägers an der Oder von Hohensaaten (Kreis Bad Freienwalde) bis Großneuendorf (Kreis Seelow). Falke **36**, 130–131.

BORRMANN, K. (1987): Bemerkungen zum Vorkommen und zur Brutbiologie der Schellente *(Bucephala clangula)* in der Uckermark. Beitr. Vogelkd. **33**, 249–256.

– & E. HEMKE (1985): Zum Vorkommen, Bruthabitat und Verhalten der Schellente *(Bucephala clangula)* im Kreis Neustrelitz. Beitr. Vogelkd. **31**, 141–160.

BOZHKO, S. I. (1980): Der Karmingimpel. NBB **529**. Wittenberg Lutherstadt.

BRÄSECKE, R. (1974): Versuch einer Kolkrabeneinbürgerung im Bezirk Gera. Thür. Orn. Rbrief. **22**, 39.

BRÄUTIGAM, H. (1984): Ein weiterer Nachweis des Buschrohrsängers für die DDR. Abh. Ber. Nat. Mus. Mauritianum **11**, 215–216.

BRENNING, U. (1983): Zur Entwicklung des NSG Langenwerder in den letzten 20 Jahren (1963–1982). Naturschutzarbeit Meckl. **26**, 78–83.

BRIEDERMANN, L., M. AHRENS & G. CREUTZ (1982): Zum Vorkommen der Waldschnepfe in der DDR. Unsere Jagd **32**, 174–176.

BRIESEMEISTER, E. (1985): Weitere zehnjährige Bestandserfassung des Kiebitz in der Elbaue bei Magdeburg. Apus **6**, 10–17.

– (1992): Der Brutbestand des Turmfalken in Magdeburg im Jahre 1988. Apus **8**, 3–7.

–, H. STEIN & K.-J SEELIG (1987, 1988): Avifaunistische Übersicht über die Nonpasseriformes für das Gebiet des Ornithologischen Arbeitskreises „Mittelelbe-Börde", Teil 1 u. 2. Magdeburg.

BRUCH, A., H. ELVERS, Ch. POHL, D. WESTPHAL & K. WITT (1978): Die Vögel in Berlin (West) – Eine Übersicht. Orn. Ber. Berlin (West) Bd. **3**, Sonderheft.

BUSCHING, W.-D., U. KOLBE & J. NEUMANN (1991): Der Rotfußfalke als Brutvogel in Ostdeutschland. Falke **38**, 176–181.

CATUNEANU, I. I. et al. (1970): Fauna Republicii Socialiste Romania. Voll XV/1, Aves (Pasaris). Bucuresti.

CONRAD, U., R. HOLZ & D. SELLIN (1979): Die Entwicklung des Limikolenbrutbestandes am südlichen Greifswalder Bodden von 1967 bis 1978. Orn. Rbrief. Meckl. **21**, 56–72.

CREUTZ, G. (1964): Das Vorkommen der Blauracke in der DDR und ihr Rückgang in den letzten Jahrzehnten. Falke **11**, 39–49.

– (1965): Das Brutvorkommen der Lachmöwe, *Larus ridibundus*, in der DDR. Falke **12**, 256–263 u. 310–315.

– (1969): Das Vorkommen der Weihenarten in der DDR – Die Rohrweihe. Falke **16**, 112–119.

– (1970): Dringt der Halsbandschnäpper nach Norden vor? Falke **17**, 334–339.

– (1971): Zum Vorkommen der Schnäpper am Großen Winterberg. Beitr. Vogelkd. **17**, 77.

– (1975): Das Vorkommen der Eulenarten in der Oberlausitz. Abh. Ber. Naturkde. Mus. Görlitz **49**/4, 1–19.

– (1979): Der gegenwärtige Bestand der Blauracke in der DDR und sein Schutz. Archiv Naturschutz Landschaftsforsch. **19**, 231–239.

– (1983): Der Graureiher. NBB **530**. Wittenberg Lutherstadt.

– (1985): Der Weißstorch. NBB **375**. Wittenberg Lutherstadt.

– (1985): Die Entwicklung der Vogelwelt in der Teichlandschaft der Oberlausitz. Beitr. Vogelkd. **31**, 45–48.

– (1985): Die Stelzenarten *(Motacillidae)* in der Oberlausitz. Abh. Ber. Naturkde. Mus. Görlitz **59**/2, 1–16.

– (1986): Die Wasseramsel. NBB **364**. Wittenberg Lutherstadt.

– (1987): Das Vorkommen des Gelbspötters in der Oberlausitz. Abh. Ber. Naturkde. Mus. Görlitz **61**/1, 1–8.

– (1988): Die Wasseramsel *(Cinclus cinclus)* in der Deutschen Demokratischen Republik. Egretta **31**, 4–11.

– & L. CREUTZ (1970): Der Bestand des Schwarzstorches *(Ciconia nigra* [L.]) und seine Entwicklung. Beitr. Vogelkd. **16**, 36–49.

Dachverband Deutscher Avifaunisten (Hrsg., 1992): DDA–aktuell 1/1992 Januar 1992. Vogelwelt **113**.

DALLMANN, M. (1987): Der Zaunkönig. NBB **577**. Wittenberg Lutherstadt.

DAUBER, M., & L. HELBIG (1983): Buschrohrsänger bei Greifswald. Falke **30**, 413–414.

DECKERT, G. (1968): Der Feldsperling. NBB **398**. Wittenberg Lutherstadt.

– (1969): Zur Ethologie und Ökologie des Haussperlings *(Passer d. domesticus* L.). Beitr. Vogelkd. **15**, 1–84.

– (1980): Siedlungsdichte und Nahrungssuche bei Elster, *Pica p. pica* (L.), und Nebelkrähe, *Corvus corone cornix* (L.). Beitr. Vogelkd. **26**, 305–334.

DEGEN, G. (1973): Beitrag zur Kenntnis der Verbreitung des Prachttauchers, *Gavia arctica* (L.), in Mitteleuropa. Beitr. Vogelkd. **19**, 170–174.

– & W. OTTO (1988): Atlas der Brutvögel von Berlin. Berlin & Potsdam.

DEUNERT, J., & R. REITZ (1988): Zum Auftreten und zur Brutbiologie des Schlagschwirls *(Locustella fluviatilis)* bei Bautzen. Beitr. Vogelkd. **34**, 243–248.

DICK, W. (1973): Zum Brutvorkommen des Birkenzeisigs *(Carduelis flammea)* im Erzgebirge. Beitr. Vogelkd. **19**, 397–405.

DIJK, J. VAN (1988): Berglaubsänger in Mecklenburg beobachtet. Falke **35**, 26.

DITTBERNER, H., & W. DITTBERNER (1975): Artenliste der Vögel der Mark Brandenburg. Mitt. IG Avifauna DDR **8**, 3–60.

– – (1975): Brutvorkommen und Massendurchzug des Kampfläufers im unteren Odertal. Falke 22, 82–87 u. 124–129.

– – (1976): Der Seggenrohrsänger im Bezirk Frankfurt/O. Falke **23**, 78–81.

– – (1983): Die Schafstelze. NBB **559**. Wittenberg Lutherstadt.

– – (1986): Austernfischer, Brandgans und Zwergseeschwalbe – Brutvögel an der Oder. Falke **33**, 258–263 u. 300–305.

– – (1989): Phänologie und Brutvorkommen der Spießente *(Anas acuta* L.) im unteren Odertal. Acta ornithoecol. **2**, 87–94.

– – & J. SADLIK (1979): Karmingimpel als Brutvogel der Mark Brandenburg. Falke **26**, 296–298.

DITTBERNER, W., & H. DITTBERNER (1983): Sommernachweis der Eiderente in Brandenburg. Falke **30**, 86–87.

DITTMAR, K. (1985): Stelzenläufer am Breitunger See. Falke **32**, 225.

DORNBUSCH, M. (1972): Die Siedlungsdichte des Brutvogelbestandes und die Vogeldichte außerhalb der Brutzeit in Kiefernjungbestockungen sowie ihre Beeinflussung durch Vogelschutzmaßnahmen. Beitr. Vogelkd. **18**, 265–294.

– (1979): Zur Situation bestandsbedrohter Vogelarten. Falke **26**, 378–381.

– (1980): Zur Bestandsdichte der Grauammer. Orn. Rbrief. Meckl. **23**, 47–52.

– (1982): Störche! Falke **29**, 222–233.

– (1983): Bestandssituation, Lebensraumstruktur und Schutzmaßnahmen bei der Großtrappe in der DDR. Ber. 4. Symposium Großtrappe in der DDR 1983 in Eberswalde, 7–10.

– (1983): Zur Bestandssituation der Großtrappe. Naturschutzarb. Berlin Brandenburg, Beiheft **6**, 3–5.

–, G. GRÜN, H. KÖNIG & B. STEPHAN (1968): Zur Methode der Ermittlung von Brutvogel-Siedlungsdichten auf Kontrollflächen. Mitt. IG Avifauna DDR **1**, 7–16.

DORNBUSCH, P. (1987): Zur Erhaltung der Tieflandpopulation des Auerhuhns. Naturschutzarbeit Berlin Brandenburg **23**, 3–7.

DUTY, H. (1988): Erneuter Brutnachweis des Weißsternigen Blaukehlchens im Stadtgebiet von Rostock. Falke **35**, 222–223.

DWENGER, R. (1989): Die Dohle. NBB 588. Wittenberg Lutherstadt.

– (1991): Das Rebhuhn. NBB 447 (2. Aufl.). Wittenberg Lutherstadt.

DYBBRO, T. (1976): De danske ynglefugles udbredelse. Kobenhavn.

EHRING, R. (1981): Brutbestandsaufnahme des Habicht, *Accipiter gentilis*, im Bezirk Leipzig. Actitis **20**, 16–25.

– (1985): Der Wespenbussard, *Pernis apivorus* (L.,1758), eine Artbearbeitung für den Bezirk Leipzig. Actitis **24**, 21–24.

EICHSTÄDT, W. (1987): Die Vogelwelt des Kreises Pasewalk. Natur u. Naturschutz Meckl. **24**, 1–72.

EIFLER, G. (1980): Zum Brutvorkommen der Gartenammer, *Emberiza hortulana* L., in der Südlausitz. Actitis **18**, 24–28.

– & H. BLÜMEL (1983): Die Ammern in der Oberlausitz. Abh. Ber. Naturkde. Mus. Görlitz **57**/2, 1–24.

ENGLER, G. (1983): Bestandserfassung der Waldschnepfe *(Scolopax rusticola)* im Keulenberg–Gebiet. Veröff. Mus. Westlausitz Kamenz **7**, 75–78.

ENGLER, H. (1983): Die Teichralle. NBB 536. Wittenberg Lutherstadt.

ERDMANN, G. (1980): Zum Durchzug und Vorkommen der Blauracke in den Bezirken Karl-Marx-Stadt und Leipzig. Actitis **18**, 29–32.

– (1981): Der Brutbestand der Saatkrähe, *Corvus frugilegus* L., im Bezirk Leipzig in den Jahren 1972 bis 1981. Actitis **21**, 36–40.

– (1987): Zur Ansiedlung der Schellente, *Bucephala clangula,* in und um Leipzig. Actitis **25**, 51–55.

ERNST, S. (1984): Angaben zur Bleßralle *(Fulica atra)* im Bezirk Karl-Marx-Stadt. Actitis **23**, 4–17.

– (1988): Die Ausbreitung des Alpenbirkenzeisigs, *Carduelis flammea cabaret* P. L. S. MÜLLER, in Europa bis zum Jahre 1986. Ann. Orn. **12**, 3–50.

– (1990): Die weitere Bestandsentwicklung des Alpenbirkenzeisigs, *Carduelis flammea cabaret,* im Bezirk Karl-Marx-Stadt nebst Anmerkungen zur Brutbiologie, Phänologie und Morphologie. Beitr. Vogelkd. **36**, 65–108.

– (1991): Die Einwanderung der Beutelmeise *(Remiz pendulinus)* im Vogtland. Mitt. Ver. Sächs. Orn. **7**, 33–36.

FEIGE, K.-D. (1986): Der Pirol. NBB **578**. Wittenberg Lutherstadt

– & H. ZÖLLICK (1988): Die Dispersion des Weißstorches *(Ciconia ciconia)* in zwei Gebieten Nordmecklenburgs. Acta ornithoecol. **1**/4, 395–413.

FEILER, M. (1974): Die Bestandssituation des Höckerschwans *(Cygnus olor)* in der DDR 1971. Beitr. Vogelkd. **20**, 340–368.

FIEDLER, B. (1990): Zum Brutvorkommen des Gänsesägers in Nordwestmecklenburg unter besonderer Berücksichtigung der Wismar-Bucht. Orn. Rbrief. Meckl.-Vorpommern **33**, 17–28.

– & B. FREITAG (1989): Zum Brutvorkommen des Rothalstauchers *(Podiceps griseigena)* im Stadt- und Landkreis Wismar. Orn. Rbrief. Meckl. **32**, 3–10.

FISCHER, S. (1989): Zum Vorkommen der Weißkopfmöwe *(Larus cachinnans)* in der Mark Brandenburg. Pica **16**, 129–135.

– (1990): Eine sehr große Binnenlandkolonie der Uferschwalbe *(Riparia riparia)* bei Berlin. Pica **17**, 179–180.

–, G. MAUERSBERGER, H. SCHIELZETH & K. WITT (1992): Erster Brutnachweis des Bindenkreuzschnabels *(Loxia leucoptera)* in Mitteleuropa. J. Orn. **133**, 197–202.

– , W. OTTO & B. SCHONERT (1991): Zum Auftreten einiger seltener Vogelarten in Berlin (Ost). Pica **18**, 191–221.

FISCHER, W. (1980): Die Habichte. NBB **158**. Wittenberg Lutherstadt.

– (1984): Die Seeadler. NBB **221** (4. Aufl.). Wittenberg Lutherstadt.

FIUCZYNSKI, D. (1981): Siedlungsdichte und Bestandsentwicklung des Baumfalken in Deutschland.s Orn. Mitt. **33**, 3–13.

– (1987): Der Baumfalke. NBB **575**. Wittenberg Lutherstadt.

FLADE, M., & K. STEIOF (1988): Bestandstrends häufiger norddeutscher Brutvögel 1950 – 1985: eine Analyse von über 1400 Siedlungsdichte–Untersuchungen. Proc. Int. 100. DO–G Meeting, Current Topics Avian Biol., Bonn.

–, D. FRANZ & A. Helbig (1986): Die Ausbreitung der Beutelmeise (*Remiz pendulinus*) an ihrer nordwestlichen Verbreitungsgrenze bis 1985. J. Orn. **127**, 261–287.

FLÖSSNER, D. (1975): Eichelhäher – *Garrulus glandarius* (L.). Ber. Avif. Bez. Gera, 4 S.

– (1981): Gebirgsstelze – *Motacilla cinerea* TUNSTALL. Ber. Avifauna Bez. Gera, 5 S.

FRÄDRICH, J. (1986): Zur Kenntnis der Brutphänologie der Wasserralle *(Rallus aquaticus)* in Berlin. Pica **12**, 36–40.

– & J. NAACKE (1974): Das Vorkommen der Graugans, *Anser anser* L., in der DDR. Beitr. Vogelkd. 20, 369–383.

FREUND, W. (1981): Ansiedlung und Brüten des Seeadlers in der westlichen Oberlausitz. Veröff. Mus. Westlausitz Kamenz **5**, 29–45.

– (1982): Die Ausbreitung des Seeadlers (*Haliaeetus albicilla* L.) im Bezirk Dresden. Veröff. Mus. Westlausitz Kamenz **6**, 35–44.

FROMMHOLD, E. (1953): *Larus melanocephalus* Temm. auf Langenwerder 1951. Beitr. Vogelkd. **3**, 117–121.

FRÜNDT, E. (1976): Wasseramsel und Gebirgsstelze am Goldbach bei Altentreptow. Falke **23**, 176.

GEDEON, K. (1989): Status und Verbreitung der Milane und Weihen im Bezirk Karl-Marx-Stadt. Actitis **26**, 26–31.

GEHLHAAR, H., & W. KLEBB (1979): Wandert der Bienenfresser bei uns ein. Falke **26**, 88–91.

GEORGE, K. (1983): Zum Vorkommen der Wachtel (*Coturnix coturnix* L., 1758) in der Deutschen Demokratischen Republik. Diplomarbeit MLU Halle–Wittenberg.

– (1990): Zu den Habitatansprüchen der Wachtel *(Coturnix coturnix)*. Acta ornithoecol. **2**/2, 133–142.

– (1992): Siedlungsdichte der Wachtel *Coturnix coturnix*. Stand und Aussichten. Vogelwelt **113**, 81–89.

GLEICHNER, W. (1983): Zum Vorkommen des Schwarzmilans – *Milvus migrans* (BODDAERT) – im Kreis Kamenz. Veröff. Mus. Westlausitz 7, 89–95.

– & G. ENGLER (1982): Zur Besiedlung des Kreises Kamenz durch den Rotmilan (*Milvus milvus* L.). Veröff. Mus. Westlausitz Kamenz **6**, 45–56.

GLEINICH, W., & P. HUMMITZSCH (1977): Zum Brutvorkommen der Eulen im mittleren Oberelbe-Röde-Gebiet. Faun. Abh. Mus. Tierkde. Dresden **6**, 237–262.

GLUTZ V. BLOTZHEIM, U. N., & K. M. BAUER (1980; 1982; 1985; 1988; 1991): Handbuch der Vögel Mitteleuropas. Bde. 8; 9; 10; 11; 12. Wiesbaden.

GNIELKA, R. (1975): Brutstatistik zweier Populationen des Gelbspötters, *Hippolais icterina*. Mitt. IG Avifauna DDR **8**, 91–101.

– (1978): Zur Ökologie und Brutbiologie des Girlitz *(Serinus serinus)*. Orn. Mitt. **30**, 81–90.

– (1983, 1984): Avifauna von Halle und Umgebung. Teil 1 u. 2. Schriftenreihe Natur und Umwelt. Halle.

– (1985): Bestandserfassung der Haubenlerche im Bezirk Halle 1982. Apus **6**, 19–21.

– (1985): Die Verbreitung der Heidelerche im Bezirk Halle. Apus **6**, 21–24.

– (1985): Ein weiterer Brutplatz der Sturmmöwe im Bezirk Halle. Apus **6**, 17–19.

– (1987): Daten zur Brutbiologie der Mönchsgrasmücke *(Sylvia atricapilla)* aus dem Bezirk Halle. Beitr. Vogelkd. **33**, 103–113.

– (1987): Der Bestand des Ortolans im Bezirk Halle. Apus **6**, 273–279.

– (1987): Verwilderte Haustauben als Felsbrüter im Saalkreis. Apus **6**, 258–259.

– (1992): Einwanderung und Bestandsentwicklung der Wacholderdrossel in Sachsen-Anhalt. Apus **8**, 12–19.

GORETZKI, J. (1987): Jagdfasan. In: STUBBE (Hrsg.): Buch der Hege. Bd. 2, Federwild. Berlin, 2–10.

GÖRNER, M. (1973): Über das Vorkommen und den Bestand des Eisvogels, *Alcedo atthis* L., in Thüringen. Beitr. Vogelkd. **19**, 376–389.

– (1978): In Felsen, Steinbrüchen und Lockergesteinswänden Thüringens brütende Vögel. Orn. Jber. Mus. Heineanum **3**, 43–62.

– (1981): Das Thüringer Becken – südlichster Brutplatz der Brandgans in der DDR. Landschaftspflege u. Naturschutz in Thür. **18**, 105.

– (1981): Fichtenforste als Lebensraum des Kleibers (*Sitta europaea* L.) im Thüringer Gebirge. Landschaftspflege u. Naturschutz in Thür. **18**, 73–75.

– (1982): Der Alpenbirkenzeisig – Brutvogel in Thüringen. Landschaftpflege u. Naturschutz in Thür. **19**, 98–99.

– (1982): Entwicklung der Uhupopulation in Thüringen und ihre Begrenzung durch Umweltfaktoren. Ber. Vogelwarte Hiddensee **2**, 22–28.

– (1982): Zur Ökologie unserer heimischen Eulen und Maßnahmen zu ihrem Schutz. Landschaftspflege u. Naturschutz in Thür. **19**, 1–17 (Sonderheft).

– (1985): Zur Ökologie, zum Vorkommen und Schutz der Wasseramsel in Thüringen. Landschaftspflege u. Naturschutz in Thür. **22**, 1–16 (Sonderheft).

– & W. HIEKEL (1983): Neuentstandene Bewässerungsspeicher in Thüringen und ihre Besiedlung durch Vögel. Falke **30**, 335–343.

– S. KLAUS, W. BOOCK & E. SEIBT (1988): Rauhfußhühner – Ökologie, Vorkommen und Schutz in Thüringen. Landschaftspflege u. Naturschutz in Thür. **25**, 1–16 (Sonderheft).

– & P. KNEIS (1982): Zur Wirtsvogelproblematik des Kuckuck *(Cuculus canorus)* und Gesichtspunkte des Artenschutzes. Arch. Nat. und Landschaftsforschung **21**, 131–147.

– & R. SCHULTHEIS (1984): Schwarzstorch (*Ciconia nigra*) wieder Brutvogel in Thüringen. Landschaftspflege u. Naturschutz in Thür. **21**, 88–90.

GOTHE, J. (1961): Zur Ausbreitung und zum Fortpflanzungsverhalten des Kolkraben (*Corvus corax* L.). In: SCHILDMACHER, H.: Beiträge zur Kenntnis deutscher Vögel, 63–129. Jena.

GOTTSCHALK, C. (1980): Kuckuck – *Cuculus canorus* L. Ber. Avif. Bez. Gera, 5 S.

GRÄTZ, H.-P. (1978): Hat der Schlangenadler 1975 in der DDR erfolgreich gebrütet? Falke **25**, 92–95.

– (1985): Die Verbreitung der Gebirgsstelze im Südosten des Bezirkes Frankfurt/O. Falke **32**, 116–122.

– (1988): Zur Stabilisierung der Waldwasserläuferpopulation im Südosten des Bezirkes Frankfurt (Oder). Falke **35**, 178–184.

– (1988): Zwei neue Nachweise des Weißrückenspechtes in der DDR. Falke **35**, 291–293.

GREMPE, G. (1973): Der Grüne Laubsänger (*Phylloscopus trochiloides* Sund.) in Mecklenburg. Beitr. Vogelkd. **19**, 261–288.

GRIMM, H. (1985): Zum Vorkommen und Schutz des Steinkauzes (*Athene noctua*) in Thüringen. Veröff. Mus. Gera Naturwiss. R. **11**, 83–89.

GRÖSSLER, K. (1980): Zur Bestandserfassung einiger ausgewählter Vogelarten im Bezirk Leipzig. Actitis **18**, 3–15.

– (1984): Notizen über Brutvorkommen ausgewählter Vogelarten im Bezirk Leipzig. Actitis **23**, 18–34.

GÜNTHER, E. (1987): Untersuchung zum Brutbestand, zur Bestandsentwicklung und zum Habitat des Mittelspechtes *(Dendrocopos medius)* im Nordost-Harz. Ing.-Arbeit, Quedlinburg.

– (1990): Kornweihe *(Circus cyaneus)* und Wiesenweihe *(Circus pygargus)* als Brutvögel im Nördlichen Harzvorland. Abh. Ber. Mus. Heineanum **1**, Nr. 3, 1–16.

– & M. HELLMANN (1991): Zum Vorkommen und zur Nistökologie baumbrütender Mauersegler *(Apus apus)* im Nordharz. Acta ornithoecol. **2**, 261–275.

–, M. HELLMANN & H. LYHS (1978): Bruten der Kolbenente *(Netta rufina)* und der Schnatterente *(Anas strepera)* im südlichen Harzvorland. Orn. Jber. Mus. Heineanum **3**, 63–65.

GÜNTHER, R. (1975): Stockente – *Anas platyrhynchos* L. – Ber. Avif. Bez. Gera, 4 S.

– (1979): Schwarzstirnwürger – *Lanius minor* GMELIN; Rotkopfwürger – *Lanius senator* L.; Neuntöter – *Lanius collurio* L. Ber. Avif. Bez. Gera, 10 S.

– (1983): Zum Vorkommen des Sperlingskauzes, *Glaucidium passerinum* L., in den Kammlagen des Frankenwaldes im Kreis Lobenstein. Thür. Orn. Mitt. **30**, 33–35.

– (1991): Zum Vorkommen der Grauammer, *Emberiza calandra* L., einst und jetzt. Thür. Orn. Mitt. **41**, 75–78.

– & E. DONATH (1991): Wacholderdrosselbruten *(Turdus pilaris)* im nördlichen Havelland als Ausdruck aktueller Ausbreitungstendenzen der Art. Beitr. Vogelkd. **37**, 233–238.

HAARSTICK, K.–H. (1989): Zehn Jahre Auerwild im Harz. Niedersächs. Jäger **34**, 449–451.

HAENSEL, J. (1970): Zum Vorkommen des Dickschnabel-Tannenhähers (*Nucifraga c. caryocatactes* [L.]) im Harz. Beitr. Vogelkd. **16**, 169–191.

– (1977): Zum Vorkommen der Wasseramsel (*Cinclus cinclus aquaticus* BECHST.) im Harz. Beitr. Vogelkd. **23**, 9–30.

–, K. HANDTKE, H. KÖNIG & R. SCHNEIDER (1964): Der Einfluß der Vernässungserscheinungen 1961 auf die Vogelwelt im Großen Bruch bei Oschersleben/Bode. Beitr. Vogelkd. **9**, 402–419.

– & H. KÖNIG (1974, 1978, 1981, 1984, 1987, 1990, 1991): Die Vögel des Nordharzes und seines Vorlandes. Naturkdl. Jber. Mus. Heineanum **IX**/1–7.

HAGEMANN, J., & F. ROST (1985): Die Beutelmeise, *Remiz pendulinus* (L.), im Raum südlich von Leipzig. Abh. Ber. Naturkdl. Mus. Mauritianum Altenburg **11**, 283–299.

HAHNKE, H. (1991): Großräumige Bestandsermittlungen häufiger Brutvogelarten Deutschlands – Aufbau und Nutzung einer Datenbank quantitativer avifaunistischer Untersuchungen von 1955–1990. Diss. Universität Greifswald.

–, T. BECKER & A. SCHULZ (1990): Die Bestandsentwicklung der Trauerseeschwalbe *(Chlidonias niger)* in drei Kolonien am Südrand Berlins und ihr interspezifisches Verhalten. Pica **17**, 150–156.

HAMANN, J. (1985): Der Brutbestand der Limikolen in der Wismarbucht. Orn. Rbrief. Meckl. **28**, 9–29.

HAMPE, H. (1989): Jungeführende Brandgänse an der Mittelelbe bei Dessau. Apus **7**, 138–139.

HAMSCH, S. (1984): Vorkommen und Bestandsrückgang der Blauracke in der Niederlausitz. Falke **31**, 114–124.

HANDTKE, K., & W. WITSACK (1973): Beobachtungen an einer Brutkolonie des Bluthänflings (*Carduelis cannabina* L.) bei Halberstadt 1959–1962. Naturkdl. Jber. Mus. Heineanum **VII**, 21–41.

HAPPATZ, M. (1966): Stelzenläufer-Brut im Bezirk Magdeburg. Falke **13**, 202–203.

HARRISON, C. (1982): An atlas of the birds of the western Palearctic. London.

HARZ, M., & J. LUGE (1990): Binnenlandsbrut des Sandregenpfeifers *(Charadrius hiaticula)* 1988 bei Wulfen. Beitr. Vogelkd. **36**, 269–272.

HASTÄDT, V., & A. FIEDLER (1991): Auswertung vierjähriger Baumfalkenbeobachtung in den Kreisen Königs–Wusterhausen und Zossen im Bezirk Potsdam. Populationsökol. Greifvogel- u. Eulenarten **2**, 366–374.

HAUFF, P. (1969): Das Vorkommen der Sturmmöwe *(Larus canus)* im europäischen Binnenland. Beitr. Vogelkd. **14**, 203–224.

– (1984): Zur Entwicklung des Graureiherbestandes in Mecklenburg – Ergebnisse der Zählung 1983. Vortrag, Rostocker Ornithologentagung 13.–15.4.1984.

– (1991): Horstbau und Horstbesetzung beim Seeadler *Haliaeetus albicilla* im Bezirk Schwerin. Populationsökol. Greifvogel- u. Eulenarten **2**, 153–166.

HAUPT, H., & H. PAWLOWSKI (1988): Ein Buschrohrsänger (*Acrocephalus dumetorum*) im Bezirk Frankfurt/Oder. Beitr. Vogelkd. **34,** 249–252.

– – (1989): Ein Buschrohrsänger im Bezirk Frankfurt/Oder. Falke **36**, 266–267.

HAVERLAND, H.–J. (1986): Das Vorkommen der Wachtel (*Coturnix coturnix* [L.]) im Kreis Angermünde. Naturschutzarbeit Berlin Brandenburg **22**, 17–21.

HEIDECKE, D., K.–J. SEELIG & B. NICOLAI (1988): Erfassung der Brutbestände des Großen Brachvogels und der Uferschnepfe als Grundlage effektiver Schutzmaßnahmen. Naturschutzarbeit Halle Magdbg. **25**/2, 11–21.

HEISE, G. (1974): Der Seggenrohrsänger – eine vom Aussterben bedrohte Art. Falke **21**, 6–11.

– (1986): Siedlungsdichte und Bruterfolg des Habichts *(Accipiter gentilis)* im Kreis Prenzlau, Uckermark. Beitr. Vogelkd. **32**, 113–120.

HELLMANN, M., E. GÜNTHER & B. OHLENDORF (1992): Zum Vorkommen der Ringdrossel, *Turdus torquatus*, im Hochharz (Sachsen-Anhalt). Orn. Jber. Mus. Heineanum **10**, 107–116.

HEMPEL, K., & B. RUDOLPH (1991): Über die Triele im Kreis Brandenburg. Falke **38**, 112–113.

HERRMANN, K. (1987): Vorkommen des Schwarzkehlchens *(Saxicola torquata)* im Harz und Harzvorland. Beitr. Vogelkd. **33**, 114–118.

HEYDER, R. (1962): Nachträge zur sächsischen Vogelfauna. Beitr. Vogelkd.**75**, 1–106.

–   (1983): Bruten des Rotfußfalken, *Falco vespertinus* L., im Zwielicht ihrer Beweisführung. Beitr. Vogelkd. **29**, 332–334.

HILL, A. (1986): Die Einwanderung des Karmingimpels *(Carpodacus erythrinus)* in die Bundesrepublik Deutschland. Orn. Mitt. **38**, 72–84.

HILPRECHT, A. (1968): Der Bestand des Höckerschwans in der Deutschen Demokratischen Republik im Jahre 1966. Falke **15**, 148–151.

HIRSCHFELD, H., & K. HIRSCHFELD (1973): Zur Brut- und Ernährungsbiologie des Wiedehopfes, *Upupa epops* L., unter Berücksichtigung seiner Verhaltensweisen. Beitr. Vogelkd. **19**, 81–152.

HOFMANN, A., & F. SCHRAMM (1991): Daten zur Brutbiologie der Rohrweihe *(Circus aeruginosus)* in Mecklenburg-Vorpommern. Populationsökol. Greifvogel- u. Eulenarten **2**, 291–298.

HOFMANN, G. (1985): Die Rotdrossel *(Turdus iliacus* L.) als Brutvogel in der Oberlausitz. Abh. Ber. Naturkundemus. Görlitz **58**/12, 43–44.

HÖLAND, J. (1989): Zum Vorkommen des Schwarzkehlchens im SW der DDR. Falke **36**, 149–150.

HOLUPIREK, H. (1980): Zur Vertikalverbreitung einiger Vogelarten im Erzgebirge. Actitis **18**, 45–54.

–   (1982a): Die Ringdrossel, *Turdus torquatus*, hat wieder im Erzgebirge gebrütet! Beitr. Vogelkd. **23**, 161–176.

–   (1982b): Ringdrossel-Nachlese. Beitr. Vogelkd. **28**, 249–251.

–   (1988): Erster Nachtrag zur Vogelfauna des hohen Mittelerzgebirges. Beitr. Vogelkd. **34**, 47–55.

–   (1990): Zum Fortbestand der Fichtelbergpopulation der Ringdrossel, *Turdus torquatus* L. Beitr. Vogelkd. **36**, 212–216.

HOLZ, R. (1982): Unser Küstenvogelschutz im Überblick. Meer u. Museum **3**, 12–21.

–   (1987): Populationsentwicklung des Sandregenpfeifers *(Charadrius hiaticula)* im südwestlichen Ostseeraum: Ursachen und Konsequenzen veränderter Habitatnutzung. Natur u. Naturschutz Meckl. **25**.

–   & C. HERMANN (1982): Ackerbruten der Zwergseeschwalbe, *Sterna albifrons* PALLAS, und die Beurteilung ihrer Habitatansprüche. Ann. Orn. **6**, 77–85.

–   & D. SELLIN (1981): Untersuchungen zur Verbreitung und Ökologie der Waldschnepfe *(Scolopax rusticola)* in Nordostmecklenburg (DDR) mit Hilfe der Rasterkartierung. Zool. Jb. Syst. **108**, 36–50.

–, D. SELLIN & W. STARKE (1983): Über Ergebnisse einer Brutvogel-Rasterkartierung in Beziehung zum Erfassungsmodus. Falke **30**, 78–85.

HÖSER, N. (1969): Das Vorkommen der Eulen *(Strigidae)* im Kreis Altenburg. Abh. Ber. Nat. Mus. Mauritianum **6**, 55–75.

–   (1987): Erweiterung des Areals der Nachtigall, *Luscinia megarhynchos*, bei Altenburg. Mauritiana **12**, 193–195.

–   (1989): Zur Brutverbreitung der Wacholderdrossel, *Turdus pilaris*, im Altenburger Land. Mauritiana **12**, 365–374.

HÖTKER, H. (1990): Der Wiesenpieper. NBB **595**. Wittenberg Lutherstadt.

HOYER, F. (1987): Mögliche Brut der Schwarzkopfmöwe *(Larus melanocephalus)* 1986 an den „Kulkwitzer Lachen" bei Leipzig. Actitis **25**, 71–72.

HUDEC, K. (1983): Fauna CSSR. Svazek 23, 24, Ptáci – Aves. Díl III/1, 2. Praha.

–   & W. CERNY (1972, 1977): Fauna CSSR. Svazek 19, 21, Ptáci – Aves. Díl. I, II. Praha.

–   & J. PELLANTOVÁ (1984): Assessment of the avian community in part of the foot zone of Pavlovské vrchy Hills (Southern Moravia) comprise in a landscape improvement scheme. Ekológia **3**, 345–363.

HUMMITZSCH, P. (1987, 1988): Brutbestandserfassung der Spechte im Elbe-Röder-Gebiet bei Dresden. Teile 1, 2, 3. Falke **34**, 396–402; **35**, 23–25 u. 59–64.

HYYTIÄ, K., E. KEELOMÄKI & I. KOSTINEN (1983): Suomen lintuatlas. Helsinki.

JUNG, N. (1983): Struktur und Faktoren der Expansion des Karmingimpels, *Carpodacus erythrinus*, in Europa und Kleinasien. Beitr. Vogelkd. **29**, 249–273.

KALBE, L. (1986): Regenerationsmöglichkeiten und Überlebenschancen stark reduzierter Vogelpopulationen, dargestellt am Beispiel der Großtrappe *(Otis tarda)*. Beitr. Vogelkd. **32**, 154–160.

–   (1990): Der Gänsesäger. NBB **604**. Wittenberg Lutherstadt.

– & J.-J. Seeger (1972): Das Vorkommen der Uferschnepfe, *Limosa limosa*, in Brandenburg. Beitr. Tierwelt d. Mark **IX**, 95–117.

Kallmeyer, H. (1984): Verschwinden und Wiederkehr des Wanderfalken *(Falco peregrinus)* im NSG Bodetal. Naturschutzarbeit Bez. Halle Magdeburg **21**/2, 19–22.

Kehl, G. (1989): Zur Situation des Habichts *(Accipiter gentilis)* im Kreis Potsdam. Beitr. Tierwelt d. Mark **XI**, 53–57.

Kintzel, W., & W. Mewes (1976): Die Vogelwelt des Kreises Lübz. Nat. u. Naturschutz Meckl. **14**, 120 S.

– & W. Mewes (1988): Auswertung langjähriger Schwalbenzählungen in einigen Dörfern des Kreises Lübz. Orn. Rbrief. Meckl. **31**, 35–53.

Kirchner, H. (1978): Bruchwasserläufer und Waldwasserläufer. NBB **309** (2.Aufl.), Wittenberg Lutherstadt.

Kirmse, W. (1971): Ergebnis der Habicht- und Sperberzählung in der DDR 1966. Falke **18**, 334–339.

– & G. Kleinstäuber (1977): Die Kalkulation der Populationsentwicklung von Wildtierarten, dargestellt am Beispiel der felsbrütenden Wanderfalken *(Falco p. peregrinus* Gmel.) in der DDR. Ann. Orn. **1**, 137–148.

Klafs, G. (1985): Die historische Entwicklung des Bestandes der Großtrappe *(Otis tarda* L.) auf dem Territorium der DDR und in einigen Nachbargebieten. Ber. 4. Symposium Großtrappe in der DDR 1983 in Eberswalde, 11–16. Halle.

– (1991): Die Bestandsentwicklung des Fischadlers *Pandion haliaetus* in Mecklenburg-Vorpommern unter populationsökologischen Gesichtspunkten. Populationsökol. Greifvogel- u. Eulenarten **2**, 183–192.

– & J. Stübs (Hrsg., 1979, 1987): Die Vogelwelt Mecklenburgs. 2. und 3. Aufl., Jena.

Klammer, G. (1983): Rotfußfalken im Saalkreis. Apus **5**, 143.

Klaus, S., H.-H. Bergmann, C. Marti, F. Müller, O. A. Vitovich & J. Wiesner (1990): Die Birkhühner. NBB **397**. Wittenberg Lutherstadt.

–, W. Boock & W. Dietzel (1992): Bestandssituation, Rückgangsursachen und Schutz des Auerhuhns in Thüringen. Landschaftspflege u. Naturschutz in Thür. **29**, 44–49.

–, W. Boock, M. Görner & E. Seibt (1985): Zur Ökologie des Auerhuhns *(Tetrao urogallus* L.) in Thüringen. Acta ornithoecol. **1**, 3–46.

–, E. Seibt & W. Boock (1991): Zur Ökologie des Birkhuhns *(Tetrao tetrix)* im mittleren Thüringer Wald. Acta ornithoecol. **2**, 211–229.

–, E. Seibt & W. Wennrich (1982): Bestandsrückgang und Arealschwund des Auerhuhns *(Tetrao urogallus)* in Thüringen. Ber. Vogelwarte Hidd. **2**, 29–43.

Klebb, W. (1984): Die Vögel des Saale-Unstrut-Gebietes um Weißenfels und Naumburg. Apus **5**, 209–304.

– (1986): Fasan und Rebhuhn im Bezirk Halle. Apus **6**, 157–160.

Klehm, K. (1980): Gimpel – *Pyrrhula pyrrhula* (L.). Ber. Avif. Bez. Gera, 4 S.

Kleinstäuber, G. (1987): Populationsökologische Zusammenhänge bei Erlöschen und beginnendem Neuaufbau des Wanderfalken-Brutbestandes *(Falco peregrinus* Tunstall) im Mittelgebirgsareal der DDR. Populationsökol. Greifvogel- u. Eulenarten **1**, 111–128.

– (1990): Der Wanderfalke *(Falco peregrinus)* in Sachsen – ausgestorben für alle Zeit? Nat. Arbeit in Sachsen **32**, 29–39.

– (1991): Die aktuelle Situation des Wanderfalkenbestandes *(Falco peregrinus)* in den ostdeutschen Ländern – Reproduktion, Belastungen, Perspektive. Populationsökol. Greifvogel- u. Eulenarten **2**, 343–358.

– & W. Kirmse (1987): Der Wanderfalke – Gelingt seine Wiedereinbürgerung? Unsere Jagd **37**, 170–172 u. 204–206.

Kneis, P. (1982): Zur Verbreitung und Bestandsentwicklung, Habitat- und Nistplatzwahl sowie Reproduktion des Steinschmätzers, *Oenanthe oenanthe*, in der DDR. Ber. Vw. Hidd. H. **3**, 55–81.

– & M. Görner (1981): Zur Ansiedlung der Türkentaube außerhalb von Ortschaften. Falke **28**, 298–308.

–, M. Görner & H.-G. Baum (1990): Die Brutvögel Ostthüringens: Arten- und Bestandsdynamik in 150 Jahren und notwendiger Schutz im Bezirk Gera. Naturschutzreport **1**, 3–50.

Knobloch, H. (1979): Zur Nahrungsökologie des Uhus im Bezirk Dresden. Naturschutzarbeit u. naturkdl. Heimatforsch. Sachsen **23**, 2–18.

– (1980): Zur Verbreitung, Bestandsentwicklung und Fortpflanzung des Uhus (*Bubo b. bubo* [L.]) in der Deutschen Demokratischen Republik. Faunist. Abh. Mus. Tierkd. Dresden **8**, 9–49.

– (1990): Die Rauhfußhühner *(Tetraonidae)* in der Oberlausitz. Abh. Ber. Naturkde. Mus. Görlitz **64**/8, 1–24.

Knorre, D. v., G. Grün, R. Günther & K. Schmidt (Hrsg., 1986): Die Vogelwelt Thüringens. Jena

Kober, S. (1985): Das Schwarzkehlchen, *Saxicola rubetra* (L.), als Brutvogel in der Oberlausitz. Abh. Ber. Naturkde. Mus. Görlitz **58**/12, 45–46.

Köck, U.-V. (1981): Zur Wiederbesiedlung des Südteils der DDR durch den Kolkraben. Beitr. Vogelkd. **27**, 313–328.

Kohl, H., J. Marcinek & B. Nitz (1980): Geographie der DDR. Studienbücherei Geographie für Lehrer Bd. 7. Gotha/Leipzig.

Kolbe, M. (1981): Arbeitsbericht der BAG Weihenschutz des Bezirkes Potsdam für das Jahr 1981. Mitt. BAG Artenschutz (Potsdam) **2**, 24–29.

– (1987): Bestandsentwicklung und Reproduktionsrate der Weihen im Bezirk Potsdam. Populationsökol. Greifvogel- u. Eulenarten **1**, 191–201.

Kolbe, U. (1984): Zur Situation der Brutvogelfauna des oberen Erzgebirges. Falke **31**, 421–426.

– & J. Neumann (1988): Der Nachtreiher in der DDR. Falke **35**, 398–404.

–– (1988a): Das Vorkommen des Braunkehlchens in der DDR. Falke **35**, 214–218.

–– (1988b): Habitat und Siedlungsdichte des Braunkehlchens *(Saxicola rubetra)* in der Deutschen Demokratischen Republik. Beih. Veröff. Naturschutz Landschaftspfl. Baden-Württ. **51**, 45–52.

König, H. (1982): Hinweise (3) für das DDR–Brutvogelatlas–Programm im Jahr 1982. Museum Heineanum Halberstadt, 8 S.

–, M. Dornbusch & D. Saemann (1978): Meßtischblatt–Kartierung der Brutvögel der DDR. Falke **25**, 102–103.

Köppen, U. (1989): Zu Bestandsentwicklung und gegenwärtigem Status des Höckerschwans *(Cygnus olor)* in Mitteleuropa. Beitr. Vogelkd. **35**, 182–192.

Köster, R., & M. Renner (1990): Erste erfolgreiche Brut des Grünlaubsängers *Phylloscopus trochiloides* in Deutschland. Limicola **4**, 307–308.

Kraatz, S., & K.-H. Beyer (1982): Zur Brutbiologie des Waldwasserläufers (*Tringa ochropus* L.). Beitr. Vogelkd. **28**, 321–356.

– & K.-H. Beyer (1984): Weitere Beobachtungen zur Brutbiologie des Waldwasserläufers (*Tringa ochropus* L.). Beitr. Vogelkd. **30**, 33–47.

– & W. Wegener (1969): Zwei erfolgreiche Trielbruten im Bezirk Frankfurt/O. Falke **16**, 304–309.

Krägenow, P. (1969): Über eine Schwalbenzählung in den Kreisen Röbel und Waren. Orn. Rbrief. Meckl. **9**, 58–62.

– (1973): Zur Siedlungsdichte des Kuckucks *(Cuculus canorus)*. Orn. Rbrief. Meckl. **14**, 60–62.

– (1977): Nur ein gültiger Brutnachweis der Zwergralle (*Porzana pusilla*) in Mecklenburg. Beitr. Vogelkd. **23**, 37–41.

– (1981): Der Buchfink. NBB **527**. Wittenberg Lutherstadt.

– & R. Schwarz (1970): Die Vogelwelt des Kreises Röbel. Natur u. Naturschutz Meckl. **8**, 120 S.

Krause, R. (1983): Ornithologische Beobachtungen aus der oberen „Goldenen Aue". Thür. Orn. Mitt. **31**, 1–74.

Kreische, U. (1989): Brutnachweis des Zwergschnäppers im Vogtland. Falke **36**, 308–309.

Krüger, H. (1985): Zur Bestandsentwicklung des Baumfalken *(Falco subbuteo)* in Thüringen. Veröff. Mus. Gera, Naturwiss. R., H. **11**, 105–108.

– (1986): Zur Bestandsentwicklung des Weißstorches, *Ciconia ciconia* (L.), in Ostthüringen (Bez. Gera). Thür. Orn. Mitt. **34**, 29–33.

KRÜGER, S. (1978): Der Kormoran *(Phalacrocorax carbo)* brütet in der Oberlausitz. Beitr. Vogelkd. 24, 367–368.

– (1979): Der Kernbeißer. NBB **525**. Wittenberg Lutherstadt.

– (1981): Entwicklung einer Kolonie von Flußseeschwalben *(Sterna hirundo* L.) in der nördlichen Oberlausitz. Beitr. Vogelkd. **27**, 204–208.

– (1987): Die Pieper in der Oberlausitz. Abh. Ber. Naturkde. Mus. Görlitz **61**/5, 1–8.

– (1989): Der Brachpieper. NBB **598**. Wittenberg Lutherstadt.

– (1991): Girlitz, Stieglitz und Kernbeißer in der Oberlausitz. Abh. Ber. Naturkde. Mus. Görlitz **64**/9, 1–7.

– & H.–J. KNOPF (1983): Brüten der Schwarzkopfmöwe, *Larus melanocephalus* TEMMINCK, an Grubenrestseen des Kreises Hoyerswerda. Beitr. Vogelkd. **29**, 169–173.

– & B. LITZKOW (1984): Silbermöwe, *Larus argentatus* PONTOPPIDAN, Brutvogel in den Kreisen Hoyerswerda und Cottbus. Beitr. Vogelkd. **30**, 65–68.

KRUMMHOLZ, D. (1988): Bemerkenswerte Ansiedlungsversuche des Kormorans, *Phalacrocorax carbo*, im Feuchtgebiet von internationaler Bedeutung Unteres Odertal. Beitr. Vogelkd. **34**, 390–392.

KUBE, J. (1988): Zu Ökologie und Brutbiologie der Limikolen im Unteren Odertal bei Schwedt. Acta ornithoecol. **1**/4, 379–394.

KÜHNEL, H., J. LUGE & V. NEUMANN (1982): Der Stelzenläufer erneut Brutvogel im Kreis Köthen. Falke 29, 64–65.

KUPFER, J. (1989): Der Schilfrohrsänger – Brutvogel im Bezirk Karl-Marx-Stadt. Falke **36**, 192–193.

KUSCH, W., & G. DEGEN (1981): Literatur zur Rasterkartierung. Falke **28**, 246–247.

LADENDORF, B. (1988): Die Uferschwalbe im Kreis Waren. Orn. Rbrief. Meckl. **31**, 57–61.

LAMBERT, K. (1979): Die Einwanderung des Karmingimpels *(Carpodacus erythrinus)* nach Mecklenburg bis 1977. Orn. Rbrief. Meckl. **20**, 1–8.

– (1980): Brut des Zwergschnäppers *(Ficedula parva)* 1979 in der Sächsischen Schweiz. Beitr. Vogelkd., 352–354.

– (1987): Das angebliche Brüten des Prachttauchers, *Gavia arctica* (L.,1758), im Norden der DDR. Beitr. Vogelkd. **33**, 41–45.

– (1989): Die Vogelwelt des Conventer Sees und seiner Umgebung. Beitr. Vogelkd. **35**, 273–342.

– & U. LEHMANN (1984): Die Veränderungen im NSG Conventer See durch Ausbaggerung und ihre Auswirkungen auf die Vogelwelt. Naturschutzarbeit Meckl. **27**, 90–94.

LANGE, U. (1985): Brutvogelkartierung im Naturschutzgebiet–System. Falke **32**, 114–115.

LEHMANN, R. (1988): Weitere Bestandszunahme der Elster, *Pica pica* (L.), im Stadtbezirk Berlin-Prenzlauer Berg. Pica **14**, 76–77.

– G. DEGEN & G. JAESCHKE (1986): Bestandsuntersuchungen an der Elster, *Pica pica* (L.), in drei Berliner Innenstadtbezirken. Pica **11**, 2–14.

LEIPE, T. (1990): Die letzten Triele – werden sie überleben? Falke **37**, 106–111.

LIBBERT, W. (1970): Zur „Entdeckungsgeschichte" einiger Singvogelarten der brandenburgischen Avifauna. Beitr. Vogelkd. **16**, 250–259.

LIEDEL, K. (1990): Nochmals zum Brüten des Rotfußfalken bei Halle. Apus **7**, 245–250.

LIEDER, K. (1981): Birkenzeisig – *Carduelis flammea* (L.). Ber. Avif. Bez. Gera, 3 S.

– (1988): Eine Bestandserfassung des Höckerschwans, *Cygnus olor* (GMELIN), 1985 im Bezirk Gera. Thür. Orn. Mitt. **38**, 1–5.

– (1989): Zur Bestandsentwicklung von Zwergtaucher *(Podiceps ruficollis)* und Teichralle *(Gallinula chloropus)* im Bezirk Gera. Beitr. Vogelkd. **35**, 148–152.

LIPPERT, W., K. DANNENBERG & H. MÜLLER (1983): Sumpfohreulen–Bruten in der Elbaue südlich Tangermünde. Apus **5**, 84–85.

– & M. DORNBUSCH (1974): Das Vorkommen der Brandgans, *Tadorna tadorna* (L.), im Bezirk Magdeburg und in benachbarten Gebieten. Beitr. Vogelkd. **20**, 132–150.

LITZBARSKI, B., & H. LITZBARSKI (1967): Brut der Wasseramsel *(Cinclus cinclus)* 1966 bei Eberswalde. Beitr. Tierwelt d. Mark **IV**, 97–100.

–, H. Litzbarski & S. Petrick (1987): Zur Ökologie und zum Schutz der Großtrappe (Otis tarda L.) im Bezirk Potsdam. Acta ornithoecol. **1**/3, 199–244.

Litzbarski, H. (1975): Der Brutbestand der Lachmöwe in der DDR – Bestandserfassung 1973. Falke **22**, 293–299.

– (1981): Zur Situation einiger Greifvogelarten im Bezirk Potsdam (1978–81). Mitt. BAG"Artenschutz" (Potsdam) **2**, 4–13.

– (1982): Der Brutbestand der Lachmöwe in der DDR – Bestandserfassung 1978. Falke **29**, 234–241.

– & M. Loew (1983): Die Entwicklung der Großtrappenbestände unter den Bedingungen des Bezirkes Potsdam. Naturschutzarbeit Berlin Brandenburg. Beiheft **6**, 5–16.

Loew, M. (1982): Zum Vorkommen des Schwarzstorches im Bezirk Potsdam (1975–1981). Mitt. BAG „Artenschutz" (Potsdam) **1**, 2–4.

Lohmann, G. (1989): Verbreitung und Bestandsentwicklung von Rotmilan (Milvus milvus) und Schwarz-milan (Milvus migrans) im Potsdamer Havelland. Beitr. Tierwelt d. Mark **XI**, 58–67.

Löhrl, H. (1974): Die Tannenmeise. NBB **472**. Wittenberg Lutherstadt.

– (1991): Die Haubenmeise. NBB **609**. Wittenberg Lutherstadt.

Lübcke, W., & R. Furrer (1985): Die Wacholderdrossel. NBB **569**. Wittenberg Lutherstadt.

Ludwig, B. (1983): Bestandsentwicklung, Ökologie und Schutz der Großtrappe (Otis tarda L.) in der Notte-Niederung. Naturschutzarbeit Berlin Brandenburg, Beiheft **6**, 16–28.

– (1991): Neue Ergebnisse zur Bestandsentwicklung, Ökologie und Brutbiologie von Kornweihe (Circus cyaneus L.) und Wiesenweihe (Cicus pygargus L.) in der Notte-Niederung südlich von Berlin. Populationsökol. Greifvogel- u. Eulenarten **2**, 255–272.

Makatsch, W. (1959, 1970): Der Kranich. NBB **229** (1. u. 2. Aufl.) Wittenberg Lutherstadt.

Maltschewski, A. S., & J. S. Pukinskij (1983): Die Vögel des Leningrader Gebietes und der benachbarten Territorien. Bd. 1, Nonpasseres. Leningrader Universität (russ.).

Mansfeld, K. (1965): Saatkrähen–Zählung 1960 in der Deutschen Demokratischen Republik. Falke **12**, 4–9.

Masch, R. (1991): Zum Status der Weidenmeise (Parus montanus Conrad, 1827) im Harz. Abh. Ber. Mus. Heineanum **1**/5, 1–28.

Maschke, H.-J. (1967): Eine Rotdrossel-Brut in der Niederlausitz. Falke **14**, 160–161.

– (1969): Beobachtungen am Nest der Rotdrossel. Falke **16**, 310–313.

Matthes, J., & M. Neubauer (1987): Zur Situation des Schreiadlers Aquila pomarina Brehm im Bezirk Rostock. Populationsökol. Greifvogel- u. Eulenarten **1**, 143–152.

Mattig, G.-L. (1978): Der Gänsesäger, Brutvogel an der Oder zwischen Eisenhüttenstadt und Frankfurt. Falke **25**, 330–336.

Mauersberger, G. (1979): Feldlerchen als Bewohner von Schonungen. Falke **26**, 126–127.

Meier-Peithmann, W. (1985): Mittelsäger. In: Goethe, F., H. Heckenroth & H. Schumann (1985): Die Vögel Niedersachsens – Entenvögel. Naturschutz Landschaftspfl. Niedersachs. B, H. 2.2., 122–124

Melde, F., & M. Melde (1991): Die Singdrossel. NBB **611**. Wittenberg Lutherstadt.

Melde, M. (1983): Der Mäusebussard. NBB **185** (4.Aufl.). Wittenberg Lutherstadt.

– (1984): Der Waldkauz. NBB **564**. Wittenberg Lutherstadt.

Menzel, F. (1979): Die Bedeutung der Talsperre Quitzdorf für Wasservögel. Beitr. Vogelkd. **25**, 14–18.

Menzel, H. (1968): Der Wendehals. NBB **392**. Wittenberg Lutherstadt.

– (1975): Der Wiedehopf in der Oberlausitz. Abh. Ber. Naturkde. Mus Görlitz **48** (15), 1–11.

– (1983): Der Hausrotschwanz. NBB **475**. Wittenberg Lutherstadt.

– (1984): Der Gartenrotschwanz. NBB **438**. Wittenberg Lutherstadt.

– (1984): Die Mehlschwalbe. NBB **548**. Wittenberg Lutherstadt.

Mewes, W. (1980): Der Bestand des Kranichs, Grus grus (L., 1758), in den drei Nordbezirken der DDR. Arch. Nat. Landschaftsforschung **20**, 213–234.

– & P. Lorenz (1988): Zur Entwicklung des Bestandes der Uferschwalbe (Riparia riparia L.) im Kreis Lübz. Orn. Rbrief. Meckl. **31**, 53–57.

Mey, E., & R. Flath (1983): Brutbiologische Beobachtungen bei einem Zwergschnäpperpaar (Ficedula parva) im Thüringer Wald. Beitr. Vogelkd. **29**, 50–51.

Meyer, W., & V. Rudat (1987): Zur Situation des Rauhfußkauzes *Aegolius funereus* (L.) in Thüringen. Populationsökol. Greifvogel- u. Eulenarten **1**, 347–357.

Miles, P. (1984): Brut des Alpenbirkenzeisigs *(Carduelis flammea cabaret)* auf Hiddensee. Orn. Rbrief. Meckl. **27**, 37.

Mlikovsky, J., & K. Buric (1983): Die Reiherente. NBB **556**. Wittenberg Lutherstadt.

Möckel, R. (1983): Zur Verbreitung und Brutökologie des Rauhfußkauzes, *Aegolius funereus* (L.), im Westerzgebirge. Beitr. Vogelkd. **29**, 137–151.

– (1985): Die Siedlungsdichte der Gebirgsstelze, *Motacilla cinerea*, an der Wilzsch im Kr.Aue. Actitis **25**, 55–57.

– (1988): Die Hohltaube. NBB **590**. Wittenberg Lutherstadt.

– (1990): Zur Brutbiologie der Haubenmeise *(Parus cristatus)* im Westerzgebirge. Acta ornithoecol. **2**, 143–169.

– & W. Möckel (1975): Die Siedlungsdichte der Misteldrossel auf einer Kontrollfläche im Westerzgebirge. Mitt. IG Avif. DDR **8**, 85–90.

– & W. Möckel (1980): Zur Siedlungsdichte des Sperlingskauzes (*Glaucidium passerinum* L.) im Westerzgebirge. Archiv Naturschutz Landschaftsforsch. **20**, 155–165.

– & U. Wendler (1979): Der Greifvogelbestand des Erzgebirgskreises Aue. Veröff. Mus. Naturkd. Karl-Marx-Stadt **10**, 83–93.

Müller, H.E.J. (1983): Ist die Liste der Brutvögel Mecklenburgs vollständig? Falke **30**, 24–31.

– & F. Schramm (1986): Neue Nachweise und Beobachtungen des Rauhfußkauzes in den Nordbezirken der DDR. Falke **33**, 255–257.

– & P. Wernicke (1988): Erneuter Brutnachweis des Fichtenkreuzschnabels in Mecklenburg. Falke **35**, 286–290.

Müller, J. (1966): Beobachtungen an Schwarzstirnwürgern (*Lanius minor* Gm.) und Rotkopfwürgern (*Lanius s. senator* L.) aus dem Bördegebiet. Beitr. Vogelkd. **11**, 331–333.

Müller, S. (1973): Das Vorkommen des Karmingimpels, *Carpodacus erythrinus*, in Norddeutschland. Corax **4**, 112–130.

– (1980, 1981, 1982, 1983, 1984, 1985, 1986, 1987, 1988, 1989, 1990): Bemerkenswerte avifaunistische Beobachtungen aus Mecklenburg (Jahresberichte für 1978 bis 1988, mit Ergänzungen). Orn. Rbrief. Meckl. **23**, 69–92; **24**, 63–87; **25**, 72–99; **26**, 60–83; **27**, 61–84; **28**, 68–96; **29**, 70–92; **30**, 53–79; **31**, 72–93; **32**, 63–86; Orn. Rbrief. Meckl.–Vorpommern. **33**, 62–93.

Müller, T. (1989): Management am Berliner Wanderfalkenpaar. Pica **16**, 114–120.

Mulsow, R. (1980): Untersuchungen zur Rolle der Vögel als Bioindikatoren am Beispiel ausgewählter Vogelgemeinschaften im Raum Hamburg. Hamburger avifaun. Beitr. **17**, 1–270.

Münch, H. (1988): Zur Brutbiologie der Waldschnepfe (*Scolopax rusticola* L.) im Thüringer Wald und seinem Vorland. Rudolstädter nat. hist. Schr. **1**, 98–109.

Mundt, J. (1987): Sommerbeobachtungen und Brutnachweise des Gänsesägers *(Mergus merganser)* an der Oder zwischen Stützkow und Stolzenhagen im Zeitraum von 1984–1986. Beitr. Vogelkd. **33**, 123–124.

Naacke, J. (1971): Zur Verbreitung und Häufigkeit der Graugans, *Anser anser*, im Gebiet der DDR. Beitr. Vogelkd. **17**, 317–322.

– (1977): Vorläufiger Bericht über die Erfassung des Brutbestandes der Graugans 1977 im Gebiet der DDR. Mitt. Ber. Zentr. Wasservogelforsch. **9**, H. 2/3, 12–19.

– (1981): Vorläufiger Bericht der Arbeitsgruppe „Gänseforschung" über die Erfassung des Brutbestandes der Graugans im Gebiet der DDR 1981. Mitt. Ber. Zentr. Wasservogelforsch. **13**, H. 2/3, 18–30.

Nadler, T. (1976): Die Zwergseeschwalbe. NBB **495**. Wittenberg Lutherstadt.

Nehls, H. W. (1976): Ein wahrscheinlicher Brutversuch der Heringsmöwe auf der Greifswalder Oie. Falke **23**, 390–391.

– (1979): Notwendigkeit und Ergebnisse der Bestandsregulierung bei Möwen *(Larus)*. Beitr. Vogelkd. **25**, 41–49.

– (1982): Die ornithologische Bedeutung des Feuchtgebietes Darßer Boddenkette und des NSG Bock. Beitr. Vogelkd. **28**, 21–34.

– (1987): Der Brutbestand der Graugans *(Anser anser)* im Bezirk Rostock. Orn. Rbrief. Meckl. **30**, 3–8.

– & W. SPERLICH (1986): Erste Brut der Mantelmöwe in der DDR. Falke **33**, 143–145.

NEUBAUER, M. (1991): 20 Jahre Schreiadlerkontrolle einer Teilpopulation in Vorpommern. Populations-ökol. Greifvogel- u. Eulenarten **2**, 137–140.

NEUBAUER, W. (1982): Wasservogelschutz, Landwirtschaft, Fischerei und Erholungswesen im NSG Krakower Obersee (Feuchtgebiet von internationaler Bedeutung). Beitr. Vogelkd. **28**, 35–40.

– (1988): Ein Beitrag zum Anatidenvorkommen des Krakower Sees. Beitr. Vogelkd. **34**, 253–285.

NEUSCHULZ, F. (1988): Zur Synökie von Sperbergrasmücke und Neuntöter. Lüchow-Dannenberger ornith. Jber. **11**.

NICOLAI, B. (1970/71): Das Vorkommen des Triels, *Burhinus oedicnemus* (L.), im Gebiet des Ornitholo-gischen Arbeitskreises Mittelelbe-Börde. Naturkdl. Jber. Mus. Heineanum **V/VI**, 75–82.

– (1986): Zur Siedlungsdichte und Bestandsgröße des Hausrotschwanzes *(Phoenicurus ochruros)* in Mecklenburg. Orn. Rbrief. Meckl. **29**, 14–18.

– (1989): Ergebnisse der Bestandserfassung des Rebhuhns im Bezirk Magdeburg. Mitt. BAG Arten-schutz Magdeburg **12**/2, 1–4.

– (1991): Bestandserfassung der Greifvögel in der offenen Landschaft des nördlichen Harzvorlandes (Sachsen-Anhalt). Vortrag auf der Jahresversammlung des OSA am 2. 11. 91 in Steckby [s. Apus **8** (1992), 40; Orn. Jber. Mus. Heineanum (i. Dr.)].

– (1992): Zur avifaunistischen Bedeutung des Mittelelbegebietes (Sachsen-Anhalt). Vortrag: Tagung „Naturschutz im Elbegebiet", 10. 4. 92 in Dessau [Ber. d. Landesamtes f. Umweltschutz Sachsen-Anhalt. (i. Dr.)].

–, E. BRIESEMEISTER, H. STEIN & K.-J. SEELIG (1982): Avifaunistische Übersicht über die Passeriformes für das Gebiet des Ornithologischen Arbeitskreises „Mittelelbe-Börde". Magdeburg, 114 S.

– & H. KÖNIG (1990): Der Bestand des Rotmilans *(Milvus milvus)* in der DDR – Ergebnisse der Brutvo-gelkartierung. Abh. Ber. Mus. Heineanum **1**/1, 1–12.

NITSCHE, G., & H. PLACHTER (1987): Atlas der Brutvögel Bayerns 1979 – 1983. München.

NITSCHKE, C., & G. KARUSCHKE (1981): Zur Siedlungsdichte und Nachwuchsrate des Mäusebussards und des Habichts in den Kreisen Zossen und Königs Wusterhausen. Mitt. BAG „Artenschutz" (Pots-dam) **2**, 14–16.

OAG Bodensee (Hrsg., 1983): Die Vögel des Bodenseegebietes. Konstanz.

OEHME, G. (1981): Die Bestandsentwicklung des Seeadlers, *Haliaeetus albicilla* (L.), in Deutschland mit Untersuchungen zur Wahl der Brutbiotope. In: SCHILDMACHER, H. (Hrsg.): Beiträge zur Kenntnis deut-scher Vögel. Jena, 1–61.

– & O. MANOWSKY (1991): Entwicklung und Reproduktion des Seeadlerbestandes im ehemaligen Bezirk Frankfurt/O. unter besonderer Berücksichtigung der Schorfheide. Populationsökol. Greifvo-gel- u. Eulenarten **2**, 167–182.

OELKE, H. (1992): Die Vogelbestände des Brockens – Ergebnisse siedlungsbiologischer Erfassungen des Jahres 1990. Beitr. Naturkd. Niedersachsens **45**, 1–17.

OHLSEN, B. (1975): Die Brutkolonien der Uferschwalbe *(Riparia riparia* L.) an der westmecklenburgi-schen Ostseeküste – Bestand und Nistökologie. Orn. Rbrief. Meckl. **10**, 21–35.

ÖLSCHLEGEL, H. (1981): Ergebnisse zehnjähriger Beobachtungen an einer Population des Teichrohr-sängers, *Acrocephalus scirpaceus*, während der Brutzeit. Beitr. Vogelkd. **27**, 329–362.

– (1982): Bachstelze – *Motacilla alba* L. Ber. Avif. Bez. Gera, 5 S.

– (1984): Auswirkungen der Schilfbeseitigung in einem Teichgebiet auf den Brutbestand des Teich-rohrsängers, *Acrocephalus scirpaceus*. Beitr. Vogelkd. **30**, 178–184.

– (1985): Die Bachstelze. NBB **571**. Wittenberg Lutherstadt.

OPPERMANN, G. (1992): Schwarzkehlchenbrut im Raum Frankfurt/Oder. Beitr. Vogelkd. **38**, 143–144.

Ornithologische Arbeitsgruppe Berlin (West) (1984): Brutvogelatlas Berlin (West). Orn. Ber. Berlin (West) 9, Sonderheft.

ORTLIEB, R. (1980): Der Rotmilan. NBB **532** (1. u. 2. Aufl.). Wittenberg Lutherstadt.

– (1981a): Die Bestandsverhältnisse des Sperbers im Bezirk Halle. Falke **28**, 92–95.

– (1981b): Die Sperber. NBB **523**. Wittenberg Lutherstadt.

OTTO, W. (1979): Ist die Heckenbraunelle (*Prunella modularis* L.) ein seltener Brutvogel? Pica **1**, 3–4.

PANNACH D. (1990): Erlenzeisig und Zitronengirlitz in der Oberlausitz. Abh. Ber. Naturkde. Mus. Görlitz **63**/3, 1–7.

PÄTZOLD, R. (1979): Das Rotkehlchen. NBB **520**. Wittenberg Lutherstadt.

– (1983): Die Feldlerche. NBB **323** (3. Aufl.). Wittenberg Lutherstadt.

– (1986): Heidelerche und Haubenlerche. NBB **440** (2. Aufl.). Wittenberg Lutherstadt.

– (1990): Der Baumpieper. NBB **601**. Wittenberg Lutherstadt.

PELTZER, R. (1975): Für oder gegen Zahlen? Regulus **11**, 324–332.

PESSNER, K., & B. HARTUNG (1985): Zur Diskussion: Zweitbruten bei Waldohreulen *(Asio otus)*? Orn. Mitt. **37**, 14–17.

PIECHOCKI, R. (1982): Der Turmfalke. NBB **116** (6. Aufl.). Wittenberg Lutherstadt.

– & R. März (1985): Der Uhu. NBB **108** (5. Aufl.). Wittenberg Lutherstadt.

PIESKER, O. (1980): Zur Avifauna des Unterspreewaldes. Falke **27**, 94–100 u. 132–137.

PLATH, L. (1977): Bestand der Mehlschwalbe an den Kreideküsten der Insel Rügen. Falke **24**, 280–281.

– (1982): Brutansiedlung des Kormorans *(Phalacrocorax carbo)* an der Mittelelbe. Beitr. Vogelkd. **28**, 143–146.

– (1984): Mauersegler *(Apus apus)* als Brutvogel an der Steilküste der Insel Rügen. Beitr. Vogelkd. **30**, 76.

– (1988): Habitatverschiebung bei der Elster? Falke **35**, 27–28.

– (1989): Bestandsdichte und Verbreitung der Dohle in den drei Nordbezirken der DDR. Falke **36**, 143–147.

PRANGE, H. (1989): Der graue Kranich. NBB **229**. Wittenberg Lutherstadt.

– & W. MEWES (1989): Zur Situation des Graukranichs *(Grus g. grus)* in Mitteleuropa. Beitr. Vogelkd. **35**, 240–271.

PRILL, H. (1981): Siedlungsdichte und Bestand des Kolkraben in Mecklenburg. Orn. Rbrief. Meckl. **24**, 12–15.

– (1987): Ergebnisse einer großflächigen Greifvogelerfassung im südöstlichen Mecklenburg, mit Hinweisen zur Methodik. Populationsökol. Greifvogel- u. Eulenarten **1**, 203–206.

– (1988): Siedlungsdichte und Nistökologie des Kleibers im Naturschutzgebiet Serrahn. Orn. Rbrief. Meckl. **31**, 61–69.

– (1989): Die Hohltaube im Naturschutzgebiet Serrahn. Orn. Rbrief. Meckl. **32**, 37–41.

Prinzinger, R. (1979): Der Schwarzhalstaucher. NBB **521**. Wittenberg Lutherstadt.

RANDLA, T. (1976): Eesti Röövlinnud. Kullilised ja Kakulised. Tallinn.

RECKIN, L. (1979): Eine Brut des Tannenhähers, *Nucifraga caryocatactes*, am Rande Berlins. Orn. Jber. Mus. Heineanum **4**, 87–93.

REDDIG, E. (1981): Die Bekassine. NBB **533**. Wittenberg Lutherstadt.

REICHHOLF, J. (1980): Die Arten-Areal-Kurve bei Vögeln in Mitteleuropa. Anz. orn. Ges. Bayern **19**, 13–26.

REMUS, M. (1988): Erste Bruten des Bienenfressers, *Merops apiaster*, in Mecklenburg. Orn. Rbrief. Meckl. **31**, 32–35.

RHEINWALD, G. (1977): Atlas der Brutverbreitung westdeutscher Vogelarten – Kartierung 1975. Schriftenreihe des DDA **2**.

– (1982): Brutvogelatlas der Bundesrepublik Deutschland – Kartierung 1980. Schriftenreihe des DDA **6**.

– (1992a): Atlasarbeit in Deutschland. Charadrius, Beiheft, 43–50.

– (1992b): Progress in atlas work in Germany. Bird Census News **5**/1, 27–29.

– , A. HILL & H. RINGLEBEN (1983): Die Vögel der Bundesrepublik Deutschland und Berlin (West) – Artenliste – (2. Aufl.). Dachverband Deutscher Avifaunisten.

ROBEL, D. (1982): Schutzmaßnahmen für die Blauracke. Falke **29**, 406–410.

– (1991): Die bisher letzte Brut der Blauracke *Coracias garrulus* in Deutschland – gescheitert. Vogelwelt **112**, 148–149.

ROBILLER, F., & F. C. ROBILLER (1992): Gelungene Ansiedlung des Steinkauzes *(Athene noctua)* am Stadtrand von Weimar. Beitr. Vogelkd. **38**, 25–29.

ROCHLITZER, R. (1988): Erfolgreiche Kormoranbrut 1987 an der mittleren Mittelelbe. Apus **7**, 1–3.

– & H. KÜHNEL (1979): Die Vogelwelt des Gebietes Köthen. Monographien aus dem Naumann-Mus. **1**, 131 S.

ROHDE, C. (1990): Brutbestand des Baumfalken 1985 bis 1989 im Westteil des Kreises Neustrelitz. Orn. Rbrief. Meckl.-Vorpommern **33**, 31–34.

ROST, F. (1982): Der Brutbestand 1980 und die Brutbestandsentwicklung des Drosselrohrsängers im Bezirk Leipzig. Abh. Ber. Nat. Mus. Mauritianum **11**, 49–52.

– (1988): Beobachtungen zur Brutbiologie und Populationsdynamik der Wasservögel im Teichgebiet Haselbach, Bez. Leipzig. Beitr. Vogelkd. **34**, 117–130.

– (1989): Brutbestand von Gold-, Grau- und Gartenammer *(Emberiza citrinella, E. calandra, E. hortulana)* und vom Raubwürger *(Lanius excubitor)* in einem Untersuchungsgebiet südlich von Leipzig. Mauritiana 12, 361–364.

– (1990): Ein Brutnachweis des Schlagschwirls *(Locustella fluviatilis)* 1988 im oberen Schwarzatal. Beitr. Vogelkd. **36**, 173–176.

– (1992): Der Karmingimpel *(Carpodacus erythrinus)* – Ein neuer Brutvogel Thüringens. Anz. Ver. Thür. Ornithol. **1**, 41–42.

ROTH, W. (1985): Der Kolkrabe, *Corvus corax* L., wieder Brutvogel des Eichsfeldes. Thür. Orn. Mitt. **33**, 77–79.

RUDAT, V., & J. WIESNER (1981): Zur gegenwärtigen Kenntnis der Verbreitung des Sperlingskauzes *(Glaucidium passerinum* L.) in Thüringen. Landschaftspflege u. Naturschutz Thür. **18**, 57–63.

RUHLE, D. (1988, 1990): Atlasprogramm „Kartierung der Brutvögel der DDR 1978–1982" Ergebnisse des Bezirkes Cottbus. Niederlausitzer orn. Mitt. **1**, 3–64 u. **2**, 3–42.

RUTSCHKE, E. (1977): Brutverbreitung und Herbst- und Winterbestände einiger Wasservogelarten in der DDR. Potsdamer Forsch. Reihe B, **9**, 5–137.

– (1979): Bemerkungen zum gegenwärtigen Status einiger Wasservögel auf dem Hintergrund der Artbeschreibungen von NAUMANN. Wiss. Hefte Päd. Hochschule Köthen **6**, H. 1, 127–138.

– (1981): Ergebnisse der Bestandserfassung des Höckerschwans *(Cygnus olor)* 1980. Mitt. Ber. Zentr. Wasservogelforsch. **13**, H. 2/3, 31–40.

– (1982): Der Brutbestand des Graureihers in der DDR – Ergebnisse der Zählung 1978. Falke **29**, 51–58.

– (1982): Zur Bestandsentwicklung des Höckerschwans *(Cygnus olor)* in der DDR. Beitr. Vogelkd. **28**, 59–73.

– (Hrsg., 1983 u. 1987): Die Vogelwelt Brandenburgs. 1. u. 2. Aufl. Jena.

– (1987): Zur Populationsentwicklung des Höckerschwans *(Cygnus olor)* in der DDR. Beitr. Vogelkd. **33**, 75–92.

– (1989): Die Wildenten Europas. Dt. Landwirtschaftsverlag Berlin.

–, H. LITZBARSKI & G. SCHWEDE (1974): Untersuchungen zur Siedlungsdichte, Bestandentwicklung, Biologie und Ernährung der Tafelente im Teichgebiet Peitz nebst Bemerkungen über das Vorkommen der Art in der DDR. Beitr. Jagd- u. Wildforschung **8**, 257–308.

SAEMANN, D. (1975): Studien an einer Großstadtpopulation der Türkentaube im Süden der DDR. Hercynia **12**, 361–388.

– (1976): Die Vogelfauna im Bezirk Karl-Marx-Stadt während der Jahre 1959 bis 1975. Actitis **11**, 3–85.

– (1981): Rauhfußkauz und Sperlingskauz in Sachsen. Naturschutzarbeit naturkdl. Heimatforsch. Sachsen **23**, 2–18.

– (1983): Der Karmingimpel *Carpodacus erythrinus* – Brutvogel im Erzgebirge? Veröff. Mus. Naturkde. Karl-Marx-Stadt **12**, 83–84.

– (1987): Die Rauhfußhühner *(Tetraonidae)* in Sachsen und Möglichkeiten ihres Schutzes. Naturschutzarbeit Sachsen **29**, 29–38.

– (1989): Die Bedeutung der Staugewässer des Erzgebirges für Brut und Rast von Wasservögeln. Beitr. Vogelkd. **35**, 80–89.

SAUER, J., & B. FRIEDRICH (1985): Zum Fütterungsverhalten eines Sperlingskauzmännchens. Falke **32**, 278–279.

SCHEFFEL, J. (1976): Elster – *Pica pica* (L.). Ber. Avif. Bez. Gera, 4 S.

SCHERNER, E. R. (1980): Vogel und Umwelt im Solling. Faun. Mitt. Süd-Niedersachsen **3**, 1–240.

SCHEUFLER, H., A. STIEFEL & E. STURMHOEFEL (1982): Die Brutvögel des NSG „Insel Oie und Kirr" und ihre Betreuung durch die Vogelwärter. Meer u. Museum **3**, 24–32.

SCHIEMENZ, H. (1972): Die Situation der vom Aussterben bedrohten Vögel in der DDR. Falke **19**, 42–47.

SCHIFFERLI, A., P. GEROUDET & R. WINKLER (1980): Verbreitungsatlas der Brutvögel der Schweiz. Sempach.

SCHILDE, D. (1983): Halsbandschnäpper bei Burgstädt. Falke **30**, 284.

SCHILDMACHER, H. (1975): Der Bestand des Weißstorches in der Deutschen Demokratischen Republik im Jahre 1974. Falke **22**, 366–371.

SCHLEGEL, R. (1969): Der Ziegenmelker. NBB **406**. Wittenberg Lutherstadt.

SCHLÖGEL, N. (1985): Zum Brüten des Flußuferläufers, *Actitis hypoleucos*, im Bezirk Leipzig. Actitis **24**, 24–28.

– (1987): Zum Vorkommen der Weidenmeise – *Parus montanus salicarius* C. L. BREHM – im Bezirk Leipzig sowie zu einigen mit ihrer Ausbreitung zusammenhängenden Problemen. Actitis **25**, 20–50.

SCHMIDT, A. (1991): Beobachtungen von Schlangen– und Steinadlern in Ostbrandenburg. Falke **38**, 334.

SCHMIDT, E. (1981). Die Sperbergrasmücke. NBB **542**. Wittenberg Lutherstadt.

– (1988): Das Blaukehlchen. NBB **426** (3. Aufl.). Wittenberg Lutherstadt.

SCHMIDT, F., & D. WEIS (1986): Der Brutvogelbestand des Peißnitz–Auwaldes in Halle. Apus **6**, 177–182.

SCHMIDT, G. A. J. (1980): Der Gänsesäger. Vögel zwischen Nord– und Ostsee. Bamberg.

SCHMIDT, K. (1984): Erster Nestfund des Birkenzeisigs in Thüringen. Falke **31**, 131–133.

– (1988): Die Dohle *(Corvus monedula)* als Brutvogel im Bezirk Suhl (DDR) und erste Erfahrungen zum Schutz dieser gefährdeten Vogelart. Beih. Veröff. Naturschutz Landschaftspfl. Baden-Württ. **53**, 191–210.

SCHNEIDER, W. (1977): Schleiereulen. NBB **340**. Wittenberg Lutherstadt.

SCHÖNBRODT, R., & T. SPREDTKE (1989): Brutvogelatlas von Halle und Umgebung. Halle.

– & H. TAUCHNITZ (1987): Ergebnisse 10jähriger Planberingung von jungen Greifvögeln in den Kreisen Halle, Halle-Neustadt und Saalkreis. Populationsökol. Greifvogel- u. Eulenarten **1**, 67–84.

SCHONERT, B. (1990): Brutversuche von Sandregenpfeifer *(Charadrius hiaticula)* und Stelzenläufer *(Himantopus himantopus)* am Stadtrand von Berlin. Beitr. Vogelkd. **36**, 193–200.

SCHÖNFELD, M. (1980): Der Weidenlaubsänger. NBB **511**. Wittenberg Lutherstadt.

– (1989): Beiträge zur Biologie der Beutelmeise, *Remiz pendulinus* (L.). Apus **7**, 49–87.

– (1992): Zur Situation des Sprossers im mittleren und südlichen Sachsen-Anhalt. Apus **8**, 20–21.

– & G. GIRBIG (1975): Beiträge zur Brutbiologie der Schleiereule unter besonderer Berücksichtigung der Abhängigkeit von der Feldmausdichte. Hercynia **12**, 257–319.

–, G. GIRBIG & H. STURM (1977): Beiträge zur Populationsdynamik der Schleiereule. Hercynia **14**, 303–351.

– & U. ZUPPKE (1980): Ausbreitung der Beutelmeise im Wittenberger Gebiet. Apus **4**, 176–186.

SCHÖNN, S. (1978): Der Sperlingskauz. NBB **513**. Wittenberg Lutherstadt.

– (1984): Erster Brutnachweis des Rohrschwirls *(Locustella luscinioides)* im Bezirk Leipzig. Beitr. Vogelkd. **30**, 389–390.

– (1986): Zu Status, Biologie, Ökologie und Schutz des Steinkauzes *(Athene noctua)* in der DDR. Acta ornithoecol. **1**/2, 103–133.

–, W. SCHERZINGER, K.–M. EXO und R. ILLE (1991): Der Steinkauz. NBB **606**. Wittenberg Lutherstadt.

– & R. SCHÖNN (1987): Zu Expansion, Brutbiologie und Öko-Ethologie des Schlagschwirls *(Locustella fluviatilis)* in Sachsen. Beitr. Vogelkd. 33, 1–17.

SCHUBERT, M. (1977): Bergfinken in der Brutzeit auf Rügen und Hiddensee. Falke **24**, 277.

– (1982): Die Lautgebung des Grünen Laubsängers und sein Verhalten auf Abspiel von Artgesang. Zool. Jb. Physiol. **87**, 359–372.

SCHUBERT, P. (1985): Verbreitung und Ökologie von Winter- und Sommergoldhähnchen. Apus **6**, 88–93.

– (1987): Vom Grau- und Mittelspecht im Fläming. Apus **6**, 233–236.

– (1988): Beitrag zum Vorkommen des Gartenammers *(Emberiza hortulana)* auf der südwestlichen Flämingabdachung. Beitr. Vogelkd. **34**, 69–84.

SCHULENBURG, J., & U. ZÖPHEL (1987): Zur Bestandssituation des Rauhfußkauzes *Aegolius funereus* (L.) in immissionsbelasteten Fichtenkammwäldern des Osterzgebirges. Populationsökol. Greifvogel- u. Eulenarten **1**, 359–370.

SCHULTZE, J. H. (1955): Die Naturbedingten Landschaften der Deutschen Demokratischen Republik. Geographisch-kartographische Anstalt Gotha.

SCHULZ, H. (1988): Erstnachweis einer Ziegenmelkerbrut im Kreis Bernburg. Falke **35**, 417.

SCHULZE, C. (1983): Zur gegenwärtigen Bestandsentwicklung des Kranichs im Bezirk Dresden. Veröff. Mus. Westlausitz Kamenz **7**, 35–40.

SCHULZE, W. (1985): Rotkopfwürger brütete von 1975–1980 bei Sangerhausen. Apus **6**, 43–44.

SCHUSTER, S. (1988): Quantitative Brutvogelerfassung Baden-Württemberg – Ergebnisse der Kartierung 1987. Naturschutzforum **1**/2, 199–204.

SEELIG, K.–J. (1972): Zur Verbreitung und Ökologie der Sumpfohreule *(Asio flammeus* [PONT.]) im Mittelelbegebiet. Naturkdl. Jber. Mus. Heineanum **7**, 109–116.

– (1986): Graureiher im Bezirk Magdeburg. Naturschutzarbeit Halle Magdbg. **23**/1, 15–20.

SELLIN, D. (1975): Das Brutvorkommen der Limicolen im Bereich des Peenestromes im Zeitraum von 1970–1975. Mitt. IG Avifauna DDR **8**, 61–78.

– (1984a): Siedlungsdichteuntersuchungen in Mecklenburg Stand – Ergebnisse – Strategie. Orn. Rbrief. Meckl. **27**, 50–60.

– (1984b): Zum Vorkommen des Seggenrohrsängers im Gebiet des Peenestroms und im NSG Peenemünder Haken, Struck und Ruden. Naturschutzarbeit Meckl. **27**, 21–24.

– (1989a): Vergleichende Untersuchungen zur Habitatstruktur des Seggenrohrsängers. Vogelwelt **110**, 198–208.

– (1989b): Hat der Seggenrohrsänger in Mecklenburg noch Überlebenschancen? Naturschutzarbeit Meckl. **32**, 31–34.

– (1991): Die Bestandsentwicklung des Kolkraben *(Corvus corax)* in einem Dichtezentrum in Vorpommern. Metelener Schr.-Reihe Naturschutz, H. **2**, 21–26.

SEMMLER, W., & D. V. KNORRE (1975): Grauspecht – *Picus canus* GMELIN. Ber. Avifauna Bez. Gera, 4 S.

SHARROCK, J. T. R. (1973): Ornithological atlasses. Auspicium **5**, Suppl., 13–15.

– (1977): The Atlas of breeding Birds in Britain and Ireland. Berkhamsted.

SIEFKE, A. (1977): Die Bestandsentwicklung der Rohrsänger nach den Beringungsergebnissen 1964 bis 1975. Falke **24**, 406–407.

SÖMMER, P. (1991): Der Kolkrabe *(Corvus corax* L.) im ehemaligen Ost-Berlin und Umgebung. Metelener Schr.-Reihe Naturschutz, H. **2**, 17–20.

SPILLNER, W. (1981): Zur Situation im Naturschutzgebiet „Dambecker Seen". Naturschutzarbeit Meckl. **24**, 22–25.

SPITZ, T. (1991): Beobachtungen von Schlangen- und Steinadlern *(Circaetus gallicus* und *Aquila chrysaetos)* im Süden des Bezirkes Frankfurt/Oder. Beitr. Vogelkd. **37**, 352–353.

Staatliche Zentralverwaltung für Statistik (Hrsg., 1983, 1988): Statistisches Jahrbuch. 28. u. 33. Jg. Berlin.

STEIN, H. (1985): Zur Siedlungsdichte des Sumpfrohrsängers im Bezirk Magdeburg und Anmerkungen zum Heimzug. Apus **6**, 26–34.

– (1992): Nachweis eines Karmingimpels im Nordharzvorland. Apus **8**, 34.

STEINBACH, R. (1982): Erfolglose Brut der Schwarzkopfmöwe, *Larus melanocephalus* Temminck, am Speicherbecken Windischleuba 1980. Abh. Ber. Nat. Mus. Mauritianum **11**, 16.

STEINKE, G. (1981): Zum Vorkommen des Ziegenmelkers *(Caprimulgus europaeus)* im Steckby–Lödderitzer Forst mit Bemerkungen zur Fortpflanzung und Beringung. Orn. Jber. Mus. Heineanum **5/6**, 37–48.

– (1987): Zum Vorkommen und zur Fortpflanzung des Baumfalken *Falco subbuteo* (L.) im Kreis Zerbst. Populationsökol. Greifvogel- u. Eulenarten **1**, 207–216.

– & K. HEINDORFF (1982): Die Vögel des Kreises Tangerhütte. Orn. Jber. Mus. Heineanum **7**, 105 S.

STEPHAN, B. (1985): Die Amsel. NBB **95**. Wittenberg Lutherstadt.

STERNBERG, G., & H.-E. STERNBERG (1982): Der Brutvogelbestand eines isolierten Feldgehölzes. Orn. Rbrief. Meckl. **25**, 54–57.

STIEFEL, A. (1991): Situation des Wachtelkönigs in Ostdeutschland (vormalige DDR). Vogelwelt **112**, 57–66.

– & H. SCHEUFLER (1984): Der Rotschenkel. NBB **562**. Wittenberg Lutherstadt.

– – (1989): Der Alpenstrandläufer. NBB **592**. Wittenberg Lutherstadt.

– & K. SCHMIDT (1980): Der Wachtelkönig auf dem Territorium der DDR. Festschrift zum 200. Geburtstag J. F. Naumann, KB der DDR, Berlin, 68–89.

STRAUTMANN, F. M. (1963): Die Vögel der westlichen Gebiete der UdSSR. Bd. 2, Passeres. Lwow (russ.).

STRESEMANN, E., & L. A. PORTENKO (Hrsg., 1960, 1964, 1967, 1974, 1976, 1977, 1978, 1982): Atlas der Verbreitung palaearktischer Vögel. Lieferung **1** bis **7** und **10**. Berlin.

STRUBE, J., & M. STRUBE (1984): Brutnachweis der Ringdrossel *(Turdus torquatus)* im Thüringer Wald. Landschaftspflege u. Naturschutz Thür. **21**, 13–14.

STUBBE, M., & H. MATTHES (1981): Der Schreiadler *(Aquila pomarina)* nach 100 Jahren wieder Brutvogel im nördlichen Harzvorland. Orn. Jber. Mus. Heineanum **5/6**, 49–58.

STURM, A. (1986): Der Zwergschnäpper, *Ficedula parva*, in der Sächsischen Schweiz. Beitr. Vogelkd. **32**, 1–12.

SÜDBECK, P. (1992): Ausnahme oder Normalfall: Offene Fragen zur Verbreitung des Grauspechts *Picus canus* im Landkreis Haldensleben. Haldensleber Vogelkde.-Informationen **10**, 44–51.

Sveriges Ornitologiska Förening (1978): Sveriges faglar. Stockholm.

TEIXEIRA, R. M. (1979): Atlas van de Nederlandse broedvogels. 's Graveland.

THALER-KOTTEK, E. (1990): Die Goldhähnchen. NBB **597**. Wittenberg Lutherstadt.

THEOPHIL, U, & H. WEIDNER (1990): Zur Situation des Rebhuhns, *Perdix perdix* (L.), im Bezirk Gera – eine vergleichende Bestandsanalyse. Thür. Orn. Mitt. **40**, 19–24.

THOSS, M. (1988): Die Rohrweihe brütet im Vogtland. Falke **35**, 269–270.

TOMIALOJC, L. (1975): Birds of Poland. A List of Species and Their Distribution. Warsaw.

TRIEMS, K. (1983): Letzte Vorkommen der Großtrappe im Raum Leipzig. Falke **30**, 102.

TUCHSCHERER, K. (1981): Zum Brutvorkommen des Rothalstauchers, *Podiceps griseigena*, im Bezirk Leipzig. Actitis **19**, 2–13.

UHLIG, R., & J. MUNDT (1991): Zur Bestandsentwicklung des Gänsesägers, *Mergus merganser*, an der Oder und ihren Nebenflüssen. Vogelkdl. Tagebuch Schleswig–Holstein **19**/1, 11–20.

ULRICH, A., & G. ZÖRNER (1986, 1988, 1989): Die Vögel des Kreises Wolmirstedt. Teil I bis III. Wolmirstedter Beitr., Mus.–Folge **11**, 3–63; **13**, 3–76; **14**, 3–68.

VIKSNE , J. (1983): Birds of Latvia. Territorial distribution and number. Riga (russ.).

VOOUS, K. H. (1962): Die Vogelwelt Europas und ihre Verbreitung. Übersetzt u. bearbeitet von M. ABS. Parey, Hamburg & Berlin.

WADEWITZ, M. (1984): Brut des Bienenfressers *(Merops apiaster)* 1982 im Nördlichen Harzvorland. On. Jber. Mus. Heineanum **8/9**, 94.

– (1992a): Birkenzeisig *(Acanthis flammea)* – Brutvogel im Harz. Orn. Jber. Mus. Heineanum **10**, 119.

– (1992b): Wiederbesiedlung des nordöstlichen Harzvorlandes (Sachsen-Anhalt) durch den Uhu *(Bubo bubo)*. Orn. Jber. Mus. Heineanum **10**,3–19.

WADEWITZ, O. (1955): Zur Brutbiologie des Triels, *Burhinus oedicnemus* (L.). Beitr. Vogelkd. **4**, 86–107.

– (1974): Veränderungen des Brutvogelbestandes einer mitteldeutschen Flußlandschaft innerhalb von 20 Jahren. Beitr. Vogelkd. 20, 176–180.

WARTMANN, B., & R. K. FURRER (1977): Zur Struktur der Avifauna eines Alpentales entlang des Höhengradienten. I. Veränderungen zur Brutzeit. Orn. Beob. **74**, 137–160.

WAWRZYNIAK, H., & G. SOHNS (1977): Der Seggenrohrsänger. NBB **504**. Wittenberg Lutherstadt.

– – (1986): Die Bartmeise. NBB **553**. Wittenberg Lutherstadt.

WEISE, R. (1990): Kolbenente *(Netta rufina)* in Thüringen. Orn. Mitt. **42**, 298.

– (1992): Zum Brutbestand der Kolbenente *(Netta rufina)* in Deutschland. Orn. Mitt. **44**, 115–119.

– & J. HEYER (1991): Rote Liste der in Thüringen bestandsbedrohten Vogelarten – Entwurf als Diskussionsgrundlage. Thür. Orn. Mitt. **41**, 5–5.

WEISSGERBER, R. (1987): Bruten der Gebirgsstelze im Südzipfel des Bezirkes Halle. Apus **6**, 269–273.

WIEGANK, F. (1977): Brut des Bienenfressers, *Merops apiaster* L., 1976 im Raum Zeitz – Weißenfels. Beitr. Vogelkd. **23**, 229–232.

WIESNER, J., F. PUTZMANN & K. ECKERT (1991): Zur Siedlungsdichte des Sperlingskauzes (*Glaucidium passerinum* L.) im Thüringer Schiefergebirge. Populationsökol. Greifvogel- u. Eulenarten **2**, 543–550.

WILKE, H. (1966): Stelzenläufer, *Himantopus himantopus*, im Kreis Cottbus. Beitr. Vogelkd. **11**, 322–327.

– (1974): Zwergseeschwalbenbrut in der Niederlausitz. Falke **21**, 124–125.

– & K. MORLING (1965): Brut der Rotdrossel, *Turdus iliacus*, in der Niederlausitz. Beitr. Vogelkd. **11**, 32–34.

WITT, K. (1985): Sind „Rasterkartierung, Rasterfrequenz" usw. sinnvoll gebildete Begriffe? J. Orn. **126**, 448.

WODNER, D. (1975): Zur Vogelwelt des Eichsfeldes. Eichsfelder Heimathefte, Sonderausgabe. Heiligenstadt.

– (1983): Die Elster, *Pica pica* (L.), auf dem Eichsfeld. Thür. Orn. Mitt. **30**, 39–47.

WOLF, E. (1984): Haussperling – *Passer domesticus* (L.); Feldsperling – *Passer montanus* (L.). Ber. Avif. Bez. Gera, 7 S.

YEATMAN, L. (1976): Atlas des Oiseaux Nicheurs de France de 1970 a 1975. Paris.

ZIMMERMANN, H. (1985): Ergebnisse der Erfassung des Kormorans, *Phalacrocorax carbo*, in der DDR im Jahre 1982. Beitr. Vogelkd. **31**, 161–169.

– (1989): Kormoran, *Phalacrocorax carbo*, und Fischerei in der DDR. Beitr. Vogelkd. **35**, 193–198.

– (1990): Zur Entwicklung des Brutbestandes des Kormorans in der DDR – Ergebnisse der Bestandserfassung 1985–1987. Falke **37**, 52–59.

– & G. SCHIEWECK (1988): Veränderungen des Brutbestandes einiger Wasservogelarten im NSG „Lewitz-Fischteiche". Orn. Rbrief. Meckl. **31**, 11–24.

ZÖLLICK, H. (1986): Erster Brutversuch der Eiderente, *Somateria mollissima*, an der DDR–Ostseeküste auf der Küstenschutzinsel Langenwerder bei Poel. Beitr. Vogelkd. **32**, 343–344.

ZÖRNER, G-J. (1987): Zum Vorkommen der Blauracke in der Colbitz-Letzlinger Heide 1950 bis 1986. Apus **6**, 232–233.

ZUPPKE, U. (1968): Die Spießente *(Anas acuta)* als Brutvogel bei Wittenberg. Beitr. Vogelkd. **14**, 86–89.

– (1979): Zum Vorkommen des Kormorans an der Mittelelbe bei Wittenberg. Apus **4**, 135–137.

– (1985): Ansiedlungsversuch des Seeadlers im Mittelelbegebiet bei Wittenberg. Apus **6**, 93–95.

Artenregister

I. Deutsche Artnamen
(Die halbfett gedruckten Seitenzahlen verweisen auf die Verbreitungskarte)

Artenregister

II. Wissenschaftliche Artnamen
(Die halbfett gedruckten Seitenzahlen verweisen auf die Verbreitungskarte)

Verhaltensbiologisches Praktikum

Von Doz. Dr. sc. nat. Rolf GATTERMANN, Halle/Saale

1990. 184 Seiten, 73 Abbildungen, 8 Tabellen, 17 x 24 cm, kartoniert DM 32,-
ISBN 3-334-00303-5

In diesem Praktikumsbuch werden über 90 Versuchsanleitungen vorgestellt, die verhaltensbiologische Grundkenntnisse vermitteln und dazu befähigen, das Verhalten der Tiere wissenschaftlich zu interpretieren sowie Gemeinsamkeiten und Unterschiede tierischer und menschlicher Verhaltensweisen zu erkennen. Es werden bewußt nur wenige Versuchstierarten (Schaben, Stabschrecken, Mehlkäfer, Aquarienfische, Meerschweinchen und Goldhamster) eingesetzt und zahlreiche Beobachtungen am Menschen vorgenommen. Jeder Praktikumskomplex beginnt mit einer kurzgefaßten theoretischen Einführung, die dem Anfänger den "Einstieg" in die Verhaltensbiologie erleichtert. Neu für ein Praktikumsbuch sind die Komplexe "Ethökologie" und "Verhaltenstoxikologie". Einzelne Versuche lassen sich auch in Praktika der Tierphysiologie, Ökologie, Psychologie und Toxikologie integrieren.

Interessenten:
Studenten und Lehrer der Biologie, Arbeitsgemeinschaften, Schüler der oberen Klassenstufen, Zootierpfleger

Preisänderungen vorbehalten.

SEMPER BONIS ARTIBUS

GUSTAV FISCHER

Verhaltensbiologie

Von Prof. Dr. Günther TEMBROCK, Institut für Verhaltensbiologie und Zoologie der Humboldt-Universität, Berlin

2., bearb. Aufl. 1992. 386 S., 130 Abb., kt. DM 48,80
ISBN 3-334-00405-8 UTB-ISBN 3-8252-1664-0

Verhaltensforschung ist nicht nur ein interessantes, sondern zugleich ein sehr praxisorientiertes Fachgebiet, das Studenten und Fachleute der Biologie und Medizin ebenso einschließt wie Veterinäre, Tierhalter und -züchter; hinzu kommt die große Zahl von Tierfreunden und -beobachtern mit anspruchsvollen Zielstellungen. Ihnen allen bietet dieser Band eine aktuelle Einführung in die Wissenschaft vom Verhalten. Dabei werden die Wechselbeziehungen zwischen Organismus und Umwelt in Verbindung mit dem Evolutionsprozeß in den Mittelpunkt gestellt. Diskutiert werden aber auch die Grundlagen des Verhaltens, unter Einbeziehung von Nachbarwissenschaften wie Tierphysiologie, Ökologie und Humanwissenschaften. Die Neuauflage faßt prägnant die aktuellen Entwicklungen der Verhaltensbiologie zusammen, ergänzt durch zahlreiche Abbildungen.

Interessenten:
Studenten/Dozenten der Biologie, Ethologen, Biologielehrer, Veterinärmediziner, Mediziner, Tierfreunde

Preisänderungen vorbehalten.

SEMPER BONIS ARTIBUS

GUSTAV FISCHER